Dirk Löhr | Die Plünderung der Erde

Dirk Löhr

Die Plünderung der Erde
Anatomie einer Ökonomie der Ausbeutung
Ein Beitrag zur Ökologischen Ökonomik

Bibliografische Information der Deutschen Bibliothek:

Die Deutsche Bibliothek verzeichnet diese Publikation in der Deutschen Nationalbibliografie, detaillierte bibliografische Daten sind im Internet über **http://dnb.ddb.de** abrufbar.

Alle Rechte vorbehalten

2. überarbeitete und erweiterte Auflage 2009

© 2008 Gauke GmbH | Verlag für Sozialökonomie
Hofholzallee 67, 24109 Kiel, Germany
Telefax: ++49 (0) 431 - 679 36 51 | eMail: mail@gauke.net
Internetnavigation: www.gauke.net

Titelfoto: Dirk Löhr | Autorenfoto: privat
Foto Seite 5: Verlag für Sozialökonomie

Printed in Germany

ISBN 978-3-87998-455-8

Silvio Gesell gewidmet

1923

Vorwort

„Seid fruchtbar und vermehret euch, bevölkert die Erde, unterwerft sie euch und herrscht über die Fische des Meeres, über die Vögel des Himmels und über alle Tiere, die sich auf dem Land regen." (Gen. 1:28).

Der Auftrag an den Menschen zumindest des christlich-jüdischen Kulturkreises lautet also, sich „die Erde Untertan zu machen"? Nach *Hüttermann / Hüttermann*[1] handelt es sich hierbei um den wohl am gründlichsten missverstandenen Satz der Bibel. Das entscheidende Wort *wyirdu* wird wohl im Deutschen mit „herrschen" übersetzt, bedeutet ursprünglich jedoch sowohl Herrschaft wie Knechtschaft.[2] Die Sprache hat sich erst im Laufe der Zeit ausdifferenziert, und nicht selten findet der Etymologe denselben Wortstamm für Begriffe, die heute in gegensätzlicher Bedeutung gebraucht werden. Wenn *„er würdig ist, herrscht der Mensch über die Vögel und die Tiere [als Synonym für die Natur, d. Verf.], wenn er es nicht wert ist, wird er tiefer sinken als sie, und sie werden über ihn regieren."*[3] Es geht also weniger um die uneingeschränkte Herrschaft, die Gewalt über die Erde mit ihren Kreaturen, sondern eher um die „würdige" Verwaltung eines „Lehens". Die Verwaltung des Lehens kann in Anbetracht der Größe der Aufgabe nur in organisierter Form erfolgen; es bedarf geeigneter Institutionen. Als eine der wichtigsten Institutionen der marktwirtschaftlichen Ordnung wird gemeinhin das „Privateigentum" gesehen. Nun entstammt „Privateigentum" ethymologisch dem lateinischen „privare" und bedeutet auch „rauben". Die Eroberung der Welt geschah und geschieht über Raub. Zunächst klingt das alles dick aufgetragen: Das uns ach so vertraute Privateigentum – Raub? Und wenn dem so sein sollte: „Raub", Diebstahl[A] an einem „Lehen"? Das riecht nach Veruntreuung. Starker Tobak also.

Tatsächlich war die Geschichte der Zivilisation eine Gratwanderung: Privateigentum war immer schon eine ihrer Triebfedern.[4] Die Natur wurde im Zusammenhang mit der „Einfriedung" von Territorien zum ersten Mal bewusst gestaltet und verändert. Mit der neolithischen Revolution wurden erstmals Territorien eingezäunt. Die sesshaft gewordenen Siedler machten gegenüber Rivalen, zu denen v.a. Nomaden gehörten, ihre Eigentumsansprüche auch mit Gewalt geltend.[B] Es ging darum, diese vom Boden und seinen Früchten auszuschließen.

Im Feudalismus bekam das Eigentum eine andere Gestalt; es verkörperte nicht zuletzt ein Herrschaftsverhältnis. Dies änderte sich mit der bürgerlichen Revolution, mit der die Prinzipien von Freiheit und Gleichheit propagiert wurden. Die Herrschaft der Feudalherren wurde aufgebrochen. Freilich wurde die Idee der „Einfriedung", wie sie das Privateigentum verkörperte, nicht abgeschafft, sondern generalisiert. Zudem wurde die Idee auch auf die Staatenbildung übertragen (Idee der „Nation").
Der letzte Schritt in diese Richtung wird durch die Eigentumstheoretiker und die Globalisierung gesetzt: Der Gedanke der Ausschließung von Menschen mittels der Ein-

---

[A] Die Unterscheidung zwischen „Raub" und „Diebstahl" wird vorliegend nicht „gerichtsfest" vorgenommen.

[B] Nomaden pflegten das eigentumslose Land (zum „Open access" s. Kap. I.2.3.2.) mit ihren Herden zu besetzen und zu (über-)nutzen. Nach Beendigung der (Über-)Nutzung zogen sie weiter. Bis sie (eventuell Monate oder Jahre später) wieder kamen, hatte das Land Zeit zur Regeneration. Es handelt sich also um eine Wirtschaftsform, die nur bei dünner Besiedlung und „Open access" durchzuhalten ist.

friedung wird nicht etwa abgeschafft, sondern universell gemacht. Luft, Wasser, genetische Ressourcen – die Privatisierung wird auf die unterschiedlichsten Räume und Gegenstände übertragen.

Das Megathema „Globalisierung" als vorläufiger Höhepunkt der Entwicklung umschreibt, wie der für den westlichen Kapitalismus charakteristische Aneignungsmechanismus über den gesamten Globus gezogen wird. Dieser Aneignungsmechanismus ist dabei äußerst aggressiv. So ist z.B. das herrschende Patentrecht die Grundlage für eine zweite Welle des Kolonialismus und u.a. verantwortlich für Abermillionen von Toten (fehlender Zugang zu bezahlbaren Medikamenten, beispielsweise gegen AIDS), für einen Rückgang der Biodiversität (vgl. Kap. I.3.1.3.) etc. Indessen nehmen wir die diese Aneignungsmechanismen begründenden Institutionen wie z.B. das Eigentum an Grund und Boden, auf dem sog. „Völkerrecht" beruhende Vereinbarungen wie WTO, TRIPs und GATS oder Kyoto – also ohne Unterschied, ob „klassisch" oder „neu" - kritiklos hin. Dies gilt last not least auch für das Geld, obwohl wir ahnen, dass hier schon – seit sehr viel längerer Zeit, als *Marx* die Entstehung des Kapitalismus verortete – etwas nicht stimmt.

Mit Mechanismen wie der Privatisierung von biogenetischen Ressourcen, Wasser, der Atmosphäre etc. werden die Schätze der Natur nicht nur den Menschen in den Entwicklungs- und Schwellenländern der südlichen Hemisphäre, sondern auch künftigen Generationen geraubt. Mit seinem berühmten Satz „Eigentum ist Diebstahl" zielte *Proudhon*, der große Widersacher von *Karl Marx*, nicht etwa auf das – im Wettbewerb – selbst geschaffene Eigentum ab (in den Worten *Vandana Shivas*: „Produktionsrahmen"[5]). Es ging ihm vielmehr um eben jenes Eigentum an Dingen, die niemand geschaffen hat (*Shiva*: „Schöpfungsrahmen") und deren Kontrolle eine monopolartige Machtkonzentrationen in Wirtschaft und Gesellschaft begründen und verstärken kann. Die Macht von Banken, von internationalen Konzernen wie Monsanto oder Nestlé etc., hat ihre Basis nicht zuletzt auch in den Produkten, mit denen sie im Markt agieren.[6]

Das vorliegende Buch möchte dem Leser eine andere Brille als die der orthodoxen Lehrmeinungen aufsetzen. Diese „andere Perspektive" ist umso notwendiger, als bei der Besetzung der VWL-Lehrstühle in Deutschland mittlerweile eine geistige Uniformität eingezogen ist, die ein Herr *Honecker* auch per Dekret niemals hätte erreichen können und die ihn wahrscheinlich auch vor lauter Neid hätte erblassen lassen. Die VWL hat einen Konsens erreicht, der manchmal den Eindruck vermittelt, dass sie am Endpunkt der Erkenntnis angelangt und im Besitz der endgültigen Wahrheit ist. Entsprechend gebärden sich auch viele Ordinarien. In anderen Ländern ist das Spektrum der Meinungen zumeist wesentlich bunter als in Deutschland. Doch auch, wenn hierzulande noch so viele ökonomische „Experten" nahezu unisono Generationen von Studierenden wieder und wieder apodiktisch verkünden, dass die Erde eine Scheibe sei, um die sich die Sonne dreht, wird diese Behauptung durch die permanente Wiederholung nicht wahrer. Die Fakten stoßen sich an der ökonomischen Theorie. M.E. ist kein Fach so hochgradig ideologisiert wie die Wirtschafts"wissenschaft", die zu einer Kunst der Rechtfertigung von Privilegien verkommen ist. Der Verfasser ist überzeugt davon, dass künftige Generationen auf die heute verbreiteten ökonomischen Lehren einmal genauso zurückblicken werden wie wir auf das Mittelalter, als – auch von durchaus nicht dummen Leuten - die Erde als die schon erwähnte Scheibe verkauft wurde und man Herrschaft aus dem Gottesgnadentum heraus legitimierte. Wer mir vorwirft, dieses Buch sei tendenziös, hat

Vorwort

Recht. Er sollte allerdings nicht vergessen, denselben Vorwurf auch der Orthodoxie zu machen. Werturteile sind unvermeidlich. Anders als in den meisten Büchern der Orthodoxie werden jedoch die hier zugrundegelegten Werturteile dem Leser nicht einfach untergeschoben, sondern explizit gemacht.

Das vorliegende Buch knüpft mit seinem Titel an das immer noch aktuelle Werk von *Herbert Gruhl* „Ein Planet wird geplündert"[A] an. Mit der kritischen Betrachtung von Institutionen geht es jedoch über die Perspektive *Gruhls* hinaus. Es bleibt allerdings nicht bei den Institutionen stehen: Das Thema „Zerstörung der Natur" betrifft auch Kultur und Religion. Der Verfasser dieses Buches ist kein Christ. Dennoch wäre es eine Unterlassung, nicht auf die religiös-kulturellen Wurzeln der Ökologie zu verweisen, die sich für den abendländischen Kulturkreis durchaus in der Bibel (v.a. in den fünf Büchern Mose bzw. in der Torah) finden lassen. Beispielsweise wurde hier durch detaillierte Landnutzungs- und Bewirtschaftungsregeln darauf geachtet, dass die Felder nicht ausgelaugt wurden und sich regenerieren konnten; die Speisegesetze zielten darauf ab, das Ökosystem möglichst intakt zu halten; Wälder wurden verschont und durften selbst im Krieg nicht abgeholzt werden etc. etc. *Hüttermann / Hüttermann* betonen, dass bislang alle Völker, die an die Grenzen ihrer Ressourcen stießen, untergegangen sind.[7] Für die alten Israeliten trifft dies nicht zu, obwohl nicht nur ihre „geostrategische" Lage äußerst ungünstig, sondern auch die Ausstattung mit Ressourcen sehr dürftig war. Eigentlich hätte das Volk Israel in dieser kargen Umgebung gar nicht überleben können. Nach *Hüttermann / Hüttermann* konnte das Volk Israel nur „durchhalten", weil es mit z.T. strengen Regeln eine nachhaltige Volkswirtschaft konstituierte – wahrscheinlich die bislang einzige ihrer Art.[8] Diese – m.E. gut belegte – These verdient mehr Beachtung als ihr bislang zuteil geworden ist. Nachhaltigkeit und seine alttestamentarischen Wurzeln – ein weiterer Faden, der das vorliegende Werk durchzieht. Ein großer Teil des Wissens um das nachhaltige Wirtschaften ging allerdings zwischenzeitig verloren.[9] Beispiel Landwirtschaft: Weil die Juden in der Diaspora keine Landwirtschaft betreiben konnten und es jüdische Bauern erst wieder Ende des 19. Jahrhunderts gab, verloren die entsprechenden Vorschriften für die Juden ihre Bedeutung. Ähnliches galt für die Christen, die sich ohnehin stärker auf das Neue Testament mit seinem – insoweit gänzlich anderen Charakter – stützten: *„Die christliche Religion hatte (...) dem Geist der Aufklärung nichts entgegenzusetzen, der, wie Francis Bacon, die Natur als Hexe betrachtete, der ihre Geheimnisse mit Gewalt zu entreißen seien. Damit war die Natur zur Plünderung freigegeben."*[10] Also: *„Macht euch die Erde untertan"*, so wie man es heutzutage gemeinhin versteht. Effiziente Naturbeherrschung also anstatt „Sustained livelihood"[11]

Der Verfasser neigt also dazu, das „Nachhaltigkeitsdreieck" um die kulturelle Dimension zu einem „Nachhaltigkeitsviereck" zu ergänzen.

Das vorliegende Buch möchte – wie gesagt – eine andere Perspektive vermitteln. Es geht darum, Zweifel an überkommenen Paradigmen zu wecken. Es ist auch, aber nicht nur ein Lehrbuch. Sapere aude: Die Leser sollen angehalten werden, sich ihres eigenen Verstandes zu bedienen. Dementsprechend ist nicht beabsichtigt, die bereits bekannten umweltökonomischen Konzepte zum 1.036 sten Male in epischer Breite wiederzukäuen. Auch das Aufschichten mathematischer Berge, die dann am Schluss Mäuse gebären, überlasse ich denjenigen, die - am Ende der Sackgasse ihres Faches angekommen – nichts Sinnvolleres mehr mit sich und ihrer Zeit anzufan-

---

[A] Frankfurt a.M. (Fischer-Verlag) 1976.

gen wissen. Allerdings können die tradierten Konzepte nicht völlig außen vor gelassen werden. Sofern sie zum paradigmatischen Kern der Orthodoxie gehören, sollten sie bekannt sein. Kritik an etwas, was man nicht durchdrungen hat, war ein Markenzeichen vieler extremer Linksausleger nicht erst seit 1968. Die betreffenden Konzepte werden u.a. in Kästen mit der Kennzeichnung „Hinweis" beschrieben. Diejenigen Lesern, denen die betreffenden Konzepte bekannt sind, mögen diese Hinweise einfach überspringen. Die anderen sollten sich der knappen Darstellung bewusst sein und angeregt werden, die Konzepte möglicherweise unter Heranziehung weiterer Lehrbücher zu vertiefen.

Das vorliegende Buch gliedert sich folgendermaßen: Im ersten Teil wird Umweltpolitik als Ordnungspolitik betrachtet. Es wird die Struktur des Ausbeutungsmechanismus an Natur und Mensch aufgezeigt. Es werden Analysen getroffen und ordnungspolitische Grundsätze entwickelt. Im ersten Teil werden zwei Strömungen charakterisiert: Einmal die Property rights-Theorie, welche den Gedanken der Einfriedung immer weiter vorantreiben will, und eine Gegenströmung, der ich – mangels bisheriger Bestimmtheit der Negation – einstweilen noch keine Bezeichnung geben will. Beide wollen Änderungen an den vorhandenen Institutionen bzw. der Art und Weise vornehmen, wie die Eigentumsrechte verteilt sind. Die Orthodoxie legitimiert ihre Vorschläge mit Effizienzüberlegungen. Dieses Primat der Effizienz wird im Grundsatz hinterfragt. Schließlich wird der theoretische Rahmen anhand von Feldstudien illustriert. In diesem Zusammenhang wird die Analyse u.a. um solche natürlichen Monopole erweitert, die auch umweltpolitische Relevanz haben.

Der zweite Teil führt ausdrücklich den Faktor Zeit ein und betrachtet die angesprochene Problematik prozesshaft, von der Wiege bis zur Bahre. Die Wiege (z.B. der Acker) und die Bahre (z.B. die Deponie) sind grundsätzlich schwer vermehrbar und der „Schöpfungssphäre" zuzuordnen. Die These ist, dass die Gemeinschaft diese beiden Enden des Wirtschaftsprozesses fest in der Hand halten muss. Dann kann sie alles, was dazwischen liegt (die Sphäre der Produktion), in rechtlich geordneten Bahnen frei laufen lassen. Damit setzt sich das vorliegende Buch wiederum von geläufigen Ansätzen wie dem Stoffstrommanagement ab, die genau die Sphäre der Produktion beeinflussen wollen und gerade auf eine Kontrolle der „Enden" verzichten. Es wird ausführlich die Auswirkung des Zinses auf die Ausbeutungspfade von nicht regenerierbaren und regenerierbaren Ressourcen diskutiert. Schließlich wird dargestellt, warum der Zins uns nicht erlaubt, in eine nachhaltige, wachstumsfreie Wirtschaft umzusteuern. Auswege werden aufgezeigt, die im alternativen Spektrum breit diskutiert werden, allerdings in der orthodoxen Literatur nicht zu finden sind.

Im dritten Teil werden prominente umweltpolitische Instrumente analysiert, mit denen ein ordnungspolitischer Anspruch nicht einhergeht. Dieser Ansatz ist in dem Sinne strukturkonservativ, als dass Änderungen an der Zuteilung der Eigentumsrechte möglichst vermieden werden soll.

Der vierte Teil stellt eine Zusammenfassung dar und bietet Schlussfolgerungen.

Die aufgestellte Analyse und die sich daraus ergebenden Forderungen sind teilweise "radikal". Viele der dargestellten Konzepte basieren auf den Ideen der Geld- und Bodenreformer, allen voran *Silvio Gesell*. Diesem m.E. verkannten, aber dennoch bedeutendsten Ökonomen der Neuzeit ist das vorliegende Buch gewidmet. Vom etymologischen Gehalt her bedeutet "radikal" an die Wurzeln zu gehen, Sachverhalte konsequent zu durchdenken (nicht etwa Bomben zu basteln u. dgl.). Der Verfasser ist sich im Klaren darüber, dass die aus dieser Analyse heraus entwickelten Lösungsvorschläge kaum Chancen auf politische Verwirklichung haben. Dennoch muss es erlaubt sein, konzeptionelle Leitideen zu skizzieren, damit die Diskussion wie auch der politische Prozess ein Mindestmaß an Orientierung bekommt. Es ist kein Ruhmesblatt für die Wissenschaft, wenn sie sich in den Sumpf des üblichen politischen „Durchwurschtelns" hineinziehen lässt. Der notwendige Reformprozess, der realiter nicht anders als schrittweise stattfinden kann, bekommt so keine Richtung.

Denjenigen Studierenden, die bei anderen Dozenten hören, rate ich an, diesen Gegenentwurf – selbst wenn er ihnen noch so logisch erscheinen mag - während ihrer Klausur wieder zu vergessen und auch bei einer eventuellen Bachelor-, Master- oder Doktorarbeit allenfalls zu verreißen (dies mag sich zynisch anhören, doch weiß ich, wovon ich rede). Wer dies nicht über sich bringt, möge ihn am besten nicht erwähnen bzw. sich ein irrelevantes Thema für seine wissenschaftliche Abschlussarbeit suchen. Wer nämlich das Paradigma verlässt, eignet sich nicht gut für eine Initiation durch die „Scientific community". Möglicherweise erinnert sich aber die / der eine oder andere Studierende daran, dass es noch andere Auffassungen gibt, wenn sie / er in der „Scientific community" angekommen und etabliert ist.

Mein Dank gilt schließlich insbesondere Herrn Fritz Andres, ohne dessen Anregungen das Buch in dieser Form nicht entstanden wäre, Herrn David Fiedler für die Korrekturvorschläge und Frau Katja Therre für die technische und gestalterische Unterstützung.

Dirk Löhr, Februar 2008

Vorwort zur zweiten Auflage

Nachdem die erste Auflage, bedingt durch die Zwänge des Terminkalenders (Semesterbeginn), teilweise mit heißer Nadel gestrickt wurde, konnte ich – unter nicht minderem Zeitdruck - in der zweiten Auflage nun hoffentlich doch noch einige inhaltliche Ergänzungen, Erweiterungen sowie auch Verbesserungen formaler Art vornehmen. So wurden die ketzerischen Gedanken des australischen Ökonomieprofessors *Steve Keen* integriert. Gleiches gilt für die „Leitwerttheorie", einer Systemtheorie, anhand derer ich die Gefahren zum Ausdruck bringen möchte, die mit der Überbetonung der Effizienzaspekte durch die herkömmliche (Umwelt-) Ökonomie verbunden sind. Es wurde eine Feldstudie zum Globalisierungskapitel hinzugefügt, in der die Nutzung von Biomasse (exterritoriale Flächenbelegungen) kritisch betrachtet wird.

Das vorliegende Buch wird ergänzt durch eine WebSite, auf der weiterführende Literatur, Vertiefungen zu einzelnen Kapiteln, aktuelle Veranstaltungen, Links zu interessanten Seiten und Texten etc. zu finden sind.
Die Seite ist abzurufen unter http://www.die-pluenderung-der-erde.de.

Bedanken möchte ich mich insbesondere bei *Dipl.-Ökon. Werner Onken*, ferner auch bei *Prof. Dr. Jürgen Kremer* sowie beim Systemforscher *Karl Friedrich Müller-Reißmann*, die mir allesamt wichtige Impulse und Anregungen für die inhaltliche Erweiterung der überarbeiteten Fassung gaben. Für die technische Unterstützung gebührt mein Dank der unverwüstlichen und stoisch gelassenen BWL-Assistentin Dipl.-Betriebswirtin (FH) Katja Therre.

Ich wünsche dem geneigten Leser mit der überarbeiteten und verbesserten Fassung viele Adrenalinausschüttungen.

Dirk Löhr, Oktober 2008

Inhaltsverzeichnis

Inhalt	Seite

Teil I. Die Struktur: Umweltpolitik als Ordnungspolitik 19

I.1. Leitgedanken 19
    I.1.1. Zum Begriff der Ordnungspolitik 19
    I.1.2. Zielebenen der Umweltpolitik 22

I.2. Die Beurteilungskriterien 28
    I.2.1. Das Nachhaltigkeitsziel 28
        I.2.1.1. Schwache Nachhaltigkeit ("Weak sustainability") 29
        I.2.1.2. Starke Nachhaltigkeit ("Strong sustainability") 34
        I.2.1.3. Kritische Nachhaltigkeit 35
        I.2.1.4. Zusammenfassung und Schlussfolgerungen 36
    I.2.2. Effektivität, ökologische Zielerreichung 40
        I.2.2.1. Zielbündel, Belastungs- und Nutzungsstrukturen 40
        I.2.2.2. Versorgungsstrukturen bei netzgebundenen Monopolen 60
        I.2.2.3. Zusammenfassung und Schlussfolgerungen 61
    I.2.3. Effizienz: Das herrschende umweltökonomische Paradigma 62
        I.2.3.1. Ökonomische Zielfestlegung: Maximierung der Wohlfahrt 62
        I.2.3.2. Darstellung des Property rights-Ansatzes 66
        I.2.3.3. Kritik des Property rights-Ansatzes 72
        I.2.3.4. Zur Bedeutung des Rentabilitätsprinzips 82
        I.2.3.5. Zusammenfassung und Schlussfolgerungen 88
    I.2.4. Verteilungsgerechtigkeit 90
        I.2.4.1. Gegenständliche Privilegien und die Anfangsverteilung von Gütern 91
        I.2.4.2. Gegenständliche Privilegien und Einkommensverteilung 94
        I.2.4.3. Eigentumsrechte an natürlichen bzw. netzgebundenen Monopolen 98
        I.2.4.4. Die Renten aus natürlichen bzw. netzgebundenen Monopolen 99
        I.2.4.5. Zusammenfassung und Schlussfolgerungen 100

Inhalt

Inhalt			Seite
I.3. Feldstudien			104
I.3.1.	Privatisierung von sog. „Allmendegütern"		104
	I.3.1.1.	Der „Klassiker": Grund und Boden als Ressource / Flächenhaushaltspolitik	104
	I.3.1.2.	Handelbare Emissionsrechte und die Übertragung des Konzepts auf die Flächenhaushaltspolitik	115
	I.3.1.3.	Ressourcenbasierte Patente	129
	I.3.1.4.	Zusammenfassung und Schlussfolgerungen	144
I.3.2.	Der Gegenentwurf: Treuhänderschaft an Allmenderessourcen		144
	I.3.2.1.	Darstellung der Prinzipien	145
	I.3.2.2.	Exkurs: Redistribution als Konfliktlösungsmechanismus	155
	I.3.2.3.	Örtlichkeit, Subsidiarität und einzelfallgerechte Abweichungen vom Idealtypus	157
	I.3.2.4.	Zusammenfassung und Schlussfolgerungen	159
I.3.3.	Exkurs: Common pool-Lösung für öffentliche Güter		160
I.3.4.	Erweiterung: Netzgebundene Monopole – natürliche Monopole		166
	I.3.4.1.	Allgemeine Betrachtungen zum natürlichen Monopol	166
	I.3.4.2.	Die Stromversorgung und die Rolle der EVUs	167
	I.3.4.3.	Die Versorgung mit Wasser	180
	I.3.4.4.	Gestaltungsalternativen	199
	I.3.4.5.	Zusammenfassung und Schlussfolgerungen	203
I.4. Globalisierung: Zur Struktur eines Aneignungsmechanismus			204
I.4.1.	Ziele und Versprechungen		205
I.4.2.	Effizienz: Mehr Wohlfahrt durch Globalisierung		212
	I.4.2.1.	Handel, Internalisierung der Gewinne und Externalisierung der Kosten	213
	I.4.2.2.	Ausschließbarkeit, Eigentumsrechte, Souveränität und externe Flächenbelegungen	226
	I.4.2.3.	Die Einrichtung eines universellen Aneignungsmechanismus	233
	I.4.2.4.	Zusammenfassung und Schlussfolgerungen	234
I.4.3.	Globalisierung und Vereinheitlichung		236

I.4.4.		Verteilungsgerechtigkeit: Gewinner und Verlierer der Globalisierung..	239
	I.4.4.1.	Die sozialen Auswirkungen der sinkenden Terms of trade.......................................	239
	I.4.4.2.	Exkurs: Globalisierung als Hierarchisierung des Raumes.................................	240
	I.4.4.3.	Die Schuldenfalle...	243
	I.4.4.4.	Strukturanpassungsprogramme und Deregulierung...	246
	I.4.4.5.	Zusammenfassung und Schlussfolgerungen..........	248
I.4.5.		Feldstudie: Die verstärkte Nutzung von Biomasse als neue Dimension der Globalisierung....................................	250
	I.4.5.1.	Legitimation und Zielsetzung................................	250
	I.4.5.2.	Effizienz: Handel und Produktion..........................	252
	I.4.5.3.	Effektivität: Zu den Umweltauswirkungen	257
	I.4.5.4.	Verteilungsgerechtigkeit: Biomasseimport, Nahrungsmittelkrisen und Vertreibungen...............	264
	I.4.5.5.	Zusammenfassung und Schlussfolgerungen..........	268

Teil II. Der Prozess: Von der Wiege bis zur Bahre............................ 273

II.1. Leitideen.. 273

II.2. Von der Wiege ...: Ressourcenökonomische Betrachtungen..................... 275

II.2.1.		Zielsetzung und Legitimation..	276
	II.2.1.1.	Abdiskontierung und Zeitpräferenz: Der Ausbeutungspfad als intergenerationelle Verteilungsfrage..............	276
	II.2.1.2.	Alternativkonzept: Rawls „Principles of justice".........	283
	II.2.1.3.	Zusammenfassung und Schlussfolgerungen............	285
II.2.2.		Effiziente Ressourcenabbau- und –erntepfade.........................	288
	II.2.2.1.	Nicht regenerierbare Ressourcen und die Hotelling-Regel..............................	288
	II.2.2.2.	Regenerierbare Ressourcen: Biologisches und ökonomisches Optimum..................................	295
	II.2.2.3.	Zusammenfassung und Schlussfolgerungen............	299
II.2.3.		Ökologische Zielerreichung...	300
II.2.4.		Verteilungsgerechtigkeit...	306
	II.2.4.1.	Zur Undurchführbarkeit des Ressourcenmanagements i.S.v. Rawls bei einem positiven Zinssatz..	306
	II.2.4.2.	Nullzinssatz bei Privateigentum an Ressourcen als verteilungspolitische Katastrophe........................	309
	II.2.4.3.	Zusammenfassung und Schlussfolgerungen............	310

Inhalt	Seite

II.3. Geld, Zins und Wirtschaftswachstum 312
    II.3.1. Zielsetzung und Legitimation 312
        II.3.1.1. Wachstum und Kapitalismus 312
        II.3.1.2. Wachstum und Wohlfahrt 317
        II.3.1.3. Herkömmliche wirtschaftspolitische Zielsetzungen 324
        II.3.1.4. Nachhaltigkeitsstrategien und Wirtschaftswachstum 325
        II.3.1.5. Zusammenfassung und Schlussfolgerungen 338
    II.3.2. Wohlfahrt und Wachstum: „… bis der Arzt kommt"? 340
    II.3.3. Erreichung der ökologischen Zielsetzungen 342
    II.3.4. Verteilungsgerechtigkeit 347
    II.3.5. Exkurs: Ein Wachstumsmodell 356
        II.3.5.1. Ableitung aus dem Solow-Modell 357
        II.3.5.2. Modifikationen des Wachstumsmodelles von *Solow* 360
        II.3.5.3. Zusammenfassung und Schlussfolgerungen 363
    II.3.6. Notwendige und hinreichende Voraussetzungen für Wachstumsfreiheit 365
    II.3.7. Gegenentwurf - zur praktischen Umsetzung 370

II.4. ... bis zur Bahre 378

Teil III. Realpolitik als strukturkonservative „Politik der kleinen Schritte" 383

III.1. Leitgedanken 383

III.2. Fokus: Legitimation / Zielfestlegung 384
    III.2.1. Maßnahmen zur Bewusstseinsbildung: Darstellung 384
    III.2.2. Beurteilung 384

III.3. Fokus: Control-Ebene (Ökologie / Effektivität) 385
    III.3.1. Auflagen / Ordnungs- und Planungsrecht 385
        III.3.1.1. Darstellung 385
        III.3.1.2. Beurteilung 386
    III.3.2. New Public Management 390
        III.3.2.1. Darstellung 390
        III.3.2.2. Beurteilung 391

Inhalt

| Inhalt | Seite |

III.4. Fokus: Allokation (Ökonomie / Effizienz).. 392
    III.4.1.   Freiwillige Selbstverpflichtungen.. 392
                III.4.1.1.   Darstellung.. 392
                III.4.1.2.   Beurteilung.. 393
    III.4.2.   Kooperationen... 394
                III.4.2.1.   Darstellung.. 394
                III.4.2.2.   Beurteilung.. 396
    III.4.3.   Exkurs: Ausweitung der Organisationsgrenzen........................ 399
    III.4.4.   Besteuerung.. 401
                III.4.4.1.   Allgemeine Vorbemerkungen................................. 401
                III.4.4.2.   Besteuerung (I): Ökosteuer..................................... 404
                III.4.4.3.   Besteuerung (II): Fixkostensteuern......................... 410
                III.4.4.4.   Zusammenfassung und Schlussfolgerungen............ 421

III.5. Fokus: Verteilungsgerechtigkeit.. 422
    III.5.1.   Besteuerung (III): Lenkung im Rahmen
                der Einkommensteuer.. 422
                III.5.1.1.   Darstellung.. 422
                III.5.1.2.   Beurteilung.. 423
    III.5.2.   Besteuerung (III): Offene Subventionen................................... 427
                III.5.2.1.   Darstellung.. 427
                III.5.2.2.   Beurteilung.. 428

Teil IV. Zum Schluss: Zivilgesellschaftlicher Protest mit Kompass 433

Anmerkungen und Literatur.. 443

Abbildungsverzeichnis.. 477

Verzeichnis der Tabellen und tabellarischen Übersichten........................... 479

Stichwortverzeichnis... 481

Teil I. Die Struktur: Umweltpolitik als Ordnungspolitik

I.1. Leitgedanken

I.1.1. Zum Begriff der Ordnungspolitik

Nachfolgend soll Umweltpolitik als Ordnungspolitik[1] begriffen werden. "Ordnungspolitik" ist mittlerweile „unsexy"; ein Begriff, der nur noch von zahnlosen Dinosauriern in den Mund genommen wird. Noch weniger liebt die praktische Politik diesen Begriff: Setzt er doch voraus, dass man über den weiteren Kontext des politischen Handelns nachdenkt und dem üblichen tagespolitischen „Durchwursteln" abschwört. Das nimmt Freiheitsgrade. Politische Überzeugungen sind wie Unterwäsche (entsprechend des gerade aktuellen politischen Stimmungsbildes) beliebig austauschbar geworden. Die maßgeblichen politischen Parteien, die – zumindest in Deutschland - ihren verfassungsgemäßen Auftrag zur Mitwirkung bei der politischen Willensbildung als Exklusivfunktion uminterpretiert haben, gebärden sich dabei wie politische Unternehmer, denen es primär auf Stimmenmaximierung ankommt. Es geht um den nächsten Wahlerfolg, nicht aber um langfristig tragfähige Konzeptionen. Nicht zufällig gleichen sich somit die großen politischen Parteien inhaltlich, in ihrer Form sowie in ihrem Verhalten immer mehr einander an (was die Wähler auch so wahrnehmen).[A]

„Ordnungspolitik" ist aber auch in der Wissenschaft unter die Räder gekommen – sie ist v.a. ein Opfer der fleißigen Rezeption der mathematisch geprägten Ökonomie angloamerikanischer Provenienz, die ein der „Ordnungspolitik" entsprechendes Begriffsäquivalent gar nicht kennt. Zudem biedert sich die Wissenschaft der praktischen Politik mit ihrem ausgeprägten tagespolitisch orientierten Pragmatismus der Macht an. Zwar hat es gerade durch die neoinstitutionalistische Schule in jüngerer Zeit eine gewisse Rückbesinnung auf Fragen der Ordnungspolitik gegeben; leider fährt dieser Zug – wie zu zeigen sein wird – aber in die falsche Richtung ab.

Ordnungspolitik hat in Deutschland seinen Ursprung. Er wurde inhaltlich wesentlich durch die Überlegungen der *Freiburger Schule* (repräsentiert v.a. durch *W. Eucken* und *F. Böhm*) bestimmt. Die Tragweite des Begriffes „Ordnungspolitik" geht jedoch wesentlich weiter: So ist der Begriff m.E. auch dann brauchbar, wenn man die normativen Grundlagen der Freiburger Schule nicht uneingeschränkt zu teilen vermag. Unter Ordnungspolitik wird herkömmlicherweise die bewusste Setzung von Institutionen, Gesetzen, Regeln und Handlungen verstanden, die es ermöglichen, die Wirtschaft nach bestimmten Prinzipien (v.a. Markt und Wettbewerb) zu organisieren. Insoweit ergeben sich Bezüge zur Property rights-Theorie (s. unten). Deren großes Verdienst ist es, die allokative Bedeutung von Institutionen wieder in die ökonomische Theorie eingeführt und damit ein großes Versäumnis der mathematisch geprägten neoklassischen Theorie geheilt zu haben.

Eine mit dem vorherrschenden, liberal geprägten Begriffsverständnis von "Ordnungspolitik" verbundene normative Vorentscheidung besteht dementsprechend darin, dass der Staat neben der allgemeinen rahmensetzenden Funktion nur noch ganz

---

[A] Dabei vertritt der Verfasser die Auffassung, dass ein "falsches" bzw. nur als "Second best-Lösung" taugliches ordnungspolitisches Konzept immer noch besser als gar keines wäre.

Teil I. Die Struktur: Umweltpolitik als Ordnungspolitik

beschränkte Aufgaben in einer Marktwirtschaft innehaben sollte. Andernfalls – also bei einer wirtschaftspolitisch aktiven Rolle des Staates - würde es sich um „Prozesspolitik" oder um „Industriepolitik" handeln. Insoweit ist das Konzept der Ordnungspolitik auch mit bestimmten liberalen Wertentscheidungen verknüpft. Dementsprechend formulierten die Ordoliberalen inhaltlich anerkannte Politikprinzipien: So ist u.a. der Wettbewerb vor Missbrauch durch eine marktbeherrschenden Stellung zu schützen, Eingriffe des Staates müssen marktkonform sein, d.h. Anreize für ein wirtschaftlich vernünftiges Verhalten bewahren. Die oben genannte Auffassung von Ordnungspolitik setzt die Existenz einer prästabilisierten Harmonie voraus, die durch die „unsichtbare Hand" eines möglichst ungestört wirkenden Marktes zur Geltung gelangen kann. Wir werden darstellen, dass die Existenz dieser prästabilisierten Harmonie zweifelhaft ist und in diesem Kontext auch die Grenzen der Ordnungspolitik thematisieren. Ordnungspolitik muss – so unsere These – auch einen Rahmen für das Wirken einer „sichtbaren Hand" setzen. So müssen beispielsweise fortlaufend neue wissenschaftliche Erkenntnisse in Umweltpolitik umgesetzt werden können, ohne dass fortwährend der gesamte ordnungspolitische Rahmen infrage gestellt werden muss.

Ein zentrales inhaltliches Anliegen der Ordoliberalen war die Beschränkung von Macht. Macht ist sozusagen die „kleine Schwester" der Gewalt. Obwohl der kulturelle und zivilisatorische Fortschritt dahin geführt hat, Gewalt aus Wirtschaft und Gesellschaft zu verbannen und das Gewaltmonopol an den Staat zu geben, wird Macht von weiten Teilen der Gesellschaft als legitim angesehen. Gerade das macht sie aber gefährlich. Nach *Eucken* sollte einerseits Wirtschaft und Gesellschaft von Macht und andererseits der Staat von privaten Interessen frei gehalten werden. Nur dann ist das Recht in der Lage, eine freiheitliche Ordnung zu garantieren.[A]

[A] W. Eucken, Grundsätze der Wirtschaftspolitik, 6. Aufl., Tübingen 1990, S. 325-337, insb. S. 334.- Ähnliche Gedanken finden sich schon in W. von Humboldt, Ideen zu einem Versuch, die Grenzen der Wirksamkeit des Staats zu bestimmen, Stuttgart 2006.- Die vorliegenden Gedanken sind breiter ausgeführt in F. Andres, Macht-Recht-Interesse in ihrem Verhältnis zu Staat und Gesellschaft – eine Skizze im Sinne des Ordoliberalismus, in: Fragen der Freiheit H. 277 I/II 2007.

Teil I. Die Struktur: Umweltpolitik als Ordnungspolitik

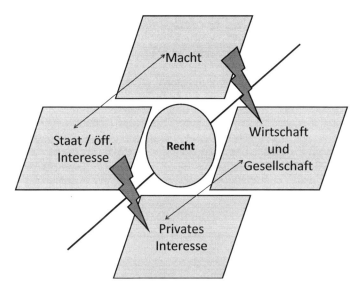

Abb. 1: **Voraussetzungen für eine freiheitliche Ordnung**
(Quelle: Eigene Darstellung)

Die Gefangennahme des Staates durch private Interessen (z.B. in Gestalt von durch die Industrie bezahlten „Leihbeamten", die an Gesetzen mitwirken, „weißer Korruption" oder wenn über bestimmte Formen des „Public Private Partnership" unvereinbare öffentliche Versorgungs- und private Renditeinteressen unter das Dach gemeinsamer Unternehmen gesteckt werden) trägt jedoch dazu bei, den Staat zu schwächen. Gleiches gilt auch dann, wenn sich Ministerien als verlängerter Arm der Industrielobby begreifen (Bundeswirtschaftsminister *Glos*: „*wir haben eine wirtschaftsfreundliche Lösung durchgesetzt*"[2]). Auch kann es nicht darum gehen, private Machtkörper zuerst entstehen zu lassen und dann den Missbrauch zu bekämpfen. Nach *Eucken* muss schon die Entstehung privater Macht verhindert werden.[3]

Der institutionelle Rahmen muss in einer Weise gesetzt werden, dass die machtbegrenzende Funktion des Wettbewerbs wirksam werden kann. In vielen Fällen handelt es sich bei den betreffenden ordnungspolitischen Fragen um Fragen von Verfassungsrang. Machtbeziehungen etablieren ein soziales Gefälle, das dafür sorgt, dass sich auf der einen Seite eher die Vorteile und auf der anderen Seite eher die Nachteile ansammeln. Um die Machtverhältnisse ausbalancieren zu können, plädierte die *Freiburger Schule* übrigens keineswegs für einen „schwachen Staat". Dies ist auch und gerade angesichts der vorliegend diskutierten umweltpolitischen Probleme von Interesse. In umweltpolitischer Hinsicht lässt sich Macht „*als die Fähigkeit definieren, den Nutzen von Umweltverbrauch zu internalisieren, die Kosten jedoch zu externalisieren.*"[4] Umweltpolitik ohne das Bemühen um ein ordnungspolitisches „Check and balance of power" ist daher vom Ansatz her verfehlt - das gilt sowohl für die nationale wie die internationale Ebene.

Zwar stellten die Ordoliberalen wichtige Fragen der Ausbalancierung von Macht; allerdings klammerten sie diesbezüglich auch wichtige Aspekte aus. Wir werden im vorliegenden Buch besprechen, wie einerseits die Rechtsordnung Privilegien be-

Teil I. Die Struktur: Umweltpolitik als Ordnungspolitik

gründet, die von der ordoliberalen Schule nicht in ihrer ganzen Problematik wahrgenommen wurden. Darunter finden sich neben dem „Klassiker", dem Privateigentum an Grund und Boden, u.a. auch das Patentrecht sowie andere fragwürdige Ausschließbarkeitsrechte, v.a. an nicht vermehrbaren und schwer ersetzbaren Ressourcen. Eine andere Dimension ist die Macht des Kapitals. Diese wird v.a. über ein Marktverhältnis begründet, welches das Kapital gegenüber der Arbeit und der Natur in institutionalisierter Weise verknappt (s. Kap. II.3.2., II.3.3., II.3.4. und II.3.5.). Da die Marktwirtschaft immer zugunsten der knappen Produktionsfaktoren arbeitet, führt dies zu einem säkularen Machtungleichgewicht. Das Kapital wird heutzutage v.a. durch die großen transnationalen Konzerne verkörpert, die in 2005 ca. 52,8 % des Weltsozialproduktes kontrollierten. Die betreffenden 500 Konzerne haben ein Vermögen, das größer ist als die kumulierten Guthaben der 133 ärmsten Länder der Welt.[5] Die Machtbasis der transnationalen Konzerne stellen zu einem großen Teil die in Kap. I.2.4.1. zu behandelnden gegenständlichen Privilegien dar.

Strukturelle Asymmetrien, die mit Macht einhergehen, durchziehen auf vielfältige Weise die gesamte Wirtschaft. Machtasymmetrien wirken sich dabei nicht nur zu Lasten der Menschen aus, sondern auch zu Ungunsten der Natur. Das Patentrecht spielt beispielsweise eine wesentliche Rolle bei der Verbreitung biogenetisch veränderter Nutzpflanzen und der Verdrängung traditioneller Arten. Biotope müssen mit dem Argument „Schaffung von Arbeitsplätzen" den Kapitalinteressen weichen etc. Egal, ob es sich um die Macht der Stromanbieter (Behinderung regenerativer und Förderung fossiler Energieträger oder von Kernernergie) oder Wasserkonzerne (mit der Folge der Vernachlässigung des Leitungsnetzes und Verteuerung der Wasserpreise etc.) handelt: Ohne eine Ausbalancierung wirtschaftlicher und gesellschaftspolitischer Macht wird Umweltpolitik keinen Erfolg haben. Ein Umsteuern funktioniert daher nicht ohne eine ordnungspolitische „Denke" in Wissenschaft und Politik und auch nicht ohne unabhängige, starke, von lobbyistischer Einflussnahme freie staatliche Institutionen.

Die heute populären Ansätze, strukturelle Asymmetrien[6], die zu Lasten von Mensch und Natur gehen, in ein ingenieurtechnisches Problem umzudefinieren und technische Lösungen zu suchen („Grüne Revolution", „Ökoeffizienzstrategien", „Konsistenz" etc.) sind nicht unbedingt immer verkehrt, aber als ausschließliche Strategie im Ansatz zu kurz gesprungen.

I.1.2. Zielebenen der Umweltpolitik

Das vorliegende Buch möchte die Umweltpolitik nach folgenden Kriterien beurteilen:

a. *Zielfestlegung und Legitimation*: Jede Wirtschaftswissenschaft ist normativ; Ausgangspunkt ist die Frage, wie das Zusammenleben der Menschen untereinander und das Verhältnis zu den natürlichen Lebensgrundlagen gestaltet werden soll. Umweltpolitik muss definieren, welche umweltpolitischen Ziele erreicht werden sollen. Dabei muss berücksichtigt werden, dass sowohl die natürliche Umwelt als auch die Wirtschaft jeweils als Systeme begriffen werden können. Wir wollen vor dem Hinter-

Teil I. Die Struktur: Umweltpolitik als Ordnungspolitik

grund der Nachhaltigkeitsdiskussion[A] diese Systembetrachtung ausdrücklich übernehmen und greifen dabei auf die Leitwerttheorie zurück.[7] Hiernach muss sich jedes „selbstorganisierende" System (Individuum, Gesellschaft, Unternehmen, Ökosysteme etc.) an bestimmten „Leitwerten" oder „Orientoren" (Effizienz, Sicherheit, Handlungsfreiheit, Adaptivität, Existenz und Versorgung, Gerechtigkeit / Verantwortung / Solidarität) orientieren.[8]

Sowohl die Überbetonung als auch die Außerachtlassung bestimmter Leitwerte kann die Funktionsfähigkeit des ökonomischen bzw. die Überlebens- und Entwicklungsfähigkeit des ökologischen Gesamtsystems gefährden. Und „Nachhaltigkeit" ist schließlich nichts anderes als die Sicherung der Überlebens- und Entwicklungsfähigkeit eines Systems über seine mögliche Lebensdauer hinweg.[B] Die untenstehende Abbildung illustriert vor diesem Hintergrund ein typisches Krankheitsbild des westlichen Kapitalismus, wenn man der (oben kritisierten) Typologie von *Bossel* folgt:

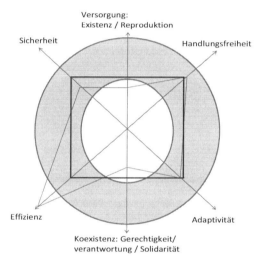

Abb. 2:   Kapitalistisches Krankheitsbild aus systemtheoretischer Sicht[9]
(Quelle: Nach K. F. Müller-Reißmann, Versuch eines ganzheitlichen Fortschrittsbegriffs, in: Burmeister / Canzler / Kalinowski (Hrsg.): Zukunftsfähige Gesellschaft, Bonn 1996, S. 39 ff.)

[A] Der der Ökologischen Ökonomik zugrundeliegende Begriff der „nachhaltigen Entwicklung" (sustainable development) ist maßgeblich auf den in 1987 von der UN-Weltkommission für Umwelt und Entwicklung (Vorsitz: *Gro Harlem Brundtland*) benannten Bericht „Our Common Future" zurückzuführen. Allerdings bildet die Ökologische Ökonomik kein in sich geschlossenes Paradigma.- R. Costanza et al., Einführung in die Ökologische Ökonomik, Stuttgart 2001, S. 60.

[B] Die Anwendung derselben Gesetzmäßigkeiten auf natürliche und soziale Systeme ist gleichzeitig eine gewisse Parteinahme in einem Streit, der schon mit und gegen die deutsche historische Schule der Nationalökonomie angewandt wurde: Können auf Wirtschaft und Gesellschaft naturwissenschaftliche Methoden angewandt werden? Seinerzeit äußerten sich *G. Schmoller* verneinend, *C. Menger* bejahend. Wir wollen indessen wieder einmal *W. Eucken* folgen, nach dessen Auffassung jede historische Ordnung einmalig ist, aber aus einer Mischung allgemeiner Formen (morphologische Betrachtungsweise!) besteht, für die auch Gesetzmäßigkeiten festzustellen sind.- W. Eucken, Grundsätze der Wirtschaftspolitik, a.a.O., S. 15 ff.

Teil I. Die Struktur: Umweltpolitik als Ordnungspolitik

Das Quadrat stellt den Sollzustand dar: Keiner der Orientoren ist übererfüllt oder vernachlässigt. Um Missverständnisse auszuräumen: Um die Balance der Leitwerte aufrechtzuerhalten, müssen diese keineswegs in „gleicher Intensität" (messbar?) erfüllt sein. In der unterschiedlichen Betonung der Bedeutung der Leitwerte manifestieren sich vielmehr die Unterschiede der Systeme (z.B. kulturelle Unterschiede). Allerdings dürfen kritische Schwellenwerte (grau schattierter Bereich) nicht über- oder unterschritten werden. Beispielsweise würde bei einem erwerbswirtschaftlich orientierten Unternehmen der Aspekt „Effizienz" immer und unbestritten eine herausragende Rolle spielen. Dies darf aber nicht bedeuten, dass die Effizienz „nach außen" den Graubereich verlässt und die anderen Leitwerte „nach innen" aus dem „Graubereich" herausfallen. Genau dies ist jedoch eine Problematik des „Shareholder value"-Denkens (vgl. Kap. I.2.3.4.). Noch mehr: Der Istzustand im westlich-kapitalistischen System ist gesamthaft geprägt durch eine Übererfüllung des Leitbildes der „Effizienz" sowie insbesondere einer Vernachlässigung der Orientoren „Versorgung" und „Gerechtigkeit". Ein System ist so auf Dauer nicht überlebens- und entwicklungsfähig.[10] Auch ist der Ausgleich eines Defizits bei bestimmten Leitwerten nicht durch die Übererfüllung bei anderen Leitwerten möglich. Das Übermaß an Effizienzorientierung kann somit nicht Defizite bei Versorgung und Gerechtigkeit kompensieren, wie dies von der zeitgenössischen Wirtschaftswissenschaft propagiert wird.[A]

Bossel ordnet übrigens den Begriff der „Effizienz" der Kategorie der „Wirksamkeit" unter. Wir verstehen unter Effektivität die Fähigkeit, ein gesetztes Ziel möglichst wirksam und genau zu erreichen; der dazu nötige Aufwand spielt hierbei zunächst keine Rolle. Effizienz ist dagegen die Erreichung eines Ziels mit möglichst geringem Einsatz an Ressourcen oder an Zeit. Effizienz und Effektivität müssen nicht unbedingt miteinander harmonieren: Will ein Jäger einen Spatz erlegen, kann er mit einer Kanone auf ihn schießen – ein sehr effektives, zeiteffizientes, aber nicht unbedingt ein ressourceneffizientes Verfahren. Oder: Ein Schüler „schludert" seine Hausaufgaben in Rekordzeit herunter, um sich dann mit Muße einem schlechten Video hingeben zu können. Er handelt sicherlich zeiteffizient, mit Bezug auf den Zweck des Schulbesuchs aber sicher nicht effektiv.[B] Wir möchten angesichts der potenziellen Zielkonflikte zwischen Effektivität und Effizienz (die ein Hauptthema in diesem Buch darstellen) von *Bossels* Vorgehen ausdrücklich abweichen, indem wir „Effizienz" und „Effektivität" trennen bzw. jeweils für sich als Orientoren ausweisen. Sowohl „Effizienz" wie auch „Effektivität" sind intentionale Begriffe, sie setzen also schon einen vorab definierten Zweck voraus (und werden daher weiter unten gesondert, neben dem Aspekt der Zielfestlegung diskutiert).

Die herrschende (Umwelt-) Ökonomie ist auf den Leitwert der Effizienz fokussiert. Daher neigt sie dazu, andere, für das Überleben von Umwelt- und Wirtschaftssystemen wesentliche Aspekte zu vernachlässigen. Allerdings gab es auch immer Versuche, diese verengte Betrachtungsweise zu durchbrechen. So bezog die oben schon zitierte *Freiburger Schule* (macht-) politische und soziale Fragen ausdrücklich in ihre

---

[A] *H. Spehl* hat in einer Tagung (42. Mündener Gespräche am 18. Und 19. April 2008 bei Kassel) den Begriff der „Bröseltheorie" gebraucht. In eigenen Worten: Wird das Festmahl nur üppig genug gestaltet, fallen schon ein paar Brösel unter den Tisch, die die hungrige Masse der „Underdogs" dort verzehren kann (http://www.sozialwissenschaftliche-gesellschaft.de/Bisherige_Tagungen/2008/2008.html). Hiernach wäre durch ein Übermaß an Effizienz der Mangel an Gerechtigkeit zu kompensieren. Wir werden im Zusammenhang mit der Wachstumsproblematik hierauf noch zurückkommen.

[B] Unzureichende Zielerreichung aufgrund von Eile oder Mangel an Zeit: Aus diesem Grunde kann man auch nicht Effektivität ohne Weiteres mit Zeiteffizienz gleichsetzen.

Teil I. Die Struktur: Umweltpolitik als Ordnungspolitik

Untersuchungen ein. Im Bereich der Umweltökonomie ging v.a. die „Ökologische Ökonomik" mit der Beachtung sozialer und ökologischer Restriktionen und der Einbeziehung naturwissenschaftlicher Aspekte über die konventionell betriebene Umweltökonomik hinaus. Die Ökologische Ökonomik hinterfragt auch die ethische Basis der neoklassisch fundierten Umweltökonomie kritisch[11] und lehnt die charakteristische Komplexitätsreduktion der neoklassischen Umwelt- und Ressourcenökonomie ab (s. zur Kritik der „Punktziele" unten).

Auch der Begriff der Nachhaltigkeit ist ein mehrdimensionaler Begriff. Interessant ist, dass *Bossel* in seiner Leitwerttheorie sozusagen „quer", in „Matrixform" zu den Leitwerten über die Aggregation von Subsystemen zu den größeren Subsystemen „Soziale Organisation" (Sozialsystem, persönliche Entwicklung, Staat und Verwaltung), „Versorgungsstruktur" (Infrastruktur, Wirtschaftssystem) sowie „Ressourcen und Umwelt" gelangt (die mit Bezug auf jeden Leitwert relevant sein können.[12] In den betreffenden Subsystemen spielen m.E. jeweils andere Leitwerte eine hervorragende Rolle. In der Wirtschaft ist dies sicher die Effizienz, im sozialen Bereich die Koexistenz und die Versorgung, bei der Raumplanung oder beim Verwaltungshandeln die Effektivität. Diese Leitwerte werden in der vorliegenden Betrachtung eine herausgehobene Rolle spielen. Gleichwohl dürfen andere Leitwerte nicht vollkommen unbeachtet bleiben: Für ein Unternehmen ist – insbesondere in einem dynamischen Umfeld – der Stillstand gleich dem Tod (Leitwerte: „Wandlungsfähigkeit", „Anpassungsfähigkeit"); die Wirtschaft kann weder auf Unternehmens-, noch auf der Ebene des Wirtschaftssystems den Leitwert der Koexistenz vollkommen vernachlässigen, das Gesundheitswesen muss finanzierbar sein (Effizienz) und das Verwaltungshandeln muss auch gleichmäßig vollzogen werden (Gerechtigkeit).

Die von *Bossel* benannten Subsysteme korrespondieren übrigens weitgehend mit den klassischerweise in der Nachhaltigkeitsdiskussion genannten ökologischen, ökonomischen und sozialen Zieldimensionen. Mehr noch: Diese Zieldimensionen erfahren über das Verständnis als Subsysteme, die bestimmte Anforderungen mit Blick auf die Leitwerte erfüllen müssen, eine weitergehende inhaltliche Charakterisierung. Der Nachhaltigkeitsbegriff liefert auch eine Orientierung für die Ethik, die bei der Zielfestlegung zugrunde gelegt werden kann (aber nicht muss). Wir wollen uns bei unterem Beurteilungsraster an diesen bekannten Subsystemen bzw. Dimensionen der Nachhaltigkeit orientieren. Die mit Blick auf die ökologischen, ökonomischen oder sozialen Subsysteme definierten Ziele können zueinander in einem harmonischen, neutralen oder in einem Konfliktverhältnis stehen.[A] Nach der Leitwerttheorie ist zwar immer eine Balance notwendig; andererseits müssen im Falle von Zielkonflikten wenigstens zeitweise Prioritäten gesetzt werden.

Allerdings: Welche Ziele sollen also im Konfliktfalle (Umwelt vs. Wirtschaft, Umwelt vs. Soziales, etc.) Vorrang erhalten? Und wie sollen Entscheidungen darüber getroffen werden, wie die diesbezüglichen Präferenzen der Bürger aggregiert werden? Soll das Geld („Zahlungsbereitschaft") bzw. das Rentabilitätsinteresse entscheiden oder sollen die „Wünsche" auf demokratischem Wege abgefragt werden? Wenn Letzteres

---

[A] Wenn im Text nicht von „den mit Blick auf die ökologischen, ökonomischen oder sozialen Subsysteme definierten Zielen", sondern lediglich von „ökologischen, ökonomischen oder sozialen Zielen" die Rede ist und auch nicht immer sauber zwischen Ziel und Zweck getrennt wird, ist dies als didaktisches Zugeständnis an den eingeschliffenen umgangssprachlichen Gebrauch der Begriffe zu verstehen. Der Sinn ist, analog dem Bilanzierungsgrundsatz „Substance over Form" möglichst wenig vom inhaltlich Wesentlichen abzulenken.

Teil I. Die Struktur: Umweltpolitik als Ordnungspolitik

bejaht wird: Nach welcher Agenda soll der demokratische Prozess stattfinden (z.B. Mehrheitswahlrecht vs. Verhältniswahlrecht)? Dies sind Fragen der Legitimation, die eng mit der Zielfestlegung verbunden sind.

b. Effektivität / Wirksamkeit: Nachdem die Frage der Zielsetzung gesondert thematisiert wurde (s. Punkt a.), geht es um die Frage der möglichst wirksamen Erreichung der Ziele. Dabei stellen wir das ökologische Ziel in den Mittelpunkt der Betrachtung. Das Umweltziel soll treffsicher und genau erreicht werden.[A] In der herkömmlichen Umweltökonomie hat die Effektivität eher den Charakter einer Restriktion, bestenfalls eines Modalzieles. Wir wollen diese Sichtweise relativieren.

c. Effizienz: Unter Effizienz wird in der Wirtschaftswissenschaft einerseits (v.a. auf gesamtwirtschaftlicher Ebene) Allokationseffizienz verstanden: Hiernach soll der gesamtgesellschaftliche Überschuss der Nutzen über die Kosten maximiert werden. Das Maximum stellt das gesellschaftliche Optimum dar. Dieses kann allerdings bei Bestehen (negativer) externer Effekte verfehlt werden (vgl. Kap. I.2.3.1.). Bei externen Effekten handelt es sich um die unkompensierten Auswirkungen ökonomischer Entscheidungen auf unbeteiligte Marktteilnehmer, die nicht in das Entscheidungskalkül der Verursacher eingehen. Der Verursacher einer Emission kann beispielsweise billiger produzieren und daher eine größere Menge seines Produktes absetzen, wenn er auf Vermeidungsanstrengungen verzichtet. Den Schaden der Emission tragen andere, z.B. durch Gesundheitsbeeinträchtigungen. Volkswirtschaftlich werden solche externen Effekte als eine Ursache für Marktversagen gesehen, woraus sich die Notwendigkeit staatlicher Regulierung ergibt. Dies ist das traditionelle Terrain, auf dem sich die Umweltökonomie bewegt. Neben der Allokationseffizienz wird aus einer zumeist eher einzelwirtschaftlichen bzw. politisch-praktischen Perspektive Kosteneffizienz propagiert. Liegt gleichermaßen Kosteneffizienz und allokative Effizienz vor, spricht man auch von „Markteffizienz".[13] Unter einer anderen – außerökonomischen und damit breiteren Perspektive – kann Effizienz einmal als Ressourceneffizienz[B] und Zeiteffizienz betrachtet werden.[14] Insbesondere bei der letztgenannten Interpretation wird deutlich, dass der Effizienzbegriff etwas über das Verhältnis von Nutzen und Kosten (auch interpretierbar als negativer Nutzen) aussagt. Der Nutzen – und damit der Effizienzbegriff – bezieht sich immer auf einen bestimmten Zweck, ist also ebenso wie der Begriff der Effektivität intentional (s. oben, Punkt a.). Regelmäßig wird dieser Zweck im Rahmen ökonomischer Abhandlungen auf den anthropogenen Nutzen reduziert. Die herkömmliche (Umwelt-) Ökonomie gesteht dem Effizienzkriterium das Primat bei der Beurteilung von politischen Alternativen zu – dies gilt auch und gerade bei einem Konflikt zwischen Effizienz und Effektivität. Die Fokussierung auf die Effizienz stellt – als Überbetonung eines Leitwertes (s. oben) - eine gefährliche Verkürzung der Perspektive dar. Wir wollen diese Verkürzung – ein wenig abweichend von der Terminologie *Emile Durkheims* – als „Reduktionismus" bezeichnen.[C]

[A] Teilweise wird auch noch „schnell" hinzugefügt. Damit setzt man Effektivität gleich mit „Zeiteffizienz". Wir wollen Zeiteffizienz jedoch ausdrücklich als eine Dimension der Effizienz (s. unten) begreifen.

[B] Der Begriff der Ressourceneffizienz ist teilweise mit demjenigen der Kosteneffizienz identisch; der Begriff bedarf allerdings noch dahingehend einer Erweiterung, dass er nicht nur die Nutzung von Ressourcen, sondern auch die der Deponien und Senken umfasst.

[C] Im Sinne von Durkheim ist „Reduktionismus" die Erklärung von Phänomenen auf einer „höheren Ebene" (z.B. das soziale Verhalten von Menschen) allein durch Gesetzmäßigkeiten einer „niederen" Ebene (z.B. der Chemie). Allerdings verhält sich die herrschende Ökonomie auch in diesem Sinne re-

Teil I. Die Struktur: Umweltpolitik als Ordnungspolitik

Betrachtet man die herkömmliche, neoklassisch und wohlfahrtstheoretisch basierte (Umwelt-) Ökonomie, so ergibt sich fast der Eindruck, dass Effizienz zum Selbstzweck erhoben wird. Aus dieser Überbetonung der Effizienz als Leitwert erwachsen Probleme sowohl für die Funktionsfähigkeit des ökonomischen wie sozialen (als „Mittelsysteme") als auch die Überlebens- und Entwicklungsfähigkeit des ökologischen Systems (als „lebendes" System).

d. *Soziale Organisation und Verteilungsgerechtigkeit:* Verteilungsfragen werden von der ökonomischen Orthodoxie kaum erörtert – stattdessen wird auf die Zuständigkeit der Sozialpolitiker verwiesen.[15] Allerdings ist Umweltpolitik v.a. mit Blick auf die nicht oder nur begrenzt vermehrbaren Ressourcen immer Verteilungspolitik. Dies gilt sowohl für die Verhältnisse unter den derzeit lebenden Menschen (intratemporal) als auch zwischen den Generationen (intertemporal). Es wird u.a. dargestellt, dass Begrenzungen von nicht oder nur beschränkt vermehrbaren Ressourcen zu Kontingentierungsrenten führen. Wem diese zufließen, hängt von der Setzung und Verteilung der Eigentumsrechte ab. Es geht um "Verteilungsgerechtigkeit" in einem weiten Sinne. I.S.v. *Gerhard Weisser* [16] kann die Problematik weit als „Verteilung von Lebenslagen" verstanden werden.

Eng mit der Frage der Beeinträchtigung von Verteilungspositionen hängt die politische Durchsetzbarkeit von Umweltpolitik in einer demokratischen Gesellschaft zusammen. Wenn beispielsweise - bei ungleicher Ausgangsverteilung - durch die umweltpolitisch bedingte Begrenzung des Zuganges zu nicht oder nur beschränkt vermehrbaren Ressourcen die Verteilungsposition des größten Teils der Bevölkerung noch weiter verschlechtert wird, ist über einen demokratischen Prozess wohl kaum die Zustimmung zu einer derartigen Begrenzungspolitik zu erreichen. Eine effektive Umweltpolitik wirkt über die Begrenzung des Zugriffs auf Ressourcen, Senken und Deponien in vielen Fällen zunächst einmal regressiv – sie ist dann ohne eine geeignete institutionelle Einbettung nur sehr schwierig auf demokratischem Wege durchzusetzen. Die Tragfähigkeit einer Restriktionspolitik hängt somit in einer demokratischen Gesellschaft sowohl von der Anfangsverteilung an Einkommen und Vermögen als auch von den Kompensationsmaßnahmen ab. Je undemokratischer ein Staatswesen verfasst ist, umso eher ist hingegen eine Begrenzungspolitik auch gegen den Willen der Bevölkerung durchsetzbar. Insofern schließt sich der Kreis: Hier geht es wieder um eine Frage der Legitimation und der Legitimität. Wir wollen im Zusammenhang mit der Verteilungsgerechtigkeit daher auch Grundfragen der sozialen Organisation der Gemeinwesen diskutieren.

---

duktionistisch, wenn sie versucht, ihre Gesetze auf andere Lebensbereiche zu übertragen. Vgl. die Beiträge in H.A. Henkel / L.F. Neumann / H. Romahn, Gegen den gesellschaftspolitischen Imperialismus der reinen Ökonomie, Gedächtnisschrift für Gerhard Weisser, Marburg 1998.

Teil I. Die Struktur: Umweltpolitik als Ordnungspolitik

I.2. Die Beurteilungskriterien

Nachfolgend sollen die vorstehend beschriebenen Zielebenen mit Inhalt gefüllt und Beurteilungskriterien für die verschiedenen umweltpolitischen Strategien entworfen werden.

I.2.1. Das Nachhaltigkeitsziel

„Im Reiche der Zwecke hat alles entweder einen Preis oder eine Würde. Was einen Preis hat, an dessen Stelle kann auch etwas anderes als Äquivalent gesetzt werden; was dagegen über allen Preis erhaben ist, mithin kein Äquivalent verstattet, das hat eine Würde."
I. Kant[17]

Umweltpolitik wird nicht ins Blaue hinein betrieben, sondern sollte auch (neben machtpolitischen) sachbezogene Ziele verfolgen. Ein derartiges, populäres Ziel stellt „Nachhaltigkeit" dar. Der Gedanke der Nachhaltigkeit kam als Antwort auf eine historische Krisensituation zur Geltung. Ihre Ursprünge liegen in der Waldwirtschaft und der Holzkrise im 17. Jahrhundert. Aufgrund des maßlosen Abholzens der Wälder waren die Verfügung über den Rohstoff Holz und die Funktionsfähigkeit der Produktionsstätte Wald gefährdet.[18] Das ursprüngliche Verständnis von Nachhaltigkeit klammerte somit noch soziale Fragestellungen aus.

Mittlerweile wird Nachhaltigkeit als normative Handlungsanleitung für die Bewältigung der Umweltproblematik verstanden, die auch den Gedanken der intertemporalen oder intergenerativen Gerechtigkeit berücksichtigt. Konstitutiv für das moderne Verständnis ist der Brundtland-Bericht: *„Unter ‚dauerhafter Entwicklung' verstehen wir eine Entwicklung, die den Bedürfnissen der heutigen Generation entspricht, ohne die Möglichkeiten der künftigen Generationen zu gefährden, ihre eigenen Bedürfnisse zu befriedigen und ihren Lebensstil zu wählen. Die Forderung, die Entwicklung ‚dauerhaft' zu gestalten, gilt für alle Länder und für alle Menschen."* [19] „Nachhaltiges Wirtschaften" wird also regelmäßig durch ein „Nachhaltigkeitsdreieck" beschrieben, welches die Elemente
- Ökonomie
- Ökologie
- Soziales

umfasst. M.E. geht es jedoch auch um Lebensstile und Einstellungen, weswegen ich für die Erweiterung zu einem „Nachhaltigkeitsviereck" durch Einfügung der „kulturellen Dimension" plädiere.[A] Dies wird in Kap. II.3.1.4. mit Blick auf die Forderung nach „Suffizienz" noch einmal verdeutlicht. In der aktuellen Diskussion über eine Konkretisierung der "nachhaltigen Entwicklung" haben sich mehrere konzeptionelle Pole herausgebildet:

[A] In der Literatur ist dieser Gedanke häufig zu finden.

Teil I. Die Struktur: Umweltpolitik als Ordnungspolitik

I.2.1.1. Schwache Nachhaltigkeit („Weak sustainability")

Die „schwache" Form der Nachhaltigkeit ("Weak sustainability") kann als integraler Bestandteil der orthodoxen Lehre angesehen werden. Sie basiert auf der neoklassischen Produktionstheorie[A] und betrachtet die ökonomischen und ökologischen Systeme als unabhängige voneinander klar getrennte Einheiten, die aber in einem substitutiven Verhältnis zueinander stehen. Dementsprechend lässt sich bei der „Weak sustainability" der Abbau von natürlichem Kapital durch den Aufbau von anthropogenem Kapital kompensieren.[B] Aus dem substitutiven Verhältnis zwischen Naturkapital und anthropogenem Kapital ergibt sich das Ziel: Der *Wert des gesamten Kapitalstocks* (also der Wert des Naturkapitals plus der Wert des anthropogenen Kapitals) darf durch die wirtschaftlichen Aktivitäten nicht gemindert werden. Dies impliziert jedoch, dass Umschichtungen zugunsten des anthropogenen Kapitalstocks zulässig sind. Zumal das Konzept der schwachen Nachhaltigkeit nicht auf die Menge, sondern den Wert des natürlichen und anthropogenen Kapitalstocks abstellt[C], muss zunächst ein Blick auf die Frage nach der Bewertbarkeit von Umweltgütern geworfen werden.

Alle Versuche, Umweltgüter zu bewerten (zu monetarisieren), unterstellen, dass ein Äquivalent vorhanden ist bzw. eine Substitution möglich ist. *„Es handelt sich um eine rein logische Aussage: Was durch nichts zu ersetzen ist, kann nicht in Geld gefasst werden, da in einer Geldsumme gerade der Ersatz durch ein anderes Güterbündel ausgedrückt wird. Die Ersetzbarkeit kann dabei auf unterschiedlichen Ebenen vorliegen: Zwei Dinge können technisch (wenn auch selten exakt) denselben Zweck erfüllen, wie ein Benzinauto oder ein Elektroauto, sie können aber auch bei grundverschiedenen Eigenschaften Nutzen stiften; eine Person kann zum Beispiel zwischen einer Urlaubsreise und einer neuen Wohnungseinrichtung indifferent sein."* [20] Wichtig für (Umwelt-) Bewertungen ist dabei, dass es sich immer um ein Marginalkalkül handelt: Jede monetäre Bewertung bezieht sich auf eine kleine Menge (z.B. das „konkrete" Biotop), aber nicht auf die Entität, also alle Biotope zusammen. Der Wert eines Subsystems oder Systemelements ergibt sich (in einer anthropozentrischen Perspektive) jedoch nicht nur
- aus dem unmittelbaren Nutzen des einzelnen, zu bewertenden Systemelements bzw. Subsystems für den Menschen, sondern auch

---

[A] Die Hartwick-Regel wird oft gebraucht, um den Begriff "Weak sustainability" zu formalisieren. Die Hartwick-Regel basiert auf der Annahme der totalen Substitution und stellt eine Aufsummierung der Barwerte verschiedener Kapitalarten dar. Hierbei unterscheidet *Hartwick* physisches Kapital von Humankapital (dieses wird oftmals auch als anthropogenes Kapital bezeichnet) und natürlichem Kapital. Eine Entwicklung ist nach der Hartwick-Regel dann nachhaltig, wenn die Summe der Barwert-Reihen der Kapitalformen positiv sind. Vgl. J. M. Hartwick: Intergenerational Equity and the Investing of Rents from Exhaustible Resources. In: American Economic Review, 67-5/1977, S. 972-974.

[B] *Keil* weist darauf hin, dass in der neoklassischen Produktionstheorie (ohne Berücksichtigung von technischem Fortschritt oder steigenden Skalenerträgen in der Produktion) die Substitutionselastizität zwischen Kapital und Ressourcen als entscheidend angesehen wird. Durch die Grundannahme der Substituierbarkeit ist bei einer Substitutionselastizität von größer als eins aus neoklassischer Sicht keinerlei Begrenzung für die Produktion und somit für das Wirtschaftswachstum gegeben. T. Keil, Ressourcenbeschränkung und Wirtschaftswachstum: Theoretische Konzepte einer nachhaltigen Entwicklung, Marburg 1999.

[C] Hier wird ausdrücklich auf den Wert, nicht auf den Preis Bezug genommen, da der Marktpreis von Umweltgütern nicht unbedingt alle Wertkomponenten widerspiegeln muss. S. in diesem Zusammenhang die Ausführungen zum strategischen Flexibilitätsvorteil für spätere Generationen unten.

Teil I. Die Struktur: Umweltpolitik als Ordnungspolitik

- aus dem Nutzen des Gesamtsystems. Die Funktionen der einzelnen Subsysteme im Systemzusammenhang sind jedoch in den meisten Fällen unbekannt, zumal das System mehr als die Summe seiner Teile ist (es entwickelt sog. „emergente Eigenschaften") und die Wissenschaft um so weniger Erkenntnisse hat, je komplexer und auch weitläufiger sich die Systeme gestalten.[A]

Eine Aggregation der (sämtlich marginal berechneten) diskontierten unmittelbaren Nutzen (-werte) zu einem Gesamtwert ist also wenig sinnvoll, wenn die emergenten Eigenschaften des Systems und ihr Nutzen ausgeblendet werden. Dies betrifft z.B. den Beitrag der einzelnen Systemelemente oder Subsysteme hinsichtlich der „Lifesupport"-Funktionen des Ökosystems.[21] Selbst innerhalb einer Marginalbetrachtung lassen sich daher kaum jemals alle Wertkomponenten erfassen, auch nicht durch das Konzept des Total Economic Value (TEV) – wenngleich es sich um die Erfassung derartiger Aspekte bemüht.[22]

> **Hinweis: Total economic value:**
> - In der Umweltökonomie werden als Bestandteile von Nutzen genannt[23]: Direkter Gebrauchsnutzen. Hieraus werden die direkten Werte abgeleitet. Zu diesen gehört u.a. auch der Erlebniswert einer Landschaft. Dieser resultiert daraus, dass die Natur den Individuen als „Konsumgut" dient. Interessant sind – mit Blick auf die obenstehenden Ausführungen, diejenigen Nutzenkomponenten, die über den direkten Gebrauchsnutzen hinausgehen:
> - Indirekter Nutzen. Hieraus können „indirekte Werte" ermittelt werden. Als solche werden v.a. diejenigen ökologischen Leistungen bezeichnet, die nicht oder nur schwer über individuelle Präferenzen ermittelt werden können. Beispielsweise erfüllen Flussauen eine Reihe von elementaren Funktionen, die mittelbar von großer Bedeutung für die Wohlfahrt menschlicher Gesellschaften sind (so determinieren sie z.B. maßgeblich das lokale Klima und erfüllen eine Funktion als Nährstoffsenken und großräumige Schadstofffilter).
> - Optionsnutzen, mit dem daraus resultierenden Optionswert. Dieser resultiert aus der Absicht der Individuen, sich die Möglichkeit der späteren Nutzung einer Ressource zu erhalten – auch wenn nicht genau absehbar ist, wann davon Gebrauch gemacht wird.
> - Vermächtnisnutzen: Hierunter wird der Nutzen verstanden, der für die heutige Generation darin besteht, dass sie eine Ressource künftigen Generationen „unversehrt" hinterlässt.
> - Existenznutzen. Der hieraus abgeleitete Existenzwert resultiert nicht aus dem Interesse, unmittelbar einen Nutzen aus dem Naturgut zu beziehen. Die Wertschätzung liegt vielmehr darin begründet, dass die pure Existenz bestimmter Natur- und Landschaftsgüter einen Nutzen stiftet.
>
> Die vorstehenden Komponenten bilden in ihrer Addition den „Total economic value". Bewertungsmethodisch wird bei der Ermittlung eines Total economic value jedoch u.a. außer Acht gelassen, dass Werte immer eine Subjekt-Objekt-Relation bezeichnen. Verschiedene Bewertungssubjekte ziehen also verschiedenartige Nutzen aus der Bewertung. Ein objektiver Wert setzt bezüglich des

---

[A] Die Bewertung eines Systemelements oder Subsystems könnte daher vernünftigerweise nur auf der Basis der Erkenntnis vollkommener Redundanzen oder Funktionsdopplungen vorgenommen werden. Nur dann kann eine Substitution erfolgen, ohne die Funktionsfähigkeit und damit den Nutzen des Gesamtsystems zu gefährden.

Teil I. Die Struktur: Umweltpolitik als Ordnungspolitik

> Bewertungssubjektes eine Entität voraus (Bezug: alle Menschen) und ist allein schon deswegen ohne praktische Relevanz.

Bewertungsmethodisch ergibt sich somit ein unlösbares Dilemma:
- Einerseits ergibt aus (ökologischer) Systemsicht nur die Bewertung der Gesamtheit einen Sinn, da die Bewertung der einzelnen Systemelemente oder Subsysteme die jeweiligen Elemente aus ihrem Systemzusammenhang reißt und weitere, möglicherweise wichtige Nutzenbezüge vernachlässigt.[A] Dies spricht gegen die Umweltbewertung in der Marginalbetrachtung zumindest dann, wenn man auf einen „objektiven Wert" abstellt.
- Die Bewertung der Totalität ist andererseits aus Systemsicht auch wieder unsinnig, da sie letztlich die Substituierbarkeit des gesamten Ökosystems unterstellt. Zudem ergeben sich bei der Bewertung von Totalitäten unlösbare ökonomische Probleme: So würde beispielsweise der Kauf oder Verkauf sämtlicher Grundstücke in Deutschland im Paket zu anderen Konditionen abgewickelt als der eines einzelnen Grundstücks. Letzteres spricht gegen die Bewertung der Entität.

Die „Totalität" kann daher keinen Wert und erst recht keinen Preis haben, sondern „nur" eine Würde i.S. *Kants* besitzen. Dann aber ergibt die Forderung nach einer Konstanz der Summe aus natürlichem und anthropogenem Kapitalstock keinen logischen Sinn. Das Konzept der schwachen Nachhaltigkeit scheitert somit im Ansatz.

> **Hinweis: ... auf den Eigenwert bzw. die Würde der Natur schon in der Bibel**
> Von einigen Kritikern des Konzepts der „schwachen Nachhaltigkeit" wird die These eines „Eigenwertes" der Natur bzw. des Naturkapitals vertreten. Der Gedanke des eigenen Rechtes der Natur auf Überleben bzw. eines Eigenwertes der Natur ist schon in der Bibel angelegt[B]: *„12 Und Gott: sprach: Das ist das Zeichen des Bundes, den ich stifte zwischen mir und euch und den lebendigen Wesen bei euch für alle kommenden Generationen: 13 Meinen Bogen setze ich*

[A] Umweltbewertungen werden in der Marginalbetrachtung mit indirekten Verfahren (bei denen man die Werte aus Marktpreisen ableitet: Vermeidungskostenansatz, Reisekostenansatz, hedonische Preise) oder direkten Verfahren (kontingente Bewertung: hypothetische und simulierte Märkte) durchgeführt. Der Verfasser sieht die betreffenden Verfahren allerdings mit großer Skepsis. Nur ein Aspekt: Werte sind nur aus Subjekt-Objekt-Relationen heraus sinnvoll zu bilden. Sie beschreiben den Nutzen, den ein Objekt für ein bestimmtes Subjekt erbringt. Werte sind daher immer subjektiv („objektive Werte", „Verkehrswerte" etc. sind daher sinnvoll nur als typisierte subjektive Werte zu interpretieren). Ohne konkrete Benennung des Nutzen empfangenden Bewertungssubjektes ergeben Werte keinen Sinn. Für einen „objektiven Wert" müsste das Bewertungssubjekt die ganze Menschheit sein (so müsste z.B. im Rahmen der kontingenten Evaluierung auch der Eskimo bei der Bewertung eines deutschen Biosphärenreservates wegen des Existenznutzens befragt werden, den er geltend machen könnte). Auch aus vielen anderen Gründen ist die gängige Umweltbewertung von zweifelhafter Aussagekraft.- Zur Kritik vgl. u.a. D. Löhr / M. Knaus / B. O´Reagan, Der ökologische Fußabdruck als Mittel zur Bewertung von projektbezogenen Umweltexternalitäten, in: ZfU 1 / 2004, S. 79 – 97, hier: S. 80 ff. Für die eingehende Diskussion fehlt aber hier der Raum. *Diamond / Hausman* meinen aufgrund der vielfältigen Probleme, dass kein Wert besser als „irgendein Wert" ist.- Vgl. P. A. Diamond / J. A. Hausman, Contingent Valuation: Is Some Number better than no Number, in: Journal of Economic Perspectives, 8 / 1994, S. 45 – 64.

[B] Einen weiteren Hinweis geben Hüttermann / Hüttermann mit Verweis auf den mittelalterlichen jüdischen Theologen Maimonides. Für diesen ist wichtig, dass Gott die Tiere vor dem Menschen erschuf und *„sah, dass es gut war"*. *„Das bedeutet, dass die Tiere keineswegs nur den Zweck haben, dem Menschen zu gehorchen. Sie haben einen Selbstzweck, da sie vor dem Menschen da waren und Gott gut findet, was sie tun."* A. P. Hüttermann / A. H. Hüttermann, Am Anfang war die Ökologie – Naturverständnis im Alten Testament, München 2002, S. 141.

> *in die Wolken; er soll das Bundeszeichen sein zwischen mir und der Erde."* (Gen.): 8-13)
> M.E. ist der Begriff des „Eigenwertes" ohne ökonomischen Gehalt. Werte sind immer als Subjekt-Objekt-Verhältnisse definiert (als bewertete Zukunftsnutzen); der ökonomische „Wert" impliziert daher eine anthropozentrische Sicht. So sympathisch die These vom Eigenwert der Natur auch sein mag, so wenig greifbar stellt sie sich vor diesem Hintergrund dar. Der Begriff des „Eigenwertes der Natur" kann daher sinnvoll nur als „Würde" i.S. von *Kant* aufgefasst werden.

Gegen die Bewertung – im Sinne von Monetarisierung[A] - von Systemen oder Systemausschnitten kann zudem noch eingewendet werden, dass die verschiedenen Leitwertdimensionen niemals in einer einzigen Dimension zusammengefasst werden können. Der Nutzen und damit der Wert von Umweltgütern ist mit Blick auf die verschiedenen Leitwerte mehrdimensional. Zu leicht entsteht bei einer Aggregation dieser Dimensionen in einen monetären Wert die Illusion, man verfüge über ein eindeutiges, konfliktfreies Kalkül vor dem Hintergrund der ökonomischen Effizienz. Nur dann, wenn man bestimmte Dimensionen ignoriert und mit einer eindimensionalen Größe operiert, kann die Vorstellung aufrecht erhalten bleiben, dass es so etwas wie ein Optimum oder Maximum gäbe. Mehrdimensionalität bedeutet notwendigerweise Konflikt. Wie soll man, selbst wenn nur drei Dimensionen zu berücksichtigen wären (Höhe, Schönheit, Zugänglichkeit), den „optimalen Berg" definieren? Es gibt nur unterschiedliche Kompromisse, je nach getroffener Gewichtung der Kriterien. Die herrschende (Umwelt-) Ökonomie gaukelt mit den Optimalitätserwägungen, die auch Pate bei der Umweltbewertung stehen, die Illusion der konfliktfreien Entscheidung vor.[24] Die besagte Kritik gilt umso mehr, wenn ganze Systeme (und nicht nur Systemelemente) für eine Mehrzahl von Menschen bewertet werden und damit die Balance der Leitwerte zunehmend Bedeutung bekommt (wenn sich – aus einem legitimen Interesse heraus – bei der Bewertung von einzelnen Systemelementen nur auf bestimmte Funktionsnutzen beschränkt wird, ist dies noch eher vertretbar).

Wir lehnen u.a. aus den oben genannten Gründen die Bewertung von Umweltgütern im Sinne einer Monetarisierung (nicht als Indikatorensystem!) im Grundsatz ab. Doch selbst dann, wenn man sich auf die reduzierte Logik der ökonomischen Argumentation einlässt, ist die Logik der schwachen Nachhaltigkeit brüchig – wenn man zugesteht, dass wir in einer unsicheren Welt leben. Um einen „nachhaltigen Entwicklungspfad" i.S.d. schwachen Nachhaltigkeit bezeichnen zu können, müssten die Werte und damit die Austauschrelationen zwischen anthropogenem und natürlichem Kapitalstock für die Zukunft ermittelt werden. Dies beinhaltet u.a. Informationen über die zukünftigen Nutzen und die zukünftigen Umweltzustände. Diesbezüglich besteht aber noch nicht einmal Unsicherheit, sondern Unwissenheit.

> **Hinweis: Unsicherheit**[25]
> Hinsichtlich der Unsicherheit lässt sich zwischen Risiko, Ungewissheit und Unwissenheit unterscheiden. Beim Risiko lassen sich (z.B. gebildet als relative Häufigkeiten) Wahrscheinlichkeitsaussagen über das Eintreten bestimmter Umweltzustände treffen. Allerdings ist der Zeitpunkt unbekannt. Bei Ungewissheit sind zwar die Umweltzustände bekannt, Wahrscheinlichkeitsaussagen las-

---

[A] Anders kann es sich bei der Erstellung geeigneter Indikatorensysteme verhalten.

Teil I. Die Struktur: Umweltpolitik als Ordnungspolitik

> sen sich jedoch (auf „objektiver Basis") nicht treffen. Als Unwissenheit sind auch die Auswirkungen der Handlungsalternativen nicht (vollständig) bekannt.

Faktisch ziehen sich die Protagonisten der schwachen Nachhaltigkeit auf den Glauben bzw. die Hoffnung zurück, der technische Fortschritt würde schon die Probleme lösen, die mit dem fortwährenden, v.a. wachstumsbedingten Verbrauch des Naturkapitals einhergehen (s. Teil II, insbesondere Kap. II.3.). „*Der Fortschrittsoptimismus gehört damit zur Ökonomie wie der Glaube zur Theologie.*"[26] Der „Trick" der orthodoxen Ökonomen lautet dabei „Innovation". Diese wird immer wieder aus dem Hut gezaubert, wenn der ökonomische Karren in der Sackgasse feststeckt. Die *alleinige* Hoffnung auf mehr „Ökoeffizienz" ist eine Spielart hiervon. Können „Innovationen" wirklich dafür sorgen, dass der hypothetische (!) Gesamtwert des anthropogenen und natürlichen Kapitalstocks konstant bleibt? Unsere Antwort ist ein dezidiertes „Nein". Erstens spricht nämlich Vieles dafür, dass der Anstieg der Ressourcenproduktivität einer ertragsgesetzlichen Funktion folgt (immer geringer werdende Zuwächse in der Umweltproduktivität).[27] Es ist also eine Frage der Zeit, bis die Substitutionserfolge nicht mehr in der Lage sind, die Wachstumsprobleme zu kompensieren (vgl. Kap. II.3.1.4.). Zweitens resultieren starke Unsicherheiten aus der Krisenanfälligkeit des kapitalistischen Systems: Wirtschaftskrisen bewirken u.a., dass das gegen das Naturkapital „eingetauschte" anthropogene Kapital periodisch vernichtet wird. Wie hoch diese Einbußen in der Zukunft sein werden, kann nicht vorausgesagt werden. Wie viel anthropogenes Kapital demnach gegen natürliches Kapital eingetauscht werden kann, kann unter den Umständen des Status quo nicht prognostiziert werden (vgl. Kap. II.3.2.). Drittens: Die Aussagen bezüglich der Wertrelationen werden regelmäßig auf Basis des Kapitalwertkriteriums getroffen. Dieses vernachlässigt aber den Wert, der flexiblen Ausbeutungs- oder Investitionsstrategien in einer Welt der Unsicherheit zukommen kann.

> **Hinweis: Kapitalwert als Vorteilhaftigkeitskalkül**
> Die Vorteilhaftigkeit von Investitionsstrategien und Projekten wird normalerweise nach dem Kapitalwert (Net present value) bewertet. Hiernach ist ein Projekt durchzuführen, wenn die Summe der auf den Bewertungszeitpunkt abgezinsten zukünftigen Einzahlungen höher als diejenige der zukünftigen abgezinsten Auszahlungen (incl. Anfangsauszahlung für die Investition) ist. Dann ist der Kapitalwert größer als Null.

Das Kapitalwertkriterium bildet aber nur einen Teil der ökonomischen Wahrheit ab. Es ist ein dominant auf den Leitwert der „Effizienz" (konkret: Zeiteffizienz) ausgerichtetes Kriterium (vgl. Kap. II.2.1.1. und II.2.2.1.). Andere bedeutsame Leitwerte, wie „Sicherheit", „Wandlungsfähigkeit", „Anpassungsfähigkeit" bleiben aber bei der Orientierung am Leitwert der „Effizienz" unberücksichtigt. Diese Leitwerte lassen sich zu einem bedeutsamen Teil durch den Optionswert abbilden. Verzichten wir beispielsweise darauf, entgegen den Signalen der Kapitalwertrechnung Erdöl zu verheizen, steht es möglicherweise später einmal für Krebstherapien oder andere nutzbringende Verwendungen zur Verfügung. Öl hat daher einen Wert, der über das Spenden von Wärme durch Verfeuerung hinausgeht. Dieser Optionswert wird bei der sofortigen Ausbeutung – sprich der Verfeuerung des Öls - vernichtet.[28] Der Optionswert kann daher angesichts von Unsicherheiten über die Zukunft und / oder über ökologische Systemzusammenhänge von hervorragender Bedeutung sein.

Teil I. Die Struktur: Umweltpolitik als Ordnungspolitik

In Konkretisierung ähnlicher Überlegungen kommen *Gronemann / Hampicke* zu folgendem Schluss: *"Wir haben die Pflicht, Künftigen möglichst viele Optionen durch Hinterlassung einer reichen Welt offenzuhalten, solange uns dies nicht unzumutbare Kosten abfordert."* [29] Oder *Bossel*, aus einer systemtheoretischen Perspektive: *"Nachhaltige Entwicklung bedeutet, ein Maximum an zukünftigen Optionen offenzuhalten, und das erfordert, die 'Samenbank' verfügbarer Systeme und Ansätze für potentiellen zukünftigen Gebrauch zu erhalten. Mit anderen Worten: Nachhaltigkeit bedeutet die Erhaltung und Förderung von Vielfalt."* [30] Wir werden später ausführlich beschreiben, wie die Fokussierung der Orthodoxie speziell auf den Leitwert der Effizienz die Aufrechterhaltung dieser Vielfalt (als Voraussetzung für das Überleben und die weitere Entwicklung von Systemen) gefährdet.

I.2.1.2. Starke Nachhaltigkeit („Strong sustainability")

Dem Konzept der schwachen Nachhaltigkeit steht die Forderung der Ökologischen Ökonomik nach einer „starken" Form von Nachhaltigkeit („Strong sustainability") gegenüber. *Pearce* und *Turner* führen dieses Prinzip mit ihrer Forderung *„...the resource stock should be held constant over time"* ein.[A] *Mac-Neill* konkretisierte: *„Eine notwendige Voraussetzung für nachhaltige Entwicklung ist, dass sich die grundlegenden Bestände des natürlichen Kapitals einer Gemeinschaft oder eines Landes im Laufe der Zeit nicht verringern. Ein konstanter wachsender Bestand natürlichen Kapitals gewährleistet nicht nur die Deckung der Bedürfnisse der gegenwärtig lebenden Generationen, sondern sichert auch ein Mindestniveau an Gerechtigkeit und Gleichberechtigung für zukünftige Generationen."* [31] Das Konzept der starken Nachhaltigkeit verlangt also die Erfüllung intergenerativ „gerechter" Verteilungsmuster in dem Sinne, dass die heutige Generation zu einer Wirtschaftsweise verpflichtet wird, die es ermöglicht, ein „konstantes Naturkapital" an die nachfolgenden Generationen weiterzugeben (gleichbleibender Naturstock). Anthropogenes Kapital und Naturkapital werden nicht als substuierbar, sondern als komplementär angesehen.[32] Vorliegend wird ebenfalls von einer beschränkten Substituierbarkeit von Natur und Kapital ausgegangen. Ein beschränkt substitutionales Verhältnis impliziert, dass der limitierende Charakter von Naturkapital beachtet wird. Für die Totalität des natürlichen und anthropogenen Kapitalstocks wird die Idee der Substitution gänzlich abgelehnt.

Zumal die Vertreter der Ökologischen Ökonomie mehrheitlich wohl mit der These der starken Nachhaltigkeit sympathisieren und die Substituierbarkeit von Natur und Kapital ablehnen, reden sie konsequenterweise auch von „Beständen" an natürlichem Kapital, nicht von „Werten". Hier wird – bewusst oder auch nicht – der o.a. Kritik Rechnung getragen, dass die Natur in ihrer Totalität nicht bewertbar ist.

Doch was soll der Ausgangspunkt für die Weitergabe des natürlichen Kapitalstocks sein? Reicht hierfür der Status quo aus? Wenn ja, warum dieser und nicht der Zustand in 10 oder vor 20 Jahren? Zudem: Das Postulat der Erhaltung des natürlichen Kapitalstocks erscheint allein schon mit Blick auf die Thermodynamik in seiner rigi-

---

[A] D. W. Pearce / R. K. Turner, Economics of Natural Resources and the Environment, John Hopkins University Press, Baltimore 1990, S. 44. *Pearce* und *Turner* verwenden eine Analogie des Begriffes Umwelt und Kapital, basierend auf der Definition des Kapitalbegriffes von *Fisher* (1965): *„(1) a stock of instruments existing at an instant of time, and (2) a streams of services through time, flowing from this stock of wealth. The stock of wealth is called capital and its streams of services is called income."*

Teil I. Die Struktur: Umweltpolitik als Ordnungspolitik

den Form als nicht erfüllbar: Hiernach ist mit jeder wirtschaftlichen Aktivität eine Entwertung des natürlichen Kapitalstocks verbunden.

> **Hinweis: Thermodynamik**
> Die Thermodynamik ist das Teilgebiet der Physik, welches sich mit Wärme beschäftigt („Wärmelehre").
>
> Der erste Hauptsatz der Thermodynamik ist der Satz von der Erhaltung der Energie. Er besagt, dass Energie niemals erzeugt oder vernichtet werden kann. Sie kann lediglich von einer Erscheinungsform in eine andere umgewandelt, konzentriert und verstreut werden.
>
> Der zweite Hauptsatz der Thermodynamik stellt das sog. Entropiegesetz dar. In einer allgemeinen Formulierung lautet das Entropiegesetz: In geschlossenen Systemen nimmt die nicht mehr verfügbare (wertlose) Energie (= hohe Entropie) zu, während die verfügbare (wertvolle) Energie (= niedrige Entropie) abnimmt und unter Umständen gegen Null tendiert. So lange Energie in einer gleich gut verwertbaren Form bleibt, kann sie nicht genutzt werden. Wenn die Energie genutzt wird, ist dies notwendigerweise mit einer „Entwertung" i.S. der Abnahme ihrer Nutzbarkeit verbunden. In jedem abgeschlossenem System strebt die Entropie einem Maximum zu; jede Nutzung von Energie erhöht die Entropie. Der Maximalpunkt (völlige Gleichverteilung) wird als „Wärmetod des Universums" bezeichnet (*Helmholtz*).
>
> *Georgescu-Roegen*[33], der das Konzept der Entropie in die Wirtschaftswissenschaft einführte, hebt hervor, dass man das Entropiegesetz im ökonomischen Bereich als die irreversible Entwertung der Natur (speziell hier: von nicht erneuerbaren Ressourcen) durch ökonomische Prozesse interpretieren kann. Wichtig ist im Zusammenhang mit dem hier vertretenen Optionsgedanken, dass Zeit irreversibel ist und sich damit asymmetrisch verhält, also Vorgänge an der Zeitachse nicht gespiegelt werden können. Da auch durch den Wirtschaftsprozess die Entropie der Erde unaufhörlich ansteigt, haben viele der Ökologischen Ökonomik nahestehende Ökonomen entsprechende Ideen in ihr Gedankengebäude aufgenommen.

Wir werden unten (Kap. I.2.1.4.) Managementregeln beschreiben, um mit den genannten Problemen pragmatisch umzugehen.

I.2.1.3. Kritische Nachhaltigkeit

Das Konzept der „kritischen Nachhaltigkeit" wurde als Kompromiss zwischen den dargestellten polaren Ansätzen vorgeschlagen.[A] Dabei wird zunächst gefordert, dass (entsprechend der starken Nachhaltigkeit) bestimmte Teile des Naturkapitalbestandes physisch erhalten bleiben. Diese Forderung wird allerdings auf die als überlebenswichtig angesehenen Bestandteile des Naturkapitals beschränkt; Degradationen

---

[A] Ausführlich hierzu: A. Endres / R. Bertram, Nachhaltigkeit und Biodiversität – Eine ökonomische Perspektive, in: M. Führ / R. Wahl / P. von Wilmowsky (Hrsg.): Umweltrecht und Umweltwissenschaft (Festschrift für E. Rehbinder), Berlin 2007, S. 165-189, hier: S. 168 ff.

Teil I. Die Struktur: Umweltpolitik als Ordnungspolitik

bzw. Abwertungen des Naturkapitals sind nur oberhalb eines – wie im einzelnen auch immer definierten - „Safe Minimum Standards" (*Ciriacy-Wantrup*[34] - nachfolgend: „SMS") zulässig. Bei der Festlegung des SMS muss u.a. berücksichtigt werden, dass das menschliche Verständnis der Ökosysteme bislang nur sehr unzureichend ausgebildet ist. Dementsprechend sollte der SMS mit dem „Vorsorgeprinzip" korrespondieren und so die Möglichkeit schaffen, mit dem Problem der echten Unsicherheit in rationaler Weise umzugehen.[35] Mit dem SMS bzw. dem Vorsorgeprinzip wird ein Kriterium eingeführt, *„mit dem explizit die Unsicherheit und Irreversibilität der möglichen Folgen einer Nutzung natürlicher Ressourcen berücksichtigt wird. Grundidee dabei ist, dass Grenzen für (...) ökonomische Abwägungen gesetzt werden."* [36]
Bei der Festlegung der „ökologischen Leitplanken" kommt der Wissenschaft eine Schlüsselrolle zu. Dementsprechend besteht hier eine Analogie zum Konzept der „standardorientierten Umweltpolitik", die auf die ökonomische Begründung und Beschreibung optimaler Umweltstandards bewusst verzichtet und das umweltpolitische Ziel vielmehr außerökonomisch vorgibt.

Findet eine Degradation des Naturkapitals oberhalb der Schwellen des SMS statt, so sollte diese durch einen Zuwachs anderer Formen von Kapital (natürliches, ökonomisches oder soziales Kapital) wieder ausgeglichen werden. Bei der Bewertung des Ausgleiches ergeben sich allerdings die schon diskutierten Bewertungsprobleme.

I.2.1.4. Zusammenfassung und Schlussfolgerungen

Das Nachhaltigkeitsziel umfasst nicht nur eine ökologische, sondern auch eine ökonomische, soziale und kulturelle Dimension. Strategien, die das Etikett „nachhaltig" für sich beanspruchen, sollten also versuchen, sämtliche Dimensionen miteinander in Einklang zu bringen.

Das Konzept der „schwachen Nachhaltigkeit" („Weak sustainability") geht von der Substituierbarkeit des natürlichen durch den anthropogenen Kapitalstock aus. Ein Aufbrauchen des natürlichen Kapitalstocks wird unter der Prämisse befürwortet, dass der Gesamtwert beider Kapitalstöcke mindestens unverändert bleibt – also mindestens im selben Maße anthropogenes Kapital aufgebaut wird, wie der natürliche Kapitalstock vernichtet wird. Unsere Kritik betraf die Unsicherheit der Substitutionspfade von anthropogenem und natürlichem Kapital in der Zukunft. Zudem ist die Bewertung problematisch: Umweltbewertungen sind schon mit Bezug auf einzelne Systemelemente oder Subsysteme fragwürdig; die Bewertung von Entitäten („Gesamtheit" des natürlichen oder anthropogenen Kapitalstocks) ist jedoch einfach nur noch unsinnig.

Die Vertreter der „starken Nachhaltigkeit" lehnen die Ersetzbarkeit von natürlichem und anthropogenem Kapitalstock ab. Das Denken findet nicht in Werten, sondern in Beständen statt. Es geht darum, den natürlichen Kapitalstock möglichst aufrecht zu erhalten. Dies auch deswegen, um Optionen für die Nachwelt zu bewahren. Implizit ist das auch eine Absage an die „Diktatur" der Logik der Zeiteffizienz und der damit verbundenen Abdiskontierung von Nutzen und Kosten (die regelmäßig auf die möglichst sofortige Verfügbarmachung von Ressourcen hinausläuft). Das Konzept der starken Nachhaltigkeit lässt sich allerdings in rigider Form kaum durchhalten. Allein wegen des Entropiegesetzes wäre eine physische „Erhaltung" des natürlichen Kapitalstocks von vornherein (selbst bei kollektivem Selbstmord) nicht möglich – mit jeder

Teil I. Die Struktur: Umweltpolitik als Ordnungspolitik

wirtschaftlichen Tätigkeit muss eine Entwertung stattfinden. Es kann nur darum gehen, diese Entwertung möglichst zu begrenzen.

Als Kompromiss bietet sich die „kritische Nachhaltigkeit" an: Bezüglich der als überlebenswichtig angesehenen Ökosystemfunktionen werden i.S.d. „Safe Minimum Standard" bestimmte Naturdegradationen grundsätzlich als nicht hinnehmbar angesehen. Die betreffenden Grenzen sind durch die Wissenschaft außerökonomisch festzulegen. Oberhalb der betreffenden Schwellen wird eine Substituierbarkeit von natürlichem Kapital durch anthropogenes Kapital hingenommen, wenn der Verlust an natürlichem Kapital wieder wertmäßig kompensiert wird. Mit dieser Forderung gehen Bewertungsprobleme einher – allerdings in minderem Ausmaß als beim Konzept der „schwachen Nachhaltigkeit".

Basierend v.a. auf dem Konzept der starken, aber auch der kritischen Nachhaltigkeit werden in den Umweltwissenschaften Managementregeln für nachhaltiges Wirtschaften diskutiert. So sollte
- die Erschöpfung erneuerbarer Ressourcen nicht größer sein als ihre Regenerationsrate;
- die Erschöpfung nicht erneuerbarer Ressourcen nicht größer sein als ihre Substitutionsrate;
- die Freisetzung von (Schad-)Stoffen nicht die Aufnahme- und Kompensationsfähigkeit von Umweltsystemen überfordern, um die Selbstorganisationsfähigkeit dieser Systeme zu erhalten.[37]

Unmittelbar klar ist, dass diese Forderungen ebenfalls der Konkretisierung durch die Wissenschaft bedürfen.

Hinweis: Definition von Nachhaltigkeit versus Vorhersagen

„Nachhaltigkeit" ist nicht schwer zu definieren: Es geht um ein System, das überlebt bzw. fortdauert.[38] Diese Definition und Maßnahmen bzw. auf diese bezogene Wirkungsvorhersagen werden häufig verwechselt. Wenn beispielsweise mit Blick auf regenerierbare Ressourcen gesagt wird, eine nachhaltige Nutzung sei dann erreicht, wenn die Ernteraten nicht höher als die natürliche Wachstums- bzw. Erneuerungsrate ist, so handelt es sich um eine Vorhersage, nicht um eine Definition. Die betreffenden Vorhersagen müssen sich erst durch Beobachtung als korrekt erweisen. Die Nachhaltigkeitsdefinition gilt zudem immer in ihren zeitlichen Systemgrenzen. *„Eine Zelle in einem Organismus hat in der Regel nur eine relativ kurze Lebensdauer, der Organismus eine längere, die Arten eine noch viel längere und der Planet eine nochmals längere. Doch von keinem System (nicht einmal vom extremen Fall des Universums) wird angenommen, dass es eine unendliche Lebensdauer hat. Ein nachhaltiges System ist in diesem Sinne ein System, das seine volle Lebensdauer erzielt."* [39]

Abgesehen von den Managementregeln existieren auch Messkonzepte auf unterschiedlichsten Ebenen, die indizieren, inwieweit Nachhaltigkeit erreicht wurde oder nicht. Auf einem hohen Aggregationsniveau brauchbar ist beispielsweise das Konzept des sog. „Ökologischen Fußabdruckes".

Teil I. Die Struktur: Umweltpolitik als Ordnungspolitik

> **Hinweis: Ökologischer Fußabdruck**
> Unter dem Ökologischen Fußabdruck[40] versteht man die Fläche auf der Erde, die notwendig ist, um den Lebensstil und Lebensstandard eines Menschen (unter der Annahme der Fortführung der heutigen Produktionsweise) dauerhaft zu ermöglichen. Das Konzept erstreckt sich auch auf Flächen, die zur Produktion von Kleidung, Nahrung, Energie sowie zur Entsorgung des Mülls oder zum Binden des freigesetzten CO_2 benötigt werden.

Der Ökologische Fußabdruck kann auch als Indikator für die langfristige Aneignung der Nettoprimärproduktion durch den Menschen auf Kosten anderer Lebewesen verwendet werden.

> **Hinweis: Nettoprimärproduktion**
> Als Nettoprimärproduktion wird der Anteil der gesamten von Pflanzen durch Photosynthese in organischen Molekülen fixierten Energie bezeichnet, die über die für eigene Lebensprozesse wie Wachstum, Erhaltung und Vermehrung verbrauchte Energiemenge hinausgeht. Die Nettoprimärproduktion entspricht damit dem (jährlichen) Zuwachs an pflanzlicher Biomasse, sie bildet die für die Ernährung der heterotrophen Lebewesen verfügbare Energiemenge.[41]

Jahr	Relation ökologischer Fußabdruck / globale biologische Kapazität
1961	0,49
1971	0,74
1981	0,91
1991	1,07
2001	1,21

Tab. 1: **Ökologischer Fußabdruck im Verhältnis zur globalen biologischen Kapazität**
(Quelle: K. Henrich, Abschied vom Wachstum? „Kontraktion und Konvergenz" als umweltpolitisches Zukunftsmodell, in ZfU 4/2006, S. 417-448, hier: S. 423).

Während sich der gesamte Naturverbrauch 1961 noch auf rd. die Hälfte der biologischen Kapazität beschränkte, wurde die sog. „Sustainability mark" gegen Ende der 80er Jahre erreicht: Hier schöpfte der Ökologische Fußabdruck die Biokapazität des Planeten zu 100 % aus. Um die Jahrtausendwende war diese Grenze weit überschritten. Der Naturverbrauch betrug nun 120 % der jährlich neu entstehenden biologischen Kapazität. Hinsichtlich der Interpretation dieser Zahl sind Spielräume gegeben. Dennoch wird unmittelbar deutlich, dass die Menschheit den Pfad des nachhaltig Vertretbaren längst verlassen hat. Der Brundtland-Report („Our Common Future") gibt demgegenüber ökologische Ziele vor, die auf eine Reduzierung des Ökologischen Fußabdrucks auf einen Wert von 0,88 hinauslaufen.[42] Das bloße Setzen von Zielen ohne den Verweis auf die hierfür notwendigen radikalen institutionellen Änderungen ist jedoch ein fragwürdiges Unterfangen.

Mit der Orientierung am Ökologischen Fußabdruck wird ein Messkonzept in die Umweltpolitik eingeführt, das auch aus verteilungspolitischer Perspektive sinnvoll angewandt werden kann. Dabei können u.a. Gerechtigkeitsüberlegungen hinsichtlich der Inanspruchnahme der biologischen Kapazität durch Menschen und andere Lebewesen angestellt werden. Last not least stellt der ökologische Fußabdruck auch einen Indikator für zwischenmenschliche Verteilungskonflikte dar, die sich angesichts der zunehmenden ökologischen Ansprüche an unseren Planeten ergeben. Uns wird der Ökologische Fußabdruck noch im Rahmen der Diskussion der Auswirkungen der Globalisierung beschäftigen („externe Flächenbelegungen").

Ein weiteres Konzept stellt die globale Tragfähigkeit dar. Die zentrale Frage lautet, wie viele Menschen unser Planet dauerhaft ernähren kann. Die Antworten hierauf fallen sehr unterschiedlich aus; neuere Studien sind wohl im allgemeinen skeptischer als ältere. Während *Brown* (1954)[43] noch von 50 Mrd. Menschen ausging, wurde bei *Gilliand* (1988)[44] die Schätzung schon auf 7,5 Mrd. Menschen heruntergeschraubt.
Vor dem Hintergrund der bestehenden Abhängigkeit von Öl einerseits und den sich verknappenden Ölreserven andererseits besteht zunehmend Einvernehmen in der Wissenschaft darüber, dass die Tragfähigkeit des Planeten schon heute überschritten ist: Wenn man davon ausgeht, dass jeder Mensch bei einem angemessenen, bescheidenen Lebensstil etwa 2 - 3 ha benötigt, dann hätten auf der Erde 3 bis maximal 4,5 Mrd. Menschen Platz. *Arthur A. Westing* kam in einer 1990 erschienenen Studie zum Schluss, die Tragfähigkeit der Erde liege bei 2 Mrd. Menschen. 1994 kam die amerikanische Gesellschaft zur Förderung der Wissenschaft zum gleichen Ergebnis. Auf ähnliche Resultate kamen die amerikanischen Professoren *Paul Ehrlich* und *David Pimentel*. Wie man auch rechnet, die heutige Zahl von 6 Mrd. Erdbewohnern ist in jedem Fall zu hoch.[45]
Pfeiffer argumentiert, dass die heutige Landwirtschaft in einem hohen Maße auf fossilen Energien (Rohöl, Erdgas) beruht (Düngung, Pestizide, Bewässerung, Maschinerie, Verteilung etc.). Nach den Gesetzen der Thermodynamik würde die Fähigkeit zur Photosynthese die Fähigkeit zur Nahrungsmittelproduktion begrenzen. Die heutige, durch die „Grüne Revolution" (zwischen 1950 und 1984) erzeugte hohe landwirtschaftliche Produktivität ist nur möglich, indem auf in Jahrmillionen in den fossilen Brennstoffen gespeicherte Sonnenenergie zurückgegriffen wird (dies ergibt sich aus den Gesetzen der Thermodynamik). Ohne diese wäre auch ein bedeutsamer Teil der heute in Bewirtschaftung stehenden Flächen nicht mehr ohne unverhältnismäßig hohe Kosten zu bewirtschaften.[46] Die moderne Landwirtschaft steckt viel mehr Energie in die Produktion von Nahrungsmitteln und nachwachsenden Rohstoffen, als sie aus dem Boden herausholt.[A]
Abgesehen davon, dass die Versorgung der Landwirtschaft mit fossiler Energie nicht auf dem heutigen Stand aufrecht zu erhalten sein wird, hat die industrielle Landwirtschaft zu einer massiven Degradation von Böden und zu einem nicht längerfristig aufrecht zu erhaltenden Verbrauch von (auch fossilem) Wasser geführt. Somit ergibt sich die Frage nach den Konsequenzen – v.a. angesichts der offenkundigen Tatsache, dass ohne die landwirtschaftlichen Produktivitätssteigerungen das Bevölkerungswachstum der letzten Jahrzehnte nicht möglich gewesen wäre, erscheinen die Aussichten nicht berauschend. Die Entwicklung könnte möglicherweise abgefedert werden, wenn es gelingt, die Photosynthesekapazität zu erhöhen (durch Solarther-

---

[A] Moderate Studien, auf die sich Pfeiffer beruft, gehen von einem Verhältnis von rd. 7 : 1 aus, das allerdings von Region zu Region stark variieren kann.- D. A. Pfeiffer, Eating Fossil Fuels – Oil, Food and the Coming Crisis in Agriculture, Gabriola Island (Kanada, New Society Publishers) 2006, S. 20-21.

mie, Fotovoltaik, Erdwärme oder Windkraft, die auch umgewandelte Sonnenenergie darstellt; mehr dazu u.a. in Kap. I.3.4.2.).

„Nachhaltigkeit" ist zum Modewort geworden. Kaum eine Politikerrede, in der das Wort ausgespart bleibt. Letztlich kann sich das gesamte politische Spektrum auf den Nachhaltigkeitsbegriff einigen, weil er hinsichtlich der mit den sozialen Implikationen eng verknüpften Verteilungsfragen inhaltsleer ist. *„Es ist die konzeptionelle Indifferenz gegenüber Macht- und Verteilungsfragem, die der Brundtland-Formel den Weg in Regierungskanzleien und Vorstandsetagen geebnet hat."* [47] Diese Indifferenz ist zugleich die Stärke und Schwäche des Nachhaltigkeitsbegriffes. Mit Konkretisierungen der genannten Art lässt sich der Nachhaltigkeitsbegriff aus dem Reich der Beliebigkeit herausführen und in messbares und überprüfbares Handeln übersetzen.

I.2.2. Effektivität, ökologische Zielerreichung

I.2.2.1. Zielbündel, Belastungs- und Nutzungsstrukturen

Nachfolgend soll diskutiert werden, was überhaupt unter ökologischer Zielerreichung verstanden wird. Da wir das Spannungsverhältnis der Nachhaltigkeitszielsetzung zum Effizienzkriterium (das eingehender im Folgekapitel behandelt wird und im Rahmen der herkömmlichen Umweltökonomie eine hervorgehobene Rolle spielt) deutlich machen wollen, ist die diesbezügliche Bezugnahme schon in diesem Kapitel unvermeidlich.

a. Die Zielsetzung der wohlfahrtsökonomisch fundierten Umweltökonomie
Die neoklassische (Umwelt-) Ökonomie trachtet unter Heranziehung des Kriteriums der Allokationseffizienz im Rahmen des Modells des allgemeinen Marktgleichgewichts den Punkt zu finden, in dem der „soziale Überschuss" maximiert wird. Als störend erweisen sich dabei sog. „externe Effekte" (vgl. Kap. I.2.3.1.), weil diese zu Marktversagen führen können: Dies sei anhand der untenstehenden Abbildung illustriert. Nach *Leijonhufvud* (1981) ist diese eine Art Totem, mit dem die Angehörigen des *„Tribe of the Econ"* sich untereinander zu erkennen geben und sich von verwandten (also feindlichen) Stämmen abgrenzen. Es geht dabei immer um die Darstellung des allokativen Optimums i.S.v. höchstmöglicher Effizienz. Dieses wird dort geortet, wo die Grenzvermeidungskosten (GVK) gleich den Grenzschadenskosten (GSK) sind.[48]

Teil I. Die Struktur: Umweltpolitik als Ordnungspolitik

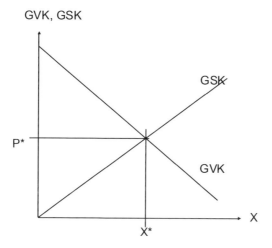

Abb. 3a: Umweltökonomischer Optimalpunkt (1)
(Quelle: Eigene Darstellung)

Hinweis: Marginalbetrachtung
Rational handelnde Individuen denken „marginal" bzw. in ausgelösten Veränderungen. Das heißt, es werden als entscheidungsrelevant nur diejenigen Nutzen und Kosten der verschiedenen Handlungsalternativen einbezogen, die durch die alternativen Handlungen ZUSÄTZLICH verursacht werden. Die ohnehin (auch ohne die betreffenden Handlungsalternativen) bestehenden Kosten sind hingegen entscheidungsirrelevant. Beispielsweise werden die durch eine Aktivität zusätzlich entstehenden Kosten als „Grenzkosten", die zusätzlich entstehenden Erlöse als „Grenzerlöse" bezeichnet.

Hinweis: Grenzvermeidungskosten
Grenzvermeidungskosten bezeichnen diejenigen zusätzlichen Kosten, die bei einem Verzicht auf die Produktion der letzten Einheit eines schädigenden Gutes entstehen. Grenzvermeidungskosten lassen sich auf zweierlei Art und Weise interpretieren. Einmal als die zusätzlichen Kosten, die bei der Inbetriebnahme der betreffenden Anlage durch technische Vermeidung entstehen, andererseits als der Gewinn, der bei einem Verzicht auf die Produktion entsteht (Opportunitätskosten bei Emissionsvermeidung). Über die Grenzvermeidungskosten bestehen zumeist einigermaßen konkrete Vorstellungen bzw. valide Schätzungen.

Hinweis: Grenzschadenskosten
Als Grenzschadenskosten wird derjenige zusätzliche (bewertete) Schaden bezeichnet, der bei der Produktion der letzten Einheit eines Gutes entsteht. Sie entsprechen den marginalen externen Kosten. Die Grenzschadenskostenkurve kann entweder (je nach unterstellter Verteilung der Eigentumsrechte) als die Zahlungsbereitschaft eines Geschädigten für die Rückführung des Schadens oder die Zahlungsforderung des Geschädigten für die Duldung des negativen

Teil I. Die Struktur: Umweltpolitik als Ordnungspolitik

externen Effektes (s. unten, Kap. I.2.3.1.) interpretiert werden.[49] Anders als bei den Grenzvermeidungskosten bestehen bezüglich des Grenzschadens kaum konkrete Vorstellungen seitens Wirtschaft und Politik. Die Darstellung einer Grenzschadenskostenfunktion setzt die Bewertung des Schadens voraus. Vorliegend haben wir gegen die Bewertbarkeit u.a. deswegen grundsätzliche Vorbehalte, weil sie einmal die Substituierbarkeit des betreffenden Umweltgutes unterstellt und damit ein Wissen über die ökosystemaren Zusammenhänge impliziert, welches in den meisten Fällen nicht vorhanden ist. Zudem aggregiert sie die verschiedenen Leitwertdimensionen der infragestehenden Systeme in eine einzige Dimension (Geld). Die charakteristische Beziehung der verschiedenen Leitwerte zueinander, die auch „wertbildend" für die infragestehenden Systeme ist, kann so nicht mehr abgebildet werden (s. Kap. I.2.1.1.). Wir werden uns trotz dieser Kritik auf das Konzept der Grenzschadenskosten und die Umweltbewertung einlassen, um eine endogene Kritik der betreffenden Konzepte durchführen zu können. Wenn wir das enge neoklassische Konzept verlassen, also nicht mehr monetäre Bewertbarkeit unterstellen, werden wir von „Grenzschaden" anstatt von „Grenzschadenskosten" sprechen.

Die o.a. Optimierungsüberlegung stellt nichts anderes dar als die Übertragung des herkömmlichen mikroökonomischen Optimalitätskriteriums (Grenzertrag = Grenzkosten) auf die Umweltökonomie: Die Produktion kann hiernach so lange ausgeweitet werden, bis die Grenzschadenskostenkurve analog der Grenzkostenkurve in der mikroökonomischen Markttheorie (die die Angebotskurve bezeichnet) sich mit der Grenzvermeidungskostenkurve (analog der Nachfragekurve) schneidet. Links vom Optimalpunkt X* entgehen (zusätzliche) Erträge bzw. es sind (zusätzliche) Schadensvermeidungskosten erforderlich (GVK), die höher als der Schaden ist (GSK), der durch die zusätzliche Produktion verursacht wurde. Das Optimum ist daher noch nicht erreicht, durch zusätzliche Produktion können die (gesellschaftlichen) Kosten insgesamt noch weiter reduziert werden. Während der Bereich links vom Optimalpunkt durch ein gesamtgesellschaftliches „zu Wenig" charakterisiert ist, bedeutet rechts vom Optimalpunkt ein gesamtgesellschaftliches „zu Viel": Rechts von X* übersteigt der Schaden der zusätzlichen Produktion (GSK) die entgangenen Erträge (GVK); das Optimum ist daher überschritten.

Mit der Festlegung des Optimalpunktes X* geht auch die Verortung und Bewertung externer Effekte einher. Bei negativen externen Effekten (externen Kosten) übersteigen die sozialen die privaten Grenzkosten. Die Unternehmen orientieren sich jedoch nur an der Nachfrage und an den privaten Grenzkosten. Bei vollständiger Konkurrenz und Abwesenheit von Regulierung weiten nach der gängigen Lesart (zur Kritik s. unten, Kap. I.2.3.3.) die Unternehmen ihre Produktion nun so lange aus, bis die privaten Grenzkosten gleich dem Grenzerlös (hier: Preis) sind. Weil aber nicht die gesamten gesellschaftlichen Kosten in das Kostenkalkül eingehen, werden die schädigenden Güter und Dienstleistungen „zu billig" (P) und in zu großer Menge (X) produziert.

Teil I. Die Struktur: Umweltpolitik als Ordnungspolitik

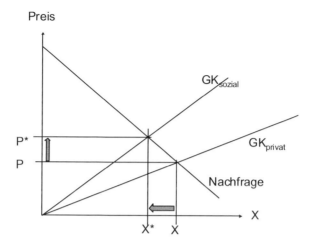

Abb. 3b: Umweltökonomischer Optimalpunkt (2)
(Quelle: Eigene Darstellung)

Zur Erreichung des sozialen Optimums wäre es erforderlich, die Produktion soweit zurückzuführen, bis die sozialen Grenzkosten (also die privaten zuzüglich den externen Grenzkosten) dem Preis entsprechen.[50] Dies korrespondiert mit der geringeren Gleichgewichtsmenge X* und dem höheren Gleichgewichtspreis P*. Der Punkt X* kann durch eine Mengenregulierung (z.B. Verschmutzungszertifikate) oder eine Preisregulierung (z.B. Ökosteuer) angestrebt werden.

Ohne eine Regulierung orientiert sich die Nutzen- bzw. Gewinnmaximierung an „falschen Größen", so dass der Markt versagt. Die optimale Reaktion auf die Erzeugung von Schäden ist also nicht deren völlige Vermeidung, sondern die Suche nach dem Punkt der Beeinträchtigung der Natur, in dem die gesamtgesellschaftliche Wohlfahrt maximiert und das Marktversagen geheilt wird. Die herkömmliche Umweltökonomie sucht also nach dem optimalen Punkt der Belastung, indem sie räumlich, zeitlich und gegenständlich Schädigungen in Kauf nimmt, wenn die – bewerteten (!) - Grenznutzen nur die – bewerteten (!) - Grenzkosten der Schädigung übersteigen.

b. Kritik des allgemeinen Marktgleichgewichts

Nachfolgend soll erläutert werden, warum ein allgemeines Marktgleichgewicht in eindeutiger Form keineswegs bestehen muss (hierzu ist ein Exkurs in die mikroökonomische Theorie unvermeidlich). Lässt es sich zeigen, dass ein derartiges allgemeines Marktgleichgewicht nicht besteht, bedarf es außerökonomischer Kriterien zur Festlegung der als optimal angesehenen wirtschaftlichen Aktivität. Ebenso werden Kategorien wie Grenzvermeidungskosten (verstanden als Opportunitätsgrenzkosten der Vermeidung), Marktversagen oder der Wert externer Effekte relativiert bzw. lassen sich letztlich nicht mehr rein ökonomisch ableiten. Wenn Wesentliches ausgeblendet wird, stellt das o.a. „Totem" eine unzulässige Simplifikation dar. Wir fangen nachfolgend mit der Diskussion der Nachfragekurve an und erläutern danach die Angebotskurve. Das Ergebnis wird lauten, dass es eine Vielzahl möglicher Schnittpunkte und nicht nur einen Gleichgewichtspunkt gibt. Weil aber die Konzepte des „Markt-

Teil I. Die Struktur: Umweltpolitik als Ordnungspolitik

versagens", der „Grenzvermeidungskosten" und der „Internalisierung" eben auf diesen Optimalpunkt Bezug nehmen, gerät die ökonomische Bestimmung des Optimums dann ins Wanken.

Die Nachfragekurve: Wir starten bei der Nachfragekurve, die gemeinhin streng monoton von links oben nach rechts unten fallend gezeichnet wird. Die gesamtwirtschaftliche Nachfragefunktion weist jedoch nur unter sehr engen Bedingungen die Charakteristika einer individuellen Nachfragefunktion auf. Dies bedeutet nichts anderes, als dass ein mehr oder weniger irrelevanter Spezialfall als allgemeingültig unterstellt wird. Um dies nachvollziehbar zu machen, beginnen wir – dem methodischen Individualismus und *Samuelson*[51] folgend – bei den Indifferenzkurven der jeweiligen Konsumenten: Von diesen wird angenommen, dass sie die Kriterien Vollständigkeit, Transitivität, Konvexität und Nicht-Sättigung erfüllen. Außerdem wird davon ausgegangen, dass Einkommen (Budget-Linie) und Geschmack (Indifferenzkurven) voneinander unabhängig sind.[A] Die individuelle Nachfragefunktion wird nun im Zweigüterfall (wobei ein Gut oft als Numerairegut aufgefasst wird) entwickelt, indem man den Preis eines Gutes variiert. Die (partielle) Marktnachfragefunktion[B] wird sodann aus der horizontalen Aggregation der individuellen Nachfragekurven ermittelt (das Ganze wird also als die Summe der Teile betrachtet, emergente Systemeigenschaften sind also bei dieser Perspektive nicht vorgesehen!), die man anhand der Änderung des Preises eines Gutes für die verschiedenen Individuen gewonnen hat. Gesteht man zu, dass (bei i.d.R. unterschiedlichen Anfangsausstattungen) Änderungen der (relativen) Preise auch Änderungen der Einkommensverteilung implizieren (wegen der Einkommenseffekte der Änderung der relativen Preise), so besteht aber keine Möglichkeit, festzustellen, ob die gesamtgesellschaftliche Wohlfahrt nach Aggregation der individuellen Nachfragefunktionen zur (partiellen) Marktnachfragefunktionen tatsächlich maximiert ist. Um eine diesbezügliche Aussage treffen zu können, müsste man die Nutzen der einzelnen Individuen in kardinaler Form feststellen und für jede Änderung des Einkommens bzw. der Einkommensverteilung aufsummieren. Eine solche kardinale Nutzenmessung weist die neoklassische Theorie jedoch (zu Recht) zurück (vgl. auch Kap. II.2.1.). Damit sind aber keine Aussagen über die Nutzenwirkungen der Einkommensumverteilungen möglich, die durch die (zur Generierung der individuellen Nachfragekurven erforderlichen) Änderung der relativen Preise verursacht werden. Es ist möglich, dass die sozialen Indifferenzkurven andere Eigenschaften als die individuellen aufweisen, z.B. intransitiv sind.[C] Dementsprechend ist die Ableitung einer (partiellen) Marktnachfragekurve, die zugleich ein gesellschaftliches Wohlfahrtsoptimum abbilden soll, nur unter sehr restriktiven Bedingungen möglich: Widerspruchsfrei könnte eine solche Aggregation u.a. unter der – sehr engen und unrealistischen - Annahme quasilinearer Präferenzrelationen für alle Konsumenten vorgenommen werden, so dass sich die nachgefragte Menge eines Gutes auch bei Einkommensvariationen nicht verändert. Dies würde beispielsweise bedeuten, dass Herr *Obermann* heute als Telekom-Chef noch in derselben muffigen Bude

---

[A] S. Keen, Debunking Economics – The naked emperor of the social sciences, London / New York (Zed Books Ltd.), 2004, S. 41.- Es handelt sich hierbei schon um eine abstruse Annahme, die aber vorliegend wegen der beabsichtigten Endogenität der Kritik hingenommen werden soll.

[B] Wir reden vorliegend immer – auch wenn dies nicht ausdrücklich gesagt wird - von partiellen Marktnachfragefunktionen, da wir uns nur auf ein ausgewähltes Gut beziehen.

[C] Vgl. W. M. Gorman, Community preference fields, Econometria Vol. 21 / 1953, S. 63-80.- Das Condorcet-Arrow-Paradoxon betrifft insoweit generell die ordinale Präferenzenaggregation.- Vgl. auch K. Arrow, Social Choice and Individual Values. 2. Auflage. New Haven 1963 sowie A. K. Sen, Collective Choice and Social Welfare, San Francisco 1970.

Teil I. Die Struktur: Umweltpolitik als Ordnungspolitik

wie zu seinen Studentenzeiten wohnen würde – offenbar eine zur Beschreibung der Wirklichkeit irrelevante Annahme. Eine weitere Möglichkeit, um die Unabhängigkeit der Marktnachfragefunktion von der Einkommensverteilung theoretisch zu stützen, ist die Annahme identischer und homothetischer Präferenzrelationen für alle Konsumenten.[52] Homothetische Präferenzen laufen auf eine konstante Steigung der Engel-Kurven (Einkommens-Nachfragekurven) hinaus. Dies bedeutet, dass alle Konsumenten auch bei Steigerungen des Einkommens ihren relativen Anteil am Konsum des jeweiligen Gutes beibehalten. Teilte also *Bill Gates* in der Anfangszeit seines Schaffens in seiner Garage sein mageres Einkommen in einem bestimmten Verhältnis auf Cola und Pizza auf, so macht er dies als Multimilliardär immer noch im selben Verhältnis.[53] Ganz offenbar liegt wieder eine Annahme vor, die die Realität nicht beschreiben kann. Ein weiterer Versuch, mit dem Problem umzugehen, ist die Annahme identischer Präferenzen. Dies läuft jedoch auf die Unterstellung hinaus, dass die Konsumenten sich wie eine „Horde von Clones"[54] verhalten. Dies gilt auch und vor allem für das Konstrukt des „repräsentativen Konsumenten", einer weiteren Variation des letztgenannten Themas.[A] Schließlich wird manchmal einfach unterstellt, dass es eine Verteilungsregel gibt, die bestimmt, wie ein jedes aggregierte Vermögen auf die Konsumenten verteilt wird. So wird die mit dem Einkommenseffekt einhergehende Umverteilung einfach wegdefiniert[B] – es handelt sich dabei aber um eine Unterstellung, die offenbar im institutionellen Nirwana ihr zu Hause hat. Die vorliegende Problematik wurde innerhalb der Mikroökonomie schon in den 70er Jahren im Rahmen des „Sonnenschein-Mantel-Debreu-Theorems" diskutiert. Die Überlegungen von *Sonnenschein, Mantel und Debreu* implizieren also, dass die Entwicklung einer wohldefinierten, von links oben nach rechts unten geneigten Nachfragekurve aus den individuellen Nachfragekurven äußerst spezielle, ja unwahrscheinliche Bedingungen voraussetzt.[55] Zwar gibt es eine Reihe guter Gründe dafür, eine in der Tendenz (!) von links oben nach rechts unten fallende Nachfragekurve anzunehmen[C] – den streng monoton fallenden Verlauf kann man allerdings nur mit sehr fragwürdigen Annahmen erklären.

Hier stößt man unweigerlich auf wissenschaftstheoretische Fragestellungen und Probleme: Handelt es sich bei diesen nachträglich hinzugefügten (und mit der Realität offenbar unverträglichen) Annahmen nicht um Ad-hoc-Modifikationen[56] der neoklassischen Theorie? Und: Selbst wenn eine auf derartig unrealistischen Annahmen fußende Theorie in der Lage wäre, gute Prognosen zu stellen (was der Verfasser bezweifelt) – müsste sie nicht auch in der Lage sein, die Realität zu beschreiben? Dies war die Essenz der wissenschaftstheoretischen Debatte um den Instrumentalis-

---

[A] Angesichts der mehr oder weniger erfolgreichen Versuche der Werbeindustrie zur „Gleichschaltung" der Konsumenten könnte man hier am ehesten noch einen Bezug zur Realität entdecken.

[B] Selbst, wenn mit einer derartigen Verteilungsregel die Marktnachfragefunktion als nur von den Güterpreisen und dem aggregierten Einkommen abhängig unterstellt werden könnte: Eine derartige Funktion würde wiederum im allgemeinen nicht das schwache Axiom der offenbarten Präferenzen erfüllen und könnte daher auch nicht als Nachfragefunktion eines „repräsentativen Konsumenten" aufgefasst werden. Es bedürfte der Annahme, dass alle Güter für alle Konsumenten „normal" sind, so dass auch das starke Axiom der offenbarten Präferenzen erfüllt ist.

[C] Wenn die Preise eines Gutes steigen, können Konsumenten mit geringerer Zahlungsfähigkeit beispielsweise gezwungen sein, auf billigere Alternativen auszuweichen – oder zu verzichten. Für diese Erklärung ist aber das nutzentheoretische Fundament verzichtbar. Dieses wird letztlich deshalb benötigt, um das Wirken der „invisible hand" darstellen zu können: Ungeachtet der Nutzenmaximierung jedes einzelnen Akteurs stellt sich endlich ein soziales Optimum heraus.- Vgl. S. Keen, Debunking Economics ..., a.a.O., S. 49 ff.

Teil I. Die Struktur: Umweltpolitik als Ordnungspolitik

mus.[57] Welche Konsequenz ergibt sich aus der Ablehnung dieser offenbar unhaltbaren Annahmen bzw. Ad-hoc-Modifikationen? Die Marktnachfragekurve muss dann keinesfalls einen streng monoton fallenden Verlauf haben. Vielmehr kann sie – und zwar unabhängig von praktisch wenig bedeutsamen Fällen wie z.B. Giffen-Gütern - in Teilbereichen fallend, dann wieder steigend sein (wobei eine allgemein fallende Tendenz ja nicht auszuschließen, vielmehr sogar wahrscheinlich ist). Und, anders herum gewendet: Die Realität ließe sich mit der neoklassischen Theorie nur bei einer weitgehenden Vereinheitlichung von Verhaltensmustern und Präferenzen der Konsumenten erklären – der Preis der Anpassung der Realität an eine unzulängliche Theorie wäre also ein Verlust an sozialer Vielfalt.

Die Angebotskurve: Die Konsequenzen bezüglich der Nachfragekurve wären überschaubarer, wenn die Angebotskurve sich – wie es die Orthodoxie annimmt – als eine streng monoton steigende Funktion zeichnen ließe. Je steiler die Angebotskurve, umso höher die Chance, zu einem eindeutigen Schnittpunkt von Angebots- und Nachfragekurve zu gelangen, die ein Optimum abbildet. Eine steil gezeichnete Angebotskurve setzt jedoch steigende Grenzkosten voraus. Deren Existenz wurde u.a. von *Piero Sraffa* heftig bestritten, wobei seine Kritik kaum Niederschlag in den orthodoxen mikroökonomischen Lehrbüchern (z.B. *Varian*) gefunden hat. *Sraffa* nahm zunächst das Gesetz des abnehmenden Ertragszuwachses „auf die Hörner": Nach diesem fundamentalen mikroökonomischen Gesetz weisen Unternehmen zunächst wachsende und schließlich sinkende Wachstumsraten der Produktivität auf; irgendwann werden die Wachstumsraten sogar negativ. *Sraffa* argumentierte hingegen, dass Unternehmen fast von Anfang an mit maximaler Produktivität bis hin zu dem Punkt produzieren, wo die sinkende Grenzproduktivität einsetzt. Das Gesetz des abnehmenden Ertragszuwachses ist deswegen von besonderer Bedeutung, weil hieraus gemeinhin die These von den steigenden Grenzkosten abgeleitet wird, die der neoklassischen Unternehmenstheorie zugrunde liegt. *Sraffa* machte durch einfache Überlegungen deutlich, dass dieses Gesetz i.d.R. bei der Betrachtung einzelner Industriezweige keine Geltung beanspruchen kann. Produktivitätszuwächse bei zunehmendem Input können nämlich nur durch eine optimale arbeitsteilige Interaktion erreicht werden. Das Produktivitätsmaximum ist solange nicht erreicht, wie die Inputfaktoren so auf die Leerkapazitäten verteilt sind, dass es zu dieser optimalen arbeitsteiligen Interaktion nicht kommen kann. *Keen* illustriert den Gedanken anhand eines Beispiels: *„Imagine that you have a franchise to supply ice-creams to a football stadium, and that the franchise lets you determine where patrons are seated. If you have a small crowd one night – say one quarter of capacity – would you spread the patrons evenly over the whole stadium, so that each patron was surrounded by several empty seats? Of course not! This arrangement would simply force your staff to walk further to make a sale. Instead, you´d leave much of the ground empty, thus minimizing the work your staff had to do to sell the ice-creams. There´s no sense in using every last inch of your ´fixed resource´ (the stadium) if demand is less than capacity."* [58] Nach *Sraffa* trifft dieselbe Logik auch auf eine Farm oder eine Fabrik zu. Falls tatsächlich die variable Ressource eine wachsende Grenzproduktivität aufweist, so ist es sinnvoll, einen Teil der Kapazitäten ungenutzt zu lassen und den variablen Input so auf den anderen Teil der Kapazitäten so zu konzentrieren, dass hier das Produktivitätsoptimum erreicht wird. Dies bedeutet jedoch, dass – so lange die Kapazitätsgrenze noch nicht erreicht ist – die Unternehmen nicht einen steigenden, sondern einen konstanten Grenzkostenverlauf aufweisen. Oder, anders gewendet: Die Annahme steigender Grenzkosten impliziert Vollbeschäftigung der Kapazitäten. Dies wiederum ist in der kapitalistischen Welt ein schöner Traum, der sich allenfalls

Teil I. Die Struktur: Umweltpolitik als Ordnungspolitik

auf das *Say'*sche Gesetz stützen kann (zur Möglichkeit der Erreichung von Vollbeschäftigung s. Kap. II.3.). Augenscheinlich wird wieder einmal – charakteristisch für die neoklassische Theorie – „Sein" und „Sollen" verwechselt.

Gegen *Sraffa* wurde u.a. das Argument angeführt, allein schon der Wettbewerb treibe alle Firmen dazu, ihre Kapazitäten möglichst vollständig zu beschäftigen. Dieses Argument überzeugt nicht. Eine Firma mit voll ausgelasteten Kapazitäten begibt sich jeder Option, unerwartete Chancen zu nutzen, die allfällige Marktveränderungen bieten. Unausgelastete Kapazitäten stellen somit eine Realoption mit einem immanenten Wert dar.[A] In der real existierenden kapitalistischen Welt, die durch Unterbeschäftigung und Wirtschaftsschwankungen gekennzeichnet ist, ergeben vorgehaltene Kapazitäten daher durchaus Sinn. Anders würde es sich in einer Wirtschaft verhalten, in der Vollbeschäftigung herrscht und die Beschäftigungsschwankungen zum größten Teil ausgeschaltet wären. Dieser neoklassische Paradieszustand besteht jedoch heutzutage nicht; wir werden in Kap. II.3. Möglichkeiten einer Approximation an diesen durch institutionelle Reformen diskutieren. In der heutigen Welt liegt *Sraffa* mit seiner Theorie näher an der Realität als die Neoklassik. Dies gilt auch für die mit seiner Sicht weitgehend übereinstimmenden klassischen Perspektive, welche die Preise als durch die Kosten bestimmt sah, während die Nachfrage die abgesetzte Menge bestimmte.[59] *Sraffa* sah Produktion bzw. Absatz v.a. durch die Kosten des Marketing (welche keine Produktions-, sondern Vertriebskosten darstellen) und Kreditrestriktionen beschränkt.[60] Die Implikationen der Theorie von *Sraffa* sind bedeutsam: Im Regelfall wird wegen der weitgehend konstanten Grenzkosten (die also keineswegs nur eine Eigenschaft eines natürlichen Monopols sind[B]) ein weitgehend flacher oder gar fallender Verlauf der Angebotskurve, wie ihn schon die Klassiker unterstellten, wahrscheinlicher sein als die von der neoklassischen Orthodoxie postulierte steigende Angebotskurve.

Konsequenzen: Das Gesagte hat mannigfache Konsequenzen. Zunächst bedeutet es vor allem den Abschied von der Vorstellung eines eindeutigen Marktgleichgewichtes im Schnittpunkt zwischen der Angebots- und Nachfragekurve.

Nach der herkömmlichen Vorstellung (dargestellt in der linken Hälfte der untenstehenden Abbildung) besteht ohne weitere Regulierungen ein eindeutiger Schnittpunkt über X zwischen Angebot (abgeleitet aus den aggregierten privaten Grenzkostenfunktionen) und Nachfrage (abgeleitet aus den aggregierten individuellen Nachfragekurven). In diesem Punkt sind die Grenzvermeidungskosten gleich Null. Jede Produktionseinschränkung bringt einen Verzicht auf einen Nettonutzen oder Kosten der technischen Vermeidung mit sich. Dementsprechend sind externe Kosten in Punkt X noch nicht erfasst; deren Berücksichtigung würde auf eine Reduzierung der produzierten Menge hinauslaufen. Den durch die Produktionseinschränkungen erhöhten Grenzvermeidungskosten sind jedoch die vermiedenen Grenzschadenskosten (als marginale externe Kosten) gegenüberzustellen. Die Produktionseinschränkung (Rückführung der Menge) sollte aus volkswirtschaftlicher Sicht dort enden, wo die (von rechts nach links) ansteigenden Grenzvermeidungskosten (als Kosten des Pro-

---

[A] S. Keen, Debunking Economics ..., a.a.O., S. 82 mit Verweis auf *Kornai*. Keen weist auch noch andere Argumente gegen *Sraffa* zurück.- Zu Realoptionen im Unternehmensbereich vgl. u.a. D. Löhr, Mittelständische Familienunternehmen im Generationenwechsel - Die Gestaltung des Übergangs als Aufgabe des strategischen Risikomanagements, Aachen 2001.

[B] D.h., auch die Theorie des Unternehmens müsste neu geschrieben werden, wenn man sich *Sraffa* anschließt.

duktionsverzichts) und die (ebenfalls von rechts nach links) absinkenden Grenzschadenskosten übereinstimmen. Eine weitere Rückführung der Menge würde höhere Grenzvermeidungskosten auslösen, als Grenzschadenskosten vermieden werden könnten. Der Schnittpunkt von Grenzschadens- und Grenzvermeidungskosten bezeichnet daher den allokativ optimalen Soll-Zustand (mit der Menge X*), der vom Ist-Zustand (Menge X) eben mehr oder weniger abweicht. Nach diesem Punkt richtet sich daher auch das optimale Maß an Regulierung bzw. die erforderlichen Produktionseinschränkungen. Unter Rückgriff auf die Ordinate der oberen Bilder lassen sich die mit der Abweichung vom Optimum einhergehenden externen Kosten (residual) ermitteln, die es zur Erreichung des Allokationsoptimums zu internalisieren gilt.

Diese Überlegungen, die in der linken Hälfte der untenstehenden Abbildung illustriert sind unterstellen, dass es ein eindeutiges soziales Optimum X* und einen eindeutigen Gleichgewichtspunkt bei Abwesenheit der entsprechenden umweltpolitischen Regulierung X gibt.

Folgt man jedoch der Kritik von *Keen* (unstetiger Verlauf der Nachfragekurve) und *Sraffa* (tendenziell flacher Bereich der Grenzkosten- bzw. Angebotskurve, v.a. im Bereich der Unterbeschäftigung der Kapazitäten), so ist eine Mehrzahl von Schnittpunkten von Angebots- und Nachfragekurve möglich (s. die Punkte X_1, X_2 oder X_3 in der rechten Hälfte des Bildes unten).

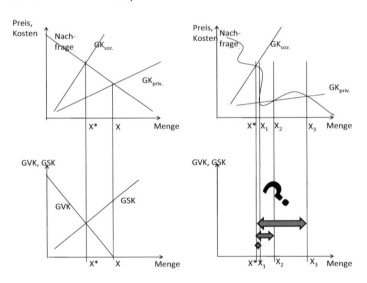

Abb. 4: Abschied vom umweltökonomischen Optimalpunkt
(Quelle: Eigene Darstellung)

Von diesen können mehrere zugleich allokationseffizient in dem Sinne sein, dass die Summe aus Produzenten- und Konsumentenrente (als „sozialer Überschuss") maximiert wird bzw. dass sich die maximierte Differenz zwischen kumulierten sozialen Nutzen und Kosten in mehreren Punkten entspricht.[A] Das ökonomische Kriterium der

---

[A] Streng genommen kann man nämlich in einem Zustand der Unterbeschäftigung, von dem Sraffa realistischerweise ausgeht, nicht von „Allokationseffizienz" sprechen.

Teil I. Die Struktur: Umweltpolitik als Ordnungspolitik

Maximierung des sozialen Überschusses kann daher nicht notwendiger Weise Auskunft darüber geben, welches der diversen infrage kommenden Optima auf der rechten Hälfte der obenstehenden Abbildung vorzugswürdig ist.

> **Hinweis: Produzenten- und Konsumentenrente**
> Die Begriffe gehen v.a. auf *Alfred Marshall* zurück. Die Produzentenrente beschreibt die Differenz zwischen dem Marktpreis und dem Reservationspreis des Produzenten (dies ist der Preis, zu dem ein Produzent sein Gut gerade noch anbieten würde).
> Die Konsumentenrente ist die Differenz zwischen dem Reservationspreis (dem Preis, den ein Konsument für ein Gut gerade noch zu zahlen bereit ist) und dem Marktgleichgewichtspreis.

Ist die Situation derart uneindeutig, bedarf es einer Auswahl der als „optimal" angesehenen Wirtschaftstätigkeit nach außerökonomischen Kriterien. Dies impliziert jedoch, dass es sich bei der Effizienz nicht um ein dominantes Beurteilungskriterium handeln kann. Weiter folgt daraus, dass das Wirken der „unsichtbaren Hand" nicht automatisch zu D E M Wohlfahrtsoptimum führt, wenn nur die adäquaten Rahmenbedingungen geschaffen werden. Vielmehr bedarf es durchaus aktiver Wahlhandlungen der „sichtbaren Hand" (der Politik). Diese Schlussfolgerungen berühren deswegen den Kern des zeitgenössischen ökonomischen Paradigmas, weil mit der prästabilisierten Harmonie das Credo der Werturteilsgemeinschaft der Ökonomen infrage gestellt wird.[A] Sie stehen diametral der Auffassung entgegen, die Wirtschaft solle möglichst von allen Limits bzw. Fesseln befreit werden, um die prästabilisierte Harmonie und die Entfaltung der Produktivkräfte zum Zuge kommen zu lassen. Betroffen ist dabei auch und gerade das Verständnis von Ordnungspolitik: Sie kann nicht darauf reduziert werden, lediglich den Rahmen bereitzustellen, innerhalb dessen die prästabilisierte Harmonie zur Entfaltung gelangen kann. Die oben angeführten Wahlhandlungen durch die „sichtbare Hand" bedürfen vielmehr gezielter Eingriffspunkte in das ordnungspolitische Regelwerk, ohne dieses permanent im Grundsatz infrage zu stellen (letzteres würde nur Unsicherheit produzieren). Zu betonen ist jedoch, dass die obige Kritik (soweit sie sich auf *Sraffa* mit seiner flachen Grenzkostenkurve bezieht) von einem Zustand der Unterbeschäftigung ausgeht. Je mehr man sich dem Zustand der Vollbeschäftigung und damit den neoklassischen Modellannahmen annähert (hierzu siehe v.a. Kap. II.3.), umso weniger Eingriffe sind nötig (allerdings bleibt die Problematik der Bestimmung von X*, s. im Folgeabschnitt mehr).

[A] H.C. Binswanger, Die Glaubensgemeinschaft der Ökonomen, München 1998, S. 48 ff. sowie S. 56.- *Binswanger* vertritt die These, dass im Gefolge von Adam Smith die moderne Ökonomenwelt von der Stoa beeinflusst ist, in der die Bedeutung von Gut und Böse durch den Glauben an eine Welt- oder All-Vernunft relativiert wurde. Markant ist z.B. das Zitat von *Epiktet* (Epiktet, Teles und Musonius, übersetzt und eingeleitet von W. Lagelle, Zürich 1948, S. 123 f.): „*Daher ist es auch keine Sünde wider das Gemeinwohl, wenn man alles um seiner selbst willen [aus Eigenliebe] tut.*" Smith stellte sich mit seiner Überzeugung, dass das Zusammenwirken der vielen Egoismen in der Gesamtheit dann doch zu einer Förderung des Gemeinwohls führen würde, in Gegensatz zur mittelalterlichen Scholastik, welche – auf dem Christentum beruhend - „gute Taten" und eine „gerechte Ordnung" einforderte. Die betreffende Thematik findet sich auch in *Goethes Faust* wieder (*Mephistopheles* Antwort auf *Faust´s* erste Frage: „*Ich bin ein Teil von jener Kraft – Die stets das Böse will, und stets das Gute schafft.*").- Vorliegend wird ein normativistischer Standpunkt vertreten, nachdem sich ein Wissenschafter zu seinen Wertprämissen bekennen sollte.- Vgl. G. Weisser, Politik als System aus normativen Urteilen. Sinn, Möglichkeit, Haupterfordernisse. Göttingen 1951.

Teil I. Die Struktur: Umweltpolitik als Ordnungspolitik

Speziell für die Umweltökonomie ergeben sich aus der obigen Argumentation vielfältige Konsequenzen (ohne Anspruch auf Vollständigkeit):
- Sind mehrere Schnittpunkte zwischen Angebots- und Nachfragekurve und damit mehrere Optima möglich und kann die Festlegung des gewünschten Zustandes nur nach außerökonomischen Kriterien erfolgen, so können auch die Grenzvermeidungskosten (verstanden als Opportunitätsgrenzkosten der Vermeidung) nicht mehr eindeutig ermittelt werden. Auch ihre Festlegung kann nur von einem außerökonomisch gesetzten Ziel aus erfolgen – sie werden relativ.
- Weil sich schließlich bei Abwesenheit eines eindeutigen Gleichgewichtspunktes auch der Abstand zwischen X* und X und damit das Ausmaß der schädigenden Übermaßproduktion nicht mehr eindeutig festlegen lässt, scheitert auch das umweltökonomische Internalisierungskonzept, wie es beispielsweise der Pigou-Steuer zugrunde liegt.[A]
- Last not least wird auch der Begriff des Marktversagens fragwürdig, wenn er von einem nicht existenten eindeutigen Optimalzustand aus definiert wird.
- Aufgrund der o.a. Kritik wären auch Bewertungskonzepte für Umweltgüter zu überdenken, die auf Aggregationen individueller Zahlungsbereitschaften (kontingente Evaluierung) oder der Simulation von Marktgleichgewichten beruhen.

c. Kritik des umweltökonomischen Optimalpunktes

Im obigen Kapitel wurde dargestellt, dass sich ein allgemeines Marktgleichgewicht in Punkt X – unter Außerachtlassung externer Effekte - nicht unbedingt eindeutig festlegen lässt. Nachfolgend wollen wir dasselbe für den Optimalpunkt X* illustrieren, der den Zustand höchstmöglicher Allokationseffizienz (soziales Optimum) abbildet und dessen Festlegung daher vor dem Hintergrund des Leitwertes der Effizienz getroffen wurde. Wir wollen darstellen, dass die auf diesen Optimalpunkt bezogene – eben „punktualistische" Sichtweise vom Ansatz her verfehlt ist. Mit dem Punktualismus bleiben nämlich die Auswirkungen unberücksichtigt, *„die sich bei einer optimalen Allokation für die ökologischen Systeme ergeben."* [61] Die Grenzen der Belastbarkeit hängen einmal stark von der Größenordnung des Wirtschaftens („Scale"; zur Wachstumsproblematik vgl. Kap. II.3.), zum anderen aber auch von der Struktur der Belastung ab: Die Belastungen der ökologischen Teilsysteme dürfen bestimmte Schwellenwerte, ab denen die Resilienz der ökologischen Systeme[B] gefährdet ist, nicht überschreiten. Ansonsten ist zu befürchten, dass das Ökosystem in nicht vorhersagbarer Weise reagiert (s. unten mehr).[62] Die besagten Schwellenwerte können in gegenständlicher (z.B. hinsichtlich eines bestimmten Schadstoffes oder Schadstoffkombination), räumlicher (Konzentration von Schadstoffen in einem bestimmten Raum), zeitlicher (Konzentration von Schadstoffen zu bestimmten Zeitpunkten), subjektiver (Beeinträchtigung bestimmter Spezies / Personen) Hinsicht strapaziert werden und die erwähnten Systemveränderungen bewirken. Die herkömmlichen Punkt- bzw. Niveauziele[63] stellen vor diesem Hintergrund eine unzulässige Reduktion von Komplexität in mehrfacher Hinsicht dar:
- Gegenständlich: Punkt- bzw. Niveauziele sind nur dann angemessen, wenn der jeweilige Schadstoff hinsichtlich Emissionswirkungen (keine Kuppelemissionen) wie Immissionswirkungen (keine chemischen Interaktionen) von anderen Schad-

---

[A] Wir gehen davon aus, dass die externen Kosten den bewerteten Grenzschadenskosten entsprechen. Vgl. beispielsweise A. Endres, Umweltökonomie, 2. Aufl., Stuttgart u.a. 2000, S. 108 ff. am Beispiel der Pigou-Steuer.

[B] Unter Resilienz versteht man die Fähigkeit eines Systems, seine Selbstorganisation auch angesichts externer Störungen zu erhalten.

Teil I. Die Struktur: Umweltpolitik als Ordnungspolitik

stoffen / Gasen unabhängig ist. Zudem scheitern Optimalitätsüberlegungen, die vor dem Hintergrund des Leitwertes der „Effizienz" getroffen werden, in der Praxis daran, dass beispielsweise im Verbund produzierte Schadstoffe unterschiedlichen Regimes unterliegen (müssen, um dem Leitwert „Sicherheit" zu genügen). Wenn also der Emissionshandel ohne die Effizienz störende, systemfremde Einflüsse funktionieren soll, dürfen dem Handelsregime unterliegende Schadstoffe nicht zusammen mit solchen produziert werden, die (z.B. wegen ihrer Schädlichkeit oder hohen Diffusion) einem Auflagenregime unterliegen („Kuppelproduktion", s. auch unten, Kap. III.3.1.).
- Räumlich: Legt man – motiviert durch eine Orientierung am Leitwert der Effizienz – Niveauziele zugrunde, so wird ausgeblendet, dass beispielsweise bestimmte klimaschädliche Stoffe und Gase (z.B. Ozon) nicht nur globale, sondern auch beachtliche lokale Schadenspotenziale aufweisen (Leitwert Sicherheit). Selbst dann, wenn ein Schadstoff primär als ein globales Problem bewertet wird, muss dafür Sorge getragen werden, dass die lokalen bzw. auf den einzelnen Schadstoff bezogenen Auswirkungen begrenzt bleiben. Die Empfindlichkeit der verschiedenen Schutzgüter kann je nach Ort unterschiedlich ausfallen; es bedarf eines Regimes, das diesen Unterschieden Rechnung trägt (Leitwert: Anpassungsfähigkeit). So kann beispielsweise die ansteigende CO_2-Konzentration in der Atmosphäre zu einer Übersauerung der Meere führen, was bestimmte Populationen besonders stark beeinträchtigt. Wird umgekehrt ein Schadstoff primär als lokales bzw. gegenständlich isoliertes Problem interpretiert, kann sich dennoch die Frage nach überlokalen Auswirkungen stellen. So wird beispielsweise erst seit Kurzem auf die Rolle rußiger Aerosole nicht nur für lokalen Smog, sondern auch für das globale Klima hingewiesen. Es wird – wenngleich nicht unwidersprochen - vermutet, dass diese in Interaktion mit anderen Schadstoffen über den Effekt des „Global dimming" einen ähnlich bedeutsamen Beitrag zur Erwärmung der Atmosphäre wie Kohlendioxid leisten.[64]
- Zeitlich: Die unterschiedlichen zeitlichen Reichweiten diverser Schadstoffe sind nach der punktualistischen, am Leitwert der Effizienz orientierten Unterstellung unbeachtlich. Gleichwohl kann es auch zeitliche „Hotspots" geben, bei denen kritische Schwellenwerte überschritten werden (z.B. bodennahe Ozonkonzentrationen im Sommer; zumindest der Leitwert „Sicherheit" ist dann berührt).
- Subjektiv: Durch Immissionen können verschiedene Individuen in unterschiedlich intensiver Weise betroffen werden. Möglicherweise ist durch die Verkettung von Emissionen und Immissionen dann auch der Leitwert Koexistenz betroffen.

Demnach müssen mit Rücksicht auf die Resilienz der Systeme auch die Schwellenwerte mit Blick auf mehrere Dimensionen beachtet werden. Hieraus ergibt sich die Forderung nach einer Steuerung von Belastungsstrukturen – und damit die Beachtung der Belastungsfähigkeit der diversen Subsysteme des gesamten Ökosystems. So müssen beispielsweise mit Blick auf die subjektive Dimension allokationseffiziente – also insoweit „optimale" - Lösungen bezüglich des Raumes, des Gegenstandes und der Zeit keineswegs optimal sein.

Vorstellungen von „Optimalität" sind auch deswegen fragwürdig, weil sie die verschiedenen Leitwertdimensionen (Effizienz, Koexistenz etc.) in einer unzulässigen Weise aggregieren und weitere Dimensionen gänzlich ignorieren (s. die Ausführungen in Kap. I.2.1.1.). Innerhalb der verschiedenen Dimensionen bewegt man sich immer in einem Konflikt, der situationsgerechter (politischer) Kompromisse bedarf. Das Management der Konfliktfelder (s. die Abbildung 5 unten) stellt eine fortwähren-

Teil I. Die Struktur: Umweltpolitik als Ordnungspolitik

de Herausforderung dar. Mit den Optimierungsüberlegungen wird von der Umweltökonomie eine Patentlösung vorgegaukelt, die in Wirklichkeit nicht existiert und nicht existieren kann. Zu derartigen Optima kann man nämlich nur gelangen, indem man relevante (Leitwert- und Schutzgut-) Dimensionen systematisch und willkürlich ausblendet.

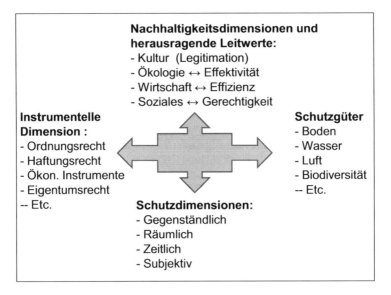

Abb. 5: **Umweltpolitik als eine mehrdimensionale Aufgabe**
(Quelle: Eigene Darstellung)

Aus den besagten Gründen lehnen wir die Vorstellung eines – vornehmlich am Leitwert der Effizienz orientierten – allokativen Optimalpunktes X* grundsätzlich ab. U.E. muss die Funktions- bzw. Überlebens- und Entwicklungsfähigkeit des Gesamtsystems im Auge behalten werden, zumal die Überlastung einzelner Subsysteme zu Rückwirkungen auf das Gesamtsystem führen kann. Dies bedeutet jedoch das Management verschiedener Zieldimensionen in einem unauflösbaren Spannungsfeld.

c. Systemhaftigkeit und Effizienz

Welche ökonomischen Konsequenzen ergeben sich aus den obigen Feststellungen? Zunächst bedeutet die Beachtung von Belastungsstrukturen und Schwellenwerten in den jeweiligen Ökosubsystemen, dass auch auf die jeweiligen, partiellen Grenzschäden (in ihrer gegenständlichen, räumlichen, zeitlichen und subjektiven Dimension) Rücksicht genommen werden muss. Die orthodoxe Umweltökonomik plädiert hingegen primär für die Vornahme von Vermeidungsanstrengungen dort, wo dies am billigsten ist.[A] Wo im Einzelnen vermieden wird, hängt also von den jeweiligen Grenz-

---

[A] Nach dieser Denkweise müsste man beispielsweise lokale, gegenständliche (bestimmte Schadstoffe und Schadstoffkombinationen) und zeitliche Belastungsspitzen in Kauf nehmen, auch wenn dies zur Ausrottung bestimmter Arten führt, die aktuell als nicht nützlich angesehen werden (denen daher aktuell auch kein Wert zugemessen wird). Auch eventuelle Systemrückkopplungen bei Überschreiten kritischer Schwellenwerte wären zu akzeptieren. Man müsste konsequenterweise sogar weitergehen und die Schädigung von Mensch und Gesundheit in Kauf nehmen, wenn nur der Nutzen der Schädigung die Kosten übersteigt.

Teil I. Die Struktur: Umweltpolitik als Ordnungspolitik

vermeidungskosten der Emittenten und dem Preis für die Verschmutzung ab, nicht aber von dem jeweiligen (partiellen) Grenzschaden. Die ökonomischen Regimes zur Begrenzung des Umweltverbrauchs beziehen allenfalls (im Internalisierungsregime) die *aggregierte Grenzschadenskostenkurve* in die Betrachtung ein (s. unten mehr). Noch mehr: Die (im Mittelpunkt stehende) Effizienz der ökonomischen Regimes wird *eben gerade dadurch* erreicht, dass die Belastungsstruktur bzw. die partiellen Grenzschäden bzw. Grenzschadensfunktionen nicht beachtet werden. Damit werden auch die Lebens- und Entwicklungsbedingungen der ökologischen (Sub-) Systeme ignoriert.

Nun sagt der Effizienzbegriff etwas über das Verhältnis von Nutzen und Kosten aus; er bezieht sich aber immer auf einen bestimmten Zweck, ist also intentional. Nachfolgend wird die Rolle von Effizienz in selbstorganisierenden („lebenden") Systemen (Lebewesen, Unternehmen, Stadt, Gesellschaft, etc.) beleuchtet und mit der Bedeutung in umweltökonomischen Instrumenten als „instrumentelle" oder „Mittelsysteme" (wie z.B. technische Systeme) konfrontiert.[A]

Mit Bezug auf ökologische Systeme kann man diesen (System-) Zweck insbesondere dann, wenn man die Systeme weit definiert, als die Sicherung des weiteren Überlebens und die weitere Entwicklung bezeichnen (vgl. die Nachhaltigkeitsdefinition). Insbesondere selbstorganisierende, lebende Systeme (also auch Ökosysteme!) sind selbstreferentiell.[B] Sie tragen ihren Zweck in sich selbst und sind nicht durch ihre Funktion für andere definiert. In lebenden Systemen ist von „Natur aus" immer schon eine gewisse Ineffizienz angelegt, zumal sie nicht gegen das Minimum streben, das durch das Gesetz der minimalen Entropieerzeugung beschrieben wird. Erst ab einer gewissen Entfernung von dieser Schwelle kann nämlich überhaupt erst ein offenes System, wie es Leben darstellt, entstehen.[65]

Dennoch benötigt jedes funktionierende lebende System ein Minimum an Effizienz. Effizienz ist die Systemantwort auf Ressourcenknappheit; hierbei handelt es sich aber um ein ubiquitäres Phänomen. Allgemein kann sich Effizienz auf Systemebene am besten in einer sicheren, strukturierten Umgebung entfalten, bei der relativ wenig Handlungsfreiheit, Wandlungsfähigkeit und Adaptivität notwendig ist. Je unsicherer jedoch die Umgebung, in der sich ein System befindet, umso mehr gewinnen – auf Kosten der Effizienz – die Vorkehrungen gegen die hieraus erwachsenden Bedrohungen und zur Nutzung der hieraus erwachsenden Chancen an Bedeutung. In einer ökonomischen Interpretation ist die beste Strategie gegen allfällige Unsicherheiten die Schaffung von Optionen. Dies geschieht bei den Ökosystemen v.a. mit der „Investition" in Biodiversität. Vielfalt „an sich" (!) ist also von elementarer Bedeutung für das Überleben eines (Öko-) Systems in einer unsicheren Welt. Allerdings: Jeder Auf-

---

[A] Streng genommen ist es nicht ganz richtig, von Ökosystemen als „lebenden Systemen" zu sprechen. Vielmehr handelt es sich um hochkomplexe, vielfältig vernetzte, in Konkurrenz und Kooperation stehende unterschiedliche „lebende Systeme". Wenn Ökosysteme und „lebende Systeme" nachfolgend nicht streng unterschieden werden, so deswegen, weil die Unterscheidung mit Blick auf das Ziel der Abhandlung nicht relevant ist.

[B] K. F. Müller-Reißmann / K. Bohmann / J. Schaffner, Kriterien der Sozialverträglichkeit, Studie im Auftrag des Ministers für Arbeit, Gesundheit und Soziales des Landes Nordrhein-Westfalen, Teil A: Theoretische Grundlagen, Hannover, Januar 1988, S. 25.- Varela, Maturana und Uribe verwenden in diesem Kontext den Begriff der „Autopoeisie" (als den Prozess der Selbsterschaffung und -erhaltung eines Systems).- F. J. Varela / H. R. Maturana / R. Uribe, Autopoiesis: The organization of living systems, its characterization and a model, *Biosystems*, Vol. 5 / 1974, S. 187-196.

Teil I. Die Struktur: Umweltpolitik als Ordnungspolitik

bau von Optionen als Strategie gegen die allfällige Unsicherheit (und hier: für die Fortentwicklung der Evolution) ist „teuer"; eine solche „Strategie" bindet Ressourcen. Die Ineffizienzen des Systems nehmen daher vor allem mit der produzierten Vielfalt, also der Biodiversität, zu – wenngleich sich Effizienz und Vielfalt auch gegenseitig bis zu einem gewissen Grad bedingen. Das latente Spannungsverhältnis zwischen Effizienz und Vielfalt zeigt sich beispielsweise darin, dass von allen Lebensräumen auf dem Kontinent keineswegs der Tropenwald (mit seiner hohen Artenvielfalt) die höchste Effizienz aufweist, wenn man diese an der Sekundärproduktion misst (also die Fähigkeit, Tiere zu ernähren): Dies ist vielmehr die – relativ eintönige – Savanne.[A]

Die Ineffizienz, die mit der Vielfalt in ökologischen Systemen einhergeht, zeigt sich regelmäßig in Redundanzen (z.B. Funktionsdopplungen mit Blick auf das System).[B] Hiermit geht jedoch ein „Versicherungseffekt" einher: Mit zunehmender Artenvielfalt nimmt die Wahrscheinlichkeit zu, dass zumindest einige Arten oder Genotypen in der Lage sind, funktionell unterschiedlich auf sich laufend ändernde Umweltzustände (endogener und v.a. exogener Art, z.B. aufgrund von Klimaschwankungen) zu reagieren und sich anzupassen (Leitwerte: Adaptivität, Wandlungsfähigkeit). Ein Beispiel: Generalisten wie Spezialisten koexistieren in Ökosystemen bei partiellen Funktionsüberschneidungen hinsichtlich des Systems. Spezialisten nutzen dabei die Vorteile, die sie durch ihre Festlegungen haben. Sie sind auf feste Strukturen angewiesen und können durch ihre Festlegungen und Spezialisierungen eine relativ hohe Effizienz entwickeln. Dies ist eine der „teuren", eigentlich ineffizienten Schaffung von Optionen diametral entgegengesetzte Strategie.[C] Andererseits zeigt sich bei Änderungen in den Umweltbedingungen, wie die Festlegungen der Spezialisten zum Risiko mutieren können: Angesichts sich ändernder Umweltbedingungen haben wohl die eigentlich ineffizienteren Generalisten die höheren Überlebenschancen.[66] Dann stellen sich auch die an sich ineffizienten partiellen „Funktionsüberschneidungen" von Generalisten und Spezialisten plötzlich als Vorteil heraus. Nur dann, die Systemfunktion der verschwindenden Art durch andere Arten übernommen werden kann, bedroht das mögliche Aussterben der einzelnen Art das System nicht als Ganzes. Nur vor diesem Hintergrund kann sich das System die unterlassene „Investition in Versicherungsmaßnahmen" durch die spezialisierten Arten auch „leisten".

[A] Gehölze produzieren nämlich nur wenig photosynthetisch aktives Gewebe, der überwiegende Teil hat Stütz- oder Speicherfunktion. Gräser aber bestehen fast ausschließlich aus grünen Organen. In der Savanne leben auf einem ha 150 - 200 kg Tiere, während in einem ha Wald nur etwa 10 kg Tiere leben. Der Grund dafür liegt darin, dass Gräser von den Tieren viel leichter aufgenommen und verwertet werden können als Holz. Wegen der hohen Produktivität der Savanne wird diese vom Menschen als Weidegebiet für ihre Herden genutzt und auch häufig Waldgebiete in Grasland (Wiese, Weide oder Getreidefelder) umgebildet. Gefährlich werden diese Handlungen derzeit vor allem dem tropischen Regenwald, der nach und nach gerodet wird, um in kurzzeitig nutzbares Ackerland umgebildet zu werden. Die Savanne mit ihrem Effizienzmaximum steht zwischen den Wüsten (geringe Produktivität) und dem tropischen Regenwald.- Vgl. http://www.myss.de/science/oekologie/oekosysteme.html.

[B] Hierzu und zu anderen Aspekten wie dem "Overyieldingeffekt" und dem „Kovarianzeffekt" vgl. S. Baumgärtner / J. Schiller, Vielfalt und Nachhaltigkeit – Der Einfluss von Beständen und des Zeithorizonts auf ökonomische Wahlmöglichkeiten, in: Zeitschrift für angewandte Umweltforschung, in: H. Spehl / M. Held (Hrsg.): Vom Wert der Vielfalt – Diversität in Ökonomie und Ökologie, Sonderheft 13 / 2001, S. 136-147.

[C] Akademie der Naturwissenschaften Schweiz (SCNAT) (2008): Biodiversität und Klima – Konflikte und Synergien im Maßnahmenbereich, Bern 2008, S. 8.- Beispielsweise zeugen Generalisten i.d.R. eine höhere Anzahl von Nachkommen als Spezialisten („r-Strategie" - die Spezialisten investieren allerdings vergleichsweise stärker in die Nachkommenschaft).

Teil I. Die Struktur: Umweltpolitik als Ordnungspolitik

Es ist also festzustellen: Effizienz ist insbesondere in solchen lebendigen Systemen, die mit einer unsicheren Umgebung konfrontiert sind, eher auf der Ebene der einzelnen Systemelemente, weniger auf der Ebene des Gesamtsystems von Bedeutung. Die einzelnen Systemelemente folgen insoweit partiell einer anderen Logik als das Systemganze.

Im Gegensatz zu der relativen Rolle der Effizienz in natürlichen Systemen wird jedoch das Effizienzpostulat von der (Umwelt-) Ökonomie absolut gesetzt: Effizienz wird für die einzelnen Elemente des Mittelsystems (Gas oder Ort A bzw. B im Vorkapitel), und das Gesamtsystem gleichermaßen eingefordert. Dies liegt ganz in der Aggregationslogik der herkömmlichen Ökonomie, nachdem das Ganze die Summe seiner Teile ist.[67] Dagegen steht die Erkenntnis der Systemforschung: *"Systemverhalten lässt sich durch die Eigenschaften der Komponenten allein nicht erklären; das System ist mehr als die Summe seiner Teile. Systemverhalten ist mehr als die Summe seiner Teile. Systemverhalten ist daher eine neu auftauchende emergente Eigenschaft des Systems, das heißt Resultat seiner besonderen Konfiguration von Systemelementen und ihrer Verbindungsstruktur."*[68]

Auch für ein erfolgreiches umweltökonomisches „Mittelsystem" gilt aber die Bedingung, dass sich die besonderen Merkmale seiner Umwelt in seiner Struktur und seinen Funktionen widerspiegeln sollen.[69] Wird jedoch im umweltökonomischen „Instrumentalsystem" der Leitwert der Effizienz absolut gesetzt und damit auf Kosten anderer Leitwerte zu sehr fokussiert, bestehen große Zweifel an einer Vereinbarkeit eines solchen „Instrumentalsystems" mit den Funktionsnotwendigkeiten der ökologischen Systeme. Stellt man sich zudem auf den Standpunkt, dass das Systemganze regelmäßig einer anderen Logik folgt als die Systemteile, muss man zu dem Schluss kommen, dass mit den gängigen, auf Effizienz fokussierten ökonomischen Instrumenten des Umweltschutzes den Ökosystemen eine fremde Logik übergestülpt wird. Vor diesem Hintergrund erscheint ein als absolut gesetztes Effizienzziel als eine Ausdrucksform des „Imperialismus", welcher der zeitgenössischen Ökonomie im Sinne einer Verallgemeinerung der ökonomischen Prinzipien auf alle Lebenszusammenhänge oft vorgeworfen wird.[A]

Hinweis: Die Zuweisung von Eigentumsrechten ignoriert Systeme
Im Folgekapitel wird die Zuweisung von Eigentumsrechten an Teilen des (Öko-) Systems diskutiert. Wieder lautet die Begründung hierfür: „höhere Effizienz". Schon an dieser Stelle sei der Hinweis gegeben, dass diese – von der neoinstitutionalistischen Literatur propagierte – Vorgehensweise den Systemcharakter von Umweltsystemen ignoriert. *„Die Natur kann nicht einfach aufgeteilt und den einzelnen Individuen zugewiesen werden."*[70] Die ökonomische Optimierung von Teilsystemen kann ganz im Gegenteil dazu führen, dass gewachsene Systeme auseinandergerissen und / oder kritische Schwellenwerte überschritten werden, mit entsprechenden Auswirkungen auf die Resilienz und die Entwicklungs- und Überlebensfähigkeit des Gesamtsystems.

[A] In diesem Sinne ist die herrschende Ökonomie auch im Sinne von *Emile Durkheim* reduktionistisch, wenn man unter Reduktionismus die Erklärung von Phänomenen auf einer „höheren Ebene" (z.B. das soziale Verhalten von Menschen) allein durch Gesetzmäßigkeiten einer „niederen" Ebene (z.B. der Chemie) versteht. Vgl. die Beiträge in H. A. Henkel / L. F. Neumann / H. Romahn, Gegen den gesellschaftspolitischen Imperialismus der reinen Ökonomie, Gedächtnisschrift für Gerhard Weisser, Marburg 1998.

Teil I. Die Struktur: Umweltpolitik als Ordnungspolitik

Die obigen Ausführungen bezogen sich v.a. auf Ressourcen- bzw. Kosteneffizienz. Zu beachten ist jedoch auch die Zeiteffizienz. Wir werden weiter unten (in Teil II) noch eingehend die Rolle beleuchten, die der Zins für die Erhöhung der Zeiteffizienz spielt. Erst über den Zins wird Zeit und Geld synonym gemacht. Er fordert ein, keine Zeit zu vertrödeln, da ansonsten Zinsen entgehen oder Zinsen gezahlt werden müssen. Weil beispielsweise Vorratslager Zinsen kosten, werden diese auf die Autobahn gelegt („Just-in-time-Produktion"), welche die Landschaft zerschneiden sowie neue Stoffströme und Emissionen generieren. Es deutet sich damit schon an, dass Zeiteffizienz durchaus in Gegensatz zur Ressourceneffizienz stehen kann.

Je höher die Renditeforderungen, umso wichtiger wird die möglichst rasche Generierung von (monetären) Nutzen – dies gilt selbst dann, wenn hierbei entsprechend höhere Kosten (Ressourcenverbrauch) entstehen, wenn diese nur in die Zukunft verschoben und damit abgezinst, also geringer gewichtet werden können. Zeiteffizienz erfordert, dass Mensch oder Material mit geringstem Zeitaufwand von Punkt A nach B gelangen kann. Das Mittel hierzu ist häufig die Begradigung der „Meander der Stoffströme".[A]

Hierbei geht es um wesentlich mehr als das sich unwillkürlich aufdrängende Beispiel einer Flussbegradigung. Ein wichtiges Beispiel ist eben auch die Nutzung fossiler Energien, auf die sich weite Teile unserer Wirtschaftstätigkeit stützen. *Kunstler* betont, dass die Natur in ihren Systemen „Hindernisse" eingebaut hat, welche die Energieflüsse in einem „Check and balance" verlangsamen und damit die Leistungsfähigkeit begrenzen, zugleich aber auch die Steigerung der Entropie (unbrauchbare Abwärme) ihrer Systeme bremsen und die Systeme oft sehr komplex erscheinen lassen. *„The built-in constraints of inefficient biogenic economies reduce the flow of the potential, often to the point where systems based on inefficient economies last for geological epochs, not just a few decades in the case of a fish hatchery. Everything that we identify with nature takes the form of inefficient systems."*[71]

Kunstler begreift andererseits die gesamte moderne, auf der Nutzung weniger Energieträger wie Öl, Erdgas, Kohle und Uran basierende Technologie (auf der unsere Lebensweise, zumindest in der Ersten Welt, zum allergrößten Teil beruht) als ein „Niederreißen" dieser Barrieren, als eine „Begradigung der Meander" der Stoffströme mit dem Ziel, die (Zeit-) Effizienz noch weiter zu erhöhen. Bei einer einseitigen Ausrichtung am Kriterium der Zeiteffizienz gilt: *„Efficiency is the straightest path to hell."*[72] Die Rücksicht auf andere (z.B. soziale und ökologische Systeme erfordert jedoch den Respekt vor Schranken und außerökonomischen Zielen: *„There have to be limits."*[73]

Schließt man sich unseren Ausführungen zu der Bedeutung von Belastungsstrukturen, Schwellenwerten von ökologischen Subsystemen und deren Rückwirkung auf das Gesamtsystem sowie der Rolle von „effizienzbremsenden" Mechanismen in natürlichen Systemen an, so muss die Bedeutung der Effizienz relativiert werden und dem Schutz bestimmter Umweltmedien hingegen eindeutig Priorität zukommen.

[A] Gerade diese „Meander" stellen jedoch Orte dar, in denen sich die für das Überleben des Systems erforderliche Vielfalt von Arten und Formen in besonderer Weise entwickelt hat.

Teil I. Die Struktur: Umweltpolitik als Ordnungspolitik

d. Aufrechterhaltung von Optionen als Strategie zum Umgang mit Unsicherheit

Die mikroökonomische Orthodoxie gelangt zu ihren Optimalpunkten über die Aggregation von partiellen Grenzvermeidungs- und Grenzschadenskosten. Diese Aggregation ist u.a. deswegen äußerst fragwürdig, weil in einem Systemzusammenhang das Ganze mehr wert ist als die Summe seiner Teile (s. den vorangehenden Abschnitt).[74] In der Aggregationslogik werden regelmäßig lineare Reaktionen des Systems auf das Ausmaß der Umweltbeeinträchtigungen unterstellt. Tatsächlich sind Ökosysteme jedoch durch diskontinuierliche, nicht lineare und oft auch irreversible Veränderungen in der Nähe von Schwellenwerten gekennzeichnet, an denen sich die Resilienz ändert.[75] Im Allgemeinen ist die Komplexität und der Bereich der Funktionen, die zur Resilienz von Ökosystemen beitragen, aber nicht bekannt. Gleiches gilt für Wahrscheinlichkeitsfunktionen der Konsequenzen des Verlusts der Resilienz.[76] Somit kann nur gesagt werden, dass es bei Überschreiten bestimmter Schwellenwerte zu unvorhersagbaren Systemreaktionen und zu komplexen Rückwirkungen kommen kann. Im Übrigen haben solche – allenfalls naturwissenschaftlich zu bestimmenden - Schwellenwerte gar nichts mit den oben diskutierten ökonomischen Optimalpunkten X^* zu tun.

Beispiel: Mögliche Rückkopplungen im Rahmen des Klimawandels

Vom Beginn der weltweiten Instrumenten-Aufzeichnungen 1861 bis 2004 ist die globale Durchschnittstemperatur um 0,8 Grad Celsius gestiegen. Der Trend ist eindeutig. Seit 1990 wurden die zehn wärmsten Jahre gemessen, seit 1997 sogar in Folge. Allerhöchste Unsicherheit besteht allerdings über die möglichen Rückkopplungseffekte, die durch den Klimawandel verursacht werden. Beispiele[77]:

- Methanhydrat-Destabilisierung: Bedeutende Wissenschaftler befürchten mittlerweile, dass die globale Erwärmung durch eben jene Lagerstätten mit unkonventionellem Gas, die manche auf der verzweifelten Suche nach neuen Energiequellen erschließen wollen, eskalieren könnte. Im sibirischen Permafrostboden sind Unmengen von Methan gebunden, die bei einer weiteren Erwärmung der Erde freigesetzt werden könnten. Methan ist als Treibhausgas viel schädlicher als CO_2.
- Böden, die dafür sorgen, dass die Biosphäre an Land nicht mehr Treibhausgase absorbiert, sondern ausstößt: Eine sich erwärmende Landmasse würde mehr Kohlendioxid abgeben als heute. Derzeit reduzieren die Pflanzen an Land das Kohlendioxid mit Hilfe der Photosynthese, die etwa ein Viertel des Kohlendioxids absorbiert, das beim Verbrennen fossiler Energieträger frei wird. In einem wärmeren Klima beschleunigt sich die Zersetzung organischen Materials im Boden, wodurch die Biosphäre an Land schließlich Kohlenstoff nicht mehr aufnehmen, sondern abgeben würde. Einige Klimamodelle gehen davon aus, dass dies ab einer Kohlendioxidkonzentration von 400 ppm bis 500 ppm passieren könnte, anders ausgedrückt, in 50 oder in 100 Jahren.
- Ozeane geben Kohlendioxid ab: Viele Ozeanologen und Klimaforscher gehen davon aus, dass die Aufnahmefähigkeit auch der Ozeane in Puncto CO_2 (v.a. wegen der abnehmenden Fähigkeit des Phytoplanktons zur Photosynthese) mittlerweile erschöpft ist und die Ozeane bei einer weiteren Erwärmung nicht mehr Kohlendioxid aufnehmen, sondern abgeben.
- Die Eiskappe in Grönland schmilzt: Etwa sechs Prozent des Süßwassers auf der Erde, 2,6 Millionen Kubikkilometer, liegen gefroren in einer zwei Kilometer dicken Schicht auf Grönland. Dieses Eis kann schmelzen. Wenn es

Teil I. Die Struktur: Umweltpolitik als Ordnungspolitik

> das täte, würde der Meeresspiegel weltweit um durchschnittlich sieben Meter steigen (das schon im Meer schwimmende Eis hat hingegen keine Auswirkungen auf den Wasserstand der Meere). Küstenstädte und –gebiete, in denen der Großteil der Bevölkerung lebt und in denen sich die wirtschaftliche und agrarische Tätigkeit konzentriert, würden verwüstet. Dies hätte auch Rückwirkungen auf die Tragfähigkeit der Erde.
> - Die Eiskappe der Westantarktis rutscht ins Meer: Das Eis der Westantarktis ist über drei Kilometer dick und über schwimmendes Schelfeis mit dem Kontinentalschelf verbunden. Würde dieses Schelfeis von unten her im sich erwärmenden Wasser schmelzen, könnte die ganze Kappe ins Rutschen geraten und ins Meer stürzen. Dies könnte auch die noch größere ostantarktische Kappe destabilisieren. Geschätzte Auswirkung: Der Meeresspiegel würde 50 Meter steigen.

Angesichts des Unwissens bzw. der bestehenden Unsicherheiten der Systemzusammenhänge fordert *Hampicke*: *„Die Menschen müssen sich nicht nur überhaupt dazu durchringen, ihr Handeln konkret einzugrenzen, d.h. einen Teil ihrer potentiellen Aktivitäten, die sie ausführen könnten, zu tabuisieren, vielmehr müssen sich bei der Festlegung der Grenze auch die vorsichtigeren Meinungen durchsetzen. Im Gegensatz zur heutigen Praxis erfordert dies auf zahlreichen Gebieten eine Beweislastumkehr. Nicht nur müssen Dinge verboten werden, von denen erwiesen ist, dass sie schädlich sind, sondern vieles muss unterbleiben, von dem nicht in hinreichendem Maße wahrscheinlich ist, dass es unschädlich ist. Ein wichtiger Anwendungsfall ist der Artenschutz: Es sind nicht nur diejenigen Arten zu erhalten, deren Nützlichkeit mehr oder weniger feststeht, vielmehr ist für eine zukunftsbewusste Gesellschaft die irreversible Ausrottung einer Art nur dann zu erwägen, wenn ihre Schädlichkeit gewiss ist (z.B. ein pathogenes Bakterium). Da dieser Fall bei höheren Arten schwer vorstellbar ist und da zudem Arten selten einzeln, sondern fast immer im Verbund (Ökosystem) erhalten werden, läuft die Forderung für praktische Zwecke auf einen Totalschutz des Gesamtbestandes hinaus.“* [78]

> **Hinweis: Bedeutung der Biodiversität für die Resilienz**
> Biodiversität enthält als wesentliche Komponenten die genetische, die Arten- und die Ökosystemvielfalt.[A] Die Interdependenzen zwischen den verschiedenen ökologischen Systemelementen sind unklar und unsicher, damit auch die Beeinträchtigung der Resilienz. Holling et. al.[79] betonen die Bedeutung der biologischen Vielfalt für die Resilienz (also das Ausmaß der Störung, die ein Ökosystem verkraften kann, bevor es zu einer Änderung der internen Struktur oder Organisation kommt). Zwar wird die Struktur und Organisation eines Ökosystems nur von einer geringen Zahl von sog. „Keystone species" bestimmt, während der Großteil der Arten die durch diese Struktur gebildeten ökologischen Nischen besetzt. Dennoch sind gerade diese übrigen Arten von entscheidender Bedeutung für die Resilienz: Sie verhindern die Einwanderung „fremder Arten" („Aliens"), welche das Ökosystem destabilisieren oder gar zerstören könnten.

[A] Zugrunde liegt die Definition der vereinten Nationen (Konvention über biologische Vielfalt), wo Biodiversität in Artikel 2 definiert ist als „ … the variability among living organisms from all sources influding, inter alia, terrestrial, marine and other aquatic ecosystems, and the ecological complexes of which they are part; this includes diversity within species, between species and of ecosystems." Secretary of the Convention on Biological Diversity (Hrsg.), Handbook of the Convention on Biological Diversity, London 2001, S. 5.

Teil I. Die Struktur: Umweltpolitik als Ordnungspolitik

> Sie stehen teilweise „in zweiter Reihe", um die von den Schlüsselarten erfüllten Funktionen übernehmen zu können. Wenn nun exogene Störungen dazu führen, dass die aktuellen Schlüsselarten verdrängt oder vernichtet werden, kann nur eine hohe funktionelle Vielfalt sicherstellen, dass deren Funktion von einer anderen Art übernommen wird. Zudem stellt nur die funktionelle Vielfalt den Stoff- und Energiefluss sicher, den ein funktionierendes Ökosystem braucht.

Es geht angesichts der bestehenden Unsicherheiten um die Erhaltung von Optionen für die Nachwelt (zum Optionsgedanken s. auch Kap. I.2.3.3.). Zukunftsvorsorge ist nicht anders denkbar, als dass im Sinne des Vorsorgeprinzips und des „Safe minimum standard" bestimmte Grenzen errichtet und respektiert werden. Nach diesen Prinzipien darf nicht auf sichere wissenschaftliche Erkenntnisse gewartet werden, vielmehr müssen die Behörden die potenziellen Umweltschäden antizipieren und zu ihrer Vermeidung vorsorgende Maßnahmen treffen. Die Existenz echter Unsicherheit darf nicht verleugnet werden. Die Abwesenheit eines Beweises, wo der Umschlagspunkt für das jeweilige ökologische Teilsystem liegt, bedeutet dabei nicht den Beweis der Abwesenheit derartiger Umschlagspunkte.[80] Das „Gesetz der unbeabsichtigten Folgen" spricht nicht gegen die hier verfolgte Linie eines vorsichtigen Umgangs mit den Umweltsystemen, das genaue Gegenteil ist der Fall.[81]

> **Hinweis: Die Kampagne der Global Climate Coalition (GCC)**
> Die Global Climate Coalition (GCC) stellt eine Lobbyistengruppe dar, durch die u.a. Exxon, Mobil, Texaco, Shell, BP und andere Kohle-, Öl- und Automobilunternehmen vertreten werden. *J. Schlaes* von der GCC[A]: *„Bis heute konnte die Wissenschaft nicht festlegen, was als gefährlicher Schwellenwert für die Konzentration an Treibhausgasen gilt. Deshalb ist es unmöglich, die Eignung der Verpflichtung zu beurteilen."* [82] Untätigkeit im Sinne der Bestandssicherung wird also durch Restunsicherheiten gerechtfertigt. *Leggett* ironisch hierzu: *„Im Fall einer militärischen Bedrohung würde das entsprechende Argument lauten: Im Kalten Krieg bestand Unsicherheit hinsichtlich der Absichten der Roten Armee, in Europa einzumarschieren, deswegen hätten wir auch kein Geld ausgeben müssen, um uns mit einem erhöhten Verteidigungsbudget Sicherheit zu erkaufen."* [83] Allerdings kam diesmal die (teure) Reaktion derselben Korporatokraten-Clique (*Perkins*[84]) zugute, die im vorher geschilderten Bedrohungsfall die Untätigkeit propagiert.

Die Aufrechterhaltung der Entwicklungs- und Überlebensfähigkeit der Ökosysteme bedarf einer Begrenzung der Ressourcennutzung, und zwar mit Blick auf das Niveau wie auf die Struktur der Beeinträchtigung. Aus ökologischer Perspektive ergibt sich der Wert einzelner Tier- und Pflanzenarten gerade aus ihren Funktionen im Ökosystem und ihrem Beitrag zur Erhöhung der Resilienz des Systems.[85] Diesen Einsichten erfordert, dass die Beachtung der kritischen Schwellenwerte dem ökonomischen Kalkül vorgeschaltet wird.[86] Die Forderung nach Beachtung eines SMS postuliert insoweit einen Bruch mit dem Primat der ökonomischen Effizienz vor anderen Zielset-

---

[A] Immer wieder im Dienste des Carbon-Clubs gerne gesehen und auch von unbedarften Medien interviewt ist der professionelle „Skeptiker" *Fred Singer*.

zungen.[87] Allenfalls könnte eine Verletzung der Schwellenwerte akzeptiert werden, wenn die Beachtung des SMS mit unzumutbaren Kosten verbunden ist.[A]

> **Hinweis: Nachhaltigkeitsregeln und Störung des Ökosystems in der Bibel**
> *Hüttermann / Hüttermann*[88] demonstrieren eindrucksvoll, dass das antike Israel angesichts feindlicher Rahmenbedingungen nur durch eine nachhaltige Wirtschaftsform überleben konnte. Viele Regeln, die heutzutage nur noch als sinnentleertes religiöses Ritual zelebriert werden, dürften einen ökologischen Hintergrund gehabt haben. In Ex. 20:5 wird bei Regelverstoß damit gedroht, dass noch die vierte Generation unter den Folgen zu leiden habe, und dies, obwohl Bibel und Talmud die Gedanken der Sippenhaft und Kollektivschuld ablehnen.[B] Bei Verbrechen gegen die Umwelt kann es allerdings wirklich bis zu vier Generationen dauern, bis sich das Ökosystem wieder erholt hat.

Dies bedeutet konkret z.B. die Durchführung bestimmter Vermeidungsaktivitäten gerade auch dann und dort, wo es teuer ist. Dann geht es um die Durchsetzung einer auch unter Maßgabe des SMS akzeptablen Belastungsstruktur.

I.2.2.2. Versorgungsstrukturen bei netzgebundenen Monopolen

Schon auf den ersten Blick erschließt sich die umweltpolitische Bedeutung von netzgebundenen Monopolen: So ist beispielsweise eine umfassende Versorgung (ein weiterer Leitwert!) auch entlegener Gebiete mit entsprechenden ÖPNV-Einrichtungen eine wichtige Voraussetzung dafür, dass der Umstieg vom Auto (wo eine entsprechende Versorgung durchweg existiert) auf ökologisch tragfähigere Verkehrsmittel in einer nennenswerten Breite gelingen kann. Oder: Bei der Versorgung mit Wasser muss dafür Sorge getragen werden, dass die Entnahme so (dezentral) geschieht, dass sich die (unterirdischen) Vorräte wieder auffüllen können. Zudem darf sich die Versorgung nicht ausschließlich an der Zahlungsfähigkeit orientieren (Leitwerte Versorgung und Gerechtigkeit). All diese Aspekte konkretisieren sich in der Frage nach der Ausgestaltung des Netzes. Es geht also in einem weiteren Sinne um (Infra-) Strukturfragen. Wie im Vorkapitel stellt sich somit die Frage, ob bei der Ausgestaltung des Netzes die Effizienz den Vorrang haben sollte. Wie im Vorkapitel geht es dabei um die öffentliche oder private Trägerschaft des Netzes.

Überlässt man – unabhängig von der Frage nach der Einheit von Netz und Betrieb – die Ausgestaltung des Netzes dem privatwirtschaftlichen Rentabilitätsinteresse, so werden neben anderen Leitwerten auch Versorgungsnotwendigkeiten bzw. nicht primär ökonomische Ziele hintan gestellt. In Kap. I.3.4. wird die Problematik anhand des Beispiels der Wasser- und Stromversorgung eingehend erläutert. Beispiele:

[A] Für die praktische Umsetzung wäre an eine Beweislastumkehr zu denken: Derjenige, der gegen das SMS-Kriterium zu verstoßen gedenkt, wäre hinsichtlich der unzumutbaren individuellen und sozialen Kosten (vor dem Hintergrund vorab definierter Standards) nachweispflichtig.

[B] So konnte ein Cousin von *Adolf Hitler* Professor für Geschichte des Judentums an der Universität von Tel Aviv werden.- Vgl. A. P. Hüttermann / A. H. Hüttermann, Am Anfang war die Ökologie ..., a.a.O., S. 68.

Teil I. Die Struktur: Umweltpolitik als Ordnungspolitik

- Die Wasserentnahme wird unter Maßgabe der Effizienz so durchgeführt, dass es möglichst kostengünstig ist. Auf die Notwendigkeiten der Grundwasserneubildung und nötiger Reserven wird dann aber weniger Gewicht gelegt (s. Kap. I.3.4.3.).
- Das Netz in privater Hand wird so verwaltet und ausgestaltet, dass unabhängige Stromproduzenten (mit alternativen, oft regenerativen Energieträgern) das Rentabilitätsinteresse der etablierten integrierten Stromversorger möglichst wenig beeinträchtigen. Der Grund: Im Betrieb konkurrieren unterschiedliche technische Systeme miteinander, z.B. das zentrale Atomkraftwerk mit dem dezentralen Blockheizkraftwerk. Befinden sich Netz und Betrieb in einer Hand, so wird der Netzbetreiber sich nicht um faire Zugangsbedingungen für potentielle Konkurrenten bemühen – auch dann nicht, wenn dies von einem umweltpolitischen Standpunkt aus wünschenswert wäre. Die Vielfalt an Anbietern und Formen wird beschränkt, damit auch die Handlungsfähigkeit, Sicherheit und Adaptivität des Stromversorgungssystems.

Ein instruktives Beispiel ist auch die Deutsche Bahn AG (DB AG). Obwohl (noch) ein öffentliches Unternehmen, ist es erwerbswirtschaftlich orientiert. Bekannt ist die Problematik der Stilllegung von immer mehr Nebenstrecken, was der Auto- und Öllobby gute Argumente in die Hände spielt. Private Eisenbahnbetreiber, die die betreffenden Strecken möglicherweise noch bewirtschaften könnten (u.a. deswegen, weil sie einen kleineren Overhead als die DB AG haben), werden durch die DB AG behindert. Warum sollte sich die DB AG auch Konkurrenten heranziehen? Die Konsequenz: Trotz immer weiter steigender Energiepreise hat die Schiene als alternatives Transportmittel auf dem flachen Land immer noch wenig Chancen.

Die obigen Ausführungen geben vielleicht schon einen Eindruck davon, dass die Behauptung, monopolistische Marktstrukturen förderten über die höheren Monopolpreise einen sorgsamen Umgang mit der Natur bzw. führten zu einem geringeren Umweltverbrauch, in dieser simplifizierenden Form nicht haltbar ist.

I.2.2.3. Zusammenfassung und Schlussfolgerungen

Die herkömmliche Umweltökonomie versucht die Umweltbelastung möglichst an einem Punkt zu begrenzen, an dem die zusätzlichen Kosten der Umweltbeeinträchtigung gleich den zusätzlichen Kosten der Vermeidung der Umweltbeeinträchtigung sind. Man orientiert sich in der Theorie also an Optimierungsüberlegungen, denen das Primat volkswirtschaftlicher Effizienz zugrunde liegt. Dies impliziert, dass ökonomische Instrumente zur Internalisierung externer Effekte (s. unten, Kap. III.4. und III.5.) so ausgestaltet sein sollten, dass die Vermeidungsaktivitäten dort durchgeführt werden, wo dies am kostengünstigsten geschehen kann.

Problematisch ist allerdings bei dieser Vorstellung, dass die Belastungsstrukturen bzw. die Struktur der Grenzschäden dabei ausgeklammert bleibt. Die Vermeidungsanstrengungen werden möglicherweise gerade dort günstig ausfallen, wo bestimmte Schwellenwerte der Belastung (in gegenständlich-stofflicher, räumlicher, zeitlicher oder subjektiver Sicht) überschritten werden. Die Auswirkungen auf die Resilienz der Ökosysteme sind im besten Falle unklar.[A] Ökosysteme können umkippen oder ihre

---

[A] Indessen arbeitet die oben bemühte Leitwerttheorie nicht mit dem Begriff der Resilienz, sondern differenziert hier zu zwei Dimensionen: Freiheit, gewissermaßen als die Elastizität, die von der Struktur

Funktion nachhaltig verlieren. Will man der Nachwelt funktionierende ökologische Systeme als Option hinterlassen, müssen – entsprechend dem Gedanken des „Safe minimum standard" daher bestimmte Schwellenwerte in ihrer Struktur beachtet werden. Das Primat der Effizienz ist dann aber nicht mehr haltbar. Es sind Belastungsstrukturen zu steuern; Vermeidungsaktivitäten müssen auch dann und dort vorgenommen werden, wenn und wo sie teuer sind.

Nach der systemaren Leitwerttheorie stehen alle Leitwerte eines Systems in einem latenten Spannungsverhältnis zueinander. Die Überbetonung oder Vernachlässigung einzelner Leitwerte kann dazu führen, dass das gesamte System aus der Balance gerät und seine Funktions- bzw. Entwicklungs- und Überlebensfähigkeit verliert. Der dargestellte Konflikt zwischen Resilienz und Effizienz ist insoweit nur ein Spezialfall einer allgemeinen Gesetzmäßigkeit.[89] Die Beurteilung von umwelt- und wirtschaftspolitischen Maßnahmen unter dem Primat der Effizienz bedeutet, dass denjenigen Arten und Formen, die dem Effizienzkriterium nicht in ausreichendem Maße genügen, die Daseinsberechtigung versagt wird (dies gilt nicht nur für ökologische, sondern auch für technologische, kulturelle und soziale Systeme). Sinkt die Vielfalt an Systemelementen aber wegen der einseitigen Betonung des Leitwertes der Effizienz ab, so kann die Funktionsfähigkeit (instrumentelle Systeme) bzw. die Überlebens- und Entwicklungsfähigkeit (lebende Systeme) der jeweiligen Systeme beein-trächtigt werden; dies gilt auch bei einer angenommenen Internalisierung externer Effekte.

Die Kritik am Primat der Effizienz gilt grundsätzlich auch für die Versorgung mit öffentlichen Infrastruktureinrichtungen, die der Daseinsvorsorge und dem Öffentlichen Personennahverkehr dienen. Stellt man die Effizienz in den Mittelpunkt, können weite Teile der Bevölkerung nicht mehr in einer zufriedenstellenden und nachhaltigkeitskonformen Weise versorgt werden. Nicht nachhaltige Siedlungs- und Verkehrsstrukturen werden verfestigt oder sogar ausgebaut – das Resultat ist wieder eine ökologische Zielverfehlung.

I.2.3. Effizienz: Das herrschende umweltökonomische Paradigma

I.2.3.1. Ökonomische Zielfestlegung: Maximierung der Wohlfahrt

a. Pareto-Effizienz und Kaldor-Hicks-Kriterium

Nachdem oben beschrieben wurde, wie Nachhaltigkeitsziele legitimiert und angestrebt werden können, geht es nachfolgend um die in der umweltökonomischen Literatur charakteristischerweise im Mittelpunkt stehenden Effizienzziele: Das zentrale Beurteilungskonzept der neoklassischen basierten (Umwelt-) Ökonomie ist die *Pareto-Effizienz*[90]. Entsprechend diesem Kriterium ist ein sich in den Märkten einstellendes Konkurrenzgleichgewicht optimal, wenn

- die Produktion eines Gutes nicht erhöht werden kann, ohne dass nicht mindestens die eines anderen eingeschränkt werden muss;[A]

---

des Systems zugelassen wird, und Wandlungsfähigkeit (Adaptivität) als Elastizität des Systems durch (hinreichend rasch möglichen) Strukturwandel.

[A] Dieses Kriterium ist auf jedem Punkt der sog. „Produktionsmöglichkeitenkurve" erfüllt.

Teil I. Die Struktur: Umweltpolitik als Ordnungspolitik

- der Nutzen eines Haushalts nicht erhöht werden kann, ohne dass nicht mindestens der eines anderen eingeschränkt werden muss;
- alle Tauschgewinne bereits ausgeschöpft sind.

Ein abgeschwächtes Effizienzmaß stellt das sog. *„Kaldor-Hicks-Kriterium"* dar. Hiernach ist eine Maßnahme sinnvoll, wenn sie für mindestens ein Individuum eine Verbesserung erbringt und die Verlierer durch die Gewinner kompensiert werden könnten (hier findet der Leitwert „Verteilung" Eingang). Die Kompensation muss hierbei nur theoretisch möglich sein, nicht aber tatsächlich erfolgen (würde sie tatsächlich erfolgen, würde es sich um eine „paretianische Kompensation" handeln).

b. Leitmotiv der neoklassischen Umweltökonomie: Internalisierung externer Effekte

Vor dem Hintergrund der o.a. Effizienzorientierung ist das Leitmotiv der neoklassischen Umweltökonomie die Internalisierung externer Effekte. Externe Effekte werden als eine der wichtigsten Ursachen für Marktversagen bzw. Abweichungen von dem o.a. Optimum angeführt: Die neoklassisch basierte Umweltökonomie kann dementsprechend als „Unterabteilung" der neoklassischen Wohlfahrtsökonomie angesehen werden. Der Erreichung Pareto-effizienter Zustände kommt im Rahmen der neoklassisch basierten Umweltökonomie somit Priorität zu. Wir haben oben (Kap. I.1.2.) schon den Begriff des „externen Effektes" verwendet, wollen uns nun aber ein wenig genauer hiermit auseinandersetzen. Ein externer Effekt liegt vor, wenn durch die Handlungen eines Wirtschaftssubjektes die Nutzen- oder Produktionsfunktionen eines anderen Wirtschaftssubjektes direkt (also nicht erst über die gewöhnlichen Marktmechanismen) berührt werden. Dabei besteht zwischen den beiden Wirtschaftssubjekten kein vertraglicher Kompensationsmechanismus. Wie kann es zu solchen externen Effekten kommen? Aus neoklassischer bzw. neoinstitutionalistischer Sicht ist hierfür der Umstand verantwortlich, dass es bei diesen Gütern oft nicht möglich ist, durchsetzbare Eigentumsrechte (als eine der zentralen Voraussetzungen für funktionsfähige Märkte) zu definieren.[91] Insbesondere existieren zumeist keine oder nur unvollkommene Märkte für natürliche Güter. Beispielsweise gibt es z.Zt. kein durchsetzbares Eigentumsrecht an reiner, ozonfreier Atemluft, die gegenüber einem Verschmutzer (z.B. Autofahrer) geltend gemacht werden könnte. An dieser Stelle müssen externe Effekte auftauchen, da der Verschmutzer für die (Kosten-) Folgen seiner Handlungen nicht mehr aufkommen muss (das „Verursacherprinzip" kommt also nicht zur Geltung). In einem System vollkommener Märkte wären hingegen sämtliche Effekte des Wirtschaftens „internalisiert". Jeder Verursacher einer Handlung würde für die Auswirkung auf die Kosten oder Nutzen anderer über Preise belohnt oder bestraft.

Grundsätzlich werden zwei Arten von externen Effekten beschrieben:
- Unilaterale externe Effekte: Hierbei ist der Schaden aus den eigenen Emissionen unabhängig vom Verhalten anderer.
- Bi- oder multilaterale externe Effekte: Der Schaden aus den eigenen Emissionen ist auch abhängig vom Verhalten anderer Wirtschaftssubjekte.

Die Einordnung in eine der beiden Kategorien ist auch wichtig für die Frage, inwieweit das Verursacherprinzip bei der Beseitigung der Externalität Anwendung finden soll.
- Bei unilateralen externen Effekten ist der Verursacher klar. Eine Internalisierung kann entweder entsprechend dem Verursacherprinzip („Bestrafung" des Verursa-

Teil I. Die Struktur: Umweltpolitik als Ordnungspolitik

chers des Schadens) oder dem Gemeinlastprinzip (Belohnung des Verursachers für die Unterlassung des Schadens auf Kosten der Gemeinschaft) erfolgen.
- Die Diskussion geht stärker um die zweite Kategorie (externe Effekte als bi- oder multilaterales Phänomen). So stellte *Coase* den relativen und reziproken Charakter externer Effekte heraus und lieferte somit eine Rechtfertigung für eine „differenzierte" Anwendung des Verursacherprinzips.

Beispiel: Terror mit Heino
In einem Studentenheim terrorisiert ein Student seine Nachbarn mit dem lauten Abhören von „Heino"-CDs. Um aber wirklich von „Terror" sprechen zu können, muss man voraussetzen, dass die betreffenden Geräusche von den Nachbarn als unangenehm empfunden werden. Somit hängt die Beurteilung, ob es sich wirklich um soziale Kosten (oder nicht etwa um sozialen Nutzen!) handelt, auch von den Präferenzen (und dem Verhalten) der Zimmernachbarn ab.

Bei der differenzierten Anwendung des Verursacherprinzips wird wiederum nach dem effizientesten Regime zur Minderung der Umweltbeeinträchtigung gesucht.

M.E. lässt die mögliche Reziprozität externer Effekte jedoch nicht die Schlussfolgerung zu, dass eine differenzierte Anwendung des Verursacherprinzips geboten sei.

Beispiel: Verkehrsunfall und Verursacherprinzip
So findet man Stimmen dahingehend, dass auch in der Rechtsordnung vom Verursacherprinzip abgewichen wird; dies wird in Zusammenhang mit *Coase* gebracht. Bei einem Verkehrsunfall würde beispielsweise nach dem Beitrag gesucht, den sowohl der Schädiger als auch das vermeintliche Opfer zu dem Missstand beigetragen haben.

Dieses Beispiel kann jedoch vor dem Hintergrund des Grundgedankens der Reziprozität auch ganz anders interpretiert werden: Nämlich als konsequente Anwendung des Verursacherprinzips. Voraussetzung für eine konsequente Anwendung des Verursacherprinzips ist, dass zuerst ein anzustrebendes (Teil-) Optimum über eine kollektive Entscheidungsregel festgelegt wird (Primat von „Command and control"[92], im Beispielsfall die Regeln der Straßenverkehrsordnung). Das anzustrebende (Umwelt-) Ziel wird also nicht von den Privaten „ausgehandelt", sondern von der Gemeinschaft unter Abwägung aller konkurrierenden Nutzungsinteressen (in einem außerökonomischen, im Idealfall demokratischen Prozess) festgelegt. Von zentraler Bedeutung ist, dass als „Schädigung" bzw. als soziale Kosten verursachend alles angesehen wird, was zu einer Abweichung von diesem Teiloptimum führt. Dabei ist es völlig unerheblich, wer (also der Schädiger oder das Opfer) durch sein Verhalten von dem vorab definierten Teiloptimum wegführt.

Fortsetzung des Beispiels Verkehrsunfall
Wenn im o.a. Beispiel das „Opfer" alkoholisiert und der „Täter" mit überhöhter Geschwindigkeit unterwegs war, so handelt es sich beiderseits um eine Abweichung von der Norm.

Teil I. Die Struktur: Umweltpolitik als Ordnungspolitik

Eine klar gesetzte Norm (Ordnungs- und Planungsrecht) muss gewährleisten, Abweichungen hiervon zu identifizieren und Verantwortliche dafür zu benennen. Der Verursacher der Abweichung wird dann besonders belastet bzw. sanktioniert.

> **Beispiel: Ein Arzt nervt**
> In einem abgelegenen Gewerbegebiet wird ordnungsrechtlich ein relativ hoher Lärmpegel zugelassen. Dadurch sollen bestimmte, notwendige Produktionsprozesse ohne erdrückende Auflagen ermöglicht werden. Wir nehmen an, dass die betreffenden Möglichkeiten von der ortsansässigen Industrie auch genutzt werden.
> Weil Grund und Boden in der Umgebung des betreffenden Gebietes billig ist, kommt ein Nervenarzt auf die Idee, sich unmittelbar neben ein Fabrikgebäude mit einer entsprechenden Lärmemission niederzulassen. Sodann beklagt er sich über den Lärm und zieht in Erwägung, den „Verursacher" der Emissionen zu verklagen.

Auch dieses Beispiel macht den reziproken Charakter eines externen Effektes anschaulich. Deutlich wird an dem Beispiel jedoch auch folgendes:
- Aus übergeordnetem Interesse ist es notwendig, irgendwo Plätze zu haben, an denen die betreffenden Lärmemissionen zulässig sind. Die Abstimmung der verschiedenen Nutzungskonkurrenzen und Potentiale übernimmt die Planung, die Setzung der Grenzwerte das Ordnungsrecht.
- Würde der Arzt sich mit seiner Auffassung durchsetzen, wäre der Grenzschaden geringer als von der Planung vorgesehen. Gleichzeitig wären jedoch auch die Grenzvermeidungskosten entsprechend höher (es müsste die Produktion eingestellt oder kostentreibende Lärmvermeidungsmaßnahmen angestellt werden). Das vorgesehene Teiloptimum würde verfehlt.

Wenn schon nicht aus einzelwirtschaftlicher Sicht (des Arztes), so doch aus gesamtwirtschaftlicher Perspektive wäre es besser, wenn der Arzt – obwohl der Grund und Boden teurer sein mag – einen anderen Standort auswählen würde. Würde er dies nicht tun und bekäme er zudem noch vor Gericht Recht, würden mehr Emissionen vermieden als nötig. Somit liegt es nahe, hier nicht die betreffende Fabrik, die dort zulässigerweise emittiert, sondern den Arzt als Verursacher des externen Effektes anzusehen. Der Maßstab hierfür ist die Frage, wessen Handlung zu der Abweichung von dem vorab definierten Sollzustand geführt hat (bei unilateralen externen Effekten ist diese Frage ohnehin unstrittig). Auch diese Sicht der Dinge impliziert (vgl. den Hinweis in Kap. I.3.1.2. zur standardorientierten Umweltpolitik) wiederum das Primat einer aus außerökonomischen Maßstäben abgeleiteten Norm.

Separat von der Frage der Zurechnung stellt sich diejenige nach der Bewertung der externen Effekte. Soweit die Bewertungsansätze auf der Simulation von Märkten beruhen, gehen sie von einem eindeutigen Marktgleichgewicht X ohne regulierende Eingriffe und von einem eindeutigen Wohlfahrtsoptimum X* aus (s. Kap. I.2.2.1.). Dann lassen sich die Externalitäten eindeutig berechnen. Dies ist nicht möglich, wenn sich weder ein eindeutiges Marktgleichgewicht X noch ein eindeutiges Wohlfahrtsoptimum X* feststellen lässt. Hierin liegt ein weiterer Grund, weswegen wir Umweltbewertungen (v.a. derjenigen von Externalitäten) skeptisch gegenüberstehen.

Teil I. Die Struktur: Umweltpolitik als Ordnungspolitik

Nachfolgend stellen wir zunächst das wohl herrschende Paradigma hinsichtlich der Internalisierung externer Effekte dar. Es handelt sich dabei um den sog. „Property rights"-Ansatz, der immer weiter auch und gerade die Umweltökonomie durchdringt. Dieser Ansatz beschäftigt sich dem Grunde nach einerseits mit der Entstehung und Ausprägung von Verfügungsrechten, andererseits mit der Frage nach der Effizienz unterschiedlich ausgestatteter Verfügungsrechte. Anschließend wird das Paradigma aus der Perspektive einer Systemalternative einer Kritik unterzogen.

I.2.3.2. Darstellung des Property rights-Ansatzes[93]

„Privatisierung" heißt das neuzeitliche Zauberwort. Es begegnet uns bei der Umgestaltung der kommunalen Daseinsvorsorge, bei der „Liberalisierung" des Energiemarktes, bei der Ausweitung des Regimes der geistigen Eigentumsrechte (Intellectual property rights, fortan: „IPR") oder im Rahmen von Auflagen von IWF oder Weltbank an Staaten der „Dritten Welt". Es sind v.a. dem Mainstream verhaftete Ökonomen, die diese wirtschaftspolitische Richtung propagieren.

Bereits im Vorkapitel wurde angeschnitten, dass zwischen „Marktversagen" und der Art und Weise der Zuweisung von Eigentumsrechten ein Zusammenhang besteht. „Privatisierung" ist demnach die Antwort auf Marktversagensphänomene bei sog. „öffentlichen Gütern" (z.B. Sicherheit, Wissen, Gesundheit) und sog. „Allmendegütern" (natürliche Ressourcen ohne genau zugewiesene Eigentumsrechte wie genetische Ressourcen, Fischbestände etc.).[94] Im Unterschied zu privaten Gütern bestehen weder an öffentlichen Gütern noch an sog. „Allmendegütern" eindeutig zugewiesene Eigentumsrechte.
- Das daraus folgende klassische Problem bei sog. „Allmendegütern" (zum Begriff des sog. „Allmendegutes" und seiner Abgrenzung zum „öffentlichen Gut" s. auch die Ausführungen weiter unten) sind soziale Kosten in Gestalt der Übernutzung. Sog. „Allmendegüter" unterscheiden sich von öffentlichen Gütern v.a. dadurch, dass sich – im Falle zusätzlicher Nachfrage - die „Konsumenten" gegenseitig in ihrem Konsumnutzen beeinträchtigen (Rivalität). Außerdem sind sog. „Allmendegüter" zumeist viel schwieriger zu reproduzieren oder zu substituieren.
- Bei „klassischen" öffentlichen Gütern (reproduzierbare Güter ohne Möglichkeit der Eigentumszurechnung) taucht das Marktversagensproblem hingegen in Gestalt einer unzureichenden Produktion auf, da externer, an die Gemeinschaft gespendeter Nutzen nicht angemessen honoriert wird.

Das Marktversagen bei öffentlichen Gütern und sog. „Allmendegütern" wird vor allem auf die sog. „Trittbrettfahrerproblematik" bzw. das „Gefangenendilemma" zurückgeführt.[A]

> **Hinweis: Gefangenendilemma**
> Das Prisoners-Dilemma ist ein zentraler Baustein der Spieltheorie (als einem „Nachbarbereich" der neoinstitutionalistischen Wirtschaftstheorie). Es geht um die Wirkungsweise eines „Nicht-Nullsummen-Spiels". Es zeigt, wie individuell rationale Entscheidungen zu einem kollektiv schlechteren Ergebnis führen können. Durch das Gefangenendilemma kann erklärt werden, warum aus individu-

---

[A] Mangels unzureichend definierter und / oder durchsetzbarer Verfügungsrechte, Informations- und Transaktionskosten etc. kann ein Produzent den gespendeten sozialen Nutzen nicht internalisieren.

Teil I. Die Struktur: Umweltpolitik als Ordnungspolitik

eller Sicht die Verweigerung der Kooperation bevorzugt wird, obwohl gesamtwirtschaftlich hierdurch ein schlechteres Ergebnis entsteht.

"Während der sowjetischen Stalin-Ära war ein Dirigent mit dem Zug zu seinem nächsten Auftritt unterwegs und schaute sich einige Partituren an, die er am Abend dirigieren sollte. Zwei KGB-Beamte beobachteten ihn dabei, und weil sie meinten, daß es sich bei den Musiknoten um einen Geheimcode handeln müsse, verhafteten sie den Mann als Spion. Der protestierte, erklärte, dass es sich bei den Aufzeichnungen nur um ein Violinkonzert von Tschaikowski handele, aber es half alles nichts. Am zweiten Tag der Verhandlung kam der verhörende Beamte siegessicher herein und sagte: ´Sie erzählen uns besser alles. Wir haben Ihren Freund Tschaikowski ebenfalls erwischt, und er hat bereits ausgepackt´".[95]

		Tschaikowsky		
		Gestehen	Schweigen	Summe für D
Dirigent	Gestehen	D 10 J. T 10 J.	D 1 J. T 25 J.	11 J.
	Schweigen	D 25 J. T 1 J.	**D 3 J.** **T 3 J.**	28 J
	Summe für T	11 J.	28 J.	

Nicht das individuelle Teilmaximum (unter unvollkommener Information), sondern das Gesamtoptimum stellt für beide Spieler die optimale Lösung dar!

Wege aus dem Gefangenendilemma:
- Aufdeckung von Schummelei / Bestrafung der Schummler
- Garantierte Strafen / „Wie du mir, so ich dir" („Tit-for-tat")

Derartiges Marktversagen kann nach Auffassung der Neoinstitutionalisten durch eine eindeutige Zuweisung und Spezifizierung von Eigentumsrechten vermieden werden, soweit die Kosten des Ausschlusses bzw. die Transaktionskosten nicht prohibitiv hoch sind.[A] Posner formulierte im Jahre 1972 hinsichtlich der Gestaltung von Verfügungsrechten folgende Kriterien für eine effiziente Wirtschaftsordnung:[96]

[A] Grundlegend: R. Coase, The Problem of Social Cost, in: Journal of Law and Economics 3 / 1960, S. 1-44.- *"Die Kernhypothese zu den Anreiz- und Kontrollwirkungen von property rights lautet: Je mehr Verfügungs- und Nutzungsbefugnisse ein Eigentumsrecht vermittelt, je genauer es spezifiziert und je exklusiver es einer Person zugeordnet ist, je freizügiger diese darüber nach dem Grundsatz von Verfügung und Haftung disponieren kann, desto stärker ist der Anreiz, mehr Wissen über nutzenstiftende Verwendungsmöglichkeiten zu erwerben und auf dieser Grundlage das in die Produktion und Nutzung von knappen Gütern zu investieren, was gute Aussichten hat, sich nach dem Opportunitätskostenkalkül als bestmögliche Entscheidung zu erweisen."* A. Schüller, Ökonomie der Eigentumsrechte in ordnungstheoretischer Sicht, in: D. Cassel / B.-Th. Ramb / H. J. Thieme (Hrsg.): Ordnungspolitik, München 1988, S. 155-183, hier: S. 169.- Andererseits sind positive Informations- und Transaktionskosten dafür verantwortlich, dass – auch nach Meinung der Property rights-Theoretiker - eine vollständige Spezifikation niemals gelingen wird.

Teil I. Die Struktur: Umweltpolitik als Ordnungspolitik

- Universalität, wonach (unter idealen Bedingungen) alle Mittel in irgendjemandes Eigentum stehen sollten;
- Ausschließbarkeit, also Exklusivität und
- Übertragbarkeit (Handelbarkeit) der Verfügungsrechte.

Mit diesem Katalog gehen noch korrespondierende Forderungen einher, die sich v.a. auf den politischen Raum beziehen und stark von *Friedman*-Schülern betont wurden: Deregulierung und Liberalisierung. Hiermit wurde insbesondere die Forderung nach einem weitgehenden Rückzug des Staates v.a. aus jeglicher wirtschaftlicher Betätigung (die auch von Privaten übernommen werden könnte) verbunden. Wir sehen die Forderung nach Deregulierung als das Komplement der *Posner*-Forderungen, insbesondere derjenigen der Privatisierung (Ausschließbarkeit).

Buhbe bringt das Dogma mit „möglichst viel Markt und Privateigentum" auf den Punkt.[97] Der genannte Ansatz ist mittlerweile nicht nur das leitende umweltökonomische Paradigma; die Hoffung auf mehr Effizienz durch Privatisierung durchdringt sukzessive auch andere Bereiche der Wirtschaftspolitik immer mehr. Er findet sich von der Privatisierung der Wasserversorgung (auch in Industrieländern wie Großbritannien) bis hin zur Oktroyierung wirtschaftspolitischer Maßnahmen durch die Weltbank gegenüber Staaten der Dritten Welt.[A]

Entsprechend dem Universalitätsanspruch des o.g. Ansatzes lässt sich folgender analytische Rahmen skizzieren, der (in den Zeilen) im Sinne von Idealtypen Privateigentum, Gemeineigentum und öffentliche Güter bzw. Güter betrachtet, die dem „Open access" unterliegen. Auf die vielfältigen Zwischenformen (so auch auf staatliches Eigentum) wird nicht eingegangen.[98] Gleichzeitig wird *Keynes'* Differenzierung zwischen Gegenständen aufgegriffen, die bei entsprechender Änderung der Nachfrage leichter oder schwerer reproduziert oder regeneriert (Kriterium der Produktionselastizität) bzw. ersetzt (Kriterium der Substitutionselastizität) werden können.[99] Der skizzierte Analyserahmen deckt sich nicht vollkommen mit der Beschreibung von Rivalität bzw. Nicht-Rivalität, skizziert aber wichtige angebotsseitige Elemente dieses zur Beschreibung von öffentlichen Gütern oft bemühten Kriteriums. Für Gegenstände, die nicht von Menschenhand geschaffen wurden, verwenden wir den von *Vandana Shiva* geprägten Begriff des „Schöpfungsrahmens", für die von Menschen hergestellten Gegenstände den des „Produktionsrahmens".[100]

> **Hinweis: Produktionselastizität und Regenerationsrate**
> Als grober Anhaltspunkt dafür, ob die Produktionselastizität von Gegenständen des Schöpfungsrahmens als klein einzuschätzen ist, kann aus ökologischer Sicht die Relation von landesüblichem Zinssatz zur Regenerationsrate (also die *Bionomic Growth Ratio*: „BGR"[101]) dienen. Ist der landesübliche Zinssatz höher als die Regenerationsrate (BGR > 1), ist für den Eigentümer (sei es nun ein kollektiver oder ein privater Eigentümer) der Abbau der Ressource und die Anlage

---

[A] H. E. Meier, Wissen als geistiges Privateigentum? Die Einfriedung der Public Domain, in: Leviathan, Vol. 33 Nr. 4, 12/ 2005, S. 499-500.- Die Kreditvergabe der Weltbank und ihrer Unterorganisationen ist beispielsweise streng an die „Private-Sector-Development"-Strategie gekoppelt, durch die u.a. eine Privatisierung der Daseinsvorsorge erzwungen wird.

Teil I. Die Struktur: Umweltpolitik als Ordnungspolitik

> der Verkaufserlöse regelmäßig lukrativer als die Wahrung der Ressource für die Zukunft (vgl. die Ausführungen zur „Hotelling"-Regel in Kap. II.2.2.1.).[A] Die Bestände sind dann tendenziell gefährdet.

Die untenstehende Tabelle 2 zeigt den analytischen Rahmen anhand von Beispielen auf. Die Lücken zwischen den Spalten weisen auf Zwischenformen (v.a. regenerierbare Ressourcen, die jedoch auch der Gefahr der Übernutzung oder Ausrottung unterliegen). Die Zeilen stellen ebenfalls Extrema dar: Zwischen Privateigentum (durch Ausschließbarkeit gekennzeichnet) und dem absolut ungeregelten Zustand des Open access gibt es eine Vielzahl von Zwischenformen, deren wichtigste wohl das Gemeineigentum ist. Wir werden auf die Bedeutung des Gemeineigentums später noch ausführlich eingehen.

Beispiele	Begrenzt / schwer ersetzbar – Verbrauch	Vermehrbar / leicht ersetzbar – kein Verbrauch
Exklusivität: Privateigentum	(1) **„Gegenständliche Privilegien"**: z.B. Geld, Grund und Boden, Patente, Geld, CO_2-Zertifikate (!), handelbare Wasserrechte, Schürfrechte, Förderrechte etc. Auch: **„Natürliche Monopole"**: Energie- und Wasserversorgungsnetz etc.	(2) **„Normale Investitionsgüter"**: z.B. Maschinen
Gemeineigentum: Keine Ausschließbarkeit, aber Nutzungsregeln und Zugangsbeschränkungen[B]	(3) **Common property**	(4) **Common pool**
Keine Ausschließbarkeit, keine Zugangsregeln: Open access (res nullius)	(5) sog. **„Allmendegüter"**: z.B. Fischbestände, Genetischer Pool (?), Wasser etc. **Problem:** Übernutzung (sog. „Allmendetragödie")	(6) **„Öffentliche Güter"**: z.B. Wissen, Sicherheit **Problem:** Unzureichende Produktion

Tab. 2: Analyserahmen und Beispiele[C]
  (Quelle: Eigene Darstellung)

[A] Die BGR ist nur ein grober Anhaltspunkt. Eine andere Sicht der Dinge gewährt auch die sog. „Faustmann-Formel" für die optimale Umtriebszeit in der Forstwirtschaft, in der mittelbar die Knappheit des Bodens als Standort für die Bäume berücksichtigt wird. Vgl. U. Hampicke, Ökologische Ökonomie – Individuum und Natur in der Neoklassik, Opladen 1992, S. 75 ff.

[C] Der genetische Pool wurde mit einem Fragezeichen versehen, da er in jüngerer Zeit (u.a. über das TRIPs-Abkommen) ebenfalls der Patentierung zugänglich gemacht wurde.

Teil I. Die Struktur: Umweltpolitik als Ordnungspolitik

Problematisch ist, dass seit *Hardin* eine Begriffsverwirrung in die Ökonomie eingezogen ist: Er bezeichnete die Übernutzung von Ressourcen als „Allmendetragödie". Die Allmende ist jedoch Feld (3) zuzuordnen, in Wirklichkeit beschrieb er eine Tragödie des „Open access" (Feld (5)).^A Dementsprechend ist auch die gängige Bezeichnung „Allmendegüter" irreführend. Anderseits hat sie sich eingebürgert, weswegen wir vorliegend auch von sog. „Allmendegütern" sprechen. Problematisch ist jedoch, dass „Open acces" und „Common property" bzw. „Common pool" als Konsequenz der diskutierten Begriffsvermischung oftmals in „einen Topf geschmissen" wird. So beklagt Lerch: *„In aller Regel wird innerhalb der Property-Rights-Theorie – in Anlehnung an die „Tragedy of the Commons" (...) – eine ineffiziente Allokation von im Gemeinbesitz befindlichen Ressourcen sowie im Gegenteil effiziente Allokation im Fall des Privateigentums a priori unterstellt und folglich die ‚Privatisierung' als Lösung der ‚Tragödie des Gemeineigentums' präferiert."*[102] Diese simplifizierende Sicht der Dinge führt dann dazu, dass in undifferenzierter Weise Privateigentum als superiores Regime gesehen und alles, was von dieser „Idealvorstellung" abweicht, mit Argusaugen betrachtet wird.

Eine weitere Vermischung ist die zwischen Gütern in Feld (5) und (6). Bei Gütern in Feld (5) (*Shiva*: „Schöpfungsrahmen") besteht Rivalität, bei solchen in Feld (6) (*Shiva*: Produktionsrahmen) hingegen nicht. Bezeichnet man beide (wie dies in der Literatur oftmals der Fall ist) als „öffentliche Güter", kann es trotz Nicht-Rivalität (als wesentlichem Charakteristikum eines öffentlichen Gutes) zur Übernutzungsproblematik kommen, was ein logischer Widerspruch ist. In Feld (6) geht es um durch den Menschen vermehrbare Güter und Dienstleistungen (z.B. Erfindungen), in Feld (5) aber um unvermehrbare Gegenstände (z.B. Entdeckungen an biogenetischen Ressourcen). Beides soll – ohne weiter zu differenzieren - mit Eigentumsrechten belegt und in Feld (1) / Tabelle 2 transferiert werden. Durch den Transfer von Feld (5) in Feld (1) will man die Grenzkosten der Nutzung auf das Maß beschränken, das mit dem gesellschaftlichen Grenznutzen korrespondiert. Soziale und private Grenznutzen sollen in Übereinstimmung gebracht und dadurch ein Anreiz für eine entsprechend hohe Produktion ehedem öffentlicher Güter gegeben werden. Über die Zuweisung von Eigentumsrechten werden die ehemaligen sog. „Allmendegüter" bzw. öffentlichen Güter zu privaten Gütern gemacht. Dies gilt u.a. auch für die IPR (s. unten mehr).

Die Gegenstände in Feld (1) könnten – in bewusster Anlehnung an die aus der US-amerikanischen Regulierungsdiskussion stammende „Essential facilities-Doktrin" – auch als „Wesentliche Einrichtungen i.w.S." (i.w.S.: „im weiteren Sinne") bezeichnet werden. Die Essential facilities-Doktrin dreht sich um wesentliche Einrichtungen oder Informationen, deren Nutzung zur Erbringung von Dienstleistungen oder zur Erstellung von Gütern unentbehrlich ist (dementsprechend wird bei Monopolstellungen ein Kontrahierungszwang befürwortet). Der Begriff der „Essential facilities" wird nach

---

^A Lerch: *„Die wahre Tragödie scheint daher ... darin zu bestehen, dass sich das Paradigma trotz seiner die Probleme eher verschleiernden statt erhellenden Wirkung so lange in der ökonomischen wissenschaftlichen Literatur halten konnte."* A. Lerch, Die Tragödie des Gemeineigentums – Zur Fragwürdigkeit eines berühmten Paradigmas, in: M. Held / H. G. Nutzinger (Hrsg.), Eigentumsrechte verpflichten: Individuen, Gesellschaft, und die Institution Eigentum, Frankfurt 1998, S. 255-270, hier. S. 267.- Ähnlich auch R. Costanza et. al., Einführung in die Ökologische Ökonomik, a.a.O., S. 64 und 176.- Bei der sog. „Allmendetragödie" handelt es sich um eine „soziale Falle". Im Übrigen kommt *Hardin* hier keine Originalität zu, wenngleich er als „die Referenz" gilt. Vgl. A. Lerch, Verfügungsrechte und Umwelt – Zur Verbindung von Ökologischer Ökonomie und ökonomischer Theorie der Verfügungsrechte, in: P. de Gijsel u.a. (Hrsg.): Ökonomie und Gesellschaft (Jahrbuch 14): Nachhaltigkeit in der ökonomischen Theorie, Kassel 1997, S. 134 mit weitergehenden Literaturangaben und Zitaten.

Teil I. Die Struktur: Umweltpolitik als Ordnungspolitik

wohl herrschender Rechtsmeinung in einer weiten Abgrenzung verwendet; kennzeichnend für die „Wesentlichkeit" von Einrichtungen ist die fehlende Ersetzbarkeit (vgl. *Keynes'* Kriterium der geringen Substitutionselastizität) und die fehlende Duplizierbarkeit (vgl. *Keynes'* Kriterium der geringen Produktionselastizität).[103] Der Zugriff anderer Wirtschaftsteilnehmer auf die betreffenden Gegenstände ist unentbehrlich, wenn so etwas wie Wettbewerb im betreffenden Markt entstehen und monopolistische Positionen vermieden werden sollen. Ohne weitere Regulierungsmaßnahmen wird jedoch genau dies durch die eigentumsrechtlichen Exklusionsmöglichkeiten verhindert.

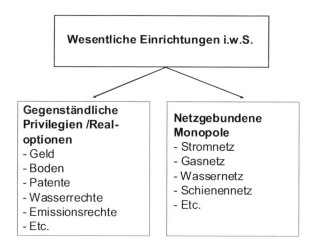

Abb. 6: „Wesentliche Einrichtungen i.w.S.": Begriffsinhalt und –verständnis
(Quelle: Eigene Darstellung)

Mit der in der obigen Abbildung getroffenen Unterscheidung wird auch deutlich, dass Privilegien eine rechtliche und eine wirtschaftliche Dimension haben können.

Die Umwelt- und Ressourcenökonomie neoinstitutionalistischer Provenienz zielt letztlich auf die Felder (1) und (5) ab, also die Ausstattung von schlecht vermehrbaren / erneuerbaren / ersetzbaren Ressourcen, Deponien und Senken[A] mit Ausschließbarkeitsrechten. Während der umweltökonomische Mainstream in der Überführung nach Feld (1) die Lösung vieler Umweltprobleme sieht, vertreten wir vorliegend die Auffassung, dass gerade hierdurch eine nicht marktwirtschaftskonforme Privilegien-"ordnung" geschaffen wird.

[A] Unter einer Senke versteht man die Akkumulation eines Stoffes mit einer bestimmten Verweildauer in einem genau definierten System.

Teil I. Die Struktur: Umweltpolitik als Ordnungspolitik

I.2.3.3. Kritik des Property rights-Ansatzes

a. Zu den gegenständlichen Privilegien und natürlichen Monopolen

Nachfolgend thematisieren wir nur Investitionsgüter, nicht aber Konsumgüter. Die durch die Zuweisung von „Property rights" ehedem öffentlich zugänglichen, nun privatisierten Gegenstände in Feld (1) / Tabelle 2 haben eine Reihe von gemeinsamen Eigenschaften. So handelt es sich zunächst allesamt um sequentielle Investitionen. Diese sind gekennzeichnet durch eine strategische Erstinvestition, die den Schlüssel für eine oder mehrere Folgeinvestitionen darstellt. Beispielsweise erwirbt der Käufer von Grund und Boden (Erstinvestition) die Möglichkeit, z.B. ein Gebäude (Folgeinvestition) zu errichten. Der Ersteller eines Eisenbahnnetzes (Erstinvestition) kann Züge („Betrieb" als Folgeinvestition) fahren lassen. Dabei hat die Erstinvestition einen strategischen Charakter: Sie gibt dem Investor hinsichtlich der Folgeinvestition exklusive Kontrollmöglichkeiten und entzieht ihn zumeist wenigstens teilweise dem Wettbewerb. Die Erstinvestition verleiht insoweit eine „quasi monopolistische" Position hinsichtlich der Verwertung der Folgeinvestition. Um bei den obigen Beispielen zu bleiben: Jedes Stück Land ist mit Blick auf Lage und Beschaffenheit einmalig. Hat es hinsichtlich seiner Lage Besonderheiten (Hafen, Fußgängerzone), können diese durch Bebauung (Folgeinvestition) exklusiv genutzt und Lagerenten (Ertragsvorteile aufgrund der Lage gegenüber ungünstiger belegenen Grundstücken) erzielt werden. Der private Eigentümer eines Schienennetzes hat (ohne weitere Regulierung) hinsichtlich des Eisenbahnverkehrs auch ein (natürliches) Monopol.[A] Die Ursache für den exklusiven, quasi monopolistischen Charakter von Gegenständen in Feld (1) / Tabelle 2 kann in der Rechtssetzung (gegenständliche Privilegien) oder in faktischen Verhältnissen (Kostenstruktur bei natürlichen Monopolen) liegen:

- Im ersten Fall (Privilegien über Rechtssetzung) gesteht der Staat in seiner Rechtsordnung dem Eigentümer der Erstinvestition das exklusive Verwertungsrecht zu. Unabhängig davon, ob es sich um ein unbebautes Grundstück, ein Patentrecht, ein Wasserrecht etc. handelt: Kein anderer als der Inhaber des betreffenden Rechtes ist zur Verwertung befugt. Typischerweise sind die Aufwendungen für die Erstinvestition (Erwerb des Rechts) relativ gering, diejenigen für die Folgeinvestition hoch.
- Im Falle eines natürlichen Monopols besteht kein staatliches Wettbewerbsverbot. Charakteristischerweise ist die Erstinvestition aber oftmals eine sehr aufwändige und spezifische Investition mit „Sunk costs"-Charakter; es handelt sich also um nicht mehr rückgängig zu machende Kosten (hier: Fixkosten). Die Folgekosten bzw. die Kosten des Betriebs (Arbeitskosten) sind hingegen verhältnismäßig gering. Insbesondere vor dem Hintergrund der relativ hohen Erstinvestition wird ein potentieller Wettbewerber berücksichtigen, dass er die Kosten der Erst- und der Folgeinvestition wieder einspielen muss. Anders der etablierte Monopolist: Weil für ihn die Kosten des Netzes „Sunk costs" darstellen, sind diese für die Entscheidung hinsichtlich des weiteren Betriebes grundsätzlich irrelevant. Im Falle eines Preiskampfes mit einem potentiellen Wettbewerber kann der etablierte Monopolist im Extremfall auf die Einspielung der „Sunk costs" vollkommen verzichten und einen Preis anbieten, der nur die Grenzkosten des laufenden Betriebes abdeckt (er gibt sich also notfalls längerfristig mit Verlusten zufrieden). Der etablierte Monopolist hat somit einen Wettbewerbsvorteil in Gestalt der – normalerweise recht hohen – Sunk costs. Die Sunk costs dienen somit als faktische Markteintrittsbarriere

---

[A] Der Begriff „natürlich" ergibt sich also aus der „Natur der Sache" und nicht etwa, weil es sich um ein „Naturgut" handelt.

Teil I. Die Struktur: Umweltpolitik als Ordnungspolitik

und gewähren dem etablierten Monopolisten einen ähnlichen Schutz vor Konkurrenz wie rechtliche Marktzutrittsbarrieren (in Gestalt von Exklusivrechten, s. oben). Der Eintritt neuer Anbieter ist daher auch umso schwieriger möglich, je höher sich die Marktmacht des etablierten Anbieters darstellt.

> **Hinweis: Contestable markets**
> In der Mikroökonomie versteht man unter „Bestreitbarkeit" („Contestability") die Möglichkeit des Markteintrittes durch einen potentiellen Konkurrenten. Voraussetzung für einen bestreitbaren Markt ist, dass die Markteintrittsbarrieren entsprechend niedrig liegen. Bestreitbare Märkte können auch vor dem Hintergrund des Gefangenendilemmas analysiert werden: Stehen zwei Unternehmen vor der Wahl des Markteintrittes, so kann die Strategie erfolgreich sein, wenn das andere Unternehmen verzichtet. Treten hingegen beide Unternehmen in den Markt ein, kann keines einen Monopolgewinn einstreichen. Stattdessen werden beide mit versunkenen Kosten belastet.
> Die Theorie der bestreitbaren Märkte besagt, dass unter der Annahme der vollkommenen Ersetzung des Marktinhabers beim Eintritt, beim Fehlen von Markteintrittsbarrieren und dem Fehlen von versunkenen Kosten alleine die Drohung mit einem Markteintritt auf den Inhaber der Monopolposition disziplinierend wirkt. Allerdings sind die zugrundegelegten Annahmen v.a. bei den hier diskutierten netzgebundenen Monopolen weitgehend unzutreffend.

Nach herkömmlicher Auffassung sind natürliche Monopole v.a. durch eine Subadditivität der Kosten gekennzeichnet[A]: In dieser Situation sind die Kosten eines einzigen Anbieters einer insgesamt abzusetzenden Menge kleiner als die Kosten, die bei irgendeiner Aufteilung dieser Menge auf mehrere Anbieter entstehen würden. Im freien Wettbewerb würde sich demnach ein einziges Unternehmen durchsetzen. Wir halten jedoch das Argument der Subadditivität der Kosten insbesondere zum Zwecke der Unterscheidung gegenüber dem Polypol für nicht so stark wie die herrschende Literatur (wenngleich wir nicht abstreiten wollen, dass es eine gewisse Rolle spielen kann).[B] In diesem Zusammenhang sei noch einmal auf die Ausführungen zur Angebotskurve nach *Sraffa* in Kap. I.2.2.1. verwiesen, wonach auch polypolistische Unternehmen mit Kapazitätsreserven weitgehend konstante, möglicherweise sogar fallende Grenzkosten aufweisen dürften. Auch Unternehmen im polypolistischen Wettbewerb weisen daher einen weitgehend flachen oder gar fallenden Verlauf der Angebotskurve auf. Der Kostenverlauf, den schon die Klassiker unterstellten, ist in einer von Unterbeschäftigung und Schwankungen geprägten Wirtschaft wahrscheinlicher als der von der neoklassischen Orthodoxie postulierte, der zu einer steigenden Angebotskurve führt. Im Übrigen sei noch erwähnt, dass steigende Betriebsgrößen keineswegs nur mit steigenden Skalenerträgen, sondern auch mit wachsenden Steuerungskosten einhergehen. Der Overhead und damit der erforderliche Deckungsbeitrag wird relativ größer als bei geringeren Betriebsgrößen. Die Diskussion dieser Kosten wird

---

[A] Hinreichend, wenngleich nicht notwendig ist, dass die Preis-Absatz-Kurve die Kurve der langfristigen Durchschnittskosten in ihrem fallenden Bereich schneidet. Vgl. J. Schumann / U. Meyer / W. Ströbele, Grundzüge der mikroökonomischen Theorie, 7. Aufl., Berlin / Heidelberg u.a. 1999, S. 290.

[B] Ein Beispiel ist die Erdgaswirtschaft.- Vgl. C. von Hirschhausen / T. Beckers, Reform der Erdgaswirtschaft in der EU und in Deutschland: Wie viel Regulierung braucht der Wettbewerb? Diskussionspapier 440, German Institute for Economic Research, Berlin 2004, S. 5 f.

Teil I. Die Struktur: Umweltpolitik als Ordnungspolitik

in unserer durch Fusiomania gekennzeichneten betriebswirtschaftlichen Welt vernachlässigt.

Das Zusammentreffen von natürlichem Monopol bei hohen irreversiblen Kosten wird als „monopolistischer Bottleneck" bezeichnet.[104]

Im Übrigen wird in der Literatur auch eine Kapitalbarriere diskutiert: Man geht davon aus, dass neue Konkurrenten bei Markteintritt einem größeren Risiko ausgesetzt sind als alteingesessene Anbieter. Gemäß der Kapitalmarkttheorie muss dieses zusätzliche Risiko durch einen Risikozuschlag entgolten werden, weshalb „Newcomer" einen finanziellen Wettbewerbsnachteil haben.[105] Die geschilderten Effekte können hinsichtlich des räumlichen Bezugs (Grundstück: lokales Monopol hinsichtlich der Lage; Deutsche Bahn AG: bundesweites Netzmonopol), des Gegenstandes oder des zeitlichen Bezugs (Grundstück: ewige Dauer, Patentwesen: 20-jähriges Verwertungsmonopol) unterschiedliche Reichweiten haben.

Der Inhaber des „Schlüssels" in Gestalt der Erstinvestition hat es in der Hand, die Verwertung (bzw. die Folgeinvestition) weitestmöglich, in eingeschränktem Umfang oder gar nicht zuzulassen. Kommt es zur Verwertung, so oftmals unter monopolistischen Bedingungen. Die Probleme für die Wohlfahrt werden nachfolgend erörtert.

b. Charakteristische Probleme
Realoptionen / gegenständliche Privilegien: Realoptionen stellen zukünftige reale Investitions- oder Desinvestitionsmöglichkeiten dar[A], die in mehrere Entscheidungsstufen zerfallen.[B] Wie bei Finanzoptionen liegt auch hier im einfachsten Fall (vgl. Call-Option) eine als Optionsprämienzahlung zu verstehende – relativ überschaubare - Erstinvestition und eine als Ausübungspreiszahlung zu interpretierende – kapitalintensive - Folgeinvestition vor:
- Geld (eine staatliche Einrichtung) ist eine exklusive wie universelle Option, Zugriff auf andere Aktiva bzw. das Sozialprodukt auszuüben, wenn die Gelegenheit günstig erscheint. Die Laufzeit der Option ist nicht beschränkt.
- Der Erwerb eines unbebauten Vorratsgrundstücks (Definition der Eigentumsrechte über die Rechtsetzung) gibt z.B. einem gewerblichen Investor die exklusive Chance (aber nicht die Pflicht!), bei guter wirtschaftlicher Entwicklung eine Betriebserweiterung auf dem betreffenden Grundstück vorzunehmen.
- Der Erwerber eines Ausbeutungsrechts für ein Ölfeld kauft die exklusive Möglichkeit, nicht aber die Verpflichtung, innerhalb eines gewissen Zeitraumes (Laufzeit der Option) die Exploitation vorzunehmen.
- Auch der Inhaber eines Wasserrechts zahlt für die exklusive Option, nicht aber die Verpflichtung, das Wasser zu fördern und zu verkaufen.

[A] Der Begriff "Investition" ist im Zusammenhang mit Realoptionen sehr weit zu fassen. Vgl. M. Kilka, Realoptionen – Optionspreistheoretische Ansätze bei Investitionsentscheidungen unter Unsicherheit. Frankfurt a.M. 1995, S. 34.

[B] Die Idee, die Optionspreistheorie auf andere Anwendungsbereiche zur Bewertung von strategischen oder operativen Wahlmöglichkeiten zu übertragen, wurde im Jahre 1984 von *Myers* begründet.- S. C. Myers, Determinants of Corporate Borrowing, Journal of Financial Economics 1977, S. 147-175.- Während Myers ursprünglich Wachstumsoptionen im Blick hatte, erweiterten v. a. Baldwin, Mason und Ruback die Perspektive auf die übrigen Wahl- und Handlungsmöglichkeiten.- C. Y. Baldwin / S. P. Mason / R. S. Ruback: Evaluation of Government Subsidies to Large Scale Energy Projects: A Contingent Claims Approach, Working Paper, Harvard Business School, Mass. 1983.

Teil I. Die Struktur: Umweltpolitik als Ordnungspolitik

- Genauso erwirbt der Inhaber eines Patentrechts mit der Anmeldung das Recht, eine Erfindung während der Laufzeit des Patentes exklusiv, also unter monopolistischen Bedingungen, exklusiv zu verwerten.[106]

Die genannten (Call-) Optionen eröffnen die Möglichkeit, bei günstigen Umweltkonstellationen eine Investition durchzuführen, im Falle gravierender Unsicherheiten über das Ergebnis der Investition diese jedoch zu unterlassen. Sie eignen sich aufgrund ihrer inhärenten Flexibilität hervorragend, um Unsicherheiten zu begegnen. Dieser Flexibilitätsvorteil hat auch einen Wert, so dass für Investitionen mit optionaler Struktur ein entsprechender „Aufpreis" (eine Art „Versicherungsprämie") gezahlt wird. So vorteilhaft sich derartige Realoptionen in die individuelle Investitionsstrategie einfügen, so sehr können sie jedoch gesamtwirtschaftlich zu Problemen führen:
- Wird die Option ausgeübt, also investiert, kann der Investor nicht mehr über den Wert der Flexibilität verfügen. Der Wert der Flexibilität wird also durch die Ausübung der Option vernichtet. Der Investor wird daher von seiner Investition einen Ertrag einfordern, der über die normalen Verzinsungserfordernisse hinaus auch noch eine Kompensation für den verlorenen Flexibilitätsvorteil einbringt – ansonsten unterbleibt die Investition. Während also die herkömmliche Kapitalwertmethode fordert, dass der diskontierte Cash Flow aus einer Investition (DCF) mindestens so hoch wie die Investitionsauszahlungen (I) sind (DCF $\geq$ I oder DCF $-$ I $\geq$ 0), muss nach dieser erweiterten Betrachtung auch noch der Wert der (durch die Investition verlorengegangenen) Flexibilität (F) berücksichtigt werden: (DCF $\geq$ I + F oder DCF $-$ I $\geq$ F). Ansonsten unterbleibt die Investition und der Wert der Flexibilität wird aufrecht erhalten. In diesem Fall kommt es zu Wohlfahrtseinbußen gegenüber dem Vergleichsszenario einer Welt ohne Flexibilität. Das Szenario der aus dem angeführten Grund unterlassenen Investition wollen wir als „Blockade" bezeichnen. Derartiges spielt beispielsweise bei der „Grundstücksspekulation" eine wichtige Rolle (s. unten). Im Übrigen ergibt sich aus der Optionspreistheorie, dass bei Optionen, die (wegen ihrer geringen Reproduzierbarkeit und Ersetzbarkeit) kaum der Konkurrenz ausgesetzt sind (exklusive Ausübung der Option), der Wert der Flexibilität besonders hoch ist. Die Exklusivität ist der eigentliche Grund für die monopolistische Stellung des Inhabers der Option.
- Die zweite Gefahr ergibt sich, wenn die Verwertung unter monopolistischen Bedingungen erfolgt. Die orthodoxe Marktformenlehre behauptet, dass ein Angebotsmonopolist bestrebt ist, gegenüber einem fiktiven Vergleichszustand des vollkommenen Wettbewerbs die ausgebrachte Menge zu reduzieren und den Preis zu erhöhen (s. die Ausführungen unten). Wir werden untenstehend diese Sicht der Dinge modifizieren, wenngleich nicht völlig aufgeben.

Teil I. Die Struktur: Umweltpolitik als Ordnungspolitik

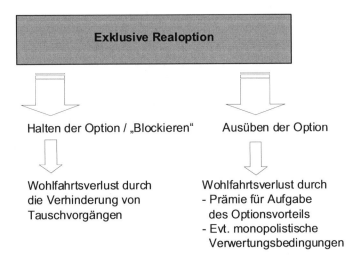

Abb. 7: Gefahren von Realoptionen in Feld (1) / Tabelle 2
(Quelle: Eigene Darstellung)

Mit der Blockademöglichkeit hat der Inhaber der Realoption ein Machtmittel in der Hand. Die in der Option angelegte Asymmetrie (der Eigentümer kann die wesentliche Einrichtung i.w.S. der Nutzung zuführen, muss es aber nicht) mündet in allgemeine gesellschaftliche Asymmetrien: Es liegt in der Hand des Eigentümers z.B. der Wasser- oder Ölquelle, ob er das Wasser oder Öl fördert und damit die Wirtschaft beliefert oder nicht; es ist dem Gutdünken des Grundbesitzers überlassen, ob er die bauliche Nutzung unternimmt (bzw. zulässt) oder das Grundstück „hortet"; es ist dem Geldbesitzer überlassen, ob er das Geld in den Wirtschaftskreislauf via Investitionen bringt oder es auf einem liquiden Konto „parkt". Immer sind andere Wirtschaftsteilnehmer durch die Blockade behindert (keine Verfügung über Öl, Wasser, kein Standort, keine Liquidität). Die – auch gesellschaftlich - mächtige Stellung von Unternehmen, die u.a. im Geld- oder Ressourcensektor tätig sind, ist daher kein Zufall. Andere Wirtschaftsteilnehmer sind z.T. existentiell vom guten Willen dieser Unternehmen abhängig.

Während z.B. beim Recht auf die Exploitation (Nutzung der „Ressourcenquelle"!) bergfreier Bodenschätze und Rohstoffe, CO_2-Zertifikate, Geld (!) etc. bedenkliche Blockademöglichkeit bestehen, stellen (die aus der „Ressourcenquelle geflossenen") Güter wie z.B. Schmuck, Kunst, Diamanten etc. keinen Schlüssel (oder ersten Schritt) zu einer weitergehenden Investitions- oder Marktstrategie dar. Ihnen haftet daher auch kein Flexibilitätsnutzen an[A], das Problem der Blockademöglichkeit existiert nicht. Die meisten der genannten Gegenstände haben keinen weiteren wirtschaftlichen Zweck als Investitionsgut; ihr Zweck erschöpft sich im bloßen Besitz. Die betreffenden Gegenstände sind insoweit der Konsumsphäre zuzuordnen.

[A] Eine Sonderrolle spielt Gold.

Teil I. Die Struktur: Umweltpolitik als Ordnungspolitik

Neoklassik und Neoinstitutionalisten taten allerdings von jeher so, als ob ein strategischer Wert der Flexibilität (bzw. ein Wert des Wartenkönnens) nicht bestünde; Blockademöglichkeiten wurden von vornherein ausgeblendet. Gegen den Realoptionsansatz wurde speziell mit Blick auf den Grundstücksmarkt eingewendet, dass dieser sich nicht nach der Optionspreistheorie richten könne, weil diese seinen Akteuren zumeist gar nicht bekannt sei. *Sotelo* wendet gegen diese Kritik zutreffend ein, dass ökonomische Gesetze nicht davon abhängen, ob die individuellen Akteure sie kennen. Es ist nicht einmal nötig, dass irgendjemand die ökonomischen Gesetzmäßigkeiten kennt.[107]

Natürliche Angebotsmonopole im „Bottleneck": Unabhängig davon, wie schwer man das Argument der „Subadditivität der Kosten" (s. oben) gewichtet, bleibt festzuhalten, dass es bei „natürlichen Monopolen im Bottleneck" (also bezogen auf das Netz) mangels „Bestreitbarkeit" des Marktes häufig nicht zu Konkurrenz über Markteintritte kommt. Was sind die Auswirkungen auf das Angebotsverhalten des eingesessenen Monopolisten?

Der erste Befund stellt auf einen integrierten erwerbswirtschaftlich orientierten Konzern, also die Einheit von Netz und Betrieb ab: Der Monopolist trachtet danach, konkurrierende Betreiber vom Netz fernzuhalten. Gründe für dieses diskriminierende Verhalten des Eigentümers der „Essential facility" sind u.a.:[A]

- Unterstellt, dass ein Wettbewerber ungefähr die gleiche Leistungsfähigkeit hat und dass vom Wettbewerber und vom eigenen Betriebsunternehmen ungefähr dieselben Netznutzungsentgelte entrichtet werden können: Bekäme der Wettbewerber die Befugnis zur Nutzung des Netzes, so würde der beim Betrieb entstehende Gewinn dem integrierten Konzern entgehen – er fiele dem Wettbewerber zu.
- Die Infrastruktureinrichtungen mit dem Charakter von Essential facilities stellen reale Optionen dar, Marktschwankungen und –chancen (u.a. über diskriminierende Preissetzung) ausnutzen zu können. Der Wert dieser Optionen ist umso höher, je stärker die Unsicherheiten in dem betreffenden Markt gewichtet werden. Zu den Unsicherheiten zählen übrigens auch – aufgrund der Technik zu erwartende – Störfälle; freie Kapazitäten sind daher ein wichtiger Aspekt im Störfallmanagement. Mit den Nutzungsverträgen gibt der Eigentümer der Essential facility die Netzkapazität für eine gewisse Zeit aus der Hand. Ein wesentliches Thema bei der Vergabe von Netzkapazität an fremde Betreiber ist daher die Befristung der betreffenden Kontrakte. So bemängelt das „PRIMON-Gutachten" mit Bezug auf den Eisenbahnverkehr in Deutschland: *„Trassennutzungsverträge für Leistungen, die im Rahmen von Ausschreibungen gewonnen werden, müssen mit den EIU (Eisenbahninfrastrukturunternehmen, d. Verf.) abgeschlossen werden. Diese gelten immer nur für ein Jahr, obwohl die Verkehrsverträge im SPNV (Schienenpersonennahverkehr, d.Verf.) deutlich längere Nutzungsdauern vorsehen. Das neue AEG (Allgemeines Eisenbahngesetz, d. Verf.) sieht für längere Zeiträume nur Rahmenverträge vor, die den EVU (Eisenbahnverkehrsunternehmen, d. Verf.) keine hinreichende Planungssicherheit bieten. Die Verkehrsverträge räumen den Unternehmen nur wenige Möglichkeiten ein, ihre Betriebspro-*

[A] Vgl. hier BOOZ / Allen / Hamilton, Privatisierungsvarianten der Deutschen Bahn AG „mit und ohne Netz" („PRIMON-Gutachten"), teilweise entschwärzte Fassung vom 1. März 2006, Berlin 2006, insb. S. 150 ff. Die aufgeworfenen Aspekte sind zu einem großen Teil auch für andere netzgebundene Industrien einschlägig.

Teil I. Die Struktur: Umweltpolitik als Ordnungspolitik

gramme nachträglich zu ändern." [108] Die Deutsche Bahn AG als Monopolist versucht mit der kurzfristigen Trassenvergabe also, dem langfristigen „Committment" auf der „Pflichtenseite" der Wettbewerber nur kurzfristige Rechte gegenüberzustellen; diese Struktur von Rechten und Pflichten kann die Wettbewerber aber insbesondere bei sich ändernden Marktbedingungen in Bedrängnis bringen.

- Sind erst einmal Wettbewerber vorhanden und / oder wird der Zugang zum Netz durch die Behörden eingefordert, so machen die Wettbewerber regelmäßig auch Ansprüche bei der Ausgestaltung des Netzes geltend. Möglicherweise entsteht politischer Druck auf einen Ausbau des Netzes in einer Weise, der den Rentabilitätsinteressen des integrierten Konzerns nicht entspricht. Aus diesen und anderen Gründen besteht ein strategisches Interesse daran, andere „Spieler" das Feld erst gar nicht betreten zu lassen. Es sind noch weitere Varianten des strategischen Nutzens eines derartigen Blockadeverhaltens denkbar.

Obwohl der Zugang zum Netz durch den konkurrierenden Betreiber entgeltlich erfolgt, bestehen bei Einheit von Netz und Betrieb somit eine Reihe von guten Gründen, den Zugang zu blockieren – und zwar möglicherweise auch dann, wenn das Angebot selber gar nicht wirtschaftlich erstellt werden kann. Der Leitwert der „Koexistenz" wird gefährdet. Bei Abwesenheit weiterer Regulierungen ist es naheliegend, dass die Blockade allenfalls dann freiwillig aufgegeben wird, wenn neben den Kosten für das Netz (plus Gewinnaufschlag) eine Kompensation für die entgangenen Gewinne und den verlorenen Optionsnutzen (in Gestalt der Netzkapazität, incl. strategischen Nutzen) gezahlt werden kann. Hierbei handelt es sich um ein Analogon zur Optionsprämie oder (beim Geld) zur Liquiditätsverzichtsprämie (in der Sprache der Optionspreistheorie würde es sich bei sicher entstehenden Opportunitätskosten um die Kompensation einer Dividende handeln). Dieser Aufschlag (der von der Intensität der Blockadegründe abhängt) macht m.E. einen wesentlichen Unterschied zwischen einem Monopol- und Konkurrenzpreis aus.

Das Interesse des integrierten Konzerns, Wettbewerber vom Zugang abzuhalten, kann selbst dann erfolgreich umgesetzt werden, wenn es einen staatlich angeordneten Wettbewerb „um den Markt" bei regulierungsbedingtem Vorhandensein von „Chinese Walls"[A] zwischen Netz und Betrieb des integrierten Konzerns gibt (öffentliche Ausschreibung unter Wettbewerb des eigenen Betriebes mit Fremdanbietern): In einem integrierten Konzern sind hohe Gebote des eigenen Betriebsunternehmens unter Inkaufnahme einer Beeinträchtigung seines Gewinns möglich und betriebswirtschaftlich durchaus auch sinnvoll. Der (erhöhte) Aufwand für die Netznutzung (Gebot) des konzerneigenen Betriebsunternehmens ist nämlich ein Ertrag für das Netzunternehmen. Im Konzernabschluss wird dies im Rahmen der Aufwands- und Ertragskonsolidierung erfolgsneutral gestellt. Bleibt am Ende ein – wenn auch nur geringer – Gewinn der Betriebs-Tochter über, war das überhöhte Gebot sogar aus kurzfristiger Sicht (also unter Ausklammerung strategischer Aspekte) zweckmäßig. Die Konsequenz ist also eine Wettbewerbsverzerrung zu Lasten der Fremdanbieter.

[A] Der Begriff „Chinese Walls" stammt aus der Finanzwelt und wurde als Metapher für die Praxis benutzt, Abteilungen oder Divisionen eines Unternehmens informatorisch und organisatorisch zu trennen, wenn diese von unterschiedlichen Zielsetzungen geleitet werden. Auf diese Weise sollen Interessenkonflikte vermieden werden.

Teil I. Die Struktur: Umweltpolitik als Ordnungspolitik

Selbstverständlich ist ohne weitere Konkurrenz eine geringere Qualität zu befürchten. Meistens besteht allerdings eine latente Substitutionskonkurrenz (bei der Bahn z.B. der PKW), der auch auch die Freiheitsgrade des netzgebundenen Monopolisten beschränkt.

Bei erfolgreicher Diskriminierung von Wettbewerbern stellt sich vor allem die Frage, ob die Ausbringungsmenge des Monopols im Vergleich zu einem polypolistischen Markt geringer und der Preis vergleichsweise höher ist. Unterstellen wir zunächst die Abwesenheit von Preisdifferenzierungen (die Preise können also nicht entsprechend der unterschiedlichen Zahlungsbereitschaften differenziert gesetzt werden).

Angebotsmonopolisten im Allgemeinen (also unabhängig vom Spezialfall des natürlichen Monopols im „Bottleneck") richten sich nach der herkömmlichen Theorie grundsätzlich nach denselben Gewinnmaximierungsregeln wie alle anderen Unternehmen. Demnach sollte die Menge solange gesteigert werden, bis Grenzerlöse und Grenzkosten übereinstimmen. Anders als Unternehmen im Polypol (die nach der gängigen Lesart wegen ihrer geringen Bedeutung „Preisnehmer" sind), können Monopolisten jedoch durch Variationen der Ausbringungsmenge den Produktpreis beeinflussen. Der Produktpreis p(x) stellt also eine Funktion der Ausbringungsmenge x dar. Die Erlöse E ergeben sich beim Monopolisten demnach aus p(x) * x, im Fall der vollständigen Konkurrenz nach orthodoxer Lesart hingegen aus p * x. Entsprechend den herrschenden Konventionen wird dabei der Preis als Funktion der Menge beschrieben. Unterstellt man beispielsweise eine lineare Preis-Absatz-Funktion mit
$P = a - bx$ (mit a, b > 0),

so ergibt sich für den Erlös
$E = (a - bx) * x = ax - bx^2$

Die Grenzerlöse dE/dx sind dann $a - 2bx$. Die Funktion der Grenzerlöse hat im vorliegenden Beispiel die doppelte negative Steigung wie die Preis-Absatz-Funktion. Verhält sich der Monopolist gewinnmaximierend, muss er daher bei der Ausbringung den Punkt treffen, an dem die Grenzerlöse gleich den (hier als konstant unterstellten) Grenzkosten K´ sind.

Für den Monopolisten gilt demnach:
$E´ = K´ => a - 2bx = K´ => x = (a - K´)/ 2b$

Im Polypol gilt:
$E´ = K´ => a - bx = K´ => x = (a - K´) / b$

Die Ausbringungsmenge ist daher, wenn man der herrschenden Lehre folgt, beim Monopol geringer als im Polypol, der Preis höher. Die Folgen sind im unregulierten Zustand Wohlfahrtsverluste (und Umverteilungseffekte, da sich die Anbieterrente erhöht).[A] *Keen* bestreitet jedoch, dass dieses Verhalten eine aussagekräftige Unterscheidung zum polypolistischen Markt ermöglicht. Er argumentiert, dass auch im Polypol jeder Unternehmer einen – wenn auch infinitesimal geringen – Einfluss auf den Preis hat. Die Aggregation dieser jeweils infinitesimal geringen Einflüsse auf den Preis ist nach *Keen* auch im polypolistischen Markt keineswegs gleich Null, sondern

---

[A] Die genannten Wohlfahrtseffekte sind nur dann einschlägig, wenn der Monopolist keine diskriminierende Preissetzung betreibt (s. unten mehr).

Teil I. Die Struktur: Umweltpolitik als Ordnungspolitik

führt insoweit zum selben Ergebnis wie beim Monopol. Im übertragenen Sinne verhält es sich auch und gerade beim Polypol wie beim Gang über eine Ebene: Diese erscheint für den Fußgänger immer flach, dennoch bleibt (wegen des infinitesimalen Beitrags aller Ebenen) in der Aggregation aller Ebenen die Welt rund. *Keen* (der auch einen mathematischen Beweis liefert) kommt hiermit zum selben Ergebnis wie der Nobelpreisträger *Stigler*, dessen Kritik an der Marktformenlehre von den zeitgenössischen Ökonomen – weil offenbar nicht ins Bild passend - einfach beiseite geschoben und ignoriert wurde.[109] Sowohl beim Monopol wie auch beim Polypol hat die Grenzerlöskurve eine steilere Neigung als die Nachfragekurve, und beide richten sich nach der Formel „Grenzerlös = Grenzkosten". Folgt man *Keen* und *Stigler*, würden auch die polypolistischen Unternehmen die Ausweitung der Menge noch im Gewinnbereich einstellen. Selbst bei hypothetischer Vollbeschäftigung würde im Polypol das von der neoklassischen Theorie postulierte Optimum (Grenzkosten = Grenzerlös = Preis) genauso wenig erreicht werden wie beim Monopol. Der einzige Unterschied zwischen beiden Marktformen ist, dass es sich beim Monopolisten um bewusste Preis- und Mengenentscheidungen („Visible hand") handelt, wogegen die Koordination im Polypol dezentral erfolgt. Hätten *Keen* und *Stigler* Recht, wäre das von der Neoklassik postulierte Wohlfahrtsoptimum bei ausschließlich erwerbswirtschaftlich orientierten Unternehmen weder durch ein Polypol noch durch ein Monopol erreichbar. *Keen* ist allerdings offenbar angesichts seines Befundes selber nicht ganz wohl – das Monopol steht offenbar in einem „zu guten Licht" dar. M.E. ist *Keen* und *Stigler* jedoch nur teilweise zuzustimmen, da ihre Argumentation nur unter speziellen Voraussetzungen gilt: Es wird eine (gebildearme) Wirtschaftswelt unterstellt, in der alle Unternehmen lediglich einer erwerbswirtschaftlichen Zielsetzung folgen bzw. gewinnorientiert agieren (Leitwert: Effizienz). Tatsächlich existiert jedoch eine Reihe von Unternehmen, bei denen die erwerbswirtschaftliche Zielsetzung entweder gar nicht besteht oder nicht die in der wirtschaftswissenschaftlichen Literatur regelmäßig hervorgehobene hohe Bedeutung hat. Insbesondere mit Blick auf die Leitwerte „Versorgung" und „Gerechtigkeit" spielen auch Genossenschaften (z.B. in der Landwirtschaft, im Kreditgewerbe oder im Wohnungsbau), gemeinnützige Unternehmen etc. eine bedeutende Rolle. Doch nicht nur die Pluralität der Organisationsformen, sondern auch die Pluralität der Wirtschaftsmotive ist von Bedeutung.[110] Beispielsweise steht auch gerade bei vielen mittelständischen Unternehmen weniger die Gewinnerzielung im Vordergrund, sondern das Produkt oder die (oft in paternalistischer Weise ausgeübte) Verantwortung für die Mitarbeiter. Vor diesem Hintergrund erhält das von *Gerhard Weisser* aufgestellte „Anreicherungsaxiom" – als einzelwirtschaftspolitisches Axiom einer gebildereichen Wirtschaft – einen gänzlich neuen Stellenwert:[111] Der von den Neoklassikern postulierte Zustand einer Angebotsmenge, deren letzte Einheiten zu Kostenpreisen angeboten werden, kann erreicht werden, allerdings nur bei einer entsprechenden morphologischen Vielfalt von Unternehmen, die auch nicht (primär) gewinnorientierten Unternehmen ihren Platz zuweist. In diesem Fall ist das Polypol dem – definitionsgemäß – gebildearmen Monopol eindeutig überlegen.

Allerdings kann auch eine Befolgung des „Anreicherungsaxioms" nicht die Markteintrittsbarrieren in Gestalt der Sunk costs von Essential facilities niederreisen. Auch nicht erwerbswirtschaftlich orientierte Unternehmen müssen wenigstens ihre Kosten decken können und stehen daher – aufgrund der oben angesprochenen „Sunk costs-Problematik" – in Preiskämpfen auf genauso verlorenem Posten wie erwerbswirtschaftlich motivierte Unternehmen. Ihre Ausgangssituation bei Markteintrittsversuchen ist sogar noch schlechter, da sie in einer kapitalistisch orientierten Finanzwelt oftmals weniger üppig mit (Eigen-) Kapital ausgestattet sind als ihre erwerbswirtschaftlichen Komplemente. Sie können daher in Preiskämpfen dem Monopolisten kaum längerfristig Paroli bieten.

Die oben dargestellte Argumentation von *Keen* und *Stigler*, nach der es bei erwerbswirtschaftlich motivierten Unternehmen im Ergebnis keine Unterschiede bei Monopol und Polypol geben dürfte, gilt schließlich nur unter den Bedingungen eines einheitlichen Preises. Anders sieht die Situation bei diskriminierender Preissetzung aus, wenn also der Monopolist den „Reservationspreis" des Konsumenten verlangt. Preisdiskriminierung setzt jedoch eine gewisse Marktmacht (Fähigkeit zur Preiskontrolle) voraus[112], die gerade beim Anbieter im Polypol kaum vorhanden ist. Bei diskriminierender Preissetzung (also nach – entsprechend den Nachfragergruppen, Zeiten, Produkten und Orten gestaffelten Preisen), die eingeführt werden, um die unterschiedlichen Zahlungsbereitschaften besser abzuschöpfen, fällt der beschriebene wohlfahrtsmindernde Mengeneffekt geringer aus bzw. entfällt.[113] Das Mengenergebnis entspricht dem Wohlfahrtsmaximum der neoklassischen Theorie[A] bzw. dem Ergebnis des Polypols unter Maßgabe der Geltung des Anreicherungsaxioms (s. oben). Während allerdings beim „normalen" Monopol (Einheitspreis) die Konsumentenrente schon zugunsten der Anbieterrente reduziert wurde, ist sie bei diskriminierender Preissetzung nun gleich Null; die Anbieterrente ist hingegen maximiert. Der Leitwert der Gerechtigkeit ist also – im Gegensatz zum Polypol unter Maßgabe des Anreicherungsaxioms - in extremer Weise verletzt.

Die obigen Argumente zielten auf die Probleme ab, die hinsichtlich Preisen und Mengen beim netzgebundenen Monopol gegenüber einem Wettbewerbsmarkt bestehen. Eine andere – eventuell noch wichtigere – Perspektive bezieht sich auf die Beschränkung des Angebots eines privaten, erwerbswirtschaftlich motivierten Netzmonopolisten – diesmal verglichen mit einem öffentlichen Netzeigentümer ohne erwerbswirtschaftliche Motivation. Der erwerbswirtschaftlich motivierte private Betreiber ist an einer möglichst hohen Rendite interessiert. Dementsprechend muss er das Netz nach Maßgabe von Zahlungsbereitschaft und Rentabilität konzipieren. In der Sprache der Leitwerttheorie: Der Leitwert der „Effizienz" dominiert über denjenigen der „Versorgung". Dort, wo zwar eine Versorgungsnotwendigkeit besteht, aber die (mangels Nachfrage) geforderte Kapitalverzinsung nicht mehr erbracht werden kann, unterbleibt die Versorgung. Die Netzinfrastruktur wird also gar nicht erst gelegt, es unterbleibt also schon die Investition in die Kapazitäten. Hier beginnt die „Blockade" (in die Investitionen) also bereits dort, wo bestimmte Möglichkeiten (Optionen) der Versorgung durch den Monopolisten mangels Rentabilität gar nicht erst eröffnet werden.

Das Monopol kommt also tatsächlich zu einer geringeren Ausbringungsmenge als das Polypol bzw. ein öffentliches Angebot. Die Ursachen für die – im Vergleich zum Polypol bestehenden - Verknappungstendenzen beim netzgebundenen Monopol sind aber zu großen Teilen auch angebotsseitig (und nicht nur auf der Nachfrageseite, auf die sich die Orthodoxie konzentriert) zu suchen.

[A] Die neoklassische Theorie kommt also – anders als *Keen* und *Stigler* - unter der Voraussetzung der Preisdiskriminierung zur selben Ausbringungsmenge von Polypol und Monopol.

„Wesentliche Einrichtungen i.w.S."	Gegenständliche Privilegien / exklusive Realoptionen	Netzgebundene Monopole
Erstinvestition: Strategischer Charakter durch Exklusion von potentiellen Wettbewerbern	- Exklusivität durch Rechtsetzung - Relativ geringes Investitionsvolumen - Beispiel: Patentrecht	- Exklusivität wegen der Kostenstruktur - Relativ hohes Investitionsvolumen - Beispiel: Höchstspannungsnetz
Folgeinvestition: Nutzung der Verwertungsoption / Betrieb	- Optional, evt. auch Verzicht auf Nutzung - Relativ hohes Investitionsvolumen bzw. Grenzkosten - Beispiel: Exklusive Verwertung des Patentes	- Nutzung, aber verminderte Ausbringungsmenge - Relativ geringes Investitionsvolumen bzw. Grenzkosten - Beispiel: Eisenbahnnetz

Tab. 3: Charakteristika der wesentlichen Einrichtungen im weiteren Sinne
(Quelle: Eigene Darstellung)

I.2.3.4. Zur Bedeutung des Rentabilitätsprinzips

„Ist das, was gesagt wird, nicht das, was gemeint ist, kommen keine guten Werke zustande und das Volk weiß nicht, wohin Hand und Fuß setzen."
Konfuzius

Das Dogma „möglichst viel Markt und Privateigentum" geht politisch-ideologisch mit der vehementen Verfechtung des Rentabilitätsprinzips Hand in Hand. Der systematische Vorrang der Rentabilität bedeutet, dass andere Interessen das Nachsehen haben. Auf das Nachhaltigkeitsviereck übertragen ziehen insbesondere die Ökologie (Umweltinteressen in Abwägung gegenüber Wirtschaftsinteressen), das Soziale und Kulturelle häufig den Kürzeren. Dies alles führt zu einer geradezu perversen Verkehrung von Mittel und Zweck: So kann man volkswirtschaftlich grob zwischen der Sphäre des Konsums (Produktion und Nutzung von Konsumgütern) und derjenigen der Anlage (Investition und Finanzierung) unterscheiden. In der Konsumsphäre geht es um den Nutzen der Konsumenten aus den verbrauchten Gütern und Dienstleistungen. In der Anlagesphäre (Investition und Finanzierung) geht es v.a. um den Nutzen von Investoren in Gestalt der erzielbaren Rendite. Die (zumeist rhetorisch gemeinte) Frage, worin denn der Zweck des Wirtschaftens bestehe, wird den Studierenden der VWL vor dem Hintergrund dieser Unterscheidung zumeist dahingehend beantwortet, dass wir letztlich um des Konsums Willen wirtschaften. Wäre es anders (Investieren oder Sparen als Zweck des Wirtschaftens), würde man ja „den Weg zum Ziel" machen, Zweck (Konsum) und Mittel (Sparen und Investieren) verkehren. Diese Verkehrung von Mittel und Zweck, die Fokussierung auf die Rendite- und Anlegerinteressen möchte ich *„Rentabilitätsprinzip"* nennen. Schon *Aristoteles* unterschied zwischen der „natürlichen Erwerbskunst", also der Produktion für den Bedarf („Ökonomie") und der „widernatürlichen" Erwerbskunst, der Produktion für Handel und Gewinn („Chrema-

Teil I. Die Struktur: Umweltpolitik als Ordnungspolitik

tistik"[A]). Die kapitalistische Wirtschaft ist jedoch von der „chrematistischen Perversion", der Verkehrung von Mittel und Zweck durchzogen:
- Unter dem Stichwort „Finanzmarktkapitalismus" wird u.a. beschrieben, dass die Dimensionen der Finanzmärkte diejenigen der Realwirtschaft mittlerweile um ein Vielfaches übersteigen. Das Funktionieren der Gütermärkte hängt immer stärker vom Funktionieren der Finanzmärkte, und damit von einem immer schwerer zu durchschauenden „Spielcasinobetrieb" ab.
- Dabei bewirkt das Rentabilitätsprinzip, dass – unabhängig von seiner ökologischen und sozialen Sinnhaftigkeit – unter seiner Herrschaft nichts entsteht, was nicht den Renditeforderungen der Kapitaleigner genügt. Noch mehr: Das Shareholder value-Prinzip bringt zum Ausdruck, dass die erwerbswirtschaftliche Daseinsberechtigung eines Betriebes oder Projektes keineswegs die „schwarze Zahl" (das Wirtschaften in der Gewinnzone) ist, sondern die Erfüllung der Renditeforderungen der Aktionäre. Der Unterschied kann erheblich sein, wie z.B. der Fall Nokia in Bochum belegt. Auch sinnvolle ökologische Projekte können oft nicht verwirklicht werden, weil sie bei entsprechend hoch angelegten Renditeforderungen einen negativen Kapitalwert aufweisen (s. Kap. II.2.3.).
- Die Verkehrung von Mittel und Zweck kommt in der praktischen Unternehmenspolitik dadurch zum Ausdruck, dass nicht etwa entsprechend den Wünschen der Konsumenten produziert und investiert wird. Vielmehr werden u.a. durch die Marketingabteilungen die Bedürfnisse der Konsumenten so manipuliert, dass die Renditeinteressen der Aktionäre zufriedengestellt werden können (so nimmt auch die Bedeutung der „Investor relations" immer weiter zu). Teilweise werden auch – unter Einsatz von Marktmacht – Produkte auf den Markt geworfen, die den Bedürfnissen der Konsumenten diametral widersprechen (s. das Kapitel I.3.1.3. zur Gentechnologie).
- Nach *Milton Friedman* gibt es in einem freien Wettbewerbsmarkt *„nur eine einzige Verantwortung für die Beteiligten: Sie besagt, dass die verfügbaren Mittel möglichst Gewinn bringend eingesetzt und Unternehmungen unter dem Gesichtspunkt der größtmöglichen Profitabilität geführt werden müssen ..."* [114] Für soziale, ökologische oder kulturelle Verantwortung ist bei dieser Zentrierung auf Effizienz und Rentabilität kein Platz mehr. Es sei Aufgabe des Staates, diesbezüglich für geeignete Rahmenbedingungen zu sorgen. Charakteristisch für derartige Aussagen ist, dass sie nicht grundsätzlich falsch sind; wie immer macht die Dosierung das Gift aus: Ohne die primäre erwerbswirtschaftliche Orientierung der betreffenden Unternehmen und die Verantwortung des Staates für geeignete Rahmenbedingungen leugnen zu wollen (ganz im Gegenteil betonen wir diese im vorliegenden Buch!) erkennt diese Sicht der Dinge nämlich nicht, dass sich die einzelnen Subsysteme auf das Gesamtsystem bis zu einem gewissen Grad einstellen müssen. Es wäre unbestrittenerweise sogar pathologisch, wenn die Systemteile (Unternehmen) dieselben Charakteristika aufweisen würden wie das Systemganze (Wirtschaftssystem mit seinen emergenten Eigenschaften und seinem Rahmen, der den Ausgleich zwischen den verschiedenen Leitwerten herstellen muss). Dennoch kann sich auch das einzelne Subsystem nicht der (Überlebens-) Notwendigkeit des Ausgleichs der Leitwerte vollkommen entziehen. Orientiert sich das einzelne Subsystem Unternehmen ausschließlich an einem einzigen Leitwert (Effizienz), ist es nicht langfristig überlebensfähig. Die Pflege von „Unternehmenskultur", „Corporate Social Responsibility" etc. ist weit mehr als ein unter-

---

[A] *Aristoteles* stellt die Chrematistik der Ökonomik gegenüber. Bei der Chrematistik geht es nicht um die Deckung von Bedarf, sondern um die Akkumulation von Geld.

Teil I. Die Struktur: Umweltpolitik als Ordnungspolitik

nehmerischer „Marketinggag". Die Orientierung an der Pluralität von Leitwerten auch durch primär erwerbswirtschaftlich orientierte Unternehmen ist vielmehr ein elementarer Pfeiler nachhaltiger Unternehmensführung. Die Empfehlungen derjenigen Unternehmensberater, die die Ausblendung aller anderen Leitwerte als der Effizienz als „Erfolgsrezept" verkaufen, sind freundlich ausgedrückt einseitig und kurzsichtig. Die Teilsysteme bzw. Systemteile müssen daher ebenfalls die Leitwerte, die richtigerweise von der Ordnungspolitik eingefordert werden, bis zu einem gewissen Grad widerspiegeln – wenngleich (insbesondere bei erwerbswirtschaftlichen Unternehmen) mit einer anderen Gewichtung als im Gesamtsystem.

- Vielleicht noch schwerer wiegt, dass die einzelwirtschaftliche Effizienz das Mittel ist, über das sich die Rentabilitätsforderungen – verstanden sowohl als Zeit-, wie auch als Kosteneffizienz – Geltung verschaffen. Dieses „Geltung verschaffen" bezieht sich angesichts der fehlenden Trennung zwischen Staat und wirtschaftlichen Partikularinteressen nicht nur auf die einzelwirtschaftliche Ebene. Vielmehr wird der Leitwert der Effizienz als faktisch dominierendes einzelwirtschaftliches Prinzip mit der gleichen Bedeutung auf die Systemebene übertragen und damit verabsolutiert (s. Kap. I.2.2.1. oben). Über das Rentabilitätsprinzip wird damit die Effizienz von einem Leitwert[115] unter anderen Leitwerten zum Selbstzweck des kapitalistischen Wirtschaftssystems überhöht. Aus der beschriebenen Pervertierung von Mittel und Zweck ergibt sich auch die eigenartige Intentionalität des auf das Rentabilitätsprinzip gerichteten Wirtschaftens.

Die zentrale Stellung des Rentabilitätsprinzips ist maßgeblich für die einseitige Fokussierung auf die Effizienz verantwortlich, wie sie in Wirtschaft, (Wirtschafts-) Wissenschaft und Politik betrieben wird. Diejenigen Arten und Formen, die dem Rentabilitätsprinzip nicht genügen (also nicht ausreichend Rendite abwerfen), wird die Existenzberechtigung versagt, und zwar im Wesentlichen unabhängig von der Frage der Bedarfsgerechtigkeit und den Versorgungsnotwendigkeiten. Sinkt die Vielfalt an Systemelementen aber wegen der einseitigen Betonung des Leitwertes der Effizienz ab, so kann die Funktionsfähigkeit der jeweiligen Mittelsysteme bzw. die Überlebens- und Entwicklungsfähigkeit der jeweiligen lebenden Systeme beeinträchtigt werden. Selbst, wenn die Internalisierung externer Effekte ansonsten perfekt gelänge[A]: Solange die „chrematistische Perversion" des Rentabilitätsprinzips bestehen bleibt, wäre dieser Erfolg nur sehr beschränkt.

Wir werden in Kap. II.3. die Ursache dieser Verkehrung, die machtvolle Position des „Mittels" (Investition und Finanzierung) gegenüber dem Zweck (Verbrauch) vertieft analysieren. Wenn die „reine Gier, der Imperialismus des Vakuums, der ´zwecklose Zweck´, wie Immanuel Kant sagte"[116] den Ton angibt, wird die Akkumulation, die Anhäufung von Geld zum Selbstzweck. *Milton Friedman* beschrieb diese Einstellung folgendermaßen: „The business of business is business."[117] Kein sinkender Grenznutzen wirkt dieser „Dagobert Duck-Ökonomie" mit positiven Rückkopplungseffekten (die Reichen werden immer reicher, die Armen immer ärmer) entgegen, denn Geld ist auch ein Herrschafts- und Machtmittel: „Der Wille zur Herrschaft ist unausrottbar. Er kennt keine objektiven Grenzen."[118] Vorweggenommen sei hier, dass sich die Macht der Investoren wesentlich aus der Macht des Geldes ableitet und dass die

---

[A] Die perfekte Internalisierung externer Effekte ist unter der Herrschaft des Rentabilitätsprinzips allein schon deswegen nicht möglich, weil durch die mit den Renditeforderungen einhergehenden Abdiskontierungen zukünftige Generationen von uns ohne Kompensation belastet werden: Es werden also „intertemporale externe Effekte" erzeugt. Vgl. hierzu mehr in Kap. II.2.

Teil I. Die Struktur: Umweltpolitik als Ordnungspolitik

Macht des Geldes wesentlich auf der Möglichkeit der Geldbesitzer beruht, in einen „Investitionsstreik" treten zu können (ihr Geld also nicht mehr für Investitionen in die Realwirtschaft zur Verfügung zu stellen).

Vor dem Hintergrund der strukturellen Macht des Geldes / der Investoren und des Rentabilitätsprinzips wäre es umso notwendiger, dass entsprechend der in Kap. I.1.1. geschilderten ordoliberalen Vorstellung der öffentliche Raum von den privatwirtschaftlichen Rentabilitätszielen scharf getrennt wird. Nur so kann man Räume erhalten, in denen Entscheidungen nach anderen Gesichtspunkten als dem Rentabilitätsinteresse getroffen werden bzw. die sich von der Herrschaft des Geldes frei halten. Solche „Freiräume" sollten sowohl staatliche Institutionen als auch – ihrem Anspruch nach - solche der Zivilgesellschaft (NGOs) darstellen. Die Verquickung von (privatem) Rentabilitätsinteresse und öffentlichem Raum („Deutschland AG") festigt institutionell die Herrschaft des Rentabilitätsprinzips und trägt zu einer Überbetonung und Verabsolutierung des Leitwertes der „Effizienz" bei, die letztlich die Überlebens- und Entwicklungsfähigkeit unserer Gesellschaft gefährden kann. Tatsächlich findet eine ordnungspolitisch motivierte institutionelle Trennung dieser Interessen allerdings kaum noch statt; in Politik, Wissenschaft und öffentlicher Wahrnehmung ist diesbezüglich wenig Sensibilität vorhanden. Die Folgen seien mit Blick auf Deutschland kurz erläutert:

- Vor dem Hintergrund der u.a. in Deutschland stark ausgeprägten Verflechtung von Wirtschaft und Politik wird auch die Politik immer stärker vom Rentabilitätsinteresse beeinflusst. Eine wichtige Rolle spielt hierbei auch die sog. „weiße Korruption".[119] Diese wird auch in Deutschland geduldet; manch eine Stimme spricht diesbezüglich hierzulande sogar von einem „El Dorado". Unter der „weißen Korruption" versteht man das entgeltliche Einbinden von Politikern in Nebenjobs, wobei die Gegenleistung oftmals fragwürdig ist. Beispiel: In Kap. I.3.4.2. und I.3.4.3. werden die Themenfelder Strom und Wasser behandelt. In beiden Bereichen war bzw. ist die Essener RWE sehr aktiv. Publik wurde in diesem Zusammenhang u.a. in jüngerer Zeit (2004) die Affäre um *Hermann-Josef Arentz*, Chef der CDU-Sozialausschüsse, und um *Lorenz Meyer*, dem ehemaligen Generalsekretär der CDU. Beide Politiker hatten von der RWE jährlich – ohne weitere Gegenleistung – 60.000 Euro Gehaltszahlungen bekommen. Der ehemalige Bundeswirtschaftsminister *Wolfgang Clement* rief in seiner Eigenschaft als RWE-Lobbyist anlässlich der Hessen-Wahl 2008 sogar zur Wahl der politischen Gegenseite auf, die der Kernkraft positiver gegenüber stand als die SPD-Kandidatin *Ypsilanti*. Traditionell beruft die RWE Hunderte von Politikern in sog. „Beiräte" oder Aufsichtsräte, wo sie finanziell versorgt werden. Der Journalist *Franz Alt* formulierte es drastisch: *„Die Politiker-Beiräte bei RWE sind faktisch Einrichtungen zur Bestechung der Kommunen."* [120] Um jedoch keine Missverständnisse aufkommen zu lassen: RWE steht mit dieser Praxis keineswegs allein da; es handelt sich vielmehr um die Regel. So wurde beispielsweise auch der grüne Politiker *Rezzo Schlauch*, für seine „nachsichtige" und „pragmatische" Haltung gegenüber EnBW[A] bekannt, in den Konzernbeirat berufen, wo er sich in Gesellschaft u.a. mit illustren Persönlichkeiten wie *Klaus Kinkel* (FDP), *Theo Waigel* (CSU), *Matthias Wissmann* (CDU), *Hartmut Mehdorn* (Deutsche Bahn AG), *Klaus Mangold* (DaimlerChrysler) oder *Wolfgang Schuster* (Oberbürgermeister der Stadt Stuttgart) befand. Wohl nicht zufällig war auch der damalige EnBW-Chef *Utz Claassen* schon 2004 ein gern

---

[A] Einer der Hauptaktionäre der EnBW ist seit 2000 die Electricité de France (EdF), bei der auch die unternehmerische Führung der EnBW liegt.

Teil I. Die Struktur: Umweltpolitik als Ordnungspolitik

gesehener Gast bei der Klausurtagung der Grünen-Fraktion in Wörlitz.[121] Die Interessenkonflikte, in die sich politische Mandatsträger begeben, die sich – per Eid – dem Souverän verpflichtet haben, werden in Deutschland kaum zum Thema gemacht. Ein derartiger Konflikt entsteht z.b., wenn *OB Schuster* (Stuttgart), Mitglied im Konzernbeirat der EnBW und Aufsichtsrat der EnBW Regional AG, derselben EnBW u.a. die Wasserbetriebe verkauft, die von den Bürgern zuvor über Generationen hinweg aufgebaut und bezahlt und am Ende eben Herrn *Schuster* anvertraut wurden.[A] Die personifizierte Interessenverflechtung zwischen Industrie und Politik war *Werner Müller* (Wirtschaftsminister der rot-grünen Bundesregierung von 1998 bis 2002). Seit 1973 war er in Unternehmen wie RWE, Veba und Kraftwerke Ruhr AG tätig. Nach seinem Ausscheiden aus der Politik wurde er Vorstandsvorsitzender der Ruhrkohle AG (RAG, der auch von Ex-Bundeskanzler *Schröder* „beraten" wird). Bekannt wurde seine Einstellung, als er das Verbot des Bundeskartellamtes für die Übernahme der Ruhrgas AG durch die E.On nicht hinnehmen wollte. Er wies seinen Staatssekretär *Tacke* (später Vorstandsvorsitzender des Stromkonzerns STEAG) an, den Weg für die Fusion durch eine Ministererlaubnis (§ 42 GWB) freizumachen.

- Die Interessenverflechtung wird geradezu institutionalisiert. So ist es längst Normalität, dass in den Bundesministerien, sogar im Kanzleramt externe Mitarbeiter aus Unternehmen und Verbänden mitwirken. Beschäftigte des Verbands öffentlicher Banken und der Deutsche Börse AG arbeiteten beispielsweise an der Fortentwicklung des Kreditwesengesetzes, des Finanzaufsichtsdienstleistungsgesetzes und der Umsetzung der Finanzmarktrichtlinie mit. Im Bundeswirtschaftsministerium mischten Vertreter von BASF, Bayer, dem Verband der Chemischen Industrie und dem Verband Deutscher Maschinen- und Anlagenbauer bei Regelungen mit, von denen sie selber betroffen sind. Dies ist vor dem Hintergrund besonders interessant, dass das Bundeswirtschaftsministerium die Bundesrepublik in WTO-Verhandlungen vertritt und damit bei Abkommen wie TRIPs (vgl. Kap. I.3.1.3.) und GATs (s. Kap. I.3.4.3.) mitwirkt.[122] Gleichfalls werden die „Revolving doors" immer üblicher, also der Wechsel von der Ministerialbürokratie in Unternehmen (hierzulande noch seltener zurück); s. das Beispiel *Tacke* oben.
- Besonders problematisch sind in diesem Zusammenhang auch die viel gelobten Public private partnerships („PPP"): Oft werden privatwirtschaftliche Unternehmen zur Erfüllung öffentlicher Aufgaben eingeschaltet. Soweit die Einschaltung der Privaten auf die Finanznot öffentlicher Haushalte zurückzuführen ist (und nicht etwa auf andere Argumente wie größere Erfahrungen in der Betriebsführung etc.), haben PPPs ihre Ursache regelmäßig im o.a. „Investitionsstreik" privater Kapitalbesitzer: Die Wirtschaftstätigkeit war über Jahre hinweg schwach, die Steuereinnahmen folglich gering und gleichzeitig die staatlichen Ausgaben u.a. für das „soziale Fallnetz" um so höher.[B] Der Staat musste über „Deficit spending" für die Nachfrage sorgen, die von den Privaten nicht mehr getätigt wurde. Die staatliche Handlungsfähigkeit wird mit der zunehmenden Verschuldung aber immer weiter eingeengt. Soweit sie durch fehlende Finanzstärke oder Liquidität bedingt sind, dienen PPPs daher dazu, die Folgen eines grundlegenden Systemfehlers im Geld (das diesen Investitionsstreik zulässt) abzuschwächen. Je stärker die

---

[A] Auch die Stuttgarter Fraktion der Grünen lobte OB *Schuster* für den Verkauf der Wasserversorgung.- Widerstand gegen die Stuttgarter Praktiken kam lediglich vom dortigen „Wasserforum", einer Bürgerinitiative.

[B] Ökonomen bezeichnen diese die Verschuldung forcierenden Mechanismen euphemistisch als „eingebaute Stabilisatoren".

Finanzkraft der Unternehmen und je schwächer die der öffentlichen Haushalte, umso offener steht das Tor für den Einfall des Rentabilitätsinteresses in die öffentlichen Belange.

Es soll allerdings nicht der Eindruck entstehen, dass wir PPPs pauschal „verdammen" wollen. Wenn kein Interessengegensatz besteht, kann der Rückgriff auf private Unternehmen sogar geboten sein – allerdings sollte immer auf die notwendige Distanz zu den politischen Entscheidungen und ihren Trägern geachtet werden. Wenn Interessengegensätze vorhanden sind, gibt es zivilrechtliche Wege (v.a. schuldrechtliche (!) Vereinbarungen), um diese offen zu legen und auszutarieren. Diesbezüglich ist jedoch wiederum erstaunlich wenig ordnungspolitische Sensibilität in Politik und Öffentlichkeit vorhanden. Auch die Medien versagen hier auf ganzer Linie. Gerade die öffentlichen Entscheidungsträger machen sich zudem die Konflikte zwischen öffentlichen Zielen (Versorgung, Umwelt etc.) und privatem Rentabilitätsinteresse generell zu wenig klar (manchmal sind sie auch in „weiße Korruption" verstrickt). Wenn dann – unvereinbare – Ziele und Interessen unter dem Dach einer gemeinsamen Gesellschaft (die ja „einen gemeinsamen Zweck" (?!) erfüllen soll) gebündelt werden und es Kompromisse vom Grundsatz her kaum geben kann (wird z.B. ein einkommensschwacher Stadtteil mit Infrastruktur versorgt, geht dies zu Lasten der Rentabilität), muss sich eine Seite unterordnen. Zu oft ist dies das öffentliche Interesse.

- Auch zivilgesellschaftliches Engagement wird immer stärker missbraucht. Teilweise agieren engagierte (Umwelt-) Aktivisten ohne ihr Wissen als Handlanger von Großkonzernen.[A] Es ist tatsächlich zunehmend schwierig, in der wirtschaftlichen und politischen Gemengelage die Interessenkonstellationen zu identifizieren. Beispiel: Die Betreiber des französischen Kernkraftwerkes Fessenheim (EdF und EnBW), einem der ältesten und gefährlichsten in Frankreich, setzten sich beispielsweise, um die Umweltzertifizierung nach ISO 14001 zu bekommen, für den Schutz von Flora und Fauna ein, besorgten einen Umweltschutz-Notfallwagen und initiierten eine Vielzahl ähnlich gelagerter Aktivitäten. Um Umweltgruppen anzulocken und einzubinden, wurde ein Umweltverein („Au fil du Rhin") gegründet. Auch das glaubwürdige Trinationale Umweltzentrum (TRUZ) fiel auf den Schwindel herein. Nachdem es von den Hintergründen erfahren hatte, kündigte es jedoch seine Mitgliedschaft in dem Umweltverein.[123] Ein weiteres Beispiel[124]: Deutsche Bürgerinitiativen gegen Windkraftanlagen wurden von einem Rechtsanwalt *Mock* beraten. Dieser war allerdings den Interessen der Aluminium-Industrie verpflichtet (sein Arbeitgeber war die Firma Hydro-Aluminium), einer sehr stromintensiven Branche. Deren Abneigung gegen Windkraft erklärt sich daraus, dass der über Windkraft erzeugte Strom teurer war als aus herkömmlicher Erzeugung.

Im Übrigen sind auch die (Groß-) NGOs nicht frei von Voreinnahmung durch Wirtschaftsinteressen, wenngleich dies mehr in mittelbarer Form geschieht. So berichtet *Loewe* von Groß-NGOs, welche die Vernichtung von Gen-Feldern verurteilten, weil hierdurch Verhandlungen zwischen den Funktionären und den politischen Eliten gestört wurden.[125]

Das betreffende Phänomen besteht jedoch nicht nur in Deutschland bzw. auf nationaler Ebene, sondern auch in supra- und internationalen Organisationen.

[A] In anderen Bereichen ist dies ähnlich: Beispielsweise versuchen Pharmakonzerne, Selbsthilfegruppen „durch die Hintertür" in ihrem Sinne zu beeinflussen mit dem Ziel, den Absatz ihrer Produkte zu erhöhen und deren Marktstellung zu verbessern.

Teil I. Die Struktur: Umweltpolitik als Ordnungspolitik

> **Beispiel: Die „Säuberungsaktion" von Gro Harlem Brundtland**
> *„Eine außergewöhnliche Frau hatte im Jahr 2000 die Leitung der WHO übernommen: Gro Harlem Brundtland, die frühere Premierministerin Norwegens und selber Ärztin. Sie ernannte sehr rasch einen Untersuchungsausschuss, der sich aus hochkarätigen internationalen Fachleuten zusammensetzte und von Professor Thomas Zeltner geleitet wurde. Dieser war beauftragt, überall im Apparat der WHO die Beamten ausfindig zu machen, die von der Zigarettenindustrie infiltriert worden waren. Der Ausschuss nahm schließlich eine strenge Säuberungsaktion vor. Und erst nach Abschluss dieser Säuberung war Brundtland bereit, die Verhandlungen mit den transkontinentalen Zigarettengesellschaften über das neue Rahmenabkommen für Tabak zu eröffnen."* [126]

Die Bedeutung des Rentabilitätsprinzips und der Zusammenhang mit dem bestehenden Geldregime wird in Kap. II.3. eingehend erörtert.

I.2.3.5. Zusammenfassung und Schlussfolgerungen

Im Zentrum der Betrachtung der neoklassisch basierten (Umwelt-) Ökonomie steht die *Pareto-Effizienz*. Danach ist ein sich in den Märkten einstellendes Konkurrenzgleichgewicht optimal, wenn niemand besser gestellt werden kann, ohne dass nicht mindestens eine andere Person schlechter gestellt wird. Ein abgeschwächtes Effizienzmaß stellt das sog. *„Kaldor-Hicks-Kriterium"* dar. Hiernach müssen die Gewinner einer Maßnahme theoretisch in der Lage sein, die Verlierer zu kompensieren. Wir haben gezeigt, dass es möglicherweise nicht nur einen, sondern eine Mehrzahl von Punkten gibt, die dieses Effizienzkriterium erfüllen. Damit kann das Niveau der wünschenswerten wirtschaftlichen Aktivität nur außerökonomisch festgelegt werden. Ebenso entziehen sich Konzepte wie Grenzvermeidungskosten, Marktversagen, externe Effekte einer ausschließlich ökonomischen Ableitung. Dies legt eine Relativierung der Bedeutung des Leitwertes „Effizienz" nahe.

Davon ist auch die Bewertung externer Effekte betroffen, die nur von einem eindeutigen ökonomischen Gleichgewicht aus „objektiv" erfolgen könnte. Nach herkömmlicher Meinung kann Effizienz nur dann erreicht werden, wenn externe Effekte internalisiert werden. Auch das Internalisierungskonzept hängt somit in der Luft, wenn ein Gleichgewichtszustand sich nicht mehr in eindeutiger Weise identifizieren lässt.

Um externe Effekte zu internalisieren, wird in der zeitgenössischen Umweltökonomie die Definition und eindeutige Zuweisung von Eigentumsrechten (Spezifikation) propagiert. Hierdurch sollen private und soziale Kosten und Erträge ins Gleichgewicht gebracht werden. Dies soll nach Meinung der Neoinstitutionalisten am besten an so vielen Gegenständen wie möglich geschehen (Universalität). Die Eigentumsrechte sollten handelbar sein (Handelbarkeit). Mit diesem Konzept werden jedoch nicht etwa die Fundamente für eine effiziente Wirtschaftsordnung, sondern für eine Privilegiengesellschaft gelegt. Dies geschieht mit der Definition von Eigentumsrechten an unvermehrbaren und schwer ersetzbaren Gegenständen. Es wird nicht gewürdigt, dass der Marktmechanismus bei ersetzbaren und vermehrbaren Gegenständen ganz anders zur Wirkung gelangen kann als bei schwer ersetzbaren und unvermehrbaren Gegenständen, wo sich zusätzliche Nachfrage nur in höheren Renten niederschlägt, die privatisiert werden. Die betreffenden Rechte vermitteln eine exklusive Option auf

Teil I. Die Struktur: Umweltpolitik als Ordnungspolitik

eine weitergehende Investitions- oder Bewirtschaftungsstrategie und stellen somit eine „Schlüsselinvestition" dar. Die Eigentümer derartiger Rechte können den Zugang zu den betreffenden Einrichtungen - zu monopolistischen Konditionen – gewähren oder aber verwehren. Dieselbe Problematik besteht bei netzgebundenen Monopolen. Hierdurch kommt es zu einer Vermachtung in Wirtschaft und Gesellschaft, die letztlich zu dem Gegenteil der intendierten Ergebnisse führt.

Die Forderungen nach eindeutiger und universeller Zuweisung von handelbaren Eigentumsrechten werden vom Ruf nach „Deregulierung" und „Liberalisierung" begleitet. Nun wurde in den vergangenen Jahrhunderten mehr oder weniger erfolgreich für die Übertragung des Gewaltmonopols auf den Staat gekämpft. Ein zivilisatorischer Fortschritt wäre es daher gewesen, auch die Macht als „kleine Schwester der Gewalt" auf den Staat zu delegieren. Stattdessen geschieht zur Zeit das genaue Gegenteil: Der durch den in Kap. II.3. noch zu besprechenden Investitionsstreik des Geldes finanziell geschwächte Staat zieht sich immer weiter zurück. Selbst öffentliche Kernaufgaben bis hin zur Ausübung der Gewalt[A] werden wieder immer stärker an private Akteure übertragen, die das entstehende Vakuum füllen. Der Staat wird dabei durch private Interessen faktisch gefangengenommen und immer weiter in die besagte Richtung gedrängt. Die real existierende Deregulierung bedeutet daher die Schwächung des Staates. Andererseits entsteht eine hektische Regulierung, um die negativen Folgen der beschriebenen Politik öffentlichkeitswirksam zu bekämpfen.

Das Dogma „mehr Markt und Privateigentum" geht Hand in Hand mit der Unterstreichung des Rentabilitätsprinzips. Das Rentabilitätsprinzip bedeutet die Verkehrung von Mittel und Zweck des Wirtschaftens. Hierbei wird die einzelwirtschaftliche Effizienz zum Maßstab aller Dinge – auch auf gesamtwirtschaftlicher und gesamtgesellschaftlicher Ebene. Andere systemnotwendige Leitwerte geraten mehr und mehr unter die Räder. Wird den Rentabilitätsinteressen Vorrang vor anderen Interessen eingeräumt, so muss dies entsprechende Auswirkungen auf die Ziele des Nachhaltigkeitsvierecks haben: Ökologie, Kultur und Sozialem droht das Nachsehen.

[A] So spricht Naomi Klein auch die Privatisierung von Kriegen an, die man z.B. im Irak-Krieg (Blackwater) beobachten konnte.- N. Klein, Die Schock-Strategie – Der Aufstieg des Katastrophen-Kapitalismus, Frankfurt a.M. 2007, S. 28.

I.2.4. Verteilungsgerechtigkeit

„Vom Standpunkt einer höheren ökonomischen Gesellschaftsformation wird das Privateigentum einzelner Individuen am Erdball ganz so abgeschmackt erscheinen wie das Privateigentum eines Menschen an einem anderen Menschen. Selbst eine ganze Gesellschaft, eine Nation, ja alle gleichzeitigen Gesellschaften zusammengenommen, sind nicht Eigentümer dieser Erde. Sie sind nur ihre Besitzer, ihre Nutznießer, und haben sie als boni patres familias den nachfolgenden Generationen verbessert zu hinterlassen."
Karl Marx[A]

Die im Vorkapitel I.2.3.2. beschriebenen gegenständlichen Privilegien und netzgebundenen Monopole (bzw. natürliche Monopole) können auch bedenkliche Verteilungswirkungen zeigen. In der Property rights-Theorie werden folgende Bestandteile an Eigentumsrechten unterschieden: Usus (Recht, eine Sache zu benutzen), Usus fructus (Fruchtziehungsrecht, also das Recht, die Erträge, die mit der Benutzung der Sache einhergehen, zu behalten), Abusus (Recht, die Sache in Aussehen und Form zu verändern) und Ius abutendi (Recht, eine Sache oder die Rechte hieran gesamthaft oder teilweise zu veräußern und den Veräußerungsgewinn einzubehalten).[127]
Die betreffenden Rechte können gebündelt oder separiert, spezifiziert oder "verdünnt" werden.

Exklusive Rechte, bezogen auf	Wert und Ertrag (Vermögensrechte)	Kontrolle und Nutzung (Verwaltungsrechte)
Bestand (Vermögensgegenstand)	Recht, den Gegenstand zu verkaufen und den Wert zu realisieren (**ius abutendi**)	Recht, den Gegenstand zu kontrollieren und in Aussehen und Form zu ändern (**abusus**)
Laufender Nutzen	Recht, den laufenden Ertrag zu vereinnahmen (**usus fructus**)	Recht, den Gegenstand zu nutzen (**usus**)

Tab. 4: **Property rights-Bestandteile in ökonomischer Interpretation**
(Quelle: Eigene Darstellung)

Die inhaltliche Bedeutung von „Property rights" erschließt sich allerdings nicht völlig durch die wörtliche Übersetzung. Der Begriff geht über das juristische und wirtschaftliche Eigentum hinaus.

[A] In einem seiner lichteren Augenblicke geschrieben (möglicherweise, wie Vieles im Dritten Band, auch von *Engels* verfasst) in: Das Kapital, Dritter Band, Berlin (Dietz-Verlag) 1971, S. 784.- Wie sehr das Zitat den Punkt trifft, zeigt exemplarisch die Art und Weise, wie *Demsetz* als Protagonist der Property rights-Theorie mit Fragen von Verteilung und Macht in Zusammenhang mit der Sklaverei umgeht: *Demsetz* stellt fest, dass die Kosten der Arbeit sowohl durch Lohnzahlungen an freie Arbeiter internalisiert werden als auch im Falle der legalen Sklaverei, indem die Sklavenhalter den Erträgen der Arbeit ihrer Sklaven deren Zahlungsbereitschaft für Freiheit (als Opportunitätskosten) gegenüberstellen müssten. Auf dieser Grundlage wird dann alles in ein Effizienz- bzw. Allokationsproblem übersetzt:
„These costs become internalized in decisions although wealth is distributed differently in two cases."
H. Demsetz, Toward a Theory of Property Rights, in: American Economic Review, 57 /1967, S. 347-359, hier: S. 349. – Wir werden diese Sicht der Dinge noch im Rahmen des sog. „Invarianztheorems" von *Coase* erörtern.

Teil I. Die Struktur: Umweltpolitik als Ordnungspolitik

> **Hinweis: Zum „ökonomischen Gebrauch" des Begriffs der Eigentumsrechte**
> Innerhalb des Theoriegebäudes der Property rights-Theorie werden unter Property rights nicht nur formal-juristische Eigentumsrechte („Ownership rights") verstanden. Vielmehr geht es um alle Handlungsvorschriften, die sich auf Besitz, Nutzung, Vermögenserträge, Vermögensumwandlung etc. beziehen. Es werden beispielsweise also auch einbezogen:
> - gesellschaftlich sanktionierte Verhaltensregeln für die Beziehungen zwischen Menschen, die sich aus der Existenz von Gütern ergeben und sich auf deren Gebrauch beziehen
> - bis hin zu Menschenrechten, Bürgerrechten, Persönlichkeitsrechten etc.[128]
>
> M.E. ist der analytische Wert einer solch weiten Abgrenzung mehr als fraglich. Definitionen sollten exakt sein. Schließlich erhebt die Property rights-Theorie ja auch den Anspruch, existente Institutionen in ihrer Wirkungsweise zu analysieren. Die – zumindest in Deutschland bestehenden - rechtlichen Institutionen unterscheiden aber aus gutem Grunde und sehr scharf u.a. zwischen „absoluten", gegenüber jedermann wirkenden „Eigentumsrechten" (nur diese sind Eigentumsrechte!) einerseits und dem Schuldrecht, das eine Beziehung zwischen verschiedenen Personen regelt. „Ausschließbarkeit", „Exklusivität" vermitteln dabei nur die Eigentumsrechte i.S.d. § 903 BGB. Menschenrechte, Bürgerrechte, Persönlichkeitsrechte etc. sind schließlich eine ganz andere Kategorie, die zum größten Teil sogar als unabdingbar angesehen werden und sich damit der „Tausch- und Allokationslogik" von vornherein entziehen. Wenn die Property rights-Theorie diese Institutionen mit einer teilweise inhaltlich überlappenden, teilweise abweichenden Terminologie analysieren will, die zudem noch eine ganz andere Kategorie (Persönlichkeitsrechte etc.) umfasst, kann das Resultat nur in einem der Analyse wenig förderlichen Begriffssalat bestehen.

Nachfolgend wollen wir zunächst die Verteilung der Eigentumsrechte an den Naturgütern (dies sind das Recht auf Veräußerung und Aneignung des Wertes, das Recht auf Fruchtziehung, das Recht auf Veränderung sowie das Recht auf Nutzung) und sodann die Verteilung des Einkommens aus der Nutzung dieser Güter thematisieren.
„... *Umweltverbrauch prägt nicht nur die Beziehung der Menschen zur Natur, sondern auch die Beziehungen der Menschen untereinander. Umweltveränderungen sind gewöhnlich gut für die einen und schlecht für die anderen. Wer nimmt wie viel aus der Ökosphäre, und wer kann sich die Nutzen von den Ressourcen aneignen? Wer wiederum hat welche Belastungen zu tragen und muss mit den vielfältigen Kosten von Umweltverbrauch fertig werden?*"[129]

I.2.4.1. Gegenständliche Privilegien und die Anfangsverteilung an Gütern

Entsprechend der mikroökonomischen Theorie des Konkurrenzgleichgewichts lassen sich unendlich viele (Pareto-optimale) Konkurrenzgleichgewichte erzielen (zur Problematik dieser Vorstellung s. unsere Kritik in Kap. I.2.2.1.), von denen prinzipiell jedes durch eine entsprechende (Um-) Verteilung der Anfangsausstattungen auf die Haushalte erreichbar ist. Die mikroökonomische Theorie der vollständigen Konkurrenz liefert jedoch keine Aussage darüber, welches der verschiedenen möglichen Konkur-

Teil I. Die Struktur: Umweltpolitik als Ordnungspolitik

renzgleichgewichte (bzw. welcher Punkt auf der Produktions- bzw. Nutzenmöglichkeitenkurve) vorzugswürdig ist. Die Theorie der vollständigen Konkurrenz lässt damit gleichsam auch das Problem der Ausgangsverteilung offen. Um die Frage nach einer optimalen Ausgangsverteilung lösbar zu machen bzw. um festzulegen, welches der Optima vorzugsweise gewählt werden soll, muss auf soziale Nutzen- oder Wohlfahrtsfunktionen zurückgegriffen werden. *„Wohlfahrt ist (...) der Inbegriff der Ziele, die tatsächlich erstrebt oder verwirklicht werden sollten. Die genaue Definition der Ziele und ihre relative Bedeutung im Rahmen des Zielbündels ist gleichbedeutend mit der Aufstellung einer (Wohlfahrts-, d. Verf.) Funktion, die es zu maximieren gilt."* [130] Die gesellschaftliche Wohlfahrtsfunktion bringt also alle Punkte im Nutzenraum bezüglich der erreichten individuellen Nutzenniveaus und deren Verteilung in eine eindeutige Reihenfolge. Eine soziale Wohlfahrtsfunktion setzt mindestens interpersonelle Nutzenvergleichbarkeit bzw. eine kardinale Nutzenmessung voraus. Dies sind äußerst problematische Annahmen, weswegen die Konstruktion einer sozialen Wohlfahrtsfunktion i.d.R. abgelehnt wird. Selbst die herrschende Meinung konzediert, dass man auf normative Positionen zurückgeworfen ist, wenn man Verteilungsaussagen treffen will (derartige Wertungen finden ohnehin laufend statt und sollten m.E. auch zum Ausdruck gebracht werden).

Die von uns hier vertretene Auffassung sieht als besonders problematisch die Anfangsverteilung von Gütern an, die kein Mensch geschaffen hat („gegenständliche Privilegien" im „Schöpfungsrahmen"[131]). Derartige Güter (typischerweise Grund und Boden, aber u.a. auch der atmosphärische Aufnahmespeicher) waren in der historischen Entwicklung irgendwann einmal freie Güter (sie gehörten keinem bzw. allen Menschen). Teilweise hatten sie – zu späteren Zeiten - auch den Charakter von sog. „Allmendegütern" (zu den Begriffen s. Kap. I.2.3.2.). Irgendwann begannen die betreffenden Güter knapp zu werden; Menschen kamen auf die Idee, „Zaunpfähle einzuschlagen" und die betreffenden Güter zu okkupieren. Andere waren damit von der Nutzung ausgeschlossen; die Okkupanten hingegen vermochten, die Ressourcenrenten exklusiv zu vereinnahmen. Damit wurde zum ersten Mal eine Struktur von Vor-Rechten (die Toleranz des Dudens wird bei dieser Schreibweise bewusst strapaziert) oder Privilegien geschaffen. Die besagte Okkupation fand zunächst bei Grund und Boden statt. *J. S. Mill*, einer der Gründungsväter der Neoklassik: *"Wenn man von der Heiligkeit des Eigentums spricht, so sollte man immer bedenken, dass dem Landeigentum diese Heiligkeit nicht in demselben Grade zukommt. Kein Mensch hat das Land geschaffen ... Es ist das ursprüngliche Erbteil des gesamten Menschengeschlechts ...*
Es ist für Niemanden eine Bedrückung, ausgeschlossen zu sein von dem was Andere hervorgebracht haben. Sie waren nicht verpflichtet, es für seinen Gebrauch hervorzubringen, und er verliert nichts dabei, dass er an Dingen keinen Anteil hat, welche sonst überhaupt nicht vorhanden sein würden. Allein ist es eine Bedrückung, auf Erden geboren zu werden, und alle Gaben der Natur schon vorher in ausschließlichem Besitz genommen und keinen Raum für den neuen Ankömmling freigelassen zu finden." [132]

Entgegen der Argumentation *Mills* entspricht es dem herrschenden ökonomischen Paradigma, den zeitlichen, räumlichen und gegenständlichen Geltungsbereich solcher Vor-Rechte immer weiter auszudehnen. So wurde die „Einfriedung" auf Gegenstände wie den atmosphärischen Aufnahmespeicher, Wasser, biogenetische Ressourcen etc. ausgedehnt (s. die Fallstudien in Kap. I.3.). Es handelt sich bei alledem jedoch um nichts anderes als eine Okkupation, um eine nicht oder allenfalls höchst zweifelhaft legitimierte Aneignung von ehemaligen freien Gütern bzw. Gemeinschaftsgütern.[A]

An dieser Stelle sei auch noch einmal auf das Eingangskapitel verwiesen: „Privare" bedeutet im Lateinischen u.a. „rauben". *„Eigentum ist Diebstahl"* meinte hierzu J. P. Proudhon.[133] Zwar liegt der Einwand nahe, dass derartige Güter (z.B. Grund und Boden) ja oft unter Einsatz von Schweiß und Arbeit erworben wurden (insoweit als „umgewandelte Arbeit" legitim seien). Das gleiche Argument könnte man beim Kauf von Hehlerware, Sklaven oder Kokain hervorbringen: Genauso wenig, wie in unserer Rechtsordnung der Erwerb des Eigentums an einem geraubten oder gestohlenen Gutes durch „sauberes Geld" legitimiert ist (hierbei gibt es auch keinen „gutgläubigen Erwerb"[B]), sollte dies beim Erwerb des Eigentums an einem – irgendwann einmal - okkupierten freien bzw. Gemeinschaftsgut möglich sein. Letztlich geht es hierbei aber um eine Frage der positiven Rechtsetzung.

Wir sehen daher vorliegend auch aus einer intertemporalen Gerechtigkeitsperspektive das Eigentum an Gütern als illegitim an, wenn diese von keinem Menschen geschaffen wurden (z.B. Wasser, Atmosphäre, Grund und Boden). Es kann nicht sein, dass durch die Ungnade der Geburt zum falschen Zeitpunkt oder am falschen Ort Menschen vom Zugang zu derartigen, oftmals überlebensnotwendigen Gütern (wie z.B. Boden oder Wasser) ausgeschlossen werden.
Doch ist auch im Zeitverlauf betrachtet das Eigentum an solchen Gütern ein Unding, die einerseits weder vermehrbar noch reproduzierbar sind, auf die andererseits aber alle Menschen existentiell angewiesen sind. Selbst aus einem Zustand völliger Gleichverteilung von Grund und Boden heraus ist es eine Frage der Zeit, bis sich Ungleichgewichte in der Einkommensverteilung herausbilden. Die unter Beibehaltung der Institution Eigentum (bzw. von Ausschließbarkeit und Handelbarkeit) vorgenommenen Bodenreformen der Vergangenheit gaben diesbezüglich ein beredtes Zeugnis ab: So wurde z.B. in wirtschaftlichen Notsituationen der Zugang zum Boden aufgegeben und es stellten sich nach einiger Zeit die ursprünglichen Ungleichgewichte in der Verteilung des Bodens wieder ein. Ähnliche Resultate können sich ergeben, wenn die Parzellen infolge von Erbteilungen nicht mehr wirtschaftlich zu bestellen sind.

Beispiel: Privatisierung von Grund und Boden in Mauretanien
Bei den mauretanischen Poulard (einer schwarzafrikanischen Population) war der Boden traditionell Gemeinschaftseigentum. Der jeweilige Dorfälteste strukturierte die Gemeinschaftsarbeit und überwachte die Vermarktung der Erzeugnisse wie auch die Verteilung der Verkaufserlöse. Ähnlich waren auch andere Stämme organisiert. Der IWF wirkte 1983 auf eine Zerstörung dieser traditionellen Formen des Gemeineigentums hin: Der Staat legte nunmehr Grundbücher an und teilte die Parzellen unter die Familien auf. Ziegler: *„Das neue System scheiterte sehr schnell, da die meisten Familien nicht in der Lage waren, ganz allein für die Bebauung ihrer Parzellen zu sorgen. Der ausgeblutete Staat wiederum verfügte nicht über die notwendigen Gelder, um alle Landwirte mit Düngemitteln, landwirtschaftlichem Gerät, Transportfahrzeugen, Bewässerungs-*

[A] „Freie" Güter gehören keinen oder allen Menschen.

[B] Dieser ist nur bei Erwerb von einem Verfügungsberechtigten möglich. Der geprellte Eigentümer sei mit dem Spruch: „Wo Du Deinen Glauben gelassen hast, sollst Du ihn suchen" getröstet.

> *pumpen und anderen Hilfsmitteln auszurüsten. Ein großer Teil der neuen individuellen Grundeigentümer war daher gezwungen, Grund und Boden an Geschäftsleute und große Nahrungsmittelkonzerne aus dem Ausland zu verkaufen. Infolgedessen kam es zu einer enormen Konzentration von landwirtschaftlichem Grundbesitz in der Hand einiger weniger Finanziers."* [134] Chossudovsky zu den in entsprechender Weise vom „Legal Department" der Weltbank vorangetriebenen Reformen: *„The reforms consist in issuing land titles to farmers while, at the same time, encouraging the concentration of farm land in fewer hands ... Moreover, the measures often contribute – under the disguise of modernity – to the restoration of the rights of the ´old-time´ landlord class."* [135] Die Themen „IWF" und "Weltbank" werden im Globalisierungskapitel (Kap. I.4.) noch ausführlicher behandelt. Die Politik der internationalen Finanzinstitute Weltbank und IWF liefert jedoch v.a. ein Lehrstück darüber, warum selbst gutgemeinte Bodenreformen unter Beibehaltung der Institution des Privateigentums unter verteilungspolitischen Gesichtspunkten untauglich sind.

Postuliert man den Zugang zur Ressource Boden als eine unabdingbare Notwendigkeit, liegt es auch nahe, ein entsprechendes – unveräußerliches - Zugangsrecht zu fordern. Wir postulieren dementsprechend die Teilhaberschaft aller Menschen an Gegenständen der Schöpfungssphäre, und damit auch ein prinzipielles Zugangsrecht für alle Menschen zu den entsprechenden Gütern. In Konsequenz sollte die Teilhaberschaft und der Zugang zu derartigen Gütern ein Menschenrecht sein. Diese Sicht der Dinge steht in diametralem Gegensatz zu den neoinstitutionalistischen Vorstellungen. Nach unserer Meinung sollten Ius abutendi und Usus fructus so weit wie möglich in der Hand der Gemeinschaft sein, hingegen Abusus und v.a. Usus hingegen so weit wie möglich in in privater Hand. An die Privaten würden also v.a. Nutzungsrechte vergeben. Dies könnte nach bodenreformerischem Vorbild[136] auf dem Wege der öffentlichen Pachtsteigerung geschehen, so dass die Ressourcenrenten ebenfalls der Allgemeinheit zugeführt werden könnten (s. unten).

All diejenigen, die an dieser Stelle den Kopf schütteln, seien daran erinnert, dass sogar die maßgeblichen Väter der neoklassischen Theorie (v.a. *Walras, Gossen, Mill*) aus gutem Grunde Bodensozialisten waren!

I.2.4.2. Gegenständliche Privilegien und Einkommensverteilung

In Kap. I.2.2.1. wurde die Begrenzung und Strukturierung der Ressourcennutzung als eines der wichtigsten Aspekte der Umweltpolitik beschrieben. Werden jedoch aus umweltpolitischen Gründen schwer vermehrbare und schwer ersetzbare Gegenstände bzw. Ressourcen kontingentiert, steigt die Knappheit. Es entsteht (evt. über die „normale" Ressourcenrente hinaus) eine Kontingentierungsrente:

Teil I. Die Struktur: Umweltpolitik als Ordnungspolitik

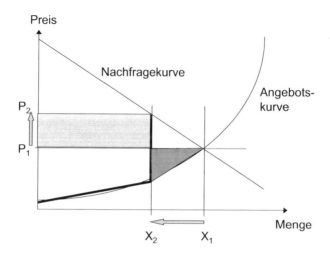

Abb. 8: Kontingentierungsrente
(Quelle: D. Löhr, Favorisierte ökonomische flächenhaushalts-politische Instrumente als „die gute Kraft, die Böses schafft", in: ZfU 1 / 2005, S. 84).

Die obige Angebotsfunktion bezeichnet die Kosten für eine Ressource, z.B. Grund und Boden. Anfänglich ist die Funktion nicht steil, sondern geneigt, weil das Angebot kostenwirksam erst einmal bereit gestellt werden muss (Kosten der Exploration und Förderung, Kosten der Rodung und Bereitstellung der Infrastruktur etc.). Schließlich wird die Funktion jedoch immer steiler, weil das Angebot absolut begrenzt ist und am Ende auch bei noch so großen Preissteigerungen nicht weiter erhöht werden kann. Mit der Kontingentierung sinkt die verfügbare Menge von X_1 auf X_2, der Preis steigt von P_1 auf P_2. Durch die Kontingentierung geht das karierte Dreieck den Anbietern verloren, das gepunktete Viereck (mit seiner größeren Fläche) fällt aber den Anbietern zu. M.a.W.: Die Anbieterrente steigt. Aufgrund der Zuweisung der Eigentumsrechte fällt diese durch die Kontingentierung gestiegene Anbieterrente dem Eigentümer der Ressource zu, wenn Eigentumsrechte definiert sind (Feld (1) / Tabelle 2). Mit der Ressourcenrente erhöht sich auch der (Ertrags-) Wert der Ressource. Dementsprechend kommt es bezüglich der verteilungspolitischen Konsequenzen der umweltpolitischen Restriktionen darauf an, wie die Eigentumsrechte verteilt sind. Umweltpolitische Restriktionen führen also immer zu Umverteilungseffekten. Sind die Eigentumsrechte in privater Hand, so wirken diese regelmäßig regressiv. Die demokratische Durchsetzbarkeit umweltpolitischer Restriktionen wird hierdurch erschwert.

Hinweis: Verteilungspolitik und Vermischung von Feld (1) / Tabelle 2 und Feld (2)
Die Neoklassik und ihr Nachfahre, die Property rights-Theorie, haben eine Reihe von Gemeinsamkeiten mit dem Marxismus. Beide differenzieren unzureichend zwischen den verschiedenen Vermögensgegenständen und den passenden eigentumsrechtlichen Regimes:
Hinsichtlich der Felder (1) und (2) der Tabelle 2 hatten die klassischen Ökonomen noch mit der Unterscheidung zwischen Produktionsfaktoren Boden und

Teil I. Die Struktur: Umweltpolitik als Ordnungspolitik

> Kapital (neben Arbeit) differenziert. Ausgehend von der Neoklassik, warf die „moderne" Ökonomie Boden (Feld (1)) und Kapital (Feld (2)) dann in einen Topf: „Moderne" Lehrbücher der Mikroökonomie und die entsprechenden Modelle sprechen nur noch von den Produktionsfaktoren Kapital und Arbeit. Manchmal wird der Produktionsfaktor „Wissen" eingeführt; der Produktionsfaktor „Boden" (allgemeiner: Natur) scheint aber vergessen zu sein. „Boden" (Feld (1)) wird unter „Kapital" (Feld (2)) subsumiert. Damit werden jedoch elementare Unterschiede in den Wirkungsweisen in Feld (1) und (2) vernebelt: Taucht neue Nachfrage auf, führt dies zu Extragewinnen. Die Folge: In Feld (2) treten neue Anbieter in den Markt ein, die Extragewinne werden am Ende auf ein „normales Maß" heruntergekonkurriert. In Feld (1) hingegen kann es zu keinen Markteintritten kommen. Bei zusätzlicher Nachfrage steigt lediglich die Rente an, die dem Eigentümer der Ressource zufällt. Die Folge: Es kommt nachhaltig zu einer Umverteilung. Die zeitgenössische Ökonomie begeht mit der unterlassenen Unterscheidung zwischen vermehrbaren (Feld (2)) und unvermehrbaren (Feld (1)) Gütern in den Feldern (1) und (2) denselben Fehler wie *Marx* – allerdings mit umgekehrtem Vorzeichen.[A] Das eine wie das andere ist jedoch Ideologie, jeweils mit verheerenden sozialen, wirtschaftlichen und ökologischen Folgen. In diesem Zusammenhang muss das spekulative Interesse betont werden, das gerade an Gegenständen mit geringer Produktions- und Substitutionselastizität besteht: Weil bei diesen die Angebotskurve in einem bestimmten Bereich und in langfristiger Perspektive charakteristischerweise ziemlich steil ist, kommt es bei entsprechenden Nachfrageerhöhungen zu überproportional hohen Preissteigerungen bzw. Gewinnen. Gegenstände in Feld (1) eignen sich daher in besonderer Weise zur Spekulation (zumal das diesbezügliche Risiko relativ gering ist).

Können die Kontingentierungsrenten gerechtfertigt werden? Die Neoklassik und die auf ihr basierende Umweltökonomie zieht normalerweise die Grenzproduktivitätstheorie als verteilungspolitische Konzeption heran.

> Die physische Grenzproduktivität gibt an, um wie viel sich der Output erhöht, wenn der Faktoreinsatz um eine Einheit steigt. Das Wertgrenzprodukt gewichtet das physische Grenzprodukt mit dem Produktpreis P. Ein Unternehmen versucht nun in der vollständigen Konkurrenz bei gegebenen Preisen, seinen Gewinn zu maximieren. Für den Einsatz eines Faktors bedeutet dies, dass die Einsatzmenge so lange erhöht wird, bis die partielle Ableitung der Gewinnfunktion nach der Einsatzmenge des betreffenden Faktors gleich Null ist. Für Grund und Boden würde dies beispielsweise bedeuten, dass der Einsatz so lange erfolgt, bis das Wertgrenzprodukt der Bodenrente entspricht.
> Die Grenzproduktivitätstheorie behauptet weiter, dass das Wertgrenzprodukt eines Faktors überall seinem Marktpreis gleicht. Im Marktgleichgewicht ergäbe sich also in jeder Verwendung des Faktors das gleiche Wertgrenzprodukt. Dementsprechend wird das Wertgrenzprodukt als Grenzbeitrag des Inputs des betreffenden Faktors zum Sozialprodukt bezeichnet; der Faktorpreis (hier: Bodenrente) ist dann ein Signal für das Wertgrenzprodukt des betreffenden Faktors.

[A] *Marxens* Motivation war eine verteilungspolitische, die Mainstreamökonomie argumentiert mit „Effizienz".

Teil I. Die Struktur: Umweltpolitik als Ordnungspolitik

Die Entlohnung der verschiedenen Faktoren erfolgt demnach mit ihrem Grenzprodukt. Zu unterscheiden ist hier nach dem flacheren und dem steilen Bereich der Angebotskurve (s. die Abbildung oben):
- *Steiler Bereich*: Bei Grund und Boden wie auch bei anderen nicht erneuerbaren und nicht substituierbaren Ressourcen in Feld 1 / Tabelle 2 ist (in der Aggregation) die Grenzproduktivitätstheorie allerdings überhaupt nur in demjenigen Bereich der Angebotsfunktion logisch anwendbar, in dem überhaupt eine Erhöhung des Bodeneinsatzes stattfinden kann. Wo der Faktor nicht mehr weiter vermehrbar ist (eben im steilen Bereich der Kurve), kann auch mathematisch eine Ableitung nicht mehr sinnvoll vorgenommen werden. Insgesamt – insbesondere in einer nachhaltigen Perspektive – ist der Boden jedoch nicht vermehrbar!
- *Flacherer Bereich*: Hier sei noch einmal an unsere Kritik des Marktgleichgewichts in Kap. I.2.2.1 erinnert: Verwirft man das Konzept einer streng monoton fallenden Nachfragekurve für den betreffenden Markt, so sind gerade im flacheren Bereich der Angebotskurve – anders als in der obenstehenden Abbildung dargestellt – mehrere Schnittpunkte mit der Nachfragekurve denkbar. Bei den sich daraus ergebenden mehrfachen Gleichgewichtspunkten wird das Konzept der Grenzproduktivität aber beliebig bzw. ist eine außerökonomische Festlegung dessen notwendig, was als das wünschenswerte Grenzprodukt angesehen werden soll. Übrigens ist - wenigstens in einer reifen Volkswirtschaft - dieser flachere Bereich oft durch unfreiwillige Unterbeschäftigung der Produktionsfaktoren gekennzeichnet – eine Situation, die es dem (neoklassischen) *Say'*schen Theorem zufolge gar nicht geben dürfte (s. Kap. II.3.). M.a.W. würde das neoklassische Konzept der Grenzproduktivität insoweit (s. oben!) in einem Bereich anwendbar sein, der in der Neoklassik gar nicht (bzw. nur als freiwillige Unterbeschäftigung) existieren dürfte.

Schließlich suggeriert die Terminologie der Grenzproduktivitätstheorie, dass die Eigentümer von Boden (i.w.S.) mit der Zurverfügungstellung ihrer Produktionsfaktoren eine Leistung erbracht hätten. Die Grund- und Ressourcenrente wird also als rechtmäßiges „Leistungseinkommen" angesehen. Besteht aber in der Zurverfügungstellung eines Gutes, das kein Mensch geschaffen hat (das also letztlich „okkupiert" wurde) wirklich eine „Leistung" der Ressourceneigentümer? Die Antwort ist ein klares „Nein": Zunächst wird - anders, als die in der Grenzproduktivitätstheorie verwendeten Termini suggerieren - in einer Marktwirtschaft niemals das multidimensionale Phänomen „Leistung", sondern immer nur die eindimensionale (relative) Knappheit bepreist. Die Marktwirtschaft ist für „Leistung" grundsätzlich blind. Wie vielen Künstlern wurde erst posthum Anerkennung zuteil, weil die Zeitgenossen ihre Leistung nicht zu würdigen wussten – und weil sich die Werke der betreffenden Künstler nach ihrem Tode nicht mehr vermehren ließen. Auch was die Höhe der erzielbaren Renten angeht, so ist diese nicht durch Leistung, sondern allein durch Knappheiten bestimmt. Wenn bestimmte Vermögensgegenstände (im „Schöpfungsrahmen", z.B. Boden) allein schon wegen ihrer Unvermehrbarkeit knapp sein müssen und andere (im „Produktionsrahmen", wie Kapital) aufgrund von Systemfehlern (s. Kap. II.3.) auch bei zusätzlicher Nachfrage nur beschränkt vermehrt werden können, hängt die Höhe der an diesen Assets hängenden Einkommen von (mehr oder weniger zufälligen) Knappheiten ab, die (v.a. im „Schöpfungsrahmen") von den willentlichen Beiträgen der Ressourceneigentümer oftmals vollkommen unabhängig sind. Eine erhöhte Kontingentierungsrente – infolge der umweltpolitisch bedingten Verknappung von Ressourcen - als eine „Leistung" der Ressourceneigentümer zu interpretieren, mutet daher mehr als merkwürdig an.

Teil I. Die Struktur: Umweltpolitik als Ordnungspolitik

Unabhängig von den umweltpolitischen Restriktionen können „Leistungen" der Eigentümer unvermehrbarer oder schwer ersetzbarer Ressourcen allenfalls darin gesehen werden, dass sie darauf verzichten, die Ressource zu horten und damit die Wirtschaftstätigkeit zu blockieren. Dann wird aber der Verzicht auf eine Blockademöglichkeit, die den Eigentümern der betreffenden Ressource zusteht, kompensiert (es geht hier um nichts anderes als die *Keynes'*sche Liquiditätsprämie). Je essentieller die Ressourcen für die Wirtschaftstätigkeit sind, umso mehr bekommt die betreffende Kompensation den Charakter von Wegelagerei oder Erpressung (aus diesem Grunde werden die Eigentumsrechte an derartigen gegenständlichen Privilegien u.a. über die Heranziehung der Essential facilities-Doktrin „verdünnt"[A]). Wird nicht (genug) bezahlt, wird der Allgemeinheit eben der Zugang zu den betreffenden Gegenständen vorenthalten (s. unten mehr). So viel zum Grund der Rente.

Wir sehen die private Vereinnahmung der Kontingentierungsrenten daher als illegitim und nicht mit dem Leitwert der „Gerechtigkeit" und „Versorgung" vereinbar an: Die – in der kapitalistischen Wirtschaftsordnung – institutionalisierten Renteneinkünfte sind nicht der Ausdruck einer Leistungs-, sondern einer Privilegien- und Rentiersgesellschaft, die es gerade zugunsten einer Leistungsgesellschaft zu überwinden gilt.

I.2.4.3. Eigentumsrechte an natürlichen bzw. netzgebundenen Monopolen

Hinsichtlich der Eigentumsrechte an netzgebundenen Monopolen werden zwischen der Verstaatlichung des Netzes (es geht hier vorliegend nicht um den Betrieb!) und der vollkommen freien privaten Verfügung über das Netz auch noch die Zwischenformen des „Wettbewerbs um den Markt" sowie der Regulierung eines privaten Eigentums am Netz diskutiert. Die Diskussion urteilt dabei über die verschiedenen Alternativen vornehmlich nach Maßgabe des Effizienzpostulats.

Netzgebundene Monopole sind i.d.R. für die Daseinsvorsorge und Versorgung der Bevölkerung unverzichtbar. Ob die Eigentumsrechte in der Hand einer wie auch immer definierten Gemeinschaft oder in der Hand Privater (mit Rentabilitätsinteresse) liegen, entscheidet aber häufig darüber, wer in welcher Qualität versorgt wird. Strebt eine Gesellschaft danach, Ungleichheiten in den Lebenslagen zu nivellieren, verbietet sich allein schon aus diesem Grunde eine Entscheidungsfindung, die nicht nach demokratischen Vorgaben, sondern nach der Logik der „Zahlungsbereitschaften" bzw. derjenigen des Rentabilitätsprinzips funktioniert. Wir postulieren daher, dass das Eigentum an netzgebundenen Monopolen in der Hand der Gemeinschaft liegen sollte; noch konkreter: Im Sinne des „Örtlichkeitsprinzips" sollte die Kontrolle der netzgebundenen Monopole am besten in der Hand derjenigen liegen, die von den Leistungen abhängen (Verbraucher). Diese haben nämlich das größte Interesse an niedrigen Netzentgelten einerseits (Verhinderung von Machtmissbrauch durch den Eigentümer des Netzes) sowie an einem funktionsfähigen Wettbewerb im Netz ande-

---

[A] Die aus den USA stammende Essential facilities-Doktrin versucht, aus wettbewerbspolitischen Gründen einen „Zwangszugang" zu derartigen „wesentlichen Einrichtungen" durchzusetzen, ohne dass allerdings die Eigentumsrechte im Grundsatz infrage gestellt werden. Auch wird nicht sauber definiert, was eigentlich das Wesen einer „Essential facility" ausmacht.

Teil I. Die Struktur: Umweltpolitik als Ordnungspolitik

rerseits (Verhinderung von Machtmissbrauch durch Betreiber).^A Dies korrespondiert auch mit dem Subsidiaritätsprinzip, wonach Entscheidungen möglichst weit unten getroffen werden sollten (wo eben die Bürger auch betroffen sind).

Demnach sollte sich z.B. das kommunale Wasser- und Abwassernetz in der Hand der Kommune und das Eisenbahnnetz in der Hand des Bundes befinden – als vom „Kernstaat" unabhängiges Sondervermögen bei entsprechend institutionalisierten Kontroll- und Einflussmöglichkeiten der Verbraucher (Fahrgäste und ihre Verbände).^B Dabei gilt ein besonderes Augenmerk der Rechtsform: Privatrechtliche Rechtsformen wie insbesondere die GmbH und die AG sind prädestiniert, „Außenstehende" von Informationen bzw. Einwirkungsmöglichkeiten auf die Geschäftsführung abzuschneiden. Dies widerspricht der Notwendigkeit der zivilgesellschaftlichen Kontrolle gerade in diesem Bereich. Vorzugswürdig für den Betrieb von Netzen sind daher grundsätzlich Gebilde wie z.B. der Eigen- oder Regiebetrieb. Privatisierung hat gerade bei der Beteiligung großer Konzerne den Charakter von „Anonymisierung".^C In diesem Fall droht das Rentabilitätsinteresse zu dominieren.

I.2.4.4. Die Renten aus natürlichen bzw. netzgebundenen Monopolen

Diejenigen orthodoxen Ökonomen, die das Eigentum an den netzgebundenen Monopolen in der Hand privater Eigentümer belassen wollen, diskutieren im Wesentlichen die Möglichkeiten
- der unregulierten Preisgestaltung durch die Monopolisten (mit den Varianten der einheitlichen oder der sog. „diskriminierenden" Preisfestsetzung durch den Monopolisten);
- der Regulierung, wobei eine regulierende Behörde die Preisspielräume des Monopolisten begrenzt bzw. sich der Monopolist Preiserhöhungen durch die Behörde genehmigen lassen muss. Grundsätzlich lassen sich kostenorientierte Preisregulierungen, Preisobergrenzen, die Regulierung des Gewinns oder der Rendite denken.

Befinden sich netzgebundene Monopole im Privateigentum, so wird ihnen von der Orthodoxie – wenn schon nicht der volle mögliche Monopolgewinn, so doch – im regulierten Zustand eine „übliche Kapitalverzinsung" (Rendite) zugestanden. Diese im Falle einer Regulierung durch die Regulierungsbehörden in „fairer Weise" festzulegen, ist jedoch ein schwieriges bis unmögliches Unterfangen[137]:
- der Einblick in die Kalkulationen des Monopolisten ist immer unvollständig, es herrscht Informationsasymmetrie;

---

^A Der Weg von solchen „Clubgütermodellen" hin zu Genossenschaften ist nicht weit.- Vgl. J. Buchanan, An Economic Theory of Clubs, Economica Vol. 32 / 1965, S. 1-14.

^B Vgl. ähnlich J. Loewe, Das Wasser-Syndikat – Über die Verknappung und Kommerzialisierung einer lebensnotwendigen Ressource, Dornach 2007, S. 132.- Das private Eigentum von Bürgern z.B. der Kommune wäre hingegen abzulehnen: Es gibt Zu- und Wegzüge, Menschen sterben (wer erbt?), werden neu geboren (Kapitalerhöhung und Anteilsausgabe bei jeder Geburt?) und wollen vielleicht ihre Anteile an Gebietsfremde veräußern.

^C Zutreffenderweise kann man die französische und spanische Aktiengesellschaft mit „anonymer Gesellschaft" wortwörtlich übersetzen.

Teil I. Die Struktur: Umweltpolitik als Ordnungspolitik

- betätigt sich der Monopolist auch in unregulierten Branchen, so wird er versuchen, die Gemeinkostenblöcke in die regulierten Bereiche hineinzuverschieben und damit die Kosten zu erhöhen bzw. die Rendite zu senken (damit findet auch eine „Quersubventionierung" der unregulierten Betätigungen statt;
- die angemessene Rendite ergibt sich nicht zuletzt aufgrund des Risikos. Wie hoch ist aber die Risikoprämie in einem (evt. noch gesetzlich geschützten) Markt? Verfahren wie das Capital Asset Pricing Model (CAPM) können hier auch nur beschränkt weiter helfen.
- Etc.

Die anderen genannten Ansatzpunkte für Regulierungen stoßen auf ähnliche Probleme, z.T. (so bei Preisregulierung) tauchen auch neue Probleme auf. Einzelheiten würden vom Thema wegführen. Unabhängig davon, welche Regulierung gewählt wird: Regelmäßig entsteht ein unbefriedigendes „Kuddelmuddel", ein permanentes Hase- und Igelspiel zwischen Regulierungsbehörde und Monopolisten. So stoßen die Regulierungsbehörden allein schon wegen der Informationsasymmetrie regelmäßig an ihre Grenzen. Der deutsche Strommarkt bildet ein interessantes Anschauungsobjekt für die Wirkungen monopolistischer Marktmacht. Auch aus diesem Grunde befürworten wir vorliegend im Grundsatz das gemeinschaftliche bzw. öffentliche Eigentum am Netz und - im Grundsatz - die meistbietende Versteigerung der Zugangsmöglichkeiten. Hierdurch werden gleichsam auch die Renten abgeschöpft. Auch hierbei sollte ein Umverteilungsmechanismus dafür Sorge tragen, dass jedermann grundsätzlich die durchschnittlichen Zugangs- bzw. Nutzungsmöglichkeiten hat. Nur auf diese Weise kann der Zugang zu lebenswichtigen Dingen der Daseinsvorsorge wie Wasser, Strom, Mobilität etc. gewährleistet werden.

I.2.4.5. Zusammenfassung und Schlussfolgerungen

Der Leitwert der „Effizienz" steht auch im Zentrum des Denkens der Neoinstitutionalisten; die Neoinstitutionalisten legitimieren daher die Zuweisung von Eigentumsrechten mit Effizienzzuwächsen. So entwickelt *Demsetz*[138] mit seiner „optimistischen Theorie der Entstehung von Verfügungsrechten"[139] hieraus sogar ein historisches Gesetz, nach dem sich die Geschehnisse aus den Feldern (5) und (6) in das Feld (1) / Tabelle 2 verlagern.[A] *Posner* formuliert als ein Kriterium für eine effiziente Wirtschaftsordnung das Postulat der Universalität von Verfügungsrechten, das eine entsprechende Verlagerung (normativ) einfordert.[140] Vorliegend wird dieser Sichtweise widersprochen. In ihrer Undifferenziertheit stellt sie – basierend auf der einseitigen Überhöhung des Leitwertes der „Effizienz" - eine ideologische Rechtfertigung anderer, im Vordergrund stehender Beweggründe für die Spezifizierung von Eigentumsrechten dar: So geht es in Wirklichkeit v.a. um „Rent seeking". Mit diesem Motiv wird also - durchaus auch von Property rights-Thoretikern - konzediert, dass für die Schaffung von Eigentumsrechten verteilungspolitische Gründe – nämlich die Suche nach Privilegien – ausschlaggebend sein können. Dann entsteht ein Druck auf Einrichtung eines institutionellen Arrangements dahingehend, dass Anbieter- bzw. Kontingentierungsrenten privatisiert werden. Betrachtet man die geschichtliche Entwicklung und das politische Verhalten westlicher Industriegesellschaften und –staaten eingehen-

---

[A] Wie *Marx* behauptet auch *Demsetz* eine historische Gesetzmäßigkeit – allerdings in die entgegengesetzte Richtung. Nach *Popper* ist eine solche „Lehre einer geschichtlichen Notwendigkeit" (Aber-)Glaube.- Vgl. K. R. Popper, Das Elend des Historizismus, 6. Aufl., Tübingen 1987.

Teil I. Die Struktur: Umweltpolitik als Ordnungspolitik

der, so wird dies deutlich. Mittels des Regimes des Privateigentums (Exklusivität) überzogen die westlichen Staaten die gesamte Welt (Universalität) mit einem Aneignungsmechanismus, der u.a. auch exklusiven Zugriff auf die erneuerbaren (agrarische Rohstoffe) und nicht erneuerbaren (v.a. fossile Rohstoffe) Ressourcen brachte (Handelbarkeit, s. hierzu ausführlich Kap. I.2.3.2.).[141] Im Gegensatz zu Ländern wie China konnten sich aufstrebende westliche Industriestaaten wie v.a. Großbritannien aus der Fessel knapper Ressourcen befreien, namentlich der beschränkten Verfügbarkeit von Grund und Boden. Dies geschah (und geschieht) über Kolonialismus bzw. über exterritoriale Flächenbelegungen. Derartige „Raubzüge" werden von den Neoinstitutionalisten billigend in Kauf genommen, zumal ja regelmäßig unterstellt wird, dass sie (auch) der Effizienz dienlich sind.

So ist in der herkömmlichen Umweltökonomie neoklassischer oder neoinstitutionalistischer Provenienz eine gewisse Gleichgültigkeit gegenüber verteilungspolitischen Fragen zu beobachten. Besonders ausgeprägt kommt diese Auffassung im „Invarianztheorem" von Coase zum Vorschein: Hiernach ist unter bestimmten Umständen das Allokationsergebnis unabhängig von der Ausgangsverteilung der Verfügungsrechte.[A] An die Gültigkeit des Invarianztheorems werden sehr einschränkende Anforderungen gestellt. So werden die Abwesenheit von Transaktionskosten, die Information über die Beteiligten und klar zugewiesene Rechtspositionen vorausgesetzt. Auch wird unterstellt, dass Einkommenseffekte keine Rolle spielen. Im Coase-Theorem bleibt angesichts einer unterstellten sehr speziellen Präferenzenstruktur unberücksichtigt, dass normalerweise die Zahlungsbereitschaft davon abhängig sein wird, ob dem Schädiger oder dem Geschädigten die Eigentumsrechte an der Ressource zugesprochen werden. Es ist angesichts der Vielzahl restriktiver Voraussetzungen (z.B. keine Transaktionskosten) erstaunlich, wie oft das Coase-Theorem in Literatur und umweltpolitischen Diskussionen bemüht wird. Dies betrifft auch die Institutionenbildung abseits der Umweltökonomik. M.E. spielt bei der fortwährenden Bemühung des Coase-Theorems der schon beschriebene Charakter der Ökonomie als „Werturteilsgemeinschaft" eine große Rolle. Ein Vorläufer des „Invarianztheorems" wurde schon von Adam Smith in seiner „Theorie der ethischen Gefühle" entwickelt. Hier vertrat er die Auffassung, dass eine gerechte Verteilung des Bodens nicht notwendig sei: Da nämlich das „Fassungsvermögen des grundherrlichen Magens" „in keinem Verhältnis zu der maßlosen Größe seiner Begierde"[142] stehe, müsse den Armen von den Grundherren der größere Teil der landwirtschaftlichen Mehrproduktion überlassen werden. „Von einer unsichtbaren Hand werden sie (die Grundherren, d. Verf.) dahin geführt, beinahe die gleiche Verteilung der zum Leben notwendigen Güter zu verwirklichen, die zustandegekommen wäre, wenn die Erde zu gleichen Teilen unter all ihre Bewohner verteilt worden wäre."[143] Auch schon bei Smith ist die Ausgangsverteilung für das allokative Ergebnis und am Ende die Wohlfahrt insoweit irrelevant. Diese Sicht der Dinge definiert die Relevanz von Leitwerten wie Gerechtigkeit und Versorgung weg bzw. ordnet sie der Effizienz unter, indem sie eine (tatsächlich nicht ohne weitere Maßnahmen bestehende) Harmonie unterstellt.

[A] Die Neoklassiker tendieren allerdings dazu, die Ausgangsverteilung als gegeben hinzunehmen und nicht weiter infrage zu stellen.- Vgl. R. Costanza et. al., Einführung in die Ökologische Ökonomik, a.a.O., S. 39 und 84.

Hinweis: Einkommenseffekte und Zahlungsbereitschaft für ein Umweltgut
Zahlungsbereitschaften (wie Bewertungen) von Umweltgütern hängen nicht nur von der Zahlungswilligkeit (also den Präferenzen) der Wirtschaftssubjekte, sondern auch von ihrer Zahlungsfähigkeit (also dem Budget) ab.[144] Intuitiv ist dies sofort einleuchtend: Bei Personen, die um das nackte materielle Überleben kämpfen, drängen sich regelmäßig andere Probleme in den Vordergrund als der Schutz von (abstrakten) Umweltgütern. Analytisch kann man dies leicht anhand des klassischen Indifferenzkurvenschemas für einen beliebigen Haushalt klarmachen:

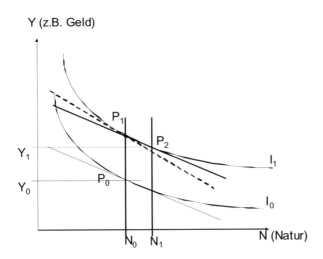

Abb. 9: Veränderung der Zahlungsbereitschaft für ein Umweltgut bei wachsendem Einkommen
(Quelle: Eigene Darstellung)

In der obigen Abbildung sind alle Punkte (N,Y) im zweidimensionalen Güterraum nach dem Kriterium der Erwünschtheit für den betreffenden Haushalt geordnet. Alle Güterbündel (N,Y), die auf einer Indifferenzkurve liegen, stiften dem Haushalt denselben Nutzen. Je weiter eine Indifferenzkurve vom Ursprung entfernt liegt, umso höher ist der Nutzen der repräsentierten Güterbündel für den betreffenden Haushalt. Das zugrundeliegende Nutzenkonzept ist ordinal.
Die Steigung der Indifferenzkurve in einem bestimmten Punkt wird als „Grenzrate der Substitution" bezeichnet. Sie gibt den maximalen Betrag Y (z.B. Geld als „universellen" Anspruch auf das Sozialprodukt, also das „Numeraire-Gut") an, den der Haushalt bereit ist aufzugeben, um eine beliebig kleine zusätzliche Einheit von N (z.B. verbesserte Umwelt) zu erhalten. Man kann die Grenzrate der Substitution alternativ auch als den minimalen Betrag von Y (z.B. Geld) interpretieren, den ein Haushalt verlangen wird, wenn er eine beliebig kleine Einheit von N aufgeben soll. Die Grenzrate der Substitution zeigt also die Zahlungsbereitschaft bzw. Kompensationsforderung für ein bestimmtes Güterbündel an.
Nachfolgend werden die Effekte einer Erhöhung des Einkommens / Vermögens

Teil I. Die Struktur: Umweltpolitik als Ordnungspolitik

für den Normalfall (nicht inferiorer Güter) beschrieben:[145] Im Punkt I_1 hat der Haushalt ein höheres Einkommen / Vermögen als in Punkt I_0. Die Zahlungsbereitschaft für das Umweltgut N_0 im Ausgangsfall I_0 wird durch die Steigung der Budgetgeraden im Tangentialpunkt zu P_0 beschrieben. Kommt es zu einer Erhöhung des Einkommens / Vermögens, so wird die Budgetgerade parallel nach außen verschoben. Entsprechend der Gleichgewichtsbedingung muss die Budgetgerade die höchste erreichbare Indifferenzkurve (I_1) tangieren. Weil die Indifferenzkurven parallel zum Ursprung verlaufen, wird normalerweise die Steigung der Indifferenzkurve in P_1 höher als in P_2 sein (gestrichelte Linie). Dies bedeutet, dass die Zahlungsbereitschaft für das Umweltgut N mit dem Einkommen steigt. Dies heißt aber auch nichts anderes, als dass normalerweise die Kompensationsforderungen eines Geschädigten bei den Verhandlungen von der Höhe seines Einkommens oder Vermögens abhängen. Demnach ist es im Regelfall nicht gleichgültig, wem die Eigentumsrechte an einer Ressource zugesprochen werden. Das Invarianztheorem legt daher eine Präferenzenstruktur zugrunde, die einen Rand- bzw. Spezialfall darstellt.

Hinweis: Coase-Theorem und amerikanisches Rechtsverständnis
Ähnliche Wertungen wie das Coase-Theorems spiegeln sich beispielsweise auch im amerikanischen Rechtsverständnis wider. Wer tatsächlich bei einer Umweltbeeinträchtigung zahlt, hängt demnach von den Eigentumsrechten ab. Während nach europäischem Rechtsverständnis das Verursacherprinzip eine große Rolle spielt, muss nach amerikanischem Rechtsverständnis derjenige bezahlen, der seine Rechte später als der andere erworben hat.[146] Das Privileg, das Vorrecht des früheren Eigentümers (oder, im Falle des Feldes (1): des früheren Okkupanten) wird also grundsätzlich akzeptiert. Wir werden in den Feldstudien noch problematisieren, dass es unter den gegebenen Umständen selbst ein effizienter Wirt oft schwer hat, die betreffenden Privilegien zu „knacken".

Unabhängig davon, ob es sich um gegenständliche Privilegien oder netzgebundene Monopole handelt, können wir festhalten: Das Eigentum an derartigen Assets sollte in der Hand der Gemeinschaft liegen.[A] Lediglich Nutzungsrechte sollten meistbietend versteigert werden. Durch die meistbietende Versteigerung der Nutzungsrechte werden gleichsam auch die Kontingentierungs- bzw. Monopolrenten abgeschöpft. Gleichzeitig befürworten wir eine Rückverteilung der abgeschöpften Renten pro Kopf der Bevölkerung (die Verwaltungskosten des Regimes können aus Steuern gedeckt werden). Über den hier favorisierten Rückverteilungsmechanismus pro Kopf der Bevölkerung wird gleichzeitig Sorge dafür getragen, dass jeder Mensch eine durchschnittliche Zugangsmöglichkeit zu den betreffenden Ressourcen bzw. zum Netz hat (Leitwert: „Existenz" und „Versorgung"). Wegen des Bezugs zum Leitbild der Versorgung wurde verschiedentlich auch die Verbindung von Ressourcenrente zu einem Grundeinkommen hergestellt.[147] Die Bekräftigung der Leitwerte „Existenz" und „Versorgung" schließt ein Staatswesen aus, das sich von organisierten Interessen „gefangen nehmen" lässt, um die durch die umweltpolitischen Kontingentierungen erhöhten Ressourcenrenten in private Taschen zu leiten (dies geschah z.B. in Deutschland mit den 2005 „umsonst" zugeteilten CO_2-Emissionszertifikaten, die die

---

[A] Auch die innere Verbindung von Eigentum und Freiheit wird im Allgemeinen zu undifferenziert hergestellt. Soweit es sich um Gegenstände in Feld (1) handelt, droht aus dem Privateigentum – wie noch eingehender zu zeigen sein wird – sogar eine „Refeudalisierung" und damit Unfreiheit.

Teil I. Die Struktur: Umweltpolitik als Ordnungspolitik

Energieversorger als „Opportunitätskosten" gleichwohl im Preis an die Endkunden weitergeben). Die Wirkungsweise des Rückverteilungsregimes wird im Zusammenhang mit den nachfolgenden Feldstudien noch eingehender erläutert. Da im Übrigen die Versorgung mit den überlebensnotwendigen Ressourcen ja zumeist über Netzinfrastrukturen geschieht, bestehen wenig Gründe dafür, solche einem abweichenden Regime zu unterwerfen. Die Frage, wie sehr bei den diesbezüglichen Institutionen (z.B. die Eigentumsrechte am Netz) die Leitwerte der „Existenz" und „Versorgung" in einer Gesellschaft betont werden, hängt auch damit zusammen, wie in einer Gesellschaft „Staatlichkeit" interpretiert und ausgestaltet wird. Diesbezügliche Gestaltungen setzen einen starken Staat voraus, der nicht nur Gewalt, sondern auch Macht monopolisiert. Das genaue Gegenteil wird indessen von den „Deregulierungsbefürwortern" propagiert: Ein Rückzug des Staates mit der faktischen Konsequenz, dass mächtige private Interessengruppen (v.a. Konzerne) das entstehende Machtvakuum füllen.

I.3. Feldstudien

Die nachstehenden Feldstudien dienen dazu, die theoretische Problematik plakativer zu machen, um die unterschiedlichen Paradigmen „mit Blut zu füllen".

I.3.1. Privatisierung von sog. „Allmendegütern"

I.3.1.1. Der „Klassiker": Grund und Boden als Ressource / Flächenhaushaltspolitik

a. Zielsetzung und Legitimation
Grund und Boden wird als die „Urform" des Eigentums angesehen. Möglicherweise ist das Eigentum an Grund und Boden bereits mit der neolithischen Revolution vor über zehntausend Jahren entstanden. Wann die ersten Einfriedungen auch immer vorgenommen wurden – zuvor war Grund und Boden ein freies, ein sog. „Allmendegut". Die Begründung der Property rights-Theoretiker für die Zuweisung von Eigentumsrechten ist die angeblich höhere Effizienz; man bemüht also ein *allokatives Argument*.[148] Als klassisches Beispiel für die (allgemeine) Effizienzthese diente den Property rights-Theoretikern so auch ausgerechnet die Zuweisung von Eigentumsrechten an Land. *Demsetz*, einer der Exponenten der Property rights-Theorie, zog als Beispiel die Montagnais-Indianer in Labrador und Quebec heran.[A] Diese kannten Ende des 17. und zu Beginn des 18. Jahrhunderts keine Jagdbeschränkungen. Obwohl jeder so viel jagen konnte wie er wollte, kam es wegen des großen Wildbestandes und der Nutzlosigkeit einer übermäßigen Zahl erlegter Tiere zu keinen Übernutzungsproblemen. Mit der Nachfrage von Weißen nach Biberpelzen änderte sich dies:

[A] Vgl. dazu H. Demsetz, Toward a Theory of Property Rights, a.a.O. - Man spricht hinsichtlich der Thesen zur Entstehung und Entwicklung von Eigentumsrechten auch vom sog. „Demsetz-Wagner-Prinzip": So vergleicht *Meyer Demsetz'* Analyse der Entstehung von Privateigentum an Jagdgebieten und Wild bei den Labrador-Indianern mit *Wagners* Untersuchungen über die Entwicklung der germanischen Agrarverfassung vom Gemeineigentum (Allmende) zum Privateigentum und prägt dabei den betreffenden Begriff.- Vgl. W. Meyer, Entwicklung und Bedeutung des Property Rights-Ansatzes in der Nationalökonomie, in: A. Schüller (Hrsg.): Property Rights und ökonomische Theorie, München 1983, S. 1-44.- Vgl. auch A. Wagner, Grundlegung der politischen Ökonomie, Zweiter Teil, Leipzig 1894.

Teil I. Die Struktur: Umweltpolitik als Ordnungspolitik

Die intensivere Jagd auf Biber führte zu einem Sinken der Biberpopulation. Niemand reagierte jedoch mit einer Selbsteinschränkung – hatte er doch keine Gewähr dafür, dass die anderen Mitglieder der Gemeinschaft seinem Beispiel folgen (Trittbrettfahrerproblematik, Gefangenendilemma, sog. „Allmendetragödie"). In ökonomischer Analyse: Der Nutzen aus dem einzelnen erlegten Tier kam dem Jäger zugute, die Kosten aus dem Bestandsrückgang lasteten jedoch auf der Gemeinschaft (externe Effekte, soziale Kosten). „Gelöst" wurde das Problem über die Schaffung von Eigentumsrechten (Zuteilung der einzelnen Territorien auf die Familien): Man schaffte so individuelle Anreize, um durch Rücksichtnahme den Tierbestand langfristig zu planen. Private und soziale Kosten und Nutzen wurden so in Übereinstimmung gebracht. Die Schaffung und Zuweisung von Eigentumsrechten zielt danach auf höhere Effizienz ab. Soweit *Demsetz* mit seiner ökonomischen Begründung der Privatisierung von sog. „Allmendegütern".

Das Property rights-Paradigma stellt also genau wie die Neoklassik den Leitwert der Effizienz in den Mittelpunkt der Betrachtung. Die Aufgabenstellung lautet, auf Boden bezogen: Finde den Punkt, an dem die gesamten volkswirtschaftlichen Kosten der Landnutzung minimal sind. Das Lenkungs- bzw. Umweltziel würde also von einem allokativen Optimalpunkt aus abgeleitet. Diese Priorisierung des Effizienzzieles wird in der orthodoxen Umweltökonomie nicht weiter thematisiert, obwohl ihr ein Werturteil zugrundeliegt, das man keineswegs teilen muss.[149] Dies hat auch einen guten Grund: Die Frage nach den Zielprioritäten stellt sich nämlich v.a. bei Zielkonflikten, weniger bei Vorliegen von Zielharmonien. Die Orthodoxie nimmt gerade bei Mengensteuerung größtenteils eine Harmonie zwischen den Zielen „Effektivität" (also dem ökologischen Zielerreichungsgrad) und „Effizienz" (also der Zielerreichung mit möglichst geringen Wohlfahrtsverlusten) an. Dies kann jedoch nur vor dem Hintergrund einer eigentümlichen Zielfestlegung geschehen: Nur dann, wenn es tatsächlich – wie die Orthodoxie formuliert - darum ginge, einen Optimal*punkt* anzusteuern, wäre der Schutz für das Umweltmedium in X* von Abbildung 3a optimal. Insbesondere bei der Landnutzung ist aber sehr augenscheinlich, dass es v.a. um die Steuerung einer Struktur gehen muss. Die Strukturplanung muss die unterschiedlichen, untereinander konkurrierenden Nutzungsansprüche gegeneinander abwägen, so z.B.:
- Wohnen
- Gewerbe / Dienstleistungen
- Landwirtschaft
- Forstwirtschaft
- Erholung / Freizeit
- Freiflächen
- Etc.

Bei der Abwägungsentscheidung sind mehrere Zieldimensionen (sozial, ökonomisch, ökologisch, alles in kurz- und längerfristiger Perspektive) zu berücksichtigen. Möglicherweise ist – auf Kosten der Siedlungs- und Verkehrsfläche – der landwirtschaftlichen Fläche entgegen den Marktsignalen mehr Raum zu geben, weil ein Staat die Strategie verfolgt, sich planmäßig und langfristig von fossilen Energieträgern unabhängiger zu machen und auf nachwachsende Rohstoffe zu setzen. Marktpreise alleine sind nicht in der Lage, diesen verschiedenen Dimensionen gerecht zu werden. Diese verkürzen die mehrdimensionale Aufgabe der Bodennutzungspolitik auf eine einzige Dimension.

Teil I. Die Struktur: Umweltpolitik als Ordnungspolitik

> **Hinweis: Detaillierte Landnutzungsregeln bereits im alten Israel**
> Bereits das alte Israel kannte detaillierte Landnutzungsregeln[150]: Dies betrifft einmal die Struktur der Flächennutzung: *„8 Weh euch, die ihr Haus an Haus reiht / und Feld an Feld fügt, bis kein Platz mehr da ist und ihr allein im Land ansässig seid. 9 Meine Ohren hören das Wort des Herrn der Heere: Wahrhaftig, alle eure Häuser sollen veröden. So groß und schön sie auch sind: Sie sollen unbewohnt sein. 10 Ein Weinberg von zehn Morgen bringt nur ein Bat [40 Liter, d. Verf.] Wein, ein Hómer [400 Liter, d. Verf.] Saatgut bringt nur ein Efa [40 Liter] Korn. (Jes. 5: 8-10)."* Auch die Art und Weise der Bewirtschaftung wird vorgeschrieben: So dürfen auf demselben Boden nicht gleichzeitig mehrjährige Pflanzen, wie z.B. Olivenbäume oder Wein angebaut werden. Ansonsten würde der Boden zu sehr ausgelaugt:
> - *„Ihr sollt auf meine Satzungen achten: ... Dein Feld sollst du nicht mit zweierlei Arten besäen. ..." (Lev. 19.19)*
> - *„Du sollst in deinem Weinberg keine anderen Pflanzen anbauen, sonst verfällt das Ganze dem Heiligtum [es muss also an den Tempel abgeliefert werden, d. Verf.], sowohl was du angebaut hast als auch was der Weinberg trägt." (Deut. 22:9)*
>
> Zudem dürfen in den ersten drei Jahren, in denen ein Baum Früchte trägt, diese nicht gegessen werden. So wird verhindert, dass Biomasse dem Ökosystem entzogen wird. Diese wird stattdessen in Humus umgewandelt – in der kargen Gegend mit geringer Bodenfruchtbarkeit ist dies eine essentiell. Erst nach drei Jahren ist eine ausreichende Humusschicht gebildet, um Wasser zu speichern. Dann ist der Baum groß und stabil und kann dauerhaft abgeerntet werden. Durch die Schonzeit werden also letztlich die Ernteerträge wesentlich höher.
>
> Eine weitere – nach Meinung von *Hüttermann / Hüttermann*[151] die unglaublichste – Regel ist die des Sabbatjahres (diese findet sich gleich zwei Mal in der Bibel (Ex. 23:10-11 und Lev. 25: 1-5). Hier wurde dem Volk Israel der Auftrag gegeben, alle sieben Jahre ihre Ernte ausfallen zu lassen (und dies in einer bemerkenswert kargen Region!). Die Vorschrift diente der Regeneration des Bodens und dem Wiederauffüllen der Humusschicht. Geplant wurde also die zeitliche Struktur der Bewirtschaftung. Die Regel hatte damit eine ähnliche Funktion wie die mittelalterliche Dreifelderwirtschaft. Sie galt nur auf dem Lande, nicht in den Städten (dort wäre sie auch nur ein zweckloses Ritual gewesen). Schließlich gab es alle fünfzig Jahre im antiken Israel zwei Jahre lang keine Ernte (sog. „Halljahr" oder „Jubeljahr", Lev. 25: 8-13). Diese Vorschriften konnten selbstverständlich nur eingehalten werden, weil die Bewirtschaftungsregeln zu so hohen Erträgen führten, dass sie eine entsprechende Lagerhaltung ermöglichten.

b. Effektivität

Vor dem Hintergrund der Priorisierung der Effizienz ist der Property rights-Theoretiker jeglicher staatlichen Planung gegenüber – auch, wenn sie sich wie bei Grund und Boden nur auf die Angebotsseite beschränkt – skeptisch eingestellt.[152] Im Hintergrund steht die Vorstellung, dass die allfälligen Probleme des Marktversagens bei Vorliegen von externen Effekten vorzugsweise durch eine entsprechend eindeutige Zuordnung von Eigentumsrechten überwunden werden sollten.[153] Auch hier kommt das oben schon mehrmals angesprochene Vertrauen in die ordnende Kraft

Teil I. Die Struktur: Umweltpolitik als Ordnungspolitik

des Marktes als Werturteil zum Ausdruck. Wenngleich (wegen der bestehenden Informations- und Transaktionskosten) kaum ein Neoinstitutionalist die staatlichen Einflussnahmen vollkommen ablehnen würde, müsste man das theoretische Gegenstück zur (Angebots-) Planung der Landnutzung über das in Kap. I.2.4.5. schon angesprochene „Coase-Theorem" beschreiben. Würde das Theorem gelten, bestünde zwischen Effektivität und Effizienz Zielharmonie. *Coase* weist auf die Möglichkeit von Verhandlungslösungen zur effizienten Korrektur von Externalitäten hin: In bestimmten Fällen und unter bestimmten Voraussetzungen kann ein optimales Allokationsergebnis, eine optimale Korrektur auftretender Externalitäten über Verhandlungen zwischen den beteiligten Wirtschaftssubjekten erreicht werden, Rationalverhalten der Wirtschaftssubjekte und Transaktionskosten von Null vorausgesetzt. In der an *Coase* anschließenden Literatur werden als weitere Voraussetzungen genannt: Wenige Beteiligte, keine Einkommenseffekte, vollkommene Konkurrenz, *eindeutig zugewiesene und tauschfähige Verfügungsrechte* (s. die Kriterien für eine effiziente Wirtschaftsordnung von *Posner*!). Zwar werden keine „De-jure-property-rights" benötigt; allerdings ist nötig, dass die Verhandlungspartner eine bestimmte Verteilung der Rechte akzeptieren.[154] Wer die Eigentumsrechte innehat, ist dann grundsätzlich nicht mehr von Bedeutung (s. die Diskussion des Invarianztheorems in Kap. I.2.4.5. oben). Mögliche Fälle (bestehender externer Effekte von A auf die Nutzenfunktion von B):

- Viehzüchter A erhält das Verfügungsrecht; er darf so viel Vieh auf das Land schicken, wie er will. Will Getreidefarmer B trotzdem Getreide anbauen, ist gezwungen, Viehzüchter A für eine Einschränkung oder Unterlassung seiner Aktivität zu kompensieren (Laissez faire-Regel).
- Getreidebauer B hat nun das Verfügungsrecht über ein Stück fruchtbares Land und damit das Recht, vom Viehzüchter A zu verlangen, dass dieser sein Vieh von dem Land fernhält. Viehzüchter A hat in diesem Fall für die von ihm verursachten negativen Wirkungen aufzukommen bzw. zu haften, wenn seine Tiere dennoch weiden (Haftungs- oder Verursacherregel).

Unter den genannten Voraussetzungen kann in beiden Fällen durch Verhandlung der Beteiligten ein pareto-optimales Ergebnis erzielt, also Allokationseffizienz erreicht werden. Der Getreidebauer und der Viehzüchter werden so lange verhandeln, bis Grenzvermeidungskosten und Grenzschadenskosten übereinstimmen. Die Differenz zwischen den Grenzvermeidungskosten und den Grenzschadenskosten ergibt die Verhandlungs- bzw. Tauschmasse. Der Optimalpunkt X*, in dem Grenznutzen (= Grenzvermeidungskosten) und Grenzkosten (= Grenzschadenskosten) der Schädigung übereinstimmen, ist der Punkt, an dem keine weitere Verhandlungsmasse mehr existiert und zugleich die volkswirtschaftlichen Kosten am geringsten sind.

Die Zahlungsbereitschaft ergibt sich aber nicht nur aus der Zahlungswilligkeit (Präferenzen), sondern auch aus der Zahlungsfähigkeit (Budget). Nehmen wir ein baureifes Grundstück nahe bei einem Wohngebiet. Sowohl eine Schule wie auch eine Bank zeigt hieran Interesse. Bekommt nun – ohne weitere staatliche Planung – derjenige das knappe Stück Land zugeteilt, der die größte Zahlungsbereitschaft äußert, kommt eben nicht etwa die Schule, sondern die Bankfiliale zum Zuge. Möglicherweise ist jedoch die Schule für die Wertentwicklung der umgebenden Siedlungen weitaus wichtiger als die Bankfiliale. Selbstverständlich könnten die Bewohner einer Siedlung dies erkennen, das Land aufkaufen und eine Planung vornehmen. Damit ein solches koordiniertes Vorgehen funktioniert, bedarf es jedoch einer Reihe von Voraussetzungen. Zum Beispiel müssten sie entsprechend zahlungsfähig sein, was wiederum von der Ausgangsverteilung abhängt und dem Invarianztheorem widerspricht. Möglicherweise rekrutieren sich einige Anwohner aus Angehörigen „bildungsferner Schichten", denen eine Schule nun mal nicht so wichtig ist und denen die entsprechende Zahlungsbereitschaft daher fehlt. Etc. etc. Würde ein koordiniertes Vorgehen dennoch gelingen, hätten die Bewohner jedoch auch den Beweis dafür geliefert, dass es einer gemeinschaftlichen Planung und evt. eines gemeinschaftlichen Eigentums (auf welcher Ebene auch immer) bedarf.[155] Last not least: In der Regel gibt es nicht nur den Viehzüchter und den Getreidefarmer bzw. die Bank und die Schule, sondern mannigfache Nutzungskonkurrenzen um die Scholle. Was aber, wenn eben Viehzüchter (braucht das Land für sein Vieh), Getreidefarmer (will einen Acker aus dem Land machen), die Eltern eines benachbarten Wohngebietes (diese wollen eine Schule haben), der Bürgermeister (will eine Straße), die Bank (will eine Filiale), ein Industrieunternehmen (will eine Betriebsstätte zur Produktion) und eine Bürgerinitiative (will Freifläche, um einen seltenen Laubfrosch zu retten) Interesse an demselben Stück Land haben? Bei einer derartigen Vielfalt von Nutzungsansprüchen – was eben der Realität entspricht – würden eventuell die möglichen Effizienzgewinne durch hohe Verhandlungskosten aufgefressen werden. Die Koordination unter den Privaten funktioniert dann nicht mehr. Auch gibt es keine Gewähr dafür, dass das Ergebnis sachgerecht ist, wenn es von der Zufälligkeit der Zahlungsfähigkeit der in die jeweiligen Verhandlungen einbezogenen Akteure abhängt. Was ist schließlich, wenn der Getreidefarmer nur dann an Kredite kommt (und Einkommen generieren kann), wenn er der Bank Land zu Sicherungszwecken anbieten kann? Dann ist wieder einmal die Verteilung der Eigentumsrechte nicht irrelevant für das allokative Ergebnis und die Struktur der Bodennutzung. Der neoinstitutionalistische Film spielt, soweit er all diese Aspekte beiseite schiebt, ähnlich wie die Neoklassik auf einem Planeten weit ab von dieser Erde. Aus diesen – und noch weiteren Gründen - spricht alles für eine Angebotsplanung bei der Bodennutzung.

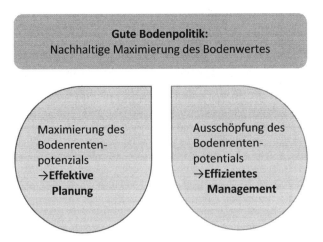

Abb. 10: Maßgaben für eine gute Bodenpolitik
(Quelle: Eigene Darstellung)

Abb. 10 illustriert Maßgaben für eine gute Bodenpolitik: Die Planung hat die Aufgabe, unter Austarierung der verschiedenen Nutzungsansprüche und Leitwerte das nachhaltige Bodenrentenpotenzial zu maximieren. Planung bewegt sich insoweit immer in einem Konfliktfeld. Die diversen Leitwerte und Nutzungsansprüche können in ihren

Teil I. Die Struktur: Umweltpolitik als Ordnungspolitik

von Fall zu Fall unterschiedlichen Beziehungen zueinander unmöglich in einen Preismechanismus aggregiert werden. Mit Bezug auf die Eigentumsrechte (s. Tabelle 4) bedeutet Planung insbesondere, dass gewisse Einschränkungen v.a. beim „abusus", also dem Recht auf Veränderung und Umwidmung, unumgänglich sind. U.a., um die unternehmerische Initiative nicht zu ersticken, wird man solche Einschränkungen jedoch möglichst minimieren. Während es bei einer guten Planung um die Effektivität der Bodennutzung geht, ist die Frage, inwieweit diese Pläne umgesetzt werden können, im Rahmen der Effizienz (s. unten) zu behandeln.

> **Hinweis: Effizienz der Landbewirtschaftung im alten Israel**
> Aufgrund der o.a. detaillierten Landnutzungsregeln überstieg im alten Israel – also in einer sehr kargen Gegend - die Erntemenge das Saatgut um rd. 600 %. Diesen Stand erreichten große Teile Europas noch nicht einmal zu Beginn des 20. Jahrhunderts. Zur Zeit Karl des Großen überstieg die Erntemenge das ausgesäte Saatgut nur um 60 %; zu Beginn des 19. Jahrhunderts um 300 %.[156]

Dennoch verläuft in der realen Welt die Planung nicht ungestört: Wenn beispielsweise ein Landwirt durch eine planerische Umwidmung seiner Grundstücke von Acker- zu Bauland praktisch eine 10 bis 20-fache Erhöhung seiner Grundstückswerte realisieren und somit „über Nacht" zum Millionär werden kann, ist die Versuchung groß, auf die planerischen Instanzen Einfluss zu nehmen. Dementsprechend ist die fehlende Neutralität der Planung, das hin- und hergerissen sein zwischen wirtschaftlichen (und auch politischen) Interessen, ein großes Problem. Die Einflussnahme aus wirtschaftlichen Interessen (aber häufig auch diejenige aus politischen Gründen) ist letztlich in dem Bestreben zu suchen, die privatisierten Vermögensrechte (insbesondere „usus fructus", aber auch „ius abutendi") an den Grundstücken individuell aufzuwerten (s. Tabelle 4). Was aber für den einzelnen Grundstückseigentümer (im Beispiel der Landwirt) von Vorteil ist, kann für die Gemeinschaft einen gravierenden Nachteil bedeuten: Als Folge der Umwidmung in Bauland und der Errichtung eines Neubaugebietes können in unserem Beispiel die Mieten im Ortszentrum sinken, es kann zu Leerständen kommen, Häuser können verfallen, die ganze Gegend wird möglicherweise entwertet. Somit erweisen sich die Vermögensrechte (Tabelle 4) in privater Hand (insbesondere „usus fructus") als Störfaktor für die Planung.

c. Effizienz
Mittlerweile hat die neoinstitutionalistische Sichtweise den Rang des herrschenden Paradigmas der zeitgenössischen Wirtschaftswissenschaft errungen. Eine Theorie - auch im Range eines Paradigmas - wird am besten zurückgewiesen, indem man seine innere Widersprüchlichkeit aufzeigt, ohne die Annahmen grundlegend zu modifizieren. Der Realoptionsansatz ist hierfür besonders gut geeignet, da er auf dem Boden des neoklassisch-neoinstitutionalistischen Paradigmas fußt. Nun stellen Realoptionen ein ubiquitäres Phänomen dar, das keinesfalls nur auf Feld (1) / Tabelle 2 beschränkt ist. Sie sind – in privatisierter Form – sowohl in Feld (1) wie in Feld (2) zu finden. Dennoch sind die Auswirkungen auf die Wirtschaft in beiden Feldern vollkommen verschieden:

In Feld (2), also bei reproduzierbaren Optionen, wird die Flexibilitätseigenschaft vom Käufer oftmals ausdrücklich nachgefragt. Sie gewährt dem Käufer einen Nutzen. Der Hersteller bzw. Verkäufer hat auch entsprechende Kosten für die Herstellung der betreffenden Flexibilität. Ein Unternehmer zahlt beispielsweise beim Kauf eines LKW angesichts zukünftiger Unsicherheiten über den Einsatz einen Aufpreis für ein Gestell, das ihm auch die Montage eines Krans ermöglicht. Den hierfür aufgewendeten Kosten steht also ein zusätzlicher Flexibilitätsnutzen gegenüber. Ohne diesen Flexibilitätsnutzen hätte der Käufer die Investition in den LKW angesichts der Unsicherheiten hinsichtlich des künftigen Einsatzes womöglich gar nicht getätigt. Insoweit trägt die vom Verkäufer geschaffene zusätzliche Flexibilität zur Erhöhung der Allokationseffizienz bei, sie ist quasi „Schmierstoff" für die Wirtschaft.

Ganz anders in Feld (1) / Tabelle 2, was am Beispiel Grund und Boden illustriert wird (sich aber nicht nur auf Grund und Boden beschränkt). Der Bodenwert lässt sich – wenn den obigen Ausführungen gefolgt wird – eben nicht nur aus abdiskontierten Differentialrenten erklären.[A] Vielmehr werden „Aufpreise" für die Flexibilität bezahlt, die für den Alteigentümer angesichts von Unsicherheiten von Nutzen ist (weil z.B. Unternehmen Vorratsgrundstücke zum Zwecke der Erweiterung im Falle eines günstigen Geschäftsganges oder Private einen Bauplatz für die – noch kleinen - Kinder nahe dem Elternhaus reservieren wollen etc.[B]). Um die allokativen Konsequenzen darzustellen, nehmen wir einen „besseren Wirt" als Kaufinteressenten an. Es sei folgende Datenlage unterstellt: Der Kaufinteressent als effizienter Investor könnte auf einem interessierenden Grundstück abdiskontierte Erträge mit einem Gegenwartswert von 1.000 T€ erwirtschaften. Die Kosten für die Errichtung des Gebäudes betragen 900 T€. Dementsprechend ergibt sich eine Zahlungsbereitschaft für den Grund und Boden aus dem Residuum (1.000 T€ - 900 T€), also 100 T€. Potentielle Konkurrenten können die Bewirtschaftung nicht effizienter vornehmen; die abdiskontierte Differentialrente beträgt daher 100 T€. Die Preisvorstellung des (bislang ineffizient wirtschaftenden, weil „hortenden") Alteigentümers für den Verkauf ist jedoch eine gänzlich andere: Dieser möchte zuzüglich zu einem Entgelt für die abdiskontierte Bodenrente (die obigen 100 T€) auch noch eine Kompensation für den durch den Verkauf verloren gehenden Flexibilitätsvorteil (hier: beispielhaft weitere 100 T€).[157] Von einem wirtschaftsethischen Standpunkt aus ist es interessant, dass der Verkäufer die innewohnende Flexibilität – anders als der Verkäufer in Feld (2) - nicht hergestellt hat. Sie fällt ihm aus den stofflichen und rechtlichen Eigenschaften ohne eigenes Zutun und ohne weitere Kosten (als kapitalisierter und bewerteter Nutzen) zu.[C]

[A] So aber die herkömmliche Theorie der Bodenpreisbildung, die auf *Ricardo* basiert.- D. Ricardo, Über die Grundsätze der politischen Ökonomie und der Besteuerung, übersetzt von Gerhard Bondi, hrsg. von H. D. Kurz, Metropolis-Verlag, Marburg 1994.- Während zumeist die Abdiskontierung unter Heranziehung der Formel der „ewigen Rente" vorgenommen wird, wurde im antiken Israel lediglich mit der Zahl der Jahre bis zum nächsten Jubeljahr gerechnet (Lev. 25:23-24), da dann eine Umverteilung des Eigentums (periodische, institutionalisierte Bodenreform) vorgenommen wurde.- Vgl. A.P. Hüttermann / A. H. Hüttermann, Am Anfang war die Ökologie ..., a.a.O., S. 115 ff.

[B] Der möglicherweise universellste Grund für die besagten Aufpreise ist wohl, dass immer Optionen hinsichtlich anderweitiger, potentiell konkurrierender Nutzungen bestehen. So haben beispielsweise auch land- und forstwirtschaftliche Grundstücke, bei denen eine Umwidmung zu Wohn- oder Gewerbeflächen nicht ausgeschlossen werden kann, einen derartigen Optionswert inne (in Erwartung der „vierten Fruchtfolge"). Optionen hinsichtlich potentiell konkurrierender Nutzungen sind also mit Blick auf die Unsicherheiten der Zukunft ein ubiquitäres Phänomen, die jedem Grundstück zu eigen sind.

[C] Materiell handelt es sich um das, was *Franz Oppenheimer* die „absolute Rente" nannte.

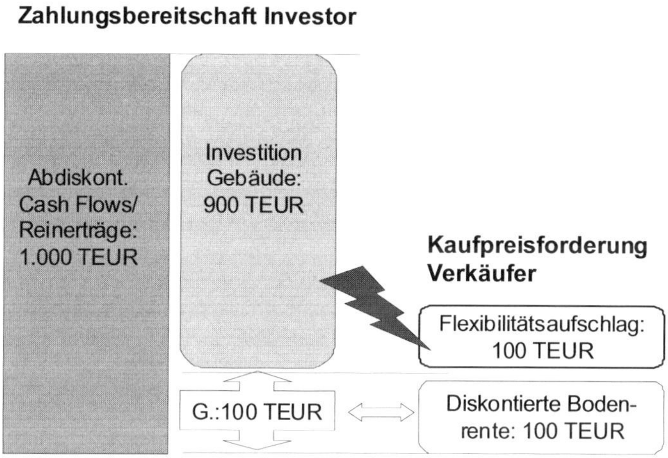

Teil I. Die Struktur: Umweltpolitik als Ordnungspolitik

Zahlungsbereitschaft Investor

[Abbildung: Abdiskont. Cash Flows/ Reinerträge: 1.000 TEUR | Investition Gebäude: 900 TEUR | Kaufpreisforderung Verkäufer: Flexibilitätsaufschlag: 100 TEUR; G.:100 TEUR ↔ Diskontierte Bodenrente: 100 TEUR]

Abb. 11: Optionale Struktur und unausgeschöpfte Tauschgewinne
(Quelle: Eigene Darstellung)

Betrachten wir nun den Käufer: Dieser hat, da er die Option ausüben, also das Grundstück bebauen möchte, nicht den geringsten Nutzen von der eingekauften Flexibilität! Er zahlt für eine Eigenschaft 100T€, die für ihn wertlos ist. Obwohl er – anders als der Käufer in Feld (2) – die Flexibilitätseigenschaft gar nicht nachfragt, kann er den Grund und Boden nicht ohne diese für ihn nutzlose Eigenschaft bekommen. Die betreffenden Kosten (hier: 100 T€) stellen nichts weiter als eine höhere Hürde für die Rentabilität der Folgeinvestition dar: Mit der Investition (Bebauung) geht der Wert der Flexibilität zumindest temporär (für die Nutzungsdauer des Gebäudes) verloren. Der Verlust beläuft sich also im Beispiel auf ca. 100 T€, da der – isoliert gesehen – bebaute Grund und Boden weniger als das unbebaute Grundstück wert ist (hierbei handelt es sich um das unter Grundstückssachverständigen heiß diskutierte Problem der „Bodenwertdämpfung").[158] Der „bessere Wirt" hat nach Investition ein Kapital i.H.v. 1.100 T€ (900 T€ für das Gebäude, 200 T€ für Grund und Boden) zu verzinsen; die Verzinsung muss er jedoch aus einem Vermögensgegenwert von nur 1.000 T€ aufbringen. Er wird nur dann keinen „Schiffbruch" erleiden, wenn er tatsächlich um den Gegenwert von 100 T€ „besser" (effizienter) als der Alteigentümer wirtschaften, also die betreffende Rendite aus dem Grundstück „zusätzlich" heraus „quetschen" kann.[A] Macht der Effizienzvorteil des „besseren Wirtes" weniger als 100 T€ aus, wird er den Alteigentümer nicht aus seiner (ineffizienten) Nutzung ablösen können. Die Anforderungen an die Rentabilität stellen sich an die Investition übrigens unabhängig davon, ob der Erwerber mit Eigen- oder Fremdkapital arbeitet. Auch für das Eigenkapital wird nämlich eine (kalkulatorische) Verzinsung gefordert.

In der obigen Analyse haben wir auf besondere Annahmen hinsichtlich Informations- und Transaktionskosten, Gestalt der Präferenzen etc. verzichtet. Vor diesem Hintergrund hat sich jedoch herausgestellt, dass es einen großen Unterschied für den willigen Investor macht, ob dieser das betreffende Grundstück geerbt hat oder kaufen

---

[A] Die ohnehin bestehende Renditehürde wird durch den Wert der Flexibilität also noch weiter erhöht.

Teil I. Die Struktur: Umweltpolitik als Ordnungspolitik

muss. Das *Coase*-Theorem, wonach das allokative Ergebnis unter besonderen Umständen (die, wie u.a. die Abwesenheit von Informations- und Transaktionskosten ohnehin wirklichkeitsfremd sind) die Eingangsverteilung mit Eigentumsrechten keine Auswirkung auf das allokative Ergebnis zeigt, ist auch vor diesem Hintergrund nicht haltbar.[159]

Während in Feld (2) / Tabelle 2 die Flexibilität also Schmierstoff für die Wirtschaft ist, kann man sie in Feld (1) / Tabelle 2 – verglichen mit einem Zustand ohne diese Flexibilität – als „Sand im Getriebe" bezeichnen. Die Effizienzbehauptung kann über den Realoptionsansatz widerlegt werden.

Die Konsequenzen derartiger Ineffizienzen sind weitreichend: Zieht man die größtmögliche Ausschöpfung des Grundrentenpotenzials einer Wirtschaft als Kriterium für gute Bodennutzungspolitik heran, so kann dieses Potenzial bei Weitem nicht ausgenutzt werden – eine gute Bodennutzungspolitik wird verunmöglicht. Werden Grundstücke (in den Zentren) nicht ausreichend genutzt; ist faktisch das Angebot verknappt. Gerade junge Familien in einer finanziell angespannten Lebenssituation sind gezwungen, in suburbanen Regionen zu siedeln. Dort muss eine parallele technische und soziale Infrastruktur aufgebaut werden, während die Infrastruktur in den Zentren immer weniger ausgenutzt ist. Die aufzubauende Infrastruktur bemisst sich an der maximalen Inanspruchnahme – die Bevölkerung in den betreffenden Wohnstädten wird jedoch zusammen älter, die Kinder ziehen weg etc. Was bleibt, ist eine zu groß dimensionierte Infrastruktur, die finanziert werden muss, und alte Leute, die teuer an abgelegenen Orten versorgt werden müssen. Während der ganzen Zeit werden zudem zusätzliche Verkehrsströme initiiert. Nachhaltig ist diese Entwicklung, die in dieser oder abgewandelter Form jedem Fachmann bekannt ist, gewiss nicht. *Kunstler* befürchtet angesichts der anstehenden Verknappung fossiler Energieträger, dass es sich bei den suburbanen Siedlungstypen um eine gigantische Fehlallokation im volkswirtschaftlichen Maßstab handelt (wobei die USA hier noch viel größere Sünden begingen als die Europäer mit ihren großteils historisch gewachsenen Siedlungen).[160] Wieder sind es die Vermögensrechte in privater Hand (s. Tab. 4), die sich als Störfaktor erweisen, diesmal für die Effizienz der Wirtschaft.

Wichtig ist auch noch eine andere Erkenntnis: De jure besteht – aufgrund der Handelbarkeit der Eigentumsrechte am besagten Grundstück – die jederzeitige Zugangsmöglichkeit (damit auch eine formale Gleichheit). Den Studierenden der VWL wird erzählt, jedermann hätte insoweit gleiche Chancen – das Fundament für eine Leistungsgesellschaft. Tatsächlich besteht über die beschriebene Konstellation aber ein materielles Zugangshindernis bzw. ein Privileg für den Alteigentümer (oder dessen Erben). Nur der Alteigentümer oder sein Erbe (mit seinem Vor-Recht) muss die Kompensation für den Flexibilitätsvorteil nicht aufbringen; diese haben insoweit einen Kostenvorteil. Diese Diskrepanz zwischen formellen Möglichkeiten und materiellen Unmöglichkeiten durchzieht den gesamten Kapitalismus.

Im Übrigen besteht auch die latente Gefahr von Marktversagen, wenn Kosten und Nutzen von Aktivitäten nicht ihren Verursachern zugeordnet werden. Veränderungen der Grundrente (z.B. eine Erhöhung der Lagerente durch bessere Verkehrswege, eine intensivere Nutzungsmöglichkeit durch Änderungen der Planung etc.) werden grundsätzlich durch die Öffentlichkeit bzw. durch den Staat vorgenommen und finanziert. Die erhöhten Bodenrenten und Bodenwerte kommen jedoch den Privaten zugute. Ineffizienzen sind also in diesem System angelegt.

Teil I. Die Struktur: Umweltpolitik als Ordnungspolitik

d. Verteilungsgerechtigkeit

Die Argumentation von *Demsetz* ist auf den Leitwert der Effizienz fokussiert. Die Frage nach der (ursprünglichen) Verteilung von Eigentumsrechten (Leitwerte Gerechtigkeit und Versorgung) zwischen verschiedenen Nachfragern nach einer Ressource wird nicht gestellt.[161] Die Priorisierung der Effizienz bei gleichzeitiger Unterstellung einer harmonischen Beziehung mit dem Leitwert der Gerechtigkeit korrespondiert wieder mit der sog. „Invarianzthese" als einem wesentlichen Element des o.a. Coase-Theorems, wonach die Ausgangsverteilung von Verfügungs-/Eigentumsrechten für die Allokation irrelevant sei: Bei den von *Coase* postulierten Verhandlungen wird der Optimalpunkt unter den genannten engen Voraussetzungen unabhängig davon erreicht, ob der „Schädiger" oder der „Geschädigte" Inhaber der Eigentumsrechte ist. Die obigen Ausführungen hingegen haben gezeigt, dass der Alteigentümer einen entscheidenden Wettbewerbsvorteil gegenüber einem eigentumslosen Konkurrenten hat, weil er eben keine Kompensation für einen Flexibilitätsvorteil mehr aufbringen muss. Es muss nur noch die Bodenrente erwirtschaften. Die Kompensationsforderung für den Flexibilitätsvorteil schafft somit de facto ein Privileg für den Alteigentümer, das die bestehenden Eigentumsverhältnisse zementiert und – auch gegenüber „besseren Wirten" – abschirmt. Eine Leistungsgesellschaft sollte auf anderen Voraussetzungen fußen. Eigentumsrechte an Grund und Boden sind Eigentumsrechte an einem Gegenstand, den kein Mensch geschaffen hat. Für die Eigentümer der Grundstücke ergeben sich daraus Nutzen und Chancen: So wird der Bodenwert über die Eigentumsrechte bestimmten Personen (-gruppen) zugeordnet. Unter Zugrundelegung des Realoptionsansatzes (s. oben) ergibt er sich aus den diskontierten Bodenrenten (bzw. „Differentialrenten"[162], also dem „passiven Kapitalwert") und dem Wert des Flexibilitätsvorteils. Der „passive Kapitalwert" hängt jedoch stark von der Lage (Lagerente), der Planung (Intensitätsrente) und den gemeindlichen Investitionen in die Infrastruktur (oft Netzstruktur!) ab. Hierbei handelt es sich um Vorteile, die dem Eigentümer im Wesentlichen ohne eigene Leistung zufallen. Wird aus flächenhaushaltspolitischen Gründen das Angebot an Grund und Boden planerisch verknappt, steigt die Differentialrente und damit der Bodenwert. Die Folge ist eine Umverteilung hin zu den Grundeigentümern. Schon ohne Angebotskontingentierungen (die Siedlungs- und Verkehrsfläche nahm in der Vergangenheit beständig zu) sind die Effekte extrem. Der Grund ist das relativ fixe Bodenangebot, das weder auf Änderungen des Preises (geringe Preiselastizität des Angebots) oder der Nachfrage (geringe Nachfrageelastizität des Angebotes) in stärkerem Maße reagiert. Ein durch das allgemeine Wachstum der Wirtschaft hervorgerufenes Wachstum der Nachfrage muss sich daher bei Grund und Boden (ohne größere Angebotserhöhungen) in überdurchschnittlichen Preiserhöhungen niederschlagen.

	Durchschnittlicher Kaufwert für Bauland (Euro / qm)	Volkseinkommen (in Mrd. Euro)	Nachrichtlich: Verbraucherpreisindex (2000 = 100)
1995	35,93	1.397,22	93,9
2000	51,79	1.524,43	100,0
2005	85,97	1.675,13	108,3
Steigerung	139,27 %	19,89 %	15,33 %

Tab. 5: Wertentwicklung des Baulandes im Gegensatz zum Volkseinkommen
(Quelle: http://www.destatis.de, Tabelle „Verbraucherpreise", Kaufwerte für Bauland und landwirtschaftliche Grundstücke, Inlandsprodukt [01.11.07]).

Teil I. Die Struktur: Umweltpolitik als Ordnungspolitik

Die obenstehende Tabelle illustriert die Entwicklung von durchschnittlichen Baulandpreisen, Volkseinkommen und Verbraucherpreisen von 1995 bis 2005. Geht man davon aus, dass sich Grund und Boden (unter Berücksichtigung des Flexibilitätsvorteils) marktüblich verzinst, so lässt diese Entwicklung den Schluss zu, dass ein immer größerer Teil des Volkseinkommens und –vermögens auf die Bodeneigentümer hin umverteilt wird.

Bislang ist man zumindest in Deutschland bereit, dies zu tolerieren. Eingriffe wie eine Bodenwertsteuer, die geeignet wären, die skizzierte Einkommensumverteilung abzuschwächen, wurden bislang von der Politik noch nicht ernsthaft in Erwägung gezogen. Auf die Ausführungen in Kap. III.4.4.3. sei hier verwiesen. Im Übrigen verdankte auch die mittlerweile wieder abgeschaffte Eigenheimzulage ihre Einführung v.a. sozialpolitischen Erwägungen (Förderung der Eigentumsbildung), wobei sie hinsichtlich der Zielerreichung kontrovers diskutiert wurde.[A] Die politischen Maßnahmen beschränken sich stattdessen auf eine mehr oder weniger starke Verdünnung („Attenuation") der Eigentumsrechte – also einem Eingriff in die Eigentumsposition. Das Grundstücksrecht als Teil des Privatrechts ist vom öffentlichen Recht stark durchzogen. Die Gründe für diesen Eingriff in die Eigentumsposition sind jedoch vornehmlich allokativer, z.T. allerdings auch sozialer Art: So funktionieren in der Praxis eben Verhandlungslösungen nicht wie von *Coase* unterstellt. Dementsprechend ist etwa die Einräumung eines Wegerechtes vorgesehen, wenn z.B. nur auf diese Weise in zweiter Reihe belegenen Grundstücken der Zugang zur Straße gewährleistet werden kann. Ansonsten würde die Nutzung der hinteren Grundstücke entweder unterbleiben und / oder der Eigentümer des vorgelagerten Grundstücks wäre versucht, erpresserische Forderungen für die Gewährung des Wegerechts auf privatrechtlicher Basis zu stellen. Die Nutzungsrechte des Eigentümers des vorgelagerten Grundstücks werden somit beeinträchtigt. In der Rechtsrealität lassen sich eine Reihe von Beispielen für die „Verdünnung" von Eigentumsrechten finden:

Beispiel: Verdünnung der Property Rights bei Grund und Boden
Veräußerung und Aneignung des Wertes:
- Beispielsweise kann eine Kommune von ihrem Vorkaufsrecht Gebrauch machen, so dass der Eigentümer eines Grundstücks dieses nicht unbedingt an jeden beliebigen Wirtschaftsteilnehmer verkaufen kann.
- In Einzelfällen (Ausnahmefälle) behält sich der Staat vor, Wertzuwächse abzuschöpfen, welche durch Aktivitäten der Gemeinschaft zustande gekommen sind (z.B. „städtebauliche Entwicklungsmaßnahme").

Recht auf die Fruchtziehung:
- Beispiele von Einschränkungen sind z.B. Mietobergrenzen oder die Kappung von Mietsteigerungen sowie Abgaben (z.B. Grundsteuer)

Recht auf Veränderung:
- Veränderungen am Bauwerk bedürfen i.d.R. der vorherigen Genehmigung

---

[A] Über die zusätzlich initiierte Nachfrage stand sie im Verdacht, preistreibend zu wirken und den intendierten Effekt auf diese Weise wieder zu konterkarieren.

Teil I. Die Struktur: Umweltpolitik als Ordnungspolitik

Nutzungsrechte:
- Hier ergeben sich die schwerwiegendsten Einschränkungen mit umweltpolitischer Relevanz. Beispiele: Wegerechte, Bindung an Bebauungsplan

Um die größten Missstände zu beseitigen, wird also ein „Mischsystem" geschaffen, welches die Ausgeschlossenen bis zu einem gewissen Grade kompensiert oder die Ausschlussmöglichkeiten einschränkt.

I.3.1.2. Handelbare Emissionsrechte und die Übertragung des Konzepts auf die Flächenhaushaltspolitik[163]

Früher war Grund und Boden ein freies Gut bzw. ein sog. „Allmendegut". Property rights-Theoretiker begründeten die Zuweisung von Eigentumsrechten, wie oben dargestellt, mit Effizienzzuwächsen. Die neuerdings über den Emissionshandel vorgenommene Zuweisung von Eigentumsrechten an der Atmosphäre („Himmelsgrundstücke") folgt grundsätzlich demselben Muster wie die „Einfriedung der Erde". Auch die Legitimation ist ähnlich: Die Erhöhung der Effizienz der Umweltpolitik.

a. Zielfestlegung / Legitimation

In der herkömmlichen umweltökonomischen Diskussion wird nach einem optimalen Niveau der Schädigung gesucht. Bei der Optimierungsüberlegung handelt es sich – wie in Kap. I.2.2.1. besprochen - um nichts anderes als um die Übertragung des herkömmlichen mikroökonomischen Optimalitätskriteriums (Grenzertrag = Grenzkosten) auf die Umweltökonomie. Zur Illustration nehme man sich noch einmal Abbildung 3a zur Hand: Die produktionsbedingte Emission von Schadstoffen kann hiernach so lange ausgeweitet werden, bis die Grenzschadenskostenkurve analog der Grenzkostenkurve in der mikroökonomischen Markttheorie (die die Angebotskurve bezeichnet) sich mit der Grenzvermeidungskostenkurve (analog der Nachfragekurve) schneidet. Die quantitative Konkretisierung dieses Optimalpunktes ist trotz aller Fortschritte in der Theorie der Umweltbewertung (s. unten) nach wie vor nur schwer möglich. Angesichts der Problematik der genauen Festlegung der Grenzschadenskurve spricht sich die – praktisch orientierte – Umweltökonomie als „Second-best-Maßnahme" für eine Setzung von Standards aus (standardorientierte Umweltpolitik, s. unten).

Hinweis: Standardorientierte Umweltpolitik vs. Internalisierung
Zur Eindämmung von Umweltschäden wird sowohl das Konzept der Internalisierung externer Effekte als auch dasjenige der standardorientierten Umweltpolitik diskutiert. Das Internalisierungskonzept geht dabei von einem Referenzmodell aus, das ein optimales Marktergebnis postuliert. Hierbei versucht man, die Umweltbeeinträchtigung auf ein Maß zu begrenzen, bei dem sich die aggregierten Grenzvermeidungs- und Grenzschadenskosten entsprechen. Indessen ist der Transfer des Modells in die Praxis – v.a. angesichts der theoretischen und praktischen Schwierigkeiten bei der Messung der Grenzschadenskosten - schwierig bis unmöglich. Dies bedeutet jedoch nicht das Ende der Umweltpolitik: Die Konzeption der „standardorientierten Umweltpolitik" hängt die Messlatte weniger hoch. Im Rahmen der standardorientierten Umweltpolitik wird auf ein Referenzmodell verzichtet. Vielmehr soll ein – regelmäßig anhand naturwissenschaftlicher Erkenntnisse gewonnener – Wert der Umweltbeeinträchtigung ge-

Teil I. Die Struktur: Umweltpolitik als Ordnungspolitik

setzt und mit geeigneten Mitteln erreicht werden. Der Emissionszielwert ist exogen vorgegeben und damit eben nicht mehr Gegenstand der ökonomischen Abwägung zwischen Kosten und Nutzen des Umweltverzehrs. Zu den standardorientierten Instrumenten werden Auflagen, Abgaben und Zertifikate gezählt. Dabei wird i.d.R. auch noch als Ziel die möglichst kosteneffiziente Erreichung eines politisch gesetzten Umweltziels vorgegeben. Das politisch, also außerökonomisch gesetzte Umweltziel hat also zunächst einmal das Primat.

Eine standardorientierte Umweltpolitik lässt sich theoretisch also sowohl über preis- wie auch mengenpolitische Instrumente durchführen. Als treffsicherer, weil das Umweltziel unmittelbar festlegend, werden jedoch die mengenpolitischen Instrumente angesehen. Hierbei soll das Angebot nach naturwissenschaftlich gesetzten Erkenntnissen (in der Praxis auch nach Maßgabe politischer Kompromisse) limitiert werden. Auch bei der standardorientierten Umweltpolitik geistert aber das Internalisierungskonzept noch insofern im Hintergrund herum, als man gemeinhin – ohne Not - von einem umweltpolitischen Punktziel ausgeht, das im Idealfall mit dem Ergebnis des Internalisierungskonzeptes übereinstimmt.[A] Die Limitierung geschieht dabei nach neoinstitutionalistischer Lesart vorzugsweise über die Definition und Zuweisung von (begrenzten) Eigentumsrechten an dem Umweltmedium (z.B. Rechte zur Wasserentnahme, Rechte zur Luftverschmutzung).

Der herkömmliche umweltpolitische Punktualismus, also die Orientierung am Belastungsniveau (Nutzungsniveau, „verkörpert" durch die *aggregierten* Grenzvermeidungskosten und dem Schädigungsniveau, dargestellt durch die *aggregierten* Grenzschadenskosten) geht jedoch zumeist an den umweltpolitischen Notwendigkeiten vorbei. Diese erfordern i.d.R. nicht nur die Steuerung des Niveaus, sondern gleichzeitig auch der *Struktur der Schutzgutbeeinträchtigung* (wobei die jeweiligen Sensitivitäten der diversen Schutzgüter berücksichtigt werden müssen) *vor dem Hintergrund einer bestimmten Nutzungsstruktur*. Wir wollen die Problematik nachfolgend anhand der Treibhausgasproblematik illustrieren. Die Treibhausgasproblematik ist deswegen instruktiv, weil sie in der umweltpolitischen Diskussion den Idealtypus des umweltpolitischen Punktualismus verkörpert: Sie wird zumeist als ein globales Problem angesehen; Belastungsstrukturen finden normalerweise keine Erwähnung. Diese Reduktion findet auch in der öffentlichen und politischen Diskussion ihren Niederschlag, die sich beim Klimaschutz fast nur um die Verringerung von CO_2-Emissionen dreht. Auch das Thema Flächenhaushaltspolitik soll Erwähnung finden, zumal das Konzept des Emissionshandels neuerdings auf das Flächenthema übertragen wird.

U.a. zeigt das Beispiel Ozon, dass es sich bei der Klimaproblematik weder um ein ausschließlich auf CO_2 beschränktes noch um ein nur globales Problem handelt.[B] So wird bodennahes Ozon beispielsweise hauptsächlich durch flüchtige organische Verbindungen (VOC) und NO_x gebildet (also z.T. auch indirekte Treibhausgase). Um ge-

---

[A] Dieser „Punktualismus" ist m.E. mit dem Konzept der standardorientierten Umweltpolitik aber nicht notwendig verknüpft, da die konsequente Umsetzung naturwissenschaftlicher Erkenntnisse m.E. sogar zu einer Abwendung von den „Punktzielen" und einer verstärkten Ansteuerung von „Strukturzielen" führen würde. Die betreffende Diskussion wurde jedoch noch nicht in hinreichender Weise geführt.

[B] Über Ballungsräumen mit einer hohen Emissionsdichte von Stickoxiden NO_X, Kohlenmonoxid CO und flüchtigen organischen Verbindungen kommt es bei intensiver Sonneneinstrahlung (sommerliches Hochdruckwetter) immer häufiger zu relativ hohen Ozonbelastungen (Sommersmog).

sundheitsgefährdende Ozonkonzentrationen in Deutschland künftig auszuschließen, müssten diese beiden Vorläufer-Substanzgruppen nach den Feststellungen des Umweltbundesamtes um ca. 50 % reduziert werden.[164] Dabei wird wegen des starken lokalen Bezugs und der hohen Diffusionswirkungen bei Ozon eine Einbeziehung in den Zertifikatehandel als nicht sinnvoll angesehen.[A] Es existieren Schadstoffinteraktionen und Hotspots, die nicht einfach unbesehen hingenommen werden können.

Schließlich ist zu berücksichtigen, dass regelmäßig mehrere Politikziele zugleich verfolgt werden (also ein ganzes Zielbündel). Die Gesellschaft und auch der Staat sind als „selbstorganisierende Systeme" eben gezwungen, sich an mehreren, z.T. in Konflikt stehenden Leitwerten zu orientieren. Im Zusammenhang mit der Energieversorgung ist hier v.a. die „Versorgung" zu nennen. Dementsprechend wurde z.B. bezogen auf den Emissionshandel im Rahmen des NAP II[B] abweichend von der allgemein gültigen Regelung für Kraftwerke ein brennstoffbezogener anstatt ein produktbezogener Benchmark vereinbart. Dies führt dazu, dass Stein- und Braunkohlekraftwerke besonders reichlich mit Verschmutzungsrechten bedacht werden. Man nahm den Kraftwerken also bewusst den Druck, Vermeidungstechnologien zu implementieren (Reduzierung der Bedeutung der Leitwerte der „Wandlungsfähigkeit / Adaptivität" und „Effizienz"), um sich nicht zu sehr von (russischem) Gas abhängig zu machen (Aufwertung des Leitwertes „Versorgung").[C]

Der Emissionshandel impliziert die Steuerung eines Emissionsniveaus. Dieses umweltpolitische Ziel ist – dogmatisch und ideologisch bedingt – unzweckmäßig festgelegt. Akzeptieren wir hingegen die Notwendigkeit der Struktursteuerung, so muss die Eignung des Handels mit Verschmutzungsrechten, dieses Ziel zu erreichen, mit anderen Augen als denjenigen der Orthodoxie gesehen werden. Wir werden zeigen, dass hinter dem umweltpolitischen Punktualismus eine Überbetonung des Leitwertes der Effizienz steht. Aus didaktischen Gründen werden wir zunächst die Effizienz und erst nachfolgend die Effektivität unter die Lupe nehmen.

b. Zur Effizienz

Wir werden vorliegend insbesondere auf eine spezifische Ausgestaltungsvariante handelbarer Verschmutzungsrechte, das sog. „Cap and Trade-Modell" (nachfolgend: „CT-Modell") eingehen. Beim CT-Modell wird zunächst eine globale Begrenzung für die Inanspruchnahme des Umweltgutes (Cap) festgelegt.[D] Im Rahmen einer standardorientierten Umweltpolitik orientiert sich der Cap an politisch gesetzten Zielen;

[A] Die betreffenden Gase werden allerdings im Montreal Protokoll erfasst. Secretariat for the Vienna Convention for the Protection of the Ozone Layer & the Montreal Protocol on Substances that deplete the Ozone Layer: The Montreal Protocol on Substances that deplete the Ozone Layer, United Nations Environment Programme, 2000, in: http://www.unep.org/ozone/montreal/shtml [20.01.2004].

[B] NAP II: Nationaler Allokationsplan für die Zuteilungsperiode 2008-2012.

[C] Betroffen sind die Rechtsgrundlagen zum Emissionshandel im Hinblick auf die Zuteilungsperiode 2008 bis 2012.

[D] Vgl. L. Wicke, Macroeconomic cost impacts of a Beyond Kyoto Cap and Trade Scheme – Illustrated at the example of the GCCS (Gutachten für das Umweltministerium Baden-Württemberg), Berlin / Stuttgart 2006.- CT ist nicht die einzig denkbare Ausgestaltungsmöglichkeit eines Regimes handelbarer Verschmutzungsrechte; so sind anstatt absoluter auch spezifische Reduktionsziele denkbar.- Vgl. C. Hohenstein / A. Pelchen / B. Wieler, Zertifikatehandel im Verkehrsbereich als Instrument zur CO_2-Berücksichtigung von Interdependenzen mit anderen Lenkungsinstrumenten und unter Gewährleistung der Kompatibilität mit der EU-Gesetzgebung: Kurzstudie im Auftrag des Rates für Nachhaltige Entwicklung, PriceWaterhouseCoopers, Berlin 2002, S. 25.

Teil I. Die Struktur: Umweltpolitik als Ordnungspolitik

dabei sollte aber idealerweise der Schnittpunkt zwischen den aggregierten Grenzvermeidungskosten und den aggregierten Grenzschadenskosten angestrebt werden. Im Schnittpunkt der (durch die Grenzvermeidungskosten bestimmten) Nachfragekurve mit dem durch den Cap limitierten Angebot ergibt sich ein einheitlicher Preis P* für das Recht zur Inanspruchnahme des Umweltgutes. Jeder Emittent vergleicht nun seine individuellen Grenzvermeidungskosten[A] (GVK) mit dem Preis der Verschmutzungsrechte (P*). Übersteigen die Grenzvermeidungskosten den Zertifikatepreis (GVK > P*), kauft der Emittent Zertfikate am Markt zu. Ist umgekehrt GVK < P*, kann der Emittent Rechte (die er nicht mehr benötigt) verkaufen und erhält hierdurch zusätzliche Einnahmen. Die erste Gruppe an Verschmutzern (GVK > P*) sorgt für die Nachfrage, die zweite (GVK < P*) für das Angebot im Markt für die Emissionsrechte. Insgesamt führt dies dazu, dass die Vermeidungsanstrengungen dort stattfinden, wo sie zu den geringsten Grenzvermeidungskosten durchgeführt werden können.[165]

Im Übrigen wird auf die individuellen / lokalen Grenzschäden umso weniger Rücksicht genommen, je weitläufiger das Regime ausgestaltet ist. Ohne Ansehen der jeweiligen Grenzschäden wird dort vermieden, wo die Grenzvermeidungskosten am geringsten sind. Gerade dadurch kommen die Effizienzgewinne zustande. Für das Individuum oder eine Region kann (z.B. bei Emissionshotspots) aber durchaus der Grenzschaden subjektiv höher ausfallen als die durch das Arrangement vermiedenen Kosten. Wenn man also überhaupt von Effizienz reden möchte, kann dies nicht Pareto-Effizienz, sondern allenfalls eine hypothetische Kompensation gemäß dem *Kaldor-Hicks*-Kriterium sein (s. Kap. I.2.3.1.).

Hinsichtlich der Effizienz eines derartigen Regimes wird als problematisch eingeschätzt, dass die Zertifikate eine störende Preisvolatilität entfalten können. Bei einem breiten Markt ist die diesbezügliche Gefahr zwar geringer, aber bei Weitem nicht ausgeräumt. Der Grund: Die Zertifikate haben einen optionalen Charakter und sind daher „geborene" Spekulationsobjekte:[166] Sie gewähren ihrem Inhaber das Recht, aber nicht die Verpflichtung, Grenzvermeidungskosten bezüglich eines bestimmten Quantums Treibhausgase innerhalb einer bestimmten Zeitspanne (Geltungsdauer) einzusparen.[B] Dabei besteht hinsichtlich der Einsparpotentiale Unsicherheit. So kann es zu unerwarteten Änderungen der Grenzvermeidungskosten (v.a. verstanden als Opportunitätskosten) kommen. Insbesondere dann, wenn man die Zertifikate als Optionen in einer unsicheren Welt interpretiert, verkehrt sich der scheinbare Effizienzvorteil (der sich aus den einzusparenden Grenzvermeidungskosten ergibt) zum Effizienzproblem: Die Vermeidungskosten können leicht das Zehnfache des Zertifikatepreises betragen[167]; diese Relation ist jedoch ein Maßstab für das Ausmaß der Hebelwirkung der Option. Unerwartete Änderungen des Zertifikatepreises (dieser ist auch der Ausübungspreis der Option!) können etwa auch durch Angebotsüberhänge (z.B. verursacht durch die „Vermehrbarkeit" von Verschmutzungsrechten durch den sog. „Clean Development Mechanism"[C]) entstehen. Abbildung 12 (Kurse und Han-

---

[A] Über den Handelsprozess („Trade") gleichen sich zudem die Grenzvermeidungskosten der verschiedenen Verschmutzer an.

[B] Grenzvermeidungskosten sind nicht nur als Kosten der physischen Vermeidung von Emissionen, sondern auch als entgangene Gewinne (Opportunitätskosten) zu interpretieren.

[C] Je nach einzelstaatlicher Regelungsauslegung können die in anderen Ländern eingesparten Emissionen teilweise oder voll über einen Anrechnungsmechanismus in Zertifikate transferiert werden. Hierdurch wird der Emissionshandel zu einem „halb offenen System".

Teil I. Die Struktur: Umweltpolitik als Ordnungspolitik

delsvolumina an der EEX) illustriert, dass es sich hierbei um ein reales Problem handelt.

Abb. 12: **Preise und Handelsvolumina der EU-Emissionsberechtigungen (Screenshot, EEX Leipzig)**
(Quelle: http://www.eex.de [20.02.07])

Das Ergebnis ist in jedem Falle eine entsprechend hohe „Missbrauchsanfälligkeit" für Spekulation.[168] Die zu erwartenden Preisausschläge machen die Zertifikate für Hedgefonds und andere Spekulanten interessant. Stehen aufgrund von Hortungs- und Spekulationstendenzen zu wenig Zertifikate für die Emittenten im Markt zur Verfügung, drohen Wohlfahrtsverluste (sektorale Preissteigerungen und Produktionseinschränkungen). Eine hohe Volatilität des Zertifikatepreises kann ferner zu Ressourcenverschwendung aufgrund von Fehlkalkulationen bzw. zu Friktionen aufgrund nachträglicher Anpassungen führen. Zudem werden wegen der Unsicherheiten über den Vermeidungserfolg (Verkauf der Zertifikate zu welchem Preis?) die Vermeidungsanstrengungen geringer als bei Sicherheit ausfallen. Die skizzierten Fehlentwicklungen können teilweise eingedämmt werden, wenn sich funktionsfähige Terminmärkte herausbilden.[169] Die Kosten der Unsicherheit werden dann allerdings unmittelbar sichtbar. Bestrebungen wie die Einrichtung einer Emissions-Zentralbank[A], die Institutionalisierung von Preisuntergrenzen[170], die Begrenzung der Laufzeit der

---

[A] Auf die Optionspreistheorie übertragen läuft dies auf eine Absenkung des Volatilitätsparameters hinaus, wodurch der – die Spekulation anheizende – Wert der Handlungsspielräume gesenkt wird.

Teil I. Die Struktur: Umweltpolitik als Ordnungspolitik

Berechtigungen[A] oder eine Öffnung der Systemgrenzen („Safety valve"-Konzept[B]) etc. weisen zwar aus optionstheoretischer Sicht in die richtige Richtung, sind aber letztlich Reparaturen an einem „Geburtsfehler".

Ein weiterer Aspekt: Der Zertifikatehandel kann seine angeblichen Effizienzvorteile erst durch eine weitläufige Systemabgrenzung entfalten,
- weil sich die Effizienz des Regimes aus den Unterschieden in den Grenzvermeidungskosten ergibt: Diejenigen Unternehmen mit hohen Grenzvermeidungskosten zum Marktpreis kaufen Emissionszertifikate zu und solche mit geringen Grenzvermeidungskosten verringern so lange ihre Emissionen, wie ihre Grenzvermeidungskosten geringer als der Marktpreis sind (da sie zum Marktpreis veräußern und die Differenz zwischen Marktpreis und Grenzvermeidungskosten ihren Vermeidungsgewinn darstellt). Daher gleichen sich die Grenzvermeidungskosten aller Unternehmen in einem effizienten Markt einander an: Sie entsprechen dem Zertifikatepreis. Je mehr Emittenten teilnehmen, je mehr Schadstoffe einbezogen werden etc., umso besser können die bestehenden Unterschiede in den Grenzvermeidungskosten ausgeglichen werden und umso effizienter arbeitet das System. Dieses Argument gilt übrigens auch für Ökosteuer-Regimes (hier pendeln sich die Grenzvermeidungskosten auf den Steuerbetrag statt auf den Zertifikatepreis ein).
- und weil ansonsten kein effizienter Handel zustande kommen würde (dieses Argument gilt nicht für Steuer-, sondern nur für Handelsregimes). Je enger die Märkte, umso höher sind die Preisausschläge. Die sich einstellenden Zertifikatpreise wären in engen Märkten mehr als alles andere vom Zufall bestimmt. Ein Unternehmer, der Vermeidungsanstrengungen unternimmt, könnte bei fortwährend und stark schwankenden Preisen nicht einschätzen, zu welchem Preis er die „freien" Zertifikate in Zukunft veräußern kann. Die bestehende Unsicherheit hinsichtlich des Erfolgs der Vermeidungsanstrengungen würde dazu führen, dass die Emissionsvermeidung hinter dem theoretisch möglichen Niveau zurückbleibt.

Ein großes Format kann in räumlicher, zeitlicher, gegenständlicher und subjektiver Sicht angestrebt werden:
- in *gegenständlicher Hinsicht* kann der „Kyoto-Korb" angeführt werden, in dem die sechs wichtigsten direkt wirkenden (also strahlungswirksamen) Treibhausgase zusammengefasst sind (also CO_2, CH_4, N_2O, HFC, PFC und SF_6).[C] Die Gewichtung der diversen Gase des Kyoto-Korbs ergibt sich nach Maßgabe des „Global warming potential, GWP"[D], das als Indikator für die Klimaschädlichkeit dient (es handelt sich bei den GWP also um sog. „CO_2-Äquivalente"; der GWP für CO_2 ist gleich 1, so dass CO_2 quasi als „Numeraire" im Korb dient). Auch der Europäi-

---

[A] Im Optionspreisansatz bedeutet dies eine Senkung der Laufzeit t, was ebenfalls den allokativ störenden Wert der Handlungsspielräume absenkt.

[B] Vgl. J. Schwerdt, Das „safety valve"-Konzept im Klimaschutz – Idee und Kritik, in: ZfU 3 / 2005, S. 321-344, hier: S. 322 ff.- Der Wert der Handlungsspielräume wird durch die Absenkung der Volatilität und die Erhöhung der „Dividende" reduziert (im Safety-valve-Konzept wird letztlich ein Hybrid-System zwischen Steuer- und Zertifikatslösung implementiert und wegen der „Durchlässigkeit" des Zertifikatsystems die Exklusivität der durch die Zertifikate verbrieften Rechte aufgeweicht).

[C] Unter „direkten Treibhausgasen" versteht man gasförmige Bestandteile der Atmosphäre, welche die infrarote Strahlung aufnehmen und wieder abgeben können.- Vgl. International Negotiating Committee for a Framework Convention 1992.

[D] Das GWP ist zeitabhängig, da sich die Spurengase z.T. erheblich hinsichtlich ihrer Verweildauer in der Atmosphäre unterscheiden. Häufig wird es auf einen Zeitraum von 100 Jahren bezogen (GWP_{100}).

Teil I. Die Struktur: Umweltpolitik als Ordnungspolitik

sche Emissionshandel will durch Einbeziehung weiterer Gase (über CO_2 hinaus) und Sektoren (aktuell: Diskussion um die Einbeziehung des Luftverkehrs) in „Kyoto-kompatibler" Weise an Effizienz gewinnen. In gegenständlicher Hinsicht ergibt sich also die Tendenz zu einem „Universalzertifikat". Ein weiteres Anwendungsbeispiel in gegenständlicher Sicht: Um eine effektivere Begrenzung der Flächenneuinanspruchnahme zu gewährleisten, wird neuerdings die Idee der handelbaren Flächenausweisungskontingente diskutiert. Hierbei wird der CT-Mechanismus auf das Politikfeld „Flächenhaushaltspolitik" übertragen: Kommunen müssten demnach Flächenausweisungskontingente vorweisen, damit ihre Bauleitplanung wirksam werden kann.[171] In den prominenten Systementwürfen wird hierbei nicht etwa eine Differenzierung zwischen den verschiedenen Nutzungsarten (Gewerbe, Wohngebiete, Verkehrsflächen etc.) favorisiert, vielmehr orientiert man sich an der aggregierten Größe „Siedlungs- und Verkehrsfläche" – auch hier wird also ein „Universalzertifikat" angestrebt.[172]

- Mit Bezug auf die Handelssubjekte wird über die verpflichteten Unternehmen hinaus die Einbeziehung von Privatleuten und NGOs in den Handel diskutiert.
- In *räumlicher Hinsicht* wurde bekanntlich mit Kyoto ein weltumfassendes Regime angestrebt (wenngleich nicht erreicht). Die handelbaren Flächenausweisungskontingente betreffend wird eine bundesweite, nicht etwa einer länder- oder regionenspezifische (z.B. Ebene der Planungsgemeinschaften) Lösung favorisiert.
- *Zeitlich* gibt es Überlegungen hinsichtlich der Ausweitung der Übertragbarkeit zwischen den Handelsperioden (bzw. „Banking" und „Borrowing")[A], um Unterschiede hinsichtlich der Grenzvermeidungskosten auch auf der Zeitachse ausgleichen zu können.[173]

Die oben bereits kritisierte Definition des Umweltziels als Punktziel (im Klimakontext z.B. als globales CO_2-Ziel) und das großformatige Design (z.B. Universalzertifikate) bedingen sich gegenseitig. Nur unter diesen Bedingungen kann der Effizienz das Primat gegeben werden bzw. dieser Leitwert die zu beobachtende Überbetonung erfahren. Die Systemlogik lautet dabei: Wo und wann die Vermeidung stattfindet oder aus Kostengründen eben nicht vermieden wird, ist sekundär; wichtig ist, dass das Ziel in der Summe (über die Räume, Spezies, Zeit und Schadstoffe hin) erreicht wird. Diese Logik impliziert, dass zeitliche, räumliche, gegenständliche oder auf Subjekte bezogene Emissionszusammenballungen und –spitzen in Kauf genommen werden. So können z.B. Hotspots auch bei bestimmten Klimagasen (so bei Ozon und NO_x) auftreten. Über Ballungsräumen mit einer hohen Emissionsdichte von Stickoxiden NO_X, Kohlenmonoxid CO und flüchtigen organischen Verbindungen kommt es bei intensiver Sonneneinstrahlung (sommerliches Hochdruckwetter) immer häufiger zu relativ hohen Ozonbelastungen (Sommersmog). Eigentlich liegt es in der Effizienzlogik des Emissionshandelssystems, derartige Hotspots zu tolerieren. (Ordnungsrechtliche) Maßnahmen gegen Hotspots, wie sie faktisch angewendet werden, durchbrechen diese Logik und tragen mit Inkonsistenzen auch Ineffizienzen in das System (s. unten), die eigentlich dessen Legitimation erschüttern müssten.

Wir werden dementsprechend im nachfolgenden Abschnitt c. (ökologische Treffsicherheit / Effektivität) darstellen, warum mit derart weiträumigen Systemabgrenzungen Strukturziele nicht effektiv erreicht werden können.

[A] Bislang ist im europäischen Emissionshandel nur das Borrowing zwischen den einzelnen Jahren innerhalb derselben Handelsperiode möglich.

Teil I. Die Struktur: Umweltpolitik als Ordnungspolitik

c. Ökologische Treffsicherheit (Effektivität)

Dabei wird die ökologische Treffsicherheit als ein weiteres großes Plus des Cap and Trade angeführt. Durch den idealerweise „globalen" Cap wird die Inanspruchnahme des Umweltgutes absolut limitiert. Wir haben oben (zuletzt in Punkt a. dieses Kapitels) schon bezweifelt, ob mit einem absoluten, allumfassenden Cap das Ziel überhaupt richtig gesetzt sein kann. Die diversen Schutzgüter (Biodiversität, Gesundheit, Klima etc.) bzw. Ökosysteme können gegenständlich, räumlich und zeitlich vollkommen unterschiedlich exponiert sein und zudem diesbezüglich unterschiedliche Sensitivitäten aufweisen. Demnach existieren Unterschiede nicht nur in den Grenzvermeidungskosten, sondern auch in den Grenzschäden bzw. Grenzschadenskosten.

Betrachten wir stellvertretend für andere Ökosysteme das Alpenvorland und ein großes Vorkommen von riffbildenden Kaltwasserkorallen, z.B. vor der Küste Norwegens.[A] Das Korallenriff geht zusammen mit seinen Bewohnern wegen der zunehmenden CO_2-bedingten Übersauerung des Meeres langsam zugrunde, was zu einem weiteren Verlust an Biodiversität beiträgt; das Alpenvorland mag hingegen in seiner Biodiversität durch die steigende CO_2-Konzentration weitgehend unberührt bleiben.

Nun ist die Unwissenheit über das Funktionieren der Ökosysteme groß, und zwar umso größer, je weiter die Systemabgrenzung gewählt wird. Über die Rückkopplungseffekte auf andere Ökosysteme, die von den sterbenden Korallen ausgehen, können daher nur Vermutungen angestellt werden. Das Überschreiten der Resilienzen der Ozeane aufgrund weiterer CO_2-Einträge (Produktion von Kohlensäure, H_2CO_3) wird jedenfalls für möglich gehalten.[B] Hinsichtlich des Korallenriffs besteht diesbezüglich im Beispiel das Problem einer möglichen nichtlinearen lokalen Grenzschadens(kosten)funktion: Selbst wenn der Cap gesamthaft eingehalten wird, findet doch lokal eine Überschreitung der Schwellenwerte statt, so dass die Resilienz des Subsystems Korallenriff überstrapaziert wird und die Folgen nicht absehbar sind. Dies bedeutet jedoch nichts anderes, als dass man sich auch bei den „globalen Emissionen" an der Resilienz der empfindlichsten Ökosysteme orientieren sollte (Berücksichtigung der Belastungsstruktur).

Das real existierende, auf dem Handelsparadigma fußende Cap-and-Trade-Regime entspricht indessen nicht diesen Anforderungen: Wegen der oben beschriebenen Tendenz zu einem großformatigen Systemdesign („Universalzertifikate") ist eine differenzierte Rücksichtnahme auf die Resilienz einzelner Ökosysteme (bzw. allgemein die Steuerung einer Belastungsstruktur) im CT-Regime nämlich kaum möglich[174]: Der Zertifikatepreis bildet sich im Schnittpunkt der aggregierten Grenzvermeidungskosten (Nachfrage nach Emissionszertifikaten) und an einem möglichst universellen, großformatig definierten Cap (Angebot an Emissionszertifikaten) – damit wird eben auch das Umweltziel großformatig (im Klimakontext z.B. als globales CO_2-Ziel) gesetzt. Entsprechend der Systemlogik - welche die Vermeidungsaktivitäten nach Kostengesichtspunkten steuert - sollen dabei zeitliche, räumliche, gegenständliche oder auf Subjekte bezogene Emissionszusammenballungen und –spitzen in Kauf genommen

---

[A] Diese „Lophelia pertusa" sind tatsächlich riffbildend. http://www.co2-handel.de/article311_2945.html [16.08.2008]

[B] Die Kohlensäure zerfällt in verschiedene Ionen, nämlich zunächst in Bikarbonat (HCO_3^-) und weiter in Karbonat (CO_3^{2-}), wobei ein bzw. zwei Wasserstoffionen (H+) freiwerden. Diese Ionen bestimmen den pH-Wert, je höher ihre Konzentration, umso niedriger der pH, umso saurer die Lösung. Steigt die CO_2-Konzentration im Wasser, da mehr Kohlendioxid aus der Atmosphäre aufgenommen wird, entsteht mehr Bikarbonat und so mehr H+-Ionen.- Vgl. http://www.scinexx.de/wissen-aktuell-7294-2007-10-25.html [16.08.2008]

Teil I. Die Struktur: Umweltpolitik als Ordnungspolitik

werden. Es liegt nicht in der Systemlogik, dass Rücksicht auf die Resilienz der ökologischen Teilsysteme genommen wird. Damit werden die Unterschiede bezüglich der Empfindlichkeiten der jeweiligen ökologischen Subsysteme (und damit die unterschiedlichen Grenzschäden) im Grundsatz ignoriert. Wenn ein falsch gesetztes Umweltziel in effizienter Weise – eben durch ein großformatiges System, das auf Sensitivitäten keine Rücksicht nimmt - verfolgt wird, können aber Umweltbeeinträchtigungen die Folge sein. In der nachfolgenden Illustration dieser Aussage sei vereinfachend unterstellt, dass das theoretisch exakte Konzept der Identität von aggregierten Grenzvermeidungs- und Grenzschadenskosten („Internalisierungskonzept") und die standardorientierte Politik zum selben Ergebnis führen. Das von den Planern / Naturwissenschaftlern gesetzte Belastungsmaximum entspricht also dem ökonomischen Optimalpunkt. Auf eine mathematische Beweisführung wird bei der nachfolgenden Kritik aus Platzgründen verzichtet. Stattdessen wird die Argumentation anhand der untenstehenden Abbildung illustriert, wobei diesmal ein gegenständlicher Bezug gewählt werden soll („Schadstoff" bzw. „Gas" A und B statt „Ort", „Zeit" oder „Spezies" bzw. B): Die Grenzvermeidungskostenkurven sind GVK_A für Gas A bzw. GVK_B für Gas B. Die angesichts der (gestrichelt gezeichneten) Grenzschadenskosten (GSK) maximal tolerierbare Emissionsmenge für Gas A sei C_A, diejenige für Gas B sei C_B. Für die Grenzschadensfunktion von B ist ein nichtlinearer Verlauf angedeutet (kein Polynom ersten Grades). Der in Gas B durch Emissionen des Schadstoffes verursachte Grenzschaden (in der untenstehenden Graphik durch eine gestrichelte Linie gekennzeichnet) kann in Äquivalenten (Ä, analog zu den oben angesprochenen GWPs) des Grenzschadens ausgedrückt werden, der von Gas A verursacht wird: $GSK_B = Ä \times GSK_A$. Derartige Äquivalente ermöglichen erst die Definition eines gesamthaften Cap und stellen daher in gegenständlicher Hinsicht eine conditio sine qua non für ein großformatiges Regime dar. Transformiert man also – im Sinne einer „geglückten" standardorientierten Politik - die naturwissenschaftlichen Erkenntnisse bezüglich der Äquivalente in entsprechende Grenzwerte (die dann zugleich Caps darstellen), muss sich $C_B = Ä \times C_A$ ergeben. Werden nun die Grenzwerte von Gas A und B aggregiert, erhält man einen gesamthaften Grenzwert / Cap $C_{A+B} = C_A \times Ä + C_A$ (entspricht theoretisch dem Optimalpunkt X* in Abb. 3a). Problematisch an den Äquivalenten ist jedoch, dass sie nur eine Durchschnittsbetrachtung darstellen. Bezogen auf

- den Emissionshandel: Regionale Spezifika (Luftdruck, Temperatur etc.[A]) können lokal andere als die aggregierten Äquivalente verursachen. Hinzu kommen noch die jeweiligen Sensitivitäten und Expositionen der Schutzgüter und Ökosysteme vor dem Hintergrund unterschiedlicher Schadstoffkonzentration und –interaktionen.
- handelbare Flächenausweisungskontingente: Von den Planern können in den jeweiligen Kommunen vollkommen andere Nutzungsstrukturen (Wohnen, Gewerbe, Freiflächen etc.) als zielführend erachtet werden, als die durchschnittliche Nutzungsstruktur, die sich in der Siedlungs- und Verkehrsfläche widerspiegelt.

[A] Diese Faktoren sind maßgeblich für die Diffusionseigenschaften eines Schadstoffes verantwortlich.

Teil I. Die Struktur: Umweltpolitik als Ordnungspolitik

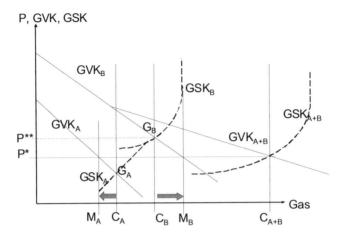

Abb. 13: Fehlsteuerungen bei einem Universalzertifikat
(Quelle: Eigene Darstellung)

Aus dem Schnittpunkt des aggregierten Cap (also: $X^* = C_{A+B} = C_A \times Ä + C_A$) sowie der aggregierten Grenzvermeidungskostenkurve ergibt sich nun der Einheitspreis für die Universalzertifikate P^*.

Der Schnittpunkt zwischen den Grenzvermeidungskosten und den Grenzschadenskosten für A und B bezeichnet jeweils die lokalen Teiloptima. Der Einheitspreis P^* führt aber dazu, dass im Regelfall das Gesamtoptimum nicht auf die - an den jeweiligen Teiloptima orientierten - Grenzwerte / Caps C_A und C_B „heruntergebrochen" werden können. Für den Emittenten spielen ja die jeweiligen Caps C_A und C_B keine Rolle; nur der aggregierte Cap C_{A+B} wird daher in ein Preissignal transformiert. Der jeweilige Emittent orientiert sich damit nur an den individuellen Grenzvermeidungskosten (GVK) und dem Preis P^*. Demnach stellt sich für jedes Gas im Schnittpunkt zwischen Grenzvermeidungskostenkurve (GVK_A bzw. GVK_B) und P^* eine Menge (M_A bzw. M_B) ein, die vom jeweils intendierten Cap (C_A bzw. C_B) regelmäßig mehr oder weniger abweicht. Dies bedeutet: Von Gas A wird weniger, von Gas B mehr emittiert, als dies angesichts der Exposition und Sensitivität der jeweiligen Schutzgüter in der Region vertretbar ist (differenzierte Grenzwertsetzungen würden sich an C_A und C_B orientieren). Will man das Regime nicht durch eine Regulierung in seiner Effizienz beschränken, muss diese Zielverfehlung hingenommen werden.

Was handelbare Flächenausweisungskontingente angeht, so sollen diese die planerischen Zielfestlegungen unterstützen. Allerdings stellt sich die Problematik ganz ähnlich wie bei Verschmutzungszertifikaten dar: Sei (wiederum gegenständlich) GVK_A die Grenzvermeidungskosten für die Nutzungsart Gewerbe und GVK_B die Grenzvermeidungskosten für die Nutzungsart Wohnen: Die Grenzvermeidungskosten ergeben sich v.a. durch entgehende Steuereinnahmen und Finanzzuweisungen, wenn auf die Ausweisung von Baugebieten verzichtet wird (Opportunitätskosten). Wird jedoch bei der Definition des Zertifikates nicht nach den verschiedenen Nutzungsarten differenziert, sondern – über „Universalzertifikate" - pauschal die „Sied-

Teil I. Die Struktur: Umweltpolitik als Ordnungspolitik

lungs- und Verkehrsfläche" zum Gegenstand der Flächenausweisungskontingente gemacht, ergibt sich ein „Mischpreis" (in der obigen Darstellung P*). In der Zeichnung liegt – bezogen auf die Nutzungsart „Gewerbe" - der „Mischpreis" P* oberhalb, für die Nutzungsart „Wohnen" unterhalb des für die Steuerung optimalen Preises G_A bzw. G_B. Für die Kommunen besteht somit ein Anreiz, weniger als die planerisch festgelegte Gewerbefläche C_A, und mehr als die planerisch festgelegte Wohnfläche C_A auszuweisen. Handelbare Flächenausweisungskontingente sind somit gerade wegen ihrer Unfähigkeit, Belastungsstrukturen differenziert zu steuern, ein denkbar ungeeignetes Instrument, um die Planung effektiv zu unterstützen.[175]

Gegen die obigen Ausführungen wird eingewendet, dass speziell bei CO_2 die Strukturproblematik nicht bestünde; hier sei vielmehr eine globale Betrachtung angemessen. Dieser Einwand trifft jedoch nicht, was anhand des folgenden Beispiels gezeigt werden soll. Dabei wollen wir wiederum das oben schon erwähnte Beispiel (den Einfluss von CO_2 auf das Alpenvorland bzw. die Kaltwasserkorallen) aufgreifen und dementsprechend nach Orten anstatt nach Gasen differenzieren. Es sei dementsprechend A das Alpenvorland und B das Vorkommen an Kaltwasserkorallen vor der norwegischen Küste. Wir unterstellen für B, dass (in M_B) bei Überschreiten kritischer Schwellenwerte der CO_2-Konzentration die Grenzschadens(kosten)funktion gegen unendlich geht. Die Folge: Möglicherweise kippt nicht nur das Subsystem Korallenriff, sondern wegen der Rückwirkungen auf A sogar das gesamte System (Meer, und im Gefolge davon abhängige Systeme auf dem Land).[A]
Es ergibt sich folgendes Bild: Dem Cap-and-Trade als einem primär effizienzorientierten Regime ermangelt es an Rücksichtnahme auf die Resilienz von Ökosystemen; dabei bestehen große Wissenslücken bezüglich der Funktionsweise von (Öko-) Systemen und ihrer Störanfälligkeit: Ökologische Systeme haben einen nicht linearen Charakter, es existieren zeitverzögerte Wirkungen aufgrund von Pufferungen und Synergieeffekten; die Komplexität vernetzter Regelkreise ist weitgehend undurchschaubar. Angesichts unserer Unwissenheit über diese Aspekte und vor dem Hintergrund der Bedeutung der Lebens- und Entwicklungsfähigkeit von Ökosystemen für das menschliche Überleben sollte diese nicht dem Streben nach Effizienz nachgeordnet werden. Grundsätzliche Bedenken bestehen ferner dahingehend, die verschiedenen Leitwertdimensionen (Effizienz, Sicherheit etc.) und Schutzdimensionen (gegenständlich, zeitlich, örtlich, subjektiv) eines Systems in eine einzige Dimension – nämlich Geld - zu aggregieren, wie dies durch den Zertifikatepreis im Cap-and-Trade-Regime geschieht. Der letztlich die verschiedenen Systemdimensionen zusammenfassende Preis nährt die Illusion, es gäbe ein eindeutiges, konfliktfreies Kalkül einer ökonomischen Effizienz (Optimum). Mehrdimensionalität führt jedoch regelmäßig zu Konflikten, die sich oftmals ökonomischen Kategorien entziehen und (politischer) Kompromisse bedürfen.
Dies bedeutet vorliegend: Das Gesamtsystem (hier: Meer) kann nur geschützt werden, indem außerökonomisch bestimmte Grenzen errichtet und der „Safe Minimum Standard" und das „Vorsorgeprinzip" beachtet wird (s. Kap. I.2.1.3.). Wo die betreffenden Grenzen liegen, ist jedoch ungewiss. Selbstverständlich liefern die nach außerökonomischen Maßstäben gesetzten Grenzen daher keine Garantie für ein perfektes, über alle Zweifel erhabenes Kalkül. „Aber das ist kein Nachteil, denn nicht eine unvollkommene, immer wieder Diskussion und Nachdenken erfordernde Strategie ist problematisch, sondern die - einer perfekten Strategie, der alle folgen, ohne Verantwortung übernehmen zu müssen."[176]

[A] Dies ist natürlich ein hypothetisches Horrorszenario zu Illustrationszwecken.

Teil I. Die Struktur: Umweltpolitik als Ordnungspolitik

Die Orientierung am Safe Minimum Standard würde angesichts der globalen Dimension der CO_2-Problematik vorliegend also nicht den sich im Zuge des Emissionshandels einstellenden Preis P* (der eben die Durchschnittsbetrachtung wiedergibt), sondern einen höheren Preis P** erfordern, der Rücksicht auf das „schwächste Glied der Kette" nimmt (nämlich das Korallenriff). Es bedürfte also einer weitergehenden Kontingentierung, welche die den CO_2-Äquivalenten zugrundeliegende Durchschnittsbetrachtung beiseite schiebt. Anders formuliert: Von den Marktteilnehmern wäre nach dem Vorsichtsprinzip eine Prämie für die Erhaltung einer wichtigen Option für die Nachwelt in Gestalt der Differenz zwischen P* und P** einzufordern. Dass sich aus der Cap-and-Trade-Logik eine solche „Optionsprämie" nicht ohne Weiteres ergibt, illustriert den Zielkonflikt zwischen Effizienz und Systemsicherheit (als weiteren Leitwert). Aus dem Effizienzkriterium lässt sich eben kein Optimum ableiten, bei dem alles „automatisch", wie durch eine „unsichtbare Hand" bestens geregelt wäre.

Die Behauptung der ökologischen Treffsicherheit kann also nur vor dem Hintergrund einer fragwürdigen, punktuellen Zieldefinition vertreten werden. In der Regel sind Emissionen aber über Produktionsprozesse, chemische Interaktionen etc. miteinander verbunden, ebenso sind die Schutzgüter in unterschiedlicher Art und Weise (je nach Exposition, Sensitivität etc.) von der selben Schadstoff(-kombinationen) betroffen. Es gilt, Schwellenwerte in subjektiver, räumlicher, zeitlicher und gegenständlicher Hinsicht zu beachten, bei deren Überschreitung das Ökosystem instabil werden kann. Die Festlegung eines Belastungsniveaus anstatt (gleichzeitig) einer Belastungsstruktur ignoriert dies jedoch.

Akzeptiert man diese Kritik, ist das CT-Regime aber nicht nur wenig effektiv; es ergeben sich zudem Rückwirkungen auf die Effizienz: In Abb. 13 bleibt die Emission von Gas A / Ausweisung von Gewerbeflächen hinter dem Teiloptimum C_A zurück. Weil diesbezüglich „zu viel" vermieden wird, entsteht eine unnötige Wohlfahrtseinbuße. Bei Gas B / Ausweisung von Wohnflächen wird hingegen mehr emittiert, als dies das Teiloptimum zulässt. Mit dieser Überschreitung sind ebenfalls Wohlfahrtsverluste bzw. soziale Kosten (z.B. Umwelt- und Gesundheitsschäden aufgrund von lokalen Emissions-Hotspots, übermäßige Flächenneuinanspruchnahme) verbunden. Je nach Richtung der jeweiligen Abweichung zwischen M_A bzw. M_B sowie den Teiloptima C_A bzw. C_B kann der beschriebene Wohlfahrtsverlust – völlig zufällig – hoch oder gering sein. Es gibt keinen Hinweis auf einen Mechanismus, der diese Fehlsteuerung *systematisch* abschwächen könnte. Die Wohlfahrtsverluste, die sich durch Über- und Unterschreiten der Optimalpunkte ergeben, saldieren sich aber nicht in der Aggregation, wie dies die Orientierung an einem, gesamthaften Optimum suggeriert. Es verhält sich wie mit einem schlechten Schützen, der die Scheibe laufend in die verschiedensten Richtungen hin verfehlt. Die Aggregation dieser Schießfehler macht ihn aber noch längst nicht zu einem Meisterschützen. Mit einem einheitlichen Preis P* (Universalzertifikat) lassen sich Belastungsstrukturen nicht differenziert steuern. In diesem Sinne erfordert Effektivität, also ökologische Treffsicherheit, ein ausdifferenziertes, kleinteiliges Instrumentarium.

Die dargestellten Probleme könnten theoretisch durch ausdifferenzierte Märkte für A und B gelöst werden. Dann könnten sich für jedes Marktsegment eigenständige, zielführende Preise bilden. Allerdings wäre ein derartiges, kleinteiliges Design nicht mehr effizient (vgl. die Ausführungen oben): Je enger die Märkte definiert werden, umso geringer das Potential an auszugleichenden Grenzvermeidungskosten, und damit die Effizienz. Es bestehen zudem Zweifel, ob die entstehenden, mehr oder weniger engen Märkte zu einer effizienten Preisbildung führen würden (Volatilität der

Teil I. Die Struktur: Umweltpolitik als Ordnungspolitik

Preise). Dies gilt in gegenständlicher Hinsicht z.B. für die in Kyoto einbezogenen Gase NO_x und SF_6, und zwar selbst bei einem weltweiten Handel. Die Bedenken bleiben auch dann bestehen, wenn man in den engen Märkten Kurspflege über „Emissions-Zentralbanken" o. dgl. betreiben würde.
Genausowenig ist anzunehmen, dass z.B. ein reger Handel für Flächenausweisungskontingente bezogen auf ein isoliertes Zertifikat für Industrieflächen, das lediglich z.B. im Beritt der Planungsgemeinschaft Rheinhessen-Nahe Gültigkeit hat, zustande käme. Je enger die Märkte, umso höher die Effektivität, aber umso gravierender auch die Effizienzverluste, was dem System seine entscheidenden Vorteile nehmen würde.

Schließlich: Von einem effektiven Umweltschutzregime ist zu fordern, dass entsprechende wissenschaftliche Erkenntnisfortschritte rasch und friktionslos integriert werden können. Unser Wissen über ökologische Systeme ist – wie oben schon erwähnt – rudimentär, die diesbezüglichen Erkenntnisse unsicher. Die Zusammenhänge werden erst langsam und sukzessive aufgeklärt, manchmal kommt es zu Revisionen oder veränderten Sichtweisen. So ist z.B. teilweise noch nicht einmal die Zusammensetzung bestimmter schädigender Emissionen hinreichend klar (beispielsweise ist im Hinblick auf den - noch nicht in die Emissionshandelsregimes einbezogenen - Verkehrssektor die chemische Natur von 85 bis 90 % der organisch-chemischen Emissionen von Kfz-Abgasen unbekannt[177]). Im – bis dato noch nicht in den Kyoto-Prozess einbezogenen – Luftverkehr geht ein erheblicher Anteil der Klimaschadenswirkungen von anderen Bestandteilen im Abgas als dem Kohlendioxid aus. Die Wirkungen von u.a. Stickoxiden, Kondensstreifen oder Zirruswolken sind ebenso wie die atmosphärischen Vorgänge in der Reiseflughöhe von 10 km nur teilweise erforscht.[178] Von einem effektiven Umweltschutzregime ist aber zu fordern, dass wissenschaftliche Erkenntnisfortschritte rasch und friktionslos integriert werden können. Andererseits kann es aber nicht im Interesse der Effizienz des Systems sein, wenn bei Vorliegen neuer wissenschaftlicher Erkenntnisse mit den Äquivalenten (oben: GWPs) auch fortwährend die Rahmenbedingungen des Regimes geändert werden. Hiermit würde eine neue Dimension von Systemunsicherheit eingeführt. Das Ergebnis wäre eine entsprechend hohe Volatilität der Preise und eine Beeinträchtigung des Vertrauens in den finanziellen Erfolg von Vermeidungsanstrengungen. Andererseits wäre – wenigstens bei global wirkenden Schadstoffen – genau diese Änderbarkeit des Systems eine wesentliche Voraussetzung für ein – nach naturwissenschaftlichen Maßstäben - korrektes Wirken. Das CT-Regime ist grundsätzlich für neue Erkenntnisse, Veränderungen und auch andere Systeme nicht offen; es handelt sich um ein „in sich geschlossenes System".
Ein weiteres Exempel hierfür: Nehmen wir an, es wird eine Verbundemission zwischen einem in den Emissionshandel einbezogenen Treibhausgas und einem Schadstoff entdeckt, der aber wegen seiner Schädlichkeit und Diffusionswirkungen effektiv nur über Grenzwertsetzungen reguliert werden kann (wie z.B. Ozon). Die Fixierung eines Grenzwertes für diesen Schadstoff würde bei produktionstechnischer Verkupplung möglicherweise gleichzeitig einen mittelbaren Grenzwert für das dem CT-Regime unterliegende Treibhausgas setzen. Damit wäre der Handelsmechanismus wieder gestört, die Effizienz durch die indirekte Grenzwertsetzung beeinträchtigt. Die Möglichkeiten der Integration neuer Erkenntnisse in ein Cap-and-Trade-Regime sind also beschränkt; auch die Leitwerte der Adaptivität und Wandlungsfähigkeit werden dem Effizienzkritierium untergeordnet.

Teil I. Die Struktur: Umweltpolitik als Ordnungspolitik

Einige der gerade beschriebenen Defizite des CT-Regimes sind bekannt.[179] Dennoch zog man daraus bislang keineswegs die Konsequenz, dem Ordnungsrecht - als dem einzigen zur differenzierten und flexiblen Steuerung einer Struktur geeigneten Instrumentarium[A] - Priorität einzuräumen und sich vom Handelsmodell zu verabschieden. Zu groß erschienen die Ineffizienzen des Ordnungsrechts, das herkömmlicherweise den Emittenten Vermeidungsanstrengungen ohne Rücksicht auf die damit verbundenen Kosten aufbürdet, und zu mächtig das dem CT-Konzept zugrunde liegende Paradigma.

d. Verteilungsgerechtigkeit

Die herkömmliche Umweltökonomie stellt angesichts ihrer Fixierung auf die Allokation bei Verteilungsfragen das Denken ein. Allerdings ist Umwelt- und Ressourcenschutz auch und gerade ein intra- wie auch intertemporales Verteilungsproblem. Noch mehr: Die Verteilungs- und nicht die Allokationsfragen sind das Haupthindernis bei der Implementation klimapolitischer Maßnahmen.[180] Es scheint *„... erforderlich, diese Bedeutung der Verteilungsproblematik explizit zu betonen und diese nicht – wie in der Property-Rights-Theorie weit verbreitet – unter dem alles umfassenden Begriff der Transaktionskosten zu subsumieren."* [181] Deutlich wird dies v.a. beim Klimaschutz: So gut wie in jeder Klimakonferenz zeigt sich (so auch in der 12. Vertragsstaatenkonferenz der Klimarahmenkonvention in Nairobi vom 6.11 – 17.11.2006 sowie auf der 13. Vertragsstaatenkonferenz auf Bali vom 3.12. – 14.12.2007), dass insbesondere die dynamischen Schwellenländer kein Interesse an einer vollständigen Einbindung (mit Minderungspflichten) in das Kyoto-Regime haben. Bei Auferlegung von Minderungspflichten fürchten Staaten wie Brasilien, Indien oder die VR China Fesseln für ihre dynamischen Volkswirtschaften. Es wird als ungerecht empfunden, wenn diese Staaten auf Entwicklung verzichten und – ohne eine als angemessen empfundene Kompensation – damit für die Schäden mit aufkommen sollen, die die westlichen Industriestaaten zuvor angerichtet haben (Übernutzung). Der Konflikt wird noch dadurch auf die Spitze getrieben, dass Kyoto auf einer Grandfathering-Logik beruht: Nach dem Kyoto-Protokoll müssen die meisten Industrieländer ihre Emissionen bis zum Jahr 2012 um durchschnittlich 5 % unter das Niveau von 1990 senken. Damit bekommen die westlichen Industriestaaten (als aggressivste historische Okkupanten des Gemeinschaftsgutes Atmosphäre) ihren Besitzstand weitestgehend garantiert. Würden sich die Entwicklungs- und Schwellenländer aber auf dieser Basis vollwertig – mit allen Pflichten - in den Kyoto-Mechanismus einbinden lassen, so müssten sie am Ende den Industriestaaten Verschmutzungsrechte abkaufen, um sich die wirtschaftliche Entwicklung nicht zu verbauen. Ein Finanztransfer von Arm hin zu den reichen Verursachern der Übernutzung des ehemaligen Gemeinschaftsgutes wäre aber mit dem Postulat der „Klimagerechtigkeit" (*Radermacher, Wicke*) unvereinbar. Zumal auf dieser Basis eine Teilnahme von Ländern wie China oder Indien nicht vorstellbar ist, ist der „Clean development mechanism" (CDM) nichts anderes als ein Reparaturreflex auf diese fundamentalen Defizite: Die Entwicklungs- und Schwellenländer sollen so wenigstens am Rande des Systems integriert werden. Ähnliches gilt für den lächerlich kleinen Anpassungsfonds von 300 – 500 Mio. Dollar, der auf der 13. Vertragsstaatenkonferenz in Bali zugunsten von Finanzhilfen für die Schwellenländer beschlossen wurde. Um die klimapolitisch notwendigen Reduktionen der Treibhausgase zu erreichen, ist diese Art von Einbindung

---

[A] Die Notwendigkeit des Ordnungsrechts geht damit über die mögliche Abwehr unmittelbar drohender Gefahren für Umwelt und Gesundheit hinaus, für die ökonomische Instrumente ohnehin untauglich sind.

Teil I. Die Struktur: Umweltpolitik als Ordnungspolitik

unzureichend.[182] Klimagerechtigkeit bedeutet auf Basis des oben zugrunde gelegten Werturteils das gleiche Teilhaberecht eines jeden Menschen Kraft Geburt am Gemeinschaftsgut Atmosphäre.

Im Übrigen wurde auch auf nationaler Ebene gegen das Postulat der Klimagerechtigkeit bzw. den Leitwert der Koexistenz verstoßen: So machte in Deutschland der Strompreis einen großen Sprung, nachdem Anfang 2005 der Handel mit Emissionsrechten in Deutschland eingeführt wurde. Obwohl den Unternehmen (auch den Stromproduzenten) die Emissionsrechte unentgeltlich zugewiesen wurden (Grandfathering), erhöhten sie ihre Preise um den Börsenwert der Zertifikate. Dabei verwiesen sie auf die „Opportunitätskosten" der unentgeltlich zugeteilten Zertifikate bei der Strompreiskalkulation. Tatsächlich ist das Kalkül korrekt: Die Stromerzeuger produzieren nur dann, wenn sie mindestens neben den Brennstoff- und den variablen Betriebskosten auch die CO_2-Opportunitätskosten (Clean Marginal Costs) gedeckt bekommen. Sollte der Strompreis diese Kosten nicht vollständig decken, ist es wirtschaftlicher, die unentgeltlich zugeteilten CO_2-Zertifikate am Markt zu verkaufen und das Kraftwerk nicht einzusetzen. Dennoch sind die „Opportunitätskosten" für die Unternehmen Gewinn. Das CO_2-Handelssystem führte ohne irgendeine Gegenleistung zu einer Umverteilung von den Konsumenten zu den Produzenten.[A] *Schlemmermeier / Schwintowski* denken auch an eine Versteigerung der Zertifikate, um die Extragewinne abzusaugen. Sie räumen jedoch ein, dass bei einer Versteigerung der Strompreis um die Zertifikatekosten steigen würde. Es bedarf entsprechender verteilungspolitischer Arrangements, um diese Problematik aus der Welt zu schaffen.

I.3.1.3. Ressourcenbasierte Patente[183]

Nachfolgend wollen wir ressourcenbasierte Patente besprechen, mit denen ein Transfer ehemaliger Allmenderessourcen von Feld (5) nach Feld (1) / Tabelle 2 stattfindet. Bei der Privatisierung biogenetischer Ressourcen über das Instrument des Patentrechts handelt es sich insoweit um eine „Mogelpackung", als die Abgrenzung zwischen Erfindung und Entdeckung nicht mehr eindeutig zu ziehen ist. Die Patentierung von Entdeckungen lässt sich aber auch mit den gängigen Argumenten nicht mehr rechtfertigen; sie läuft dem „Geist des Patentrechts" (wenn man überhaupt von einem „Geist" sprechen will) zuwider. Derartige ressourcenbasierte Patente betreffen dann die Überführung von Feld (5) in Feld (1) / Tabelle 2).

a. Zielsetzung / Legitimation

Gene – so *Rifkin* - sind ein entscheidender Rohstoff des biotechnologischen Zeitalters (ähnlich wie Öl für das Industriezeitalter und Metalle für den Merkantilismus).[191] Gene sind ursprünglich Allmenderessourcen, deren exklusive Kontrolle sich große Agro- und Life science-Konzerne vor dem Hintergrund ihrer wachsenden Bedeutung sichern wollten und wollen. Sie bedienen sich hierzu Kontrolltechnologien, die insitutionell-rechtlicher („Intellectual property rights", IPR) und / oder technischer Art (z.B. „Terminatortechnologie") sein können. Eine wesentliche Rolle für die weltweite Etablierung des neuen Aneignungsmechanismus spielt das TRIPs-Abkommen (ferner auch die Biopatentrichtlinie der EU). Das TRIPs-Abkommen wurde von einer engen

---

[A] So entstanden 2006 Strommehrkosten von 5,7 Mrd. Euro, in den beiden darauffolgenden Jahren von jeweils mehr als 10 Mrd. Euro. Vgl. B. Schlemmermeier / H.-P. Schwintowski, Das deutsche Handelssystem für Emissionszertifikate: Rechtswidrig?, in: ZNER H. 3 / 2006, S. 195-199

Teil I. Die Struktur: Umweltpolitik als Ordnungspolitik

Gruppe von 13 Großkonzernen (u.a. Du Pont, Monsanto, Bristol Myers, die sich zum „Intellectual Property Committee", IPC zusammengeschlossen hatten[185]) zu Gunsten eben dieser Gruppe geschrieben. Es gelang dieser Interessengruppe nicht nur, das TRIPs-Abkommen auf die GATT-Verhandlungsliste zu setzen, sondern auch 96 von 111 Verhandlungsmitgliedern zu stellen; damit konnten sie auch großen Einfluss auf die Inhalte nehmen.[186] Im Ergebnis wurde das Interesse dieser Lobby von den betreffenden Regierungen unkritisch exekutiert. Das TRIPs-Abkommen ist auf die Interessen der international agierenden Life science- und Agrochemiekonzerne zugeschnitten. Faktisch – das wird unten zu illustrieren sein – geht es nicht primär um eine höhere Effizienz in der Forschung. Das Effizienzargument wird vielmehr vorgeschoben, um das eigentliche Ziel: nämlich die Aneignung des „grünen Goldes", der biogenetischen Ressourcen der südlichen Hemisphäre, zu kaschieren. Somit wird behauptet, die forschenden Unternehmen müssten über patentgeschützte „Blockbuster" die Möglichkeit erhalten, ihre hohen Kosten für Forschung und Entwicklung wieder einzuspielen. Dabei würde eine „liberalisierte" institutionelle Umgebung dazu beitragen, die Vielfalt sozialer Formen sowie biologischer Sorten und Arten zu erhalten.

> **Hinweis: Order 81**
> Im Mai 2003 wurde *Paul Bremer* (ein ehemaliger Weggefährte von *Henry Kissinger*) als Verwalter der Coalition Provisional Authority im Irak eingesetzt. Bereits im April 2004 erließ er rd. 100 neue Gesetze darunter auch die „Order 81": Hiernach müssen die irakischen Bauern bestimmte, von Großkonzernen patentierte Pflanzenarten kaufen und anbauen – für die Dauer von 20 Jahren. Zu Zeiten *Saddam Husseins* war eine Patentierung von Pflanzen verboten. Die Details der Order 81, die das Saatgut betreffen, wurden von Monsanto (dem weltweit führenden Lieferanten für gentechnisch verändertes Saatgut und Getreide) geschrieben. Das Resultat war ein Verlust an Artenreichtum: Seit etwa 8.000 v. Chr. betreiben die Menschen in der Region Landwirtschaft, wobei sie viele leistungsfähige, widerstandsfähige und den besonderen Bedingungen der Region angepasste Arten hervorgebracht haben. Dieses Kulturerbe wurde in einer nationalen Saatgutbank in Abu Ghraib aufbewahrt, bis diese während der US-Besatzung „verschwand".[187]

b. Effizienz

Hinsichtlich der Betrachtung des Patentrechts bietet sich eine Unterscheidung zwischen dem Erfindungs- und dem Verwertungsprozess an. Das Patentrecht bezieht sich lediglich auf den Verwertungsprozess, soll aber - nach der sog. „Anspornungstheorie" [188] - den vorgelagerten Erfindungsprozess stimulieren. Zu diesem Zwecke werden Privilegien bei der Verwertung der Erfindung in Gestalt eines temporären Monopols gewährt, welches den besagten Ansporn erzeugen soll.

Bei *Erfindungen* handelt es sich um eine Momentaufnahme aus einem kontinuierlich laufenden, kumulativen und potentiell nicht zu einem Ende kommenden sozialen Prozess, wobei auch die kreativsten Innovatoren ihr Material aus einem bislang allgemein zugänglichen Fundus („Wissensallmende") beziehen.[189] *Isaac Newton: „If I have seen far, it is by standing on the shoulders of giants."* [A] In den meisten Fällen kombiniert der Neuerer lediglich bestimmte Elemente und Bestandteile neu. Dabei ist

---

[A] Das Gleichnis stammt ursprünglich von *Didacus Stella* aus dem 16. Jahrhundert.

Teil I. Die Struktur: Umweltpolitik als Ordnungspolitik

oft sehr unklar, welche originäre Leistung ihm wirklich zuzusprechen ist.[A] Schon von *Polanyi* wurde daher die Auffassung kritisiert, man könne den wissenschaftlichen Fortschritt beliebig „zerhacken" und sodann in Form von Eigentumsrechten aussondern und verteilen.[190] Die künstliche Fragmentierung des Wissensgenerierungsprozesses fördert nicht etwa die unverzichtbare Netzwerkbildung im Wissenschaftsbetrieb; ganz im Gegenteil isoliert und blockiert sie bewusst die diversen „Synapsen des gesellschaftlichen Gehirns". Wissenschaftler unterlassen den Austausch von Informationen, weil sie Angst haben, der „Konkurrenz" eventuell den entscheidenden Vorsprung beim Rennen zum Patentamt in die Hand zu geben. Im Wettlauf um ein Patent forschen verschiedene Einrichtungen, Labore etc. ohne Austausch am selben Gegenstand vor sich hin, anstatt ihre Kräfte arbeitsteilig zu bündeln und sich gegenseitig zu befruchten.[B]

Die Forschung dürfte im Übrigen in der Mehrzahl der Fälle von ganz anderen Motiven getrieben sein, als dies die Anspornungstheorie oder der diese Theorie rezipierende Neoinstitutionalismus unterstellt. Die Incentives für das gewerbliche Unternehmertum sind nicht dieselben, die auch im Bereich von Kultur und Wissenschaft wirken.[C] Der dominierende Anreizmechanismus in der Wissenschaft ist die Reputation.[191] Ansonsten könnten die Erfolge öffentlich geförderter Forschung bildungsökonomisch kaum erklärt werden. Ungeachtet anderer Incentives arbeiten die öffentlich geförderten Forschungseinrichtungen durchaus effizient; deswegen bemühen sich ja auch Privatunternehmen, an diese „anzudocken" und auf deren Erkenntnisse besseren Zugriff zu bekommen.[D] Zu den Voraussetzungen des reputationsgesteuerten Regimes gehört allerdings auch der offene Zugang zu Informationen.[192] Wissenschaft lebt davon, dass auf bestehende Erkenntnisse zurückgegriffen werden kann. Das IPR-Regime bewirkt jedoch, dass Wissenschaftler oftmals den benötigten Zugriff auf Informationen nicht erlangen können, weil diese ihnen vorenthalten werden oder weil die damit verbundenen Kosten nicht tragbar sind. Beispielsweise erregte 1999 die Resistenz des Bakteriums Staphylococcus aureus (der u.a. Lungenentzündungen und Wundinfektionen hervorruft) gegen alle Antibiotika Aufmerksamkeit. Die unkontrollierte Ausbreitung des Bakteriums wurde befürchtet, ohne dass wirksame Ge-

---

[A] Dies rüttelt auch an den Grundfesten der sog. „Belohnungstheorie", wonach es eine Frage der (wie auch immer definierten) Gerechtigkeit ist, dass ein Erfinder mit einem zeitlich befristeten Verwertungsmonopol für die der Allgemeinheit geleisteten Nutzen belohnt wird. Zur Belohnungstheorie vgl. F. Machlup, Die wirtschaftlichen Grundlagen des Patentrechts, Studie, erstellt für das Subcommittee on Patents, Trademarks and Copyrights des amerikanischen Senats, erstmals in deutscher Sprache veröffentlicht 1961 in der Zeitschrift „Gewerblicher Rechtsschutz". Nachdruck in: Fragen der Freiheit, H. 253, Januar März 2000, S. 17-119, hier: S. 32.

[B] Die Wettrennen zum Patentamt stellen die sog. „Vertragstheorie" als weiteren Rechtfertigungsgrund für das Patentrecht infrage. Nach der Vertragstheorie wird zwischen dem Erfinder und der Allgemeinheit ein Austauschvertrag abgeschlossen: Der Erfinder duldet die Veröffentlichung einer detaillierten Beschreibung der Erfindung. Als Gegenleistung erhält er ein zeitliches Marktmonopol. Ein Einwand gegen die Vertragstheorie lautet, dass ein Erfinder, der optimistischerweise annimmt, sein Geheimnis würde nicht entdeckt, das dann faktisch bestehende Verwertungsmonopol auch ohne Patentrecht nutzen kann. Offenbaren wird er hingegen nur das, was er nicht geheimhalten zu können glaubt.- F. Machlup, ebenda, S. 32.

[C] Dies führt u.a. zu einer Fundamentalkritik der „Kommerzialisierung" von Wissenschaft und Kultur, die aber vorliegend nicht wiedergegeben werden kann.

[D] J. Stiglitz, Making globalization work – the next steps to global justice, London (Penguin group) 2006, S. 111.- M. Angell, Der Pharma-Bluff, Bonn/Bad Homburg 2005, S. 75 ff.- Nach Angell sind die wenigen tatsächlichen pharmazeutischen Innovationen fast immer Produkte staatlich finanzierter Forschung.

Teil I. Die Struktur: Umweltpolitik als Ordnungspolitik

genmaßnahmen ergriffen werden konnten. Dafür wurden auch die Genom-Firmen mit ihrer Geheimhaltungspolitik verantwortlich gemacht.[193]

Die Konzernierungs- und Fusionsstrategien in vom Patentrecht geprägten Branchen wie der Pharma- oder der Chemieindustrie dienen auch dazu, die errichteten „Mauern des Wissens" niederzureißen. Über die Poolung von Patenten können u.a. kostentreibende Patent- und Lizenzpyramiden vermieden werden. Mehr an Effizienz bei der Generierung von Wissen wird also erreicht, indem Lizenz- oder Patentinhaber samt ihren Patenten aufgekauft werden. Die Konsequenz ist allerdings eine weitere Konzentration wirtschaftlicher und gesellschaftlicher Macht. Dies wiederum zeigt negative Rückwirkungen auf die Effizienz im Verwertungsbereich (s. unten).

Schließlich werden knappe Forschungsressourcen auf technologische Second-best-Lösungen („Substitutionserfindungen"[194]) angesetzt, weil die First best-Lösungen durch Patente blockiert sind. Das „Herumerfinden" um ein Projekt wird dabei nicht nur von der Konkurrenz, sondern auch von dem das Patent anmeldenden Unternehmen betrieben. Das Patent soll entweder sehr weit gefasst sein oder nach Patentierung der ersten Lösung sollen alle nur möglichen Alternativlösungen patentiert werden, auch wenn sie technisch minderwertig sind. Durch diese Strategien sollen die Anstrengungen der Wettbewerber, um das ursprüngliche Patent „herumzuerfinden", blockiert werden.

Das Unbehagen wird bei Ansicht des Verwertungsprozesses noch größer. Patente gewähren eine Option (keine Verpflichtung!), eine Erfindung auf einen Zeitraum von maximal 20 Jahren exklusiv zu verwerten (faktisch ist die Option häufig über Strategien des sog. „Evergreening" wesentlich länger terminiert). Wohlfahrtsverluste können sich einmal durch die strategische Zurückhaltung („Blockade") von Patenten ergeben. Mögliche Gründe: Befinden sich „Cash Cows" oder „Blockbuster" im Produktportfolio, würden diese durch die Konkurrenz der Innovation „kannibalisiert". Auch bei den vielfach aufgebauten „strategischen Patentportfolios" besteht oft nicht die Absicht, die betreffenden Rechte selbstständig zu verwerten – Patente werden vielmehr als potentielle Tausch- oder Verhandlungsmasse z.B. für Überkreuzlizensierungen gehalten. Dann wird das mit den betreffenden Patenten „geschützte" Wissen aber regelmäßig nicht der Verwertbarkeit zugeführt.

Wird das Patent verwertet (also die Option ausgeübt), so geschieht dies unter monopolistischen Bedingungen. Häufig wird das Argument bemüht, patentgeschützte Blockbuster seien wegen der Kosten der Forschung gerechtfertigt und notwendig (s. oben).[A] Tatsächlich weisen insbesondere die patentbasierten Industrien oftmals hohe Aufwendungen für Forschung und Entwicklung auf. Teilweise sind die Aufwendungen „echt" (insbesondere in der Gentechnologie), teilweise handelt es sich aber um verkappte Marketingaufwendungen (so v.a. in der Pharmaindustrie[195]). Vermutlich wäre tatsächlich die Anzahl der – erwünschten – Erfindungen für die industrielle Verwertung unzureichend, wenn Erfinder der Verwertung ihrer Erfindungen unter Wettbewerbsbedingungen ohne weiteres ausgesetzt wären: Eine Preisgestaltung unter den Bedingungen eines vollkommenen Wettbewerbes würde es forschenden Unternehmen nämlich nicht erlauben, ihre Forschungsaufwendungen wieder zu amortisieren:

[A] Die Legitimation der Monopolstellung läuft hier über die „Ansporungstheorie" und wiederum über die „Belohnungstheorie".- F. Machlup, Die wirtschaftlichen Grundlagen des Patentrechts, a.a.O., S. 26-27.

Teil I. Die Struktur: Umweltpolitik als Ordnungspolitik

Weil die Kosten für eine schon getätigte Erfindung im Zuge ihrer laufenden Verwertung gleich Null („Sunk costs") sind, könnten die Erfindungskosten – nach herrschender Lesart in einem Wettbewerbsmarkt nicht über Preise eingespielt werden, die sich nicht weit von den Grenzkosten weg befinden. Auch unter Berücksichtigung der Kritik von *Keen* an den Grenzkostenpreisen (Kap. I.2.3.3.) kommt man zu wenig abweichenden Ergebnissen, wenn man das „Gefangenendilemma" sieht, in dem sich diejenigen Wettbewerbsunternehmen befinden, die die „Sunk costs" tatsächlich einpreisen wollen: Jeder Wettbewerber kann nämlich Nachfrage auf sich ziehen, indem er die Wettbewerber mit ihren (um die Sunk costs erhöhten Preisen) unterbietet und damit die „Einpreisungsstrategie" der Wettbewerber konterkariert. Ein diesbezügliches Kartell ist im Polypol allein schon aus Gründen der Transaktions- und Kontrollkosten kaum denkbar.

Ein (temporärer) Monopolist hat das geschilderte Problem (Gefangenendilemma) nicht; er kann einen Aufschlag vornehmen und das Angebot (hier: Eigenverwertung oder Lizenzvergabe) künstlich verknappen; hierüber erreicht er auch die Amortisation der Kosten. Allerdings wird im Patentrecht der Zeitraum für das Verwertungsmonopol unabhängig von der Höhe der entstandenen Kosten festgelegt; diese Vorgehensweise ist grundsätzlich nicht geeignet, um die privaten und sozialen Erträge in Übereinstimmung zu bringen. Im Übrigen ist auch aus neoklassischer Sicht die Erhebung eines Preises für etwas, dessen Grenzkosten bei Null liegen, eine Verschwendung von Ressourcen.[196] Um eine Vorstellung von der Dimension der Monopolgewinne zu geben: Ca. 30 % des Arznei-Marktvolumens bestehen aus Generika (Nachahmerpräparaten)[197]; diese erreichen eine Gewinnmarge von ca. sieben bis zehn Prozent. Für die patentgeschützten Produkte ist die Gewinnmarge hingegen ca. dreimal so hoch.[198] Das temporäre Verwertungsmonopol führt über die künstliche Angebotsverknappung zu gesamtwirtschaftlichen Wohlfahrtsverlusten.

Insbesondere über TRIPs wurde eine Sozialtechnologie eingeführt, die auf die Aneignungsbedürfnisse von Agrochemie und Life science-Industrie zugeschnitten war. Der Aneignungsmechanismus funktioniert wesentlich über die Ausdehnung des zeitlichen, räumlichen und gegenständigen Geltungsbereichs, der Einführung des „Stoffschutzes" (also „Schutz" auch der Stoffe, nicht nur der Verfahren) selbst für Biotechnologie sowie der Tolerierung einer geringen Erfindungshöhe (s. unten mehr). All dies ging weitgehend unbemerkt von der öffentlichen Aufmerksamkeit vonstatten. Die Konsequenzen werden jedoch nicht nur die Entwicklungs- und Schwellenländer, sondern auch die Bevölkerung in den Industriestaaten zu fühlen bekommen: Insbesondere mit dem Einzug des Patentrechts in den Saatgutbereich eröffnete sich für die Agrochemie- und Lifescience-Industrie ein Zugang für die Monopolisierung der gesamten Wertschöpfungskette.[A] Die Patentierung von Saatgut führt nämlich weiter zur Patentierung der Lebensmittelherstellung. So wurde beispielsweise im Patent EP 445929 ein Weizen patentiert, in dem bestimmte Gene natürlicherweise nicht vorhanden bzw. aktiv sind. Darüber hinaus wird über das Patent Schutz beansprucht für
- Mehl, hergestellt aus Weizen,
- Teig oder Rührteig, hergestellt aus Mehl,

[A] Auch, weil die Züchter von der Agrochemie aufgekauft wurden, sind die Patentinhaber zumeist auch Inhaber der Sortenrechte. Das (europäische) Sortenschutzrecht allein gewährt dem Inhaber lediglich ein exklusives Recht, das gezüchtete Saatgut zu verkaufen. Allerdings ermöglicht der sog. „Züchtervorbehalt" für Zuchtzwecke einen freien Zugang zu dem durch Sortenschutzrecht geschützten Saatgut. Die Intensität des „Schutzes" ist also geringer als beim „Schutz" durch Patentrecht. Greenpeace, Die wahren Kosten der Gen-Patente, Hamburg 2004, S. 16-17, 19.- Zum Aspekt der Patentierung der gesamten Wertschöpfungskette vgl. ebenda, S. 19.

Teil I. Die Struktur: Umweltpolitik als Ordnungspolitik

- essbare Produkte, hergestellt durch Zubereitung des Teiges oder Rührteiges, Biskuits o.ä., hergestellt aus Mehl.[199]

Ziel ist also die Kontrolle – sprich: Monopolisierung – der gesamten Palette vom Acker bis hin zum Gefrierfach mittels des Patentwesens. Höhere Preise, geringeres Angebot: So lautet das „Kochrezept" für Wohlfahrtsverluste.

Wohlfahrtsverluste entstehen noch aus einem weiteren Grund: Der hohe Aufwand für Forschung und Entwicklung wird zu einem großen Teil durch Produkte generiert, die weniger den Präferenzen der Konsumenten (z.B. genmanipulierte Pflanzensorten und Nahrungsmittel) als den Renditeforderungen der Aktionäre entsprechen. Ein hoher Aufwand für Produkte, die kein Konsument wirklich will: Als „effizient" kann es wohl nicht bezeichnet werden, wenn das Angebot systematisch an den Präferenzen der Verbraucher vorbeigeht.[200] Es handelt sich hierbei um ein weiteres Beispiel für die kapitalismustypische Verkehrung von Mittel (Interesse an der Rendite) und Zweck (Befriedigung der Konsumentenbedürfnisse), vgl. Kap. I.2.3.4.

Schließlich ist sowohl die Forschungs-, wie auch die Verwertungsphase mit Unsicherheit verbunden, die durch das Patentwesen nicht beseitigt werden kann:
- Für die Forschungsphase etabliert das Patentwesen eine unsichere Nachfinanzierung im Falle des Erfolgs – im Falle des Misserfolgs lastet das gesamte Risiko auf dem Forschenden. Der Finanzierungsmechanismus greift – eventuell (!) - erst dann, wenn die Forschung schon lange abgeschlossen ist. Dem finanzschwachen mittelständischen Erfinder ist mit einem solchen System aber gerade nicht gedient – er benötigte vielmehr eine Vorfinanzierung seiner Forschungsarbeiten.
- Zudem ist auf die Unsicherheit hinzuweisen, die bei der Nutzung von Innovationen in der Verwertungsphase entstehen.[201] Dies trifft selbst bei eigenen Erfindungen zu, weiß ein Erfinder und Innovator doch nicht, ob er nicht gerade ein Patentrecht verletzt und deswegen finanziell zur Rechenschaft gezogen wird. Sicherheit gibt allein der Verzicht auf die Nutzung von Innovationen. Auch dies dürfte den Diffusionsprozess nicht gerade beschleunigen. Hierbei handelt es sich insbesondere um ein Problem, das mit der Patentierung von „Software" einhergeht.[202] Mit der Zahl der Patentanmeldungen steigen also die Informations- bzw. Risikokosten für die Forscher, um sich gegen die Verletzung bestehender Patente abzusichern.[203]

Es sollte zu Denken geben, wenn selbst *Landes* und *Posner* als wichtige Protagonisten des eingangs genannten IPR-Paradigmas zu dem Schluss kommen, dass die Anreizwirkung von geistigen Eigentumsrechten auf Basis des gegenwärtigen Wissens nicht überzeugend zu verteidigen ist.[204] So intensiv der Leitwert der „Effizienz" als Rechtfertigung für den beschriebenen Anreizmechanismus bemüht wird, so brüchig und unschlüssig ist die Logik dieser Argumentation.

c. Effektivität
Die gentechnische Veränderung von Organismen verursacht tatsächlich hohe Entwicklungskosten. Gentechnologie rechnet sich nur, wenn diese über weltweiten Vertrieb auf in großen Stückzahlen hergestellten, einheitlichen Produkten verteilt werden können (steigende Skalenerträge).[205] Will man also wenigstens einzelwirtschaftliche Effizienz erreichen, so muss dies auf Kosten der Vielfalt gehen. Dies äußert sich z.B. auf dem Gebiet des Saatgutes durch aggressive Werbestrategien, die teilweise auch wegen der geringen Bildung und fehlender Aufklärung der Zielgruppe der Bauern in

Teil I. Die Struktur: Umweltpolitik als Ordnungspolitik

Ländern der Dritten Welt leichten Erfolg haben. Hier übt auch die – durch die Lobby beeinflusste - offizielle Seite einen immer stärker werdenden Druck auf die Bauern aus: So wurden in Zimbabwe und Indonesien den Bauern bestimmte Sorten zum Anbau per Dekret vorgeschrieben; in Brasilien, Chile und den Philippinen die Kreditvergabe mit dem Anbau bestimmter Sorten verknüpft. Auf diesem Wege nimmt nicht nur die Entscheidungsfreiheit der Konsumenten, sondern auch diejenige der Bauern immer weiter ab.[206]

Der Verlust an Vielfalt wird auch und gerade durch die schon erwähnten Konzentrationstendenzen gefördert. Im Jahr 2000 beherrschten nur vier Konzerne den gesamten Markt von gentechnisch veränderten Pflanzen. 40 % des gesamten Saatgutmarktes entfielen auf nur 10 Firmen, von denen jede Patente über keimunfähige oder chemisch abhängige Pflanzen besitzt.[207] Ähnlich der Markt für Schädlingsbekämpfungsmittel: Hier werden 80 % des Marktes von sieben transkontinentalen Unternehmen beherrscht, darunter wieder die genannten vier Saatgutunternehmen.[A]

Angesichts der Konzentration kann nicht mehr auf die Konkurrenz zwischen verschiedenen Produkten und Unternehmen gesetzt werden; statt dessen müssten – um den Bauern bzw. Produzenten Auswahl zu erlauben - die Unternehmen eine breitere, diversifizierte Produktpalette aufweisen. Aus betriebswirtschaftlicher Sicht ist dies jedoch bei so hochgradig konzentrierten Unternehmens- und Marktstrukturen unsinnig: Gerade die patentbasierten Industrien weisen typischerweise hohe Forschungs- und Entwicklungskosten auf. Zusätzliche Produkte würden diese vervielfachen; hinzu kämen die Vermarktungskosten zur Markteinführung, die man nicht mehr auf eine so große Stückzahl verteilen könnte. Zudem entstünde das Problem eines „Wettbewerbs im eigenen Haus", durch eigene Produkte („Kannibalisierung").[B] Die einzelwirtschaftliche Effizienz als Maßgabe drängt somit auf Vereinheitlichung; so lassen sich steigende Skalenerträge in den patentbasierten Industrien ausschöpfen.

Diese Vereinheitlichung auf zunächst einzelwirtschaftlicher Ebene wird im Zusammenhang mit Vermachtungsprozessen aber zu einem gesamtgesellschaftlichen Problem. Diese Vermachtungsprozesse, die über die aktuellen Trends in den IPR gefördert werden, sind *mit* dafür verantwortlich, dass sich nach Schätzung der FAO (Food and Agriculture Organization) die Anzahl an Kulturpflanzensorten seit Mitte des 19. Jahrhunderts um rund 75 % reduziert hat (Verlust an Biodiversität).[208] Generell dürften durch den kommerziellen Anbau weltweit schon bis zu 90 % der Pflanzensorten zur Nahrungsmittelherstellung verloren gegangen sein. Durch die Vernichtung der Pflanzensorten werden auch Lebensräume für andere Organismen vernichtet. Damit wird die Resilienz der Ökosysteme in einer Weise geschwächt, die bislang in ihren Dimensionen noch nicht vollständig absehbar ist.

[A] Es handelt sich dabei um Aventis, Monsanto, Pioneer und Syngenta.- J. Ziegler, Imperium der Schande – Der Kampf gegen Armut und Unterdrückung, München 2005, S. 216.

[B] Gegen die Fähigkeit, über die Zuweisung von Property rights die Artenvielfalt erhalten zu können, spricht auch die „Bewertungslücke": *„Nicht alle Werte biologischer Vielfalt werden auf Märkten gehandelt und sind monetär beziffert. Dieser nicht monetarisierte (und teilweise nicht monetarisierbare) Teil des Wertes kann daher auch von einem privaten Eigentümer nicht angeeignet werden, weshalb sie in seinen privaten (gewinn- und nutzenmaximierenden) Entscheidungen keine Rolle spielen."* A. Lerch, Verfügungsrechte und Umwelt ..., a.a.O., S. 148.

Teil I. Die Struktur: Umweltpolitik als Ordnungspolitik

> **Hinweis: Vernichtung des Lebensraumes von anderen Organismen durch das Vordringen von Monokulturen**
> Die Kehrseite des Rückgangs der Artenvielfalt ist die zunehmende Ausbreitung von Monokulturen. Diese sind auch deswegen ein großes Problem, weil sich das unausgewogene Verhältnis der Arten von den Pflanzen auf die mit diesen unmittelbar in Kontakt stehenden Organismen überträgt. Die Pflanzen werden anfällig für Schädlinge, die sich ideal vermehren können. Sie werden auch anfällig für Krankheiten, zumal die Möglichkeiten für eine Anpassung an veränderte Umweltbedingungen durch die Monokultur und Keimunfähigkeit begrenzt sind. Die Folge: Pestizide und andere Agrochemikalien müssen in erhöhtem Maße auf das Feld gebracht werden, was auch Umwelt, Gesundheit und die Artenvielfalt beeinträchtigen kann.[209]
> Speziell in Deutschland wird aktuell der Gen-Mais MON810 kontrovers diskutiert, der hier seit 2005 kommerziell angebaut werden darf. Der Mais wurde so manipuliert, dass er in sämtlichen Pflanzenteilen ein Gift produziert und dieses an die Umwelt abgibt. Abgesehen von sich bildenden Resistenzen beim Maiszünsler (einem Schädling) wird das gesamte ökologische Gleichgewicht hierdurch gestört.[210] Im Übrigen vernichten auch die durch die (oft in einem Paket mit genmanipuliertem Saatgut verkauften) Herbizide „Schädlinge", die in der althergebrachten Landwirtschaft durchaus eine wichtige Rolle als Nährstoff- und Vitaminquellen spielten.[211]

Täglich sterben so bis zu 1.000 Pflanzen- und Tierarten aus.[A] Während 1903 auf den US-amerikanischen Äckern 578 verschiedene Bohnensorten und 408 unterschiedliche Sorten von Tomaten wuchsen, sind es rund hundert Jahre später nur noch 79 Tomatensorten und 32 Bohnensorten, die in der größten amerikanischen Genbank konserviert sind.[212] In der Landwirtschaft leidet weniger die zwischen- als vielmehr die innerartliche Vielfalt, also die Vielfalt an genetischen Eigenschaften innerhalb einer Nutzpflanze wie dem Reis oder dem Weizen. Während beispielsweise bis in die 60er Jahre hinein im indischen Subkontinent ca. 50.000 Reissorten mit sehr unterschiedlichen Eigenschaften angebaut und kultiviert wurden, hat sich diese Anzahl im Gefolge der „Grünen Revolution" binnen weniger Jahrzehnte auf ca. 30 bis 50 heute noch angebaute Sorten reduziert. Die Mehrzahl davon sind Neuzüchtungen des Internationalen Reisforschungszentrums (IRRI) in Manila.[213] Einig ist man sich darüber, dass es sich bei den hier diskutierten Prozessen um den wichtigsten Grund für den Rückgang der Biodiversität handelt.[214] Durch Menschenhand gemacht befinden wir uns zur Zeit in einer der größten Lebensvernichtungsphasen der Erdgeschichte.[215] Die Zerstörung hat System: Die Saatgut-Konzerne durchdringen gezielt, teilweise via Kontamination die einheimischen Arten mit dem Ziel, diese – unter Pochen auf die Eigentumsrechte - aus dem Markt zu treiben. So konnte beispielsweise die Vielfalt an Maissorten in Mexiko durch derartige Strategien reduziert werden. *„Die traditionellen Sorten mit gentechnisch verändertem Mais zu durchsetzen, ist also extrem sinnvoll, wenn man ihn zerstören will und die dahinter stehende Anbaukultur zur gleichen Zeit ebenfalls."*[216] Die immer mächtiger werdenden Saatgutkonzerne, von denen die Bauern der Welt in immer stärkere Abhängigkeit geraten, bieten weltweit lediglich

---

[A] Kunstler bewegt sich mit seiner Aussage in einer vorsichtigeren Bandbreite von 3.000 bis 30.000 Arten pro Jahr. Vgl. J. H. Kunstler, The long emergency – Surviving the end of oil, climate change and other converging catastrophes of the twenty-first century, New York (Grove Press) 2006, S. 8.

Teil I. Die Struktur: Umweltpolitik als Ordnungspolitik

sechs unterschiedliche Sorten Mais, knapp zwanzig Sorten Reis und nur noch zwei Variationen von Weizen an.[217]

Aber selbst die unbestritten hohen Erträge der Hochleistungssorten sind nur durch die fortwährende Wieder-Einkreuzung von Pflanzen aus den Ursprungsländern möglich – gerade dies wird aber durch den Verlust von Arten gefährdet.

Konsequenzen dieser Einförmigkeit ergeben sich auch für den Verbraucher: *„Die Hauptgefahr besteht darin, dass aus transgenen Pflanzen hergestellte Produkte sich als gängige Lebensmittel etablieren und es irgendwann kein zurück mehr gibt. Dann ist es zu spät, um Vorsorgemaßnahmen zu ergreifen, wie sie beispielsweise bei neuen Medikamenten selbstverständlich sind."* [218] Experimente mit Mäusen in Deutschland und Italien haben gezeigt, dass sich ihr Erbmaterial beim Verzehr von gentechnisch verändertem Mais ebenfalls veränderte. *„Das muss nicht bedeuten, dass der Mensch auch Schaden nimmt, wenn er ein Toastbrot zu sich nimmt, in dem Mehl aus gentechnisch verändertem Soja verwendet wird. Andererseits ist bis heute auch nicht belegt, dass der Verzehr gentechnisch veränderter Lebensmittel für den Menschen nicht ungesund sind. Möglicherweise wären dafür auch Studien nötig, die über mehrere Generationen laufen."* [219] Das Kapital hat aber nicht so lange Zeit; lieber wird – unter Missachtung des Vorsorgeprinzips – die Gesundheit der Menschen gefährdet.

Im Übrigen: Einen Verlust an Diversität erleidet auch das Spektrum der diesbezüglich in der Öffentlichkeit kundgetanen Meinungen. Die Uniformität der Meinungen in Wissenschaft und Politik nimmt, u.a. bedingt durch die zunehmende Abhängigkeit der Wissenschaft von Drittmitteln, immer weiter zu. Zunehmende Drittmittelabhängigkeit und Freiheit der Wissenschaft sind nur in engen Grenzen verträglich.

d. Verteilungsgerechtigkeit
Der Saatgutbereich ist ein Meilenstein in den Unternehmensstrategien der Life science- und Agrokonzerne. So haben in den letzten 15 Jahren zunächst die Life science-Konzerne die verbliebenen unabhängigen Saatguthersteller aufgekauft. Dies sicherte ihnen zunächst eine umfassende Kontrolle über das Keimplasma, auf dem die gesamte landwirtschaftliche Produktion beruht. Anschließend modifizierten die Unternehmen das Saatgut, entnahmen einzelne genetische Eigenschaften, kombinierten in den Samenzellen neue Gene und sicherten sich die Eigentumsrechte hieran. Legen die Bauern gentechnisch verändertes Saatgut für das kommende Jahr beiseite, müssen sie Gebühren an die Gesellschaft bezahlen, die das Patent besitzt. Zunehmend sind die Life science-Konzerne in der Lage, den gesamten Saatgutbestand der Erde über diese Strategie zu kontrollieren.[220]

Mit der über die IPR vollzogenen Monopolisierungsstrategie geht noch eine weitere Entwicklung einher: Den Nutzern werden zunehmend keine vollwertigen Eigentumsrechte mehr zur Verfügung gestellt, sondern nur noch ein befristeter, kontrollierter Zugang gewährt. So wurde die über das weltweit vorhandene Keimplasma vorhandene Kontrolle derart genutzt, dass das patentierte Saatgut den Bauern nicht mehr verkauft, sondern „vermietet" wird. Der Bauer darf die betreffenden Früchte zwar verkaufen, sie aber nicht mehr als Saatgut für die nächste Saison verwenden.[221] Die Bauern müssen sich beispielsweise verpflichten, Kontrolleuren Zutritt zu ihren Feldern zu gewähren. Die betreffenden Rechte müssen jedoch von den Saatgutkonzernen erst einmal durchgesetzt werden. Die Kontrollkosten lassen sich durch Hybridzüchtungen vermeiden, die ihre Qualität sehr schnell verändern und bei nochmaliger

Aussaat wesentlich weniger Ertrag einbringen.[A] Der absurde Höhepunkt dieser Strategie ist die sog. „Terminator-Technologie" („Gene usage restriction technologies", GURT), bei der den Pflanzen ein Gen eingebaut wird, das die Keimfähigkeit und damit die nochmalige Aussaat der Ernte verhindert. Hierbei handelt es sich um einen physischen Patentschutz, sozusagen um einen neu errichteten „Zaun um das eroberte Neuland". Diese physische Kontrolltechnologie ist die logische technische Ergänzung, um die virtuellen Zugangsbeschränkungen des Patentrechts abzusichern und zu komplettieren. So basiert bei näherem Hinsehen GURT auf denselben Mechanismen, die z.B. auch in der Software- und Unterhaltungsindustrie unter dem Stichwort „Digital rights management" (DRM) um sich greifen.[222] Mit GURT und DRM als Kontrolltechnologien kann die Entgeltlichkeit des Zugangs zu dem durch die IPR abgesteckten Terrain abgesichert werden. So wird beispielsweise der Trend bei den Digital rights dahin gehen, dass in geraumer Zeit nur noch die Verfügbarkeit bestimmter Softwareprogramme, nicht aber der käufliche Erwerb möglich sein wird. Bedenklich ist jedoch v.a. der Umstand, dass die Kontrolle durch Monopolisten ausgeübt wird. Dies schafft neue Abhängigkeiten. *Greenpeace* über *Monsanto: „Der global agierende Monsanto-Konzern verfolgt ein atemberaubendes Ziel: Das Unternehmen will nichts weniger, als die Weltlandwirtschaft vollständig unter seine Kontrolle bringen – in Nordamerika ebenso wie in Europa, in Asien ebenso wie in Afrika und Südamerika."* [223] Im Wesentlichen geht es dabei um die strategisch wichtigen Pflanzen Mais, Reis, Weizen und Soja, die die Pfeiler für die Ernährung der Menschheit darstellen.[224]

Selbstverständlich ist die Ablösung des Eigentums durch die Verfügbarkeit auch mit einem Kundennutzen (i.d.R. mehr Flexibilität, manchmal weniger Liquiditätsbelastung durch die Anschaffung) verbunden. Problematisch ist angesichts der Monopolisierungstendenzen allerdings, dass dem Konsumenten zunehmend die Wahl zwischen Eigentum und „Lease" genommen und die Konditionen für den befristeten Zugang zunehmend von den Monopolisten diktiert werden.

Die gefahrenen Strategien heißen also Monopolisierung und Zugangskontrolle. Hierin liegt aber nicht nur ein wirtschaftliches Problem, sondern es lauern auch politische und soziale Konfliktherde: *„Die Abhängigkeit der Bauern in der Versorgung mit Saatgut und / oder Induktor-Chemikalien könnte sich je nach Ausmass auf die Abhängigkeit ganzer Nationen von einigen wenigen Konzernen übertragen und als politisches Druckmittel benutzt werden."* [225] Die Blaupause für diese Monopolisierungs- und Kontrollstrategie der Eigentumsrechte findet sich schon in der biblischen Josephsgeschichte[226]: *Joseph* errichtete für den Pharao (auf der Basis asymmetrischer Information, nämlich seine „Träume") ein Getreidemonopol, an dem er dem darbenden Volk sukzessive nur beschränkten Zugang gewährte. Im Tausch gegen den überlebensnotwendigen Zugang zum Getreide verlor das Volk zuerst sein Geld, danach das Vieh, das Land und am Ende die Freiheit – bis *Moses* das Volk Israel aus der ägyptischen Gefangenschaft in die Freiheit führte.[B]

[A] So bei Mais ca. 25 % weniger Ernte.- E. Wagenhofer / M. Annas, We feed the world – Was uns das Essen wirklich kostet (Buch zum gleichnamigen Film), Freiburg 2006, S. 28 ff. und S. 41.

[B] Die alttestamentarischen Figuren *Joseph* und *Moses* verkörpern zwei vollkommen unterschiedliche Prinzipien: Während *Joseph* das Volk als Agent des Herrschers in die Knechtschaft brachte, führte *Moses* es aus ebendieser Knechtschaft heraus (nachdem er aus moralischer Empörung den Aufseher erschlug). *Moses* wurde auch von *Gesell* als Vater der Befreiungsbewegungen verehrt.

Teil I. Die Struktur: Umweltpolitik als Ordnungspolitik

Eine modernere Variante dieses biblischen Themas lässt sich am traurigen Schicksal der indischen Baumwollbauern exemplifizieren: Von der Agrochemieindustrie wurde diesen in den 90er Jahren suggeriert, ihre herkömmliche Art der Bewirtschaftung, die oftmals noch Subsistenzwirtschaft darstellte, sei rückständig. Statt dessen sollte mit Hochleistungssaatgut, den dazu passenden Herbiziden und Maschineneinsatz die Produktivität wesentlich erhöht und für den Markt produziert werden. Die Zahlungen der Bauern an die Inhaber der Schutzrechte brachte zwar den Letzteren Vorteile, nicht aber den Bauern. Das Saatgut war hoch produktiv, aber auch teuer. Die betreffenden Sorten waren nur einmal aussähbar, mussten also laufend wieder zugekauft werden (GURT, s. oben). In der Dritten Welt werden allein durch diese Mechanismen viele Bauern in die Hände von Geldverleihern getrieben.[227] Die teuren, nicht angepassten Hybrid-Baumwollsorten sowie die zunehmende Resistenz von Schädlingen gegen die Herbizide führten schließlich zu Missernten. Viele Bauern wurden an den Rand des wirtschaftlichen Ruins getrieben.[228] Die Abhängigkeit von windigen Geldverleihern erhöhte sich noch weiter; die Zinsen betrugen oftmals über 40 % p.a. Viele Bauern verloren ihr Land. Doch ein Zurück gab es nicht mehr: Der Schuldendienst konnte nur noch mit den zugekauften Sorten über den Markt erwirtschaftet werden. Eigenes Saatgut war nicht mehr vorhanden.[229] Außerdem war die Marktmacht der Konzerne mittlerweile so stark gewachsen, dass die alten Sorten nicht mehr erhältlich waren. Angesichts der hoffnungslosen wirtschaftlichen Situation nahmen sich von 1998 bis 2004 ca. 3.000 Bauern das Leben, indem sie im Paket mit dem Saatgut mit verkaufte Pestizide schluckten („Killing fields").[A]

Ähnliche Marktdurchdringungsstrategien mit dem Ziel, die traditionellen, angepassten Sorten zu verdrängen, wurden beispielsweise auch mittels amerikanischem Mais verfolgt, der über unentgeltliche „Lebensmittelhilfen" nach Afrika (Äthiopien) eingeschleust werden sollte oder mittels genmanipulierten Auberginen, deren Einführung in Rumänien sogar vom Staat subventioniert wurde.[230] *„Die Strategie zu Ende gedacht: Wenn weltweit kein Bauer mehr in der Lage ist, eigenes Saatgut zu generieren, dann ist die Geschäftspolitik vollendet."* [231] Man halte sich dabei vor Augen: Mehr als 60 % der berufstätigen Bevölkerung auf der Welt sind Bauern, die hierdurch potenziell in Abhängigkeit geraten.

Zwar beschränkt sich der Absatzmarkt der Agroindustrie nicht auf die sog. „Dritte Welt". Vielmehr herrscht auch in den Industrieländern hochindustrialisierte Landwirtschaft mit wenig Hochleistungssorgen vor; doch sind die Bauern dort subventioniert, und der Staat tritt bei großen Ernteausfällen ein. Die Subventionierung findet übrigens nach Fläche statt: 80 % der landwirtschaftlichen Subventionen i.H.v. rund 40 Milliarden Euro jährlich landen bei nur 20 % der Betriebe. Diese Förderung von Größe ist durchaus im Sinne der Saatgutfirmen, für die die Zusammenarbeit mit großen Einheiten attraktiver ist. Die Auswirkungen gerade dieser großen Einheiten insbesondere auf die Artenvielfalt ist jedoch verheerend.[232]

> **Hinweis: Saatgutbank im indischen Dehra Dun**
> *„Im indischen Dehra Dun am Fuß des Himalaya hat die Organisation Navdanya eine Saatgutbank eingerichtet, die durchaus als Notwehr gegen die Angriffe der*

[A] http://www.biotech-info.net/at_large.html [20.01.08].- Vgl. auch J. Ziegler, Imperium der Schande ..., a.a.O., S. 217.- „Technische Lösungen" sozialer Probleme sind zwar leicht durchsetzbar, weil sie mit den gesellschaftlich dominierenden Interessengruppen harmonieren, aber eben keine wirklichen Lösungen.

Teil I. Die Struktur: Umweltpolitik als Ordnungspolitik

> Saatgutfirmen auf die biologische Vielfalt zu betrachten ist. In Dehra Dun gibt es 220 verschiedene Reissorten, dazu Saaten von Hülsenfrüchten und von Gemüse, aber auch von Früchten, aus denen man Öl gewinnen kann. Die Physikerin, Aktivistin und Trägerin des alternativen Nobelpreises Vandana Shiva steht hinter Navdanya, und ihr Ziel ist es, dass in ganz Indien solche Saatgutbanken eingerichtet werden. Bauern bezahlen für die Saat aus Dehra Dun kein Geld, aber sie verpflichten sich, im darauf folgenden Jahr die jeweils gleiche Menge an Saatgut an zwei weitere Bauern weiterzugeben. Seit 1999 gibt es in Indien auch eine Kampagne, die ihr Ziel im Namen führt: 'Monsanto, quit India!'" [A]

Angesichts der beschriebenen Probleme ist es wichtig zu betonen, dass die Gentechnologie kein Selbstzweck ist. Sie dient vielmehr als Mittel zum Zweck, Marktstrategien durchzusetzen, die ein Maximum an Macht und Kontrolle gewähren. Anders als *Joseph* benötigen die heutigen CEOs (Chief executive officers, also Unternehmensvorstände) zum Ingangsetzen von Aneignungs- und Monopolisierungsstrategien keinen Informationsvorsprung mehr (vgl. die „Träume" des *Joseph*). Stattdessen setzen sie systematisch den Aneignungsmechanismus des Patentrechtes und ihre finanziellen Möglichkeiten ein. Man darf annehmen, dass ohne den Patentschutz in der vorliegenden Form das Interesse der betreffenden Unternehmen an der Gentechnologie geringer wäre; gleiches gilt für die Möglichkeiten zur Durchführung der beschriebenen Strategien.

Die weltweite Verschärfung des Property rights-Regimes als wesentliches Charakteristikum der Globalisierung (vgl. auch Kap. I.4.) kam erst durch die TRIPs-Verhandlungen zustande. Hierbei war deutlich zu sehen, dass es den Protagonisten der Stärkung des IPR-Regimes mitnichten um „Effizienz", sondern vielmehr um „Rent-seeking" und „Territorialansprüche" ging.[233] Ausgangspunkt waren die USA, wo Interessengruppen ab Ende der 90er Jahre verstärkt darauf drängten, die Durchsetzbarkeit des Regimes zu stärken sowie den gegenständlichen und zeitlichen Geltungsbereich der IPR auch international (über TRIPs plus) deutlich auszuweiten. Patente als die am weitesten reichenden „intellektuellen Eigentumsrechte" spielten hierbei die wichtigste Rolle. Im Ergebnis wurden über das TRIPs-Abkommen die amerikanischen Vorstellungen über die Beschaffenheit des IPR und damit ein neuartiger Aneignungsmechanismus institutionalisiert. Dieser Aneignungsmechanismus, der – bezogen auf biogenetische Ressourcen – nichts anderes als eine neue Landnahme (*„die zweite Wiederkehr von Kolumbus"*[234]) ist, funktioniert über das möglichst weitläufige, oft unbemerkte Abstecken von Claims. Weitläufig ist das Regime
- in Beziehung auf den Raum: Mit TRIPs wurde der räumliche Universalitätsanspruch des Property-rights-Regimes konkretisiert: Ein und dasselbe Regime von Eigentumsrechten soll möglichst über den gesamten Globus hinweg gelten. Damit wurde gleichzeitig aber auch ein neuartiger Aneignungsmechanismus über die Erde gespannt. Nur so konnte vom „grünen Gold", der Schlüsselressource des 21. Jahrhunderts Besitz ergriffen werden: Die allermeisten genetischen Ressourcen werden nämlich in der südlichen Erdhalbkugel verortet. U.a. „dank" TRIPs ist aber mittlerweile der Löwenanteil an den Eigentumsrechten hieran der nördlichen Hemisphäre zuzurechnen.[235] Die neue Landnahme, die Aneignung des grünen Goldes im Rahmen von TRIPs eröffnet gleichsam eine neue Dimension in

---

[A] E. Wagenhofer / M. Annas, We feed the world ..., a.a.O., S. 171.- Weiter: „*Kostenloses traditionelles Saatgut gegen die teure Einmalware von Monsanto? Das ist auch eine Demonstration gegen den Begriff von Eigentum, den die Konzerne strapazieren.*"

Teil I. Die Struktur: Umweltpolitik als Ordnungspolitik

der Nord-Süd-Problematik. Diejenigen Staaten mit dem größten Anteil biologischer Vielfalt (nur sechs von diesen Staaten umfassen ca. 50 % der weltweiten Biodiversität) gehören zu den ärmsten, die biodiversitätsarmen Staaten hingegen zu den reichsten der Welt.[A] Mit der ausdrücklichen Zulassung der Patentierung genetischen Materials und von Mikroorganismen setzt sich TRIPs in Gegensatz zum Biodiversitätsabkommen, wonach die Nutzung genetischer Ressourcen nur mit Zustimmung des Staates oder der einheimischen Bevölkerung unter Aushandelung eines Vorteilsausgleichs möglich ist.[236] Stattdessen generiert TRIPs (plus) über Lizenzzahlungen einen Erlösstrom, der von den Entwicklungs- und Schwellenländern in die Industriestaaten gerichtet ist. So verwundert es nicht, dass das TRIPs-Abkommen auch bei den Globalisierungsgegnern ein prominentes Ziel ist.

- M.E. muss auch das Bestreben, die *Durchsetzbarkeit* der IPR zu erhöhen, eng in Zusammenhang mit der Ausweitung des räumlichen Geltungsbereiches gesehen werden. Dies war im alten Regime geistiger Eigentumsrechte (der „World Intellectual Property Organization", WIPO) kaum möglich, so dass vor den Globalisierungsschüben der letzten Jahrzehnte ein deutliches Nord-Süd-Gefälle bei den „Schutz"standards für geistige Eigentumsrechte bestand. Letztlich über die Drohung mit handelspolitischen Sanktionen gelang es dem Triumvirat USA / Europa / Japan, die Mehrheit der Entwicklungs- und Schwellenländer am Ende der Uruguay-Runde von ihrer ablehnenden Haltung zu TRIPs abzubringen.

- In *gegenständlicher Hinsicht*: Wegen Art. 27 Abs. 1 des TRIPs-Abkommens können die WTO-Mitglieder keinen Technologiebereich (z.B. die pharmazeutische Industrie, um die v.a. der Konflikt mit Entwicklungsländern ging, die den Zugang zu Medikamenten einforderten) aus dem IPR-Regime ausschließen.[B] Ausdrücklich wird die Patentierbarkeit von genetischem Material und Mikroorganismen zugelassen (Art. 27 Abs. 3b des TRIPs-Abkommens). M.a.W. sind nicht nur alle möglichen Verfahren, sondern auch Stoffe patentierbar. Insbesondere der Satz: „... *was die Natur schafft, kann nicht erfunden werden*"[237] gilt mit Blick auf die Biotechnologie nicht mehr. Das sog. „Stoffschutzverbot" spielt damit keine Rolle mehr (s. oben). In „TRIPs-plus"-Abkommen wird – über das TRIPs-Abkommen hinausgehend - die Patentierbarkeit von Pflanzensorten, biotechnologischen Erfindungen etc. sogar ausdrücklich eingefordert. Auch die EU-Biopatentrichtlinie[238] verlangt den Stoffschutz für DNA-Abschnitte (Gene). DNA sind jedoch weit mehr als lediglich ein chemischer Stoff: Sie enthalten Informationen über die Bildung von Proteinen, die allenfalls teilweise bekannt sind. Ein Patentanmelder kann schwerlich voraussehen, welche biologischen Funktionen eine DNA-Sequenz außer der von ihm erforschten sonst noch hat. Allerdings verlangt die EU-Biopatentrichtlinie sowie das US-Patentrecht vom Anmelder nicht, alle Funktionen eines DNA-Abschnitts zu kennen. Vielmehr muss in der Anmeldung nur *eine* der möglichen Funktionen abgedeckt werden (!). Das Patent soll trotzdem alle, auch die noch unerforschten Anwendungen (!) abdecken.[239] Eine „*Firma, die ein Patent auf ein Gen im Zusammenhang mit einem diagnostischen Verfahren erhält, (hat)*

[A] V.a. in den tropischen Regenwäldern Südamerikas, Afrikas und Asiens leben c.a. die Hälfte aller existierenden Arten, obwohl diese nur 7 % der Landfläche der Erde ausmachen.- T. Swanson, Diversity and sustainability: evolution, information and institutionas, in: T. Swanson (Hrsg.): Intellectual property rights and biodiversity conservation: An interdisciplinary analysis of the values of medical plants, Cambridge 1995, S. 13.- Vgl. D. F. R. Bommer / K. Beese, Pflanzengenetische Ressourcen – Ein Konzept zur Erhaltung und Nutzung für die Bundesrepublik Deutschland, Schriftenreihe des Bundesministeriums für Ernährung, Landwirtschaft und Forsten, Riehe A: Angewandte Wissenschaft, Heft 368, Münster-Hiltrup 1990, S. 18 f.

[B] Entwicklungsländern ist seither grundsätzlich die Herstellung von Generika verwehrt.

Teil I. Die Struktur: Umweltpolitik als Ordnungspolitik

auch die Rechte an dem Gen, wenn damit eine in der Regel sehr viel aufwendigere Therapie oder ein Arzneimittel entwickelt wird – ein wissenschaftlich wie wirtschaftlich völlig unsinniges Monopolrecht, das Forschung und Entwicklung sehr viel eher hemmt, als es sie fördern könnte." [240] Dem Anmelder wird also ein Anspruch auf einen Claim hinsichtlich der unerforschten Bereiche zugestanden, ohne dass irgendeine erfinderische Leistung dahinter steht.[A] Bekannt wurde u.a. das Beispiel des CCR5-Rezeptors, der eine wichtige Funktion beim Eindringen des AIDS-Virus in die Zelle hat. Nachdem sich viele Wissenschaftler mit dem Rezeptor und hierauf aufbauend mit möglichen therapeutischen Ansätzen befasst hatten, stießen sie auf das Patent von Human Genome Sciences aus 1995 für die entsprechende Gensequenz (WO96/39437). Obwohl in der Patentschrift keinerlei Verbindung zur HIV-Infektion auftaucht, verlangte Human Genome Sciences auch im Rahmen der AIDS-Forschung das Patent auf dieses Gen.[241] Mit dem weiten Abstecken derartiger „Claims" wird die Grenze zwischen Erfindung und Entdeckung m.E. deutlich überschritten: Es handelt sich um eine „Landnahme", die in Feld (5) (und eben nicht mehr – wie Erfindungen - in Feld (6)) zu verorten ist. Der Eindruck (der Landnahme) verfestigt sich vor dem Hintergrund, dass Art. 27 des TRIPs-Abkommens über einen ganz zentralen Aspekt von Patentanmeldungen, nämlich die Erfindungshöhe, nichts aussagt.[B] Die Definitionsmacht hierüber liegt faktisch bei den mächtigen Wirtschaftsblöcken: Die EU und die USA halten die diesbezüglichen Anforderungen entsprechend niedrig.[242] Dass die Grenze von Erfindung und Entdeckung[C] nicht mehr sauber zu ziehen ist, zeigt das Beispiel des Sequenzierens: Oftmals kann die geforderte Erfindungshöhe durch diese Technologie erreicht werden, die ein Gen erkennen und „lesen" kann. Hierbei handelt es sich aber um einen weitgehend automatisierten Vorgang. Es erscheint kurios (Roboter als „Erfinder"?), dass solche automatisierten Verfahren die Grundlage von „Erfindungen" darstellen sollen.[243]

- in *zeitlicher Hinsicht*, indem u.a. trotz immer kürzer werdenden Innovationszyklen in Art. 33 des TRIPs-Abkommens eine Mindestlaufzeit von Patenten von 20 Jahren gefordert wird. Im Übrigen lassen sich Patente trotz ihrer begrenzten Laufzeit insbesondere bei geringen Anforderungen an die Erfindungshöhe faktisch unbefristet verlängern. Dies zeigt das Beispiel der Nachahmermedikamente („Mee-to-drugs"). *„Ist die Patentfrist des ursprünglichen Medikaments abgelaufen, bringt der Konzern dasselbe Produkt in leicht veränderter Form, mit neuer Verpackung, in anderer Farbe etc. wieder auf den Markt und lässt es als ´neues´ Produkt patentrechtlich schützen (...) ´Evergreening´ heißt diese Taktik, mit der die Konzerne mittels Neupatentierung kleinster Veränderungen in Rezeptur und Herstellung ih-*

[A] In Deutschland wurde der Schutzumfang lediglich bezüglich menschlicher Gene beschränkt (§§ 1a, 14 PatG). Bezeichnenderweise wird als fraglich angesehen, ob die Einschränkung des § 1a PatG dem TRIPs-Übereinkommen entgegensteht (Diskriminierung eines bestimmten Gebiets der Technik?).- Zur Kritik des Stoffschutzes auch N. Kunczik, Die Legitimation des Patentsystems im Lichte biotechnologischer Erfindungen, in: Gewerblicher Rechtsschutz und Urheberrecht (GRUR) Heft 10, 2003, S. 845 ff.

[B] *„Das Gefährliche der TRIPS-Abkommen liegt besonders in der Unklarheit der Formulierungen, die es Interpretationskünstlern ermöglichen, auch die absurdesten Dinge zum Patent anzumelden ..."* J. Loewe, Das Wasser-Syndikat ..., a.a.O., S. 147.

[C] Zu den betreffenden Problemen in Bezug auf pharmazeutische Produkte vgl. vor allem C. Görg / U. Brand, Patentierter Kapitalismus: Zur politischen Ökonomie genetischer Ressourcen, in: Das Argument 2002, S. 466-481, hier: S. 475.- In Deutschland wird die Entschlüsselung und weitere Erforschung des Genoms als Entdeckung angesehen, damit kombinierbare Verfahren aber können Erfindungen sein.

Teil I. Die Struktur: Umweltpolitik als Ordnungspolitik

re Pfründe auf Kosten der Patienten gegen Generika-Hersteller und Parallelimporteure schützen."[244]

Das skizzierte weite „Abstecken von Claims" begann in den USA, wo das Patentrecht und das Copyright (Urheberrecht) u.a. auf neue Schutzgegenstände wie Software, Geschäftsmethoden (!), Lebensformen (!) und Gen-Sequenzen ausgedehnt wurde, wobei bei Letzteren deren Funktion noch nicht einmal angegeben werden muss (Erfindungshöhe?).[245] In dem Moment, wo zwischen Erfindung (Feld (6) / Tabelle 2) und Entdeckung (Feld (5)) nicht mehr klar unterschieden werden kann, dient die Property Rights-Theorie nur noch als Rechtfertigung für den modernen Aneignungs- und Monopolisierungsmechanismus, der auf das „Grüne Gold" bezogen unter dem Stichwort „Biopiraterie" schon eingehend beschrieben und diskutiert wurde.[246]

Die Schieflage bei der Zurechnung von Eigentums- und damit auch den Zugangsrechten[247], insbesondere am „grünen Gold" ist v.a. dann ein potentieller Auslöser für Konflikte, wenn die bisherigen Nutzer vom Zugang abgeschnitten werden.[248] TRIPs als Grundlage für die Biopiraterie der Neuzeit erinnert dabei an die Kaperbriefe des Mittelalters: Diese wurden den Piraten von den Herrschenden überreicht. Auf dieser Grundlage konnten die Piraten „legal" ihre Raubzüge gegen feindliche Schiffe unternehmen.[249] Ein anderer in diesem Zusammenhang verwendeter Begriff ist derjenige der „Einfriedung der Wissensallmende"[A]; hiermit werden Parallelen zur Einfriedung des englischen Weidelandes um das 16. Jahrhundert gezogen. Die sozialen Verwerfungen infolge dieser Landnahme wurden in der Literatur ausführlich beschrieben.[250]

In der WTO-Konferenz in Seattle (1999) hatte Kenia für die Gruppe der 43 afrikanischen WTO-Mitglieder betont, dass in der Natur vorkommende Substanzen und Prozesse Entdeckungen und keine Erfindungen sind und daher zur Verhinderung von Biopiraterie von der Patentierbarkeit ausgenommen werden müssten. Wiederholt wurde diese Forderung in Doha; allerdings verfügen die Entwicklungsländer nicht über die Ressourcen, jedes Patent, mit dem ihr „grünes Gold" gekapert wird, anzufechten.[B]

Im Übrigen sind generell die Entwicklungsdiskrepanzen zwischen Süd und Nord nicht zuletzt auf Unterschiede im Zugang zum verfügbaren Wissen zurückzuführen.[251] *„What separates developed from less developed countries is not just a gap in resources but a gap in knowledge ..."* [252] Durch die Stärkung des Regimes geistiger Eigentumsrechte wird die Zugangsmöglichkeit der Entwicklungsländer zu diesem Fundus noch stärker behindert.[C] Die Globalisierung des IPR-Regimes zementiert somit internationale Ungleichheit. Sowohl der Leitwert der „Gerechtigkeit" als auch derjenige der „Versorgung" ist bedroht. Andererseits muss mit Erstaunen betrachtet werden, dass die betroffenen Entwicklungsländer sich bei ihrer Kritik zumeist in derselben

---

[A] Vgl. H. E. Meier, Wissen als geistiges Privateigentum?, a.a.O. Der Begriff ist analytisch unscharf, da „Wissen" ein öffentliches Gut und kein Allmendegut ist.

[B] F. Pichlmann, TRIPS – Could you patent the sun?, in: ATTAC (Hrsg.): Die geheimen Spielregeln des Welthandels – WTO-GATS-TRIPS-M.A.I., Wien 2003, S. 101.- Wenn in diesem Zusammenhang gerade die Life-science-Konzerne betonen, dass die biogenetischen Ressourcen ein gemeinsames Menschheitserbe sind, dann deswegen, um freien Zugang zum Zwecke der Plünderung zu erhalten. A. Lerch, Verfügungsrechte und Umwelt ..., a.a.O., S. 149 ff.

[C] Die Entwicklungsländer stimmten in der Uruguay-Runde dennoch – in der Hoffnung auf ein Entgegenkommen in anderen wichtigen Bereichen wie dem Zugang zu den Märkten für Agrarprodukte und Textilien der Verhandlung im Rahmen von TRIPs zu.

Teil I. Die Struktur: Umweltpolitik als Ordnungspolitik

Logik wie die Usurpanten bewegen: Verkürzt gesagt, geht es im Konflikt viel zu wenig um die Frage, ob der Charakter als Common good nicht Zäune jedweder Art im Grundsatz verbietet; diskutiert wird vielmehr, *wer* die Zäune ziehen darf.

I.3.1.4. Zusammenfassung und Schlussfolgerungen

Egal ob bei Grund und Boden, beim atmosphärischen Aufnahmespeicher oder bei biogenetischen Ressourcen: Die von den Neoinstitutionalisten propagierte Spezifizierung und Universalisierung von handelbaren Property rights ist weder effektiv noch – aus gesamtwirtschaftlicher Sicht - effizient. Das System ist zunächst nicht ökologisch effektiv, weil die immer notwendige Steuerung der (Belastungs-) Struktur der Ökosysteme nicht vollzogen werden kann. Die von den privaten Akteuren getroffenen Entscheidungen richten sich nach einzelwirtschaftlichen Aufwendungen und Erträgen; problematisch wird es allerdings, wenn diese einzelwirtschaftlich durchaus vorhandene Effizienz den Maßstab für das gesamtgesellschaftliche Design vorgibt (was nur bei mangelhafter Trennung zwischen wirtschaftlichen Interessen und Staat möglich ist). Dann wird auch keine Rücksicht darauf genommen, ob irgendwelche kritischen Schwellenwerte in Ökosystemen überschritten werden. Wir haben schon in Kap. I.2.3.4. betont, wie unter der Herrschaft des Rentabilitätsprinzips einzelwirtschaftliche Effizienz zum Maßstab auch für die Gestaltung gesamtwirtschaftlicher und –gesellschaftlicher Designs herangezogen wird. Das Ergebnis: Regelmäßig werden alternative soziale und / oder biologische Formen zurückgedrängt, was zu einem Verlust an Vielfalt führt. Kritisch betrachtet wurden ausschließlich Eigentumsrechte an Gegenständen in Feld (1) der Tabelle 2, die regelmäßig exklusive Optionsrechte gewähren. Deren Inhaber werden solche „Joker"[253] nur im Gegenzug für eine entsprechend hohe Kompensation aufzugeben bereit sein. Diese Kompensationsprämie belastet Investments und erschwert notwendige Investitionen. Wohlfahrts- und Effizienzeinbußen sind zudem auch auf parallele Forschungsanstrengungen, mangelnde Interaktion von Wissenschaftlern, Zugangsbeschränkungen der Wissenschaftler zu Informationen etc. zurückzuführen. Das betreffende Arrangement ist jedoch auch verteilungspolitisch ungerecht: Die Inhaber der betreffenden Rechte kassieren Ressourcen- und Kontingentierungsrenten, für die sie keine Leistungen erbracht haben. Der Leitwert der „Gerechtigkeit" ist in hohem Maße verletzt, derjenige der „Versorgung" akut gefährdet.

I.3.2. Der Gegenentwurf: Treuhänderschaft an Allmenderessourcen

„Der erste, der ein Stück Land eingezäunt hatte und dreist sagte: ´Das ist mein´ und so einfältige Leute fand, die das glaubten, wurde zum wahren Gründer der bürgerlichen Gesellschaft. Wieviele Verbrechen, Kriege, Morde, Leiden und Schrecken würde einer dem Menschengeschlecht erspart haben, hätte er die Pfähle herausgerissen oder den Graben zugeschüttet und seinesgleichen zugerufen: ´Hört ja nicht auf diesen Betrüger. Ihr seid alle verloren, wenn ihr vergesst, dass die Früchte allen gehören und die Erde keinem."
J. J. Rousseau[254]

Teil I. Die Struktur: Umweltpolitik als Ordnungspolitik

I.3.2.1. Darstellung der Prinzipien

a. Zielfestlegung / Legitimation

Ein zentrales Element des Gegenentwurfes ist die Vorstellung der Partizipation eines jeden Bürgers an der gemeinschaftlichen Ressource nach dem Gleichheitsprinzip; die Idee der Exklusivität und Spezifikation von Property Rights hat hier also keinen Platz. Vielmehr geht es um die gezielte Einsetzung von „Common property". So ergibt sich vorliegend eine Trichotomie zwischen Privateigentum, Gemeineigentum (in den vielfältigen Facetten und Abgrenzungen) sowie Open access[255]:

	Schwer vermehrbar / schwer reproduzierbar – Rivalität	Leicht vermehrbar / leicht reproduzierbar – keine Rivalität
Privateigentum	(1) „No-go-area" für Investitionen	(2) Private Güter
Gemeineigentum: Common property / Common pool	(3) Common property	(4) Common pool
Open Access / Öffentliche Güter	(5) Open access (sog. „Allmendegüter")	(6) Öffentliche Güter

Tab. 6: Überführung von Open acces in Gemeineigentum
(Quelle: Eigene Darstellung)

Die obige Tabelle zeigt, dass die Überführung von Gütern in einer Open access-Situation (so. „Allmendegüter") in solche des Gemeineigentums angestrebt wird. Gemeineigentum, verstanden als Common property und Common pool, ist im Gegensatz zum Open access durch klare institutionelle Nutzungsregeln und Zugangsbeschränkungen definiert.[A]

Erblickt heutzutage ein Kind das Licht der Welt, findet es die unverzichtbaren *Lebensgrundlagen*, die natürlichen Ressourcen[B], verteilt vor. Das Eigentum an den unverzichtbaren Ressourcen liegt bei anderen, die unseren Neuankömmling von der Nutzung ausschließen können - entweder absolut oder (in den meisten Fällen) über den Preis. Einem Neuankömmling steht daher kein originäres Zugangs- und Teilhaberecht sowohl am Grund und Boden wie auch an den übrigen Ressourcen in Feld (1) der Tabelle 2 kraft seiner Existenz zu.

Beispiel: Vernichtung des Regenwaldes in Lateinamerika
Die Abholzung der Wälder (die ja u.a. einen gewaltigen CO_2-Speicher darstellen) hat vermutlich sogar höhere Effekte auf das Weltklima als der Ausstoß von Schadstoffen. Die Vernichtung des Regenwaldes wird einerseits durch Konzerne, andererseits aber auch zu einem bedeutenden Teil durch Landlose betrie-

---

[A] *Lerch* betont richtigerweise den Unterschied zwischen Fällen, in denen Zutritts- und Nutzungsregeln unzureichend spezifiziert sind und solche, in denen derartige (spezifizierte) Regeln verletzt werden. Der letztgenannte Fall bezeichnet ein Durchsetzungs- bzw. Kontrollproblem und kann bei Privat- wie Gemeineigentum auftreten.- A. Lerch, Verfügungsrechte und Umwelt ..., a.a.O., S. 136.

[B] Unter „Ressourcen" wollen wir solche Stoffe verstehen, die natürlich (oder gemeinsam mit menschlicher Nutzung) entstanden sind und an denen menschliches Nutzungsinteresse besteht.

Teil I. Die Struktur: Umweltpolitik als Ordnungspolitik

> ben, die sich mit Kahlschlag und Brandrodung immer weiter in den Wald „hineinfressen".[A] Angesichts der dünnen Humusschicht ist der Boden schnell ausgelaugt; nach 2 bis 3 Jahren sind die Siedler genötigt, ihr zerstörerisches Werk fortzusetzen. Die dahinter stehende Triebkraft ist für die Landlosen der Kampf um die eigene Existenz. Zu den fruchtbaren Weidegründen haben sie keinen Zugang. Diese befinden sich in der Hand von Großgrundbesitzern bzw. westlichen Konzernen. Sie dienen mittelbar (Zucht von Futtersoja[B]) oder unmittelbar (Zucht von Rindern) zur Befriedigung des Fleischhungers der westlichen Industrieländer, neuerdings auch der Produktion von „Bioenergie". Bedingt ist also die Vernichtung des Regenwaldes zu einem großen Teil durch die in Lateinamerika bestehenden Ungleichheiten in der Verteilung von Grund und Boden bzw. in den fehlenden Zugangsmöglichkeiten. Nicht nur die Konsumgewohnheiten der Verbraucher in den westlichen Industrieländern, sondern auch die Eigentumsstrukturen in den betreffenden Ländern (wie z.B. Brasilien) sollten daher der Stein des Anstoßes sein.

Vielmehr muss er das Zugangsrecht von anderen erwerben. Er hat an diese für den überlebensnotwendigen Zugang zu den natürlichen Ressourcen "Eintrittsgeld" zu bezahlen. Wohl dem, der dieses "Eintrittsgeld" aufzubringen vermag. Es entsteht aber m.E. ein legitimatorisches Problem, wenn Ressourcen, die für die Allgemeinheit von Bedeutung sind, einem (privat-) rechtlichen Regime unterlegt werden, welches den potentiellen Ausschluss Zugangsbedürftiger erlaubt (vgl. auch die Logik des § 903 BGB). Für die nachhaltige Bewirtschaftung von Gegenständen des Schöpfungsrahmens bedeutet dies: *„Nur, wenn wir akzeptieren, dass nicht alle Menschen einschließlich nachfolgender Generationen ein Recht auf bestimmte Umweltstandards besitzen (etwa saubere Luft, trinkbares Wasser, das Erleben biologischer Vielfalt), dann können innerhalb der gegenwärtigen Generation vollständige private Eigentumsrechte inklusive abusus an Umweltgütern zugesprochen werden."* [256] Lehnen wir ein solches Regime aus ethischen Gründen ab und gehen wir davon aus, dass jeder Bürger / Mensch nach diesem Verständnis von Geburt an Teilhaber an den gemeinschaftlichen Ressourcen zu gleichen Teilen ist, so sollten die Teilhaber (und nicht mehr private Okkupanten) von der Rückverteilung der Ressourcenrenten zu gleichen Anteilen pro Kopf partizipieren. Es verhält sich wie in einem Unternehmen, an dem alle Bürger zu gleichen Teilen – Kraft Geburt – beteiligt sind und Gewinnanteile beziehen. Damit sollte auch der Zugang für die Bevölkerung zur Gemeinschaftsressource als Chance gestaltet werden: Jeder Mensch hätte dann über die rückverteilten Ressourcenrenten auch entsprechende (im Idealfall gleiche) finanzielle Teilhabemöglichkeiten an der Ressource (s. unten mehr).

Wir werden unten zeigen, dass dieser Mechanismus auch zu einem sparsamen Umgang mit der ersteigerten bzw. genutzten Ressource anleitet (je geringer der Ge- oder Verbrauch, umso höher der Nettorückfluss). Andererseits wird beispielsweise

---

[A] Die auf der Hand liegende Erkenntnis, dass *„Umweltzerstörung nicht nur der Gefahrenschatten der Wachstumsmoderne ist, sondern ganz im Gegenteil ein enger Zusammenhang zwischen Armut und Umweltzerstörung besteht"*, wird v.a. in der Person Ulrich Becks von der Soziologenzunft gefeiert. U. Beck, Was ist Globalisierung? Irrtümer des Globalismus – Antworten auf Globalisierung, Frankfurt a.M. 1997, S. 74.- Vgl. auch R. Costanza et. al., Einführung in die Ökologische Ökonomik, a.a.O., S. 40-41.

[B] Am Rande: 60 % des weltweit angebauten Soja ist mittlerweile gentechnisch verändert.- Vgl. E. Wagenhofer / M. Annas, We feed the world ..., a.a.O., S. 48.

auch bei einer Erhöhung der Knappheit (Erhöhung der Rente und der Versteigerungserlöse) durch die Rückverteilung immer die Zugangsmöglichkeit eines jeden Bürgers zu der betreffenden Ressource gewährleistet. *Mill: „Kein Mensch hat das Land geschaffen ..."*[257] Auf dieser Grundlage fordert *Andres* die Gewährleistung des potentiellen Zugangs zu den betreffenden Ressourcen als Menschenrecht.[A] Im Übrigen veröffentlichte der Rat für wirtschaftliche und soziale Fragen der UNO einen Kommentar zum Pakt über wirtschaftliche, soziale und kulturelle Menschenrechte, in dem speziell der Zugang zu Wasser ebenfalls als Menschenrecht bezeichnet wurde.[258] Auch diese Forderung ist letztlich bodenreformerischen Ursprungs; sie lässt sich auch auf andere (schwer vermehrbare) sog. „Allmendegüter" übertragen. Dieses weite Verständnis legte schon *Henry George* nahe: Er forderte eine "Single tax" auf den Steuergegenstand "Land", wobei er unter „Land" schlechterdings alle Naturschätze verstand (also auch solche, die in das Feld (5) einzuordnen wären, er beschränkte sich also keineswegs auf Grund und Boden im engen Sinne.[259]).

b. Ausgangspunkt: Primat der ökologischen Effektivität (Command and control)
Oben kam schon zum Ausdruck, dass – in Abhängigkeit von der Definition von „Effektivität" zwischen Effektivität und Effizienz nicht unbedingt Zielharmonie bestehen muss. Effektivität wird im Sinne der anzustrebenden Steuerung einer Belastungsstruktur bzw. eines Zielbündels definiert. Dabei soll ein Werturteil dahingehend getroffen werden, dass im Konfliktfall auf der Ebene des Gesamtsystems das Effektivitätsziel im Grundsatz Vorrang vor dem Effizienzziel erhält (dies entspricht dem SMS bzw. dem Vorsorgeprinzip). Die Erreichung der gewünschten Belastungsstruktur bzw. des angestrebten Zielbündels muss im Sinne des SMS (s. Kap. I.2.2.1.) u.U. auch dann im Vordergrund stehen, wenn der Schutz eines Umweltgutes im Einzelfall einmal höhere Kosten verursacht. Im Übrigen ist der Effizienzvorteil der „Handelslösung" oftmals nur ein vermeintlicher, wenn – was praktisch die Regel ist – ein Zielbündel oder ein Strukturziel verfolgt wird: Wenn beispielsweise, wie oben beschrieben, aus Gründen der Versorgungssicherheit (s. das Problem der Zielfestlegung oben, Kap. I.3.1.2.) im Rahmen des Nationalen Allokationsplans für Kraftwerke ein brennstoff- anstatt produktbezogener Benchmark implementiert wird, so heißt das nichts anderes, als dass die Effizienzvorteile eben nicht ausgeschöpft werden können (weil die CO_2-intensiven Kohlekraftwerke eben so reichlich mit Permits ausgestattet werden, dass sie sich um einen Zukauf von Verschmutzungsrechten wenig sorgen müssen).

Entsprechend dem hier postulierten Primat der Effektivität wird das Ordnungs- und Planungsrecht teilweise rehabilitiert: Mit differenziert gesetzten Planungen oder Grenzwerten für die Inanspruchnahme der relevanten Umweltgüter (z.B. Treibhausgase und die mit ihnen verbundenen Schadstoffe, Planung der konkurrierenden Nutzungsansprüche hinsichtlich Grund und Boden) stellt es den instrumentellen Ausgangspunkt dar. Im Sinne einer standardorientierten Umweltpolitik werden dabei gegenständliche / räumliche / zeitliche / subjektive Teiloptima angestrebt bzw. Teil"märkte" definiert. Verzerrungen durch einen die Teilmärkte übergreifenden ein-

---

[A] F. Andres, Wieviel Erde braucht der Mensch? In: Fragen der Freiheit, Heft 257, Januar-März 2001, S. 24 ff.- Menschenrechte sind unveräußerliche Rechte und können daher nicht durch andere Gesetze, geschlossene Verträge oder andere rechtsverbindliche Formen genommen werden. Sie stehen jedem Menschen zu, allein auf der Tatsache beruhend, dass er Mensch ist. Durch die Formulierung von Grundrechten in Verfassungen und internationalen Abkommen wird versucht, die Menschenrechte als einklagbare Rechte festzulegen.

Teil I. Die Struktur: Umweltpolitik als Ordnungspolitik

heitlichen Preis P* sind mangels Austauschbarkeit der betreffenden Rechte zwischen den Segmenten *grundsätzlich* nicht möglich (zu Ausnahmen s. unten). Auch die Größe des betreffenden Primär"marktes" spielt keine Rolle; kleinteilige Designs sind machbar. Die Summe der Grenzwerte ergibt dann den jeweiligen gesamthaften „Cap" bzw. die umweltpolitisch notwendige Restriktion. Der Modus der Aggregation der Grenzwerte oder des Herunterbrechens des Cap ist grundsätzlich gestaltbar. Die Berechtigungen zur Inanspruchnahme eines Umweltgutes können, aber müssen nicht den Charakter von übertragbaren Zertifikaten haben (s. unten). Erkenntnisse bezüglich neuer Schadstoffe können jederzeit in das System integriert werden, ohne dass das Regime in seiner Funktionsfähigkeit beeinträchtigt wird.

Gegen den geforderten Vorrang von „Command and control" lässt sich das Argument des „staatlichen Interventionsversagens" einwenden: Viele staatliche Maßnahmen ziehen – beabsichtigt oder nicht – heutzutage Umweltschäden nach sich.[260] Dieser Einwand trifft allerdings nur, wenn man alle übrigen Umstände unverändert lässt. Das heutzutage tatsächlich staatliche Interventionsversagen resultiert nämlich hauptsächlich aus einem Zielkonflikt zwischen Umwelt- und Wachstums- bzw. Beschäftigungspolitik auf allen politischen Ebenen. Im Zweifel wird der Schaffung von Arbeitsplätzen Vorrang eingeräumt. Wir werden in Kap. II.3.6. und II.3.7. einen Weg weisen, wie dieser Zielkonflikt aus der Welt geschafft werden kann. Im Übrigen beansprucht der Vorrang von „Command and Control" nicht, die Garantie für eine über alle Zweifel erhabene Lösung der Nachhaltigkeitsproblematik zu liefern. Sie projeziert das Nachhaltigkeitsproblem jedoch von der eindimensionalen Monetarisierung zurück in den mehrdimensionalen Raum (die teilweise konfliktgeladene Beziehung der verschiedenen Leitwerte zueinander auf der einen Seite; die gegenständliche, räumliche, zeitliche und subjektive Dimension auf der anderen Seite). Das Management dieser Konfliktfelder stellt eine fortwährende Herausforderung für die Gesellschaft dar; die Patentlösung, die von der Umweltökonomie im Rahmen der Optimierungsüberlegungen vorgegaukelt wird, existiert in Wirklichkeit nicht (s. auch Abb. 5 und die dortigen Ausführungen).

c. Nachrang der Effizienz (Allokation)
Das anvisierte Zielbündel bzw. die gewünschte Belastungsstruktur muss so wirtschaftlich wie möglich erreicht werden. Es muss dafür gesorgt werden, dass vorzugsweise der beste Wirt das knappe Umweltgut nutzen darf. Hierfür gibt es aber mit der Versteigerung auch einen anderen effizienten Mechanismus, der – anders als ein Handel, welcher zu einem Marktpreis führen soll - nicht auf ein großformatiges Design angewiesen ist. Voraussetzung hierfür ist, dass in einem ersten Schritt eine übergeordnete Gemeinschaft definiert und die Eigentumsrechte in die Hand ebendieser Gemeinschaft gelegt werden, die eine Treuhandstelle einrichtet. Auf welcher Ebene dies geschieht, hängt wiederum vom räumlichen Bezug der Common property ressources ab (vgl. die Ausführungen zum Örtlichkeits- und Subsidiaritätsprinzip in Kap. I.3.2.3.). Soweit es sich um globale Ressourcen handelt, wäre dies die Weltgemeinschaft (UN), bei regionalen Ressourcen (Fließgewässer) könnte man sich eine regionale, eventuell zwischenstaatliche Institution vorstellen. Die Treuhandstelle sollte jedenfalls eine unabhängige Rolle gegenüber den jeweiligen Gebietskörperschaften innehaben, auf deren Territorium sich die Nutzungskonflikte abspielen. Es geht nicht um eine Ausweitung der Zuständigkeiten des Staates im Wirtschaftsleben, sondern (ähnlich der Stellung einer unabhängigen Zentralbank) um eine neutrale Sachwalterrolle bei der Verwaltung der Gemeinschaftsgüter. Der Staat als treuhänderische Institution birgt eine nicht zu unterschätzende Gefahr; er verfolgt ebenfalls Par-

Teil I. Die Struktur: Umweltpolitik als Ordnungspolitik

tikularinteressen und ist ein integraler Bestandteil im oben kritisierten „Regime der Einzäunung". So befinden sich u.a. bei einigen ölexportierenden Staaten die Ölquellen in staatlicher Hand (wobei hier teilweise noch erschwerend hinzukommt, dass die Trennung der staatlichen Institutionen zu den Herrscherfamilien faktisch verschwimmt), ohne dass die verfolgte Politik dadurch per se ökonomisch weitsichtiger, sozialer oder gar stärker ökologisch ausgerichtet wäre.[A]

Die – wo auch immer angesiedelte - Treuhandinstitution soll allerdings die Ressource nicht selber bewirtschaften. Wir folgen vielmehr der Annahme, dass im Regelfall dezentrale private Bewirtschaftung effizienter ist. Dies bedeutet aber eben nicht notgedrungen Privateigentum. Der beste Wirt soll im Rahmen einer öffentlichen (Pacht-)Versteigerung vielmehr nur temporäre[B] Nutzungs- und Fruchtziehungsrechte an den nicht vermehrbaren Ressourcen erhalten. Als konzeptionelle Vorbilder dienen wiederum bodenreformerische Ideen (v.a. Pachtversteigerung im Rahmen des Erbbaurechts).[261] Die zugrundeliegende Rechtsbeziehung ist also keine horizontale zwischen privaten Überlassern und privaten Nutzern (von Eigentumsrechten oder Teilen davon), sondern eine vertikale zwischen der Gemeinschaft (als Inhaber der Eigentumsrechte) und den privaten Nutzern.

	Gemeinschaft	Private (auf Zeit)
Rechte am Vermögen	- Recht auf physische Veränderung (Abusus) - (Veräußerungsrechte und) Recht an Wertveränderungen (Ius abutendi)	- -
Rechte am Nutzen	- -	- Nutzungsrecht (Usus) - Fruchtziehungsrecht (Usus Fructus)

Tab. 7: **Aufteilung der Property rights zwischen Gemeinschaft und Privaten**
(Quelle: Eigene Darstellung)

[A] Wenn wir oben den Zugang zu nicht vermehrbaren Ressourcen mit der Qualität eines Menschenrechts ausgestattet sehen wollten, muss hinzugefügt werden, dass Menschenrechten ursprünglich in einem hohem Maße der Charakter von Abwehrrechten gegen staatlichen Machtmissbrauch zukam (status negativus); erst in einem sich später entwickelnden umfassenderen Verständnis wurden auch die Gewährleistungsverpflichtungen des Staates (status positivus) stärker gewichtet. Insbesondere dort, wo die Trennung von Staatswesen und privaten Interessen nicht gegeben ist, dürfte die Vergabe der Treuhänderschaft an Ressourcen ein Vabanquespiel sein.- Vgl. zur Genese der Menschenrechte H. Wilms, Die geschichtliche Entwicklung der Menschenrechte und die modernen Grundrechte, in: Fragen der Freiheit H. 206, II / 2004, S. 20-40.

[B] Die Effekte temporärer Nutzungsrechte sind einem Theater ähnlich, dessen (nicht vermehrbare) Sitze von Vorstellung zu Vorstellung neu vermietet – und nicht in privates Eigentum überführt werden (würde Privateigentum an Theatersitzen zu zufriedenstellenden Ergebnissen führen?).

Teil I. Die Struktur: Umweltpolitik als Ordnungspolitik

Bleiben wir zur Illustration bei der Klimaproblematik bzw. bei den Verschmutzungsrechten: Bei derartigen homogenen Gütern kann man sich den Prozess wie folgt vorstellen[262]: Die Treuhandbehörde gibt einen Preis für einen bestimmten Lizenztypus vor und nimmt auf dieser Basis die Gebote entgegen. Dabei werden beispielsweise Emittenten mit hohen Grenzvermeidungskosten (z.b. Betreiber von Kohlekraftwerken) ein großes Quantum an Lizenzen nachfragen. Ökoeffiziente Teilnehmer der Auktion (z.b. Betreiber von Blockheizkraftwerken) können den anzustrebenden Optimalpunkt (P = GVK) wegen ihres niedrigeren Grenzvermeidungskostenverlaufs mit einer wesentlich niedrigeren Menge realisieren. Der Auktionator addiert nach dem Vorbild von *Walras*[A] schließlich die Menge der nachgefragten Lizenzen auf. Liegt diese oberhalb des betreffenden räumlichen / gegenständlichen Kontingentes, muss er den Preis so lange anheben, bis die Nachfrage dem kontingentierten und damit unelastischen Angebot entspricht. Im entgegengesetzten Fall muss er den Preis sukzessive senken. Im EDV-Zeitalter könnte im Rahmen von Höchst- und Mindestgeboten die Auktion kostengünstig abgewickelt werden. Um einen entsprechenden Druck auf eine effiziente Verwendung der Rechte zu erzeugen, könnten die Rechte im Laufe der Zeit „abschmelzen" und die Auktion „rollierend" gestaltet werden. Diese Art der Auktion ist bei homogenen Gütern zielführend. Bei nicht homogenen Gütern (wie z.B. Grund und Boden) wäre indessen eine diskriminierende Auktion vorzuziehen, um die Ressourcenrenten (bzw. Bodenrenten) möglichst vollständig abzuschöpfen.

Zurück zur Walras-Auktion der Verschmutzungszertifikate: Hier sollte die Treuhandstelle zudem das Angebot machen, die Rechte während der (möglichst kurz bemessenen) Nutzungsdauer wieder zum Ausgabepreis zurückzunehmen. Sie hat theoretisch - wegen der Orientierung am Ausgabepreis - immer genügend Mittel, um dies mit sämtlichen Rechten zu tun. Die Emittenten wiederum bekommen über den „Garantiepreis" Sicherheit über den monetären Mindestnutzen ihrer Vermeidungsanstrengungen.[B] Der dynamische Anreizmechanismus wirkt wie bei Cap-and-Trade (CT) über Opportunitätskosten, anders als bei CT aber *unter Sicherheit*. Deswegen dürften die Vermeidungsanstrengungen vergleichsweise höher ausfallen. Dies gilt auch und gerade für kleinteilige Designs (bei denen sich im Rahmen eines CT-Regimes entweder nur ein stark schwankender oder aber gar kein Marktpreis einstellen würde). Die Vermeidungsanstrengungen werden auch in der Systemalternative dort vorgenommen, wo es am kostengünstigsten ist. Allerdings (und dies ist der einzige Nachteil gegenüber CT): Der diesbezügliche „Markt" ist (wegen des Primats der Effektivität bzw. der Tendenz zur Ausdifferenzierung) enger als im CT-Regime, soweit kein Transfer der Rechte gestattet wird. Dementsprechend können Unterschiede in den Grenzvermeidungskosten weniger intensiv genutzt werden als bei CT. Der „Markt" kann jedoch – ohne sich der Möglichkeit der Steuerung einer Belastungsstruktur zu begeben – so weit ausgedehnt werden, wie für den betreffenden Raum und Gegenstand in derselben Periode näherungsweise dieselben Preise bei der Versteigerung erzielt wurden. Werden z.B. bezogen auf NO_x in Deutschland und China (nationale Marktabgrenzung unterstellt) nahezu dieselben Preise im Rahmen der Auktion erzielt, könnten bezüglich NO_x diese beiden (Teil-)Märkte zusammengefasst werden. Je weiter sich die diversen (Teil-)Märkte einander öffnen, umso höher die Ef-

---

[A] Die Idee der Übertragung der Walras-Auktion auf die Verschmutzungsrechte stammt von *Niko Paech*, Universität Oldenburg.

[B] Allenfalls ist denkbar, dass ein Verkauf über den Sekundärhandel zu einem höheren Preis als dem Einstandspreis stattfindet, wenn die Wirtschaftssubjekte die künftige Marktsituation im Zuge der Versteigerung nicht korrekt antizipiert haben.

Teil I. Die Struktur: Umweltpolitik als Ordnungspolitik

fizienz (je höher die tolerierten Unschärfen bezüglich der Preise, umso geringer allerdings auch die Effektivität).[A] Obwohl der Sekundärmarkt – unter den genannten Einschränkungen – dazu beitragen würde, die Effizienz des Systems zu erhöhen, bleibt aber die Basis der Systemalternative der Primär"markt".[B] Im Extremfall wäre ein Handel gänzlich verzichtbar.

Mit der bewussten Zurücksetzung der Bedeutung des Handels wird der Leitwert der Effizienz in seiner Bedeutung v.a. zugunsten der Effektivität relativiert. Das hier vorgeschlagene Regime unterscheidet sich damit nicht nur von den Neoinstitutionalisten (mit ihrer Betonung des Handels auf dem Sekundärmarkt), sondern auch von ansonsten ähnlichen Lösungen, wie sie u.a. vom Sachverständigenrat für Umweltfragen[263] oder beispielsweise der US-amerikanischen Initiative zur Errichtung eines „Sky Trust"[C] im Rahmen des Klimahandels angestrebt werden. Dort wird zwar auch eine Versteigerung favorisiert, allerdings nach wie vor auf den Handel gesetzt.

d. Verteilungsgerechtigkeit

Der Einwand gegen das Auktionssystem liegt auf der Hand: Beispielsweise setzen sich bei Emissionsrechten die Nutzer mit der höchsten Zahlungsbereitschaft – also die größten und reichsten Emittenten - bei der Auktion durch.[D] Beispiel Verschmutzungszertifikate für klimaschädliche Emissionen: Im Rahmen einer globalen Anwendung wären dies i.d.R. Großunternehmen aus den westlichen Industrieländern. Ähnliche Bedenken ergeben sich auch im Rahmen einer nur nationalen Anwendung. Der Auktionserfolg hängt dann stark von der Marktmacht ab (die z.B. bei Energieversorgungsunternehmen hoch ist).

Den verteilungspolitischen Einwendungen kann mit einem Redistributionssystem begegnet werden: Hiernach sollten die Einnahmen aus der Auktion (nach Abzug der Verwaltungskosten) an die Bürger (als die wirtschaftlich Belasteten) zurück verteilt werden. Die Auswahl der Adressaten wie auch des Maßstabes ist normativ – dies gilt aber für jedwede Rückverteilungslösung. Es kommen – je nach angelegter Gerechtigkeitsvorstellung – eine Vielzahl von Varianten in Betracht. Entsprechend den hier zugrunde gelegten legitimatorischen Überlegungen wird hier wiederum ein Grundgedanke der Bodenreformbewegung aufgegriffen, nach dem jeder (Erden-) Bürger ein

---

[A] Die oben dargestellten, mit dem Spekulationsmotiv zusammenhängenden Missbrauchsprobleme würden über den festen Rücknahmepreis und das „Abschmelzen" der Rechte (s. oben) entschärft.

[B] Dahingestellt bleiben soll, ob hinsichtlich des Sekundärhandels ein „Over the counter"-Handel oder ein organisierter Markt zweckmäßiger ist. Letzterer könnte von einer Genehmigung abhängig gemacht werden. Weil sich die Systemöffnung nur zwischen homogenen (Teil-)Märkten vollzieht, sind im Übrigen Wanderungsbewegungen von Unternehmen hin zu solchen Standorten, an denen sich geringere Preise für die Verschmutzungsrechte herausbilden, zu erwarten. Darüber und auch, inwieweit in gegenständlicher Hinsicht Öffnungen der (Teil-) Märkte vertretbar sind, sollte noch geforscht werden.

[C] Bei internationaler Anwendung würde im Sky Trust-Modell jedem Staat ein bestimmtes Quantum an Emissionsrechten zugeteilt, die von den Unternehmen (über Versteigerung) erworben werden müssten. Diese sollen sodann gehandelt werden. Die Verkaufserlöse würden an die Bürger als Dividende ausgeschüttet. Möglich ist auch mittels einer nur nationalen Anwendung ein "Andocken" an das Kyoto-Regime.- Vgl. P. Barnes, Who ownes the Sky? Our common assets and the future of capitalism, Washington et. al. 2001.- Ders., Capitalism 3.0: A Guide into Reclaiming the Commons. San Francisco (Berrett-Koehler Publishers) 2006.- P. Barnes / R. Pomerance, Pie in the Sky – The Battle for Atmospheric Scarcity Rent, Washington 2000.

[D] Bei der Verwendung des Begriffes „Zahlungsbereitschaft" wird unterstellt, dass dieser die Zahlungsfähigkeit voraussetzt. Vgl. A. Endres, Umweltökonomie, 2. Aufl., Stuttgart u.a. 2000, S. 41.

Teil I. Die Struktur: Umweltpolitik als Ordnungspolitik

gleiches Teilhaberecht an der betreffenden Common poperty resource haben sollte.[A] Der räumliche Bereich der Rückverteilung sollte dabei grundsätzlich mit dem Geltungsbereich des Regimes bzw. der Auktion übereinstimmen (s. oben). Bei internationaler Anwendung ist eine direkte Auszahlung an die Bürger durch die Treuhandstelle zwar wünschenswert, aber kaum praktikabel; daher könnte – ausdrücklich als zweitbeste Lösung - die Redistribution über die Staaten entsprechend der jeweiligen Anzahl der Einwohner erfolgen. Die Gesamtheit der Staaten bekäme so zurück, was ihre Unternehmen und Bürger (bzw. die Haushalte, als Eigentümer der Unternehmen) in den Treuhandfonds im Zuge der Auktion eingezahlt haben. Im nationalen Rahmen könnte die Rückverteilung an die Einwohner eines Landes zu gleichen Teilen über die Ausgabe personalisierter Gutscheine geschehen, die entweder bei der Gemeinde oder im Rahmen der Steuererklärung einzureichen bzw. zu verrechnen sind (auch andere Ausgestaltungen sind möglich). Teilweise wird eine Rückverteilung auf nationaler Ebene schon im politischen Raum diskutiert (so im Rahmen des Europäischen Emissionshandels[264]). So stellt dieser Gedanke auch das wesentliche Element der amerikanischen „Sky trust"-Idee dar.

Im Redistributionsmodell richtet sich die (absolute und relative) Verteilungsposition eines Staates oder einer natürlichen Person nach der Inanspruchnahme des Umweltgutes. Eine hohe Inanspruchnahme löst hohe Zahlungen in den Treuhandfonds aus und umgekehrt. Übertragen auf den Klimaschutz würde dies beispielsweise bedeuten:
- Emittieren die Bürger (bzw. Unternehmen) mehr als die durchschnittliche Schadstoffmenge pro Kopf, zahlen sie per Saldo mehr in den Treuhandfonds ein, als die Bürger zurückerhalten.
- Emittieren sie hingegen unterdurchschnittlich, geraten die in die Position eines Zahlungsempfängers.
- Befindet sich ihre Emission pro Kopf genau im Durchschnitt, halten sich die Zu- und Abflüsse genau die Waage. Hinsichtlich der Verteilungsposition ergibt sich keine Änderung im Vergleich zum Zustand ohne ein entsprechendes System.

Im Idealfall[B] würde eine Rückverteilung an die einzelnen Menschen diese mit einer Zahlungsfähigkeit ausstatten, die jedem Menschen annähernd eine durchschnittliche Inanspruchnahme des Umweltgutes erlaubt. Hierzu müsste man das Rückverteilungsregime allerdings noch um einen Kreditierungsmechanismus ergänzen (z.B. Abrechnung über die Rechte der Vorperiode erst im Rahmen der Folgeauktion, so dass nur die Ein- und Auszahlungssalden zeitversetzt zur Verrechnung kämen.

Würden die Rechte im Preis steigen, weil sich entweder die Grenzvermeidungskostenkurve nach rechts verschiebt (z.B. Nachfragesteigerung wegen Wirtschaftswachstum) oder aber der Treuhandfonds die Menge der Emissionskontingente reduziert, würden auch die Gebote in den Auktionen steigen. Andererseits würden sich die Rückflüsse erhöhen mit der Folge, dass sich für einen durchschnittlichen Nutzer der Atmosphäre kein negativer Einkommenseffekt ergäbe. Dennoch würden sich die relativen Preise der „unökologischen" Produkte erhöhen, soweit die Überwälzung der Kosten der Emissionsrechte möglich ist (Substitutionseffekt). Dies würde tendenziell

---

[A] Die Idee der gleichen Teilhabe spielt auch im Umweltraumkonzept von Opschoor eine zentrale Rolle.- Vgl. J. B. Opschoor, Environment, Economics and Sustainable Development, Groningen 1992.

[B] Hinzu kommt noch die Abwesenheit bzw. anderweitige Abdeckung (Steuern) von Verwaltungskosten sowie die Unterstellung niedriger Kosten der Exploitation.

Teil I. Die Struktur: Umweltpolitik als Ordnungspolitik

eine Änderung des Kaufverhaltens bewirken.[265] Ein weiterer Effekt: Würden die Bürger (eines Staates) nicht alle Möglichkeiten der Emissionsvermeidung ausschöpfen, würden ihnen Finanztransfers entgehen.[A] Es entsteht somit (neben demjenigen auf dem Primärmarkt, s. oben) ein weiterer Opportunitätskostenmechanismus, der allerdings über den Redistributionsmechanismus (und nicht über einen Sekundärmarkt) funktioniert. Schließlich würde über diesen Mechanismus auch „Early action" belohnt.

Ressourcen- und Klimagerechtigkeit bedeutet auf Basis des oben zugrunde gelegten Werturteils das gleiche Teilhaberecht eines jeden Menschen Kraft Geburt am Gemeinschaftsgut Atmosphäre. Liegen die diesbezüglichen Eigentumsrechte bei der (Welt-)Gemeinschaft, so ist die Rückverteilung der Kontingentierungsrente Ausdruck der Teilhaberschaft.[B] Der konzeptionelle Einfluss der Bodenreformer hat insoweit andere Konsequenzen als derjenige der Neoinstitutionalisten (wo die Kontingentierungsrente „privatisiert" wird).

Die untenstehende Tabelle zeigt, dass die Inanspruchnahme der natürlichen Umwelt durch die Länder mit hohem Einkommen absolut und auch in Relation zu den Ländern mit geringem und mittlerem Einkommen stark zugenommen hat – ein weiteres Indiz für die strukturellen Asymmetrien, die der kapitalistischen Wirtschaftsordnung zu Eigen sind.

Jahr	Ökologischer Fußabdruck (ha pro Kopf) in		Faktor
	High Income Countries	Middle and low Income Countries	Relativer Abstand zwischen beiden Gruppen
1961	3,8	1,4	2,7
1971	5,1	1,4	3,6
1981	5,4	1,6	3,4
1991	5,9	1,6	3,7
2001	6,4	1,5	4,3

Tab. 8: Relative Inanspruchnahme der natürlichen Lebensgrundlagen durch Länder mit hohem sowie Länder mit mittlerem und geringem Pro-Kopf-Einkommen
(Quelle: K. Henrich, Abschied vom Wachstum? ..., a.a.O., S. 428.- Eigene Berechnungen).

Geht man bei internationaler Einrichtung des Regimes davon aus, dass die Inanspruchnahme der Umwelt pro Kopf durch die Entwicklungs- und Schwellenländer gegenwärtig noch wesentlich geringer als diejenige der westlichen Industrieländern

---

[A] Ausgangspunkt der ökonomischen Betrachtung sollten dabei die Bürger bzw. Haushalte als Empfänger der Zahlungen bzw. Eigentümer der zahlenden Unternehmen sein.

[B] Zudem wird das zweite Wohlfahrtstheorem institutionell umgesetzt: Allokation und Erstausstattung (Verteilung) werden separat betrachtet, aber in einem entsprechenden institutionellen Rahmen kombiniert. Preise haben nämlich sowohl eine allokative (Anzeigen von Knappheiten) wie auch eine distributive (Zuteilung der Mengen) Funktion. Das zweite Wohlfahrtstheorem besagt, dass diese beiden Funktionen getrennt werden können.

Teil I. Die Struktur: Umweltpolitik als Ordnungspolitik

ist, wäre die Folge des geschilderten Umverteilungsmechanismus ein Finanztransfer in die ärmeren Länder.[A]

Um beim Thema Klimaschutz zu bleiben: Über den Rückverteilungsmechanismus erhielten gerade aufstrebende Länder wie Indien und China einen Anreiz zur vollwertigen Integration in ein derartiges Klimaschutzregime: Wegen der noch geringeren Pro-Kopf-Emissionen käme es nämlich zu einem erheblichen Finanztransfer von den westlichen Industriestaaten in diese Schwellen- und Entwicklungsländer, so dass den Minderungspflichten finanzielle Transfers gegenüberstehen: Damit wird zwischen den Mitgliedstaaten ein „ökologischer Finanzausgleich" mit entwicklungspolitischer Komponente erzeugt.[B]

Bei internationaler Anwendung könnten Staaten wie China oder Indien ihre Verteilungsposition aber nur dann beibehalten, wenn sie einen nachhaltigen Weg der Industrialisierung beschreiten und nicht länger den westlichen Entwicklungsweg kopieren. *„Gott verbiete, dass Indien jemals zu einer Industrialisierung nach dem Muster des Westens schreitet. Der wirtschaftliche Imperialismus eines einzelnen winzigen Insel-Königreiches (England) hält heute die Welt in Ketten. Falls eine ganze Nation mit 300 Millionen Einwohnern auf eine ähnliche ökonomische Ausbeutung setzt, würde die Welt kahlgefressen wie durch eine Heuschreckenplage."*[266] Mehr als 80 Jahre später hat diese Feststellung von *Mohandas Gandhi* nichts an Aktualität verloren - nicht zuletzt angesichts der Tatsache, dass sich die indische Bevölkerung zwischenzeitig mehr als verdreifacht hat. Fragwürdige Innovationen wie der „indische Volkswagen" *Tato Nano*, mit denen eine breite Motorisierung erreicht werden soll, zeigen auf, dass die Thematik brennender ist als je zuvor. Vor diesem Hintergrund ist es umso wichtiger, einen institutionellen Weg aufzuzeigen, der ein „Leapfrogging" ermöglicht.

> **Hinweis: Leapfrogging**
> Leapfrogging bedeutet, dass Länder und Regionen mit derzeit noch relativ geringer Abhängigkeit von ressourcenintensiven Produktions- und Konsumstilen nicht die Fehler der westlichen Industriegesellschaften wiederholen, sondern dass sie gleich – mit dem weiten Satz eines Springfrosches – in eine ökologische Wirtschaftsstruktur mit ressourcenleichten Wohlstandsstilen einsteigen.[267]

Es besteht die Chance, dass auf diese Weise die Länder des Südens sogar die Führung übernehmen und zu Nachhaltigkeitsmustern gelangen, welche die westlichen Industrieländer in ihrer Abhängigkeit von fossilen Rohstoffen noch nicht erreicht haben und schwer erreichen werden. Die westlichen Staaten wiederum könnten nur die lästigen Finanztransfers reduzieren, indem sie von ihrem bisherigen ressourcenintensiven Wirtschaftsmodell Abschied nähmen.

[A] Eine weitere Voraussetzung wäre jedoch ein „faires" Welthandelsregime, über das gerade die Entwicklungs- und Schwellenländer die sozialen und ökologischen Kosten der Flächeninanspruchnahme durch die westlichen Industriestaaten diesen „in Rechnung stellen" können.- Vgl. hierzu das Kapitel über die Globalisierung I.4.

[B] Die – kontrovers diskutierte - Problematik, dass möglicherweise totalitäre und korrupte Regimes durch den Redistributionsmechanismus noch weiter gestützt werden, kann hier nicht gelöst werden. Allerdings wird auch diesen Regimes ein Anreiz für eine Integration in ein internationales Klimaschutzprogramm gegeben.

Teil I. Die Struktur: Umweltpolitik als Ordnungspolitik

I.3.2.2. Exkurs: Redistribution als Konfliktlösungsmechanismus

Im 21. Jahrhundert werden sich die Konflikte um nicht oder nur beschränkt vermehrbare Güter häufen. Die infragestehenden Leitwerte sind die der (Verteilungs-) Gerechtigkeit und der Versorgung. Heute schon verbindet sich der Streit um Ressourcen *„häufig mit Konflikten politischer oder ethnischer Natur; Ressourcenungerechtigkeit erweist sich etwa regelmäßig als Hintergrundursache für Konflikte, bei denen es vordergründig um Religion oder Stammesfehde geht. Ohne einen Blick aufs Öl lässt sich weder der Krisenschauplatz im Nahen Osten verstehen noch der Bürgerkrieg im Sudan. Und ohne die Verschlechterung und Verknappung von Böden in Betracht zu ziehen, erschließt sich weder die Lage von Flüchtlingen in Pakistan noch der Völkermord in Ruanda."* [268] Im aktuellen Konflikt in Kenia spielen Landnutzungskonflikte eine Rolle; der 2007 von einem kriegerischen Konflikt heimgesuchte Tschad ist reich an diversen Rohstoffen (darunter Öl).

Die Ressourcenkonflikte werden auch in Zukunft sozialer, politischer, aber nicht zuletzt auch militärischer Art sein. Essentiell ist die Einsicht, dass ressourcenintensives Wachstum (zur Wachstumskritik vgl. Kap. II.3.) nur zu Lasten der Ärmeren zu haben ist. Eine besondere Rolle spielt hierbei das Öl. Unser ganzer Lebensstil, den auch die Länder der Dritten Welt zu kopieren suchen, basiert auf Öl. 90 Prozent unserer Transportmittel, sei es zu Lande, zu Wasser oder in der Luft, werden mit Öl angetrieben. 95 Prozent der Waren in den Geschäften sind unter Einsatz von Öl hergestellt worden. Für 95 Prozent unserer Nahrungsmittel braucht man Öl.[269] *„Was verbirgt sich hinter den Konflikten im Golf, im Sudan, im chinesischen Meer? Ein zunehmender Konfliktherd mit dreierlei heißen Kochplatten: erstens wird Öl weltweit bald sehr knapp, zweitens konzentrieren sich die Vorkommen und Förderstätten auf immer weniger Förderstätten, und drittens wächst die globale Nachfrage unaufhörlich; China ist bereits der zweitgrößte Öl-Importeur, andere Schwellenländer folgen, und in den Industriestaaten nimmt der Öldurst ebenso zu. Was ist der Preis des Szenarios? Nicht nur zunehmende geopolitische Konflikte, sondern auch drastische Preisanstiege. Den größten Preis werden die Armen bezahlen: Schon beim Ölpreisanstieg 2004 ging vielen Ländern Afrikas schlicht das Öl aus, blieben Nutzfahrzeuge stehen, konnten Menschen nicht mehr den öffentlichen Nahverkehr bezahlen, um in die nächste Stadt zu kommen. Kurz: Konflikte um knappe Ressourcen werden selten zum Vorteil der Ärmeren und Machtloseren ausgehen. Stattdessen führt der globale Ressourcenhunger dazu, dass kaufkräftige Verbraucher im Norden und in den Wohlstandsinseln der Länder des Südens den benachteiligten Bevölkerungsgruppen die Ressourcen streitig machen, die diese für ihr unmittelbares Überleben brauchen."* [270]
Beim Afghanistan-Konflikt geht es nicht etwa nur darum, die geschundene Bevölkerung mit Mädchenschulen und den Segnungen der Demokratie zu beglücken. Vielmehr spielt die Turkmenistan-Afghanistan-Pakistan-Pipeline, durch die Erdöl und Erdgas von Turkmenistan (Kaspisches Meer) durch Afghanistan zu Häfen am Indischen Ozean durch Pakistan geleitet werden soll, eine wichtige (wenngleich sicher nicht die alleinige) Rolle. Erst durch die Intervention in Afghanistan wurde der federführenden US-Firma UNOCAL (der afghanische Präsident *Karzai* ist ein früherer Mitarbeiter dieser Firma[A]) die Finanzierung möglich (die notwendigen Weltbankkredite

---

[A] US-Präsident Bush selbst und Vizepräsident Dick Cheney, die Nationale Sicherheitsberaterin und spätere Außenministerin Condoleezza Rice, Verteidigungsminister Donald Rumsfeld kamen allesamt aus der Energiewirtschaft.

setzten eine international anerkannte Regierung voraus). Beim Konflikt um Georgien war die Aufrüstung Georgiens durch die USA sehr stark durch die Sicherung des Einflusses auf die Baku-Tiflis-Ceyhan-Pipeline (BTC-Pipeline) motiviert. Über diese Transkaukasische Pipeline wird seit 2005 Rohöl von Ölfeldern aus Aserbaidschan und Kasachstan am Kaspischen Meer nach Ceyhan am Mittelmeer transportiert. Der Westen wollte sich hiermit vom Rohöl aus der Region am Persischen Golf weniger abhängig machen.

Im 21. Jahrhundert wird es aber nicht nur um Öl gehen, sondern auch um andere Rohstoffe und nicht vermehrbare Gegenstände, allen voran Wasser. Weltweit gibt es 19 Flüsse und Seen, die von mehr als 5 Staaten geteilt werden. Die Verteilung des betreffenden Wassers führt immer wieder zu Spannungen. Die häufigsten Gründe für Konflikte sind dabei Umleitungen, Staudämme, industrielle Verschmutzungen sowie Verschlammungen und Versalzungen, die durch die Anrainerstaaten der Flussoberläufe verursacht werden. Andererseits gibt es zu hoffen, dass selbst die erbittertsten Feinde dieser Welt Abkommen über Wasserressourcen treffen konnten. Verteilungskonflikte werden insbesondere zwischen Anliegern von Ober- und Unterläufen von Flüssen provoziert.

> **Beispiel: Der Konflikt um das Wasser des Nil**
> Mehr als 80 % des Wassers im Nilgebiet wird in der Landwirtschaft verwendet. Die intensive Nutzung der Landwirtschaft führt dabei zu Bodenerosion in den Gebieten, denen das Wasser abgezogen wird. Im Nilbecken droht zudem das Problem der Versandung der Stauseen. Der Wunsch der Länder des Niloberlaufs nach weiterer Industrialisierung führt zu Wasserverschmutzung. Das finanziell und diplomatisch starke Ägypten stellt sich auf den Standpunkt, es besitze jahrtausendealte historische Rechte auf die Nutzung des Nilwassers für seine Landwirtschaft. Zudem möchte es die Siedlungsfläche aus dem Korsett des Niltales heraus von 5 auf 25 % erweitern. Seit 1959 besteht ein Vertrag zwischen Ägypten und dem Sudan zur Teilung des Wassers, an dem Äthiopien allerdings nicht beteiligt ist. Äthiopien argumentiert, dass es mit dem auf seinem Staatsgebiet anfallenden Wasser tun könne, was es wolle. Der Konflikt eskalierte wiederholt bis an den Rand einer bewaffneten Auseinandersetzung.

Auch die Aufstauung von Gewässern ist oft eine Konfliktursache: Durch die stark erweiterten Verdunstungsflächen der Stauseen gehen nämlich Millionen von Kubikmetern Süßwasser verloren. Hierdurch bedingt führen die Unterläufe der Flüsse dann immer weniger Wasser.[A] Wenn beispielsweise durch das GAP-Projekt in der Türkei den Anrainern Syrien und Irak das Wasser von Euphrat und Tigris abgegraben wird, sind Konflikte vorprogrammiert.

Die Konflikte um Wasser finden auch innerhalb der Länder statt: *"Sie spiegeln den Streit zwischen den regionalen Eliten und der lokalen Bevölkerung wider. Immer spielen dabei Investitionen in konkrete Projekte eine Rolle, die erst die Strukturen hervorbringen, um Wasser von einem Ort zur Vereinnahmung an einen anderen transferieren zu können. Durch Investitionen in Infrastrukturen wie Staudämme, Kanäle oder Pipelines wird Wasser aus den Landgebieten in die kaufkräftigen Zentren*

[A] Weitere Probleme bestehen in der geminderten Selbstreinigungskraft der Flüsse und darin, dass sich Giftstoffe v.a. hinter den Staumauern ablagern.

Teil I. Die Struktur: Umweltpolitik als Ordnungspolitik

umgeleitet; durch Investitionen in die verarbeitende Industrie, die Wasser im Produktionsprozess verwendet, wird es der lokalen Bevölkerung entzogen oder verschmutzt und unbrauchbar gemacht; durch Investitionen in die exportorientierte Landwirtschaft wird Wasser in Form von Feldfrüchten zu fernen Verbauchern transportiert." [271] Und weiter: *„Durchweg weisen die Konflikte um Wasser gemeinsame Merkmale auf. Es geht darum, eine lebenswichtige Ressource und die von ihr abhängigen Ökosysteme gegen die Nutzungsansprüche nicht ansässiger Akteure zu verteidigen."* [272] Die Konsequenzen dieser Konfliktstruktur für die Globalisierung werden in Kap. I.4. besprochen. Ein wichtiger Auslöser für die Nutzungskonflikte um Ressourcen – nämlich das Wirtschaftswachstum – wird in Kap. II.3. ausgiebig im Nachhaltigkeitskontext behandelt.

Die im Vorkapitel behandelte Umverteilung von Eigentumsrechten und Redistribution von Ressourcenrenten ist geeignet, die anstehenden Ressourcenkonflikte zu entschärfen. Die Voraussetzung ist jedoch eine Abkehr von der liebgewonnenen „Logik der Zaunpfähle": Dies meint einen weitgehenden Verzicht auf
- das Pochen auf die völkerrechtlich zugestandene Souveränität, die bei derartigen Gemeinschaftsgütern (insbesondere bezogen auf Unteranlieger von Flüssen) mit dem Grundsatz der Integrität in Konflikt geraten muss;
- wie auch auf die exklusiven Rechte, die das Privateigentum zugesteht.

Auf die Ausführungen insbesondere in Kap. I.4.2. sei in diesem Zusammenhang verwiesen. Freilich darf man die Erwartungen an die Konfliktlösungskraft eines derartigen Mechanismus nicht zu sehr strapazieren. Allerdings – diese Behauptung wird hier gewagt – würde durch die Überführung von strittigen Ressourcen in das gemeinsame Eigentum von Konfliktparteien ein wichtiger Schritt in Richtung Friedenssicherung vollzogen. Im Übrigen ist vorstellbar, dass Wasserkonflikte sich in Zukunft nicht nur zwischen Nationen abspielen, sondern auch zwischen Nationen / Gesellschaften auf der einen Seite und weltweit agierenden Konzernen andererseits.[273]

I.3.2.3. Örtlichkeit, Subsidiarität und einzelfallgerechte Abweichungen vom Idealtypus

Das oben dargestellte Arrangement stellt einen Idealtypus dar. In Abhängigkeit von der Legitimation, den Durchsetzungskosten etc. können Abweichungen geboten sein. *Ostrom* beschreibt in Anlehnung an *Berkes*[274] ein Regime zur Vermeidung der Küstenfischerei im türkischen Alanya: Die betreffende Fischerei ist relativ klein (100 Fischer). Diese fahren in Zwei- oder Dreimannboten und verwenden verschiedene Notze. Die Hälfte der Fischer gehört einer Genossenschaft einheimischer Produzenten an. *Ostrom*[275]: *„Das ökonomische Überleben der Fischer war von zwei Faktoren bedroht: Zum einen hatte der unbeschränkte Fischfang zu Feindschaften und sogar zu heftigen Konflikten unter den Fischern geführt. Zum andern hatte die Konkurrenz um die besten Fangplätze nicht nur ihre Produktionskosten erhöht, sondern auch das Ertragspotential jedes Bootes wurde immer unsicherer.*
Anfang der 1970er Jahre begannen Mitglieder der lokalen Fischereigenossenschaft mit der Erprobung eines raffinierten Systems der Zuteilung von Fangplätzen an die einheimischen Fischer. Nach einer mehr als zehnjährigen Experimentierphase einigten sich die Küstenfischer auf folgende Regeln:

- Jedes Jahr im September wird eine Liste der fangberechtigten Fischer erstellt, in der alle lizensierten Fischer – ohne Rücksicht auf ihre Mitgliedschaft in der Genossenschaft – erfasst sind.
- Alle Fangplätze in dem normalerweise von den Fischern in Alanya befischten Gebiet werden namentlich erfasst und aufgelistet. Diese Fangplätze werden so weiträumig verteilt, dass die an einem Ort ausgesetzten Netze nicht die Wanderung der Fische behindern, die an den angrenzenden Fangplätzen zu erwarten sind.
- Die Zuteilung der namentlich erfassten Fangplätze bleibt jeweils von September bis Mai in Kraft.
- Im September ziehen die fangberechtigten Fischer Lose, wonach ihnen die namentlich bezeichneten Fangplätze zugeteilt werden.
- Von September bis Januar fährt jeder Fischer täglich zum nächsten östlich gelegenen Fangplatz weiter. Alle Fischer erhalten so die gleichen Fangchancen an den Fischbeständen, die zwischen September und Januar bis Mai an der umgekehrten Richtung durch das Fanggebiet wandern."

Eine kurze Analyse zeigt folgendes:

Zielfestlegung / Legitimation: Bei der Festlegung des Regimes stand v.a. die gleiche Partizipation am Fischbestand im Vordergrund. Zugleich wurden Arrangements gegen eine Übernutzung getroffen. Es handelt sich ebenso wenig um ein Regime privater Eigentumsrechte wie um ein zentralreguliertes Regime; vielmehr wird ein Gemeinschaftsgut verwaltet. Dennoch berufen sich die Bevollmächtigten der Genossenschaft auf die staatliche Gesetzgebung, die diesen die Zuständigkeit über lokale Vereinbarungen übertragen hat, um ihre Rolle bei der Ausarbeitung eines funktionsfähigen Regelwerkes zu legitimieren. Die Legitimation der Vereinbarung wird noch dadurch gestärkt, dass auch Beamte vor Ort die unterzeichnete Vereinbarung jedes Jahr anerkennen. Wichtig ist, dass die Beteiligten hinter dem vor Ort entwickelten Regime stehen. Es hätte wenig Sinn ergeben, in der Hauptstadt ein Regime zu entwerfen, das kaum befolgt worden und außerdem kaum durchsetzbar gewesen wäre.

Effektivität: Die Fischer werden weiträumig über die Fischgründe verteilt mit dem Effekt, dass Anzeichen eines Raubbaus nicht sichtbar sind. Die Reihe der Fangplätze wurde dazu kartographisch so erfasst, dass die Fangaktivitäten eines Bootes die Fischwanderungen an andere Plätze nicht behindern. Auch hier wurde auf die Resilienz von Ökosystemen Rücksicht genommen bzw. eine Struktur gesteuert.

Effizienz: An jedem Fangplatz werden die Produktionskapazitäten optimiert. Auf der Suche nach oder im Kampf um den besten Fangplatz werden keine Ressourcen vergeudet. Zudem wird das Rotationssystem von den Fischern selbst durchgesetzt und überwacht, was minimale Kosten vermuten lässt. Ob der beste Fanggrund jeweils in der Hand des besten Fischers ist, kann bei der Vergabe über das Losverfahren zwar in Zweifel gezogen werden – offenbar wurde der Leitwert der Verteilungsgerechtigkeit aber schwerer gewichtet als derjenige der Effizienz. So wurde offenbar auch ein Versteigerungsregime nicht in Betracht gezogen.

Verteilungsgerechtigkeit: Über das Rotationsregime wird Chancengleichheit hergestellt; alle Boote haben die gleichen Chancen, an den besten Plätzen zu fischen. Im vorliegenden Beispiel dürfte die Problematik der Ressourcenrenten kaum eine Rolle gespielt haben. Dementsprechend war auch die Abschöpfung via Versteigerung und

Teil I. Die Struktur: Umweltpolitik als Ordnungspolitik

die Redistribution der Rente kein Thema. Anders könnte der Fall liegen, wenn es um sehr knappe Bestände ginge, mit denen entsprechende Knappheitsrenten verbunden wären. Ohne die wie oben beschriebene Auktion bestünde dann die Gefahr, dass die Fischer sich die Ressourcenrenten auf Kosten anderer Fischer oder der Verbraucher aneignen.

Das Beispiel zeigt somit auf, dass bestimmte in der im Vorkapitel dargestellten Blaupause hervorgehobene Aspekte im Einzelfall eine größere oder kleinere Rolle spielen können und daher Modifikationen des Grundmodells nicht nur denkbar, sondern auch angebracht sind. Vor diesem Hintergrund kommt man zu einer bunten Vielfalt dessen, was man im Feld (3) subsumieren kann. Es geht nicht darum, ein einheitliches Modell überall durchzusetzen – vielmehr ist die Problemstellung die situationsgerechte Anwendung von Prinzipien, die oben beschrieben wurden. Das Resultat sollte kein Einheitsbrei, sondern eine bunte Vielfalt von Institutionen sein. Damit geht einher, dass die Ausgestaltung des Designs derartiger Regimes – unter Beachtung der maßgebenden Prinzipien - so weit wie möglich vor Ort präzisiert werden sollte.

I.3.2.4. Zusammenfassung und Schlussfolgerungen

Der hier vorgestellte Gegenentwurf geht zunächst einmal von einem grundsätzlichen Vorrang der Effektivität gegenüber der Effizienz aus. Es gilt immer, eine Belastungsstruktur (und nicht nur ein Belastungsniveau) zu steuern. „Command and control" hat mit Blick auf die Schutzbedürftigkeit der bislang noch wenig verstandenen Ökosysteme grundsätzlich das Primat. Notwendig ist vor diesem Hintergrund auch ein starkes, von wirtschaftlichen Interessen unbeeinflusstes Staatswesen.

Das Eigentum an den betreffenden schwer vermehrbaren und schwer ersetzbaren Ressourcen soll in der Hand der Gemeinschaft liegen. Über die Reichweite dieser Gemeinschaft ist im Einzelfall zu befinden. Die Nutzungsrechte an den betreffenden Ressourcen werden an die besten Wirte meistbietend versteigert. Die Versteigerungserlöse werden (evt. nach Abzug der Kosten[A]) an die Teilhaber der Gemeinschaftsgüter nach Köpfen zurückverteilt. Jedes Mitglied erhält hierüber einen durchschnittlichen Zugang zu der betreffenden Ressource. Eine überdurchschnittliche Inanspruchnahme der Gemeinschaftsressource führt zu Nettozahlungen, eine unterdurchschnittliche Inanspruchnahme zu Nettorückzahlungen. Hierdurch wird ein sorgsamer Umgang mit der jeweiligen Ressource gewährleistet. Der Substitutionseffekt bleibt erhalten, gleichzeitig wird jedoch der Einkommenseffekt neutralisiert.[276] Die Definition der betreffenden Ressourcen als Gemeinschaftsgut und die Rückverteilung der Versteigerungserlöse pro Kopf kann auch dazu dienen, schwelende Ressourcenkonflikte zu entschärfen. Das Modell ist ein Idealtypus, an den man sich einzelfallgerecht annähern oder von dem man abweichen kann.

[A] Theoretisch ließen sich auch die Kosten über Steuern decken. Der Verfasser hegt große Sympathie für diese Lösung.

Teil I. Die Struktur: Umweltpolitik als Ordnungspolitik

I.3.3. Exkurs: Common pool-Lösung für öffentliche Güter

Im Rahmen des Property rights-Paradigmas ist die Zahlungsbereitschaft für den Zugang zu öffentlichen Gütern entscheidend. Öffentliche Güter sind solche, von deren Konsum (mangels spezifizierbarer oder spezifizierter Eigentumsrechte) niemand ausgeschlossen werden kann (Kriterium der Nicht-Ausschließbarkeit) und deren Konsumnutzen sich auch bei vermehrter Nutzung (z.B. zusätzliche Nutzer) nicht vermindert (Kriterium der Nicht-Rivalität). Beispiele wären die Rechtsordnung oder der soziale Frieden. Öffentliche Güter sind nicht mit freien Gütern zu verwechseln, bei denen sich das Problem des unzureichenden Angebotes nicht stellt (z.B. Sonnenstrahlen). Von „reinen" öffentlichen Gütern sind die sog. „meritorischen Güter" zu unterscheiden. Das Konzept der „meritorischen Güter" geht auf *Musgrave*[277] zurück. Unter meritorischen Gütern versteht man Güter, die der Staat kostenlos anbietet oder preislich subventioniert (im Falle eines privaten Angebots), weil sie gesamtwirtschaftlich oder gesellschaftlich bedeutsam sind (positive externe Effekte erzeugen). Grundsätzlich könnten sie jedoch auch privat angeboten werden. Beispiele sind Bildungsstätten, soziale Sicherungssysteme, Arbeits- und Verkehrssicherheit. Als weitere Beispiele für meritorische Güter werden verschiedentlich auch Straßen und Gehwege angeführt, mit denen aber zumindest in Deutschland kein Geld verdient werden kann. Dennoch stiften sie Nutzen und müssen vorgehalten werden. Die staatliche Intervention wird als notwendig angesehen, weil die Nachfrage nach den betreffenden Gütern als „zu gering" angesehen wird. Die wichtigsten Ursachen für die zu geringe Nachfrage meritorischer Güter sind irrationale Entscheidungen, unvollständige Informationen und externe Effekte. Kritisiert wird, dass das Konzept meritorischer Güter letztlich nicht hinreichend formalisiert ist und unklar bleibt, was alles zu den meritorischen Gütern zu zählen ist.[278]

Das Problem bei öffentlichen Gütern ist das unzureichende Angebot (Trittbrettfahrerei, Gefangenendilemma). Die Property rights-Theorie möchte die Problematik durch die Zuweisung von Eigentumsrechten lösen, mittels derer die Güter aus Feld (6) nach Feld (1) / Tabelle 2 verschoben werden. Die Nachfrage nach dem betreffenden Gut würde dann maßgeblich durch die „Zahlungsbereitschaft" bestimmt. Problematisch hierbei ist jedoch, dass die Zahlungsbereitschaft nicht nur von der Zahlungswilligkeit (Präferenzen), sondern auch von der Zahlungsfähigkeit (dem Budget, das sich nach dem Einkommen bemisst) abhängt. Einkommensschwächere Bürger würden vom Zugang zu den öffentlichen Gütern abgeschnitten (s. oben zu den Feldstudien).

Notwendig ist m.E. (hierbei handelt es sich um eine normative Aussage) jedoch die Gewährleistung einer Grundversorgung an öffentlichen Gütern. Nachfolgend wird skizzenhaft ein alternativer Bereitstellungsmechanismus für öffentliche und meritorische Güter beschrieben, über den v.a. eine Grundversorgung sichergestellt werden soll. Eine derartige Grundversorgung sollte nicht durch einen reinen Einkommenstransfer an die Bürger geschehen, da dieser zweckentfremdet werden könnte. Wer will z.B. verhindern, dass das gezahlte Kindergeld von den Eltern für Alkohol ausgegeben wird? Besser ist m.E. folgendes Design: Der Zugang zu den öffentlichen Gütern wird vom Staat gewährleistet und über die Bereitstellung eines Budgets garantiert. Der Staat gibt Gutscheine aus, die ein bestimmtes Spektrum an öffentlichen und meritorischen Gütern umfassen. Die Bürger „bezahlen" mit den Gutscheinen die (privaten) Ersteller der öffentlichen Güter, welche die Gutscheine dann wiederum beim Staat in Geld einlösen.

Teil I. Die Struktur: Umweltpolitik als Ordnungspolitik

- Soweit überhaupt kein Markt für die betreffenden öffentlichen Güter bestand (reine öffentliche Güter), kann dieser durch öffentliche Mittel in Gang gesetzt werden. Wichtig hierbei ist, dass bei der Art und Weise, wie dieses geschieht, die Präferenzen der Bürger und nicht diejenigen irgendwelcher Verwaltungsbeamter den Ausschlag geben (hierzu s. unten mehr).
- Sofern es sich um meritorische Güter handelt, bestand schon ein Markt. Dieser funktionierte jedoch in einer nicht zufriedenstellenden Weise. Zu denken ist hier v.a. an Erziehungs-, Bildungs- und Gesundheitseinrichtungen, Theater etc. Meritorisch sind derartige Güter deswegen, weil das Marktangebot als unzureichend empfunden wird. Auf den Mechanismus der Zuteilung der knappen Güter durch den Preis kann und soll nicht vollkommen verzichtet werden, da das Angebot ja zu gering ist. Jede alternative Zuteilung würde darauf hinauslaufen, dass auf andere Kriterien zurückgegriffen werden muss, die offensichtlich diskriminierend sind (Weltanschauung, Rasse etc.).

> **Hinweis: „Globale" Gutscheine**
> Den Präferenzen der Bürger würde es wahrscheinlich am besten entsprechen, wenn der Geltungsbereich der Gutscheine möglichst weit abgegrenzt würde, so dass die Bürger zwischen den verschiedenen öffentlichen Gütern selbständig entscheiden könnten.

Während also bei reinen öffentlichen Gütern ein gleicher Zugang etabliert wird, würde man bezüglich des wichtigeren Falles der meritorischen Güter lediglich eine Grundversorgung herstellen.[A] Die Gutscheine hätten dann eine ergänzende Funktion zur Zahlung von Geld.

Die Gutscheine würden eine Grundversorgung an öffentlichen bzw. meritorischen Gütern für jeden Bürger gewährleisten. Jeder Bürger würde die Gutscheine unabhängig von seinem Einkommen erhalten. Deswegen muss jedoch für einen sozialen Ausgleich gesorgt werden. Dies kann durch eine progressive Besteuerung des Einkommens geschehen. In welcher Intensität das Progressionselement wirken soll, richtet sich nach den Wertungen der Bevölkerung und wird im demokratischen Prozess entschieden.[B]

Die Tabelle unten zeigt an, dass nach dem vorliegenden Konzept die öffentlichen Güter eben nicht privatisiert werden, sondern über einen gemeinschaftlichen Pool, der maßgeblich über private Anbieter gefüllt wird, allen Bürgern zugänglich gemacht werden sollen.

[A] Aus ökonomischer Sicht weist das Gut "Bildung" geradezu typische Merkmale eines Mischgutes auf. So generiert Bildung zunächst private Erträge: Ein höherer Qualifikationsgrad erhöht beispielsweise das individuelle Einkommen und reduziert die Wahrscheinlichkeit, von Arbeitslosigkeit betroffen zu sein. Zugleich weist Bildung auch gesellschaftliche Erträge auf: Bildung erhöht die Produktivität des Faktors Arbeit, schafft die Voraussetzungen für wirtschaftliche Dynamik und reduziert die Transferausgaben des Staates.- Vgl. J. Althammer, Wachstum und Struktur in wirtschaftswissenschaftlicher Perspektive, in: J. Althammer / U. Andersen / J. Detjen / K.-P. Kruber (Hrsg.): Handbuch ökonomisch-politische Bildung, Schwalbach / Ts. (Wochenschau-Verlag) 2007, S. 190-207, hier: S. 203.

[B] Dieser Akzent sei auch mit Blick auf die u.a. von Götz Werner wieder ins Spiel gebrachte Debatte um ein Grundeinkommen gesetzt, das Zugriff auch auf private Güter erlauben und durch eine Erhöhung der regressiv wirkenden Mehrwertsteuer finanziert werden soll.

Teil I. Die Struktur: Umweltpolitik als Ordnungspolitik

	Schwer vermehrbar / schwer reproduzierbar – Rivalität	Leicht vermehrbar / leicht reproduzierbar – keine Rivalität
Privateigentum	(1) „No-go-area" für Investitionen	(2) Private Güter
Gemeineigentum	(3) Common property	(4) Common pool
Open Access / Öffentliche Güter	(5) Open access	(6) Öffentliche Güter

Tab. 9: Überführung von öffentlichen Gütern in Gemeineigentum
(Quelle: Eigene Darstellung)

Aus der nachstehenden Beschreibung wird deutlich, dass Common pool-Güter auch nicht mit „Clubgütern" vollkommen gleich gesetzt werden können[A], zumal der vollständige Ausschluss von Gemeinschaftsmitgliedern trotz klarer Nutzungsregeln ja prinzipiell vermieden werden soll.

Es wird somit ein ähnliches Regime gestaltet wie das in den Vorkapiteln bereits skizzierte:
- *Legitimations-Ebene*: Wegen der gleichen Ansprüche an das Budget kommt im Idealfall reiner öffentlicher Güter nicht mehr die (von der Verteilung abhängige) Zahlungsfähigkeit, sondern nur noch die Zahlungswilligkeit (Präferenzen) zum Ausdruck. Die Leitwerte der „Versorgung" und „Verteilungsgerechtigkeit" erfahren so eine höhere Gewichtung. Gleichzeitig würden die durch das Arrow-Paradoxon bezeichneten Probleme und Inkonsistenzen vermieden.

Hinweis: Condorcet-Arrow-Paradox

Die leitende Frage ist, ob die Möglichkeit besteht, durch die Zusammenfassung (Aggregation) der individuellen Interessen das Gesamtinteresse zu bestimmen. *Arrow* (vor ihm ansatzweise schon *Condorcet*) stellen heraus, dass Probleme immer bei ordinaler Messung der Präferenzen auftreten. Zur Illustration werden häufig demokratische Entscheidungsprozesse herangezogen.

Beispiel[279]:

Person / Fraktion	Präferenz	Es gilt mithin (Transitivität)
A	X(1) > X(2) > X(5)	X(1) > X(5)
B	X(2) > X(5) > X(1)	X(2) > X(1)
C	X(5) > X(1) > X(2)	X(5) > X(2)

Jede Person / Fraktion (also sowohl A, B und C) hat eine konsistente Ordnung von Präferenzen. Nun kommt es zu einer Abstimmung (Beispiel: Fraktion):

[A] Club-Güter „... *are characterized by excludable benefits. (...) The essential difference between club goods and pure public goods depends on the existence of an exclusion mechanism, which establishes a pseudo-marketing device to overcome preference-revelation problems.*" R. Cornes / T. Sandler, The Theory of Externalities, Public Goods and Club Goods, Cambridge u.a. (Cambridge University Press) 1986, S. 25.

Teil I. Die Struktur: Umweltpolitik als Ordnungspolitik

Nun soll darüber beschlossen werden, ob Steuermehreinnahmen für
X(1): Rüstung
X(2): Soziales / Familie
X(5). Arbeitsmarkt
verwendet werden sollen.
Zwei Abstimmungen werden durchgeführt, um die Reihung zu bestimmen

Nr.	Zur Abstimmung gestellt	Dafür	Dagegen
1	X(1) > X(2)	A, C	B
2	X(2) > X(5)	A, B	C
3	X(5) > X(1)	B, C	A

Eine konsistente Reihung der Präferenzen kann insgesamt nicht erzielt werden. Die Reihung der Präferenzen hängt vielmehr von der Reihenfolge der Abstimmungen ab.

Beispielhaft die Ergebnisse:

Nr.	Zur Abstimmung gestellt	Dafür	Dagegen
1	X(1) > X(2)	A, C	B
2	X(2) > X(5)	A, B	C
3	X(5) > X(1)	B, C	A

Die Präferenzordnung ist gesamthaft gesehen widersprüchlich. Durch eine spezielle Agenda (über welchen Gegenstand wird zuerst abgestimmt) könnte die Wahl manipuliert werden. Politische Entscheidungen sind allerdings nur ein Sonderfall von Präferenzaggregationen auf Basis ordinaler Nutzenskalierung. Das prinzipiell gleiche Problem ergibt sich auch bei anderweitiger, auch in der Ökonomie gebräuchlicher Aggregation ordinal gemessener individueller Präferenzen.

Der Zugang zu öffentlichen Gütern wird gesichert (Leitwert „Versorgung"; speziell bei Informationen verstößt alles andere gegen das demokratische Ideal eines freien Informationszugangs[280]). Durch dieses Vorgehen wird direkte Demokratie hinsichtlich der Frage der Quantität und Qualität von öffentlichen Gütern implementiert. Damit geht selbstverständlich auch eine Schwächung der Macht von Politik, Verwaltung und der sog. Parteien"demokratie" einher. Wenn der Staat sich zurückzieht und die Bereitstellung der öffentlichen Güter den Präferenzen der Wirtschaftssubjekte überlässt, entspricht dies auch dem Grundgedanken des Subsidiaritätsprinzips.[281] Im Idealfall stellt der Staat nur ein globales Budget (ohne dessen Zweckbestimmung vorzugeben) zur Verfügung, das dann von den Bürgern entsprechend deren Präferenzen für die Produktion der benötigten öffentlichen Güter abgerufen wird.
- *Control-Ebene / Effektivität:* Eine Treuhandinstitution wird – analog zur Treuhänderfunktion in Feld (3) / Tabelle 2 - als Beauftragter, als Organisator für die Be-

Teil I. Die Struktur: Umweltpolitik als Ordnungspolitik

reitstellung der vermehrbaren öffentlichen Güter betrachtet. Der Staat stattet sie über Steuereinnahmen mit den hierfür notwendigen finanziellen Mitteln aus. Das Geld hierzu erhält er über die Besteuerung der Bürger. Die Art und Weise, wie die Besteuerung im Detail ausgestaltet ist (Anteil der direkten und indirekten Steuern, Progressionselemente) ist eine Frage des Aushandelns im demokratischen Prozess. Anders als in Feld (3) verzichtet der Staat bzw. die Treuhandinstitution jedoch auf eine detaillierte Steuerung. Es besteht – im Unterschied zu den nicht oder nur schwer erneuerbaren Gegenständen des „Schöpfungsrahmens" (Tabelle 2, linke Spalte) grundsätzlich keine Notwendigkeit, das Angebot planerisch festzulegen. Mit dem globalen Budget wird lediglich der Umfang, das Niveau an öffentlichen Gütern festgelegt. Dieser Aspekt wird auch der demokratischen Entscheidung und Kontrolle (Budgethoheit des Parlaments) unterworfen.

- *Allokationsebene / Effizienz*: Den Bürgern werden nun „Berechtigungen" („Gutscheine") an dem Budget erteilt. Diese verbriefen (als Äquivalent zu der Rückverteilungskomponente) zu gleichen Teilen in Feld (4)) jeweils einen gleichen Anspruch (Leitwert „Gerechtigkeit") auf die Leistungen aus dem öffentlichen Haushalt. Ohne dass es diesbezüglich einer politischen Mehrheitsentscheidung bedarf[A], können die Bürger ihre Berechtigungen bei Leistungserbringern einlösen. Gegebenenfalls geschieht dies wegen der bestehenden Informationsasymmetrie zwischen Bürgern (als Gutscheininhaber) und Leistungserbringern über zertifizierte Vermittler. Die miteinander um die Gutscheine konkurrierenden privaten Anbieter des öffentlichen Gutes nehmen die Gutscheine entgegen und lösen sie beim Staat ein. Allokativ ist von Bedeutung, dass wegen der gleichen Ansprüche an das Budget im Idealfall (der noch von weit mehr Reformen als den besprochenen abhängig ist) nicht mehr die Zahlungsfähigkeit (Verteilung), sondern nur noch entsprechend der Präferenzen über das Angebot an öffentlichen Gütern bestimmt wird. Die (öffentlichen) Güter werden nicht – wie heute – in einheitlicher, uniformer Art und Weise geschaffen. Stattdessen wird durch das Zusammenspiel von privaten (Gutschein-) Nachfragern und privaten Angebotserstellern eine die Unterschiede in den Präferenzen reflektierende bunte Angebotsvielfalt provoziert. Der geschilderte Mechanismus (über den teilweise die durchaus leistungsfähige öffentlich geförderte Forschung schon funktioniert) ist – um dies noch einmal zu betonen, anders als in Feld (4), wo eine Strukturplanung notwendig ist - gerade keine „Planwirtschaft". Mit der Förderung von Pluralität und dem Wettbewerb von sozialen und wirtschaftlichen Formen wird auch den Vermachtungstendenzen in Wirtschaft, Gesellschaft und Politik entgegengewirkt, die Gift für eine freiheitliche Gesellschaft sind.

- *Distributions-Ebene*: Obwohl der von den Neoinstitutionalisten mit dem Exklusionsprinzip intendierte Zweck erreicht wird, kann – anders als in der neoinstitutionalistischen Welt – jeder Bürger in gleicher Weise am (reinen) öffentlichen Gut partizipieren und auch seine Präferenzen insoweit mit gleichem Gewicht äußern. In Bezug auf die produzierten öffentlichen Güter besteht grundsätzlich freier Zugang (Leitwerte „Versorgung" und „Gerechtigkeit"). So werden Forschungsergebnisse (Feld: Forschungsgutscheine) nicht durch Patentmauern geschützt. Schulen, Hochschulen (Feld: Bildungsgutscheine), Kindergärten und Kinderhorte (Feld: Erziehungsgutscheine) sind unabhängig vom Einkommen zugänglich; die Diskriminierung des Zugangs zu öffentlichen Gütern über mangelnde Zahlungsfähigkeit besteht nicht mehr.

[A] Damit können die mit dem Condorcet-Arrow-Paradoxon beschriebenen Probleme weitgehend vermieden werden.

Teil I. Die Struktur: Umweltpolitik als Ordnungspolitik

> **Beispiel: Forschungsgutscheine**
> Beispielsweise könnte daran gedacht werden, das gegenwärtig existierende Patentrecht durch ein System von „Forschungsgutscheinen" zu ersetzen. Die Grundzüge des Gegenentwurfs lauten wie folgt:
> - Der Staat stellt ein – entsprechend üppig bemessenes – Forschungsbudget entsprechend dem politisch gewollten Anteil der Forschungsausgaben am Sozialprodukt zur Verfügung.
> Jeder Bürger erhält einen Forschungsgutschein, der einen anteiligen Anspruch auf das Budget verbrieft.
> - Der Forschungsgutschein kann – entsprechend den Präferenzen der Bürger - an zertifizierte Einrichtungen (z.B. DFG, Max-Planck-Gesellschaft etc. - evt. mit einer entsprechenden Widmung) gegeben werden, die auf die Entwicklung und Qualitätssicherung der Forschungslandschaft Einfluss nehmen können und wollen.[A] Die betreffenden Stellen allozieren die Forschungsgutscheine an die – Projekte beantragenden – Forschungseinrichtungen. Die Forschungseinrichtungen wiederum können die Forschungsgutscheine gegen Geld einlösen.
> - Die Finanzierung der betreffenden Einrichtungen kann beispielsweise über einen bestimmten Prozentsatz der Ansprüche der akquirierten Forschungsgutscheine erfolgen.
>
> Das so entstandene Wissen wäre grundsätzlich frei zugänglich und verwertbar. Denkbar ist auch ein gemeinsamer Pool über die Grenzen hinweg. Schließt dies Entwicklungs- und Schwellenländer ein, würde dies wahrscheinlich wesentlich größere Auswirkungen haben als jede Entwicklungshilfe. Diejenigen Staaten, die sich nicht an dem Pool beteiligen, werden vom Zugang zur „Informationsallmende" ausgeschlossen.

Von großer Bedeutung ist noch ein weiterer Aspekt: Einerseits ist der Staat heute schwach, weil durch privatwirtschaftliche Interessen durchzogen und von diesen gelenkt. Andererseits besteht der öffentliche Ruf danach, privaten Machtzusammenballungen eine geballte staatliche Gegenmacht entgegenzusetzen (s. z.B. die Energiewirtschaft einerseits und die Bundesnetzagentur andererseits). Gelingt dies, droht der Bürger mehr und mehr zu einem Spielball zwischen diesen Machtkämpfen zu werden. Derartige Machtkonzentrationen sind Fremdkörper in einer bzw. Gift für eine freiheitliche Gesellschaft. Das dargestellte Regime trägt hingegen aktiv dazu bei, sowohl die staatlichen wie auch die privaten Machtzusammenballungen zurückzudrängen.

Es soll hier nicht behauptet werden, dass mit dem dargestellten Prinzip jedwede Allokation öffentlicher Güter geregelt werden kann. So ist es z.B. kaum vorstellbar, dass der Gesundheitssektor einzig und allein auf der Grundlage derartiger Prinzipien zufriedenstellend funktionieren würde: Schwerwiegende Erkrankungen können das anteilige Budget, welches über einen „Gesundheitsgutschein" zur Verfügung gestellt würde, leicht übersteigen. Hier ist nach alternativen bzw. ergänzenden institutionellen

---

[A] Eine Ausgabe direkt an (anerkannte oder selbst ernannte) „Forschungseinrichtungen" ist hingegen nicht zu empfehlen, da ansonsten die Gefahr besteht, dass die betreffenden Mittel – ohne Qualitätskontrolle – zweckentfremdet werden.

Teil I. Die Struktur: Umweltpolitik als Ordnungspolitik

Arrangements zu suchen. Bislang sind jedoch kaum Überlegungen in die betreffenden Richtungen erfolgt, da die repräsentative Parteien"demokratie" im Allgemeinen von Wissenschaft, Medien und Politik unkritisch als alternativlos dargestellt wird.

Wie in Kap. I.3.2. beschrieben gilt auch hier, dass es nicht um die universelle Anwendung einer als „optimal" betrachteten Blaupause geht („one size suits all"), sondern um die situationsgerechte Anwendung von Prinzipien. Dementsprechend können auch andere Regimes, die – unter Vernachlässigung des einen oder anderen hier betonten Aspektes funktionieren – zielführend sein. Dies gilt beispielsweise für den von *Stiglitz* vorgeschlagenen „Innovation fund" oder ein „Patent pool", wie er von der US-amerikanischen Regierung während des Ersten Weltkrieges aufgelegt wurde, um kriegswichtige Erfindungen zum Einsatz bringen zu können. Ein wichtiger Schritt in diese Richtung wäre, dass die Industriestaaten sich zunächst einmal auf ein „TRIPs minus" als Zwischenschritt zu weitergehenden Vereinbarungen einließen.[282]

I.3.4. Erweiterung: Netzgebundene Monopole - natürliche Monopole

I.3.4.1. Allgemeine Betrachtungen zum natürlichen Monopol

Netzgebundene Monopole sind nicht nur von ordnungspolitischem, sondern auch von umweltpolitischem Interesse. Bedeutsam ist angesichts der Ausrichtung dieses Buches auch, dass die Freiwirtschaftslehre *Silvio Gesells* als eine gegen Monopole gerichtete Wirtschaftstheorie angesehen werden kann. Immer geht es gegen Gegenstände in Feld (1) / Tabelle 2 und die wirtschaftlichen und gesellschaftlichen Asymmetrien, die durch die Blockademöglichkeiten verursacht werden. Bei den nachfolgend zu behandelnden natürlichen Monopolen handelt es sich im Regelfall sogar um „Essential facilities" im engen Sinne.[283]

Monopole im Sinne *Gesells* sind sehr allgemein definiert: Sie haben ihre Ursache regelmäßig in einer Eintrittsbarriere in den Markt. Derartige Eintrittsbarrieren bestehen bei den in Feld (1) / Tabelle 2 diskutierten Gütern aus der Sache heraus (Kostenstruktur) oder durch Rechtssetzung.[A] Die betreffenden Güter sind nicht zu tragbaren Kosten zu reproduzieren oder zu substituieren. Diejenigen Wirtschaftssubjekte, die das Eigentum an diesen zu tragbaren Kosten nicht vermehr- oder substituierbaren Vermögensgegenständen innehaben, sind gegen Konkurrenz zunächst abgeschirmt. Sie haben Blockade- bzw. Zurückhaltemöglichkeiten, die ihnen Macht verleihen und deren Aufgabe sie sich gegebenenfalls bezahlen lassen.

Das hier zu behandelnde sog. „natürliche Monopol" kann insbesondere bei Eigentum an einem Netz bestehen („netzgebundenes Monopol"). Die betreffende Konstellation liegt nach herrschender Lesart dann vor, wenn über den gesamten Outputbereich hinweg eine strikte Subadditivität der Kosten vorliegt. Eine solche Subadditivität besteht, wenn die Produktion von Gütern durch ein einziges Unternehmen kostengünstiger als durch mehrere geschehen kann. So fallen bei der Errichtung eines Schienen- oder Stromnetzes hohe Fixkosten an, während die Grenzkosten der Marktversorgung konstant sind. In einer derartigen Situation nähern sich die durchschnittli-

---

[A] Dies umfasst auch Wettbewerbsverbote, die vorliegend aber nicht näher diskutiert werden sollen.

Teil I. Die Struktur: Umweltpolitik als Ordnungspolitik

chen Kosten asymptotisch den Grenzkosten an, weil sich die Fixkosten auf eine immer größere Produktionsmenge verteilen. Weil der Marktprozess vermutlich dazu führen würde, dass am Ende nur ein Unternehmen am Markt verbleibt, spricht man von einem „natürlichen Monopol" (s. auch die Ausführungen in Kap. I.2.2.2.). Da nämlich die Stückkosten mit steigender Menge beständig abnehmen, würde am Ende das Unternehmen mit der größten Produktionsmenge am billigsten anbieten. Ein natürliches Monopol kann also darüber definiert werden, dass die Marktnachfrage am kostengünstigsten durch nur ein Unternehmen befriedigt werden kann. Einen Hinweis auf das Vorliegen von natürlichen Monopolen gibt oft das Vorliegen von Größenvorteilen (sog. „Economies of scale", Betriebsgrößenersparnissen, Skalenerträgen) und Verbundvorteilen (sog. „Economies of scope", Bündelvorteilen).[A] Derartige Verbundvorteile ergeben sich in der Stromwirtschaft beispielsweise daraus, dass gleichzeitig elektrische Arbeit und Normspannung bereitgestellt werden. Ob sich daraus dann ein Kostenverlauf ergibt, der zu einem natürlichen Monopol führt, ist im Einzelfall zu prüfen.[284] Wir haben diese Sicht der Dinge nicht ohne Weiteres geteilt (vgl. Kap. I.2.4.3. und I.2.4.4.), da – im Gegensatz zur Meinung der neoklassisch basierten Mikroökonomie – auch bei Unternehmen im Wettbewerb insbesondere bei Unterbeschäftigung oft von gleichbleibenden Grenzkosten ausgegangen werden kann (vgl. Kap. I.2.2.1.) und sich damit die laufenden Kosten nicht so unterscheiden wie oft behauptet. Wichtiger erschienen uns die Markteintrittsbarrieren, die sich in Gestalt hoher „versunkener Kosten" der Netzinfrastruktur ergeben und die den Markt schwer bestreitbar werden lassen.

Netzgebundene Monopole spielen eine Rolle bei Telefonanbietern, Stromanbietern, Gas und der Bahn. Nachfolgend soll das natürliche Monopol am Beispiel der Elektrizitätswirtschaft erläutert werden.

I.3.4.2. Die Stromversorgung und die Rolle der EVUs

Die Wertschöpfungskette der Stromwirtschaft besteht aus vier Stufen:
- Erzeugung (Umwandlung einer ursprünglicheren Form von Energie in elektrische Energie);
- Großhandel (Kauf und Verkauf von elektrischer Energie auf Höchstspannungsebene);
- Stromtransport: Übertragung (Transport der elektrischen Energie auf Höchstspannungsebene) und Verteilung (Transport der elektrischen Energie auf der Ebene der Mittel- und Niederspannung);
- Einzelhandel / Vertrieb (Verkauf und Verrechnung der elektrischen Energie an den Verbraucher).

Die verschiedenen Stufen werden nachstehend eingehender erläutert. Dabei wird der Stand nach der „Liberalisierung" des deutschen Strommarktes dargestellt, die durch die erste Novelle des Energiewirtschaftsgesetzes 1998 vollzogen wurde.[285]

[A] Economies of scale treten auf, weil infolge nahezu konstanter Fixkosten mit zunehmender Ausbringungsmenge die Durchschnittskosten sinken. Economies of scope können hingegen bei diversifizierten Unternehmen entstehen, weil Unternehmen, die auf verschiedenen Märkten tätig sind, Synergieeffekte bzw. Verbundvorteile erzielen. U. Melzer, Deutsche Stromwirtschaft im Wandel – Chancen und Risiken des Wettbewerbs, Saarbrücken 2007, S. 8.

Teil I. Die Struktur: Umweltpolitik als Ordnungspolitik

Stromerzeugung: Die Stromproduzenten betreiben Kraftwerke unterschiedlicher Art. So unterscheidet man zwischen Grund-, Mittel- und Spitzenkraftwerken, die in Abhängigkeit von der Stromnachfrage eingesetzt werden. Die verschiedenen Kraftwerkstypen unterscheiden sich dabei in ihrer Kostenstruktur:[286]
- Zu den Grundlastkraftwerken gehören Kernkraftwerke, Braunkohlekraftwerke, Laufwasserkraftwerke und bestimmte Anlagen auf Basis von Biomasse und Geothermie. Charakteristisch sind die geringen variablen und relativ hohen fixen Kosten (was im Bereich der Grundlast ebenfalls die Frage nach der Rolle der „versunkenen Kosten" für die Bestreitbarkeit des betreffenden Marktes rechtfertigt, s. unten). Sie müssen wegen ihrer Kostenstruktur gut ausgelastet sein und dienen daher der Deckung des Grundbedarfs. In 2004 betrug die Grundleistung 43.223 MW und damit ca. 43 % der Gesamtleistung. Interessant ist hier die Tatsache, dass die kapitalintensivsten Kraftwerke nicht nur Großkraftwerke auf Basis fossiler Brennstoffe oder von Atomkraft sind, sondern auch einige alternative Energieträger, mit denen eine Substitution von „Natur" durch „Kapital" einhergeht.
- Mittellastkraftwerke weisen mittlere Arbeitskosten (variable Kosten) auf und werden daher für den Betrieb mit häufig wechselnder Leistung sowie für tägliches An- und Abfahren genutzt. Zu den Mittellastkraftwerken gehören Steinkohle-, Gas- und Speicherkraftwerke sowie Biomasse- und Biogaskraftanlagen wie auch die Windkraft.
- In speziellen Bedarfsfällen werden zur Befriedigung der Stromnachfrage Spitzenlastkraftwerke eingesetzt. Diese zeichnen sich durch relativ geringe Fix- und durch umso höhere variable Kosten aus. Sie können mehrmals am Tag an- und abgefahren werden. Zu dieser Kategorie gehören Pumpspeicherkraftwerke, Gasturbinen, Ölkraftwerke sowie Gasanlagen und auch die Solarenergie. Die Kraftwerke der Mittel- und Spitzenleistung hatten 2004 einen Anteil von rd. 57 % an der Gesamtleistung.

Die Stromerzeugung in Deutschland befindet sich zu 73 % (2004) in der Hand derselben Verbundunternehmen, welche die Betreiber der Netze sind. Dies sind aktuell die „großen vier" Verbundunternehmen E.ON, Vattenfall, RWE und EnBW. Akteure der Stromerzeugung sind neben den Verbundunternehmen auch sog. „Independent power producer" (IPP), die sich (v.a. wegen der geringeren Kapitalintensität stärker in den Bereichen der Mittel- und Spitzenlast bewegen). Außerdem erzeugen viele Regionalversorger und Städte einen Teil ihres Strombedarfs in eigenen Kraftwerken.[A]

Großhandel: Der Großhandel fungiert sowohl als Bindeglied zwischen Angebot und Nachfrage nach Strom wie auch als Vermittler von Handelsgeschäften. Beim Stromhandel werden große Mengen an der Börse oder direkt beim Erzeuger gekauft und an Großkunden und Weiterverteiler verkauft. In Deutschland findet der Handel an der Strombörse EEX in Leipzig statt. Strombörsen sind grundsätzlich (durch staatliche Organe) regulierte Märkte. Die Handelsteilnehmer müssen bestimmte formale Kriterien erfüllen, um zum Handel zugelassen zu werden. Die Handelsmethode und die Methode der Preisfestlegung ist den Marktteilnehmern bekannt. Die Preise sind transparent und der Handel anonym. Am Spotmarkt werden einzelne Stunden bzw. Gruppen von Stunden gehandelt. Der Preis für jede einzelne Stunde wird über ein Auktionsverfahren ermittelt. Die Gebote der Käufer und Verkäufer werden aggregiert und daraus der Gleichgewichtspreis ermittelt. An vielen Börsen besteht die Möglich-

---

[A] Als Faustregel gilt, dass mit der Entfernung von der Verbundebene die Stromproduktion der EVUs abnimmt und ihre Verteilungsfunktion dafür mehr an Gewicht gewinnt.

keit, neben Spots auch Futures zu handeln. Hierbei handelt es sich um standardisierte, börsengehandelte Forwardkontrakte. Die Alternative zum Börsenhandel ist der OTC-Markt („Over the counter"). Im Gegensatz zu Börsen besteht hier keine staatliche Regulierung. Es können sehr individuelle Bedürfnisse bei der Vertragsgestaltung berücksichtigt werden.

Stromtransport (Übertragung und Verteilung): Beim Stromtransport wird zwischen Übertragung und Verteilung unterschieden. Der in den (Groß-) Kraftwerken erzeugte Strom hat üblicherweise eine Spannung von 10.500 bis zu 21.000 Volt. Für die Steckdose des Endverbrauchers ist dies viel zu viel, für den verlustarmen Transport des Stroms über größere Entfernungen hinweg jedoch immer noch zu niedrig. Daher muss der erzeugte Strom durch Transformatoren auf bis zu 380.000 Volt hochgespannt und später wieder auf die Steckdosen-Spannung von 230 Volt heruntertransformiert werden. Im heutigen Netz der Stromversorgung unterscheidet man zwischen vier Spannungsebenen[A]:
- Das Höchstspannungsnetz (380 und 220 Kilovolt): Hier wird der in den Großkraftwerken erzeugte Strom landesweit verteilt; zudem findet ein internationaler Stromaustausch statt. Es handelt sich gleichsam um die „Autobahnen" der Stromversorgung;
- Das Hochspannungsnetz (110 Kilovolt, als „Schnellstraßen" der Stromversorgung) versorgt Regionen, Ballungszentren und große Industriebetriebe;
- Das Mittelspannungsnetz (i.d.R. 10 oder 20 Kilovolt als „Bundesstraßen" der Stromversorgung) verteilt den Strom an die Transformatorstationen des Niederspannungsnetzes;
- Das Niederspannungsnetz (400 / 230 Volt als „Ortsstraßen" der Stromversorgung) versorgt Haushalte, Industrie, Gewerbe und Verwaltungen mit elektrischer Energie.

Die Aufgabe der Übertragung besteht also in der Verbindung der Stromproduzenten untereinander über das Höchstspannungsnetz. Zudem werden große räumliche Distanzen zwischen den Erzeugern und den jeweiligen Verteilnetzen überbrückt. Die Verteilung übernimmt hingegen die Aufgabe, den Strom über geringe Distanzen mit Hilfe von Mittel- und Niedrigspannungsleitungen zum Verbraucher zu transportieren.[287]

Das Höchstspannungsnetz wird von den Netzgesellschaften der vier sogenannten Verbundunternehmen betrieben: E.ON Netz AG, RWE Net AG, Vattenfall Europe Transmission GmbH und EnBW Transportnetze AG. In ihren Kraftwerken erzeugen E.ON, RWE, Vattenfall und EnBW zugleich etwa vier Fünftel des Stroms, den die öffentliche Stromversorgung benötigt (s. oben).

Von den Verbundunternehmen erhalten rund 50 regionale Stromversorger und ca. 900 Stadtwerke den größten Teil ihres Stroms. Normalerweise sind dabei die Regionalversorger die Vorlieferanten der kommunalen Stromversorger. Allerdings gibt es auch Großstädte, die ihren Strom direkt von einem Verbundunternehmen beziehen. Die Mittel- und Niedrigspannungsnetze sind Eigentum der regionalen und kommunalen Energieversorgungsunternehmen.[288] Im Übrigen besteht auch ein Monopol der Netzbetreiber in funktionaler Hinsicht: Ein gerichteter Stromtransport im Netz ist nämlich nicht möglich. Die elektrische Energie dehnt sich vielmehr „automatisch" aus.

[A] Vgl. Der größte Teil des Leitungsnetzes ist nicht sichtbar. Lediglich die Stromkreise des Höchst- und Hochspannungsnetzes bestehen (aus technischen Gründen) zu 96 % aus Freileitungen.- S. mehr in http://www.udo-leuschner.de/basiswissen/SB124-02.htm [20.01.08].

Teil I. Die Struktur: Umweltpolitik als Ordnungspolitik

Das Problem der Unsteuerbarkeit der Stromflüsse wird gelöst, indem der an den Entnahmepunkten entnommene Strom gleichzeitig an den Einspeisepunkten zugeführt wird. Diese Besonderheit setzt eine zentrale Instanz (Übertragungsnetzbetreiber) voraus, die das komplexe technische System der elektrischen Transportnetze überwacht und koordiniert.

Einzelhandel / Vertrieb: Beim Vertrieb geht es um den Verkauf des Stroms an den Endkunden.[A] Im Einzelhandelsmarkt werden wesentlich geringere Mengen an Strom als auf dem Großhandelsmarkt gehandelt. Die Mindesthandelsmenge von 10.000 kWh, die für die EEX gilt, kann hier als Obergrenze angesehen werden. Daneben erfolgt auf dieser Stufe auch die Vermarktung der Stromprodukte.

a. Legitimation / Zielsetzung
Von der Politik wird eine Reihe energiewirtschaftlicher Zielsetzungen verfolgt. Dies sind u.a.
- mit Blick auf die Leitwerte „Versorgung" und „Sicherheit": Netzsicherheit, die Unabhängigkeit der Energieversorgung insbesondere von politisch fragwürdigen Staaten sowie in diesem und im ökologischen Kontext auch die Förderung regenerativer Energien;
- bezüglich des Leitwertes „Effizienz": Die Erhöhung der Wohlfahrt im ökonomischen Sinne;
- bezüglich des Leitwertes „Gerechtigkeit" auch Verteilungsaspekte: D.h. keine „zu großen" Gewinne auf Kosten der Endverbraucher.

In der Vergangenheit wurde angenommen, dass der gesamte Stromsektor ein natürliches Monopol darstellt. Dementsprechend wurde die ganze Branche als legitimiertes Monopol angesehen und auch so organisiert. Mittlerweile sieht man das Wesen der Stromwirtschaft differenzierter: Im Allgemeinen gelten nur die netzbezogenen Funktionen „Übertragung" und „Verteilung" als natürliche Monopole (wir relativieren diese Auffassung ein wenig mit Blick auf die Stromproduktion im Grundlastbereich). Wettbewerb in Gestalt mehrerer paralleler Leitungsnetze wird als nicht sinnvoll, da nicht kosteneffizient, angesehen. Wenn in diesem Bereich Monopole sinnvoll sind, stellt sich die Frage, ob die betreffenden Monopolisten mit ihrer Geschäftspolitik die o.a. Ziele konterkarieren oder fördern. Hier bestehen Gefahren bzw. und liegt dementsprechend ein erhöhter Regulierungsbedarf vor, v.a.
- im Bereich der Übertragung und der Verteilung (wogegen die Erzeugung, der Handel und der Vertrieb grundsätzlich unreguliert dem Wettbewerb überlassen bleiben können[B]);
- sowie hinsichtlich der Missbrauchsgefahr, die sich insbesondere dann ergeben kann, wenn die Netzbetreiber auch in anderen Bereichen der Wertschöpfungskette aktiv sind (v.a. im Bereich der Stromerzeugung).

[A] Hinsichtlich der Kostenstruktur gilt dabei in der Energiebranche die "Drittelregel": Ca. ein Drittel des Strompreises entfällt auf den Brennstoff, ein weiteres Drittel auf die Erzeugung und das letzte Drittel auf die Verteilung.- Vgl. auch Hanseatisches OLG Bremen, 5 U 37/1999 = 3 O 190 / 1998 a)

[B] „Grundsätzlich" deswegen, weil beispielsweise der Handel über die Börse auch einen gewissen Regulierungsbedarf nach sich zieht. Es geht bei Regulierung niemals um ein „ja" oder „nein", sondern um ein „mehr" oder „weniger".

Teil I. Die Struktur: Umweltpolitik als Ordnungspolitik

b. Effizienz

Nachfolgend wird die Effizienz des existierenden Regimes entlang der Wertschöpfungskette unter die Lupe genommen.

Erzeugung: Im Bereich der Stromerzeugung liegt nicht generell ein natürliches Monopol vor. Allerdings gilt es m.E. zu differenzieren: Je nach Kraftwerkstyp reichen die Investitionskosten von ca. 230 € /kW bei einem Gasturbinenkraftwerk (Spitzenlast) bis hin zu 1.480 € / kW bei einem Braunkohlekraftwerk (Grundlast). Insbesondere im Bereich der Grundlast bestehen hohe Markteintrittsbarrieren aufgrund der Kostenstruktur. Die deckungsbeitragsstarken Grundlastkraftwerke (Braunkohle, Kernenergie, Laufwasser) weisen charakteristischerweise eine hohe Kapitalintensität bzw. hohe Anfangsinvestitionen auf, die als „versunkene Kosten" (*Baumol*) betrachtet werden können.[A] Grundsätzlich bedarf es hoher Kapazitätsreserven mit entsprechend hoher Kapitalbindung, um in Spitzenlastzeiten die Stromnachfrage befriedigen zu können.[289] Charakteristisch für versunkene Kosten ist, dass der Abbau eines Kraftwerks an einem bestimmten Ort und der Aufbau an einem anderen Ort i.d.R. unwirtschaftlich oder gar technisch unmöglich ist. Im Bereich der Grundlast kann man daher m.E. durchaus von einem „natürlichen Monopol" auch bei der Stromerzeugung zumindest so lange sprechen, wie noch keine tragfähigen Substitute vorhanden sind. Im Bereich der Mittel- und insbesondere der Spitzenlast stellt sich die Situation hingegen anders dar.

Trifft die hier vorgenommene Einschätzung zu, hätten die „großen Vier" nicht nur ein Monopol hinsichtlich der Übertragung im Netz, sondern auch eine marktbeherrschende Stellung bei der Stromerzeugung v.a. im Bereich der Grundlast, aber auch eine dominante Position im Bereich der Mittellast. Mit ihrem Marktanteil von ca. 80 % im Bereich der Stromerzeugung und dem Eigentum am Netz dominieren die „großen Vier" die strategisch wichtigsten Bereiche der Wertschöpfungskette. Dies bedeutet natürlich auch, dass mögliche alternative – dezentrale - Formen der Energieversorgung geeignet sein könnten, diese Machtposition zu gefährden. Hierdurch müssen sich Präferenzen für bestimmte Technologien (Großkraftwerke) ergeben.

Den „großen Vier" wird vorgeworfen, dass sie ihre marktbeherrschende Stellung systematisch missbrauchen, indem sie die Angebotsmenge künstlich verknappen, um den Preis an der Strombörse EEX (Leipzig) auf diese Weise hochzutreiben. Es ist anzunehmen, dass ein derartig enges Oligopol ähnlich wie ein Monopol funktioniert: Monopolisten können ihren Gewinn maximieren, wenn sie – gegenüber der Konstellation der vollkommenen Konkurrenz – die ausgebrachte Menge (gegenüber einem hypothetischen Polypol) beschränken und die Preise erhöht ansetzen. Den Erzeugungskosten für Strom i.H.v. rund 3,7 Cent je Kilowattstunde steht ein Börsenpreis von ca. 6 Cent pro Kilowattstunde gegenüber. Auf der Großhandelsebene (EEX) sind demnach die Strompreise um ca. 37 % überhöht.[290] Die Angebotszurückhaltung ist dabei allerdings im Bereich der Spitzen- und Mittellast am lukrativsten. Weil die im Monopol ausgebrachte Menge geringer als diejenige ist, die in einem Polypol, das dem Anreicherungsaxiom genügt, angeboten wird (vgl. Kap. I.2.3.3.)[B], kommt es zu

---

[A] So ergibt sich beispielsweise noch bei einem Steinkohlekraftwerk (600 MW) eine Kapitalausstattung von 2,7 Mio. Euro pro Beschäftigten (2000).- L. Kumkar, Wettbewerbsorientierte Reformen der Stromwirtschaft – eine industrieökonomische Analyse, Tübingen 2000, S. 22.

[B] Das Anreicherungsaxiom, also die Forderung nach einer gebildereichen Wirtschaft (also nicht nur erwerbswirtschaftlich orientierten Unternehmen) ist gerade im Energiemarkt vor dem Hintergrund des

Teil I. Die Struktur: Umweltpolitik als Ordnungspolitik

Wohlfahrtsverlusten; mit der Ausbringungsmenge ist nämlich auch die Summe aus Konsumenten- und Produzentenrente im Monopol kleiner als diejenige in einem Polypol unter Maßgabe des Anreicherungsaxioms.[291] Die für das Angebotsmonopol charakteristischen Wohlfahrtsverluste ließen sich durch eine monopolistische Preisdifferenzierung vermeiden. Hierbei gelingt es dem Monopolisten, jeden Konsumenten genau im Ausmaß seiner Zahlungsbereitschaft zur Kasse zu bitten. Hinsichtlich der Summe von Konsumenten- und Produzentenrente ergibt sich dann dasselbe Ergebnis wie bei vollständiger Konkurrenz unter Maßgabe des Anreicherungsaxioms, allerdings beträgt die Konsumentenrente gleich Null. Der Umverteilungseffekt zugunsten der Anbieter wäre also maximal.[292] Das ist jedoch an der EEX nicht der Fall; an Börsen werden grundsätzlich Einheitspreise ausgehandelt.

Großhandel: Aus Effizienzsicht ergibt der Handel mit Strom Sinn: Sind beispielsweise die Preise am Strommarkt höher als die variablen Kosten der Stromerzeuger, bieten sie Strom an. Im umgekehrten Fall schränken sie ihre Produktion ein und erfüllen ihre Lieferverpflichtungen nicht aus eigenen Anlagen, sondern kaufen am Markt zu. Die Stromerzeuger treten damit am Markt sowohl als Käufer wie auch als Verkäufer auf. Sie können somit (mit anderen Marktteilnehmern) ihre teilweise langfristigen Bezugsverträge durch kurzfristige Zu- oder Verkäufe optimieren.

Eine andere Gruppe von Händlern agiert als Mittler zwischen Käufer und Verkäufer. Sie kaufen um des Verkaufens Willen und machen ihr Geschäft durch Handelsmargen. Sie versuchen ebenfalls, Preisunterschiede zwischen verschiedenen Märkten zu erkennen. Mit diesen Arbitragegeschäften sorgen sie dafür, dass sich die Großhandelspreise im Netzverbund angleichen.[A] Eine andere Motivation kann sein, Preisschwankungen auszuschöpfen und dadurch Gewinne zu erzielen (Spekulation).[B] Derartige Händler sind für die Liquidität eines Marktes von großer Bedeutung. Liquidität in einem Markt wirkt per se anziehend und sorgt für noch mehr Liquidität.

Andererseits ist die Tatsache, dass z.B. zwischen 2005 und 2006 die EEX-Preise für Strom mit 20 bis 30 % über dem Wettbewerbspreis lagen, wesentlich auf die Machtstellung der großen Verbundunternehmen im Bereich der Stromerzeugung und des Stromtransports zurückzuführen. Im Sommer 2005 wurden Vermutungen laut, dass die großen deutschen Energiekonzerne konzertiert den Strompreis manipulieren. Zwar wird nur ein sehr geringer Anteil des Stroms in Deutschland an der EEX gehandelt (rd. 10 %). Der hierbei ermittelte Preis gilt jedoch für den gesamten Strommarkt.[293]

Stromtransport (Übertragung und Verteilung): Das oben erwähnte natürliche Monopol besteht unbestrittener Weise am Netz. Die Übertragungsnetze für Höchst- und Hochspannung befinden sich zu 100 % in der Hand der vier großen Stromkonzerne. Über Tochtergesellschaften und Beteiligungen kontrollieren diese vier Konzerne ebenfalls das Verteilnetz, über das im Bereich der Mittel- und Niederspannungsstroms Energie an den Endverbraucher geliefert wird.[294] Die aufgrund der Monopolsi-

---

Leitwertes der „Versorgung" von Bedeutung. Mittlerweile bilden sich schon verschiedentlich Genossenschaften, außerdem spielen kommunale Anbieter ohne erwerbswirtschaftliche Zielsetzung eine bedeutsame Rolle.

[A] Preisunterschiede können sich dennoch ergeben, weil sich einerseits aus technischen Gründen Strom über eine gewisse Distanz hinaus nicht mehr ökonomisch transportieren lässt. Andererseits sind die internationalen Transportnetze in ihrer Übertragungskapazität beschränkt („Flaschenhälse").

[B] Ein solcher handelsorientierter Händler war beispielsweise Enron oder TXU.

tuation hochgetriebenen Netznutzungsentgelte machen dann auch den größten Anteil am Strompreis aus.

Theoretisch könnte man sich zwar vorstellen, dass durch den hohen Preis neue Konkurrenten angelockt werden, die die Gewinnspielräume nutzen wollen. Allerdings gibt es Markteintrittsbarrieren, die auf die Kostenstruktur zurückzuführen sind: So sind im Bereich der Stromübertragung und -verteilung die Fixkosten charakteristischerweise hoch. Sie variieren jedoch in Abhängigkeit der Spannungsebene der Netze. Im Höchstspannungsnetz sind sie am niedrigsten (rd. 27 Euro / kw x a) und im Niedrigspannungsbereich am höchsten (168 € /kw x a). Einmal gelegte Leitungen haben einen hohen Spezifizierungsgrad und stellen „versunkene Kosten" dar (s. oben). Zur Wiederholung (vgl. Kap. mehr in I.2.3.3.): Bei „Sunk costs"[A] handelt es sich um nicht mehr rückgängig zu machende Fixkosten, die vornehmlich bei bestimmten Produktionsprozessen, wie eben Leitungsnetzen oder Eisenbahnschienen entstehen. Das entscheidende Definitionsmerkmal der „Sunk costs" ist ihre Irreversibilität. Damit ergeben sich v.a. bei den Kosten des Netzes Unterschiede zu gewöhnlichen Fixkosten: Im Falle eines Preiskampfes liefert jeder Preis oberhalb der Grenzkosten dem etablierten Monopolisten als Eigentümer des Netzes einen positiven Deckungsbeitrag und reduziert den Verlust. Im Extremfall kann er von der Deckung der „Sunk costs" vorübergehend absehen. Für die Investitionsrechnung des potentiellen Wettbewerbers sind dagegen die Kosten des Netzes in der Investitionsrechnung zu berücksichtigen. Der potentielle Wettbewerber muss einen Preis einspielen, der neben den variablen Kosten auch die Fixkosten mit abdecken kann. Weil die potentiellen Wettbewerber diesen Nachteil zum Zeitpunkt der Entscheidung über den Markteintritt kennen, werden sie regelmäßig auf den Markteintritt verzichten. „Sunk costs" sind somit eine wichtige Markteintrittsbarriere. Diese beschränken auch die Wirkungen der potentiellen Konkurrenz, die ansonsten bereits ähnliche Effekte wie tatsächlicher Wettbewerb zeitigen könnte.

Weiter bestehen im Übertragungsbereich Größenvorteile in Gestalt von anlagespezifischen Skalenerträgen und Komplementärerträgen. Anlagespezifische Skalenerträge kommen durch sinkende Kosten für einzelne Leitungen bei zunehmender Netznutzung zustande. Komplementärerträge (bzw. Durchmischungsvorteile) entstehen hingegen aufgrund der Homogenität des Gutes Strom. Soll beispielsweise *„eine Strommenge von 1.000 MW von A nach B transportiert und außerdem eine Strommenge von 1.000 MW von B nach A transportiert werden, findet rein technisch betrachtet kein Transport und damit auch kein Transportverlust statt. Dieser Vorteil der Durchmischungseffekte wird umso größer, je mehr Kraftwerke an ein Netz angeschlossen sind und je mehr Abnehmer das Netz nutzen."* [295]

Eine Konkurrenz durch Parallelinvestitionen wäre im Übrigen aus volkswirtschaftlicher Sicht gar nicht erwünscht: Derartige Parallelinvestitionen stellten – anders als bei den anderen Stufen der Wertschöpfungskette – volkswirtschaftlich gesehen unnötige Investitionen dar, die u.a. zu einer schwer zu koordinierenden Netzfragmentierung und zu einer hohen Flächeninanspruchnahme führen würden.[296]

Um die charakteristischen Probleme - Wohlfahrtsverluste einerseits, Umverteilung andererseits - in den Griff zu bekommen, bestehen folgende Möglichkeiten:

[A] Sunk costs werden in einem anderen Zusammenhang auch mit "spezifischen Investitionen" in Zusammenhang gebracht.

Teil I. Die Struktur: Umweltpolitik als Ordnungspolitik

- Überführung des Netzes in Gemeineigentum, Management des Netzes durch eine öffentliche Institution,
- Überführung des Netzes in Gemeineigentum, privates Management (öffentliche Vergabe an den besten Anbieter),
- Belassen des Netzes in Privateigentum mit ergänzenden Regulierungsmaßnahmen.

Nach ordoliberaler Vorstellung sind Machtzusammenballungen, wie sie bei wirtschaftlichem Eigentum Privater am Netz entstehen, nicht kontrollierbar. Die Politik sollte gar nicht erst zulassen, dass derartige Machtzusammenballungen überhaupt entstehen.[A] Trotz der auf der Hand liegenden Zweifel an der Kompatibilität der Ziele der Verbundkonzerne mit der gesellschaftlichen Wohlfahrt war es Wille der Politik, dass das Privateigentum am Netz nicht infragegestellt wird. Daher hat sich mit der Liberalisierung des Strommarktes die letztgenannte Variante durchgesetzt.[B] Die Eigentumsrechte am Netz bleiben in der Hand der privaten Betreiber; allerdings kommt es zu einer Verdünnung der Property rights über Regulierung. Die Regulierungsaktivitäten können betreffen
- den Netzzugang Dritter zu den Übertragungs- und Verteilnetzen;
- die Entflechtung der Netzbetreiber;
- die Regulierung der Netznutzungsentgelte und Anschlussbedingungen.

Die Elektrizitätsbinnenmarktrichtlinie 96 / 92 / EG stellte den Mitgliedstaaten drei Möglichkeiten zur Gewährleistung eines diskriminierungsfreien Netzzugangs zur Verfügung: Den „verhandelten Netzzugang" (Negotiated third party access, NTPA), den geregelten Netzzugang (Regulated third party access, RTPA) und das Alleinabnehmersystem. In Deutschland wurde – als einzigem Land in der EU – der „verhandelte Netzzugang" gewählt. Dabei sollte der Netzzugang zwischen den Verbänden der deutschen Stromwirtschaft (VDEW), der deutschen Industrie (BDI) und der industriellen Kraftwirtschaft (VIK) verhandelt werden. Mit dieser „korporatistischen" Lösung wurde die für Deutschland charakteristische Verfilzung zwischen Wirtschaft und Politik quasi institutionalisiert. Auf eine staatliche Regulierungsinstanz wurde im Gegenzug hingegen zunächst verzichtet. Allerdings waren als Resultat der Verbändevereinbarungen die Netznutzungsentgelte im europäischen Vergleich am höchsten. Es bestand der Verdacht der Quersubventionierung sowie der Benachteiligung anderer Marktteilnehmer, die auf einen diskriminierungsfreien Netzzugang angewiesen sind. Wegen der wettbewerbshemmenden und diskriminierenden Wirkung von Verbändevereinbarungen wurde nach der Novellierung des Energiewirtschaftsgesetzes von 2005 die Bundesnetzagentur mit der Aufsicht über die Netznutzungsentgelte beauftragt. Die Aufgabe des Regulierers ist die Genehmigung aller Preiserhöhungen für die Stromdurchleitung. Die Preisberechnungen basierten auf einer garantierten Kapitalverzinsung von 6,5 % für die Netzbetreiber. Nach zwölfmonatiger Frist sollte das System der festen Verzinsung durch eines der Anreizregulierung ersetzt werden.

Den geschilderten Problemen sollte weiter mit der Entflechtung („Unbundling") des Netzbetriebes der Energiewirtschaft begegnet werden, einem weiteren Regulierungsschritt (neben der Preisregulierung), der auf eine Verdünnung der Eigentumsrechte hinausläuft. Die wirtschaftliche Trennung von Erzeugung und Vertrieb von der

---

[A] W. Eucken, Grundsätze der Wirtschaftspolitik, a.a.O., S. 172.

[B] Kern der Elektrizitätsbinnenmarktrichtlinie 96 / 92 / EG war der transparente und diskriminierungsfreie Netzzugang Dritter als Voraussetzung für die freie Anbieterwahl des Endkonsumenten.

Teil I. Die Struktur: Umweltpolitik als Ordnungspolitik

Transportdienstleistung sollte einen diskriminierungsfreien Wettbewerb sowie den Zugang Dritter garantieren. Unbundling wird dabei in vier Bereiche unterteilt[297]:
- Rechtliche Entflechtung. Hier wird die rechtliche Unabhängigkeit des Netzbetreibers gefordert. Das Eigentum am Netz kann jedoch weiterhin in der Hand der EVUs liegen.
- Operationelle Entflechtung: Diese bezieht sich auf die Unternehmensleitung des Netzbetreibers und schreibt vor, dass die Unabhängigkeit des separierten Netzbetreibers zu gewährleisten ist.
- Informatorische Entflechtung: Hierbei werden den Netzbetreibern besondere Verpflichtungen in Bezug mit vertraulichen Informationen auferlegt.
- Buchhalterische Entflechtung: Diese beinhalten Vorgaben zur Rechnungslegung und stellen nur eine schwache Maßnahme dar.

Zumal die angebliche Entflechtung zumindest auf dem bundesdeutschen Energiemarkt nie stattgefunden hat, drohte die EU-Wettbewerbskommissarin *Neelie Kroes* mit der Zerschlagung der EVUs.[298] Zwar ist ein „Unbundling" in § 7 Abs. 1 EnWG vorgesehen. Solange – unter dem Dach eines Konzerns oder über formelle oder informelle Kooperation – keine Unabhängigkeit beim Betrieb des Netzes vorhanden ist, sind die genannten Maßnahmen allerdings immer als unbefriedigend einzustufen. Faktisch wird beim Netzzugang immer noch diskriminiert, Wettbewerber der EVUs haben es schwer. Zu Beginn des Jahres 2008 trat allerdings eine Änderung der Lage ein: Nach mehreren Kartellverfahren prüfte E.ON einen Verkauf des Netzes und scherte damit aus der „Solidarität" des Energie-Oligopols aus – sehr zum Missfallen der anderen drei großen EVUs wie der Bundeskanzlerin, die sich auf europäischer Ebene vehement für die Beibehaltung der wettbewerbsfeindlichen Privilegien einsetzte. E.ON hoffte, einer Zerschlagung der großen deutschen Energiekonzerne durch die EU-Kommission zuvorzukommen und noch einen einigermaßen guten Preis für das Netz zu erzielen – was bei einer Zerschlagung nicht mehr möglich wäre. Nachdem E.ON „Verrat" vorgeworfen wurde, folgte Vattenfall mit Verkaufsabsichten. Zwischenzeitig haben sich E.ON und Vattenfall auf ein gemeinsames Vorgehen verständigt. Unterdessen (Zeitpunkt der Drucklegung der zweiten Auflage) beharren die Energiekonzerne EnBW und RWE immer noch darauf, ihre Netze zu behalten.

Auch die EU-Vorschriften bezüglich der Transparenz der Buchführung bei vertikal integrierten Unternehmen wurden bislang bei der Novellierung des Energiewirtschaftsgesetzes in Deutschland lediglich minimal umgesetzt. Die vertikal integrierten Unternehmen werden lediglich zu getrennten Konten für die Erzeugung, Übertragung und Verteilung verpflichtet. Eine gesellschaftsrechtliche oder funktionale Trennung wird hingegen nicht vorgesehen.[299]

Hinsichtlich der Regulierung der Netzzugangsentgelte und Anschlussbedingungen werden
- die klassische kostenorientierte Preisfestsetzung („Cost plus-regulation") sowie
- die modernere Preisobergrenzenregulierung („Price caps")
diskutiert.

Bei der kostenorientierten Preisfestsetzung wird der genehmigte Preis an die Produktionskosten des Unternehmens gebunden. Höhere Produktionskosten führen zur Genehmigung höherer Tarife, wohingegen Produktivitätsfortschritte (Innovationen) zu einer Verringerung der Tarife führen. Eine Effizienzverbesserung führt somit nicht zu einer Gewinnerhöhung, weswegen der Anreiz zur Durchsetzung von Innovationen gering ist (fehlende dynamische Anreizwirkung).

Die genaue Art und Weise der kostenorientierten Preisfestsetzung unterscheidet sich in den verschiedenen Ländern. Die Regulierungsbehörden in anglo-amerikanischen Ländern orientieren sich hierbei eher an feststehenden Methoden wie z.B. der Kapitalrendite, die Monopol-Preisaufsicht in Deutschland hat hingegen einen recht großen methodischen Spielraum. Vor dem Hintergrund der Informationsasymmetrie zwischen Kontrollbehörde und Monopolist nützt dieser methodische Spielraum jedoch wenig (vor dem Hintergrund der politischen und wirtschaftlichen Macht der entsprechenden Monopolisten kann hier sogar eine Gefahr gesehen werden). Vor allem bestehen dann Probleme, wenn die betreffenden Monopolisten nicht nur in regulierten, sondern auch in unregulierten Bereichen tätig sind. Hier wird der Monopolist v.a. danach trachten, hohe Gemeinkosten (die prinzipiell nicht zurechenbar sind) im regulierten Bereich auszuweisen, um dort höhere Preise erzielen zu können. Die durch die „Verschiebung" der Gemeinkosten in den regulierten Bereich genehmigten erhöhten Preise dienen dann dazu, den nicht regulierten Bereich intern zu subventionieren. Das Unternehmen kann dann in den nicht regulierten Bereichen zu Konditionen anbieten, die u.U. dazu führen, dass Wettbewerber aus dem Markt verdrängt werden und sich die monopolistische Marktmacht noch weiter verstärkt.

Die betreffenden Probleme haben international zu einem verstärkten Übergang hin zu einer Preisobergrenzenpolitik geführt. Hierbei bleibt der Anreiz zur Produktivitätserhöhung bestehen. Bei entsprechend hoher Informationsasymmetrie ist die Behörde jedoch dennoch praktisch gezwungen, von niedrigen Kostensenkungspotentialen auszugehen. Dies kann zur Genehmigung überhöhter Preise führen, was einen entsprechenden Wohlfahrtsverlust nach sich zieht.

> **Hinweis: Die Essential facilities-Doktrin**
> Die zugrundeliegenden Regulierungen – ebenso die Rechtsprechung des EuGH - orientieren sich stark an der sog. „Essential facilities-Doktrin" (s. oben, Kap. I.2.3.3.). Hierbei handelt es sich um eine aus dem US-amerikanischen Wettbewerbsrecht stammende Lehre, die unter bestimmten Umständen einen Kontrahierungszwang für marktbeherrschende Unternehmen vorsieht. Der Wettbewerb soll gesichert werden, indem der Inhaber von zur Erstellung bestimmter Güter oder Dienstleistungen wesentlicher Einrichtungen oder Informationen (Essential facilities) unter bestimmten Voraussetzungen gezwungen wird, seinen Konkurrenten gegen angemessenes Entgelt Nutzungsrechte bzw. den Zugang zu den betreffenden Einrichtungen / Informationen einzuräumen. Die Essential facilities-Doktrin hat in der EU v.a. im Zuge der Liberalisierung eine große Bedeutung erlangt. In Deutschland sind neben der Stromversorgung auch andere große Netze (Gas, Telekommunikation, Bahn) hiervon betroffen. Sie werden zur Vermeidung eines wettbewerblichen Missbrauchs von der Bundesnetzagentur (BNetzA) mit Sitz in Bonn reguliert und überwacht.
> Über die Essential facilities-Doktrin hinausgehende Schritte, wie die z.B. von der EU im Rahmen des Strommarktes favorisierte eigentumsrechtliche Entflechtung von Stromnetz und Stromverkauf wurde v.a. von Deutschland zu Fall gebracht. Hintergrund ist „der hohe Organisationsgrad der Branche, der ihr erheblichen politischen und ökonomischen Einfluss ermögliche."[300] Zwar sollte mit der Öffnung des Marktes durch die Energierechtsnovelle vom 29.4.1998 ei-

Teil I. Die Struktur: Umweltpolitik als Ordnungspolitik

> ne höhere Wettbewerbsintensität erreicht werden (ausschließliche Wegerechte und geschlossene Versorgungsgebiete sind seitdem nicht mehr zulässig). Es verwundert vor dem Hintergrund des Gesagten jedoch nicht, dass ein Wettbewerb im Netzbereich sich nicht einstellen konnte.

Ein weiterer kritischer Aspekt ist die Produktqualität. Zusätzliche Gewinne werden – im Gegensatz zur Cost plus-Regulierung – nicht (über die Senkung der Tarife) abgeschöpft. Zumindest dann, wenn die Kunden unvollständig über die Produktqualität informiert sind, besteht somit ein latenter Anreiz zur Verringerung der Qualität. Dieser Aspekt spielt allerdings eher bei der Eisenbahn, weniger bei Strom (als einem homogenem Gut) eine Rolle.

In Deutschland ist der Kampf um die Regulierung noch in vollem Gange. Mit dem Zugriff auf Netz und Betrieb versuchen die EVUs - ähnlich wie schon im Beispiel der ressourcenbasierten Patente aufgeführt (Kap. I.3.1.3.) - die gesamte Wertschöpfungskette zu kontrollieren und zu monopolisieren. Der Effekt: Nach der Liberalisierung des Energiemarktes sanken die Stromerzeugungskosten zwar zunächst einmal ab. Gleichzeitig stiegen jedoch die Netznutzungsentgelte um dieselben Beträge an. Die Erlöse der Stromwirtschaft konnten so in etwa konstant gehalten, die Renditen sogar noch gesteigert werden.

Vertrieb / Einzelhandel: Wettbewerb setzt voraus, dass die Verbraucher sich informieren und gegebenenfalls den Anbieter wechseln. Doch selbst von Fachleuten und Verbraucherverbänden wird oft von einem Wechsel des Anbieters abgeraten. Dies auch vor dem Hintergrund, dass die den Strommarkt dominierenden Energieversorger ihre Gewinne eben maßgeblich über die Nutzungsentgelte für das Netz erzielen, durch das auch ein neuer, günstiger Anbieter seinen Strom zum Kunden schicken muss. Die Preisunterschiede sind daher nicht groß. Viele der Anbieter sind zudem nicht unabhängig, sondern Tochterunternehmen der „großen Vier". Handelt es sich tatsächlich um unabhängige Händler, besteht die Gefahr, dass diesem „Steine in den Weg" gelegt werden und der Verbraucher also eine gewisse Unsicherheit hinsichtlich seiner Versorgung erleidet. Viele Verbraucher möchten aber ihre Versorgungssicherheit nicht (angesichts regelmäßig geringer Kostenersparnisse) infrage stellen. Zudem verläuft der Wechsel nicht immer reibungslos (Nachzahlungen etc.).[301] Andere (z.B. der Bund der Energieverbraucher in Rheinbreitbach) raten hingegen zum Wechsel. Angesichts dieser Uneinigkeiten selbst im Expertenlager ist die Zurückhaltung der Verbraucher in Bezug auf einen Wechsel des Anbieters zum Teil sogar rational nachvollziehbar.[A]

Stromhändler sind ein wesentlicher Bestandteil eines funktionierenden Wettbewerbs auf den Strommärkten. Doch gerade die – unabhängigen - Stromhändler sind in besonderem Maße auf wettbewerbliche Fairness bezüglich des Netzzugangs angewiesen, wenn sie sich wettbewerblich etablieren wollen.[302] Die Unsicherheit der Verbraucher wird jedoch auch dadurch verstärkt, dass angesichts der Dominanz der „großen Vier" die wirtschaftliche Zukunft der Einzelhändler z.T. nicht besonders sicher erscheint. So war in der ersten Phase der Liberalisierung der Strommarkt durch eine hohe Wettbewerbsintensität gekennzeichnet, die sich einerseits in einem massiven

---

[A] Andererseits geht die „ipsative Handlungstheorie" davon aus, dass bestimmte Möglichkeiten vom Entscheider gar nicht in Betracht gezogen werden. Vgl. G. Sunderer, Was hält den Verbraucher vom Wechsel zu Ökostrom ab? Eine theoretische und empirische Analyse, Trier 2006, S. 42 ff.

Teil I. Die Struktur: Umweltpolitik als Ordnungspolitik

Preisrückgang, andererseits aber in einer Marktbereinigung äußerte. Von den Billiganbietern, die versuchten, im Markt Fuß zu fassen, konnte nur die von EnBW gestützte Yello (als Branchenführer) überleben. Auch die Margen für die Stadtwerke wurden wesentlich enger. Allerdings konnten diese den Wettbewerbsvorteil, der sich aus ihrer Multi-Utility-Strategie ergab, nicht leichtfertig durch eine Aufgabe des Stromsegments aufgeben.[303]

c. Effektivität

Mit Blick auf die Effektivität ist einmal das Versorgungsziel (Netzsicherheit und die Unabhängigkeit der Energieversorgung; Leitwerte „Sicherheit" und „Versorgung") sowie der ökologische Kontext der Energieerzeugung interessant. Beim letztgenannten geht es dabei v.a. um die Frage,
- wie der Strom erzeugt und
- wie viel Strom verbraucht wird.

Die betreffenden Ziele wurden offenbar mit der Liberalisierung nicht erreicht. Was die Versorgungssicherheit angeht, kam es in der Vergangenheit zu Blackouts bzw. Netzzusammenbrüchen, die Zweifel bezüglich der Erreichung des Ziels der Netzsicherheit schürten. Die anderen Wirtschaftsteilnehmer sind auf das Nadelöhr „Netz" unabhängig davon angewiesen, in welchem Zustand es sich befindet. Ist die Qualität schlecht, bestehen wegen des Angebotsmonopols keine Ausweichmöglichkeiten. Es besteht für die EVUs als Netzbetreiber somit ein Anreiz, die Investitionen in das Netz zu minimieren. Augenscheinlich wurde dies u.a. beim unerwarteten Wintereinbruch 2005, der 50 Strommasten des Energiemultis RWE wie Streichhölzer einknicken ließ. Freilich wurde aus den Gefahren für Versorgung sowie Leib und Leben der Bevölkerung nicht die Konsequenz einer umfassenden Sanierung gezogen.[304] Deutschland ist kein Einzelfall: Das liberalisierte US-amerikanische Stromnetz ist in einem Zustand wie Stromnetze in der Dritten Welt, das britische Stromnetz schrottreif.[305]

Auch bezüglich alternativer Energien müssen die Interessen gesehen werden, die daraus resultieren, dass sich bei den EVUs Netz und Betrieb unter einem Dach befinden. Das Privateigentum am Netz mit der grundsätzlichen Möglichkeit (die durch die o.a. Essential facilities-Doktrin bzw. durch die „Verdünnung" der Eigentumsrechte aufgebrochen werden soll), andere Wirtschaftsteilnehmer (hier: Anbieter) vom Zugang zum Netz auszuschließen, wird regelmäßig im Sinne dieser Interessen genutzt. Die großen EVUs versuchten bislang, die Kontrolle über das Netz in diesem Sinne immer weiter auszubauen. Dies geschieht u.a. dadurch, dass sie sich an den regionalen und lokalen Versorgern (Stadtwerke) beteiligen. Die „großen Vier" sind über Kapitalbeteiligungen mit fast allen Regionalunternehmen verbunden. Außerdem haben sie sich nach der Liberalisierung massiv an Stadtwerken beteiligt (2003: 260 Beteiligungen), während dies vor der Liberalisierung noch die Ausnahme darstellte.[306] Über die betreffenden Beteiligungen gewinnen sie auch die Kontrolle über die Verteilernetze im Mittel- und Niedrigspannungsbereich. Die betreffende Kontrolle führt u.a. auch dazu, dass die Konkurrenz, die den konventionellen, in Großkraftwerken verfeuerten Energieträgern durch alternative Energieträger und / oder „Independent energy producers" entsteht, faktisch behindert wird. Die Förderung kleinteiliger und gar vom Übertragungsnetz unabhängiger Versorgungslösungen ist nicht im Sinne der Eigentümer des Netzes. Netz und Betrieb „unter demselben Dach" ist zusammen mit dem Rentabilitätsinteresse auch dafür verantwortlich, dass in der Tendenz nicht

Teil I. Die Struktur: Umweltpolitik als Ordnungspolitik

der Betrieb dem Netz folgt, sondern umgekehrt[A]: Das heutige Netz ist – salopp formuliert – nach Maßgabe der Rentabilitätsinteressen der vier Großkonzerne auf die fossilen und nuklearen „Dinosauriertechnologien", aber nicht auf die dezentrale oder an der Küste angesiedelte alternative Energieproduktion ausgerichtet (Letzteres würde in Deutschland insbesondere eine Stärkung der Nord-Süd-Trassen erfordern). So würde der Ausbau der Windenergie an der Küste bzw. durch Off-shore-Anlagen in Deutschland 110-kV-Netzverstärkungen an der Küste erfordern. Dies könnte mit Erdkabeln anstatt den in der Bevölkerung weniger akzeptierten Freileitungen geschehen; Erdkabel weisen allerdings höhere Investitionskosten auf.[307] Ergänzt werden könnte die Offshore-Windenergieproduktion durch einen Import von Windenergie: Allein die Gebiete Nordrussland, Nordwestafrika und Kasachstan könnten jedes für sich ein Vielfaches des EU-Strombedarfs erzeugen.[B] Ähnliches gilt für Solarstrom: V.a. der „Sonnengürtel der Erde" ist schon heute für eine wirtschaftliche solarthermische Energiegewinnung geeignet; hinzukommen kann demnächst noch die Fotovoltaik. Notwendig wäre aber auch hier die Errichtung einer neuen Netzinfrastruktur auf der Basis der Hochspannungs-Gleichstrom-Übertragung; die relativen Übertragungsverluste würden sich bei Volllast auf 4 bis 6 % je 1.000 km in den Leitungen und auf je 0,6 % in den Konverterstationen belaufen.[C] Die Abhängigkeit, in die man sich gegenüber politisch instabilen Ländern und Diktaturen (Saudi-Arabien, Russland, Nigeria etc.) schon heute begibt, würde dadurch lediglich diversifiziert. Allerdings würde dies die Position der „Dinosauriertechnik" der „großen Vier" und damit deren (Markt-) Macht schwächen. Das Eigentum am Netz trägt nämlich dazu bei, die Größendegressionseffekte der heute bestehenden Großkraftwerke über eine entsprechend hohe Stromproduktion im Bereich der sog. „Grundlast" auszuschöpfen[D] und konserviert damit die vorherrschende Position der (auf fossilen oder nuklearen Energieträgern beruhenden) Großkraftwerke.

d. Verteilungsgerechtigkeit
Im Monopolfall ist die Summe aus Konsumenten- und Produzentenrente zwar kleiner als im Fall der dem Anreicherungsaxiom genügenden Marktform der vollständigen Konkurrenz, allerdings ist die Anbieterrente zugleich höher. Hiermit geht auch eine Umverteilung zugunsten der Inhaber der Eigentumsrechte am Netz – in Deutschland der großen EVUs - einher. Seit dem Inkrafttreten des Energiewirtschaftsgesetzes am 13. Juli 2005 stiegen Preise, Umsätze und Renditen der Stromkonzerne beständig an.[308]

[A] Dies bedeutet nichts anderes als das Primat der Effizienz vor der Effektivität bei der Ausgestaltung des Netzes.

[B] Die Kosten für die Produktion einer Kilowattstunde werden dabei für die Landfläche Deutschlands mit 6 bis 7 Cent, in Offshoreanlagen mit 5 Cent und in außereuropäischen Landstandorten mit 2 bis 3 Cent beziffert.- Vgl. Wissenschaftlicher Beirat Agrarpolitik beim Bundesministerium für Ernährung, Landwirtschaft und Verbraucherschutz, Nutzung von Biomasse zur Energiegewinnung – Empfehlungen an die Politik, Gutachten, November 2007, S. 38 f..- Das Gutachten befindet sich auf der Hompage des Bundeslandwirtschaftsministeriums.- http://www.bmelv.de.

[C] Der Investitionsbedarf für eine Hochspannungs-Gleichstrom-Übertragung mit 2.000 MW Leistung und einer Länge von 3.000 km läge bei etwa 2,5 Mrd. Euro, die Transportkosten der Übertragung von Solarstrom von Nordafrika nach Europa betrügen damit weniger als 0,02 Euro / kWh.- Vgl. WBA-Gutachten, ebenda, S. 40.

[D] Man vergleiche die Parallele zur Gentechnologie: Über das Patentwesen werden die Kostendegressionseffekte erreicht, welche überhaupt erst genmanipuliertes Saatgut rentabel machen.

Teil I. Die Struktur: Umweltpolitik als Ordnungspolitik

Die Strukturen in der Energiewirtschaft sind ebenfalls ein Musterbeispiel dafür, dass die Wirtschaft in ihrer kapitalistischen Ausprägung zunehmend im Interesse der Aktionäre (Renditeinteresse) und immer weniger im Interesse der Verbraucher (Konsum als Zweck des Wirtschaftens) stattfindet.

I.3.4.3. Die Versorgung mit Wasser

„Wasser wird für das 21. Jahrhundert, was Erdöl für das 20. Jahrhundert war."
Fortune Magazine[309]

Süßwasser ist knapp. Es macht den kleinsten Teil der globalen Wasservorräte aus. Zwar ist die Erde zu vier Fünfteln von Wasser bedeckt. Dabei handelt es sich jedoch vor allem um Salzwasser (Ozeane). Nur 2,5 Prozent der globalen Wasservorräte sind trinkbar. Von diesen sind wiederum vier Fünftel in Gletschern oder Eisbergen gebunden und daher nicht zugänglich. Der größte Teil des für den Menschen nutzbaren Süßwassers lagert in Grundwasservorkommen. Hierbei handelt es sich um unterirdisches Wasser, das Hohlräume im Boden oder Gestein ausfüllt. Manche dieser Räume (sog. „Aquifere") breiten sich über gewaltige Flächen aus. So erstreckt sich z.B. das Ogallala-Aquifer über eine Fläche von 585.000 Quadratkilometern und 8 US-Bundesstaaten. Insgesamt sind die Grundwasservorkommen rund 60 mal so groß wie die Wasservorkommen in Flüssen und Seen.[310]

Die Bedeutung von Wasser liegt auf der Hand: *„Wasser ist das Lebenselixier schlechthin. Die gängige und leicht vermittelbare Formel lautet: ohne Wasser kein Leben, weder auf der Erde, noch auf dem Mars. Kein Mensch, kein Tier, keine Pflanze kann unabhängig vom Wasser existieren. Mehr noch, der Mensch besteht zum größten Teil, nämlich zu etwa siebzig Prozent, aus Wasser, das Gehirn sogar aus achtzig Prozent."*[311] Die Leitwerte „Versorgung", „Sicherheit", aber auch „Verteilung" sind bei Wasser also in höchstem Maße berührt. Die Verfügbarkeit von Wasser wird jedoch von Jahr zu Jahr zu einem immer größeren Problem:
- Die Ressource Wasser wird v.a. durch die Landwirtschaft in immer stärkerem Ausmaß beansprucht. Ein Grund hierfür ist das beständige Wachstum der Weltbevölkerung (zur Diskussion der Gründe dieses Wachstums s. Kap. II.3.6.). Die sog. „Grüne Revolution" wollte nicht nur soziale Probleme auf technischem Wege (durch eine Erhöhung der landwirtschaftlichen Produktivität) lösen[312] und trug nicht nur dazu bei, die Abhängigkeit der modernen, industrialisierten Landwirtschaft von fossilen Energien massiv zu erhöhen – sie verschärfte auch die Wasserproblematik fundamental. So wurde u.a. über den (oft hoch subventionierten) Einsatz preisgünstiger Diesel- oder Elektropumpen die künstliche Bewässerung in der Landwirtschaft vorangetrieben. Inzwischen werden weltweit rd. zwei Fünftel der Nahrungsmittel auf künstlich bewässerten Anbauflächen produziert. Länder wie China, Indien, Indonesien, Pakistan, Israel und Japan produzieren mehr als die Hälfte ihrer Lebensmittel unter Einsatz künstlicher Bewässerung. Die Abhängigkeit von dieser – nicht nachhaltigen - Bewirtschaftung von Flächen wird deutlicher, wenn man sich klar macht, dass auf dem nur 17 % betragenden Anteil der künstlich bewässerten Ackerflächen rund 40 % der Ernte der Welt erzeugt werden. Die Produktion von einer Tonne Getreide benötigt 1.000 Tonnen Wasser. 40 % des dabei verwendeten Wassers kommt aus unterirdischen Quellen, die angesichts einer geringen Neubildungsrate den Charakter von nicht erneuerbaren Ressourcen haben.[313] Mittlerweile gehen mehr als 70 % des globalen Wasser-

Teil I. Die Struktur: Umweltpolitik als Ordnungspolitik

verbrauchs auf das Konto der Landwirtschaft.[314] V.a. die ökologischen Konsequenzen sind gravierend: Nachdem beispielsweise die Zuflüsse des Aralsees zum Zwecke der landwirtschaftlichen Bewässerung (90 % der sowjetischen Baumwollproduktion, 40 % der Reisproduktion, ein Drittel der Früchte und ein Viertel des Gemüses stammte aus der Region) von Stalins Planern aufgestaut und umgeleitet wurden, trocknete der Aralsee (einst der viertgrößte Binnensee der Welt) nahezu aus. Die Region wird von der UNO heute als *„größtes ökologisches Katastrophengebiet neben Tschernobyl"* eingestuft.[315] Generell droht eine Gefahr daraus, dass die Landwirtschaft in weiten Teilen der Welt stark von schwer erneuerbarem Grundwasser abhängt, dessen Spiegel beständig sinkt.[316] Eine andere potenzielle Gefährdung des Trinkwassers durch die Landwirtschaft geht wiederum vom rasant zunehmenden Anbau genmanipulierter Pflanzen und der Düngung mit den dazugehörigen hochgiftigen Herbiziden aus (vgl. auch Kap. I.3.1.3.).[317] Ähnlich wie beim Aralsee trägt auch der Export indischer Baumwolle wesentlich zum Verbrauch der Wasserressourcen des Landes bei – Indien steuert beständig auf eine Situation der Wasserknappheit zu.

- Auf die Industrie entfallen rd. 25 % des weltweiten Wasserverbrauches. Oftmals macht man sich nicht hinreichend klar, welcher Wasserverbrauch mit der Produktion von Gütern (und Dienstleistungen) verbunden ist. So beträgt der sog. „aquatische Rucksack" für einen PKW rd. 50.000 Liter Wasser. 50 Liter benötigt eine (!) Orange bis zur Reife, 1.000 Liter ein Kilogramm Schnittblumen, 10.000 Liter werden für die „Produktion" von einem Kilogramm Fleisch verbraucht. 400.000 Liter „schluckt" eine mittlere Mikrochip-Fabrik pro Stunde.[318] Auch die Energieerzeugung durch Wasser muss in diesem Kontext erwähnt werden: Die großen Staudämme liefern weltweit rd. ein Fünftel der Energie.[A] Das Wasser, das Landwirtschaft und Industrie ziehen, wird fast gratis zur Verfügung gestellt. Der Preis, den Industrie und Landwirtschaft zahlen, steht in keinem Verhältnis zu den wirtschaftlichen Investitionen und sozialen wie ökologischen Konsequenzen der betreffenden Projekte. Durch die verzerrten, nicht knappheitsgerechten Preise werden zusätzliche Handelsströme virtuellen Wassers induziert. Die Entwicklung in Landwirtschaft und Industrie hatte zur Folge, dass – während sich in den vergangenen 70 Jahren die Weltbevölkerung verdreifachte - im selben Zeitraum der Wasserverbrauch um mehr als das sechsfache stieg.
- Im Gegensatz zu Landwirtschaft und Industrie brauchen die privaten Haushalte, also die Endverbraucher, unmittelbar nur einen kleinen Teil, nämlich rd. 5 % des Wassers.

Die Versorgung mit Wasser ist deswegen ein besonders interessantes Thema, weil Wasserquellen wiederum ein gegenständliches Privilegium i.S.d. Feldes (1) darstellen: Wasser ist nur beschränkt reproduzierbar und ersetzbar. So ist (Süß-) Wasser
- ein Gut mit einer geringen Produktionselastizität: Die natürlichen Regenerationszyklen, also die Zeitspanne vom Eindringen des Regenwassers in das Erdreich bis zum Wiederaustritt aus einer Quelle können mehrere hundert Jahre betragen[319];
- zudem eine Ressource mit einer geringen Substitutionselastizität: Wasser ist nicht nur für das Leben, sondern auch für viele Produktionsvorgänge unersetzlich. Der Wasserverbrauch steigt zurzeit etwa doppelt so schnell wie die Weltbevölke-

---

[A] Das chinesische Drei-Schluchten-Projekt mit seinen 38 Staudämmen wird bei Fertigstellung in 2009 voraussichtlich 75 Milliarden Dollar gekostet haben und somit der größte und teuerste Staudamm weltweit sein.

Teil I. Die Struktur: Umweltpolitik als Ordnungspolitik

rung an. In den vergangenen 50 Jahren hat sich der Wasserverbrauch verdreifacht.[320]

Die geringe Substitutions- und Produktionselastizität (die nichts anderes als eine langfristig steile Angebotsfunktion bedeutet), verbunden mit der sich abzeichnenden steigenden Nachfrage nach Wasser lässt überproportional hohe Gewinne im Wassergeschäft erwarten.

Von den genannten „stofflichen Eigenschaften" des Wassers ist das natürliche Monopol hinsichtlich der Distribution des Wassers (Wassernetz) zu unterscheiden. In einer Stadt oder in einer Region mehrere parallele Wasser- und Abwasserleitungssysteme miteinander konkurrieren zu lassen, ist aus ökonomischen Gründen wenig sinnvoll. Es handelt sich also um ein natürliches Monopol.

Wasser spielt eine wichtige Rolle in der Globalisierungsdiskussion: Im Rahmen der Internationalen Wasser- und Umweltkonferenz von Dublin im Jahre 1992 wurde u.a. beschlossen, dass Wasser bei all seinen konkurrierenden Nutzungsformen einen wirtschaftlichen Wert hat und als wirtschaftliches Gut betrachtet werden sollte. Dies beinhaltet, ganz im Sinne des *Posner'*schen Paradigmas, die Zuweisung von Ausschließbarkeitsrechten sowie die globale Handelbarkeit des Gutes Wasser. Wasser mutierte damit vom Allgemeingut zur Handelsware. An dieser Doktrin orientiert sich u.a. auch die Weltbank im Rahmen ihrer entwicklungspolitischen Aktivitäten bis heute. Insbesondere der 1996 gegründete Weltwasserrat (World Water Council, „WWC"), ein supranationaler Think tank mit Sitz in Marseille, treibt das neue Paradigma voran. Der WWC ist dabei kein neutrales Gremium, sondern stark mit Wasserindustrie und Weltbank vernetzt. Böse Zungen bezeichneten das WWC daher als „Politbüro der Privatisierung".[321] Auch der GATS-Vertrag (General Agreement on Trade in Services), der eine fortschreitende Liberalisierung des Dienstleistungssektors vorsieht, betrifft u.a. die Wasserversorgung.[A] In 2003 legten die einzelnen Mitgliedsregierungen der WTO (World Trade Organisation, Welthandelsorganisation) Listen für jene Dienstleistungen vor, für die sie eine weitere Liberalisierung anstreben (sog. „Offers", also Angebote) als auch für Liberalisierungserwartungen in Drittländern (sog. „Requests", also Erwartungen). Umweltdienstleistungen, darunter insbesondere Wasser, ist dabei für die EU-Kommission ein Schlüsselsektor.[B] Antreiber im Hintergrund sind v.a. die großen, insbesondere in Frankreich ansässigen Wasserkonzerne (wie damals Suez oder Vivendi).[322] Dementsprechend trat die EU bei der grundsätzlichen Forderung nach Marktöffnung für Wasserdienstleistungen besonders aggressiv auf[C], was sich v.a. gegen die Entwicklungs- und Schwellenländer richtete.[323] Andererseits vermied die EU im Mai 2005 gegenüber der WTO bei ihrem aktualisierten Angebot zur Marktöffnung konkrete Liberalisierungsangebote, die entspre-

---

[A] Daneben so heterogene Felder wie Gesundheit, Bildung, Bankwesen, Tourismus, Transport, Sicherheitsdienste, Müllbeseitigung.

[B] Die EU verfolgt hierbei zugunsten ihrer mächtigen Konzerne eine ähnliche Politik wie die Weltbank mit ihren Unterorganisationen sowie der WTO. Sie wird daher von Kritikern oftmals „kleine WTO" genannt. J. Loewe, Das Wasser-Syndikat ..., a.a.O., S. 149.

[C] Im April 2002 wurde eine geheime Forderungsliste der EU-Kommission durch eine Indiskretion publik, in der anderen WTO-Mitgliedern abverlangt wird, die Universitäten, die Wasserversorgung, die Abwasser- und Abfallbehandlung, den gesamten Energiesektor, die Post- und Telekommunikationsdienste, Teilbereiche des Transports sowie Finanz- und Umweltschutzleistungen zu liberalisieren.- C. Felber / C. Staritz / P. Lichtblau, GATS: Das Dienstleistungsabkommen der WTO, in: ATTAC (Hrsg.): Die geheimen Spielregeln des Welthandels – WTO-GATS-TRIPS-M.A.I., Wien 2003, S. 60.

Teil I. Die Struktur: Umweltpolitik als Ordnungspolitik

chende Rückwirkungen auf die eigene Struktur der Wasserwirtschaft gezeigt hätten.[324] Der Fortgang der Verhandlungen bleibt abzuwarten.[A]

Die Privatisierungsdiskussion betrifft nicht nur die Entwicklungsländer. So stellte England unter der Regierung *Thatcher* den Vorreiter bei der Privatisierung von Wasser dar.[B] Dabei spielte auch die RWE eine Rolle, die zum Zwecke des Eindringens in den britischen Wassermarkt die britische Thames Water aufkaufte. Konzerne wie RWE, die MVV Energie AG, Aqua Mundo etc. versuchten zeitweise massiv, in das internationale Wassergeschäft vorzudringen und dabei auch Institutionen wie die Kreditanstalt für Wiederaufbau (KfW) oder die Gesellschaft für Technische Zusammenarbeit (GTZ) zu instrumentalisieren.[325] Mittlerweile ist dieses Expansionsstreben allerdings teilweise einer Ernüchterung gewichen. So überraschte die RWE im November 2005 die Öffentlichkeit mit der Meldung, dass sie die „strategische Entscheidung" getroffen hätte, sich aus dem Wassergeschäft in Großbritannien (Thames Water) und Nordamerika (American Water) zurückzuziehen. Der Verkauf wurde im Dezember 2006 abgeschlossen. Vorausgegangen war ein Konflikt mit der britischen Regulierungsbehörde: Wie bei Wasserprivatisierungen üblich, wollte RWE/ Thames Water die Wasserpreise erhöhen und die Erhaltungsinvestitionen in das Netz so weit wie möglich zurückfahren. Die neu gegründete Aufsichtsbehörde OFWAT (Office of Water Services) lehnte jedoch weitere Preiserhöhungen strikt ab mit dem Ergebnis, dass die RWE die Lust am Wassergeschäft verlor.[C] Abgesehen von GATS hat es zwar bislang keine Änderung des Ordnungsrahmens dahingehend gegeben, dass eine Marktöffnung auf nationaler oder europäischer Ebene vorgeschrieben worden wäre. *„Hieraus allerdings den Schluss zu ziehen, dass die Wasserver- und Abwasserentsorgung Deutschlands vom Wandel nicht betroffen ist, wäre weit gefehlt. Der Prozess der Transformation verläuft einfach anders: eher eigenständig als staatlich gesteuert, eher bruchartig und vielschichtig anstatt eindimensional. Das macht ihn schwer zu erkennen, aber gerade deshalb so bedeutsam."* [326]

a. Legitimation / Zielsetzung
Hinsichtlich der Wasserversorgung der Bevölkerung besteht eine Reihe von Zielen:
- Von hervorragender Bedeutung ist dabei der *Zugang zum Wasser*. Hierbei handelt es sich um ein verteilungspolitisches Ziel (Leitwert „Gerechtigkeit" und „Versorgung"). Der UN-Bevölkerungsbericht beziffert als Mindestmenge, die ein Mensch zum Trinken, zur Körperreinigung, zum Kochen, Putzen etc. benötigt, 50 Liter Wasser pro Tag. Das Wasser muss dabei eine gewisse Mindestqualität haben: Hygienische Mindeststandards sind die wichtigsten Voraussetzungen, um wasser- und hygienebedingte Krankheiten (Cholera, Typhus, Ruhr etc.) zu vermeiden. Allerdings haben rd. 1,2 Milliarden Menschen immer noch keinen Zugang

---

[A] U.a. das Europäische Parlament hat den Liberalisierungsbestrebungen (nicht zuletzt aufgrund der diesbezüglichen Skepsis in der Öffentlichkeit) wiederholt eine deutliche Absage erteilt und statt dessen der Modernisierung dieses Infrastrukturbereiches den Vorzug gegeben.- Vgl. J. Libbe / T. Moss, Wandel in der Wasserwirtschaft und die Zukunft kommunalpolitischer Steuerung, in: ZfU 3 / 2007, S. 381 – 403, hier: S. 385.

[B] Hintergrund war die ehemals schlechte Wasserqualität (die nicht mehr mit den EU-Wasserrichtlinien vereinbar war) und der enorme Investitionsrückstau. Die ehedem öffentlichen Wassermonopolbetriebe wurden verkauft. Eine Alternative zum vollständigen Verkauf der Betriebe wurde nicht diskutiert.

[C] RWE wandte ein, dass ohne weitere Preiserhöhungen auch die Investitionen in das Netz nicht vorgenommen werden könnten. *Loewe* meint sarkastisch, dass dies wohl der Wahrheit entsprochen hätte, da die vormaligen satten Gewinne an die Aktionäre ausgeschüttet statt reinvestiert worden seien. J. Loewe, Das Wasser-Syndikat ..., a.a.O., S. 60.

Teil I. Die Struktur: Umweltpolitik als Ordnungspolitik

zu sauberem Wasser; 2,4 Milliarden Menschen (also mehr als ein Drittel der Menschheit) keinen Zugang zu Kanalisation oder Abwasserreinigungsanlagen.[327] Regional ist der Zugang zu Wasser dabei höchst unterschiedlich verteilt: Während eine Person in Großbritannien durchschnittlich pro Tag über 135 Liter Wasser verfügt, müssen sich Menschen in Entwicklungsländern z.T. mit 10 Litern täglich begnügen. Weltweit geht knapp die Hälfte des Leitungswassers durch Lecks in den Rohren verloren. Dies führt dazu, dass das Wasser oft sehr weit hergeholt werden muss. Hierbei handelt es sich um eine Aufgabe, die v.a. Frauen und Kindern zufällt. Stadler / Hoering: „Selbst im wasserreichen Brasilien gibt es Regionen, die so trocken sind, dass Frauen täglich 8 Kilometer gehen müssen, um Wasser herbeizuschleppen – eine tägliche Bürde von durchschnittlich 20 Kilo. Wenn eine Frau in diesen Gegenden 65 ist, hat sie ein Drittel ihres Lebens damit zugebracht, Wasser zu holen. Zeit, die sie für den Lebenserwerb der Familie hätte verwenden können, oder um sich und ihre Kinder auszubilden und dadurch vielleicht einen Weg aus Armut und Kinderreichtum zu finden. Die Wasserknappheit sowie die starke Verschmutzung des Wassers führen zu gravierenden gesundheitlichen Folgen: Jedes Jahr sterben 2,2 Millionen Menschen in Entwicklungsländern an Krankheiten, die auf unsauberes Wasser zurückzuführen sind. Die meisten davon sind Kinder."[328]

Beispiel: Verkauf des Shenoath
Im Jahre 1998 wurde in Indien ein 23 km langer Flussabschnitt des Shenoath an das Unternehmen Radius Water Limited verkauft. Mit dem Verkauf war das Recht verbunden, auf beiden Seiten des Flusses Industrieunternehmen mit Wasser zu versorgen. Die dort ansässigen Bauern gaben ihre Gewohnheit, Wasser aus dem Fluss zu holen jedoch nicht auf. Die Firma versuchte daraufhin, diese zu vertreiben, was zu massiven Konflikten führte. Die Privatisierung musste im April 2003 wieder rückgängig gemacht werden.[329]

Zugang zu Wasser bedeutet, dass die Menschen sich das Wasser unabhängig von ihrer Einkommenssituation leisten können: So ist es für den Außenstehenden kaum nachvollziehbar, wenn beispielsweise die Bevölkerung der Slums in der kenianischen Hauptstadt Nairobi fünfmal mehr für einen Liter Wasser als die Bewohner der USA zahlt. Bezeichnend ist, dass in den Deklarationen des Weltwasserrates bislang weder die Anerkennung von Wasser als „öffentliches Gut" (so die Diskussion, die Bezeichnung ist aber irreführend, d.Verf.) noch die Definition vom Zugang zu Wasser als ein Menschenrecht stattfand. Dies, obwohl das UN-Komitee für die wirtschaftlichen, sozialen und kulturellen Rechte den Zugang zu Wasser als Menschenrecht anerkannt hat.[330] Bislang verhinderte jedoch v.a. Europa (Frankreich hat die größten Wasserkonzerne) und die USA, dass der Zugang zu Wasser in der UN-Menschenrechtscharta verankert wird.[331]

- Das *Ziel einer kostengünstigen Versorgung der Bevölkerung mit Wasser* betrifft einerseits den genannten allgemeinen Zugang zum Wasser, andererseits auch die Effizienz der Wasserversorgung. Zwischen dem Ziel der Kosteneffizienz und dem Versorgungsziel besteht ein latenter Trade-off. Ein privater Betreiber wird beispielsweise dazu neigen, die traditionellen Einrichtungen einer Notwasserversorgung zu umgehen, weil dies für ihn mit höheren Kosten einher ginge.[A]

[A] Unter einer Notwasserversorgung versteht man Wasserressourcen (Flüsse, Seen, Quellen, Brunnen etc.), die zwar nicht genutzt, aber dennoch laufend gepflegt werden, damit im Notfall, beispielsweise

Teil I. Die Struktur: Umweltpolitik als Ordnungspolitik

- Ein weiteres Ziel ist die *Sicherung der Wasserqualität*. Diese ist in vielen Ländern unbefriedigend: Allein der Umstand, dass der Markt für Flaschenwasser weltweit boomt zeigt, dass die städtischen und kommunalen Wasserversorger nur unzulänglich in der Lage sind, ihre Bewohner mit Wasser entsprechender Qualität bedarfsgerecht zu versorgen.[A] Dabei muss gesehen werden, dass Wasser – anders als z.B. Strom – kein homogenes Gut ist: Je nach Herkunft und Region hat Wasser eine andere physikalische, mikrobiologische und chemische Beschaffenheit. Würden verschiedene Wässer in den Rohren (unvorhersehbar) gemischt, bedürfte es daher vor dem Gebrauch einer chemischen Aufbereitung. Abgesehen davon könnte der Wassermix das Rohrleitungssystem zum Korrodieren bringen, was hohe Folgekosten nach sich ziehen würde. Dies hat Konsequenzen für die Forderung nach einem Wettbewerb im Markt, da die wettbewerbliche Einspeisung in das Wassernetz zu einer Wasservermischung führen würde. Der Markt für Wasser muss insoweit anders als der Strommarkt funktionieren.
Mit Blick auf die Wasserqualität bestehen z.B. gegenläufige Interessen bei Verbrauchern und privaten Versorgern dann, wenn sich Letztere im Geschäft mit Flaschenwasser betätigen. Dann könnte ein strategisches Interesse darin bestehen, die Qualität des Leitungswassers auf mäßigem Niveau zu halten, um nicht den Absatz des viel gewinnträchtigeren Flaschenwassers zu kannibalisieren.[B]
- Auch die *Erhaltung des ökologischen Wertes von Gewässern*, z.B. in ihrer Funktion als Siedlungsraum für seltene Arten, muss gesehen werden.
- Die *Wasserressourcen sollen sparsam und nachhaltig bewirtschaftet* werden. Dazu gehört u.a., dass die Sickerverluste im Leitungssystem begrenzt werden. Im Sinne einer nachhaltigen Bewirtschaftung ist zudem vorbeugender Grundwasserschutz angesagt. Dieser steht tendenziell einer Privatisierung entgegen, weil z.B. Wasserkonzerne bestrebt sind, dafür vorgehaltene Flächen zu verkaufen, wenn sich hierdurch kurzfristige Gewinne i.S. einer Befriedigung der Rentabilitätsinteressen der Anleger einfahren lassen.[C] Auch bei der nachhaltigen Bewirtschaftung der Wasserressourcen geht es wieder um die Steuerung einer Struktur: So ist es sinnvoll, die Wasserentnahme auf verschiedene Wasservorkommen zu verteilen, um den Verbrauch mit der Neubildung des Wassers besser in Einklang zu bringen. Dies ist aber nur möglich, so lange nicht das Rentabilitätsprinzip dominiert: Dann nämlich wird man versuchen, aus Kostengründen die Zahl der Entnahme-

---

bei einer Verseuchung der Hauptstufe, auf die alternative Versorgung zurückgegriffen werden kann. Vgl. J. Loewe, Das Wasser-Syndikat ..., a.a.O., S. 168.

[A] Andererseits liegen im Markt für Flaschenwasser auch besondere Gewinnmöglichkeiten. Bezeichnend war die Pressekampagne, die durch Nestlé 1999 in Pakistan durchgeführt wurde. *„Diese 'Kampagne' warnte vor der Verschmutzung und den Gefahren des Wassers, das über die öffentlichen Netze der großen Städte Karatschi, Multan, Lahore, Islamabad und Rawalpindi verteilt wird. In der Bevölkerung brach Panik aus. Die Regierung rief die WHO ins Land. Deren Experten stellten fest, dass das pakistanische Wasser ausnahmslos den Normen der WHO entsprach. Trotzdem blieb die Panik bestehen, geschürt von immer neuen alarmierenden Presseberichten. Kurz darauf hat Nestlé in Pakistan sein in Flaschen abgefülltes Wasser auf den Markt gebracht. Die Gurus der Marketingabteilung von Nestlé haben diesem 'rettenden' Wasser einen frappierenden Namen gegeben; Pure life (reines Leben)."* J. Ziegler, Imperium der Schande ..., a.a.O., S. 270 f.

[B] Neben den höheren Kosten für Verbraucher muss als eine weitere Folge auch der Müll gesehen werden, der durch die Millionen von Plastikflaschen entsteht.

[C] Doch auch kommunale Unternehmen zeigen unter Gewinndruck zunehmend geringere Bereitschaft zur Finanzierung sog. „freiwilliger Leistungen des Gewässerschutzes" wie etwa der Grundwasseranreicherung.- Vgl. J. Libbe / T. Moss, Wandel in der Wasserwirtschaft und die Zukunft kommunalpolitischer Steuerung, a.a.O., S. 397.

Teil I. Die Struktur: Umweltpolitik als Ordnungspolitik

stellen so gering wie möglich zu halten. Privatisierung bedeutet insoweit Zentralisierung.³³²
Auch die Größenordnung des Wirtschaftens („Scale") wird davon bestimmt, wer die Eigentumsrechte innehat. *„Ein kommunales Wasserwerk hat kein Interesse daran, den Wasserverbrauch zu steigern. Bei einem kommerziellen Anbieter sind gegenteilige Interessen maßgebend, weil ein höherer Verbrauch für ihn mehr Gewinn bedeutet."* ³³³

Es wurde schon kritisch angemerkt, dass es schwer möglich ist, diese Vielfalt an Zielen – wie nach der *Posner'schen* Doktrin vorgesehen - durch Liberalisierung und Privatisierung zu erreichen. Dennoch ist dies die augenblicklich dominierende politische Fahrtrichtung. Besonders problematisch ist dabei, dass die auf verschiedenen Ebenen stattfindenden und durch verschiedene politisch-rechtliche Regimes gesteuerten Privatisierungsaktivitäten massive Legitimationsdefizite aufweisen:
- So sind die wohl bedeutsamsten politischen Institutionen zur weiteren Verbreitung dieses Paradigmas die WTO und das GATS. Innerhalb dieser Institutionen finden die Verhandlungen jedoch weitgehend hinter verschlossenen Türen unter Ausschluss der Öffentlichkeit statt. Zudem ist ein Inhalt der GATS-Abkommen die sog. „Notwendigkeitsklausel". Hiernach muss ein Staat nachweisen können, dass seine Auflagen (etwa zu Umweltfragen) die für Handel und Gewerbe „geringstmögliche handelsverzerrende Option beziehungsweise Einschränkung darstellt". Der Interpretationsspielraum ist hier nahezu unbegrenzt. Seltsam mutet jedoch an, dass eine WTO-Schiedsstelle über diejenigen Maßnahmen zu entscheiden hat, die ein Land für notwendig erachtet, und sich damit über den politischen Willen der Bevölkerung hinwegsetzen kann. *„Dieser Anspruch ist weder demokratisch legitimiert noch lässt er sich durch die WTO-Doktrin, wonach freier Handel für ein friedliches Zusammenleben der Menschen unverzichtbar sei, begründen."* ³³⁴ Schließlich ist vor den genannten Hintergründen besonders fragwürdig, dass es sich bei den betreffenden Liberalisierungsregelungen um eine institutionelle „Einbahnstraße" handelt: An den eingegangenen Liberalisierungsverpflichtungen kann drei Jahre lang nichts geändert werden; danach ist eine Änderung nur um einen hohen politischen Preis möglich, nämlich der Liberalisierung eines anderen, für die Handelspartner genauso spannenden Sektors.³³⁵ Die Verpflichtungen können also faktisch kaum mehr widerrufen werden, auch wenn sie sich als nachteilig erweisen sollten oder sich die wirtschaftliche oder politische Situation eines Landes geändert hat. Privatisierung ist jedoch ein soziales Experiment. Experimente sollten im Ausgang offen sein. Dies beinhaltet die Möglichkeit von Revisionen. Wird diese Möglichkeit nicht mehr eröffnet, handelt es sich nicht um ein soziales Experiment, sondern um ein Dogma. Die gemachten Zugeständnisse binden auch Nachfolgeregierungen, selbst wenn diese andere politische Vorstellungen über die Organisation der Wasserversorgung haben sollten oder die Zustimmung zu den betreffenden Maßnahmen ein Legitimationsdefizit aufweist.
- Die fehlende Transparenz innerhalb von GATS und WTO wird von europäischer Seite noch durch die für die Brüsseler Bürokratie üblichen geheimen Verhandlungsprozesse verstärkt. Dabei gelten Verpflichtungen, welche die EU z.B. im Rahmen von GATS eingeht, für alle Mitgliedstaaten, ohne dass die nationalen Parlamente hier noch einen Einfluss haben. Zumal auch das Europaparlament in GATS-Fragen keine Entscheidungskompetenz hat, bestimmen faktisch die zuständigen Ministerien – also v.a. die Wirtschaftsminister - und die EU-Bürokratie, wo liberalisiert wird.³³⁶ Zwar wurden – angesichts des zunehmenden Widerstandes gegen eine weitere Liberalisierung – von der EU-Kommission wie auch von

der Bundesregierung Aussagen dahingehend getroffen, dass eine Weiterführung der Liberalisierung im Bereich Wasser und Abwasser nicht beabsichtigt sei. Angesichts des Drucks der Wasserkonzerne wird hier jedoch auf absehbare Zeit keine Entwarnung zu geben sein.
- Betroffen vom Legitimationsdefizit der EU sind v.a. die Gemeinden. So wirkt sich beispielsweise schon heute ein großer Teil des EU-Reglements auf die Gemeinden aus und tangiert deren Recht auf Selbstbestimmung (s. auch Art. 28 GG). Die Liberalisierung und Privatisierung des Wassersektors wird von der EU-Kommission nicht auf dem üblichen Wege (sektorspezifische Liberalisierung) betrieben, sondern über die kontinuierliche Fortentwicklung des europäischen Wettbewerbs- und Vergaberechts (Ausweitung und Verschärfung von Ausschreibungspflichten).[337] So definiert die EU beispielsweise Dienstleistungen von wirtschaftlichem Interesse und schreibt vor, in welchen Fällen eine Kommune ausschreibungspflichtig ist. Dies wirkt sich auch auf die Freiheitsgrade bezüglich der Art und Weise aus, wie die Wasserversorgung erbracht wird. *„Die Europäisierung des Ordnungsrahmens mit dem Primat des Wettbewerbs steht, so die Kritik in Deutschland, in elementarem Widerspruch zur grundgesetzlich verankerten kommunalen Selbstverwaltung, die wesentlich dadurch geprägt wird, dass die Kommunen freiwillig darüber befinden, welchen Weg sie für den besten zur Erfüllung ihrer Aufgaben halten. Europäisches Wettbewerbsrecht beseitige faktisch die verfassungsrechtlich zugestandene Organisationshoheit."* [338] Vor diesem Hintergrund stellt sich auch die Frage nach der Legitimität der Übertragung von immer mehr nationalen Kompetenzen auf die EU und der damit verbundenen Aushöhlung der nationalen Verfassungen.[A]
- Die Gemeinden sind jedoch nicht nur Opfer der Legitimationsdefizite, sondern zugleich auch in der „Täterrolle": Neben Auswüchsen im Bereich der „weißen Korruption" bzw. der Durchmischung von Wirtschaft und Politik ist auch die Geheimhaltung von Privatisierungsverträgen gängige Praxis. Interessant ist in diesem Kontext auch das sog. „Transparenz-Urteil" (auch „Passau-Urteil"), das vom Bayerischen Verwaltungsgerichtshof am 8.5.2006 bestätigt wurde. Hiernach müssen Entscheidungen städtischer GmbHs offengelegt und die Verschwiegenheitspflicht der Stadträte muss aufgehoben werden.[339] In dieselbe Richtung wirken das seit 1994 geltende Umweltinformationsgesetz (UIG) und das am 1.1.2006 in Kraft getretene Informationsfreiheitsgesetz, das grundsätzlich den freien Zugang zu allen in den öffentlichen Verwaltungen existierenden Informationen gewähren soll (Öffentlichkeitsprinzip). Die noch weit verbreitete Praxis der Geheimhaltung ist mit diesen Gesetzen nicht in Einklang zu bringen.

b. Ökologische Zielerreichung

Nach der *Posner'*schen Doktrin wären die o.a. Ziele über eine Privatisierung zu or reichen. Nachfolgend wird auf den ökologischen Zielerreichungsgrad des Privatisierungsdogmas eingegangen. Hierbei kommt ein weiteres Mal das Primat der Effizienz im Rahmen der Privatisierungsideologie zum Vorschein. Soweit nicht weiter differenziert wird, sprechen wir nachfolgend von Idealtypen. Dies bedeutet vorliegend - im *Posner'*schen Sinne – Vollprivatisierung der Wasserversorgung.

[A] Loewe kritisch wie resignierend: *„Die Realität der Europäischen Union ist heute weniger von den Idealen von Freiheit, Gleichheit und Brüderlichkeit geprägt als vielmehr von den Eliten aus Politik und Wirtschaft, die sich zu einem räuberischen Streifzug zusammengefunden haben."* J. Loewe, Das Wasser-Syndikat ..., a.a.O., S. 152.

Teil I. Die Struktur: Umweltpolitik als Ordnungspolitik

Mit der Dominanz des Rentabilitätsinteresses hängt eine bedeutsame Zielverfehlung zusammen: Eine *nachhaltige Bewirtschaftung der Wasserressourcen* ließ sich auch und gerade durch die Privatisierungsprojekte zumeist nicht erreichen. Hohe Investitionen in das Netz werden nur dann vorgenommen, wenn ihr Kapitalwert positiv ist. Je höher der Zinssatz, umso geringer fällt aber der zukünftige Gegenwert (in erspartem Wasser) aus. Die Investitionsmaßnahmen gehen hingegen nahezu mit ihrem gesamten Gegenwartswert in die Kapitalwertkalkulation ein (vgl. die Diskussion in Kap. II.2.3.). Die durch die Investitionen in das Netz erreichten Wasserersparnisse der Zukunft werden jedoch umso stärker abdiskontiert, je höher der Zinssatz ist, der für die Diskontierung angelegt wird. Im Übrigen sind gerade Entwicklungsländer durch Kapitalknappheit und hohe Risiken gekennzeichnet, so dass hier charakteristischerweise ein hoher Kapitalisierungszinssatz anzusetzen ist. Die betreffende Problematik betrifft aber auch Industrieländer: Solange der Barwert der Wasserverluste unterhalb des Wertes der Investitionen bleibt, wird die Investition daher unterlassen.

> **Beispiel: Zustand des Leitungsnetzes nach der Privatisierung in Großbritannien**
> Nach der Privatisierung verbesserte sich der Zustand des englischen Leitungsnetzes nicht wirklich. In der Dürre des Sommers 1995 versickerte knapp ein Drittel des Wassers durch die Rohre des englischen und wallisischen Leitungsnetzes. In den Rohren der Yorkshire Water (später Kelda Group) gingen sogar 37 % des Wassers verloren. Die Kritik des Staates führte ebenfalls nicht zu einer durchgreifenden Verbesserung: Immer noch versickern im englischen und wallisischen Leitungssystem rd. 25 % des Wassers.[340]

> **Beispiel: Zustand des Leitungsnetzes nach der Privatisierung in Manila / Philippinen**
> Nach einer internationalen Ausschreibung hatten im Jahre 1997 zwei private Betreiberkonsortien Konzessionen für den Betrieb des Versorgungsnetzes von Manila bekommen: Der Westteil der Stadt mit 2/3 der Bevölkerung ging an Maynilad Water Services (ein Joint venture der französischen Ondeo und der philippinischen Benpres Holdings Corporation). Der Ostteil wurde von der Manila Water Company übernommen, an dem der US-amerikanische Konzern Bechtel, dessen Wasser-Tochter United Utilities und die Ayala-Corporation (Inhaber: die Ayala-Familie als einer der finanzstärksten Unternehmensdynastien auf den Philippinen) beteiligt sind.
> Die mit der Privatisierung verbundene Hoffnung lag darin, dass das wirtschaftliche Interesse zu einer effizienten Nutzung der knappen Wasserressourcen führt: Je geringer also die Sickerverluste, umso höher der Gewinn. Tatsächlich stiegen jedoch die Sickerverluste in beiden Konzessionsgebieten. Manila Water verliert rund die Hälfte des aufbereiteten und ins Netz gepumpten Wassers. Im Westteil der Stadt liegen die Verluste sogar bei 70 %. Die Betreiber unterließen offenbar die Investitionen ins Netz, weil sie davon ausgingen, dass sich diese nicht rechnen. Im November 2003 brach in Manila eine Cholera-Epidemie aus, verursacht durch Kolibakterien, die über das Trinkwasser verbreitet wurden.

„Das Problem einer vernachlässigten Infrastruktur zieht sich bereits wie ein roter Faden durch die Geschichte der Wasserprivatisierung. Die besten Gewinne wurden dort eingefahren, wo ein gut gewartetes Netz übernommen und über Jahre hinweg mit geringen Investitionen und bei steigenden Verbrauchspreisen betrieben werden

konnte. Oder dort, wo die Behörden zu schwach waren, um einen regulatorischen Rahmen zu setzen und den Verbrauchern schmutziges Wasser verkauft werden konnte – wie zum Beispiel in Manila."[341]

> **Beispiel: Teilprivatisierung in Berlin**
> Nach der Amtsübernahme der Finanzsenatorin *Anette Fugmann-Heesing* (SPD), die das desaströse finanzielle Erbe von *Diepgen* & Co. zu verwalten hatte, kam es zur Teilprivatisierung der Wasserversorgung. Auch hier wurden die Wasserpreise massiv angehoben und die Erhaltungsinvestitionen zurückgefahren. Gleichzeitig wurde dem Investor eine Renditegarantie i.H.v. 8 % auf das betriebsnotwendige Kapital der Wasserbetriebe (also auf eine ständig steigende Bemessungsgrundlage) zugesagt – und zwar auf einen Zeitraum von 28 Jahren.[342]

Das *Ziel der Erhöhung der Wasserqualität* konnte zwar dort erreicht werden, wo auch die Versorgung der Bevölkerung gesteigert werden konnte. Es bleibt allerdings die o.a. Kritik, dass dort, wo sich an der Versorgung der Bevölkerung mit Trinkwasser mangels Rentabilität nichts änderte, auch keine Verbesserung der Trinkwasserqualität erreicht werden konnte.

Insgesamt ist der Konflikt zwischen den oben formulierten Zielen und dem Rentabilitätsinteresse zu unterstreichen. Eine „Verunreinigung" insbesondere des Versorgungsziels durch das Rentabilitätsinteresse muss vermieden werden. Dies betrifft im Übrigen (sowohl in der Ersten wie in der Dritten Welt) auch den Druck auf öffentliche Versorgungsunternehmen, Gewinne einzufahren und so die maroden Staatshaushalte mit zu finanzieren.[343] Die Finanzierung der Staatshaushalte ist ureigene Aufgabe der Besteuerung; zu diesem Zwecke sollte sich der Staat in einem als liberal verstandenen Ordnungsrahmen nicht wirtschaftlich betätigen. Letztlich geht es auch hier wieder um die Frage, ob die Effizienz oder andere Leitwerte den Vorrang erhalten sollen. Ziele wie Gesundheitsschutz, Sicherung der Trinkwasserqualität, Umwelt- und Ressourcenschutz sind mit dem Rentabilitätsinteresse zumeist nicht kompatibel.
Der Konflikt zwischen Effektivität und Effizienz äußert sich auch darin, dass entsprechende Gesetze und Verordnungen, die die genannten außerwirtschaftlichen Ziele institutionell absichern wollen, vom WTO-Tribunal – mit seiner charakteristischen Effizienzorientierung - als „unnötige Handelsbarrieren" für ausländische Unternehmen qualifiziert und sanktioniert werden können.[344]
Interessant ist, dass gerade die Privatunternehmen zunehmend Konsequenzen aus den Konflikten zwischen den öffentlichen Zielen und dem Rentabilitätsinteresse ziehen. So entschloss sich beispielsweise Suez im Jahre 2003, seine Strategie zu ändern und sich aus den Aktivitäten im Wassersektor der Länder des Südens weitgehend zurückzuziehen. Ähnlich wollen sich auch Veolia (früher: Vivendi Environnement) und SAUR International künftig stärker auf die lukrativen Märkte konzentrieren und das Engagement bezüglich der Wasserversorgung v.a. im Süden aufgeben.

Teil I. Die Struktur: Umweltpolitik als Ordnungspolitik

c. Effizienz

Entsprechend den Vorstellungen der „Wasservision" sollte in die Wasserversorgung und Wasserentsorgung genauso viel Geld investiert werden wie in Umwelt, Energie und Industrie zusammen: 75 Mrd. Dollar pro Jahr.[345] Über diese Zahl lässt sich streiten, ihre Größenordnung weist jedoch auf den enormen Investitionsbedarf hin, der für die Erreichung der oben angeführten Ziele notwendig ist. Ähnlich in den „Milleniumzielen 2015" der Vereinten Nationen (Millenium goals). Hier wurde u.a. festgehalten, dass die Anzahl der Menschen halbiert werden soll, die keinen Zugang zu sauberem Trinkwasser haben. Dabei berechnete die Weltbank, dass 180 Mrd. US-Dollar jährlich notwendig seien, um dieses Ziel zu erreichen. Da an öffentlichen Geldern nur mit ca. 80 Mrd. US-Dollar zu rechnen sei, komme man – so die gängige These – um eine Einbindung der Privatwirtschaft nicht umhin. Bislang sind erst 5 Prozent der Weltwasser-Vorräte privatisiert.[346]

Es ist also ein klassisches Argument, dass angesichts des enormen Investitionsbedarfs der öffentliche Sektor überfordert bzw. nicht in der Lage ist, die notwendigen Summen aufzubringen. Tatsächlich steckt die öffentliche Hand – nicht nur in Deutschland, sondern auch und gerade in Entwicklungsländern - zu tief in den roten Zahlen. In den Staaten der Ersten Welt muss die Fiskalpolitik laufend das Versagen des Geldsystems kompensieren (vgl. Kap. II.3.) und ist mit den sich strukturell aufhäufenden Schulden und dem Schuldendienst überfordert. Die Steuerungsfähigkeit in anderen Bereichen – wie der Wasserwirtschaft - geht durch die staatliche Konjunkturpolitik verloren. In Kap. II.3.6. und II.3.7. werden Lösungswege aufgezeigt. In Entwicklungsländern kommt das Phänomen der offenen Korruption zur Verschuldung hinzu. Die öffentliche Armut wurde noch durch globale Finanzkrisen verschärft (vgl. auch Kap. I.4.4.3.). Angesichts der desolaten Finanzlage der öffentlichen Haushalte führt der Verweis auf die Privatisierung. Erkennt man die Dominanz anderer Ziele (allen voran des Versorgungsziels) als wesentliche Restriktion an (in der untenstehenden Tabelle alle Varianten „über dem dicken Strich"), so wird jedoch klar, dass gerade die angestrebte Kapitalbeschaffung durch die Privaten nicht erreicht werden kann. Private Investitionen sind dem Rentabilitätsinteresse verpflichtet und keine Wohltätigkeitsveranstaltungen. Und gerade die bedürftigen Regionen und Menschen können die geforderten Renditen nicht aufbringen. So machte man beispielsweise in *Ghana* die Erfahrung, dass der Ausbau des Wassernetzes gerade in die ärmeren Gebiete hinein nicht von den privaten Investoren übernommen wurde – sondern die Regierung auf dieser Aufgabe sitzen blieb.[347] Ähnliches ereignete sich u.a. in Manila:

Beispiel: Privatisierung der Wasserversorgung in Manila
Während die Versorgung des Stadtzentrums und der Industriegebiete mit Trinkwasser sowie der Ausbau der Kanalisation an diesen Stellen erfolgreich abgeschlossen wurde, sah es in den Armensiedlungen anders aus: Weil diese oft abseits an Berghängen oder in Sümpfen liegen, dicht und wildwüchsig bebaut sind, ist der Aufwand für den Anschluss an das Netz hier besonders hoch. Andererseits ist gerade in diesen Gebieten die Zahlungsfähigkeit sehr gering. Der wirtschaftliche Betrieb des Netzes ist hier nahezu unmöglich.

Allerdings ist Privatisierung nicht gleich Privatisierung. Die Vielgestaltigkeit der denkbaren Privatisierungsvarianten legt nahe, diese trotz aller oben geäußerten Bedenken nicht in Bausch und Bogen abzulehnen, sondern differenzierter in Augenschein

Teil I. Die Struktur: Umweltpolitik als Ordnungspolitik

zu nehmen. Die nachfolgende Tabelle zeigt verschiedene Abstufungen bzw. Privatisierungsmodelle auf:

Modell	Eigentum	Betrieb / Instandhaltung	Investitionen	Geschäftsrisiko	Dauer	Domin. Interesse
Öffentliche Versorgung	Ö	Ö	Ö	Ö	∞	V
Dienstleistungs-Vertrag	Ö	Ö + P	Ö	Ö	1-2 J.	V
Betriebsführungs-Vertrag	Ö	P	Ö	Ö	3-5 J.	V
Pacht	Ö	P	Ö	Ö + P	8-15 J.	V + R
Konzession	Ö	P	P	P	25-30 J.	V + R
Built-Operating-Transfer (BOT)	P -> Ö	P	P	P	20-30 J.	V + R
Verkauf	P	P	P	P	∞	R

Legende:

Ö: Öffentlich   V: (öffentliches) Versorgungsziel
P: Privat   R: (privates) Rentabilitätsinteresse

Tab. 10: **Übersicht über verschiedene Privatisierungsmodelle**
(Quelle: Eigene Darstellung)

Diejenigen PPPs in der obigen Tabelle, die sich „unterhalb des dicken Strichs" befinden, konstituieren einen unlösbaren Interessengegensatz. Sie sind daher für die Wasserversorgung abzulehnen (das bedeutet keine pauschale Ablehnung der Modelle an sich; so können sie durchaus für andere Projekte wie z.B. Sporthallen in Betracht gezogen werden). Bedenklich erscheinen beispielsweise BOT-Modelle. Gleiches gilt jedoch auch für Modelle „über dem dicken Strich" wie die Konzession, wenn die öffentliche Hand die Kontrolle über die Anlagen für eine so lange Zeit verliert, dass man schon in die Nähe von „wirtschaftlichem Eigentum" der privaten Betreiber gerät.[A] Was die Pacht betrifft, wären Modelle vorzugswürdig, welche über eine öffentliche Pachtversteigerung führen (s. die Ausführungen zum „Wettbewerb um den Markt" unten).

> **Hinweis: Joint Ventures und Interessenverflechtung**
> Andere Modelle, die oben nicht enthalten sind, betreffen von der öffentlichen Hand und privaten Investoren gemeinsam geführte Unternehmen („Joint ventures"). M.E. besteht hier ein latenter, manchmal aber auch offener Konflikt zwischen öffentlichen Interessen einerseits und dem Rentabilitätsinteresse andererseits (vgl. Kap. I.2.3.4.). Beispielsweise wird ein privater Investor regelmäßig

---

[A] Von wirtschaftlichem Eigentum spricht man, wenn der zivilrechtliche Eigentümer über weite Teile der Nutzungsdauer der Anlage von der Verfügung durch den Betreiber der Anlage ausgeschlossen werden kann.

Teil I. Die Struktur: Umweltpolitik als Ordnungpolitik

ein Interesse daran haben, das Versorgungsnetz nur in die lukrativen, zahlungskräftigen Teile einer Stadt auszudehnen. Die Slums bleiben dann eben ohne Wasser. Ordnungspolitisches Denken bedeutet hier Interessenentflechtung: Derartige gegensätzliche Interessen sind allenfalls über schuldrechtliche Verträge (Dienstleistungs- oder Betriebsführungsvertrag, evt. auch Pacht) sauber auseinander zu halten (hier werden gegensätzliche Interessen geradezu vorausgesetzt), nicht aber über gesellschaftsrechtliche Verträge (die Gesellschafter verfolgen eben definitionsgemäß einen gemeinsamen Zweck, was logisch eine grundsätzliche Übereinstimmung der Interessen voraussetzt).

Die gering ausgeprägte Sensibilität hinsichtlich des Konfliktes zwischen öffentlichem Interesse und Rentabilitätsinteresse ist kennzeichnend für eine latente Korruptionsmentalität (s. auch Kap. I.2.3.4.): So denkt man sich kaum mehr etwas dabei, wenn Abgeordnete von der Industrie höhere Saläre erhalten als ihr Abgeordnetengehalt, wenn sich dieselben Parlamentarier gegen eine Offenlegung dieser Zahlungen wenden, wenn von Industrieunternehmen oder diesen nahestehenden Unternehmensberatungen Gesetzesvorlagen geschrieben werden usw. Oder eben, wenn gar nicht erst begonnen wird, über mögliche Interessengegensätze nachzudenken. Es bleibt die Forderung festzuhalten: Das öffentliche Interesse und das private Rentabilitätsinteresse bedarf einer klaren, institutionellen Trennung!

Der „Wettbewerb um den Markt", also die öffentliche Ausschreibung im Rahmen v.a. von Pacht oder Konzession, hat aus theoretischer Sicht einige Vorzüge. Dies ist auch der Weg, den z.B. die EU-Kommission zielstrebig verfolgt. Ein besonderes Problem hierbei: Die Marktstrukturen sind jedoch im Wassersektor hochgradig vermachtet und verflochten.[A] Die größten Wasserkonzerne haben eine Vielzahl gemeinsamer Beteiligungen und Unterbeteiligungen im Wassergeschäft. Zudem verfolgen die großen Konzerne eine Wachstumsstrategie, die i.d.R. über Aufkäufe realisiert wird. Ein wichtiger Grund hierfür: Wegen der hohen Investitionskosten rentiert sich das Wassergeschäft nur sehr langfristig. Den Erwartungen der Börse kann vor diesem Hintergrund fast nur durch die Akquisition rentabler Unternehmen entsprochen werden. Ein weiteres Indiz für fehlenden Wettbewerb: In Frankreich, wo die größten Wasserkonzerne zu Hause sind, haben ausländische Unternehmen den Zutritt bislang nicht geschafft. Es ist angesichts der vermachteten Strukturen der betreffenden Branchen eine empirische Tatsache, dass normalerweise nur sehr wenige Bieter (sehr häufig nur einer oder zwei) auftreten oder sich die Bieter in Konsortien zusam-

---

[A] Die betreffenden Wasserkonzerne positionieren sich immer stärker als „Multi-Utility"-Konzerne, die eine ganze Palette an Leistungen anbieten. Diese reicht neben Wasser und Abwasser über Energie, Abfallentsorgung, Bau- und Transportwesen bis hin zu Medien aller Art. Insbesondere die beiden Energiekonzerne RWE und E.On versuchten, in die Wassersparte einzudringen (wobei E.On jedoch ein zweifelhafter Erfolg beschieden war und RWE sich ebenfalls wieder von einem großen Teil seines Engagements verabschiedete). Auffällig ist dabei (horizontal) einerseits das verstärkte Vordringen in die originär als öffentliche Aufgabe betrachtete Daseinsvorsorge. Auch hier gilt – ähnlich wie bei der Stromversorgung – dass eine Regulierung anhand von Kosten aufgrund der möglichen Fixkostenverschiebungen von den unregulierten Bereichen weg schwierig ist bzw. der Quersubventionierung der unregulierten Bereiche hierdurch Tür und Tor geöffnet wird. Hierdurch entstehen weitere Wettbewerbsverzerrungen. Andererseits ist (vertikal) das Abdecken der gesamten Wertschöpfungskette von dem Bau der betreffenden Anlagen bis hin zum Betrieb zu beobachten. Vermieden wurde allerdings bislang ein stärkerer Einstieg in den Flaschenwassermarkt. Die großen Wasserkonzerne befinden sich hier in einem Konflikt, da Flaschenwasser ein Substitut zu qualitativ hochwertigem Leitungswasser darstellt und gegebenenfalls Kannibalisierung droht.

menschließen.³⁴⁸ In beiden Fällen besteht die Gefahr der Ausschaltung des Wettbewerbs zu Lasten der öffentlichen Hand bzw. der Verbraucher. Vor dem Hintergrund der desolaten Haushaltssituation und dem dringenden Investitionsbedarf verkehrt sich die Situation teilweise dahingehend, dass es zu einem Wettbewerb der Standorte um Investoren kommt.³⁴⁹ Die Folge sind u.a. weitgehende Zugeständnisse auf Kosten der Verbraucher und der öffentlichen Hand sowie eine schwache Regulierung. Mittlerweile wird generell angesichts der zwischenzeitig gewonnenen – nicht positiven – Erfahrungen mit Wettbewerb und Privatisierung seitens der Kommunen wieder zurückgerudert. Auf die Ausführungen im Vorkapitel (Elektrizitätswirtschaft) sei in diesem Zusammenhang verwiesen. Eine gänzliche Öffnung des Wassermarktes wird als ein Experiment mit ungewissen Folgen für Umwelt- und Gesundheitsschutz wie auch für die Preisentwicklung angesehen.³⁵⁰ U.a. die hohen Fixkosten (hohe Investitionen in die Infrastruktur) sowie die Unsinnigkeit von Durchleitungen von Wasser über hohe Entfernungen beschränken die effizienzsteigernde Wirkung des Wettbewerbs. Auch Regulierungen eines – i.S.d. Essential facilities-Doktrin (s. oben) - privat betriebenen Netzes sind in der Regel zahnlos. Neben der hohen Verhandlungsmacht der (oft in Konsortien zusammengeschlossenen) Konzerne sind dafür auch die Informationsasymmetrien zwischen den Betreibern und der Regulierungsbehörde verantwortlich.³⁵¹

Angesichts der erwähnten und weiterer Probleme kann die öffentliche Versorgung weiterhin die vorzugswürdigste Alternative sein. Zwar wird der Bewirtschaftung durch die öffentliche Hand (Eigenbetriebe, Eigengesellschaften, Regiebetriebe) immer wieder Unwirtschaftlichkeit vorgeworfen. So findet sich in einem vom Bundeswirtschaftsministerium in 2000 in Auftrag gegebenen Gutachten³⁵² als zentrales Argument für die Privatisierung, dass die nur beschränkt dem Wettbewerb unterliegenden öffentlichen Unternehmen kaum einen Anreiz zu einer effizienteren Produktion hätten. Doch gibt es auch bei der öffentlichen Versorgung Wege, die Effizienz zu steigern. Von besonderem Interesse in diesem Zusammenhang sind Öffentlich-Öffentliche Partnerschaften. Über solche können fixe Kosten auf mehrere Kommunen verteilt und eine gegenseitige Unterstützung (Finanzierung und Know how) erreicht werden, ohne dass das Rentabilitätsinteresse eine Rolle spielt.

Gerade im Wassersektor muss die Privatisierung von Betrieben auch vor dem Hintergrund mit Skepsis betrachtet werden, dass der pro Privatisierung ins Feld geführte Know-how-Vorteil der privaten Betreiber oftmals gar nicht existiert. Zwar findet zumeist bei Privatisierungs- und PPP-Projekten ein Transfer von Know how statt; allerdings geschieht dies meist in die umgekehrte Richtung als von den Privatisierungsbefürwortern vorgegeben: So sind die Dienstleistungskonzerne – auch und gerade im Wasserbereich – oftmals auf das Know how der öffentlichen Wasserwerke angewiesen, um weiterhin international expandieren zu können.³⁵³

Als Beispiel für eine effiziente und nachhaltige Wasserversorgung in öffentlicher Hand wird oftmals das Beispiel der Niederlande genannt. Die niederländische Wasserversorgung gehört – ganz ohne private Beteiligung – zu den leistungsfähigsten der Welt.

d. Verteilungsgerechtigkeit

Der Ausschluss vom Zugang zum lebensnotwendigen Gut Wasser hat sowohl eine zwischenstaatlich-politische als auch eine soziale bzw. sozialpolitische Dimension:

Zum Leben benötigt ein Mensch täglich ca. 3 Liter Wasser. Der Wasserverbrauch ist aber über den Globus hinweg sehr ungleich verteilt. So verbraucht in Deutschland

Teil I. Die Struktur: Umweltpolitik als Ordnungspolitik

jeder Bürger durchschnittlich ca. 130 Liter Wasser täglich, in den USA über 200 Liter, in Australien mehr als 1.000 Liter.[354] Auch innerhalb der verschiedenen Länder ist der Zugang zu sauberem Trinkwasser sehr ungleich. *„Im Jahre 2003 verbrauchten zum Beispiel in Südafrika 60.000 weiße Farmen zu Bewässerungszwecken 60 % der Wasserreserven des Landes, während 15 Millionen Schwarze über keinen direkten Zugang zu Trinkwasser verfügten. Die ärmsten Haushalte in Indien wenden bis zu 25 % ihrer Einkommen für die Wasserversorgung auf. In Peru kaufen die benachteiligten Schichten von Lima, die nicht vom städtischen Wassernetz versorgt werden, bei privaten Lieferanten Eimer mit häufig verseuchtem Wasser und bezahlen bis zu drei Dollar pro Kubikmeter. In den bürgerlichen Vierteln von Lima geben die Wohlhabenden hingegen nur 30 Cent pro Kubikmeter aus für Wasser, das vom städtischen Netz gereinigt und geliefert wird."* [355] Die wasserreichen Gebiete der Erde (Westeuropa, der Norden Nordamerikas, Südamerika, Ostasien) verfügen über weit mehr als die Hälfte der sich erneuernden Wasservorräte. V.a. angesichts der von heute 6,3 auf bis 2050 auf 9,1 Mrd. Menschen zählenden Weltbevölkerung wird in den anderen, dürren Gebieten (die z.T. noch durch die Klimaveränderung leiden) zu einer drastisch steigenden Wassernot führen. Betroffen sind hiervon v.a. die Ärmsten der Armen.

Jeden Tag sterben ca. 6.000 Kinder an den Folgen des Wassermangels und an verschmutztem Wasser. *„Von den 4 Milliarden alljährlich in der Welt verzeichneten Durchfallerkrankungen sind 2,2 Millionen tödlich. Vor allem die Kinder und die Säuglinge sind betroffen. Die Diarrhö ist nur eine der zahlreichen Krankheiten, die durch minderwertiges Wasser übertragen wird: das Trachom, die Bilharziose, Cholera, Typhus, Ruhr, Hepatitis und das Sumpffieber gehören ebenfalls dazu. Eine große Anzahl dieser Krankheiten ist durch krankheitserregende Organismen im Wasser bedingt (Bakterien, Viren und Würmer). Laut WHO sind in den Entwicklungsländern bis zu 80 % der Krankheiten und mehr als ein Drittel der Todesfälle dem Konsum verseuchten Wassers zuzuschreiben. Laut Riccardo Petrella und der WHO hat ein Drittel der Weltbevölkerung noch immer keinen Zugang zu gesundem Wasser zu einem vernünftigen Preis, und die Hälfte der Weltbevölkerung hat noch keinen Zugang zu Sanitäranlagen."* [356]

Vom Weltwasserforum in der „Weltwasservision" (2000) in der Präambel formuliert: *„Jeder Mensch soll jetzt und in Zukunft Zugang zu sicherem und bezahlbarem Wasser haben – zum Trinken, für sanitäre Einrichtungen, für genügend Nahrung und Energie. Diese grundsätzlichen Bedürfnisse müssen im Einklang mit der Natur stehen."* [357] Uns erscheint vor dem Hintergrund dieses Ziels aber von zentraler Bedeutung, dass das Rentabilitätsprinzip der privaten Unternehmen damit im Wesen unvereinbar ist. Den Vorstand einer Aktiengesellschaft interessiert in seiner Funktion nichts weniger als die Versorgung der Bevölkerung mit Wasser oder die Zahl verdurstender oder an mangelnder Hygiene sterbender Kinder. In Deutschland ist er als Vorstand einer Aktiengesellschaft sogar per Gesetz dem Interesse der Gesellschaft verpflichtet (§ 93 Abs. 1 AktG). Würde er öffentliche Interessen zum Gegenstand der Geschäftspolitik machen, beginge er eine Pflichtverletzung. Die einander entgegenstehenden Interessen gilt es daher sauber auseinander zu halten. Das betrifft auch und gerade Projekte der „Öffentlich-Privaten Partnerschaft" (s. oben): Weil AGs vornehmlich an Renditen, die Bürger aber an ihren Lebensgrundlagen interessiert sind, ergibt sich ein Interessengegensatz, der oftmals nur schwer auszugleichen ist.

Mittlerweile ist ohnehin wieder ein Trend zur Rekommunalisierung erkennbar, da viele Gemeinden erkennen, dass sie – entgegen den Beteuerungen ihrer Berater – mit

Teil I. Die Struktur: Umweltpolitik als Ordnungspolitik

den Öffentlich-Privaten Partnerschaften kein gutes Geschäft eingegangen sind. Unter der Prämisse der Privatisierung kann dem Rentabilitätsprinzip nur dort entsprochen werden, wo eine entsprechend hohe „Zahlungsbereitschaft" bzw. Nachfrage nach Wasser vorhanden ist. Würde man die Versorgungsstrukturen (also das Netz) entsprechend dem Rentabilitätsprinzip ausgestalten, so würden angesichts der ungleichen Verteilung der Nachfrage bzw. Zahlungsfähigkeit weite Teile der Bevölkerung insbesondere in den Ländern der Dritten Welt ohne Zugang zu Wasser bleiben. Der Bedarf des größten Teils der Bevölkerung bleibt ungedeckt, denn das Netz würde nur dort ausgebaut, wo genügend Nachfrage vorhanden ist. Angesichts der Tatsache, dass Einkommen und Reichtum sowohl zwischen der nördlichen und der südlichen Hemisphäre als auch innerhalb der betreffenden Länder sehr ungleich verteilt sind, muss bei einem solchen unverzichtbaren Gut wie Wasser die – mit der Privatisierung einhergehende – „Diskriminierung über den Preis" (also die Zuteilung des Wassers nach „Zahlungsbereitschaft") mit großer Skepsis gesehen werden.

Die Tatsache, dass das Versorgungsziel und damit der Ausbau des Netzes unter dem Vorrang des Rentabilitätsinteresses leidet, illustriert einfach schon die empirische Tatsache, dass auf dem afrikanischen Kontinent und im Mittleren Osten – wo also der Bedarf an Wasserversorgung am größten ist – in der Vergangenheit von den großen Wasserfirmen am wenigsten investiert wurde:

Investor	Ostasien / Pazifik	Europa / Zentralasien	Lateinamerika / Karibik	Mittlerer Osten / Nordafrika	Afrika (Subsahara)	Total
Suez	11	7	6	2	2	28
Vivendi	4	3	3	0	3	13
Aguas de Barcelona	0	0	6	0	0	6
Thames Water	4	1	1	0	0	6
SAUR	1	1	0	0	3	5
Total	20	12	16	2	8	58

Tab. 11: **Investitionen der größten Wasserfirmen 1990 bis 1997**
(Quelle: Weltbank, entnommen aus L. Stadler / U. Hoering, Das Wasser-Monopoly ..., a.a.O., S. 71.)

Es wird wieder einmal deutlich, dass eine Allokation nach Maßgabe des Rentabilitätsprinzips (dominierender Leitwert: „Effizienz") und eine gerechte Verteilung der Lebenslagen (Leitwerte: „Gerechtigkeit", „Versorgung", „Sicherheit") miteinander unvereinbar sind.

Die Auffassung der Privatisierungsbefürworter ist eine andere: Charakteristischerweise wird die Verteilungsproblematik in den Hintergrund geschoben. Die Wasserversorgung ist nach diesem Dogma entsprechend der Nachfrage der privaten Nutzer auszugestalten. Ist die Wasserversorgung erst einmal in entsprechendem Ausmaße vorhanden, würden auch – auf privatem Wege – Lösungen für die Abwasserentsorgung gesucht und gefunden. Dies führt dann auch zu einer Verbesserung der Lebenslage auch der einkommensschwächeren Bevölkerung – quasi durch das Wirken der „unsichtbaren Hand". Die Versorgung mit Wasser kann daher dem Zusammenspiel von Angebot und Nachfrage überlassen werden. Eine öffentliche Planung der Wasserversorgung wäre demnach überflüssig. Die Aufgabe des Staates bestünde

Teil I. Die Struktur: Umweltpolitik als Ordnungspolitik

lediglich darin, entsprechende (institutionelle) Rahmenbedingungen für die Neuausrichtung zu schaffen.[358]

Neben dem mangelhaften Ausbau und der unzureichenden Wartung des Versorgungsnetzes ist das zweite große Problem der Preisanstieg. Die Erfahrungen mit Privatisierungen der Wasserversorgung zeigen, dass diese in den meisten Fällen massive Preiserhöhungen nach sich zogen.

> **Beispiel: Gescheiterte Privatisierung in Cochabamba / Bolivien**
> Traurige Berühmtheit erlangte die Privatisierung der Wasserversorgung in Cochabamba, der mit 600.000 Einwohnern drittgrößten Stadt Boliviens. Die Vorgeschichte: 1985 erließ Präsident *Victor Paz Estensoro* ein Dekret, das den Weg zu einem „neoliberalen" Wirtschaftsmodell freimachte.[A] In den 90er Jahren wurden daraufhin Bodenschätze wie Erdöl und v.a. Gas sowie Infrastrukturdienstleistungen privatisiert. Die Förderung und Vermarktung wurde durch ausländische Investoren vorgenommen. Bei der Privatisierung der Wasserversorgung spielte wiederum die Weltbank eine entscheidende Rolle: Sie drohte im Jahr 1997 damit, 600 Mio. Dollar Schuldenerlass und Entwicklungshilfegelder zurückzuhalten, wenn die Wasserversorgung in Bolivien nicht privatisiert wird. Das Parlament verabschiedete vor diesem Hintergrund neue Gesetze, die eine Privatisierung im Wassersektor ermöglichten. Im Jahre 1999 wurde das städtische Wassernetz von Cochabamba für 40 Jahre an das Unternehmen Aguas del Tunari verpachtet. Das Unternehmen gehört zum Konzern von Bechtel Enterprise Holdings (sowie der britischen United Utilities). Beteiligt waren auch bolivianische Partner, die z.T. eng mit der Regierung verbunden waren. Im Ausschreibungsverfahren war Aguas del Tunari der einzige Bieter.
> Kurze Zeit nach Abschluss des Pachtvertrages wurden die Tarife kräftig erhöht: Im Durchschnitt betrug die Preiserhöhung ein Drittel, teilweise wurden die Tarife aber auch verdoppelt. Der neue Betreiber wollte zudem Abgaben von Verbrauchern, die Regenwasser oder offene Brunnen besitzen, einführen. Grundsätzlich wurde den Bewohnern sogar verboten, Regenwasser zu sammeln und zu nutzen![359]
> Bald kam es zu Protesten, die von der „Koordination zur Verteidigung von Wasser und Leben" („La Coordinadora") angeführt wurde. Wasserrechnungen wurden nicht bezahlt, es kam zu Demonstrationen. Höhepunkt der Proteste war ein vier Tage dauernder Generalstreik Anfang April 2000, nachdem alle Verhandlungen gescheitert waren. Das Kriegsrecht wurde ausgerufen und die Armee gegen die Demonstranten eingesetzt. Es gab einige Tote, Hunderte wurden verletzt. Weil aber der Widerstand ungebrochen anhielt, verließen die Manager von Aguas del Tunari das Land. Schließlich lenkte die Regierung ein und kündigte den Privatisierungsvertrag auf. Die Zivilgesellschaft in einem Entwicklungsland hatte es geschafft, sich gegen mächtige Wirtschaftsinteressen durchzusetzen – ein Vorgang, der in einem „entwickelten Land" wie Deutschland mit

---

[A] Die u.a. von den internationalen Finanzinstitutionen IWF und Weltbank protegierte neoliberale Wirtschaftspolitik führte – nicht untypisch – zum Crash: Die junge inländische Industrie brach zusammen, weil sie der Konkurrenz der Importprodukte nicht gewachsen war. 2004 war Bolivien mit seinen ca. 9 Mio. Einwohnern immer noch das Armenhaus Lateinamerikas. Dabei hatte es 5,5 Mrd. US-Dollar Auslandsschulden aufgehäuft. Der Schuldendienst beanspruchte ca. 30 % des Bruttoinlandsproduktes.- Vgl. J. Loewe, Das Wasser-Syndikat ..., a.a.O., S. 40-41.

Teil I. Die Struktur: Umweltpolitik als Ordnungspolitik

seiner charakteristischen Durchfilzung der Zivilgesellschaft und der Politik mit Wirtschaftsinteressen nicht möglich wäre.

Nachtrag:
Bereits im Oktober 2003 kam es in Bolivien erneut zu blutigen Auseinandersetzungen auf der Straße, als die Pläne des damaligen Präsidenten *Gonzalo Sánchez de Lozada* bekannt wurden, die bolivianischen Bodenschätze zu verschleudern und große Mengen Erdgas ausgerechnet über das verhasste Chile in die USA zu äußerst „günstigen" Konditionen zu exportieren. Nachdem es über 60 Tote gegeben hatte, wurde der Versuch, die Proteste gewaltsam zu unterdrücken, aufgegeben. *Sánchez de Lozada* musste mit einem Hubschrauber in die USA fliehen.

2005 (Präsidentschaft des Nachfolgers von *Sánchez de Lozada*, *Carlos Mesa*) brachen neue Revolten aus, bei dem sich der Zorn der Bevölkerung gegen den französischen Wasserkonzern Suez (bzw. seiner Tochter Aguas del Illimani) richtete, der die Wasserversorgung von El Alto übernommen hatte.

Jahrelang warteten die Bewohner besonders der ärmeren und ärmsten Distrikte von El Alto auf die Versorgung ihrer Viertel mit Leitungswasser und den Anschluss an die Kanalisation. Allerdings hatte es Suez geschickt verstanden, seine Zuständigkeit auf diejenigen Distrikte zu beschränken, die die notwendige Zahlungsfähigkeit aufwiesen. Dies, obwohl dem Konzern eine Rendite von 12 % garantiert wurde. Der genaue Inhalt der Verträge blieb jedoch – was nicht nur in Entwicklungsländern üblich ist – geheim. Das Ergebnis: Trotz oder gerade wegen der Privatisierung leben Zehntausende von Familien ohne Wasseranschluss. Die armen Distrikte wurden einfach ausgeklammert. Empörung löste zudem die Geschäftspolitik von Suez bei denjenigen aus, die sich den Zugang zum Wasser nicht mehr leisten konnten. Suez hatte die Wasser-Anschlussgebühren von 100 bis 120 US-Dollar auf 445 US-Dollar erhöht, was bei den ärmeren Bevölkerungsschichten mehreren Monatslöhnen entspricht.

Im März 2005 erklärte Präsident *Mesa* seinen Rücktritt, der jedoch vom Kongress abgelehnt wurde. *Mesa* hatte nämlich zunächst zugesichert, den Vertrag mit dem Konzern Suez aufzulösen, da dieser seinen Versorgungsverpflichtungen nicht nachkomme. U.a. auf Druck der Weltbank, der Interamerikanischen Entwicklungsbank und der (deutschen) Gesellschaft für Technische Zusammenarbeit (GTZ) revidierte Mesa jedoch diese Zusage (Deutschland unterstützte in der Vergangenheit schon mehrfach die Privatisierungsbestrebungen mit der Drohung, andernfalls die deutsche Entwicklungshilfe einzustellen[A]).

Am 21.1.2006 wurde *Evo Morales* als Präsident vereidigt. *Morales*, selber indigener Abstammung, schrieb u.a. den Zugang zu Boden und Ressourcen auf seine Fahnen. *Abel Mamani*, einer der Anführer der Wasserproteste, wurde zum Minister, der ausschließlich Wasser als Geschäftsbereich hat. *Morales* plante die Rückführung der Ressourcen aus der Hand der Konzerne in öffentliches Eigentum. Die vollständige Umsetzung dieser Pläne scheiterte ausgerechnet am linken brasilianischen Präsidenten *Lula*, der die Interessen des brasilianischen Ölkonzerns Petrobras vertrat.

[A] Auch die damalige Staatssekretärin Uschi Eid, Bündnis 90/Die Grünen, sah als Ursache für die Desaster keine Systemfehler, sondern lediglich „handwerkliche Mängel".- J. Loewe, Das Wasser-Syndikat ..., a.a.O., S. 45 ff.

Teil I. Die Struktur: Umweltpolitik als Ordnungspolitik

Das Problem der Preissteigerungen ist gleichermaßen in Entwicklungs- wie Industrieländern als Folge der Privatisierung festzustellen: So stiegen nach der Privatisierung der Wasserversorgung in Großbritannien die Preise enorm an. Zwar bedurfte der Preisanstieg einer Genehmigung, diese wurde jedoch vor dem Hintergrund des angeführten hohen Investitionsvolumens und der damit verbundenen Kosten erteilt. Nach einer vom Parlament in Auftrag gegebenen Studie erhöhten sich die Wasser- und Abwasserpreise in den ersten 9 Jahren nach der Privatisierung um durchschnittlich 46 %, was weit über den ursprünglich vorgesehenen 13,5 % lag.[360] Auch die deutschen Privatisierungserfahrungen sprechen eine ähnliche Sprache: So wollte die Eurowasser in Potsdam die Gebühren innerhalb von 17 Jahren trotz sinkenden Wasserverbrauchs um 100 % erhöhen. Die Stadt Potsdam kündigte daraufhin den Vertrag nach zwei Jahren bereits wieder auf, was sie mehrere Millionen Euro kostete. Dennoch stellte sich der Verzicht auf das PPP-Modell als die kostengünstigere Variante heraus.[361] Bei einer Rangliste der jährlichen Wasserrechnungen für eine vierköpfige Familie belegten ausschließlich öffentliche, kommunale Unternehmen die vorderen Plätze. Die E.On-Tochter Gelsenwasser war beispielsweise um rd. 50 % teurer als die Stadtwerke in Karlsruhe und München.[362] Dieses eindeutige Bild ist auch nicht durch unterschiedliche regionale Voraussetzungen bei der Wasseraufbereitung und Entsorgung zu relativieren.

Die Befürworter der Privatisierung gehen auch bei privaten Engagements in der „Dritten Welt" vom Prinzip der Vollkostendeckung aus, wobei unter „Kosten" auch die Kapitalkosten (Rentabilitätsprinzip) gefasst werden.[363] In der „Weltwasservision" wird zwar zugestanden, dass dieses Prinzip v.a. die Bewohner von landwirtschaftlichen Gebieten und Vorstadtslums schwer belasten wird (also die Gruppen mit geringer Zahlungsfähigkeit). Diese finanzielle Bürde soll nach den Vorstellungen des WWC aber durch Kleinkredite und Subventionen abgefedert werden. Werden die Subventionen aus öffentlichen Mitteln bezahlt, bedeutet dies nichts anderes als eine Subvention der Kapitalinteressen bzw. eine Umverteilung von der Allgemeinheit hin zu den Anteilseignern der entsprechenden Konzerne.

Hinweis: Druck auf nachhaltige Siedlungsstrukturen durch das Rentabilitätsinteresse?
Der Einwand liegt nahe, dass das Interesse der Konzerne das Bestreben nach nachhaltigen, kompakten Siedlungsstrukturen unterstütze. Dies ist insoweit sicher richtig, als dass die Slums in Suburbia im Zuge der Privatisierung eben tendenziell nicht mit Wasser versorgt werden. Zu sehen ist allerdings auch, dass eben jenes Rentabilitätsinteresse bzw. jene Privatisierungslogik zu den nicht nachhaltigen, dispersen Siedlungsstrukturen überhaupt erst führten (z.B. als Folge spekulationsbedingter Preissteigerungen in den Kernstädten), indem die weniger zahlungskräftigen Schichten in die Außengebiete abgedrängt wurden (vgl. Kap. I.3.1.1. und I.4.). Da zur Nachhaltigkeit auch die Beachtung des sozialen Ausgleichs gehört, kann bei wohl kaum von „nachhaltigen Siedlungsstrukturen" gesprochen werden, wenn den dispersen Splittersiedlungen oder Slums die Wasserversorgung versagt wird.

„Nach Analyse der Strategien zum kommerziellen „Missbrauch" des Trinkwassers kann man es nicht deutlich genug aussprechen: Es handelt sich um eine globale Plünderung natürlicher Ressourcen und Lebensgrundlagen zum Vorteil weniger Akteure und zum Nachteil fast aller Menschen."[364] Ähnlich wie in Bolivien sind auch vie-

le andere Regierungen in Entwicklungsländern über den durch Weltbank und IWF erzeugten Druck in den Privatisierungsstrudel geraten. Das Rent seeking um das „blaue Gold" herum findet dabei nicht nur in Bolivien ziemlich skrupellos statt. So wurde beispielsweise am 7.11.2004 in Indonesien das sog. „Gesetz Nr. 7" in Kraft gesetzt. Dieses wurde unter dem Druck der Weltbank entworfen und soll eine landesweite Wasserprivatisierung ermöglichen. Die Bürgerinitiativen und NGOs werden bei ihrem Kampf gegen die Privatisierungsprojekte immer wieder durch Nachrichten über verschwundene oder gefolterte Bürgerrechtler gebremst.[365]

I.3.4.4. Gestaltungsalternativen

Oben gingen wir davon aus, dass ein Unternehmen bereits als natürlicher Monopolist agiert und fragten – am Beispiel der Stromwirtschaft - nach Regulierungsmöglichkeiten. Die grundsätzlichen Alternativen setzen eine Änderung der Struktur der Property rights voraus. Das Eigentum am Netz sollte sich in der Hand des Staates bzw. der Gemeinschaft befinden. Hinsichtlich des Betriebs besteht konzeptionelle Offenheit. Das Management des Netzes könnte durch den Staat / die Gemeinschaft selbst oder durch einen Handlungsbeauftragen bzw. Erfüllungsgehilfen erfolgen (der in öffentlicher Ausschreibung oder Verhandlungen bestimmt wird; „Wettbewerb um den Markt"). Bei einem Betrieb durch die öffentliche Hand / Gemeinschaft selbst könnte der Zugang zum Netz kostendeckend gewährt werden. Alle Varianten haben unterschiedliche Zielerreichungsgrade sowie allokative und distributive Konsequenzen.

a. Zielsetzung / Legitimation
Wie oben schon beschrieben, wird mit der Ausgestaltung des Netzes nicht nur das Ziel der Wohlfahrtsmaximierung, sondern ein ganzes Bündel an Zielen verfolgt:
- Beispielsweise geht es der Energiepolitik u.a. um Versorgungssicherheit, die Unabhängigkeit von politisch fragwürdigen Energielieferanten (andere Staaten) sowie die Förderung alternativer Energien (Leitwerte: „Versorgung", „Sicherheit", „Adaptivität" und „Wandlungsfähigkeit");
- im Schienenverkehr spielt beispielsweise die Versorgung (bzw. der Anschluss) bestimmter Regionen oder die Förderung der Bahn als ökologische Alternative zum Auto eine große Rolle (Leitwert „Versorgung");
- beim Wasser geht es nicht nur um den Zugang, sondern auch um die Nachhaltigkeit der Bewirtschaftung etc.

> **Hinweis: Beachtung außerökonomischer Ziele**
> Es existieren noch eine Reihe anderer, außerökonomischer Ziele und Restriktionen, die durch das öffentliche Management des Netzes besser erreicht bzw. beachtet werden können als über die Leistungsvergabe an Private. Beispielsweise besteht bei privatem Management des Netzes immer die latente Gefahr, dass eine Kommune oder ein Land sich in einseitige Abhängigkeit von dem betreffenden Unternehmen ergibt. Es handelt sich – in der Terminologie des Neoinstitutionalismus – um eine spezifische Vertragsbeziehung. Wenn – etwa wegen mangelnder Rentabilität in ländlichen Regionen oder einkommensschwachen Schichten (Slums) – das Interesse auf Seiten des privaten Vertragspartners verloren geht, droht die Beziehung asymmetrisch zu werden. So zog sich beispielsweise die Firma SAUR aus einem Projekt entgegen der vertraglichen Vereinbarungen einfach zurück, ohne dass ein armes Land wie Mosambik die Möglichkeit gehabt hätte, gegen einen globalen Wasserkonzern vorzugehen.[366]

Teil I. Die Struktur: Umweltpolitik als Ordnungspolitik

> Weiter besteht die Gefahr von Ineffizienzen: Bei Pacht- oder Konzessionsmodellen werden die Betreiber hohe Investitionen vermeiden, wenn sie Gefahr laufen, nach Ablauf der Vertragsfrist von einem Wettbewerber abgelöst zu werden.[367] Dies wirkt sich auf den Zustand des Netzes und die Versorgungssicherheit aus etc.

Durch die Ausgestaltung des Netzes wird nun aber der Rahmen gesetzt, innerhalb dessen sich der Betrieb bewegen kann. Beim Betrieb spielen komplexe politische Ziele wie Versorgungssicherheit etc. zumeist eine geringere Rolle, hierbei kann dann das Effizienzziel stärker in den Vordergrund gerückt werden. Insgesamt ergibt sich vor diesem Hintergrund folgendes Bild (wobei vorausgesetzt wird, dass sich das Eigentum am Netz immer in öffentlicher Hand befinden sollte):

	Property rights	Management
Netz	(1) Ohne Ausnahme: Öffentlich bzw. in Gemeinschaftshand!	(2) Regel: Öffentlich, wenn komplexes Zielbündel Ausnahme: privat.
Betrieb (Zugang zum Netz)	(3) Regel: Privat Ausnahme: Öffentlich	(4) Regel: Privat Ausnahme: Öffentlich

Tab. 12: **Favorisierte Betriebskonzeption bei netzgebundenen Monopolen**
(Quelle: Eigene Darstellung)

Gerade bei der Beteiligung großer Konzerne an Versorgungsunternehmen wird zu Recht kritisiert, dass „Privatisierung" leicht den Charakter von „Anonymisierung" bekommt: Nutzung und Kontrolle der Versorgung mit lebenswichtigen Ressourcen fallen auseinander.[368] Das Örtlichkeitsprinzip ist nicht gewahrt.

Um eine solche Anonymisierung zu vermeiden, sollten zumindest für das Management des Netzes (das hier vorzugsweise als Aufgabe der öffentlichen Hand propagiert wird, s. unten) – entsprechend dem Subsidiaritätsprinzip – Ausgestaltungen gesucht werden, die die Kontrolle über das Angebot eines Monopolgutes in die Hand eines „Club der Nutzer" geben.[A] Von großer Bedeutung ist also die Aktivierung bürgerschaftlicher Kontrolle. Für diesen Zweck sind m.E. privatrechtliche Rechtskleider (GmbH, AG) mit einer gewissen Skepsis zu betrachten, da sie informatorisch zu „Closed-shop"-Veranstaltungen tendieren.[B] Im Übrigen kann die Frage, wem grund-

---

[A] Dabei wird normalerweise vorausgesetzt, dass die Nachfrager entsprechend mobilisierbar sind. Eine entsprechende Form wäre etwa eine Genossenschaft. Je größer die Gemeinschaft (z.B. eine große Gemeinde oder Stadt), umso schwerer fällt jedoch die Verwirklichung reiner Clublösungen. Dann verschwimmt die Reinform der Clublösung mit der des öffentlichen Eigentums bzw. des Gemeinschaftseigentums – die Kontrolle des Managements über das Monopolgut ist dann nur noch durch Agenten bzw. Delegierte möglich.

[B] Problematisch ist vor dem Hintergrund des von der EU betriebenen und in Deutschland durch das Energiewirtschaftsgesetz (insb. § 7 EnWG) umgesetzte „Legal unbundling", dass durch die gebotene rechtliche Trennung von Netz und Betrieb viele Kommunen auf die – intransparenteren – privatwirtschaftlichen Rechtsformen ausweichen müssen.- Vgl. C. Will, Die Auswirkungen der energierechtlichen Entflechtungsvorschriften auf kommunale Energieversorgungsunternehmen, in: DVBl 2006, S. 1278 ff.- An dieser Stelle soll noch einmal darauf aufmerksam gemacht werden, dass die ordoliberale

Teil I. Die Struktur: Umweltpolitik als Ordnungspolitik

sätzlich Mitwirkungs- und Kontrollrechte zugesprochen werden, davon abhängig beantwortet werden, ob das natürliche Monopol (hier: Netz) lokalen, regionalen, nationalen oder supranationalen Charakter hat. Unten wird weiter dafür plädiert, den Betrieb vorzugsweise über den Weg der Versteigerung an private Betreiber zu vergeben. Dies wiederum sollte so geschehen, dass die Kontrolle nicht der Öffentlichkeit nachhaltig entzogen wird. Dies bedeutet vor allem, dass das wirtschaftliche Eigentum am Netz nicht aus der Hand gegeben wird.

b. Effektivität
Befindet sich das Netz in privater Hand, so findet der Ausbau dort statt, wo die Verwertung am Ertrag bringendsten ist. Primat hat also die Rentabilität, die Ausgestaltung des Netzes unter Maßgabe anderer Ziele hat Nachrang.

Befände sich hingegen das Netz in öffentlicher Hand (bzw. in der Hand der Gemeinschaft), könnte über die Ausgestaltung des Netzes auch die Art und Weise der Produktion gesteuert werden. Das Netz in öffentlicher Hand ist daher schon institutionell eine Entscheidung für den Nachrang des Leitwertes der „Effizienz". Beispielsweise müssen sich die Energieproduzenten mit ihren Produktionsformen der (politischplanerisch vorgegebenen) Ausgestaltung des Netzes anpassen.

Im Rahmen einer öffentlichen Versteigerung des Zugangs zum Netz („Wettbewerb um den Markt") muss bei einer Vergabe an Private dafür Sorge getragen werden, dass all die neben der Wirtschaftlichkeit zu beachtenden Ziele mit verfolgt werden. Ist das Zielbündel zu komplex oder bestehen unüberbrückbare Interessengegensätze etwa zum Rentabilitätsziel des privaten Leistungserbringers, sind Verhandlungslösungen oder gar die Leistungserstellung über öffentliche Unternehmen vorzugswürdig. Von einer Vergabe an Private im Wege eines „Wettbewerbs um den Markt" muss auch dort abgeraten werden, wo – z.B. aufgrund einer Vermachtung der Märkte – das Funktionieren des Wettbewerbs zweifelhaft ist oder aber der Aspekt des Örtlichkeitsprinzips (bzw. die Betroffenheit der Bürger) eine herausgehobene Rolle spielt. Wird ein öffentliches Unternehmen mit der Leistungserstellung betraut, so sollte dieses dieses nicht dem Rentabilitätsprinzip unterworfen werden. Unter der Prämisse der Kostendeckung kann es dann das gesamte Bündel der angestrebten Ziele unmittelbar als Unternehmenszweck verfolgen (zur wegen des zumeist fehlenden Wettbewerbs immer latent vorhandenen Gefahr von Ineffizienzen s. unten).

Bleiben wir bei der – unter dem Gesichtspunkt der Effizienz vorzugswürdigsten – Form der öffentlichen Versteigerung. Hier erhält derjenige Bieter den Zuschlag, der, bei quantitativ und qualitativ festgelegter Marktversorgung
- entweder - bei Rückverteilung der Erlöse aus der Versteigerung (nach Abzug der Kosten des Netzes, z.B. Instandhaltung) - am höchsten bietet oder
- ohne Rückverteilung der Versteigerungserlöse den geringsten Kundenpreis verlangt („genossenschaftliche Variante").

Speziell hinsichtlich der ökologischen Zielsetzung ist die erste Variante („Redistributionsvariante") von hohem Interesse. Egal ob elektrischer Strom, Gas, Wasser oder Verkehr: Aus ökologischen Gründen sollte ein Anreiz für einen sparsamen Umgang mit den knappen Ressourcen gegeben werden. Dies kann aber nur durch einen entsprechend hoch gesetzten Preis geschehen, der auch die knappen Netzkapazitäten

---

Schule Rechtsformen wie die GmbH und die AG als (in den Worten des Verfassers) marktwirtschaftlich inkompatible „organisierte Verantwortungslosigkeit" grundsätzlich abgelehnt hat.

Teil I. Die Struktur: Umweltpolitik als Ordnungspolitik

abbildet. Unabhängig davon, ob das beste Gebot über diese Variante der öffentlichen Versteigerung oder einen transparent gestalteten Verhandlungsprozess identifiziert wird: Die abgeschöpften (z.B. in den Energiepreisen enthaltenen) Renten sollten wie in Kap. I.3.2.1. beschrieben an die Stakeholder zurück verteilt werden. Die Rückverteilung an die Bevölkerung (die „Teilhaber") erfolgt nach einem Pro-Kopf-Maßstab. Bei einem unterdurchschnittlichen Verbrauch erhält der Konsument möglicherweise (in Abhängigkeit von den Betriebskosten) mehr zurück, als er bezahlt. Bei einem überdurchschnittlichen Verbrauch ist er eher in einer Nettozahler-Position. Je sparsamer er mit den betreffenden Ressourcen umgeht, umso besser seine Netto-Verteilungsposition.[A] Die zweite („genossenschaftliche Variante") kann u.a. dann in Erwägung gezogen werden, wenn nicht die Knappheit von Kapazitäten und Ressourcen, sondern die preiswerte Versorgung im Vordergrund steht (z.B. bei der Vergabe von Verkehrsleistungen, wenngleich die diesbezüglichen Verfahren heutzutage anders aussehen) oder die Redistributionsvariante aus bestimmten Gründen nicht akzeptiert wird bzw. Zweifel an ihrer Funktionsfähigkeit bestehen.

c. Effizienz

Unter Effizienzgesichtspunkten sind wettbewerbliche Lösungen, allen voran der „Wettbewerb um den Markt" die vorzugswürdigsten Alternativen. Dies gilt natürlich auch für das Management des Netzes. Unbestritten ist nämlich, dass das Management des Netzes durch die öffentliche Hand bzw. Gemeinschaft dem System Effizienz raubt, da hier der Wettbewerb ausgeschaltet ist. Oftmals ist mangels Wettbewerbsdrucks v.a. der Personalaufwand höher als nötig. Charakteristisch ist zudem die Neigung vieler Ingenieure, sich „Denkmäler" zu setzen. Diese Gefahr – also kostenintensive technische „Spielereien" - wiegt im Übrigen höher als der Einwand einer angeblich zu geringen Innovationsdynamik: So gab es beispielsweise in der Vergangenheit (vor der Liberalisierung) im Energiemarkt nur einen geringen Kostendruck, da die Stromproduzenten und –versorger „garantierte" Margen und Amortisationen hatten. Dementsprechend neigten die Unternehmen zu technischem Perfektionismus und zur Überkapitalisierung, was einerseits eine hohe Versorgungsqualität, andererseits aber Überkapazitäten mit sich brachte.[369] Nähert sich das Regime jedoch – wie oben gefordert – unter Beachtung des Örtlichkeitsprinzips einer Clublösung an (beispielsweise in der Hand einer Genossenschaft), werden die „Clubbeiträge" zur Fixkostendeckung sowie Abdeckung der variablen Kosten von einem Management festgesetzt, das von der Versammlung der Mitglieder kontrolliert wird.[370] Dezentrale „Clublösungen" unter aktiver bürgerschaftlicher Kontrolle sind daher durchaus geeignet, die o.g. Defizite hinsichtlich der Effizienz zu begrenzen. Andererseits dürfen die Betriebsgrößen auch nicht zu gering sein, was interkommunale Kooperationen bzw. Öffentlich-Öffentliche Partnerschaften nahe legt (s. oben). Unter dieser Prämisse befürworten wir vorliegend durchaus das Management des Netzes durch die öffentliche Hand.

Was die Zugangsmöglichkeit zum Netz (also den „Betrieb") angeht, wird vorliegend vorgeschlagen, diesen als erstbeste Lösung meistbietend zu vergeben und die so abgeschöpften Renten an die Bürger zurück zu verteilen. Da die Allgemeinheit das Netz zur Verfügung stellt, ist das o.a. Rückverteilungsmodell auch ordnungspolitisch

---

[A] Bei fehlendem Wettbewerb kann ersatzweise die zweite Variante – als zweitbeste Lösung - näherungsweise auch durch einen öffentlichen Betreiber umgesetzt werden, der ohne Gewinnerzielungsabsicht kostendeckend arbeitet.

Teil I. Die Struktur: Umweltpolitik als Ordnungspolitik

schlüssig. Die bestmögliche Vergabe kann entweder über eine meistbietende Versteigerung[A] oder über einen transparenten Verhandlungsprozess erfolgen.

d. Verteilungsgerechtigkeit

Bei der hier favorisierten Lösung befindet sich das Eigentum am Netz (als natürliches Monopol) in öffentlicher bzw. Gemeinschaftshand. Gemeinschaftliche Eigentümer sind die Bürger. Diesen fließen auch in der hier bevorzugten Variante die bei der Versteigerung des Netzzugangs abgeschöpften Renten über eine Pro-Kopf-Rückverteilung zu.

Den privaten Betreibern sollte in dieser Variante (im Gegensatz zur „genossenschaftlichen Variante") eine weitest gehende Freiheit bei der Preisausgestaltung erlaubt werden. Insbesondere sollten sie in der Lage sein, Preisdifferenzierung betreiben zu können und auf diese Weise die Konsumentenrente abzuschöpfen. Lässt man eine Rückverteilung zu, kann die Wohlfahrt bei einem Höchstmaß an Verteilungsgerechtigkeit maximiert werden.

I.3.4.5. Zusammenfassung und Schlussfolgerungen

Netzgebundene Monopole haben zumeist den Charakter von natürlichen Monopolen. Anders als die in Kap. I.2.3.2. besprochenen gegenständlichen Privilegien haftet ihnen ihr Monopolcharakter nicht aufgrund der Zuweisung bestimmter Rechte, sondern wegen der Kostenstruktur an, die eine Markteintrittsbarriere bewirkt.

Befinden sich Netze in privater Hand, besteht immer die Gefahr, dass die Instandhaltung vernachlässigt und die Preise entsprechend hoch angesetzt werden. Zudem folgt die Ausgestaltung des Netzes nicht dem Versorgungs-, sondern dem Rentabilitätsinteresse. Dementsprechend werden auch ökologisch interessante Alternativgestaltungen, die aber dem Rentabilitätsinteresse der Netzeigentümer entgegenstehen, blockiert. Vor dem Hintergrund z.T. unvereinbarer Interessengegensätze sind auch öffentlich-private Partnerschaften mit Sorgfalt auszutarieren. Formen, bei denen die Kontrolle über das Netz rechtlich und/oder faktisch in private Hand gegeben wird, sind abzulehnen.

Der Zugang zum Netz sollte grundsätzlich auf dem Wege des Meistbietungsprinzips erfolgen. Der hierbei zustande kommende hohe Preis ist aus ökologischen Gründen regelmäßig wünschenswert. Die Versteigerungserlöse sollten jedoch an die betroffe-

---

[A] Speziell bei Auktionen existieren eine Reihe von Problemen:

- Absprachen (kooperatives Handeln) zwischen den Bietern müssen verhindert werden, was umso wirkungsvoller geschehen kann, je höher die Zahl der Bieter ist.

- Eine Festlegung der Produktqualität ist erforderlich.

- Ein weiteres Problem ist die Zeitspanne von einer Auktion bis zur nächsten. Spezifisches Know how kann sich als Markteintrittsbarriere erweisen, da die Durchschnittskosten des „Altbetreibers" aufgrund von Lernkurveneffekten von anderen Unternehmen abweichen können. Wird beispielsweise die Wasserversorgung oder Abwasserentsorgung nach Ablauf eines Pacht- oder Konzessionsvertrages neu ausgeschrieben, hat dasjenige Unternehmen, das bislang für die Wasserversorgung zuständig war, einen erheblichen Wettbewerbsvorteil. Es verfügt – anders als die Mitbewerber - über sämtliche Informationen zum Betrieb. Zumeist kommt es daher nach Beendigung eines Vertrages nicht zu einem Wechsel des privaten Dienstleisters.

nen Bürger als Teilhaber zurückverteilt werden.^A Die zweitbeste Lösung, die verfolgt werden kann, wenn ein komplexes Zielbündel eine Ausschreibung nicht zulässt, sind Verhandlungen. Versprechen auch Verhandlungen – z.B. aufgrund eines nicht vorhandenen Wettbewerbs – kein zufriedenstellendes Ergebnis, so kann der Betrieb auch durch die öffentliche Hand erfolgen. Voraussetzung ist jedoch eine aktive bürgerschaftliche Kontrolle: Entsprechend dem Örtlichkeitsprinzip sollte das Management von denjenigen kontrolliert werden, die auf die Versorgung angewiesen sind.

I.4. Globalisierung: Zur Struktur eines Aneignungsmechanismus

„Die Freiheit ist ein eitles Hirngespinst, wenn eine Klasse von Menschen die andere ungestraft aushungern kann. Die Gleichheit ist ein eitles Hirngespinst, wenn der Reiche mittels seines Monopols das Recht über Leben und Tod seiner Mitmenschen ausübt. Die Republik ist ein eitles Hirngespinst, wenn die Konterrevolution tagtäglich durch den Preis der Nahrungsmittel voranschreitet, zu denen drei Viertel unserer Mitbürger keinen Zugang haben, ohne Tränen zu vergießen."
Jacques Roux[371]

Ein Reizwort, das oftmals zusammen mit Umweltthemen in den Raum gestellt wird, ist das der „Globalisierung".^B Allerdings ist der Begriff „Globalisierung" diffus. Mit ihm werden sowohl die Vereinheitlichung von Kultur und Konsummustern wie auch ein ökonomisches und politisches Phänomen beschrieben. Das Phänomen der Globalisierung wird gemeinhin auf die sog. „dritte technologische Revolution" zurückgeführt, die v.a. über die moderne EDV-Technik zu einem rapiden Absinken der Informations- und Transaktionskosten geführt hat und die Welt zu einem „globalen Dorf" werden ließ. Hervorgehoben wird also insoweit die technologische - damit prozesshafte - Dimension der Globalisierung. Wir werden uns nachfolgend jedoch anschicken, dem Leser die Globalisierung auch als ein institutionelles (damit auch strukturelles) Phänomen begreifbar zu machen. Die zugrundeliegenden Institutionen sollen nicht nur ein effizientes Arrangement des Austausches absichern. Vielmehr werden über den gesamten Globus hinweg auch Institutionen verbreitet, die einen im Sinne der westlichen Industrieländer vorteilhaften Aneignungsmechanismus begründen oder institutionell festigen. Eckpfeiler dieser Struktur sind Institutionen wie IWF, Weltbank, WTO, TRIPs und GATS. Wir wollen eingehender begründen, warum die „Globalisierung", soweit sie einen Aneignungsmechanismus begründet oder festigt, als weitere Welle der Kolonialisierung verstanden werden kann.[372]

---

^A Auch hier bleibt der Substitutionseffekt erhalten, wohingegen der Einkommenseffekt neutralisiert wird.

^B Der Begriff der „Globalisierung" wurde durch den kanadischen Medientheoretiker *Marshall Mc Luhan* und den amerikanischen Experten für „Probleme des Kommunismus" an der Columbia University, *Zbigniew Brzezinski* geprägt.- Von *Mc Luhan* stammt das Wort vom „globalen Dorf", von *Brzezinski* das Gerede vom „Ende der Ideologien".- J. Ziegler, Die neuen Herrscher der Welt und ihre globalen Widersacher, 5. Aufl., München 2005, S. 30.

Teil I. Die Struktur: Umweltpolitik als Ordnungspolitik

> **Hinweis: Globalisierung und Kolonialisierung**
> *„Am 3. August 1492 hatte die Große Ausfahrt begonnen. Von Palos aus, einem Hafen an der spanischen Atlantikküste, war Christoph Kolumbus mit drei Schiffen und 90 Männern aufgebrochen, um westwärts auf dem Seeweg jenen Kontinent zu erreichen, wohin lange vor ihm Marco Polo ostwärts auf dem Landweg gelangt war: Fernasien. Dem bewohnten Erdkreis den Rücken zukehrend, nahm er die unbekannte Wasserwüste in Angriff; die Aussicht auf Gold und Gottes Wohlwollen trieb ihn um den Erdball. Die Ausfahrt des Kolumbus war der Auftakt zum Ausgriff Europas auf die Welt, sie leitete – so zeigt sich im Rückblick – die Verflechtung der Welt nach dem Bilde des Westens ein. In den darauf folgenden Jahrhunderten folgten ganze Heerscharen den Spuren des Kolumbus. Missionare, Soldaten, Siedler und Kaufleute machten sich auf, um fremde Völker zu bekehren, zu unterwerfen, zu zivilisieren, zu beglücken. Den Segelschiffen folgten Frachtschiffe und Flugzeuge als Vehikel der Verflechtung und wurden ihrerseits von Telefonen, TV-Programmen und elektronischer Infrastruktur überlagert. Von Kolumbus zu CNN spannt sich ein Bogen: Die Ausdehnung der euroatlantischen Zivilisation über alle fünf Kontinente. Die große Ausfahrt von Palos war die ferne Eröffnung jenes Epochen übergreifenden Vorgangs, der am Ende des 20. Jahrhunderts ´Globalisierung´ genannt worden ist."*[373] Jede Welle der Kolonialisierung wurde dabei von bestimmten Transportsystemen bzw. Technologien getragen: Die koloniale Phase von Karavellen, die imperiale Phase von Dampfschiffen und die Phase der „Globalisierung" im engen Wortsinn durch die digitale Infrastruktur.

Die Frage, inwieweit Globalisierung und Schutz der Umwelt vereinbar ist, wird vollkommen kontrovers gesehen. Die Meinungen reichen von einem Optimismus über einen verhaltenen Skeptizismus bis hin zur radikalen Ablehnung einer solchen Möglichkeit.[374] Nachfolgend wird die Auffassung vertreten, dass der dem Globalisierungsphänomen zugrunde liegende Aneignungsmechanismus zusammen mit der Ausbeutung des Menschen auch die Ausbeutung der Natur bezweckt. Im Zusammenhang mit der nachfolgenden Analyse sei v.a. auf die beeindruckenden Bücher von *Jean Ziegler* verwiesen.[375] Einige seiner Beispiele werden untenstehend wiedergegeben.

I.4.1. Ziele und Versprechungen

Globalisierung hat zunächst einen politisch-kulturellen Aspekt: Insbesondere Europa und die USA schicken sich an, die Welt mit fast missionarischem Eifer mit ihrem Demokratiemodell zu beglücken. So sah es insbesondere *George Bush* geradezu als Mission an, den Nahen Osten zu demokratisieren.[376] Dieser „Exportschlager" wurde sogar mit militärischen Mitteln „an den Mann gebracht". Demokratie und Marktwirtschaft (die ja für den in Aussicht gestellten Wohlstand sorgen soll) werden dabei als unlösbar verbunden betrachtet. *„Marktgesetze gelten (...) nur, wenn alle Marktteilnehmer in der Lage sind, nach individuellen Präferenzen souverän zu handeln. Dies ist die stillschweigende Grundannahme aller neoklassischen Markt-, Preis- und Gleichgewichtstheorien. Die Souveränität der Marktteilnehmer ist aber ohne Wahlfreiheit, ohne selbstbestimmte Optimierungspräferenzen und ohne Wettbewerb um Interessenoptimierung nicht vorstellbar. Sie ist, mit anderen Worten, untrennbar mit Demokratie verbunden. Dies gilt sowohl innerhalb wie zwischen den Volkswirtschaften."*[377] Export von Demokratie und freier Marktwirtschaft, in Verbindung mit freiem

Teil I. Die Struktur: Umweltpolitik als Ordnungspolitik

Handel: Hier erklingen hehre Zielformulierungen und Ansprüche. Allerdings war und ist sowohl mit Blick auf die Ideale des marktwirtschaftlichen wie auch des demokratischen Systems eine Diskrepanz zwischen Anspruch und Wirklichkeit einerseits sowie Form und Inhalt andererseits charakteristisch:

Zunächst zur Marktwirtschaft und zum freien Handel: Bei einer unter den Mainstream-Ökonomen prominenten Interpretation der institutionellen Dimension der Globalisierung geht es zunächst um internationale Austauschbeziehungen zwischen Industrieländern (also einem Handel unter „Gleichen"). So wird – insbesondere von Ökonomen – „Globalisierung" in einem positiven Sinne auch als „OECD"-sierung verstanden: Hier erscheint „Globalisierung" als erstrebenswerte Teilnahme an einem Netzwerk von Handelspartnern auf Augenhöhe („horizontal"), die mit Gütern auf einer höheren Verarbeitungsstufe handeln. Nach dieser Sichtweise dient Globalisierung dazu, komparative Kostenvorteile auszunutzen und insgesamt ein Mehr an Wohlfahrt zu schaffen. Von dieser Wohlstandsmehrung sollen alle profitieren - auch und gerade die Staaten der sog. „Dritten Welt". Diesen wird in Aussicht gestellt, dass sich die Entwicklungslücke (v.a. im Know how) zu den entwickelten Staaten reduziert[378] und eine faire Aufteilung der Handelsgewinne erreichbar ist. Tatsächlich ist jedoch mit der Einrichtung, Verfestigung oder gar Universalisierung eines Aneignungsregimes zugunsten der westlichen Industriestaaten ein ganz anderes Motiv von Bedeutung. Ressourcen v.a. in Entwicklungsländern werden faktisch usurpiert und für die Ökonomien der Industrienationen zu „günstigen" Konditionen verfügbar gemacht. Diese „vertikale", machtpolitische Dimension der „Globalisierung" wird aus den Lehrbüchern weitgehend ausgeklammert.[A] Verschließt man aber nicht die Augen vor dem Phänomen Macht, so wird schnell deutlich, dass die Wahlfreiheit oftmals nicht so groß ist wie behauptet. Faktisch hat eine Seite häufig keine andere Wahl, als eine vertragliche Beziehung einzugehen, zu welchen Konditionen auch immer. Dies betrifft sowohl im Kleinen das Lohnarbeitsverhältnis als auch im Großen den Export von Rohstoffen durch Länder der Dritten in solche der Ersten Welt (s. unten).

Auch die vielzitierte „Demokratisierung" (als wichtige Legitimationsgrundlage) erweist sich bei näherem Hinsehen als eine Worthülse. Der Form nach verleiht jeder Stimmbürger seinen Präferenzen mit gleichem Gewicht Ausdruck. Soweit die Form - die Realität sieht aber anders aus: In den westlichen Industriestaaten arbeiten Konzerne, Regierungen und Großbanken für ihre Renditeinteressen gegen die eigene und noch mehr die Bevölkerung der Dritten Welt eng zusammen. Die Vertreter von Konzernen schreiben an den Gesetzen mit, die sie selber regulieren sollen, „weiße Korruption" ist Gang und Gäbe, öffentliche und private Interessen werden immer stärker vermischt etc. Wir haben in Kap. I.2.3.4. die Zustände ansatzweise beschrieben. *John Perkins* benutzte für diese Verquickung zwischen Großbanken, Konzernen und Regierungen das Wort „Korporatokratie"[379]; *Naomi Klein* spricht von „Korporatismus".[380] Diese Begriffe treffen das Phänomen wesentlich besser als „Demokratie". Es handelt sich vielmehr in wichtigen Bereichen um eine Fassadendemokratie. Die Lobbyarbeit - sei es der Pharmaindustrie, der Energiekonzerne oder der Life science-Branche - hinterlässt ihre Spuren im Geldbeutel eines jeden Verbrauchers in den westlichen Industriestaaten. Was die „Dritte Welt" betrifft, geht es bei der vielzitierten „Demokrati-

---

[A] Dennoch wollen wir uns bei der Analyse unten an den Kriterien orientieren, die von *Posner* aufgestellt wurden (vgl. Kap. I.2.3.2.), zumal auch die Globalisierung zentral mit dem Effizienzargument legitimiert wird. Vgl. J. Stiglitz, Making globalization work, a.a.O., S. 70. Das Effizienzargument geht wiederum Hand in Hand mit der Deregulierungsforderung, die im Zusammenhang mit den sozialen Aspekten besprochen wird.

Teil I. Die Struktur: Umweltpolitik als Ordnungspolitik

sierung" tatsächlich um den Export des korporatokratischen Regimes mit dem Zweck, die Aneignung der Ressourcen für die (westlichen) Ökonomien abzusichern. So schickte z.B. Deutschland Truppen in den Kongo, um die „demokratischen Wahlen" zu unterstützen. Ein Schelm, wer Böses dabei denkt: Der Kongo ist (wie eigentlich auch andere afrikanische Staaten) ein reiches Land; von seinem Potenzial an Rohstoffen her möglicherweise sogar das reichste Land in Afrika. Es gibt u.a. Öl, Diamanten, Edelhölzer, Uran, Kobalt und Kupfer und v.a. Coltan.[381] Die von Seiten der intervenierenden Staaten gesetzten Prioritäten werden durch einen Blick auf die Zahlen deutlich: Die UNO bekam 2006 das Geld für den Aktionsplan „Nahrungs- und Gesundheitsversorgung" nicht zusammen. Der diesbezügliche Beitrag Deutschlands betrug 2,2 Mio. Euro. Allein der Bundeswehreinsatz wurde demgegenüber mit 56 Mio. Euro veranschlagt.[382]

Hinweis: Ressourcensicherung über militärische Mittel
Auch und gerade die westlichen Staaten betreiben Ressourcensicherung über militärische Mittel:
- Aus dem Weißbuch 2006 zur Sicherheitspolitik Deutschlands und zur Zukunft der Bundeswehr[383]: S. 22-23: *„Deutschland hat aufgrund seiner immer engeren Verflechtung in der Weltwirtschaft besonderes Interesse an internationaler Stabilität und ungehindertem Warenaustausch. Wie viele andere Länder ist es in hohem Maße von einer gesicherten Rohstoffzufuhr und sicheren Transportwegen in globalem Maßstab abhängig und auf funktionierende Informations- und Kommunikationssysteme angewiesen ..."*
- Aus dem Strategiekonzept der NATO: *„Sicherheitsinteressen des Bündnisses können von anderen Risiken umfassenderer Natur bedroht werden, einschließlich ... der Unterbrechung der Zufuhr lebenswichtiger Ressourcen."* [384] *Bereits „im November 1990, noch vor Beginn des zweiten Golfkrieges, rechtfertigte der damalige Generalsekretär Manfred Wörner ein Eingreifen der NATO nicht nur mit der Befreiung Kuwaits, sondern auch mit der Sicherung des Nachschubs an Öl. Solche militärischen Drohgebärden sind als eine universelle Einschüchterung all derer zu verstehen, die mit dem Gedanken spielen könnten, der NATO oder einem ihrer Mitglieder zentrale Energieressourcen vorzuenthalten. Inzwischen wird kein Hehl mehr daraus gemacht, dass auch demokratische Staaten zu militärischen Mitteln greifen, um ihre Energieversorgung zu sichern ..."* [385]
- Schon *Jimmy Carter*, ausgerechnet der Friedvollste unter den amerikanischen Nachkriegs-Präsidenten, fand 1980 eine deutliche Sprache für das amerikanische Interesse: Der Zugang zum persischen Golf stelle ein essenzielles amerikanisches Interesse dar, das *„mit allen notwendigen Mitteln, auch militärischen"*, zu schützen sei.[386]

Dem Leser ist sicherlich schon auf der Autobahn aufgefallen, dass immer mehr Militärfahrzeuge nicht mehr in olivgrün, sondern der Farbe des Wüstensandes gestrichen sind.

Hinweis: Rüstungsausgaben und Hunger
„Um Kriegswaffen zu finanzieren, hat die Welt im Jahr 2003 um 18 % mehr ausgegeben als zwei Jahre zuvor. Dieser Anstieg geht genauso wie der im Vorjahr vor allem auf das Konto der fünf ständigen Mitglieder des Weltsicherheitsrats

Teil I. Die Struktur: Umweltpolitik als Ordnungspolitik

> *und vor allem der Vereinigten Staaten."* [387] Legitimiert werden diese Ausgaben zu einem großen Teil mit dem „Weltkrieg gegen den Terrorismus".[A] 2004 überstiegen die gesamten Rüstungsausgaben 1.000 Milliarden Dollar, wobei 47 % von den USA getätigt wurden. Ein Bruchteil dieser Ausgaben würde genügen, um die soziale und wirtschaftliche Situation vieler Entwicklungs- und Schwellenländer, die sich zu „Brutstätten des Terrorismus" entwickelt haben, wesentlich zu verbessern.[388] Ca. ein Siebtel der Weltbevölkerung leidet an Hunger.[389]

Tatsächlich wird - entgegen den politischen Sprachübungen - von den Nutznießern der Raubzüge eine Demokratie, die den Interessen der jeweiligen Bevölkerung entspricht, eher als Bedrohung für ihr jeweiliges Aneignungsmodell angesehen.

> **Hinweis: Demokratisierung im Mittleren Osten?**
> Auch bei der Ressourcensicherungspolitik im Mittleren Osten spielte der Gedanke der Demokratisierung – entgegen der politischen Rethorik - niemals wirklich eine Rolle. Auch hier ging es vielmehr um die Kooperation westlicher Konzerne mit gefügigen Cliquen, die einen preiswerten und sicheren Zugang zum knappen Rohstoff Öl garantierten. So traf beispielsweise auch die USA (in der Person von Präsident *Roosevelt*) mit dem – undemokratischen - Feudalregime der Sauds (König *Abd al-Aziz*) die Vereinbarung, das Regime militärisch zu schützen, wenn im Gegenzug der Zugriff auf die saudischen Ölquellen gewährt wurde. In Kap. II.2.2.1. wird diskutiert, warum Öl über weite Zeitabschnitte des 20. Jahrhunderts „zu billig" war – hierbei handelte es sich um einen „politischen Preis". Der Reichtum der betreffenden Länder geht durch die Verschleuderung der Ressourcen unwiederbringlich verloren – zum Wohle der westlichen Industriegesellschaften und mittlerweile auch Chinas. Hätte die Bevölkerung in den ressourcenreichen Staaten wirklich mit entscheiden können, hätte der Ölpreis über weite Zeitabschnitte anders ausgesehen. Demokratie wurde daher von den ölabhängigen westlichen Staaten nicht als erstrebenswertes Ziel, sondern als eine Bedrohung angesehen: So wurde schon 1951 die Nationalisierung der iranischen Ölindustrie zum Hauptziel der ersten demokratisch gewählten Regierung des Iran. Die Diskussion breitete sich über den gesamten mittleren Osten aus. *„Diese mit dem Namen Mossadegh verbundene Regierung, die man als ersten souverän handelnden Akteur aus dem Mittleren Osten auf dem internationalen Ölmarkt bezeichnen kann, hätte schon damals andere Völker zum Nachahmen animiert, vielleicht sogar eine Demokratisierungswelle in der Region ausgelöst, wäre sie nicht 1953 auf Betreiben des amerikanischen Geheimdienstes CIA gestürzt und durch den diktatorisch regierenden Schah ersetzt worden. Schon Eisenhower erkannte, dass sich die Demokratisierung im Mittleren Osten zu einer Gefahr für Wirtschaftswachstum und das amerikanische Wachstumsmodell entwickeln könnte, und erteilte dem CIA unter dem Vorwand der kommunistischen Gefahr grünes Licht für den Sturz Mossadeghs."* [390] Im Übrigen antwortete die britische (Labour-) Regierung (die zuvor selbst Industrien im eigenen Land verstaatlicht hatte) auf die Verstaatlichung der Ölindustrie im Iran durch *Mossadegh* mit Säbelrasseln: Die Marine wurde losgeschickt, um an der

---

[A] Der islamische Terrorismus legitimiert die strukturelle Gewalt und die Logik des organisierten, institutionalisierten Mangels, die das Fundament des globalisierten Kapitalismus bilden.- Vgl. J. Ziegler, Imperium der Schande ..., a.a.O., S. 66.- Ders., Die neuen Herrscher der Welt und ihre globalen Widersacher, a.a.O., S. 48 ff.

Teil I. Die Struktur: Umweltpolitik als Ordnungspolitik

iranischen Küste zu patrouillieren und Ölexporte zu blockieren. Man erwog eine Militärintervention, wurde aber von den Amerikanern gestoppt.[391] Diese gingen dann erstmals in einer Weise vor, von der auch *Perkins* aus eigener Erfahrung berichtet: Die USA greifen auf militärische Mittel nur als letzte Möglichkeit zurück. Vorher müssen die „Schakale" (die in die betreffenden Staaten eingeschleust werden, um – z.T. mit äußerst fragwürdigen Mitteln - die politische Landschaft entsprechend den amerikanischen Interessen zu formen) versagt haben. Jene „Schakale" kommen erst zum Zuge, wenn die „Economic hit men", also Interessenvertreter im Gewande von „Wirtschaftsberatern" oder „Unternehmensberatern" mit ihrem Ansinnen, v.a. über das Aufschwatzen von Krediten die betreffenden Staaten in die ökonomische Abhängigkeit zu treiben, erfolglos waren.[392] Auch beim militärischen Eingreifen wird der Hauptgrund zumeist nur hinter der Hand ausgesprochen: *„So ist erkennbar, dass es den USA und ihren Verbündeten mit ihrem Eingreifen nicht nur um die Befreiung des Staates Kuwait, den Sturz der Diktatur im Irak oder die Auflösung des Terrornetzwerks Al Kaida ging und geht, sondern immer auch um die Ölreserven im Mittleren Osten."* [393] *„Die transkontinentalen Gesellschaften Halliburton, Kellog und Root, Chevron und Texaco haben bei der Vorbereitung des amerikanischen Überfalls auf die irakischen Ölfelder eine entscheidende Rolle gespielt. Vizepräsident Dick Cheney selbst war Präsident von Halliburton gewesen, die (...) Außenministerin Condoleeza Rice war Direktorin bei Chevron, genauso wie Verteidigungsminister Donald Rumsfeld. Präsident George W. Bush verdankt sein beträchtliches Privatvermögen den texanischen Ölmagnaten."* [A]

Hinweis: Die Abhängigkeit vom Öl
Die wichtigste globale Ressource stellt das Öl dar. *„Alle zivilisationsrelevanten Strukturen sind auf das ‚schwarze Gold' ausgerichtet. Ohne Öl würde das industriewirtschaftliche System zusammenbrechen: Industrie und Arbeitsplätze basieren in weiten Teilen auf der Nutzung oder Verarbeitung von Rohöl; Verkehr und Mobilität – zu Wasser, zu Lande und in der Luft – sind hauptsächlich auf raffinierte Produkte angewiesen; und ebenso sind es Plastik, Medikamente, Dünger, Baustoffe, Farben, Textilien und vieles mehr. Seit Mitte des vergangenen Jahrhunderts wuchs die Abhängigkeit von Öl immer mehr; es avancierte zu einer politisch, ökonomisch, ja sogar kulturell unersetzlichen Ressource. Öl prägt wie kein anderer Stoff die Lebensstile der Welt."* [394] Die Art, wie wir wirtschaften, die Art, wie wir siedeln, die Art, wie heutzutage Familienbande funktionieren etc. etc. – alles hat mit der zu billigen Verfügbarkeit des Rohstoffs Öl zu tun. Während die europäischen Staaten sich daran machen, diese Abhängigkeit sukzessive zu reduzieren, sind die Vereinigten Staaten mit dem diesbezüglichen Erkenntnisprozess noch hinten dran.

Dabei sind die beiden Hauptstützen der USA für den Ölnachschub in den arabischen Ländern, nämlich Saudi-Arabien und Ägypten, alles andere als Vorzeige-Demokratien.

[A] Im Baukonzern Bechtel hatten *Caspar Weinberger* (Verteidigungsminister) und *George Shultz* (Außenminister) Positionen inne.- Vgl. E. Wagenhofer / M. Annas, We feed the world ..., a.a.O., S. 141.- Vgl. auch J. Ziegler, Imperium der Schande ..., a.a.O., S. 46.

Teil I. Die Struktur: Umweltpolitik als Ordnungspolitik

Werden in den ressourcenreichen Ländern „demokratische Wahlen" vom Westen gestützt durchgeführt, steht es der Bevölkerung meistens frei, zwischen rivalisierenden Anführern von nationalen Cliquen (oft Warlords) zu wählen – was dann nicht wirklich von den Ursachen der diese Länder prägenden Konflikte wegführt.

> **Beispiel: Wahlen im Kongo**
> Auch bei den u.a. auch von der Bundeswehr abgesicherten sog. „demokratischen Wahlen" im Kongo in 2006 hatte die Bevölkerung die Wahl zwischen den Räuberhauptmännern *Joseph Kabila* und *Jean-Pierre Bemba*. Letzterer wurde im Frühjahr 2008 (nach seiner Wahlniederlage) wegen zahlreicher Kriegs- und Sexualverbrechen in Brüssel festgenommen. Friedensforscher *Strutynski* an die Bundestagsabgeordneten anlässlich der Entscheidung über das militärische Mandat: *„Bedenken Sie bitte, dass der EU-Militäreinsatz vor allem die guten Wahlaussichten des Übergangspräsidenten Joseph Kabila stützt, eines Übergangspräsidenten und Warlords, der, ebenso wie seine Vizepräsidenten, in seiner Amtszeit den Ausverkauf kongolesischen Reichtums 'für 'nen Appel und 'n Ei' an internationale Minengesellschaften vorangetrieben hat und seinen Vorgängern Kabila und Mobutu auch in punkto Selbstbereicherung in nichts nachsteht."* [395] Nutznießer dieser Strukturen waren v.a. französische Minengesellschaften. Aber auch amerikanische Konzerne (bekannt wurde der Erwerb von Schürfrechten im Wert von schätzungsweise 90 Milliarden Dollar für lediglich 15 Millionen Dollar durch den US-Konzern *Phelps Dodge*) profitierten, was massive Kritik u.a. seitens Deutschlands hervorrief. Der Bundeswehrgeneral und ehemalige deutsche Beigeordnete des UN-Generalsekretärs, *Manfred Eisele*, forderte eine Nachverhandlung der Konzessionsvergabe nach den Wahlen.[396] *German Foreign Policy* sah in der Intervention der EU-Truppen *„den Versuch (...), die politischen Voraussetzungen für eine langfristige Ausbeutung der kongolesischen Reichtümer militärisch abzusichern und zu einer möglichst einvernehmlichen Aufteilung der jeweiligen Einflussgebiete ('Schutzzonen') zwischen den westlichen Industriestaaten zu kommen."* [397] Faktisch werden durch die Militärintervention westliche Einflusszonen festgeschrieben. Die Wahl diente dem sicheren und billigen Zugriff auf Rohstoffe durch Hilfe der über die Wahl an die Macht gelangten Eliten – auch gegen das Interesse der Bevölkerung. Die demokratische und unbewaffnete Opposition hingegen, die schon zuvor im Widerstand gegen das diktatorische Mobutu-Regime stand, wollte aus Protest dieselbe Wahl boykottieren, die von den EU-Truppen „geschützt" wurde.

Im besten Falle stützt die Wahl keinen Warlord, sondern bringt einen Vertreter der „Compradores" (*Jean Ziegler*) an die Macht.

> **Hinweis: „Compradores"**
> Das Wort „Comprador" stammt aus dem Spanischen und bedeutet „Käufer". *Ziegler* versteht unter der Comprador-Bourgeoisie die „gekaufte" Bourgeoisie, deren Söhne und Töchter häufig an westlichen Universitäten studiert haben und die sich mit den Interessen der „neuen Feudalherren" (*Ziegler* meint damit die westlichen Konzerne mit ihren Interessen) identifizieren, nicht aber mit denen des eigenen Volkes. Ziegler identifiziert zwei Typen von sozialen Formationen. *„Der erste Typus: Zur Zeit der Kolonialisierung war der ausländische Patron auf einheimische Handlanger angewiesen. Er hat ihnen Privilegien gewährt, manche Ämter anvertraut und ihnen ein (entfremdetes) Klassenbewusstsein gege-*

Teil I. Die Struktur: Umweltpolitik als Ordnungspolitik

> ben. In den meisten Fällen hat diese Klasse den Abgang der Kolonialherren überlebt und ist zur neuen Führungsschicht des postkolonialen Staates aufgestiegen.
> Der zweite Typus: Die meisten Staaten der südlichen Erdhälfte werden heute ökonomisch vom ausländischen Finanzkapital und von den transkontinentalen Privatgesellschaften beherrscht. Die ausländischen Mächte beschäftigen vor Ort lokale Direktoren und Führungskräfte, die wiederum örtliche Wirtschaftsanwälte, Journalisten usw. finanzieren und die (wenn auch diskret) die wichtigsten Generäle und Polizeichefs in ihren Diensten haben. Sie bilden die zweite „Comprador-Schicht."[398]

Wie in Zeiten der Kolonialisierung verdingen sich die Eliten in den Staaten der Dritten Welt dann zumeist als Handlanger für die Interessen der westlichen (neuerdings auch chinesischen) Konzerne – konkret bei der Ausplünderung ihrer Länder und nehmen an dieser teil: So stellt die amerikanische Geschäftsbank Merrill Lynch und die Beratungsagentur Capgemini jährlich die Zahl der Dollarmillionäre zusammen. Auffällig ist z.B. in Afrika, dass innerhalb eines Jahres (2002 bis 2003) die Zahl der Dollarmillionäre in den 52 Ländern des Kontinents um 15 % angestiegen ist. Die reichsten Afrikaner (ca. 100.000) besitzen zusammengerechnet ein Privatvermögen von mehr als 600 Milliarden Dollar. Die genannten Anstiege – zu einer Zeit, in der weite Teile der afrikanischen Bevölkerung im Elend versinken - lassen sich im Wesentlichen aus Korruption erklären.[399]

Vor dem Hintergrund dieses ernüchternden Bildes: Wie steht es eigentlich mit der demokratischen Legitimation der wichtigsten institutionellen Eckpfeiler des Globalisierungsprozesses, nämlich WTO, IWF, Weltbank etc.? Auf dem internationalen Parkett sind lediglich die Institutionen der UNO halbwegs demokratisch angelegt: Hier richtet sich die Stimmgewichtung i.d.R. zwar nicht nach Bevölkerungszahl, aber nach Ländern. Problematisch ist jedoch, dass – gerade deswegen – die wirtschaftlich bedeutsamen und wichtigen Entscheidungen aus den UN-Institutionen hinausverlagert und in andere Institutionen gebracht wurden, die faktisch von den westlichen Industriestaaten dominiert werden: WTO, GATS, TRIPs, IWF, Weltbank etc.

> **Beispiel: Das Demokratiedebakel der WTO**
> „Die WTO zeichnet sich durch eine massive strukturelle Benachteiligung ihrer 'schwachen' Mitglieder aus. Obwohl die Entwicklungsländer die Mehrheit der WTO-Mitglieder stellen, kommen nur 19 % der WTO-BeamtInnen aus Entwicklungsländern (und 81 % aus den Industrieländern). Die Delegationen der Industrieländer bestehen im Schnitt aus 7 Personen, jene der Entwicklungsländer aus 3 Personen. 29 WTO-Mitglieder können sich kein permanentes Büro am Sitz der WTO in Genf leisten. Wer aber bei den durchschnittlich 40 relevanten Sitzungen pro Woche nicht anwesend ist, dessen Stimme gilt als Ja-Stimme ..."[400] Schon die Geburt der WTO war bezüglich ihrer demokratischen Legitimation allerhöchst fragwürdig: „The 1994 Marrakesh Agreement – which instates the WTO as a multilateral body – bypasses the democratic process in each of the member countries. It blatantly derogates national laws and constitutions, while providing extensive powers to global banks and multinational corporations. These powers have, in fact, become entrenched in the articles of agreement of the WTO."[401] Diese „articles", so der Vorwurf, kollidieren auch mit den Menschenrechten.[402] Faktisch wird - so ein Bericht für den UN-Unterausschuss

> zur Förderung und zum Schutz der Menschenrechte - die WTO durch die großen transnationalen Konzerne gesteuert.[A] Wichtig dabei: Die WTO hat Sanktionsgewalt.

In diesen Institutionen wird letztlich der Rahmen dafür gesetzt, zu welchen Konditionen der Westen – genauer: die westlichen Konzerne - über die Ressourcen der Dritten Welt verfügen kann bzw. können. Wichtige Hebel zur Durchsetzung der betreffenden Interessen sind Deregulierung und Privatisierung.[B]

I.4.2. Effizienz: Mehr Wohlfahrt durch Globalisierung?

„Ohne Tausch gibt es keine Gesellschaft. Auch Städte hat es bereits in der Frühgeschichte gegeben. Man könnte sagen, die Städte und das Geld haben die Moderne hervorgebracht. ...
Die Marktwirtschaft hat ihre Netze über das alltägliche materielle Leben in seiner Gesamtheit ausgebreitet und dieses Netzwerk aufrechterhalten. Über der eigentlichen Marktwirtschaft hat sich dann gewöhnlich der Kapitalismus entfaltet. Man kann sagen, dass sich die Ökonomie der gesamten Welt wie eine Abfolge von Höhenunterschieden auf einer Reliefkarte darstellen lässt. ...
Wie lassen sich Kapitalismus und Marktwirtschaft gültig voneinander unterscheiden?
... Es gibt zwei Typen von Austausch. Die eine ist alltäglich und basiert auf Konkurrenz, weil er einigermaßen transparent ist. Der andere – die höhere Form – ist komplex und an Herrschaft orientiert. Diese beiden Typen werden weder durch die gleichen Mechanismen noch durch die gleichen Individuen bestimmt. Nicht im ersten, sondern im zweiten Typus liegt die Sphäre des Kapitalismus. ... Soll die Hierarchie, die Abhängigkeit eines Menschen von einem anderen Menschen, zerstört werden? ‚Ja', antwortete Jean-Paul Sartre 1968. Aber ist so etwas überhaupt möglich? ...
Nach wie vor teilt sich die Welt strukturell in Privilegierte und Nichtprivilegierte. Man könnte von einer Welt-Gesellschaft sprechen, die ebenso hierarchisch strukturiert ist wie die Gesellschaft eines Landes, zwar sehr stark vergrößert, aber dennoch erkennbar. Mikrokosmos und Makrokosmos haben letztlich die gleiche Struktur. ...
Was ich bedaure ist, dass man es sowohl in der kapitalistischen als auch in der sozialistischen Welt ablehnt, zwischen Kapitalismus und Marktwirtschaft zu unterscheiden. ... Ist die Gesellschaft, die ich für erstrebenswert halte, überhaupt möglich? Jedenfalls vermute ich, dass sie auf dieser Welt nicht sehr viele Anhänger hat."
Fernand Braudel[403]

[A] Vgl. den Bericht von Oloka Onyango / Deepika Udagama, Der institutionelle Rahmen der internationalen Handels-, Investitions- und Finanztätigkeit, veröffentlicht am 15.6.2000, E/CN4/Sub.2/2000/13.- Die beiden vom UN-Unterausschuss zur Förderung und zum Schutz der Menschenrechte beauftragten Professoren kamen in ihrem Bericht zu dem Ergebnis, dass die WTO sich fast vollständig in der Hand internationaler Privatgesellschaften befindet.- S. auch J. Ziegler, Die neuen Herrscher der Welt und ihre globalen Widersacher, a.a.O., S. 141 f., 146 ff.

[B] J. Ziegler, ebenda, S. 145.- Zur Wirkung des „Streitschlichtungsmechanismus", der in Wirklichkeit eine (wie eigentlich legitimierte?) internationale Gerichtsbarkeit darstellt, vgl. ebenda, S. 155 ff.

Teil I. Die Struktur: Umweltpolitik als Ordnungspolitik

I.4.2.1. Handel, Internalisierung der Gewinne und Externalisierung der Kosten

a. Das Theorem der „komparativen Kostenvorteile"

Das „Handelsparadigma" wird generell als „die" Voraussetzung für eine marktwirtschaftliche Ordnung angesehen und propagiert.[A] Handelbarkeit ist eine wesentliche Voraussetzung für Effizienz: Über Handelbarkeit soll der „beste Wirt" die Verfügungsmacht über die knappen Ressourcen erhalten. Speziell über den internationalen Handel sollen komparative Kostenvorteile realisiert, die internationale Arbeitsteilung vorangetrieben und Wohlfahrtsgewinne realisiert werden. Die Wohlfahrtssteigerung über den internationalen Handel soll durch die Mobilisierung „komparativer Kostenvorteile" erfolgen. Die Theorie der komparativen Kostenvorteile geht auf den Ökonomen *David Ricardo* (1772-1823) zurück. Ausgangspunkt war eine Kritik der von der klassischen Außenhandelstheorie hervorgehobenen absoluten Kostenvorteile. Nach *Ricardos* Theorie kann sich der Außenhandel zwischen zwei Ländern auch dann lohnen, wenn ein Land alle Güter günstiger produzieren kann als das andere Land (absolute Kostenüberlegenheit). Entscheidend für die Vorteilhaftigkeit des Austausches sind vielmehr die relativen Kostenvorteile. So kann ein Land einen relativen Kostenvorteil bei der Produktion eines Gutes besitzen und dieses Gut exportieren – auch wenn es einen absoluten Kostennachteil hat. *Ricardo* verdeutlichte seine Theorie am Beispiel von England und Portugal. Er ging von der vereinfachten Vorstellung aus, dass beide Länder jeweils nur ein Gut herstellen und exportieren (Tuch und Wein). Portugal hat bei beiden Ländern einen absoluten Kostenvorteil. Im Vergleich zur Tuchherstellung ist Portugal jedoch bei der Weinproduktion vergleichsweise produktiver. Portugals komparativer Vorteil liegt dementsprechend in der Produktion von Wein, Englands komparativer Kostenvorteil in der Produktion von Tuch. Dementsprechend sollte sich England auf die Produktion von Tuch, Portugal auf diejenige von Wein konzentrieren. Durch die Spezialisierung kann ein Mehr hergestellt werden; dieser Gewinn kann zwischen England und Portugal aufgeteilt werden. *Ricardo* hatte sein Beispiel mit Bedacht gewählt: Das historische Vorbild war der sog. „Mathuan-Vertrag", der 1703 von *John Mathuan* zwischen England und Portugal ausgehandelt wurde. Portugal verzichtete hierbei auf den Aufbau einer eigenständigen Tuchindust-

---

[A] Bezogen auf die Legitimation des Regimes kommt der Handelbarkeit darüber hinaus noch eine weitere Bedeutung zu:

Handelbarkeit ist die Voraussetzung für formelle Gleichheit: Hiernach steht der der Zugang zu Rohstoffen – bei entsprechender „Zahlungsbereitschaft" – formal jedermann offen. Wir haben an anderer Stelle schon kritisiert, dass der Begriff „Zahlungsbereitschaft" ein Euphemismus ist. Die Zahlungsbereitschaft ist nämlich nicht nur von den Präferenzen, sondern v.a. vom Budget abhängig. Zumal strukturelle Ungleichgewichte in der Einkommensverteilung – auch zwischen den Ländern – existieren, bestehen v.a. für die ärmsten Länder bei steigenden Rohstoffpreisen materielle Zugangshindernisse zu den Ressourcen.

Handelbarkeit ist zudem eine wichtige Voraussetzung für Freiheit: Jedermann hat idealtypischerweise das Recht, einen Vertrag zu schließen oder auch nicht. Dies impliziert, dass auch die Länder des Südens als Vertragspartner formal die Option haben, sich jederzeit aus unvorteilhaften Arrangements zu verabschieden. Wir werden allerdings unten darstellen, dass wir bis heute Handelsstrukturen aufrecht erhalten und verfestigt haben, wie wir sie schon aus dem Kolonialismus kennen.

Auch wenn die Handelsverträge immer der Form nach zwischen freien und rechtlich gleichgestellten Vertragspartnern abgeschlossen werden: Materiell bestehen z.T. erhebliche Unterschiede in der Verhandlungsmacht. Selbst wenn sich komparative Kostenvorteile erzielen liessen: Die Frage, wie diese zwischen den Handelspartnern verteilt werden, hängt von ebendieser Verhandlungsmacht ab.

rie und verpflichtete sich diesbezüglich zum Import. Im Gegenzug räumte England Portugal einen Zollvorteil für Wein ein.

Die Bedeutung des Theorems komparativer Kostenvorteile geht jedoch über den Fall des internationalen Handels hinaus: Es lässt sich ganz allgemein hier mit Spezialisierung und der Vorteilhaftigkeit von Arbeitsteilung begründen.

Beispiel: Ein Rechtsanwalt sei äußerst versiert in der Lösung einfacher und schwieriger Rechtsfälle. Aus seiner Zeit als Student, wo er als Sekretär gejobbt hat, kann er jedoch auch noch ausgezeichnet Schreibmaschine schreiben und die Büroadministration erledigen – im Übrigen viel besser als seine stets auf das Lackieren von Fingernägeln fixierte Sekretärin. Diese hat als gelernte Rechtsanwaltsgehilfin zwar auch einige Rechtskenntnisse, diese kratzen aber eher an der Oberfläche. Der Rechtsanwalt ist also sowohl auf dem Gebiet der „Paragraphenreiterei" als auch in den Bürotätigkeiten produktiver als seine Sekretärin. Dennoch ergibt es in der Logik von *Ricardo* wenig Sinn, wenn der Rechtsanwalt sich auch der wenig qualifizierten Tätigkeit widmet: Er würde Zeit für die Lösung von Rechtsfällen verschleudern, die er ansonsten den Mandanten teuer in Rechnung stellen könnte. Den zusätzlichen Erlös, den er durch die Entlastung durch seine – ein wenig „flügellahme" – Sekretärin erfährt, kann er teilweise auch dieser zugute kommen lassen. Das Theorem der komparativen Kostenvorteile sagt allerdings nichts darüber aus, in welchem Verhältnis der „größer gewordene Kuchen", also der Mehrgewinn, zwischen den Partnern aufgeteilt wird. Das Beispiel zeigt jedoch auf, dass das Theorem der komparativen Kostenvorteile sowohl bei hierarchischer Koordination (innerhalb eines Unternehmens) wie auch bei horizontaler Marktkoordination anwendbar ist.[404]

Im Zuge seiner Anwendung im Rahmen der Außenhandelstheorie wurde das Theorem vielfach kritisiert. Mit Blick auf die Globalisierung betraf die Kritik v.a. die Annahmen einer ausgeglichenen Handelsbilanz, von Vollbeschäftigung[A] und immobilen Produktionsfaktoren. In der allgemeinen Fassung des Theorems, die die Arbeitsteilung an sich (also unabhängig vom internationalen Kontext) begründen kann, spielt vor allem der Aspekt der Vollbeschäftigung eine große Rolle. Zur Illustration der Bedeutung dieser Annahme schauen wir noch einmal auf unseren Rechtsanwalt: Die oben dargestellte Argumentation ist nur dann schlüssig, wenn die Auftragslage so gut ist, dass dem Rechtsanwalt bei eigenständiger Verrichtung der Sekretariatsarbeit Opportunitätskosten (entgangene Umsätze bzw. Gewinne) entstehen würden. Ist die Auftragslage jedoch schlecht und könnte der Rechtsanwalt darüber entscheiden, ob er eine Sekretärin anheuert oder nicht, täte er gut daran, dies zu unterlassen und die Büroarbeiten selbst zu erledigen. Aus diesem einfachen Fall können wir folgende Erkenntnisse ableiten:
- Die in der Arbeitsteilung liegende Effizienz wird bei Unterbeschäftigung der Produktionsfaktoren tendenziell nicht ausgeschöpft, das in den komparativen Kostenvorteilen liegende Potenzial nicht realisiert.
- Dem Theorem komparativer Kostenvorteile liegt eine latente Konkurrenzsituation zugrunde: Die Kompetenzen von Rechtsanwalt und Sekretärin überschneiden sich. Bei Unterbeschäftigung verdrängt der produktive Rechtsanwalt (hier: die besser qualifizierte Arbeit) die weniger produktive Sekretärin (hier: die weniger

---

[A] Im Rahmen der Nutzung komparativer Kostenvorteile werden Arbeitskräfte freigesetzt. Diese müssen jedoch erst von denjenigen Sektoren, die einen komparativen Kostenvorteil haben, absorbiert werden.

Teil I. Die Struktur: Umweltpolitik als Ordnungspolitik

qualifizierte Arbeit). Dies bedeutet, dass nun die absoluten, und nicht mehr die relativen, Kostenvorteile entscheidend werden. Wieder einmal nähern wir uns bei der Erklärung der kapitalistischen Realität klassischen Erklärungsmustern an.

Herrscht hingegen Vollbeschäftigung vor, hat jede Arbeitskraft ihren Platz bei der Erstellung des Sozialproduktes, da sie mit noch so geringen Beiträgen hilft, ansonsten entstehende Opportunitätskosten zu verringern. In der Vollbeschäftigung wird jede, auch die gering qualifizierte Arbeitskraft zur willkommenen Hilfe, im Zustand der Unterbeschäftigung wird sie hingegen zur (Kosten-) Last. Dann treten der Rechtsanwalt und die Sekretärin mit ihren sich überschneidenden Fähigkeiten in Konkurrenz zueinander. Um das obige Beispiel noch weiter auszuschmücken: Eine rothaarige Praktikantin mit einem abgebrochenen Philosophiestudium bewirbt sich bei unserem Rechtsanwalt, macht die Bewerbung aber von der Zahlung einer Praktikantenvergütung abhängig (sie muss ihre Miete zahlen). „Brummt der Laden", ist also auch die lahme Sekretärin bis über den Kopf mit Arbeit zugedeckt, so kann die Praktikantin wenigstens für die Entlastung der Sekretärin durch die Vornahme derjenigen Tätigkeiten sorgen, auf die sie sich in ihrem Studium bislang intensiv vorbereitet hat: Kopieren, Kaffeekochen und das Wegräumen des schmutzigen Geschirrs (die unvermeidlichen geballten „Lebensklugkeiten" einer 26-jährigen Studienabbrecherin gibt es für unseren Rechtsanwalt noch umsonst dazu). Selbstverständlich dürfen ihre Vergütungsvorstellungen nicht in einer Größenordnung liegen, die die vermiedenen Opportunitätskosten übersteigen. Sobald die Aufträge wegbrechen, spielen die eingesparten Opportunitätskosten keine Rolle mehr – damit entfällt auch der wirtschaftliche Grund für die Beschäftigung zunächst der Praktikantin, womöglich auch der Sekretärin. Die qualifizierte Arbeit (also der Rechtsanwalt) ist regelmäßig auch in der Lage, die unqualifizierte Arbeit (z.B. Geschirrspülen) zu übernehmen.

Die dargestellten Grundsätze spielen national wie auch international eine Rolle: In Zeiten wirtschaftlicher Rezession bestand immer die Gefahr, dass sich Länder aus der internationalen Arbeitsteilung „ausklinken". Mit der protektionistischen Wirtschaftspolitik wollte man die „heimischen Industrien" mit einem absoluten Kostennachteil schützen. Diesem Problem, das auch die große Weltwirtschaftskrise 1929 verschärfte, hatte das GATT seine Entstehung mit zu verdanken. Bei Vorliegen von Unterbeschäftigung kommen nämlich die absoluten Kostenvorteile zum Tragen: Kann die chinesische und die deutsche Produktionsstätte bei ähnlicher Qualität dasselbe Produkt herstellen (z.B. einen einfachen Taschenrechner), so wird sich die chinesische Produktionsstätte wegen ihrer geringeren Kosten durchsetzen. Die Arbeitslosigkeit in Deutschland wird dabei noch zusätzlich zu einer Last, weil die Kosten des Sozialstaats als Steuern und Lohnnebenkosten die absoluten Kosten der Produktion noch weiter in die Höhe treiben. Die Arbeitslosigkeit in China verstärkt hingegen den chinesischen Vorteil, weil ein vergleichbarer Sozialstaat nicht besteht und die Lohnkosten durch das Heer der Arbeitslosen noch weiter gedrückt werden. Verlierer ist also die niedrig qualifizierte Arbeit, hier (in Deutschland) wie zunächst auch dort (in China). Mit dem Theorem der komparativen Kostenvorteile können die dargestellten Probleme indessen nicht erklärt werden. Dies scheitert allein schon daran, dass die absoluten Kostenvorteile bei hochwertigen Produkten oft in den westlichen Staaten, bei den einfacheren nicht selten in den Schwellenländern liegen – was nicht der Ausgangssituation bei *Ricardo* entspricht.

Das Beispiel China betraf zudem ein mächtiges Schwellenland. Viele Entwicklungsländer sind jedoch – v.a. wegen mangelndem Zugang zu Wissen und Kapital – trotz

Teil I. Die Struktur: Umweltpolitik als Ordnungspolitik

niedriger Lohnkosten nicht in der Lage, günstiger als die industrialisierten Länder Güter mit vergleichbarer Qualität zu produzieren. Im Gegensatz zum vorangehenden Beispiel mit China liegen in dieser Konstellation die Voraussetzungen für das Theorem komparativer Kostenvorteile insoweit besser vor, als die absoluten Kostenvorteile bei den westlichen Industriestaaten liegen, sowohl bei industriellen wie landwirtschaftlichen Produkten. Kommt also nun das Theorem komparativer Kostenvorteile zum Tragen? Mitnichten, eben weil Unterbeschäftigung – auch und gerade in den Industrieländern – besteht (und die Landwirtschaft Probleme hat). Hinzu kommt, dass die Industriestaaten auf tarifäre oder nicht tarifäre Handelshemmnisse zurückgreifen, um die heimischen Produkte noch zusätzlich „zu schützen" oder gar die einheimischen (landwirtschaftlichen) Produkte subventionieren (die dann die Landwirtschaft in den Entwicklungsländern zerstören). Auf der einen Seite werden v.a. Agrarzölle durch die westlichen Industrieländer aufrechterhalten. Andererseits werden aber die Schutzzölle durch die WTO geächtet, die die Entwicklungsländer gerne zum Schutz ihrer aufkeimenden Industrien einführen würden (s. die Ausführungen zur WTO unten). So ist am Ende die Einbindung der Entwicklungsländer in den Welthandel marginal. Ein ganzer Kontinent (Afrika) ist vom Handel mit verarbeiteten Waren weitgehend ausgeschlossen. Generell belief sich der Anteil der 42 ärmsten Länder der Welt am Welthandel in 1970 auf 1,7 %. 2004, also in einem Stadium fortgeschrittener Globalisierung, betrug der Anteil dieser Länder nur noch 0,6 %.[405]

Hiergegen mag eingewendet werden, dass die Länder der Dritten Welt doch einen komparativen Kostenvorteil bei Rohstoffen hätten und diesen doch bei klügerer Politik besser nutzen könnten. Beleuchten wir einmal kurz dieses Argument: Die Entwicklungsländer sind ebenfalls auf Industrieprodukte angewiesen (elektronische Geräte, Traktoren etc.), können diese aber aus den genannten Gründen nur sehr beschränkt selber herstellen. Der größte Teil muss stattdessen aus der Ersten Welt importiert werden. Hierfür benötigen die betreffenden Länder jedoch Devisen. Wenn Devisen nicht durch den Export von Fertigprodukten erwirtschaftet werden können, so muss dies durch den Export von Produkten geschehen, die gerade der für den komparativen Kostenvorteil charakteristischen Konkurrenz nicht unterliegen: Dies sind v.a. die nicht nachwachsenden Rohstoffe, die die Erste Welt nicht hat, aber dringend benötigt. Ähnliches trifft für die externe Belegung von Flächen für den Anbau nachwachsender Rohstoffe zu, die der Ersten Welt nicht in ausreichendem Maße zur Verfügung stehen. Die Spezialisierung v.a. der Landwirtschaft der betreffenden Länder kann dann wiederum (wie die Entwicklung in 2007 und 2008 gezeigt hat) dazu führen, dass Devisen auch deswegen benötigt werden, weil die Landwirtschaft der betreffenden Länder aufgrund ihrer Exportorientierung nicht mehr in der Lage ist, den Bedarf der eigenen Bevölkerung abzudecken. Der Teufelskreis schließt sich. Wiederum kann die geschilderte Entwicklung allein schon deswegen nicht mit komparativen Kostenvorteilen erklärt werden, weil bezüglich der Rohstoffe eben keine Konkurrenz zwischen Industrie- und Entwicklungsländern besteht. Im internationalen Handel kommt den Ländern der Dritten Welt eine Rolle v.a. als Rohstofflieferant zu.

Wenn den Ländern der Dritten Welt angetragen wird, ihren – angeblich bei den (nachwachsenden) Rohstoffen liegenden - komparativen Kostenvorteil doch besser zu nutzen, würde diese Politik in den meisten Fällen eine Stagnation auf dem Status eines Agrarlandes und Zulieferers der Ersten Welt bewirken; mit wenig Aussicht auf Entwicklung.[406] Maßgebliche Schwellenländer (z.B. Südkorea, dessen komparativer (?) Kostenvorteil wohl beim Anbau von Reis gelegen haben durfte) haben sich daher

Teil I. Die Struktur: Umweltpolitik als Ordnungspolitik

über die Schulbuchlogik hinweggesetzt.[A] Sie haben den Anschluss zu den westlichen Industrienationen übrigens auch aufgrund staatlicher, industriepolitischer Initiativen geschafft.[B] Die wirtschaftlichen Erfolge Südkoreas (ähnlich wie diejenigen von Taiwan oder Singapur) wären ohne einen starken Staat nicht zu erklären gewesen (zur Rolle des Staates s. weiter unten).

Das Motiv des Ausschöpfens komparativer Kostenvorteile spielt am ehesten noch eine Rolle beim Handel zwischen den entwickelten Industriestaaten mit Gütern, deren Herstellung knappe und ausgelastete Ressourcen (v.a. hochqualifizierte Arbeit und High tech) voraussetzt. Dementsprechend handelt es sich beim Austausch zwischen den Industriestaaten zu einem großen Teil um hochwertige, veredelte Waren. Dieser findet, sofern er zwischen fremden Dritten geschieht, tatsächlich auf Augenhöhe zwischen Gleichen statt. Zu berücksichtigen ist allerdings auch, dass immerhin zwei Drittel des Welthandels innerhalb oder zwischen den größten Konzernen abläuft (also in Mechanismen eingebunden ist, die *Williamson* als „vertikale Integration" oder „hierarchische Koordination" bezeichnet[407]). Der Austausch innerhalb der Triade USA / Europa / Japan stellt - ausgedrückt in Geldwerten, US-Dollar - den größten Teil des Welthandels dar.[408] Auch dieser Handel innerhalb der Triade ist allerdings aus ökologischer Sicht auf dem gegenwärtigen Niveau durchaus fragwürdig, zumal die gegenwärtige Größenordnung nur wegen der „subventionierten", die externen Effekte außer Betracht lassenden Transportkosten stattfinden kann bzw. auch in hohem Maße auf fossilen Energieträgern basiert. So muss beispielsweise im Durchschnitt schätzungsweise nur ein Prozent des Endverbrauchspreises, der für Lebensmittel aufgewendet wird, für Transport bezahlt werden – obwohl die meisten Lebensmittel eben nicht aus regionaler Produktion stammen.[409] Ohne die international übliche de-facto-Subventionierung v.a. des Straßen- und Luftverkehrs wäre die Ausweitung der internationalen Handelsströme nicht denkbar.[C] Es ist damit zu rechnen, dass mit dem Überschreiten insbesondere der Förderspitze für Öl auch diese Form der Globalisierung ihren Höhepunkt erreichen wird.[D]

> **Hinweis: Das Faktorproportionentheorem (Heckscher-Ohlin-Theorem)**
> Das Faktorproportionentheorem baut als Theorie zur Erklärung der Spezialisierungsmuster im internationalen Handel auf der Theorie der komparativen Kos-

---

[A] Südkorea schaffte übrigens auch über eine Landreform (die aus Furcht vor dem kommunistischen Nordkorea sogar durch die USA unterstützt wurde), dass sich eine solide Landwirtschaft als Basis für den industriellen Sektor entwickeln konnte.- Umfassende Landreformen wurden auch in Japan und Taiwan nach dem Zweiten Weltkrieg – von den USA unterstützt – durchgeführt.- Vgl. M. Fuchs / B. Mark-Ungericht, Freihandel ohne Wenn und Aber? Der Entwicklungserfolg der ostasiatischen Tiger am Beispiel der Republik Korea, in: ATTAC (Hrsg.): Die geheimen Spielregeln des Welthandels – WTO-GATS-TRIPS-M.A.I., Wien 2003, S. 30.

[B] Viele Schwellenländer, denen mittlerweile ein gewisser Grad an Integration in den Handel mit verarbeiteten Produkten geglückt ist, dienten zunächst als Standort für die Ansiedlung insbesondere der schwerindustriellen Verarbeitungsstufen. Dabei wird der absolute Kostenvorteil, v.a. beim Faktor Arbeit, aber auch in den Sozial- und Umweltstandards ausgenutzt. Im schwerindustriellen Sektor hat vielfach ein Aufhol- und Anschlussprozess zu den entwickelten Ländern eingesetzt.

[C] Vgl. B. Obermayr, Freihandel und was dahinter steckt, in: ATTAC (Hrsg.): Die geheimen Spielregeln des Welthandels – WTO-GATS-TRIPS-M.A.I., Wien 2003, S. 26.- Dabei wird von einer zwei- bis vierfach erhöhten Klimawirkung des Luftverkehrs gegenüber dem bodennahen Verkehr ausgegangen. Wuppertal Institut für Klima, Umwelt und Energie, Fair Future – Begrenzte Ressourcen und globale Gerechtigkeit, 2. Aufl., München 2005, S. 82.

[D] J. H. Kunstler, The Long Emergency …, a.a.O., S. 12.

Teil I. Die Struktur: Umweltpolitik als Ordnungspolitik

tenvorteile auf. Wegen einer unterschiedlichen relativen Ausstattung der Volkswirtschaften mit Kapital und Arbeit werden sich Volkswirtschaften mit relativ viel Kapital auf kapitalintensive Produkte spezialisieren, wogegen Staaten mit einer relativ reichlichen Ausstattung an Arbeit sich auf arbeitsintensive Produkte konzentrieren. Ein Land exportiert daher jene Güter, in deren Produktion der relativ reichlich vorhandene Faktor vergleichsweise intensiv eingesetzt wird. Auch dann, wenn alle Volkswirtschaften mit denselben technischen Voraussetzungen ausgestattet wären, ergäbe eine Spezialisierung Sinn. Das Faktorproportionentheorem geht von einer Reihe enger Voraussetzungen aus (in jedem Land gleiche Produktionsfunktionen, konstante Skalenerträge, Flexibilität der Produktionsfaktoren innerhalb, aber keine Mobilität zwischen den Ländern, derselbe Preis etc. Das Thema Unterbeschäftigung wird nicht besonders problematisiert. Schon im Jahre 1953 stellte *Leontieff* bei einer Überprüfung der Faktorproportionentheorie für die USA fest, dass die USA vorwiegend arbeitsintensive Güter exportierten und kapitalintensive Produkte importierten („Leontief-Paradoxon"). *Leontief* führte dies auf die Qualität der Produktionsfaktoren zurück. Die USA exportierten Güter, für deren Produktion man gut qualifizierte Arbeitskräfte benötigt, wogegen die importierten Güter einen großen, aber technisch nicht besonders anspruchsvollen Kapitalstock erforderten (diese Erkenntnis mündete in die Neo-Faktorproportionentheorie). Diese Feststellung lässt sich mit unserer These vereinbaren, dass in einer unterbeschäftigten Wirtschaft die qualifizierte Arbeit die unqualifizierte Arbeit verdrängt.

b. Der internationale Handel als „Externalisierungsmaschinerie"
Wir rekapitulieren: Mit Ausnahme des Handels von High-tech-Produkten und -Dienstleistungen zwischen den Industrieländern spielt das Theorem der komparativen Kostenvorteile keine Rolle im internationalen Handel. Vielmehr geht es – vor dem Hintergrund nicht ausgelasteter Kapazitäten um die Nutzung absoluter Kostenvorteile und – speziell beim Handel zwischen rohstoffreichen Entwicklungsländern und den Industriestaaten darum, Ressourcen für die hochentwickelten Wirtschaften des Westens (sowie Chinas) verfügbar zu machen. So haben die „Hinterhöfe der Triade" (Lateinamerika v.a. für die USA, Afrika v.a. für Europa) wesentlich die Funktion von Rohstofflieferanten. Die untenstehende Tabelle stellt den Geldwert der gehandelten Urproduktion dar.[A]

[A] Man muss kein großer Prophet sein um vorauszusagen, dass insbesondere nach dem Überschreiten der Förderspitze beim Öl die hierarchische, kolonialistische Perspektive der Globalisierung („Kampf um die Ressourcen") an Bedeutung gewinnen und wegen den voraussichtlich drastisch ansteigenden Transportkosten die symmetrische Seite der Globalisierung abnehmen wird. Die Verfechter der sog. „frühen Förderspitze" gehen davon aus, dass bestenfalls noch knapp eine Billion Barrel konventionelles Öl vorhanden ist. Allerdings sind die betreffenden Reserven größtenteils nur unter sehr großem Aufwand zu fördern. Die Förderspitze ist entweder schon erreicht oder wird gegen Ende des Jahrzehnts erreicht sein. Nach ihrer Auffassung wurden die Bestände in der Vergangenheit z.T. bewusst zu hoch eingeschätzt (allein auf diesen Effekt entfielen rd. 300 Milliarden Barrel). Dies lag z.B. bei den OPEC-Ländern daran, dass sie sich höhere Quoten innerhalb des Kartells sichern wollten.- Die Vertreter der späten Förderspitze, zu denen die Ölunternehmen, Regierungen, die meisten Finanzanalysten und Wirtschaftsjournalisten gehören, gehen hingegen von Restbeständen von mindestens zwei bis vier Billion Barrel konventionellem Öls aus. Vgl. J. Leggett, Peak Oil, Die globale Energiekrise, die Klimakatastrophe und das Ende des Ölzeitalters, Köln 2006, S. 30 ff., S. 65 und 78 ff.- Vgl. auch J. H. Kunstler, The Long Emergency ..., a.a.O., S. 24 f.

Teil I. Die Struktur: Umweltpolitik als Ordnungspolitik

NACH → VON ↓ (in Mrd. US-$)	Nord-amerika	Latein-amerika	West-europa	Zentral- u. Osteuropa, Balkan, GUS	Afrika	Mittlerer Osten	Asien (incl. Australien)
Nordamerika	78,66	22,24	20,50	1,24	3,41	2,67	40,27
Lateinamerika	55,89	24,92	29,71	3,17	3,05	3,94	17,47
Westeuropa	33,46	4,95	330,80	17,92	10,97	6,98	21,51
Zentral- u. Osteuropa, Balkan, GUS	6,5	4,00	60,16	40,56	1,21	3,00	10,45
Afrika	19,75	4,09	47,60	0,77	5,90	1,83	18,54
Mittlerer Osten	21,79	1,98	26,16	0,66	6,97	8,19	103,45
Asien (incl. Australien)	19,19	2,87	20,98	2,65	3,93	6,10	155,84

Tab. 13: **Welthandel mit Agrar- und Bergbauerzeugnissen (2002)**
(Quelle: Wuppertal Institut für Klima, Umwelt und Energie, Fair Future ..., a.a.O., S. 66.)

Es liegt in der Logik des Austausches bzw. der Wertschöpfungskette, dass der Geldwert der gehandelten Güter (gemessen in Dollar) wesentlich geringer als derjenige der verarbeiteten Waren ist (im Geldwert macht der Handel mit unveredelten Produkten lediglich ca. ein Viertel des gesamten Welthandels aus). Allerdings übertreffen die Rohstoffe nach Gewicht bemessen die verarbeiteten Waren bei Weitem. „Am Beispiel des Außenhandels der Europäischen Union lässt sich das Ungleichgewicht zwischen Warenströmen und Wertströmen gut illustrieren. Drei Viertel der gesamten Importe in die Europäische Union – in Tonnen gemessen – sind Rohstoffe, wovon der größte Teil aus Entwicklungsländern stammt. Im Geldwert machen die Rohstoffimporte jedoch nur weniger als 20 Prozent aus."[A] Während die Außenhandelsbilanz der EU in den letzten Jahrzehnten im Großen und Ganzen monetär ausgeglichen war, ist der Außenhandel hingegen physisch betrachtet unausgeglichen „Importen in Höhe von insgesamt 1.400 Millionen Tonnen stehen rund 400 Millionen Tonnen Exporte gegenüber. Die Differenz erklärt sich aus dem Unterschied zwischen geringer und höher verarbeiteten Gütern. Europa importiert überwiegend billige Güter niedriger Verarbeitungsstufen zum durchschnittlichen Wert von 0,70 Euro / kg, exportiert aber höherwertige Güter mit einem durchschnittlichen Wert von 2,20 Euro / kg."[B] Das Gewicht der Rohstoffe gibt einen ersten Hinweis über den mit der Ausbeutung und der Weiterverarbeitung der Produkte verbundenen „ökologischen Rucksack".

[A] Wuppertal Institut für Klima, Umwelt und Energie, Fair Future ..., a.a.O., S. 66-67.

[B] Ebenda, S. 71.

Teil I. Die Struktur: Umweltpolitik als Ordnungspolitik

> **Hinweis: Der Ökologische Rucksack am Beginn der Wertschöpfungskette**
> Der ökologische Rucksack eines Produktes oder einer Dienstleistung enthält alle Ressourcen, die benötigt wurden, um eine Einheit eines bestimmten Produktes herzustellen, zu nutzen und zu entsorgen – abzüglich des Eigengewichtes des jeweiligen Produktes. Er wird in Tonnen angegeben und jeweils pro Tonne Werkstoff oder Produkt gemessen. Beispielsweise beträgt der ökologische Rucksack von einer Tonne primärem Aluminium etwa 7 bis 8 Tonnen, der von einer Tonne Kupfer rund 500 Tonnen, und der von einer Tonne Gold sogar über 500.000 Tonnen.[410] Der größte Teil des Stoffstroms kommt niemals in Form von Gegenständen in Umlauf, sondern bleibt irgendwo entlang der Wertschöpfungskette eines Produktes als Abraum oder Abfall zurück. Um Zugang zu mineralischen Rohstoffen zu gewinnen, müssen ja bisweilen ganze Berge aufgeschnitten und Wasserläufe umgeleitet werden, wie auch der Anbau von Getreide oder Baumwolle beträchtliche Bodenerosionen mit sich bringt.

> **Beispiel: Der Ökologische Rucksack von Importen in die EU**
> *"... die ökologischen Rucksäcke der Importe, also die in den Erzeugerländern entstehenden Belastungen, in die Europäische Union übersteigen die der Exporte deutlich. Sie betrugen 2000 rund 7,2 Milliarden Tonnen, jene der Exporte nur 2,3 Milliarden Tonnen. Das ergibt einen Import-Überschuss von rund 5 Milliarden Tonnen, pro Bürger der EU immerhin rund 14 Tonnen. Europa belastet also die Herkunftsländer stärker als sich selbst."[411] Sachs und Santarius an anderer Stelle: "In den vergangenen Jahren sind die globalen Ressourcenaufwendungen der Europäischen Union auf hohem Niveau konstant geblieben. Seit etwa Mitte der 1980er Jahre liegt der globale Materialaufwand der Europäischen Union bei etwa 50 Tonnen pro Kopf und Jahr. Jedoch haben sich die darin enthaltenen Importe mitsamt ihrer ökologischen Rucksäcke von rund 15 auf 20 Tonnen pro Kopf erhöht. Verantwortlich für diesen Anstieg sind vor allem Erze, mineralische Brennstoffe, Metallprodukte und Produkte wie Glas, Keramik und Edelsteine. Diese vier Gütergruppen sind ohnehin für den größten Teil der ökologischen Rucksäcke der Importe verantwortlich. Im Gegenzug haben sich die Ressourcen-Entnahmen in Europa verringert. So sind in den vergangenen Jahrzehnten in Europa zahlreiche Lagerstätten erschöpft oder unwirtschaftlich geworden. Damit haben sich auch die Umweltbelastungen in Europa verringert, während sie durch die Importe nach Europa in anderen Regionen steigen. Die Umweltkosten haben sich also nur verlagert. Zugleich sind die ökologischen Rucksäcke der Importe in die EU höher geworden. Das Verhältnis zwischen dem Eigengewicht eines Produktes und seinem ökologischen Rucksack hat sich verschlechtert. Im Durchschnitt beträgt heute der ökologische Rucksack das fünffache Gewicht des importierten Gutes. Eine Tonne Import hinterlässt also durchschnittlich 5 Tonnen an Bergbauabfällen, Emissionen und Erosionen im exportierenden Land. Dieses Verhältnis hat sich in den vergangenen 25 Jahren mehr als verdoppelt, bei importierten Erzen sogar von 4 auf 16 Tonnen. Bei Importen aus Entwicklungsländern – die ja überwiegend aus Rohstoffen bestehen – hat sich der ökologische Rucksack ebenfalls deutlich erhöht, während die Importmengen weitgehend konstant geblieben sind (...). Ein solcher Befund deutet darauf hin, dass die Gewinnung dieser Rohstoffe immer aufwendiger wird, mehr Bergbauabfälle entstehen und mehr Energie aufgewendet werden muss. Die Analysen der ökologischen Rucksäcke der Importe in die EU machen deutlich, dass Umweltbelastungen im Zusammenhang mit Rohstoffgewinnun-*

Teil I. Die Struktur: Umweltpolitik als Ordnungspolitik

> *gen zunehmend aus der EU ausgelagert werden."* [412] Ähnliches trifft auch für die nachgelagerten schwerindustriellen Verarbeitungsstufen zu, wobei die betreffende Last hierbei die Schwellenländer zu tragen haben.

Der Befund reflektiert auch die Flächenbelegung der westlichen Industrieländer außerhalb der eigenen Territorien, wie sie sich u.a. im ökologischen Fußabdruck zeigt (s. unten). Der Wohlstand der Industrieländer, der sich zu einem wesentlichen Teil in Veredelungsschleifen (einer relativ „saubere Produktion") begründet, setzt also die exterritoriale Flächenbelegung gerade in den vorgelagerten, aber auch in den nachgelagerten Wertschöpfungsstufen voraus.

Die Lage im Hinblick auf den Handel mit virtuellem Wasser ist vergleichbar einzuschätzen. Analog zum ökologischen stellt sich hierbei das Problem des „aquatischen Rucksacks" von Produkten sowie der Ex- und Importe von „virtuellem Wasser". Indirekt findet – über den Handel – *„ein beträchtlicher Zugriff auf lokale Wasserressourcen statt: etwa durch den Export von Gütern, zu deren Erzeugung Wasser vonnöten ist, oder durch die Verschmutzung von Wasser bei der industriellen Produktion. Auch dabei machen Unternehmen und Konsumentinnen ferner Länder eine knappe Ressource jenen streitig, die es für ihren täglichen Lebensunterhalt benötigten."* [413] Viele Länder importieren „virtuelles Wasser", also Wasser, das zur Herstellung der betreffenden Importprodukte verbraucht wurde. Wasser für den Eigenbedarf der Bevölkerung der Entwicklungs- und Schwellenländer geht durch die Exporte verloren. *„Der Export von Gütern mit hohem virtuellem Wasseranteil birgt ein besonderes Konfliktpotenzial, wenn Regionen ohnehin an Wasserknappheit zu leiden haben – so etwa bei der Blumenzucht in Kenia. Kenia produzierte im Jahr 2001 52 Millionen Tonnen Blumen für den europäischen, japanischen und nordamerikanischen Markt, während 3 Millionen Kenianer unter Wasserknappheit litten. Allein die Europäische Union importierte im Jahr 2000 aus Kenia insgesamt Blumen im Wert von 153 Millionen Euro. Die Blumen werden vorrangig mit Wasser aus dem See Naivasha bewässert, einem ökonomisch und ökologisch wichtigen Gewässer. Im und um den See leben 350 Vogelarten, Nilpferde, Büffel, Affen und andere seltene Tiere, und das Wasser dient als Tiertränke der Massai-Nomaden. Nicht nur die Verknappung des Wassers, auch seine Vergiftung durch Dünger und Pflanzenschutzmittel stellt für sie eine Bedrohung dar. Ohne es zu wissen, schmälern die Blumenliebhaber ferner Länder so jenem Teil der lokalen Bevölkerung, der nicht an den Erlösen der Blumenproduktion teilhat, die Existenzgrundlage."* [414] Die Ströme des virtuellen Wassers fließen also keineswegs unbedingt von denjenigen Staaten (der nördlichen Hemisphäre), die genug davon haben, in diejenigen, die unter Wasserknappheit leiden (sofern dies überwiegend der Fall wäre, müsste der Handel mit virtuellen Wasser im Grundsatz befürwortet werden) – oft trifft das Gegenteil zu.[A]

[A] Bestimmte Länder sind von virtuellem Wasser abhängig. So leiden Länder, die pro Jahr und Kopf über weniger als 1.000 Kubikmeter Wasser verfügen, unter chronischer Wasserknappheit (so die meisten Länder des Nahen und Mittleren Ostens). Beispiel China: Das Land verfügt über 7 % der globalen Süßwasserreserven, andererseits aber über 21 % der Weltbevölkerung. Geht der wirtschaftliche Aufschwung Chinas wie in den vergangenen Jahren weiter, so dürfte der Importsog an Nahrungsmitteln nach China immer stärker werden. Die chinesische Nachfrage würde dann die internationalen Nahrungsmittelpreise nach oben treiben (in 2007 konnte dieser Effekt schon bei Milchprodukten festgestellt werden); ärmere Staaten, die wegen ihrer Wasserknappheit auch auf Importe angewiesen sind, wären dann im Übrigen nicht mehr in der Lage, mitzubieten.- L. Stadler / U. Hoering, Das Wasser-Monopoly – Von einem Allgemeingut und seiner Privatisierung, Zürich 2003, S. 38.

Teil I. Die Struktur: Umweltpolitik als Ordnungspolitik

Abweichend von den Lehrbuchweisheiten, die mit dem Theorem der komparativen Kostenvorteile den Typus des Handels unter Gleichen hervorheben, ist der Handel mit den Ländern der Dritten Welt also faktisch durch materielle Ungleichheit geprägt, die sich u.a. in der Verteilung von Kosten und Nutzen innerhalb der internationalen Wertschöpfungskette manifestiert.[415] Während der ökologische und z.T. auch der aquatische Rucksack aus den vorgelagerten Wertschöpfungsstufen v.a. die Entwicklungs- und Schwellenländer belastet, fallen die monetäre Wertschöpfung, die positiven Multiplikatoreffekte und die Gewinne v.a. in den westlichen Industriestaaten an, die v.a. am Ende der Wertschöpfungskette tätig werden. In seiner asymmetrischen, den Leitwert der Gerechtigkeit grob verletzenden Form wirkt der Handel als Externalisierungsmaschinerie:

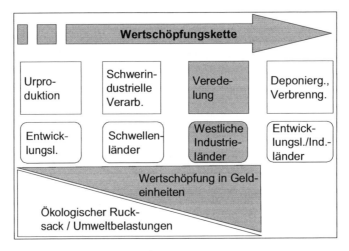

Abb. 14: **Externalisierung der Umweltbelastungen im Verlauf der Wertschöpfungskette**
(Quelle: Eigene Darstellung)

Dabei definieren *Sachs* und *Santarius* nicht zufällig „Macht" (in Bezug auf das vorliegende Thema abweichend von *Max Weber*) im ökologischen Sinne „*als die Fähigkeit, Umweltvorteile zu internalisieren und die Umweltkosten zu externalisieren ...*"[416] Dementsprechend bringt auch Abb. 14 das charakteristische Machtgefälle zwischen den Industrie- und Entwicklungsländern zum Ausdruck.

c. Diskriminierung nicht nachhaltig produzierter Güter und Dienstleistungen?

Vor diesem Hintergrund ist der Stolz der westlichen Industrieländer (insbesondere in der EU) auf ihre angeblich so saubere Produktion zu einem großen Teil unbegründet: Ihre Umweltbelastungen werden in hohem Maße in die Entwicklungs- und Schwellenländer ausgelagert. Dabei geht mit dieser Seite der Globalisierung – ähnlich wie mit den Privatisierungen - faktisch eine „Anonymisierung" einher: Wegen der großen Entfernungen werden die Auswirkungen der Externalisierung i.d.R. nicht mehr von ihren Verursachern und Nutznießern registriert.[417] Eine medienwirksame Zurechnung auf die Verursacher, eine Mobilisierung der Öffentlichkeit in den Ländern der Ersten Welt, auch die Vereinbarung kollektiver Lösungen ist dementsprechend schwierig.

- Dies gilt entsprechend für die Einforderung ökologischer und / oder sozialer Mindeststandards bzw. den Schutz entsprechender Standards durch differenzierte Zölle in den betreffenden Ländern der Dritten Welt. Hierbei handelt es sich um einen Dauerbrenner in der Diskussion rund um das Welthandelsregime. Die WTO hat die Tendenz, eine Senkung der Zölle ohne Berücksichtigung derartiger Aspekte einzufordern bzw. eine Differenzierung der Zölle entsprechend ökologischen und sozialen Standards als Handelshemmnis zu interpretieren. Der Grundsatz der Reziprozität, das „symmetrische" Fallenlassen von Zollschranken etc. führen zu weiterer Ungerechtigkeit – gerecht wäre, wenn die Industrienationen den Entwicklungsländern das zugestehen würden, was sie selbst für sich in Anspruch nahmen: Nämlich Schutzzölle für die jungen, sich entwickelnden Industrien und asymmetrische Reduktion der Zölle (zugunsten der Entwicklungsländer).[418]
- In eine ähnliche Richtung wie differenzierte Zölle ginge die Privilegierung von solchen Gütern und Dienstleistungen, bei deren Produktion soziale und ökologische Mindeststandards eingehalten werden. Hiergegen stehen die WTO-eigenen Prinzipien der Inländerbehandlung (zwingende Gleichbehandlung von in- und ausländischen Anbietern)[A] sowie das Prinzip der Meistbegünstigung (Diskriminierungsverbot zwischen den Handelspartnern).

> **Beispiel: Bananen aus den AKP-Staaten**
> „Die EU pflegte Bananen aus ihren Ex-Kolonien der so genannten AKP-Staaten (asiatischer, karibischer und pazifischer Raum) bevorzugt zu importieren. In den AKP-Staaten stammen die Bananen überwiegend aus kleinbäuerlicher Produktion, d.h. die Exporterlöse kommen einer relativ breiten Bevölkerungsschicht zugute. Die dadurch benachteiligten 'Dollarbananen' Zentralamerikas werden hingegen von US-Konzernen gehandelt. Die USA strengten deswegen ein WTO-Verfahren gegen diese Diskriminierung an und gewannen. Die EU musste ihre entwicklungspolitisch sinnvolle Importpolitik aufgeben und die kleinbäuerlichen mit den Konzernbananen gleichstellen."[419]

Als „gerecht" kann dies alles nicht bezeichnet werden, wenn man Gerechtigkeit v.a. vor dem Hintergrund von „Gleichheit" interpretiert. Wesentlich Ungleiches gleich zu behandeln, ist ein Verstoß gegen den Gleichheitsgrundsatz als elementares Prinzip

---

[A] Durch das Gleichbehandlungsgebot erhalten alle ausländischen Mitbewerber das Recht auf bestimmte Subventionen, was sich kein Staat leisten kann. Die Konsequenz ist der Verzicht auf bestimmte Subventionen und damit ein Verlust an wirtschaftspolitischer Gestaltungsmacht. Besonders dramatisch ist das für den Bereich des öffentlichen Sektors, soweit er (über GATS) liberalisiert ist.

Teil I. Die Struktur: Umweltpolitik als Ordnungspolitik

der Gerechtigkeit. Genau dies tun jedoch die betreffenden Handelsabkommen, allen voran die unter dem Dach der WTO geschlossenen Vereinbarungen.

Die von der WTO beiseite geschobenen Aspekte sollten eigentlich in der UNCTAD (United Nations Conference on Trade and Development) eine Rolle spielen. Diese weist einen demokratischen Aufbau auf und repräsentiert über ihr Arbeitsprogramm das Interesse der Mehrheit der UNO-Mitglieder wie auch der Weltbevölkerung. Allerdings ist die UNCTAD gegenüber der WTO (die das Interesse der westlichen Industrieländer bzw. –konzerne repräsentiert) weitgehend bedeutungslos geworden.

> **Hinweis: UNCTAD (United Nations Conference on Trade and Development)**
> Die Konferenz der Vereinten Nationen für Handel und Entwicklung (kurz: Welthandels- und Entwicklungskonferenz) ist ein ständiges Organ der UN mit Sitz in Genf. Das Ziel ist die Förderung des Handels zwischen Ländern mit unterschiedlichem Entwicklungsstand; außerdem soll die Verständigung zwischen Süd und Nord verbessert und eine neue Weltwirtschaftsordnung erarbeitet werden. Die Entwicklungsländer haben in der UNCTAD die Mehrheit. Alle vier Jahre findet eine Konferenz statt. Die Aktivitäten der UNCTAD werden von einem halbjährig tagenden Handels- und Entwicklungsrat koordiniert. Der Rat ist in verschiedene Ausschüsse gegliedert, welche sich dem Arbeitsprogramm der UNCTAD entsprechend mit Armutsbekämpfung, dem internationalen Warenverkehr und der Zusammenarbeit zwischen den Entwicklungsländern befassen.

In der Vergangenheit ausgehandelte Abkommen zwischen Produzenten und Käufern von Kaffee, Tee, Kako und anderen landwirtschaftlichen Rohstoffen, die getroffen wurden, um allzu brutale Preisstürze zu vermeiden, werden aber nacheinander von der WTO liquidiert.[420] Zwar herrscht formell in der WTO bei Grundsatzentscheidungen – im Gegensatz zum IWF[A] - das Einstimmigkeitsprinzip. Doch einerseits werden die Länder der Dritten Welt bei Grundsatzentscheidungen von denjenigen der Ersten Welt (unter Sanktionsandrohungen) unter Druck gesetzt, und bei den abseits dieser Entscheidungen anfallenden laufenden Verhandlungen sind sie mangels Mitteln bzw. Beraterkapazität zumeist gar nicht vor Ort.[421] Faktisch wird den Staaten der Dritten Welt eine „einseitige ökonomische Abrüstung" (UNCTAD-Generalsekretär R. Ricupero in seinem Bericht über Handel und Entwicklung 2002) aufgenötigt. Diese besteht in einer erzwungenen Liberalisierung der Wirtschaft, der faktisch uneingeschränkten Öffnung ihres Territoriums für die Errichtung ausländischer Fabriken, den Import von Waren, Kapital und die Anerkennung von Patenten.[422]

Im Übrigen folgt das vermachtete „Handelsmodell" einem alten, schon aus dem Merkantilismus bekannten Muster:[B] Die Länder des Südens werden faktisch gezwungen, bevorzugt solche unverarbeitete, niedrigpreisige Produkte – Rohstoffe und Agrargüter – zu liefern, die es in den Industriestaaten nicht gibt bzw. die nicht zu tragbaren Kosten und in entsprechender Qualität angebaut werden können (also Rohstoffe, die

---

[A] Im IWF stimmen die 183 Mitgliedstaaten entsprechend ihrer Finanzkraft ab („one dollar, one vote"). So kommt es, dass auf die USA mit 17 % die höchsten Stimmanteile entfallen.

[B] Dies betrifft v.a. die Zollpolitik (Abwehr von Fertigwaren, Ermutigung der Einfuhr von Rohstoffen), der Politik der Exportüberschüsse und der Politik der Verbilligung von Zentralressourcen.- Vgl. J. Minsch, Merkantilistische Wirtschaftspolitik und Umweltzerstörung, in: R. Costanza et al., Einführung in die Ökologische Ökonomik, a.a.O., S. 296 f.

Teil I. Die Struktur: Umweltpolitik als Ordnungspolitik

sich „außerhalb der Konkurrenz" befinden). Hingegen sind die betreffenden Entwicklungsländer darauf angewiesen, verarbeitete, eher hochpreisige Industrieprodukte vom Norden zu kaufen. Zölle auf „konkurrenzlose" Rohstoffe werden seitens der Industrieländer tendenziell niedrig gehalten, da sie die Basis für die Industriegesellschaften der nördlichen Hemisphäre darstellen. Allerdings verfährt man selektiv: Sofern nachwachsende Rohstoffe den Landwirten der Industrieländer Konkurrenz machen könnten (s. unten)[A], wirkt die Agrarlobby in den westlichen Staaten auf Protektionismus. Die wohlhabenden Länder fördern ihre Landwirte mit Subventionen und exportieren überschüssige Agrargüter zu derart verbilligten Preisen, dass die Staaten des Südens für ihre Agrarprodukte aus traditionellem, arbeitsintensivem Landbau keine kostendeckenden Preise mehr erzielen können.

> **Beispiel: WTO-Konferenz in Cancún 2003**
> *„Dass die Konferenz der Welthandelsorganisation WTO im September 2003 im mexikanischen Cancún scheiterte, lag (...) an den überhöhten Agrarsubventionen der USA und der EU, namentlich für Baumwolle, Zucker und Fleisch. Aufgrund der enormen Summen, mit denen die USA ihren heimischen Baumwollanbau subventionieren (knapp 4 Milliarden Dollar im Jahr 2004), sind sie der größte Baumwollexporteur der Welt. Und dies, obwohl die Herstellung pro Pfund in Burkina Faso nach Angaben des International Cotton Advisory Committee 0,21 Dollar kostet, gegenüber 0,73 Dollar in den USA. Die Menschen bekommen die Folgen unmittelbar zu spüren: Im westafrikanischen Benin zum Beispiel führte der Verfall der Baumwollpreise (2001 sanken sie um 35 Prozent) dazu, dass weitere 4 Prozent der Bevölkerung unter die Armutsgrenze rutschten. Im Übrigen liegen die von den reichen Ländern auf Rohstoffe erhobenen Zölle praktisch bei Null, was die Länder des Südens davon abhält, ihre Wirtschaft zu diversifizieren und weiterverarbeitete Erzeugnisse zu entwickeln – denn deren Export ist zollpflichtig."* [423]

Die Beispiele für landwirtschaftliche Subventionen in den Industriestaaten sind Legende: So erwirtschafteten in den letzten Jahren beispielsweise die riesigen, technisierten Mais-Kolchosen in den USA Verluste i.H.v. schätzungsweise 15 bis 30 %; nur durch Subventionen durch Washington sowie Zollmauern konnten sie überleben. Die „Landwirtschaft" in der EU wird alljährlich mit ca. 40 Milliarden Euro subventioniert, wobei die Subventionen sich im Wesentlichen nach der bewirtschafteten Fläche richten – de facto wird also die Grundrente durch den Staat gestützt.[424] Dass die Stützung der Grund- und Ressourcenrente eine der hauptsächlichsten Aufgaben des lobbyistisch durchsetzten Staates im Kapitalismus ist, war eine tiefe, von der zeitgenössischen Politik- wie Wirtschaftswissenschaft viel zu wenig gewürdigte Einsicht von Silvio Gesell (ansonsten wären Veranstaltungen wie z.B. die WTO oder die europäische Agrarpolitik weitgehend überflüssig).

Was die Fertigwaren angeht, so sind im Allgemeinen die Zölle, die von westlichen Industrieländern gegenüber Waren aus den Entwicklungsländern erhoben werden, vier Mal höher als die Zölle, mit denen die Waren anderer Industrieländer belegt werden. In diesem Zusammenhang muss jedoch wieder die EU lobend erwähnt wer-

---

[A] Es geht also um die „Ausgrenzung" solcher nachwachsenden Rohstoffe, die geeignet sind, Druck auf die hiesige Grundrente (Feld 1/ Tab. 2) auszuüben.- Vgl. auch S. Gesell, Die Natürliche Wirtschaftsordnung durch Freiland und Freigeld, Lauf bei Nürnberg 1949, S. 42 ff.

Teil I. Die Struktur: Umweltpolitik als Ordnungspolitik

den, die 2001 die tarifären und nicht tarifären Handelshemmnisse gegenüber den ärmsten Ländern ohne Gegenleistung erheblich absenkte – ein Schritt, der Schule machen sollte.[425] Im Allgemeinen sind es bestimmte – angesichts der Unterlegenheit bei den absoluten Kosten - unter Druck geratene heimische Industriezweige (z.B. Textilindustrie), welche sich Hand in Hand mit der Landwirtschaft für höhere Zollmauern stark machen. Diese Bestrebungen erzeugten allerdings auch wieder politischen Gegendruck: In Deutschland beispielsweise war traditionell die exportorientierte Industrie ein Verfechter des Freihandels; von dieser Seite wurde – mit Erfolg - nachhaltig politischer Druck auf eine Senkung der Zollmauern ausgeübt. Das Ergebnis, nämlich das in der WTO verhandelte „symmetrische Fallenlassen" von Zollmauern, kann aber unter Gerechtigkeitsaspekten auch nicht befriedigen (s. oben).

Indessen zeigen die genannten Beispiele, dass den Handelsabkommen, welche die beschriebenen Asymmetrien verfestigen, keine Verschwörung zugrunde liegt. *„The negotiators, in representing their immediate ´clients´ - the corporations that lobby them heavily and constantly, partly directly, partly through lobbying Congress and the administration – often lose sight of the big picture, confusing the interests of these companies with America´s national interests or, even worse, with what is good for the global trading system."* [426] Auf der anderen Seite scheuen sich die westlichen Industriestaaten nicht davor, latent damit zu drohen, dass Handelspräferenzen mit Staaten der Dritten Welt außer Kraft gesetzt werden, wenn diese sich nicht dem Willen der Ersten Welt fügen.[427]

I.4.2.2. Ausschließbarkeit, Eigentumsrechte, Souveränität und externe Flächenbelegungen

a. Ausschließbarkeit und externe Flächenbelegungen

Das wohl markanteste Kriterium *Posners* ist das der *Ausschließbarkeit (Exklusivität)*. Hiernach soll der Ausschluss anderer Wirtschaftssubjekte durch die Inhaber der Property rights möglich sein. Ausschließbarkeit wird v.a. durch die Institution des Privateigentums erreicht. Nach neoinstitutionalistischer Auffassung sollen dabei die Eigentumsrechte eindeutig und möglichst vollständig zugewiesen werden. Die Vornahme einer derartigen „Spezifizierung" (wo immer dies zu tragbaren Kosten möglich ist) wird als conditio sine qua non für eine effiziente Wirtschaft angesehen. Faktisch werden mit den Eigentumsrechten aber „Claims" (mittels virtueller, rechtlicher oder tatsächlicher „Zaunpfähle") v.a. an Gegenständen in Feld 1 / Tab. 2 abgesteckt. Diese dienen der Monopolisierung.[A]

Im Rahmen der Globalisierung spielt – und das wird weitgehend verkannt – das Exklusivitätskriterium eine hervorragende Rolle: Es geht um die Sicherung von Ausschließbarkeit und Exklusivität im globalen Maßstab: Mechanismen werden eingerichtet, mittels derer die Industrieländer und ihre Handlanger in den Staaten der Dritten Welt Flächen belegen, um den Ressourcennachschub für ihre extensive Wirtschaft zu sichern. Ohne die Belegung exterritorialer Flächen durch die westlichen Industriegesellschaften (*Sachs / Santarius*[428]: „Arenen der Aneignung") wäre das von vielen Zeitgenossen als so selbstverständlich empfundene westliche Wohlstandsmodell nicht möglich (gewesen). Beispiel England: Hier konnte das knappe Land nicht

---

[A] So erkennt auch *Ziegler* die Strategien der Monopolisierung und Multinationalisierung als grundlegend für die Politik westlicher Konzerne.- J. Ziegler, Imperium der Schande ..., a.a.O., S. 33.

Teil I. Die Struktur: Umweltpolitik als Ordnungspolitik

zugleich Holz und Wolle für die junge Industrie und Nahrung für Arbeiter hervorbringen; erst als Kohle das Holz und Agrarimporte aus Nordamerika das fehlende Land ersetzten, konnte der Aufschwung beginnen. Der Aufstieg der euro-atlantischen Industriekultur verdankt sich also zu einem guten Teil dem Zugriff auf zwei wichtige Ressourcen-Bestände: Einmal den fossilen Rohstoffen (also über Jahrmillionen aufgespeicherte Sonnenenergie) aus der Erdkruste und den biotischen Rohstoffen. Beides kam zunächst aus den Kolonien. Heutzutage befinden sich die betreffenden Ressourcen in den Ländern der Dritten Welt entweder im Privateigentum westlicher Konzerne oder werden von befreundeten – oft korrupten – Eliten gegen die Interessen der eigenen Bevölkerung kontrolliert. Der Flächenbedarf der Ersten Welt – sei es als Ressource, aber auch als Senke oder als Deponie - wird also in Entwicklungsländer ausgelagert. Der faktische Zugriff auf Flächen außerhalb des eigenen Territoriums ist ein wesentlicher Grund dafür, warum das Wirtschaftsmodell der westlichen Industriestaaten nicht globalisierbar, also nicht wiederholbar ist. Kopieren die aufstrebenden Länder China und Indien das westliche Modell, muss es zu unlösbaren Konflikten kommen."[429]

> **Hinweis: Ressourcenverbrauch der „Triade" USA, Europa und Japan**
> Mit Blick auf Erze, Minerale und fossile Energieträger stellen *Sachs / Santarius* fest: *„Die Triade verbraucht 42 Prozent der weltweiten Stahlproduktion, eine Japanerin etwa 30 Mal soviel wie eine Afrikanerin. Zwei Drittel des Nickels, ein wichtiger Rohstoff zur Veredelung von Stahl, werden in der Triade verbraucht, obwohl sie nur über 2 Prozent der Vorräte verfügt. Blei ist ein wichtiger Rohstoff für die Automobilindustrie. Auch hier verbraucht diese Ländergruppe weit mehr als die Hälfte der weltweit produzierten Mengen, ein Amerikaner etwa 12 Mal soviel wie ein Chinese.*
> *Ein ähnliches Bild ergibt sich bei den fossilen Energieträgern (...): Von Öl und Gas verbrauchen die Industrieländer gut die Hälfte. Bei Kohle liegt der Anteil des Nordens etwas geringer. Damit entfallen etwa 50 Prozent des gesamten fossilen Energieverbrauchs der Welt auf die Industrieländer. Die andere Hälfte verteilt sich auf die Entwicklungsländer. Da allerdings das Bevölkerungsverhältnis zwischen Industrieländern und Entwicklungsländern bei 15:85 beträgt, entstehen gravierende Disparitäten beim Pro-Kopf-Vergleich: In den Industrieländern beträgt der fossile Energieverbrauch im Durchschnitt 4,5 Tonnen Erdöleinheiten pro Kopf und Jahr, in den Entwicklungsländern lediglich 0,8 Tonnen. Die Aneignung fossiler Energierohstoffe ist damit in den Industrieländern um einen Faktor 5 bis 6 höher als in den Entwicklungsländern."*[430]
>
> Bezogen auf die erneuerbaren Ressourcen ergibt sich folgendes Bild: Aus den Entwicklungsländern werden v.a. Fisch und Früchte in die Industrieländer importiert. An anderer Stelle: *„Auch die Europäische Union bezieht Agrarrohstoffe aus den Entwicklungsländern des Südens. Mit diesen Agrarimporten belegen die Industrieländer wertvolle landwirtschaftliche Flächen in den Ländern des Südens. Insgesamt belegt die Europäische Union (EU 15) mit dem Import von Agrarrohstoffen und –produkten Flächen von etwa 43 Millionen ha. In der Europäischen Union selbst werden rund 85 Millionen ha ackerbaulich und weitere 56 Millionen ha als dauerhafte Weidefläche genutzt. Rund 80 Prozent der ausländischen Flächenbelegungen der EU-Agrarimporte liegen in Entwicklungsländern, überwiegend für Soja, Sojaprodukte und Kaffee. Rund 6 Millionen ha (16 Prozent) der ausländischen Flächenbelegungen der europäischen Agrarimporte*

> liegen in Afrika – insbesondere bedingt durch den Import von Kakao. Größere Flächenbelegungen geschehen auch für Futtermittel (Maniok), Naturkautschuk sowie pflanzliche Öle und Fette – vor allem Palm- und Kokosöl. Der hohe Anteil der Futtermittel an den Importen für die Europäische Union zeigt, dass der Konsum von tierischen Produkten einen Großteil der ausländischen Flächenbelegungen verursacht, und zwar indirekt, indem Futtermittel für die heimische Fleischproduktion verwendet werden." [431] Das Gesamtbild dürfte sich auch angesichts der zwischenzeitig stattgefundenen Erweiterung der EU nicht wesentlich geändert haben.

Die extern belegten Flächen dienen dem Anbau von Exportgütern und stehen für die Versorgung der einheimischen Bevölkerung nicht zur Verfügung.

> **Beispiel: Externe Flächenbelegung in Tansania**
> „Die wichtigsten Exportgüter Tansanias zum Beispiel sind Kaffee, Baumwolle und Cashew-Nüsse; außerdem ist Tansania einer der weltgrößten Erzeuger von Gewürznelken. Hinzu kommt neuerdings auch noch Biomasse (s. die Feldstudie unten, d. Verf.). Der Eigenanbau von Mais, Hirse, Reis reicht bei schlechten Ernten nicht mehr zur Eigenversorgung aus; Nahrungsmittel müssen dann importiert werden. Tansania war denn auch im Jahr 2004 – trotz 3 Milliarden US-Dollar Schuldenerlass drei Jahre zuvor – wieder mit 6,6 Milliarden US-Dollar verschuldet." [432]

Nicht nur in Tansania, auch in vielen anderen Ländern der Dritten Welt konkurriert die Erzeugung landwirtschaftlicher Güter für den Export mit derjenigen für den Eigenbedarf. „Dies hat zu einer höchst widersprüchlichen Entwicklung geführt: Obwohl große Teile der eigenen Bevölkerung an Unterernährung leiden, betreiben viele Länder des Südens eine stark ausgeweitete Exportlandwirtschaft, die häufig mit einem auf ein Produkt konzentrierten und mit starkem Ressourcenverbrauch verbundenen Landbau einhergeht." [433]

> **Hinweis: Die Rolle westlicher Konzerne bei externen Flächenbelegungen**
> „Wo früher Reis oder Mais für den Eigenbedarf und den einheimischen Markt angebaut wurde, wachsen heute häufig exotische Früchte für die fernen Konsumenten. Bis zu 50 Prozent der nutzbaren Fläche auf der philippinischen Insel Mindanao beispielsweise werden heute von ausländischen Firmen kontrolliert: von Monokulturen für Ananas und Bananen der Konzerne DelMonte und Dole über Kaffeeplantagen von Nestlé, Holzschlagkonzessionen für japanische Firmen und die britisch-malayischen Ölpalmplantagen von Guthrie bis hin zur Kokosproduktion für Henkel und Mars. Kleinbauern wurden über die Jahre verdrängt, oft genug mit alles andere als höflichen Methoden. ... Ferner laugt die Ananas den Boden aus, eine Rückkehr zu Reis und Mais ist nurmehr schwer möglich." [434] Die Auswirkungen der externen Flächenbelegungen sind verheerend – auch und gerade für die Umwelt. Beispielsweise wird der amazonische Regenwald (die größte und wichtigste „grüne Lunge" der Welt) gerodet, um Soja anzubauen. Die betreffenden Ländereien wurden zu Spottpreisen an westliche Konzerne oder Großgrundbesitzer verkauft. Dabei ist der amazonische Boden für Soja gar nicht geeignet. Nährstoffe müssen von weit weg hintransportiert und dem Boden künstlich zugeführt werden. „Entschärft" wird die Situation durch genmanipuliertes Soja, das besser an die Verhältnisse in Amazonien an-

Teil I. Die Struktur: Umweltpolitik als Ordnungspolitik

gepasst sein soll. Dramatisch ist die Lage in Mato Grosso (Größe: 906.000 Quadratkilometer). Hier sind mehrere zehntausend Quadratkilometer Regenwald allein dem Sojaanbau zum Opfer gefallen. Insgesamt wurden in der Amazonasregion schon 668.000 Quadratkilometer entwaldet (zum Vergleich: die Schweiz misst 41.000 Quadratkilometer).[A] Tropische Wälder bedecken heute nur noch 2 Prozent der Erdoberfläche, beherbergen aber fast 70 Prozent aller Tier- und Pflanzenarten. *„Im Laufe von 40 Jahren (1950 – 1990) ist die von Urwäldern bedeckte Fläche weltweit um über 350 Millionen Hektar geschrumpft: 18 Prozent des afrikanischen Waldes, 30 Prozent der ozeanischen und asiatischen Wälder und 18 Prozent der lateinamerikanischen und karibischen Wälder wurden zerstört. Gegenwärtig schätzt man, dass jährlich über 3 Millionen Hektar Wald zerstört werden. Betroffen ist die biologische Vielfalt: Jeden Tag werden biologische Arten (Tiere und Pflanzen) für immer ausgerottet, allein zwischen 1990 und 2000 über 50.000 Arten. Betroffen sind die Menschen: Bei der ersten statistischen Erhebung 1992 gab es im Regenwald des Amazonas weniger als 200.000 autochthone Einwohner (vor der Kolonisation waren es 9 Millionen)."*[435] Dabei beschleunigen sich tendenziell die Zerstörungen – das weltweite Wirtschaftswachstum fordert seinen Tribut (vgl. auch Kap. II.3.). Insbesondere zwischen 1964 und 1985, während der Herrschaft des – dem Westen willfährigen – Militärregimes, zahlte dabei die Umwelt einen hohen Preis: *„Die Strategie der 'integrierten Entwicklung' (...) zielte darauf ab, durch den Bau von Straßennetzen und Siedlerstädten die kaum bevölkerten Regionen Brasiliens zu 'öffnen'. Das erste Ziel: der amazonische Urwald, der größte Tropenwald der Welt. Das Amazonasbecken bedeckt nahezu sechs Millionen Quadratkilometer. In den einundzwanzig Jahren der Militärdiktatur wurden mehr als eine Million Quadratkilometer des Urwalds vernichtet und verbrannt. Die derart gerodeten Ländereien wurden zu 90 % an die transnationalen Nahrungsmittel- und Viehzuchtkonzerne verkauft. Zu einem Spottpreis. Auf den brandgerodeten Flächen errichteten die nordamerikanischen Lebensmittelkonzerne und die transkontinentalen Viehzuchtgesellschaften gigantische Plantagen für Gummibäume, Cashew-Bäume und Weizen oder wandelten die Flächen um in Weideland für die extensive Rinderzucht."* [436]

Auch bei diesem Zerstörungswerk waren wieder Menschen betroffen: Hunderttausende „boia frio" und Landlose wurden daraufhin als halb versklavte Arbeitskräfte aus den trockenen Staaten des Nordens und Nordostens in die agroindustriellen Komplexe des Amazonas, nach Pará, Acre und Rondônia verschleppt. Die Kehrseite der Zerstörung der Regenwälder ist die verstärkte Wüstenbildung, die v. a. den Menschen in der Sahelzone zusetzt. Die Oberfläche Afrikas besteht mittlerweile zu 2/3 aus Wüsten und ariden Zonen. Weit mehr als 70 Prozent der ariden afrikanischen Böden sind mittlerweile schwer degradiert. In Asien sind 1,4 Mrd. Hektar Land von der Wüstenbildung betroffen, ebenfalls über 70 Prozent der ariden Böden sind mittelschwer bis schwer entwertet. Die Wüste Gobi klopft mittlerweile an den Toren Pekings an.[437] Im südlichen Mittelmeergebiet sind ebenfalls rund 70 Prozent der ariden Böden schwer von permanenter Trockenheit betroffen. Fast eine Milliarde Menschen sind durch Wüstenbildung bedroht. Das Problem der „Umweltflüchtlinge" nimmt zu. Auf die Wasserproblematik sei in diesem Zusammenhang noch einmal verwiesen (Kap. I.3.4.3.).

[A] Es trifft sich gut, dass der Gouverneur von Mato Grosso, Blairo Maggi, selber den Sojaanbau im großen Stil betreibt.- Vgl. E. Wagenhofer / M. Annas, We feed the world ..., a.a.O., S. 73 ff.

> Die genannten, ökologisch (Bodendegradation) wie auch sozial zerstörerischen Formen von Landwirtschaft wären im Übrigen ohne den massiven Einsatz fossiler Energieträger bei der Herstellung von Dünger, Pestiziden, Bewässerung oder den Maschinen nicht möglich.

Der Vollständigkeit und Ergänzung halber sei noch erwähnt, dass es bei den mit der „Globalisierung" einhergehenden externen Flächenbelegungen nicht nur um die Ausbeutung von Rohstoffen an der „Wiege" (Ressourcenausbeutung) geht, sondern auch um die „Bahre" (Abfall, Deponien, vgl. Kap. II.4.): Sowohl der Beginn wie auch das Ende der Wertschöpfungskette stehen mit externen Flächenbelegungen in Ländern der „Dritten Welt" in engem Zusammenhang.

> **Beispiel: Müllexport**
> *„In den 1980er-Jahren sind in den westlichen Ländern die Umweltbestimmungen erheblich verschärft worden. Eine Folge davon war die Expansion des mehr oder weniger illegalen Müllexports, vor allem nach Afrika. Nach mehreren Skandalen – erinnert sei an den syrischen Frachter 'Zanoobia', der 1988 mit 2.100 Tonnen giftigen Abfällen aus Italien beladen zehn Wochen über die Meere irrte – wurden mehrere internationale Abkommen unterzeichnet, die den Mülltransport in südliche Länder Beschränkungen unterwarfen oder ihn ganz verboten. Daraufhin verlagerte sich der Export in osteuropäische Länder und in die ehemalige Sowjetunion, doch wenig später konzentrierte er sich auf die großen Abfall produzierenden Länder selbst. Aus doppeltem Grund: Einerseits war der Markt für die Behandlung gefährlicher Abfälle für einschlägige Unternehmen verlockend geworden, andererseits erforderte diese Behandlung eine Technik und eine Infrastruktur, die arme Länder finanziell überfordert hätte. So wurde der gefährliche Müll vom Problemfall zur Einnahmequelle.*
> *Weit problematischer ist heute, dass die westlichen Länder Abfälle, deren Behandlung als zu umweltschädigend oder zu unrentabel gilt, zur 'Wiederverwertung' nach Asien oder Afrika schicken. Der Elektronikschrott (Computer, Mobiltelefone usw.) ist ein bezeichnendes Beispiel: Die Zahl der Geräte steigt exponentiell, ihre Nutzungsdauer sinkt, und mehrere zur Herstellung verwendete Materialien sind giftig (Cadmium, Blei, Quecksilber). Doch die Altgeräte gehen nach China, Indien oder Südafrika, um dort demontiert oder recycelt zu werden. Diese Tätigkeit ist nicht nur gesundheitsgefährdend für die Beschäftigten, die unter unzumutbaren Bedingungen mit giftigen Substanzen hantieren müssen, sie verseucht auch Luft, Boden und Grundwasser. Ähnliches gilt für das Abwracken ausgedienter Frachtschiffe, auf das sich China, Indien und Bangladesch spezialisiert haben."* [438]

Die Inanspruchnahme anderer Territorien spiegelt sich auch im ökologischen Fußabdruck wider, den westliche Industriegesellschaften hinterlassen: Während sich der ökologische Fußabdruck im Weltdurchschnitt bei ca. 2,2 ha pro Kopf bewegt, sind es in den Industrieländern 6,54 ha.[439] Der ökologische Fußabdruck übersteigt bei vielen Industrieländern (insbesondere Westeuropas) deutlich die Fläche ihrer Territorien.

b. Exklusivität auf politischer Ebene: die Rolle von Souveränität und Völkerrecht

Der Zugriff auf die exterritorialen Flächen wird durch die „Compradorschichten" in den betreffenden Ländern bewerkstelligt oder abgesichert. Die „Eliten" in den betreffenden Ländern der Dritten Welt haben aber wirtschaftliche und politische Interessen, die denen der westlichen Industrieländer, nicht aber ihrer Bevölkerung entsprechen. Dabei konkurrieren oftmals verschiedene Staaten oder verschiedene „Statthalter" um den Zugriff auf die Ressourcen. Das Ergebnis ist häufig Gewalt und Bürgerkrieg. Aktuelle Beispiele sind Nigeria, der Kongo, Kenia oder der Sudan (Darfour). *Stiglitz* spricht hier vom „Ressource curse", also vom Fluch, der mit den Ressourcen verbunden ist.[440] Die Bewohner der ressourcenreichsten Länder leben oftmals in den elendsten Verhältnissen. Unter den – oft mit Gewalt ausgetragenen – Ressourcenkonflikten leidet zumeist der allergrößte Teil der Bevölkerung, wohingegen die Gewinne aus der Ressourcenausbeutung wiederum regelmäßig in privaten Taschen verschwinden.

Die Kooperation westlicher Wirtschaftsinteressen mit den nationalen Machtcliquen, die Ausbeutung der Ressourcen gegen die Interessen der eigenen Bevölkerung, die unter dem Dach der WTO geschlossenen fragwürdigen Handelsabkommen etc. geschehen mittels Legitimation durch das sog. „Völkerrecht". Es sichert auf diese Weise mittelbar die Zugriffsmöglichkeiten westlicher Staaten und Konzerne auf die von den gefälligen Cliquen kontrollierten Ressourcen, Deponien und Senken und damit ihre „Vor-Rechte" hinsichtlich des Zugangs zu den Naturgütern ab. Die Aufteilung der Ressourcenrenten zwischen den nationalen, z.T. feudalen Cliquen und den transnationalen Konzernen, die notwendigen Unterdrückungsmaßnahmen im Innern der betreffenden Staaten – all dies findet im sog. „Völkerrecht" eine legale Basis. Das sog. „Völkerrecht" trägt als Institution mit dazu bei, das Wirken von dem Westen gefälligen diktatorischen Regimes wie dem *Schah von Persien* oder *Saddam Hussein* (der über weite Teile seiner Diktatur die Unterstützung des Westens, auch der USA genoss) zu legitimieren. Wir sprechen vorliegend vom „sogenannten" Völkerrecht, da es sich um einen Euphemismus handelt: Anders als der Begriff suggeriert, regelt das sog. „Völkerrecht" nämlich keineswegs die Beziehungen der Völker zueinander.[441] Vielmehr geht es um die Beziehung zwischen Staaten mit Regierungen, die zu einem großen Teil nicht demokratisch legitimiert sind. Souveränität als „Schutz" vor „Einmischung in die inneren Angelegenheiten" ist das Komplement zur Idee des Nationalstaats - einer Institution, die wiederum zeitgleich mit der Idee des Privateigentums in seiner „modernen" Form die historische Bühne betrat und immer mehr in Verdacht gerät, mit den Problemen unserer Zeit überfordert zu sein. Das sog. „Völkerrecht" entstand zeitlich später, als Reaktion auf die „Konflikte um die Zaunpfähle", ohne jedoch das Grundprinzip der Exklusion anzutasten – eher das Gegenteil ist der Fall.

An den Zaunpfählen wird jedoch von den Menschen gerüttelt: Immer mehr Menschen begehren Zugang zu den dringend benötigten Ressourcen, Senken und Deponiekapazitäten, die eben ungleich auf diesem Planeten verteilt sind. Angesichts der zunehmenden Ressourcenkonflikte (s. die Ausführungen zur Nicht-Globalisierbarkeit des Regimes oben) handelt es sich beim Völkerrecht mit seiner Sanktionierung der „Logik der Zaunpfähle" nur bedingt um den allseits gepriesenen Fortschritt in der zwischenstaatlichen Konfliktbewältigung. Vielmehr wird die Saat für viele Kon-

Teil I. Die Struktur: Umweltpolitik als Ordnungspolitik

flikte erst gelegt: Nachbarstaaten streiten sich bis hin zur militärischen Eskalation[A] um Wasser oder verlassene Inseln, unter denen Rohstoffe vermutet werden – der Zweck: Die Sicherung von Ausschließlichkeitsrechten hieran. Dem Protest gegen das Abholzen von Regenwäldern, der gewaltsamen Unterdrückung von Widerstand gegen den Raub von Ressourcen etc. wird unter Verweis auf das Verbot der Einmischung in die inneren Angelegenheiten die Berechtigung abgesprochen. Die Beispiele ließen sich fortsetzen. Insoweit sind sowohl das Privateigentum an Gegenständen in Feld (1) / Tabelle 2 wie auch das sog. „Völkerrecht" mit ihrer Logik der Ausschließbarkeit (und Nichteinmischung) Ausdruck eines territorialen Atavismus. *Gesell* genauso verkürzend wie im Grundsatz zutreffend: *„Völkerrecht ist Krieg – Menschenrecht ist Frieden".*[442] Ein zukunftsfähiges, der gegenwärtigen Barberei entsagendes Völkerrecht dürfte die Absicherung der Ausschließbarkeit *„... nur auf das beziehen, was von Menschenhand geschaffen ... Alle Menschen, jeder einzelne Mensch, hat auf den Boden, auf den ganzen Erdball (und dessen grs. unverehrbaren Naturgüter, d. Verf.) die gleichen, unveräußerlichen Rechte, und jede Einschränkung dieses Urrechts bedeutet Gewalt, bedeutet Krieg."*[443] Ein Meilenstein der Konfliktbewältigung wäre hingegen die Anerkennung der Zugangsmöglichkeit eines jeden Menschen zu den nicht erneuerbaren und nicht substituierbaren Ressourcen (Feld 1 / Tabelle 2) als Menschenrecht (erste Schritte dahingehend wurden ja schon in Bezug auf Wasser unternommen, s. Kap. I.3.4.3.). Aber: Nicht zufällig sind die Menschenrechte (zur Zeit noch) institutionell viel schwächer aufgestellt als das Völkerrecht. Auf weltweiter Ebene gibt es keinen Gerichtshof für Menschenrechte. Zwar wacht die Kommission für Menschenrechte, die sich aus 53 von der Generalversammlung (für ein dreijähriges Mandat) gewählten Staaten zusammensetzt, über die Einhaltung der Menschenrechte. Ihre einzige Waffe ist im Falle einer Verletzung aber nur die Verabschiedung eines verurteilenden Beschlusses. Insbesondere der Kalte Krieg hatte die internationale Diskussion über die Menschenrechte zum Erliegen gebracht. Erst in der Erklärung von Wien (1993) gab es einen Fortschritt bezüglich der Reichweite der Menschenrechte: Es wurde die Gleichwertigkeit der bürgerlichen und politischen Rechte einerseits und der sozialen, wirtschaftlichen und kulturellen Rechte andererseits verkündet.[444] *„Einen Menschen, der hungert, kümmern seine demokratischen Rechte nicht. Einen Stimmzettel kann man nicht essen. Für einen Analphabeten ist Pressefreiheit sinnlos. Aus diesem Grund besteht zwischen den zivilen und politischen Rechten und den wirtschaftlichen, sozialen und kulturellen Rechten – wie es in der Wiener Erklärung von 1993 heißt – ein Verhältnis der ´Nichtselektivität´, der ´Interdependenz´ und der ´Reversibilität´"*[445] Freilich weigerte sich ausgerechnet die USA als die Trägerin des Dogmas von Privatisierung, freiem Handel und Universalität, auch wirtschaftliche, soziale und kulturelle Rechte als Menschenrechte anzuerkennen.

Dieselben USA, welche den Geltungsbereich der Menschenrechte eindämmen wollen, empfinden übrigens schon das oben kritisierte sog. „Völkerrecht" als unzumutbare Beschränkung der von ihnen gestalteten imperialen Weltordnung. Jedwede institutionelle Schranke ihrer globalen Hegemonialansprüche wird abgelehnt. So wenden sie sich u.a. gegen eine internationale Justiz, wie beispielsweise einen Internationalen Strafgerichtshof[446] - Institutionen, die die Definitionsvormacht der USA über das infrage stellen, was sie als anzustrebende Ordnung verstehen.

[A] S. beispielsweise die Konflikte zwischen China und Japan, der Türkei und Griechenland sowie Ägypten, Sudan und Äthiopien speziell wegen des Nil-Wassers.

Teil I. Die Struktur: Umweltpolitik als Ordnungspolitik

Obwohl also das sog. „Völkerrecht" immer noch besser ist als das imperiale Diktat einer einzelnen Vormacht: So weit das sog. „Völkerrecht" Menschenrechtsverletzungen de facto letztlich legitimiert (Grundsatz der „Nicht-Einmischung in die inneren Angelegenheiten"[A]) und den o.a. „Urrechten" des Zugangs zu den unvermehrbaren Ressourcen faktisch entgegensteht, ist es m.E. ebenfalls nicht hinnehmbar. So lange die UNO sich zugleich als Hüterin eines so verstandenen „Völkerrechts" und zugleich der Menschenrechte versteht, macht sie einen höchst schmerzhaften Spagat. M.E. bedarf es einer Redefinition des sog. „Völkerrechts" wie auch letztlich der UNO selbst: Ihre „natürliche Rolle" sollte nicht die der Hüterin von Privilegien, sondern die treuhänderische Verwaltung des Menschheitserbes an den nicht vermehrbaren Natur- und Kulturgütern sein. Eine UNO mit derartig ausgestatteten Rechten wäre eine starke und ernst zu nehmende Organisation. Mehr noch: Ein transnationales Regime, getragen durch eine weiterentwickelte UNO als gestaltende und ordnungsstiftende Kraft, ist die einzige ernstzunehmende Alternative zur Gestaltung der Globalisierung durch eine Restitution des Regimes der Zäune – in Gestalt von Blockbildungen oder gar einem Wiedererstarken des Nationalismus.[447]

I.4.2.3. Die Einrichtung eines universellen Aneignungsmechanismus

Die oben beschriebenen „Zaunpfähle" sollen universell gesetzt werden: Universalität bedeutet grundsätzlich eine entsprechende Reichweite der exklusiven Property rights v.a. in gegenständlicher, räumlicher und zeitlicher Hinsicht.
In *räumlicher* Hinsicht geschieht die Einzäunung der sog. „Allmendegüter" in globalem Maßstab, der Planet wird mit „Zaunpfählen" geradezu gespickt. V.a. über die Institutionen GATS und TRIPS (wiederum völkerrechtlich verbindliche Abkommen) wird die Logik der Zaunpfähle im Rahmen der WTO zur weltweit herrschenden Logik gemacht. So begegnet uns „Privatisierung" auf Schritt und Tritt. Im Bereich der Dienstleistungen, v.a. der Daseinsvorsorge (Wasser, Strom etc.), von Public private partnerships etc. bildet auf der internationalen Bühne GATS das Rückgrat des Privatisierungsregimes. Der Zugriff auf die biogenetischen Ressourcen findet international v.a. über das TRIPs-Abkommen statt. TRIPs ist als Regime für den Schutz „geistiger Eigentumsrechte" („Intellectual property rights") auch deswegen von hoher Bedeutung, weil das Regime die Gräben zwischen Erster und Dritter Welt noch weiter aufreißt. Definiert man „Globalisierung" als Teilnahme am „Netzwerk" OECD, so kann ebendiese Teilnahme nur durch die Herstellung von und den Handel mit höherwertigen Gütern gelingen. Hierzu bedarf es eines entsprechenden Maßes an Know how. TRIPs sorgt aber über das Ausschlussprinzip dafür, dass gerade die – wenig zahlungsfähigen - Staaten der Dritten Welt nicht an dieses Know how gelangen. Dadurch wird verhindert, dass den Dritt-Welt-Staaten der Anschluss an die Industriestaaten gelingt; zugleich wird die Rolle der betreffenden Staaten als Rohstofflieferanten verfestigt.[448]

[A] Dieser Grundsatz wurde zwischenzeitlich auch aus einem (nicht weiter legitimierten) Beschluss des Weltsicherheitsrates von 1991 aufgeweicht: Wenn eine Regierung die Rechte ihres Volkes (oder einer Minderheit, vorliegend die Kurden im Irak) schwer verletzt, hat die internationale Gemeinschaft ein Interventionsrecht und eine Schutzpflicht. Der Beschluss des Sicherheitsrates verbot dem Irak das Überfliegen und jegliche militärische Intervention nördlich des 36. Breitengrades.

Das Privatisierungs-Paradigma prägt die Politik weiterer wichtiger Institutionen wie z.B. der Weltbank, aber auch nationaler Institutionen wie der GTZ etc. Auch der internationale Emissionshandel stellt ein Teilchen im Privatisierungs-Puzzle dar (vgl. Kap. I.3.1.2.). Universelle Privatisierung bedeutet auch, dass die Öffentliche Hand – in ihrer Rolle als potenzielle Trägerin eines konkurrierenden Regimes – sich immer mehr auch aus Aufgaben zurückzieht, die früher als Kernaufgaben empfunden wurden (wie v.a. die öffentliche Daseinsvorsorge).

I.4.2.4. Zusammenfassung und Schlussfolgerungen

Globalisierung wird regelmäßig mit einem Mehr an Effizienz begründet. Diese soll über die Nutzung komparativer Kostenvorteile erzielt werden; das Vehikel hierfür ist der freie Handel. Das Argument der komparativen Kostenvorteile kann jedoch kaum begründen, was im internationalen Handel vorgeht; zumeist geht es stark um die Nutzung absoluter Kostenvorteile. Eine Ausnahme stellt allenfalls der Handel von Hightech-Produkten zwischen Industrienationen dar. Nur hier findet ein Handel zwischen annähernd Gleichen statt. Der Handel zwischen Industrie- und Entwicklungsländern dient v.a. dazu, dringend benötigte Ressourcen dem Westen verfügbar zu machen. Dieser Handel wird zwischen ungleichen „Partnern" betrieben. Die Austauschbeziehung ist vermachtet. Die Entwicklungsunterschiede werden verfestigt, wenn nicht sogar vergrößert.[A] Die Gewinne aus der Ressourcenausbeutung fallen tendenziell in den Staaten der Ersten Welt, die sozialen und ökologischen Kosten in denjenigen der Dritten Welt an.[449] Abgesichert wird dies u.a. durch die WTO.

Die Ressourcen werden den westlichen Industrieländern über die exterritoriale Belegung von Flächen durch westliche Konzerne bzw. die Statthalter der Interessen westlicher Industrienationen zugeführt. Ökologische Tragfähigkeit wird in die industrialisierten Staaten importiert; die diesbezüglichen (eigentlich beherrschbaren) lokalen Beschränkungen werden in ein (grundsätzlich kaum mehr beherrschbares) aggregiertes globales Problem transformiert.[450] Exterritoriale Flächenbelegungen geschehen häufig durch Geltendmachung von Ausschließlichkeitsrechten: Großgrundbesitz und westliche Konzerne verdrängen die Eigenbedarfswirtschaft. Zudem werden durch die praktizierten Exportsubventionen für landwirtschaftliche Produkte aus der EU wie den USA die Entwicklung der autochthonen Agrarmärkte für den Eigenbedarf im Keim erstickt.

Die Entwicklungsländer werden durch diese Strukturen in hohem Maße von der Entwicklung der Weltmärkte abhängig gemacht: Die Hungeraufstände der Jahre 2007 und 2008 in vielen Ländern, ausgelöst durch Missernten, zunehmende Nachfrage (v.a. China), Spekulation und zunehmende Flächenkonkurrenz (u.a. durch Bioenergie hervorgerufen) hatten ihre Ursache wesentlich in der hohen Abhängigkeit vieler Länder der Dritten Welt von Getreideimporten und den volatilen Preisen der internationalen Nahrungsmittelmärkte – die eigenen Flächen waren mit Exportprodukten belegt. Die unter dem Effizienzpostulat oftmals propagierte Maximierung der internatio-

---

[A] Die beschriebene Struktur wird sich, wenn *Kunstler* mit seinen Prognosen der sich dem Ende zuneigenden fossilen Energieträger Recht behält, wandeln: Wegen der Verteuerung der Transportkosten wird das Ausschöpfen komparativer Kostenvorteile und damit der Handel zwischen den Industrienationen im Laufe des 21. Jahrhunderts zunehmend schwieriger werden; andererseits wird die Sicherung der Rohstoffbasis über den Zugriff auf Staaten der Dritten Welt immer wichtiger.- J. H. Kunstler, The Long Emergency ..., a.a.O.

Teil I. Die Struktur: Umweltpolitik als Ordnungspolitik

nalen Arbeitsteilung traf offensichtlich für die betroffene Bevölkerung nicht das Optimum.

Der besagte Aneignungsmechanismus wird gegenständlich und räumlich immer weiter ausgeweitet. Längst geht es nicht mehr nur um bestimmte Agrarrohstoffe, Mineralien oder Öl. Die Möglichkeiten, Ressourcenrenten zu ziehen, werden (v.a. mittels GATS und TRIPS) auch auf Wasser, biogenetische Ressourcen etc. ausgeweitet – und zwar weltweit. Universelle Privatisierung heißt weiterhin, dass in der neoliberalen Ideologie die Koordination der Privaten die ordnungsstiftende Kraft des Staates weitgehend ersetzen kann. Die Forderung nach universeller Privatisierung geht daher konsequenterweise mit der Forderung nach einem weitestgehenden Rückzug des Staates und mit Deregulierung einher.

Über die o.a. Probleme könnte man diskutieren, wenn tatsächlich die „Flut" (einer wachsenden Wirtschaft) auch die kleinen Boote (der Länder der Dritten Welt) heben würde (man spricht in diesem Zusammenhang auch vom „Trickle down-Effekt" [451]). Tatsächlich wurden durch die Globalisierung die in Aussicht gestellten Wachstumsraten der Wirtschaft aber nicht erreicht. Damit hat sich der Wunsch, mit der Integration in die Weltwirtschaft würden gerade die Länder der Dritten Welt aufholen, ebenfalls nicht erfüllt. Verortet man die Epoche der Globalisierung mit dem Beginn der 80er Jahre, so sind die Wachstumsraten in allen Weltregionen im Gegenteil niedriger als zuvor.[452] Erst in allerjüngster Zeit – offenbar im Gefolge einer guten Weltkonjunktur - konnten auch Entwicklungsländer (darunter einige afrikanische Staaten) ihre Wachstumsraten steigern. Es bleibt abzuwarten, ob dieser Effekt nur vorübergehend wirkt.

> **Beispiel: NAFTA (North American Free Trade Association)**
> „One of the main arguments for NAFTA was that it would help close the gap in income between Mexico and the United States, and thus reduce the pressure of illegal migration. Yet the disparity in income between the two countries actually grew in NAFTA´s first decade – by more than 10 percent. Nor did NAFTA result in a rapid growth in Mexico´s economy. Growth during that first decade was a bleak 1.8 percent on a real per capita basis, better than in much of the rest of Latin America but far worse than earlier in the century (in the quarter century from 1948 to 1973, Mexico grew at an average annual rate per capita of 3.2 percent). President Fox promised 7 percent growth when he took office in 2000; in fact, in real terms, growth during his term of office averaged only 1.6 percent per annum – and the real growth per capita has been negligible. In fact, NAFTA made Mexico more dependent on the United States, which meant that when the U.S. economy did poorly, so did Mexico." [453]

Die ideologischen Pfeiler der genannten "Ordnung" finden sich im „Konsens von Washington", ein „Gentlemen´s agreement", das in den Achtziger- und Neunzigerjahren des letzten Jahrhunderts zwischen den wichtigsten transkontinentalen Gesellschaften, diversen internationalen Großbanken, der US-Notenbank und internationalen Finanzorganisationen (IWF, Weltbank etc.) getroffen wurde. Ziel ist die Deregulierung, die totale und raschestmögliche Liberalisierung der Märkte (für Waren, Kapital, Dienstleistungen, Patente etc.) und die Errichtung eines einheitlichen, sich selbst regulierenden Weltmarktes. *„Der Konsens von Washington bezweckt die Privatisierung der Welt."* [454] Chossudovsky zu den hier beteiligten Institutionen: „*The Washington-based international bureaucracy has been entrusted by international creditors and* multinational corporations with the execution of a global economic design, which affects the livelihood of more than 80 percent of the world´s population."[455]

I.4.3. Globalisierung und Vereinheitlichung

Mit der Globalisierung geht v.a. in kultureller Hinsicht ein enormer Vereinheitlichungsprozess einher. Die Tendenz zur Vereinheitlichung betrifft zunächst einmal den Lebensstil: Es entsteht so etwas wie eine internationale „Verbraucherklasse", die sich durch einen ähnlichen Lebensstil und ähnliche Konsummuster auszeichnet.

> **Hinweis: Die „neue Verbraucherklasse" und die Vereinheitlichung von Konsummustern**
> Mit den aufstrebenden Ökonomien (insbesondere der Schwellenländer China und Indien) gibt es nach Berechnungen von *Myers* und *Kent* ca. 1.059 Mrd. neue Verbraucher.[456] Diese transnationale Konsumentenklasse gleicht sich in Konsummustern und Lebensstil immer weiter an. *„Die transnationale Verbraucherklasse ist also, ganz grob gesehen, etwa zur Hälfte im Süden wie im Norden beheimatet. Ihr gehören jene Gruppen an, die sich trotz unterschiedlicher Hautfarbe in ihrem Lebensstil überall gleichen: Sie leben immer weniger landestypisch, sondern werden in Leitbildern und Verhalten den gleich gelagerten Klassen in anderen Nationen ähnlich. Die Anwaltsfamilie in Caracas hat in vieler Hinsicht mehr mit einer Unternehmerfamilie in Beijing gemein als jede von ihnen mit ihren Landsleuten in den Berggebieten. Mit anderen Worten: Sie sind nicht ´venezolanisch´ oder ´chinesisch´, vielmehr die örtlichen Repräsentanten einer transnationalen Verbraucherklasse. Sie shoppen in ähnlichen Einkaufcenters, kaufen High-Tech-Elektronik, sehen ähnliche Filme und TV-Serien, verwandeln sich hin und wieder in Touristen und verfügen über das entscheidende Medium der Angleichung: Geld."*[457] In ökologischer Hinsicht können – v.a. in den Entwicklungs- und Schwellenländern – die Repräsentanten jener transnationalen Verbraucherklasse interessanterweise durch die Mengen an verbrauchter Energie abgegrenzt werden: In Indien und Pakistan verbraucht die Mittelschicht etwa drei- bis viermal und die Oberklasse ca. vier- bis fünfmal soviel Elektrizität wie die Unterklasse. Letztlich sind es die drei Verbrauchsgüter Fleisch, Elektrogräte und Autos, die international den Verbrauch an Energie, Material und Flächen in die Höhe treiben.

Dementsprechend orientieren sich auch Konsummuster und Lebensstil insbesondere der aufstrebenden Schichten in den Schwellenländern an den westlichen, ressourcenintensiven Vorbildern.

Auch die entsprechenden Institutionen werden exportiert und globalisiert. Dies betrifft v.a. das Kriterium der „Universalität" im Katalog von *Posner*. Neben dem Universalitätsanspruch mit Blick auf eine „Demokratie" westlichen Musters (s. oben), das tatsächlich v.a. eine „Korporatokratie" (*Perkins*, der mit diesem Begriff die enge Verflechtung zwischen Großbanken, Konzernen und Regierungen beschreibt[458]) bzw. „Kosmokratie" (*Ziegler*, mit einem ähnlichen Inhalt wie *Perkins*[459]) oder „Neokorporatismus" (*Klein*[460]) ist, betrifft dies v.a. die Institution des Privateigentums. Wir haben schon in den Kap. I.4.2.2. beschrieben, wie durch die universelle Verbreitung des

Teil I. Die Struktur: Umweltpolitik als Ordnungspolitik

„Regimes der Zaunpfähle" alternative gesellschaftliche Arrangements unterdrückt werden. In Kap. I.3.1.3. haben wir im Rahmen der Diskussion geistiger Eigentumsrechte dargestellt, dass beispielsweise andere als die westlichen Wissensgenerierungssysteme keinen Platz insbesondere im Rahmen des TRIPs-Abkommens finden. Das Ergebnis von Arrangements wie WTO, TRIPs, GATS ist nicht die Vielfalt, die man sich in pluralistischen Gesellschaften wünscht, sondern Einförmigkeit: *Eine* dominierende Eigentumsform weltweit, wenige dominierende, durch die geistigen Eigentumsrechte „geschützte" Sorten und Arten, wenige Meinungen, wenige Betriebssysteme etc.[A] Die betreffenden internationalen Institutionen sind jedoch einfach nicht dafür „gebaut", eine effektive Kontrolle in ökologischer und sozialer Hinsicht über die (Groß-) Unternehmen durchzuführen. Effektive Regulierung geschieht – so antiquiert dies auch sein mag – zurzeit allenfalls auf nationaler und z.T. auf supranationaler Ebene (EU). Auch die die sozialen Gemeinschaften kennzeichnenden Institutionen sind im Wesentlichen nationale Institutionen.

Problematisch wird es mit Blick auf die Globalisierungstendenzen immer dann, wenn diese unterschiedlichen Institutionen auch zu unterschiedlichen Kosten und zu unterschiedlichen Preisen führen. *„Traditionelle Wirtschaftswissenschaftler/innen argumentieren, dass der Freihandel eine natürliche Erweiterung des Marktmechanismus über die nationalen Grenzen hinweg darstellt, und dass ´richtige Preise´ die globalen Knappheiten und Präferenzen widerspiegeln müssen. Doch wenn Gemeinschaften nur auf nationaler Ebene bestehen und es nur auf nationaler Ebene Institutionen und Traditionen gibt, die kollektive Maßnahmen der Verantwortung sowie gegenseitige Hilfe ermöglichen, wenn nur auf nationaler Ebene eine Politik zum Wohle der Bürger verfolgt wird, dann sollten die ´richtigen Preise´ nicht die Präferenzen und Knappheiten anderer Länder widerspiegeln. Die richtigen Preise sollten von nationaler Gemeinschaft zu nationaler Gemeinschaft unterschiedlich sein."* [461] Bei der Vereinheitlichung der Preise für Waren und Dienstleistungen spielt der internationale Handel eine wesentliche Rolle (die mit der Nutzung komparativer Kostenvorteile gerechtfertigt wird), bei der Vereinheitlichung der Preise für Produktionsfaktoren sind die im nachfolgenden Abschnitt noch eingehender diskutierten Direktinvestitionen bedeutsam (bei denen absolute Kostenvorteile maßgeblich sind). Durch die Vereinheitlichung der Preise entsteht jedoch auch ein zusätzlicher Druck auf eine Vereinheitlichung der Institutionen – es kommt ein Deregulierungswettlauf in Gang[B]: Dies bedeutet u.a. in

---

[A] Diese Vereinheitlichung wird auch durch die Bildungssysteme gefördert. Zwar findet zunehmend eine Internationalisierung statt; ein Aufenthalt an einer ausländischen Hochschule gehört für den Studierenden von heute mittlerweile zur Studienroutine. Die Ausbildungsziele sind allerdings mehr und mehr verwertungsorientiert und auch (wegen der „Anrechenbarkeit") inhaltlich mehr und mehr vereinheitlicht. Nicht etwa das *Humboldt´sche* Bildungsideal gibt die Denkrichtung vor, sondern das Rentabilitätsprinzip. Wer aber über die Grenzen hinweg das Gehirn mit denselben Inhalten gewaschen bekommt, glaubt irgendwann, die betreffenden Lehrmeinungen seien alternativlos und „wahr". Dies gilt auch für Intellektuelle der Dritten Welt: *„... Third World intellectuals are increasingly enlisted in support of the neoliberal paradigm; the internationalization of economic ´science´ unreservedly supports the process of global economic restructuring."*- M. Chossudovsky, The Globalization of Poverty and the New World Order, 2nd ed., Montreal (Center for Research on Globalization) 2003, S. 27.

[B] Vgl. auch J. Habermas, Die postnationale Konstellation – Politische Essays, Frankfurt a.M. 1998, S. 120 f.- Institutionell sollten die Direktinvestitionen durch das Multilaterale Abkommen über Investitionen (M.A.I.) befördert werden, das u.a. ein Klagerecht für Unternehmen auf Schadensersatz vorsah, wenn dieses ihm einen irgendwie gearteten Schaden zufügt. Das Abkommen wurde in der OECD vorverhandelt, ließ sich aber letztlich aufgrund des zivilgesellschaftlichen Drucks nicht verabschieden (der französische Ministerpräsident *Jospin* verweigerte seine Unterschrift).- Allerdings wurden M.A.I.-Elemente z.B. in das interamerikanische Freihandelsabkommen integriert.

den entwickelteren Ländern einen niedrigeren sozialen Standard. Mit dem Abzug des Kapitals aus den entwickelteren Staaten, das mit Direktinvestitionen verbunden ist, wird Knappheit tendenziell zum globalen Phänomen; eine verschärfte Knappheit des Produktionsfaktors Kapital bedeutet auch eine erhöhte Macht des Kapitals - Marktwirtschaft arbeitet eben immer zugunsten der knappen Produktionsfaktoren.[A] Laut OECD leben 100 Millionen Menschen selbst in den industrialisierten Ländern unterhalb der Armutsgrenze. 2002 verfügten in den industrialisierten Ländern aber nur 37 Millionen Menschen über Arbeitslosenunterstützung. In den USA haben immer noch 47 Millionen Menschen keine Krankenversicherung.[462]

Ebnet also die Globalisierung die charakteristischen Institutionen ein? Vereinheitlicht Globalisierung die Lebensbedingungen auf einem – aus Sicht der industrialisierten Staaten - niedrigerem Niveau? Hiergegen könnte eingewendet werden, dass der Wechselkursmechanismus dem entgegenarbeitet. Ein Land beispielsweise, das sich höhere soziale und ökologische Standards leistet, produziert teurer. Seine Währung wird sich ceteris paribus im Vergleich zu anderen Währungen abwerten, was wiederum die Wettbewerbsfähigkeit verbessert (wenn auch im Gefolge des realen Wechselkurses das reale Einkommen des betreffenden Landes sinkt). Dieser Mechanismus würde institutionelle „Extravaganzen" erlauben, wenn nur der Preis hierfür bezahlt wird. Der Mechanismus funktioniert in der Realität allerdings nur beschränkt; der Wechselkurs wird nicht nur durch die Kaufkraftparitäten, sondern auch durch eine Reihe ganz anderer Mechanismen bestimmt – so u.a. das Wechselkursregime, die Höhe der Verschuldung, die Größe der jeweiligen Volkswirtschaft etc. Somit wäre – auch und gerade in Zeiten der Globalisierung – dafür Sorge zu tragen, dass angesichts der betreffenden Unsicherheiten über die Einrichtung entsprechender Institutionen ein Mindestmaß an örtlicher (nationaler, regionaler) Autonomie verbleibt, damit die dezentrale Steuerungsfähigkeit nicht verloren geht.[463] Dies ist umso schwieriger zu bewerkstelligen, je kleiner eine Volkswirtschaft und je stärker sie in die Weltwirtschaft integriert ist. Ohne Nationalismus und Protektionismus das Wort reden zu wollen: Das Thema „Erziehungszoll" und „Ökozoll" sollte keinesfalls vorschnell verworfen, sondern auf die politische Agenda gesetzt werden.[464] An dieser Stelle besteht noch immenser Forschungsbedarf; das Problem muss allerdings erst einmal in seiner Bedeutung voll erkannt werden.

Durch die Fokussierung auf den Leitwert der „Effizienz" wird auch im Rahmen der Globalisierung die Vereinheitlichung vorangetrieben: Im Rahmen der Integration in den internationalen Handel, bei dem die Standortvorteile „effizient" genutzt werden, werden die Ökonomien v.a. der Länder der südlichen Hemisphäre immer stärker monostrukturell ausgerichtet. Dies trifft für wenigstens 79 Länder des Südens zu: Diese bestreiten ihre Deviseneinnahmen aus dem Export von wenigen, in vielen Fällen sogar nur eines einzigen Rohstoffs.[465] Angesichts der starken Abhängigkeit von der Preisentwicklung der betreffenden Rohstoffe können die Konsequenzen von Verschlechterungen der Austauschverhältnisse katastrophal sein.

[A] Chossudovsky spricht von „globalization of poverty".- M. Chossudovsky, The Globalization of Poverty and the New World Order, a.a.O., S. 18.

Teil I. Die Struktur: Umweltpolitik als Ordnungspolitik

I.4.4. Verteilungsgerechtigkeit: Gewinner und Verlierer der Globalisierung

I.4.4.1. Die sozialen Auswirkungen der sinkenden Terms of trade

„Gerechtigkeit, so hat der Kirchenvater Augustinus gesagt, ist das, was eine Gesellschaft von einer Räuberbande unterscheidet. In der Epoche der Globalisierung rückt die Welt zusammen; ob aus ihr eine Weltgesellschaft oder eine Weltwillkürherrschaft hervorgeht, entscheidet sich an der Gerechtigkeit."[466] Die Frage, ob mit dem oben beschriebenen globalen Aneignungs- und Umverteilungsmechanismus mehr Gerechtigkeit auf der Welt einhergeht, wäre rhetorisch. Der Befund ist schrecklicher als jemals zuvor in der Menschheitsgeschichte: „Mehr als 10 Millionen Kinder unter fünf Jahren sterben pro Jahr an Unterernährung, Seuchen und Wasserverschmutzung. 50 % dieser Todesfälle ereignen sich in den sechs ärmsten Ländern des Planeten. 90 % der Opfer befinden sich in 42 % der südlichen Länder."[467] 1,8 Milliarden Menschen leben heutzutage in äußerstem Elend, mit weniger als einem Dollar pro Tag. Hingegen verdienen 1 % der reichsten Bewohner der Erde soviel Geld wie 57 % der Ärmsten.[468] Die Armut bringt die Menschen um.

Der Befund zunehmender Verarmung der Menschen v.a. der Dritten Welt ist wiederum vor dem Hintergrund der gängigen Außenhandelstheorien verwunderlich. So sagt das *Stolper-Samuelson*-Theorem (welches an die traditionellen Faktorproportionenmodelle wie das *Heckscher-Ohlin*-Modell anknüpft) verkürzt, dass im Rahmen der internationalen Austauschbeziehungen die reale Entlohnung derjenigen Faktoren, die intensiv in der Produktion genutzt werden, steigen, wenn auch der relative Preis der betrffenden Produkte ansteigt.[A] Schon die letztgenannte Bedingung gilt für die Länder der Dritten Welt nicht: Ein wesentlicher Grund für die zunehmende Verarmung der „Dritten Welt" sind nämlich die sich verschlechternden Austauschverhältnisse, also die sinkenden „Terms of trade". Fakt ist, dass sich die mit den auf den extern belegten Flächenbelegungen produzierten Exportprodukten erzielten Gegenwerte immer stärker vermindert haben.

> **Hinweis: Terms of trade**[469]
> Mit den Terms of trade wird eine volkswirtschaftliche Maßzahl für das Austauschverhältnis zwischen den exportierten und importierten Gütern eines Landes bezeichnet (vereinfachend: Exportgüterpreisniveau dividiert durch Importgüterpreisniveau). Hiermit wird also zugleich der Preis von international gehandelten Gütern auf dem Weltmarkt angegeben. Es wird dabei ein repräsentativer Warenkorb zugrunde gelegt. Die Terms of trade sinken, wenn die Preise der Importgüter schneller als diejenigen der Exportgüter steigen bzw. c.p. der Preis der Exportgüter sinkt. Gleiches kann passieren, wenn die inländische Währung abgewertet wird. Die Entwicklung der Terms of trade wird als Indikator für wohlstandsmehrende oder –mindernde Wirkungen des Außenhandels gewertet.

[A] Da sich im Gefolge des internationalen Austauschs die relativen Güterpreise angleichen, gilt dies im Modell auch für die relativen Faktorpreise. Voraussetzung sind innerhalb der betreffenden Länder mobile und flexible Produktionsfaktoren.

Teil I. Die Struktur: Umweltpolitik als Ordnungspolitik

	1980	1990	1995	1999	2001	2002	2003
Industrieländer	97	103	105	105	102	103	105
Schwellen- und Entwicklungsländer	117	101	102	99	98	98	97
Darunter: Die ärmsten Länder	153	121	115	95	95	91	94

Tab. 14: **Entwicklung der realen Austauschverhältnisse (Terms of trade)**
(Quelle: Bundeszentrale für politische Bildung, http://www.bpb.de/wissen/RLGB37,0,0, Reale_Austauschverh%E4ltnisse_((Terms_of_Trade).html [06.06.07]).

Hinweis: „Gerechter Preis?"
Die Frage nach dem „gerechten Preis" wurde u.a. von den mittelalterlichen Scholastikern gestellt. Dabei wurden mit der Allokation und Distribution zwei Ebenen verquickt, welche die moderne VWL – zu Recht - strikt trennt.[470] Heutzutage wird die Frage nach einem „gerechten Preis" nicht mehr als sinnvoll angesehen.

I.4.4.2. Exkurs: Globalisierung als Hierarchisierung des Raumes

Was den Faktor Arbeit angeht, sind national und international verschiedene Phänomene zu beobachten: V.a. innerhalb der Länder der Dritten Welt kommt es häufig zur Stadtflucht: Große Teile v.a. der ländlichen Bevölkerung – oftmals Landlose – verarmen und sind gezwungen, aus dem ländlichen Raum in die Städte abzuwandern. So zählt Brasilien beispielsweise 4,8 Millionen landlose Bauern.[471]
In internationaler Perspektive ist der Faktor Arbeit hingegen weitgehend immobil; dies gilt allerdings nicht für den Faktor Kapital. Vielmehr werden – über Direktinvestitionen - die Produktionsfaktoren an den absolut günstigsten Standorten kombiniert. Es findet also auch über die Kapitaltransfers keine Ausnutzung komparativer, sondern absoluter Kostenvorteile statt.[A] Wandert über Direktinvestitionen der Produktionsfaktor Kapital von den reicheren in die ärmeren Länder ab und holen anschließend die ärmeren Länder auf, sollte nach Lesart der Globalisierungsbefürworter mit der Zeit auch eine internationale Angleichung der Kapitalerträge zu erwarten sein. Die Realität verweist darauf, dass dies tatsächlich der Fall ist; allerdings sinkt im Gegenzug das Niveau ab, auf dem die Angleichung der Lebensbedingungen stattfindet. Das Kapital wird von der verbilligten Arbeit im Ausland profitieren, gefolgt von billigerer Arbeit im Heimatland.[472] Globalisierung kann vor diesem Hintergrund auch als eine Universalisierung der Knappheit interpretiert werden.[B] Globalisierungsbefürworter ringen jedoch auch diesem Prozess Positives ab; trägt er doch immerhin noch dazu

---

[A] Weil Direktinvestitionen v.a. absolute Kostenunterschiede nutzen, stellen sie nur beschränkt eine Alternative zum Handel dar.- R. Costanza et al., Einführung in die Ökologische Ökonomik, a.a.O., S. 199.- Auch in Niedriglohnländern werden – wenn die Rahmenbedingungen stimmen – z.T. Fabriken auf dem neuesten technischen Standard eingerichtet, so dass die Produktivität durchaus ansehnlich ist.

[B] Auch *Ziegler* betont das Interesse der „Kosmokraten" an dieser Knappheit, die die Kapitalrenditen sichert.- J. Ziegler, Imperium der Schande ..., a.a.O., S. 30.

Teil I. Die Struktur: Umweltpolitik als Ordnungspolitik

bei, Entwicklungsdifferenzen auszugleichen: Wo Arbeit billig und Kapital knapp ist, wo die höchsten Gewinne zu erwarten sind, wird investiert. Die Hoffnung der Globalisierungsbefürworter liegt nun darin, dass der Zufluss an Kapital anhält, solange die Knappheit die günstigen Verwertungsbedingungen gewährleistet. Nimmt die Knappheit in den betreffenden Ländern der Dritten Welt ab und steigen Löhne wie der Wohlstand an, „wandert" das Kapital weiter zum nächsten Standort. Die Globalisierung müsse – so die Ansicht der Optimisten – daher längerfristig auch eine Egalisierung auf höherem Niveau bewirken. Teilweise konnten tatsächlich solche Entwicklungen nachvollzogen werden, so z.B. in den Wirtschaften Osteuropas (Polen, Tschechien). Die Hoffnung der Globalisierungsbefürworter auf eine universale Egalisierung der Löhne ist allerdings allein schon aufgrund ökologischer Grenzen zu bezweifeln, da dies ein Wachstum von Produktion und Einkommen auch der Dritten Welt und der Schwellenländer nach westlichem Vorbild voraussetzen würde, das die natürlichen Lebensgrundlagen zerstören würde. Auch müssten in ähnlicher Weise Flächen exterritorial belegt werden, wie dies der Westen tat und immer noch tut. Die Umwelt als begrenzender Faktor wird in dieser Argumentation ignoriert.[473] Das westliche Wohlstandsmodell ist eben nicht globalisierungsfähig (s. oben). Einstweilen sprechen auch die empirischen Befunde noch eine ganz andere Sprache: Die Globalisierung der Wirtschaftstätigkeit führt hiernach zu zugespitzten Ungleichheiten und Unterschieden zwischen Regionen und Standorten. Sie bringt zurzeit im universalen Maßstab eben noch keine Angleichung, sondern eine Hierarchisierung des globalen Raumes mit sich. Vor dem Hintergrund der Grenzen der Globalisierungsfähigkeit des westlichen Wohlstandsmodells ist zu befürchten, dass eine Einebnung der Unterschiede auch nicht eintreten wird.

> **Hinweis: Räumliche Ungleichgewichte, Migration und Mega-Cities**
> Es entstehen jene räumlichen Ungleichgewichte, die für Länder der Dritten Welt charakteristisch sind: *„Wenn ein Land zum Abwanderungsland wird, ist es zuvor zum Hinterland degradiert worden. Erst die Unterordnung eines Gebietes unter fremde Kräfte schafft jenes Ungleichgewicht, das zu Entwurzelung und Abwanderung führt. Damit werden die ländlichen Räume mehr und mehr von Bewohnern entleert. Die Städte dagegen platzen aus den Nähten, werden unregierbar und zu gefährlichen Zeitbomben. ´Auf der Liste der zehn bevölkerungsreichsten Städte der Welt werden im Jahr 2020 vermutlich neun Städte der Länder des Südens stehen, davon allein drei aus Indien ... Es wird erwartet, dass Bombay bis 2020 auf den ersten Platz vorrücken wird mit dann 28,5 statt heute 18 Millionen Einwohnern, Lagos wird dann Platz drei einnehmen.´ Von den Bewohnerinnen der Megastädte wird der größte Teil in den Slums leben – heute bereits weltweit 1 Milliarde Menschen."*[474] Dabei liegt die Ursache der Migration nicht so sehr in der Attraktivität der Städte als vielmehr in der Verschlechterung der Lebensbedingungen in den Regionen, aus denen die Migranten kommen – dies wiederum hängt stark mit der Degradation der ländlichen Räume (auch der Böden) und der Exportorientierung zusammen.

> **Hinweis: Hierarchisierung des Raumes und Verteilung des Luftverkehrs**
> Ein guter Indikator für diese Hierarchisierung ist die Verteilung des Luftverkehrs. *„Herausgehoben ist die Ebene der an der Globalisierung beteiligten Orte und Regionen. Auf einer zweiten Ebene liegen ebenfalls Flughäfen über den Globus verstreut, aber mit weit geringerer Dichte und Passagierzahl. Auf einer dritten Ebene, zu der die ausgedehntesten Landflächen des Erdballs gehören, sind*

> überhaupt keine größeren Flughäfen anzutreffen. Entsprechend gehen Schätzungen davon aus, dass überhaupt nur ein Anteil zwischen 1 und 5 Prozent der Weltbevölkerung bis jetzt jemals ein Flugzeug bestiegen hat. Hoch beschleunigte Interaktion spielt sich also weit überwiegend zwischen wenigen Gebieten ab; obwohl über die Welt verstreut, stehen die Weltmetropolen in engem Kontakt."[475]

Somit lassen sich sowohl national wie auch international, in personeller, zeitlicher, gegenständlicher und räumlicher Sicht Globalisierungsgewinner und –verlierer ausmachen.[A] Hierbei handelt es sich eigentlich um historische Gesetzmäßigkeiten, die z.T. schon vom französischen Historiker *Fernand Braudel* eingehend beschrieben wurden.[476] In der Kategorie der „Nation" zu denken, wäre hierbei verkürzt. Speziell mit Blick auf den räumlichen Bezug können eigentlich nur bestimmte Regionen als Globalisierungsgewinner oder –verlierer ausgemacht werden, nicht aber ganze Länder. So ist beispielsweise Shanghai als eine Drehscheibe der Globalisierung Profiteur, wohingegen der Westen Chinas in seiner Entwicklung weitgehend stagniert; möglicherweise werden sogar die Lasten der Entwicklung auf solche Regionen abgewälzt. Die genannten Tendenzen spiegeln sich auch in Ungleichheitsmaßen wider, wie sie z.B. der Gini-Koeffizient darstellt.

Hinweis: Gini-Koeffizient
Ein häufig angewandtes Maß zur Darstellung der Ungleichheit in einer Gesellschaft ist der sog. „Gini-Koeffizient". Hiermit wird beschrieben, inwieweit die gegebene Einkommensverteilung von einer fiktiven Gleichverteilung abweicht. Auf einer Skala haben bei Null alle das gleiche Einkommen; bei Eins bezieht hingegen eine einzige Person das gesamte Einkommen. Je höher der Koeffizient, umso ausgeprägter ist also die Polarisierung zwischen Arm und Reich einzuschätzen. Anhand des Gini-Koeffizienten lässt sich gut ersehen, dass v.a. seit Mitte der 1980er Jahre (wo der Beginn der „Globalisierung" angesetzt werden kann) die Ungleichheit zwischen den Ländern der Welt, gemessen am Verhältnis der nationalen Pro-Kopf-Einkommen, stark zugenommen hat. *„Dabei zeigt sich, dass die Weltgesellschaft – verstanden als eine Versammlung von Staaten – einen ähnlichen Grad an Ungleichheit besitzt wie jene Nationen, die im globalen Vergleich den höchsten Grad an innerer Ungleichheit aufweisen. So lag im Jahre 1998 der Gini-Koeffizient für die weltweite Staatengemeinschaft bei knapp 0,54, was sie von Ländern wie Italien (0,36) oder Südkorea (0,32) klar abhebt, aber fast in dieselbe Liga wie Brasilien (0,59) oder Südafrika (0,59) befördert. Wer die Zustände in Brasilien oder Südafrika unerträglich findet, kann auch für die Verhältnisse auf der Welt nichts übrig haben."*[477] Die ungewichteten Werte des Sozialproduktes geben Auskunft über das Verhältnis zwischen den Nationen, die mit der Bevölkerung gewichteten Werte über das Verhältnis der Bevölkerungen. In die oben beschriebene Betrachtung geht nun nicht die Bevölkerungsgröße der verschiedenen Länder ein. Bei einer Gewichtung des Sozialprodukts nach Bevölkerungsgröße kehrt sich der o.a. Trend um, was aber v.a. auf China zurückzuführen ist. Doch selbst China und Indien müssten rund

---

[A] In personeller Sicht denke man an diejenigen, die wegen einer Auslagerung der Produktion in Billiglohnländer ihren Arbeitsplatz verlieren. Mit zeitlichem Bezug denke man an die nachfolgenden Generationen als Leidtragende der gegenwärtigen Entwicklung. Was die gegenständliche Dimension der Globalisierung betrifft, ist es zu einem erheblichen Strukturwandel gekommen.

Teil I. Die Struktur: Umweltpolitik als Ordnungspolitik

> hundert Jahre weiter wachsen, um das heutige Einkommensniveau der USA zu erreichen.

Die sich immer weiter vertiefende Ungleichheit zeigt auf, dass die Globalisierung in Wirklichkeit die Welt zur Zeit immer weiter fragmentiert und keineswegs vereinheitlicht.[478]

> **Hinweis: Ungleichheit und Armut**
> „Armut" ist insoweit ein absoluter Begriff, als er den Kreis der Bevölkerung umfasst, der unterhalb einer bestimmten Schwelle lebt. Diese Schwelle wird jedoch mit Blick auf die Entwicklungsstufe des betreffenden Landes gemeinhin unterschiedlich definiert; insoweit ist der Armutsbegriff wieder relativ zu sehen. „Ungleichheit" hingegen ist immer ein relativer Begriff und bezeichnet die Spreizung der Verteilung von Einkommen und Vermögen.

Was sich in der sich globalisierenden Welt tatsächlich vereinheitlicht, sind die Preise für Güter und Dienstleistungen. Die Löhne und Arbeitskosten insbesondere zwischen der Dritten Welt und Teilen Osteuropas einerseits sowie den OECD-Ländern andererseits differieren enorm, nämlich um den Faktor 70.[479] Die Behauptung, dass durch die Globalisierung die Armut v.a. in den Staaten der Dritten Welt gesunken sei, muss vor dem Hintergrund der verschiedenen Messkonzepte von Armut gesehen und relativiert werden: Die Weltbank definiert den Bezieher eines Einkommens von weniger als einem Dollar als „arm"; die UN (in ihrem United Nations Development Programme „UNDP") schließt sich dem an. Somit können in Staaten der Dritten Welt z.T. viel geringere Anteile an „Armen" ausgewiesen werden als in der Ersten Welt, wenn man sich auf die jeweilige national definierte Armutsschwelle bezieht. So wird z.B. für Trinidad und Tobago ein Anteil von 4,1 % und für Mexiko von 10,9 % Armen ausgewiesen (nach UNDP[480]), wohingegen die nationale Statistik von Kanada (1995) einen Armenanteil von 17,8 % und die von Großbritannien (1993) einen Armenanteil von 20,0 % publizierte.[481] Die Armutsindikatoren von Weltbank und UNDP *„blatantly misrepresent country-level situations, as well as the seriousness of global poverty. They serve the purpose of portraying the poor as a minority group, representing some 20 percent of the world population."* [482]

I.4.4.3. Die Schuldenfalle

Welcher Art ist die „Schwerkraft", die dafür sorgt, dass Ressourcen sich von nah und fern auf die Hochverbraucher hin in Bewegung setzen? Ob Erdgas oder Wasser, Ackerland oder genetisches Material, vielfach müssen Ressourcen erst aus dem Besitz der Einwohner in jenen der Ressourcen-Industrien überführt werden. Wie funktioniert die Aneignungsmaschinerie? Wie kommt es dazu, dass sich die Terms of trade im Zeitverlauf immer weiter verschlechtert haben? Wie kommt es, dass die kolonialen Handelsstrukturen immer noch in Funktion sind? Warum forcieren ausgerechnet Länder des Südens, in denen das größte Bevölkerungswachstum stattfindet, eine Wirtschaftsstruktur, die immer wieder Verdrängung und Verarmung zur Folge hat? *Sachs / Santarius* geben eine eindeutige Antwort: *„Es ist die Macht."* [483] Dabei geht es heutzutage nicht mehr primär um militärische Gewalt. *„Man braucht keine Maschinengewehre, kein Napalm, keine Panzer, um die Völker zu unterwerfen und ins Joch zu zwingen. Dafür sorgt heute ganz allein die Verschuldung."* [484] Die Staaten der Dritten Welt sind zumeist zum Erwerb von Devisen gezwungen, um ihre Aus-

Teil I. Die Struktur: Umweltpolitik als Ordnungspolitik

landsschulden abzutragen. Solange sie relativ billige Rohstoffe exportieren und relativ teure Industriegüter importieren müssen, können sie – wenn überhaupt – nur mit Mühe ausreichende Einnahmen erwirtschaften, um über die Zinszahlung hinaus ihre Schulden zu tilgen. Als die UNCTAD gegründet wurde, betrug die kumulierte Auslandsschuld der 122 Länder der Dritten Welt 54 Milliarden Dollar. Ende 2005 war die Schuld auf mehr als 2.100 Milliarden Dollar angelaufen. Im Jahre 2005 belief sich die öffentliche Entwicklungshilfe der Industrieländer des Nordens für die 122 Länder der Dritten Welt auf 58 Milliarden Dollar. Im selben Jahr haben die Länder der Dritten Welt den Banken des Nordens 482 Milliarden Dollar Schuldendienst überwiesen.[485] Die Zinsen für die betreffenden Schulden betragen aufgrund des Länderrisikos häufig das Fünf- bis Siebenfache dessen, was auf den internationalen Finanzmärkten üblich ist.

Jahr	Verschuldung (in Mrd. US-Dollar)	Jährlicher Schuldendienst
1980	580	90
1990	1.420	160
1997	2.130	270
1997	2.190	300
1998	2.400	300
1999	2.430	360
2000	2.360	380
2001	2.330	380
2002 / 2003	2.400	395

Tab. 15: Auslandsverschuldung der Länder der Dritten Welt und des ehemaligen Ostblocks (2003)
(Quelle: J. Ziegler, Imperium der Schande ..., a.a.O., S. 81).

Die Auslandsverschuldung führt zu Devisenmangel. Die nationalen Zentralbanken reagieren häufig mit einer Hochzinspolitik, die zwar die einheimische Wirtschaft erdrosselt, aber als notwendig angesehen wird, um ausländisches Kapital zu noch einigermaßen tragbaren Konditionen zu attrahieren. Industrie kann angesichts einer derartigen Währungspolitik schwerlich gedeihen.
Der Devisenmangel fordert die Schuldnerländer der Dritten Welt stattdessen zu höheren Exportanstrengungen – v.a. in der Landwirtschaft und im Rohstoffsektor – heraus. Das dadurch erhöhte Angebot wiederum führt zu einem Verfall der Rohstoffpreise. Die sinkenden Terms of trade verschärfen dann wiederum die Devisenknappheit, woraus ein Teufelskreis entsteht (v.a. dann, wenn die betreffenden Produkte noch in Konkurrenz zu subventionierten Landwirtschaftsprodukten aus den USA oder der EU stehen): V.a. die Preise für landwirtschaftliche Rohstoffe wie Baumwolle, Rohrzucker, Erdnüsse, Kakao, sind ständig gesunken und z.T. (Kaffee, Rohrzucker) sogar zusammengebrochen. Die Zerschlagung der internationalen Abkommen zur Preisregulierung von Rohstoffen wie Kaffee, Zinn oder Kautschuk tat ein Übriges. Viele Staaten spezialisierten sich auf zwei oder drei Grundstoffe, von denen sie dann zwecks Devisenerwerb in hohem Maße abhängig sind. Die sinkenden Terms of trade sind somit auch dafür verantwortlich, dass die physische Rohproduktion zumeist nur mit einer immer stärkeren Flächenbelegung gesteigert werden kann. Misst man die wirtschaftlichen und sozialen Ungleichgewichte innerhalb der betreffenden Länder, so finden sich – grob gesagt – die extrem polarisierten Länder v.a. in Südamerika und Afrika, wogegen die weniger polarisierten Staaten v.a. in Europa und Asien (Aus-

Teil I. Die Struktur: Umweltpolitik als Ordnungspolitik

nahme: China) zu lokalisieren sind. Die Verteilungssituation war in den vergangenen Jahrzehnten relativ stabil; die Globalisierung hat offenbar die Einkommensverhältnisse auch innerhalb der betreffenden Staaten weitgehend zementiert.[486]
Der Devisenmangel wird noch durch die Gewinntransfers infolge ausländischer Direktinvestitionen sowie durch Lizenzgebühren erhöht, welche die Tochterunternehmen ausländischer Konzerne an die Muttergesellschaften in den Industrienationen transferieren (sog. „Royalties"). Auf die Ausführungen zu den geistigen Eigentumsrechten in Kap. I.3.1.3. sei an dieser Stelle noch einmal verwiesen.

Wie kam es überhaupt zu der immensen Verschuldung von vielen Staaten der Dritten Welt? Für den hohen Schuldenstand sind einerseits entsprechende Interessen in den westlichen Gläubigerstaaten, andererseits wiederum die Comprador-Klassen in den Entwicklungsländern maßgeblich verantwortlich. Die Ausweitung der Verschuldung, mit der häufig Infrastrukturprojekte finanziert werden, liegt im beiderseitigen Interesse. Für die Comprador-Klassen bestünde die Alternative zur Verschuldung in höheren Steuern. Die kreditgebenden ausländischen Banken erhalten eine äußerst attraktive Verzinsung und die Industrie der Gläubigerstaaten oftmals Bauaufträge: Besonders interessant sind dabei rohstoffreiche Länder, zumal diese durch die Verschuldung in die faktische Abhängigkeit von den kreditgebenden Nationen gebracht werden können. *Perkins* beschreibt, dass dies durchaus mit Absicht und zielgerichtet geschieht.[487] Von der – auf Kreditbasis errichteten – Infrastruktur profitieren wiederum die einheimischen Comprador-Schichten am meisten. *„Mit den ausländischen Krediten baut der Staat nämlich vorrangig Straßen, die zu ihren Latifundien führen, er baut Häfen aus, um den Export von Baumwolle, Kaffee und Zucker zu erleichtern, investiert aber auch in die Eröffnung von Binnenluftlinien, in den Bau von Kasernen und ... Gefängnissen."*[488]

Die Problematik der Devisenknappheit wird z.T. sogar durch die sog. „Entwicklungshilfe" bzw. durch „Policy based lendings" von IWF und Weltbank verschärft. *Perkins*[489] beschreibt aus eigener Anschauung, wie – nicht zuletzt auch über die Institutionen Weltbank (plus IWF), Entwicklungshilfe etc. – Staaten der Dritten Welt freizügig Kredite für Projekte aufgedrängt wurden und werden, um diese bewusst in die Schuldenfalle zu treiben. Bei der Kreditvergabe wurde die ökonomische Zukunft der betreffenden Projekte und Länder „rosig" ausgemalt. Die betreffenden Staaten konnten aber erst dadurch in die ökonomische und politische Abhängigkeit von den Kreditgeberstaaten gebracht werden, indem man zuvor die Eliten der betreffenden Länder „kaufte": Das Abzweigen von Geldern wurde toleriert, wenn nicht sogar gefördert. Große Teile der Kredite verließen jedoch häufig die USA nicht, sondern wurden direkt an die Konzerne transferiert, die den Auftrag für die Erstellung der finanzierten Projekte erhielten: Finanzierung durch US Banken und Auftragsvergabe an US Konzerne verliefen sozusagen „im Paket".[A] Bei internationalen Ausschreibungen, zu denen die Empfängerländer z.T. gedrängt wurden, waren einheimische Unternehmen regelmäßig chancenlos. Im besten Falle landen die betreffenden Kredite in exportorientierten Projekten; oftmals wurden die Gelder aber ohne Projektorientierung

---

[A] Doch auch die Steuerzahler der reichen Länder bluten: *Ziegler* beschreibt in diesem Kontext die Vergabe eines „Non-bid-contract" in 2004 an *Halliburton* (langjähriger Vizepräsident: *Dick Cheney*) im Rahmen der „Rekonstruktion des Irak" mit einem Volumen von 7 Milliarden Dollar. *„Teile der Presse beschuldigten Halliburton nicht nur, dank der engen Freundschaft zwischen Dick Cheney und Donald Rumsfeld den 'non-bid-contract' erhalten zu haben. Zudem wird Halliburton verdächtigt, viele der versprochenen Leistungen nur sehr lückenhaft bis gar nicht erbracht zu haben. 2006 verließ Halliburton den Irak."* J. Ziegler, Imperium der Schande ..., a.a.O., S. 47.

Teil I. Die Struktur: Umweltpolitik als Ordnungspolitik

vergeben. „... *the adjustment loans diverted resources away from the domestic economy and encouraged countries to keep on importing large quantities of consumer goods, including food staples, from the rich countries."* [490] Ohne das durch die Verschuldung entstandene Machtgefälle kann schwerlich erklärt werden, warum in Staaten der Dritten Welt ein Anbau für den Export betrieben wird, während zur selben Zeit der Eigenbedarf für die Bevölkerung nicht gedeckt ist.

Die Wirkung der Verschuldung erfährt schließlich auch noch durch die Spekulation auf den internationalen Finanzmärkten eine weitere Verstärkung.

> **Beispiel: Asienkrise**
> Infolge der Liberalisierung der Finanzsektoren in einigen asiatischen Staaten entstand in den neunziger Jahren des letzten Jahrhunderts ein Kreditboom. Ein großer Teil der Kredite wurde zum Kauf von Immobilien eingesetzt, die aufgrund der Nachfrage im Wert stiegen und weitere Beleihungen provozierten. Es entstand eine spekulative Blase. Die Verbindlichkeiten wurden zumeist in Dollar aufgenommen und – mit längerer Befristung – in heimischer Währung vergeben, ohne dass eine entsprechende Absicherung gegen die aus der Währungs- und Fristentransformation (die Wechselkurse waren zumeist fix) resultierenden Risiken vorgenommen wurde. Die asiatischen Währungen wurden schließlich von Spekulanten massiv angegriffen. *„Under repeated speculative assaults, Asian central banks in 1997 had entered into multi-billion dollar contracts (in the forward foreign exchange market) in a vain attempt to protect their currency. With the total depletion of their hard currency reserves, the monetary authorities were forced to borrow large amounts of money under the IMF (International Monetary Funds, also IWF, d. Verf.) bailout agreement. Following a scheme devised during the Mexican crisis of 1994-95, the bailout money, however, was not intended to ´rescue the country´. In fact, the money never entered Korea, Thailand or Indonesia. It was earmarked to reimburse the ´international speculators´ to ensure that they would be able to collect their multi-billion dollar loot. In turn, the Asian tigers – tamed by their financial masters – had been transformed into ´lame ducks´. Korea, Indonesia and Thailand have been locked into servicing these massive dollar denominated debts well into the third millennium."* [491] Von wem kam das Geld, das in die Stützung des asiatischen Schuldendienstes floss? *„In a cruel irony, the issuing of US public debt to finance the Asian bail-outs was underwritten and guaranteed by the same group of Wall Street merchant banks involved in the speculative assaults."* [492]

I.4.4.4. Strukturanpassungsprogramme und Deregulierung

Die Verschuldung ist maßgeblich für das verantwortlich, was als „struktureller Hunger" (im Gegensatz zum sog. „konjunkturellen Hunger") in den Ländern der Dritten Welt bezeichnet wird.[493] Nahezu eine Milliarde Menschen sind heutzutage unterernährt bzw. hungern.[A] Eine weitere Milliarde Menschen leidet an „hidden hunger"

[A] Wenn z.B. vom Food World Report 2004 behauptet wird, der Planet sei imstande, schätzungsweise 12 Mrd. Menschen zu ernähren, so kann dies nur unter der Ägide einer nicht nachhaltigen, auf fossiler Energie basierenden Intensivlandwirtschaft geschehen (s. oben die Ausführungen zur Biomasse).

Teil I. Die Struktur: Umweltpolitik als Ordnungspolitik

(schlechter Ernährung). Die Folge sind oft tödliche Krankheiten. In Brasilien sind 10,5 % der Kinder abnormal klein für ihr Alter („Stunted growth").

Länder	Sozialleistungen	Schuldendienst
Kamerun	4,0 %	36,0 %
Elfenbeinküste	11,4 %	35,0 %
Kenia	12,6 %	40,0 %
Sambia	6,7 %	40,0 %
Niger	20,4 %	33,0 %
Tansania	15,0 %	46,0 %
Nicaragua	9,2 %	14,1 %

Tab. 16: **Haushaltsanteil für grundlegende Sozialleistungen und für den Schuldendienst (1992 bis 1997) in ausgewählten Ländern der Dritten Welt**
(Quelle: J. Ziegler, Imperium der Schande ..., a.a.O., S. 85).

Gefordert wird daher z.T. eine „Revision der Schuld", d.h. eine Prüfung der Verschuldung daraufhin, welche Schulden aufgrund von Korruption, von gefälschten Unterlagen oder eine sonstige Form von Betrug zustande gekommen sind. Ebenfalls sollten Schulden, die auf Wucherzinsen beruhen, als nichtig eingestuft werden. Der Vorschlag der Revision beruht auf einem Beschluss, den das brasilianische Parlament bereits im Jahr 1932 verabschiedet hatte.[A]

Allerdings gibt es bislang noch nicht einmal ein Insolvenzverfahren für zahlungsunfähige Staaten, wenngleich dies immer wieder gefordert wird. Zahlt ein Land seine Schulden nicht mehr, werden die sich im Ausland befindlichen Vermögenswerte auf Antrag der Gläubiger konfisziert. Der Weg einer absichtlichen Zahlungseinstellung könnte nur bei vollständiger Autarkie eingeschlagen werden. Zwar gab es in der Vergangenheit vereinzelt Schuldenerlasse, die jedoch dem Zweck dienten, die „Raten und Zinsen der Restschuld um so sicherer einkassieren (zu) können ..."[494] Statt dessen werden den betreffenden, von Zahlungsunfähigkeit bedrohten Staaten vom IWF Strukturanpassungsprogramme (Structural adjustment programmes, SAP) auferlegt. Mit diesen wird häufig eine am Willen der Bevölkerung vorbeigehende, nicht demokratisch legitimierte „Parallelregierung" eingerichtet; die Programme haben zudem häufig dramatische Konsequenzen für die betreffende Bevölkerung.[495]

Beispiel: Strukturanpassungsprogramm für Brasilien
„Wenn die Zahlungsunfähigkeit droht, wird das Schuldnerland also (vom IWF) gezwungen, die im Staatshaushalt vorgesehenen Ausgaben zu kürzen. Wer leidet darunter? In erster Linie natürlich die, die nicht viel haben. Der Großgrundbesitzer in Brasilien oder der indonesische General scheren sich nicht um die Schließung der Schulen: Ihre Kinder studieren in den Schulen Frankreichs, der Schweiz oder der Vereinigten Staaten. Die Schließung der öffentlichen Krankenhäuser? Ist ihnen ganz egal: Ihre Familien lassen sich im Genfer Kantonspital behandeln, im amerikanischen Spital in Neuilly oder in den Kliniken in

---

[A] J. Ziegler, Imperium der Schande ..., a.a.O., S. 95 ff. und S. 205.-So zahlt Ruanda beispielsweise immer noch an den Schulden, die aufgenommen wurden, um Waffen für den Völkermord 1994 zu finanzieren. Eine Maßgebliche Rolle als Kreditgeber und Waffenlieferant spielte Frankreich.

Teil I. Die Struktur: Umweltpolitik als Ordnungspolitik

> *London oder Miami."* [496] *Ziegler an anderer Stelle: „Anfang der achtziger Jahre hat der IWF Brasilien einen besonders strengen Strukturanpassungsplan aufgenötigt. Die Regierung musste ihre Ausgaben massiv einschränken. Sie hat unter anderem eine nationale Impfungskampagne gegen Masern eingestellt. Im Jahr 1984 ist in Brasilien eine schreckliche Masernepidemie ausgebrochen. Zehntausende ungeimpfte Kinder sind gestorben. Die Verschuldung hat sie getötet. Jubilé 2000 hat berechnet, dass im Jahr 2004 alle fünf Sekunden ein Kind unter zehn Jahren wegen der Verschuldung stirbt."* [497] Brasilien, immerhin die elftgrößte Wirtschaftsmacht der Erde, steht mit einer Auslandsschuld von mehr als 240 Milliarden US-Dollar in der Kreide, die mehr als 52 % seines Bruttoinlandsprodukts entsprechen.

Strukturanpassungsprogramme werden den hoch verschuldeten Ländern seit über 25 Jahren aufgezwungen. Sie haben deren Abhängigkeit von den Grundstoffen und ihre wirtschaftliche Verwundbarkeit weiter erhöht.

Zudem werden die Grundpfeiler des neoliberalen Dogmas als ordnungspolitische Vorgaben in den Schuldnerländern durchgesetzt, allen voran Privatisierung und Deregulierung. Priorität - und das kommt in den Strukturanpassungsprogrammen zum Ausdruck – hat v.a. der Schuldendienst. Die öffentlichen Ausgaben für Gesundheitsdienste, öffentliche Schulen, Sozialversicherung etc. werden dementsprechend zusammengestrichen; die Einrichtungen werden oft privatisiert. Der (Sozial-) Staat wird so systematisch zurückgedrängt und die Lücke durch private Anbieter – oft ausländische Konzerne – gefüllt. Die Folge dieser Politik ist ein weitgehender Ausschluss der Bevölkerung vom Zugang zu diesen Leistungen.[498]

Der Staat in seiner Rolle als Verteidiger der Interessen der Comprador-Schichten wird hingegen gestärkt. Daher fällt dem Schuldendienst selten das Budget für Militär, Polizei und Geheimpolizei zum Opfer. Diese Institutionen werden benötigt, um die Pfründe der „Korporatokratie" und ihrer Handlanger zu sichern.

> **Beispiel: Einflussnahme durch den IWF in Niger**
> *„Das im Januar 2001 von Hama Amadou vorgestellte Regierungsprogramm sieht den Bau von mindestens 1.000 neuen Schulen pro Jahr vor. Nun hat der Niger im Frühjahr 2001 an private Anbieter die Lizenz für Mobiltelefone verkauft. Natürlich hatte der Ministerpräsident vorgehabt, die damit eingenommenen Summen in den Bau von Schulen zu stecken. Doch der in Niamey ansässige Satrap des IWF hinderte ihn daran: Vorrang hat die Bedienung der Schuldzinsen!"* [499]

I.4.4.5. Zusammenfassung und Schlussfolgerungen

Zwischen Erster und Dritter Welt besteht kein gleichwertiger Austausch, sondern eine hierarchische Form von Wirtschaftsbeziehungen. Die Schuldenfalle, Gewinn- und Lizenzzzahlungen führen zu Devisennot. Die Länder der Dritten Welt sind daher zum Export genötigt, und zwar zum Export weniger nachwachsender und nicht nachwachsender Rohstoffe. Die externe Inanspruchnahme von Flächen zur Produktion von Biomasse reiht sich hervorragend in dieses tradierte Schema ein (s. unten). Die Terms of trade sanken vor diesem Hintergrund in der Vergangenheit permanent ab.

Teil I. Die Struktur: Umweltpolitik als Ordnungspolitik

Möglicherweise ergeben sich hier durch das Auftreten des ressourcenhungrigen China demnächst einige Veränderungen. Doch diese Veränderungen werden gerade für die ärmsten Länder in Summe nicht von Vorteil sein, da diese durch die Preissteigerungen von Ressourcen mit am stärksten betroffen sein dürften. *Ziegler* spricht von Hunger und Verschuldung als „Massenvernichtungswaffen"'.[500] Die rund 100.000 Menschen, die tagtäglich (!) an Hunger sowie an den unmittelbaren Folgen des Hungers sterben[501], übersteigen die Anzahl der unmittelbaren Opfer des Atombombenabwurfes von Hiroshima und Nagasaki zusammen (Schätzungen sprechen hier von bis zu 67.000 Toten[502]) – ohne dass in unseren Massenmedien hiervon viel Aufhebens gemacht wird. Obwohl derartige Vergleiche immer problematisch sind, machen sie doch wenigstens die Größenordnung der Katastrophe bewusst. Daher noch ein weiterer Vergleich: Im Zweiten Weltkrieg fielen 16 bis 18 Millionen Menschen im Kampf; ca. 50 bis 55 Millionen Zivilisten wurden getötet.[A] Ca. 12 bis 13 Millionen Geburten unterblieben infolge des Krieges. Heutzutage sterben mehr als 30 Millionen Menschen pro Jahr an den Folgen von Unterernährung und Hunger.[503] Allein im Jahr 2001 belief sich die Zahl der in den 122 Ländern der Dritten Welt durch wirtschaftliche Unterentwicklung und extreme Armut verursachten Todesfälle auf ca. 58 Millionen. Vor diesem Hintergrund spricht *Ziegler* von einer „kannibalischen Weltordnung", die durch „strukturelle Gewalt" gekennzeichnet ist.[504] *„Die vier apokalyptischen Reiter der Unterentwicklung heißen Hunger, Durst, Seuche und Krieg. Sie zerstören jedes Jahr mehr Männer, Frauen und Kinder, als es das Gemetzel des Zweiten Weltkriegs in sechs Jahren getan hat. Für die Menschen der Dritten Welt ist der 'Dritte Weltkrieg' in vollem Gange."* [505] Die wichtigste Eroberungswaffe in diesem Krieg ist die neoliberale Ideologie.[506] Institutionell wird die neoliberale Ideologie auf dem internationalen Parkett v.a. durch die WTO, die Weltbank und den IWF verkörpert. Strukturanpassungsprogramme und Privatisierung zeigen verheerende Folgen in den Schuldnerländern. So wurde 1971 die Kategorie der „Less advanced countries" in die internationale Statistik eingeführt. Diese Gruppe startete damals mit 27 Ländern, heute sind es – trotz oder wegen der beschriebenen Politik - 49. Lediglich Botswana konnte sich durch eine – dem neoliberalen Credo entgegengesetzte - auf den Eigenbedarf konzentrierte Agrarpolitik aus dieser Gruppe wieder befreien.[507] *Ziegler* diskutiert vor dem Hintergrund von Not, Tod, Elend und Umweltzerstörung die Frage, ob es eines Tages einen Nürnberger Gerichtshof für die Protagonisten dieser Entwicklung geben wird.[508] Hatte man zur Zeit des „Kalten Krieges" noch Angst, bestimmte Länder würden durch Armut und Unterentwicklung in die Arme des Kommunismus getrieben, so ist diese gewichen – der Kapitalismus zeigt seit 1991 sein wahres Gesicht.[509]

In Teil II wird darauf hingewiesen, dass das skizzierte Problem jedoch weniger auf die Verschuldung an sich, sondern v.a. auf die Zinszahlungen zurückzuführen ist, die auf den Schulden lastet. Der Zins hat – das wird ebenfalls zu zeigen sein – seinen Ursprung nicht in den Präferenzen der Menschen, sondern in den Strukturmerkmalen des Geldes. Das heutige Geld ist – und das wird in der volkswirtschaftlichen Lehre der Geldfunktionen zumeist verschwiegen – nicht nur ein Medium für den Austausch, für die Zahlungen, für die Messung der Wertrelationen und die Wertaufbewahrung, sondern ganz maßgeblich auch ein Macht- und Herrschaftsmittel.

[A] China ist hierbei nicht berücksichtigt; hier fehlen statistische Angaben.

Teil I. Die Struktur: Umweltpolitik als Ordnungspolitik

I.4.5. Feldstudie: Die verstärkte Nutzung von Biomasse als neue Dimension der Globalisierung

I.4.5.1. Legitimation und Zielsetzung

Eine sich – im Sinne der „starken" oder „kritischen" Konzeption (Kap. I.2.1.2. und Kap. I.2.1.3.) - als „nachhaltig" verstehende Wirtschaft muss den Gesetzen der Thermodynamik genügen. Das heißt u.a., dass nicht mehr Energie verbraucht werden darf, als die Sonne uns fortwährend spendet.[A] Genau das ist aber bei unserer Wirtschaftsweise der Fall: Die gesamte Zivilisation nach westlichem Vorbild ist zu 95 % auf Kohlenwasserstoff aus fossilen Energieträgern (allen voran Öl) basiert.[510] Hierbei handelt es sich um über Jahrmillionen „gespeicherte" Sonnenenergie (ein Bestand), die wir seit der industriellen Revolution innerhalb von ca. 200 Jahren zu einem wesentlichen Teil aufgebraucht haben. Die Erhöhung des Anteils regenerativer Energien ist vor diesem Hintergrund nichts anderes als der Versuch, die Photosynthesekapazität unserer Zivilisation zu erhöhen, also verstärkt vom „Fluss" der Sonne zu partizipieren - ein im Grunde einleuchtender und vernünftiger Ansatz. Regenerative Energieträger nutzen nämlich Sonnenenergie, entweder unmittelbar (Fotovoltaik oder Solarthermie) oder in umgewandelter Form (Erdwärme, Windenergie, Biomasse). Energie aus Biomasse stellt also nur eine Teilmenge der regenerativen Energien dar. Dabei ist Biomasse nicht gleich Biomasse: Für unsere Zwecke kann grob zwischen nachwachsenden Rohstoffen (z.B. Mais, Raps, Weizen) und der Verwertung von Reststoffen (z.B. Gülle) unterschieden werden. Vor dem Hintergrund unserer Ausführungen werden folgende Gründe für die verstärkte Nutzung von regenerativen Energien – insbesondere von Biomasse - vorgetragen:

- Zum einen soll ein Beitrag zum Klimaschutz geleistet werden. Bei Biomasse, so das Argument, werde nur soviel CO_2 in die Atmosphäre abgegeben, wie vorher aufgenommen wurde. Die Klimabilanz ist insoweit (s. die Einwände unten) neutral.
- Der zweite Grund ist das Streben nach einer höheren Unabhängigkeit von fossilen Energieträgern.

Insoweit geht es v.a. um die Leitwerte „Anpassungs- und Wandlungsfähigkeit". Ein weiterer, sich speziell auf Biomasse beziehender Grund, der nicht so intensiv in die Öffentlichkeit getragen wird, ist die Hoffnung, mit den nachwachsenden Rohstoffen den „Landwirten etwas Gutes zu tun", oder, deutlicher formuliert, die Stützung der agrarischen Grundrente.[B]

Die erneuerbaren Energien sollen vor diesem Hintergrund europaweit bis 2020 einen Anteil von 20 % am Endenergieeinsatz erreicht haben. Der Biomasseanteil an den erneuerbaren Energien, soll aus diesem Grunde noch weiter wachsen.[511] Dabei lag in

---

[A] D. A. Pfeiffer, Oil, Food and the Coming Crisis in Agriculture, Gabriola Island, BC / Kanada 2006, S. 6.

[B] S. Gesell; Die Natürliche Wirtschaftsordnung durch Freiland und Freigeld, 9. Aufl., Lauf bei Nürnberg berg 1949. *Gesell* war einer der wenigen Ökonomen, der die Bedeutung der Grundrente für Staat und Politik erkannte. – Vgl. auch *S. Tangermann*, Mehr Mais im Tank bedeutet mehr Hungersnot, Interview in: Zeit Online, http://www.zeit.de/2007/07/Interview-Biosprit.- Wegen des ureigensten Interesses des Agrobusiness sollte man eigentlich besser von „Agro-Kraftstoffen" anstatt von „Biokraftstoffen" reden. Wir halten jedoch am euphemistischen, weil „grün" besetzten Begriff der „Biokraftstoffe" fest, weil dieser erfolgreich in die Diskussion implementiert wurde.

Teil I. Die Struktur: Umweltpolitik als Ordnungspolitik

Deutschland der Anteil erneuerbarer Energien im Jahre 2006 bei 8 % des Endenergieeinsatzes, rund 75 % hiervon bestand in der Nutzung von Biomasse.[512] Nach einer weiteren Zielsetzung sollen die Autos in Europa künftig mit 10 % Biosprit fahren. Die EU-Kommission hatte dabei festgelegt, dass der Pflanzensprit, verglichen mit herkömmlichem Benzin, mindestens 35 % Kohlendioxid und andere Gase einsparen muss, die für den gefährlichen Treibhauseffekt verantwortlich sind.

Dem ersten Anschein nach handelt es sich bei der verstärkten Nutzung von Bioenergie also um nachhaltigkeitskonforme Zielsetzungen. Nachfolgend werden wir der Frage nachgehen, ob dieses Bild Bestand haben kann, wenn man
- mit Blick auf die Dimension Zeit die Frage stellt, wie lange Bioenergie überhaupt in der erforderlichen Quantität verfügbar gemacht werden kann;
- hinsichtlich des Raumes die Konsequenzen der Tatsache betrachtet, dass die oben formulierten Ziele bezüglich der verstärkten Einsatzes von Biomasse nur bei einem verstärkten Import erreicht werden können;
- gegenständlich die Konkurrenzen auf der Inputseite (Düngung etc.) wie auf der Outputseite (Flächenkonkurrenz, Treibhausgasemissionen etc.) betrachtet;
- subjektiv ansieht, wie Menschen in unterschiedlichen Ländern betroffen sind.

Bei der Erzeugung von Biomasse in Gestalt nachwachsender Rohstoffe muss also zwischen der Input- und der Outputseite unterschieden werden.[A] Unter „Input" soll dabei der Einsatz an Materialien und Arbeit zusammengefasst werden, als „Output" werden sowohl die Erzeugnisse (Nahrungsmittel vs. Bioenergie) als auch die Abfälle und Emissionen verstanden.

[A] Im einzelnen spielen eine Rolle: Landnutzungsänderungen, Versauerung, Nährstoffeintrag, Fotosmog, Ozonabbau, Humantoxizität, Treibhausgasemissionen, Kohlenstoffverlust durch Bodenbearbeitung, Kraftstoffverbrauch.- Vgl. Sachverständigenrat für Umweltfragen, Klimaschutz durch Biomasse, Sondergutachten, Berlin (Hausdruck) 2007, 38-39.

Teil I. Die Struktur: Umweltpolitik als Ordnungspolitik

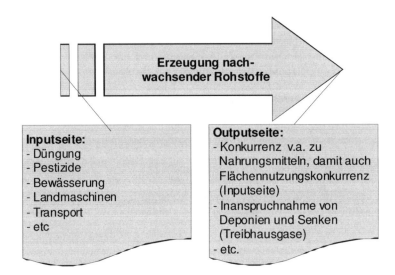

Abb. 15: Aspekte bei der Analyse der Erzeugung nachwachsender Rohstoffe
(Quelle: Eigene Darstellung)

Wir wollen vorliegend nicht diejenigen Studien im Detail wiedergeben, die auseinandergelegt haben, welche Formen von Biomasse wann und wo und wie mit welchen Vor- und Nachteilen genutzt werden können und sollten.[A] Uns geht es vielmehr um das große Bild, das bei einer Beschäftigung mit den Details zu leicht aus dem Auge gerät. Wir halten uns wieder an das Analyseraster Wirtschaft / Effizienz, ökologische Zielsetzung / Effektivität und soziale Zielsetzung / Nachhaltigkeit.

I.4.5.2. Effizienz: Handel und Produktion

Nachfolgend werden wir zunächst auf die Effizienz bezüglich der Biomasseproduktion sowie Fragen der Tauscheffizienz eingehen. Sodann geht es um die Frage der Effizienz beim Input der Biomasseproduktion.

a. Die Outputseite: Unzureichende Produktion von Biomasse und externe Flächenbelegung
Oben wurden die ehrgeizigen Ziele hinsichtlich einer weiteren Ausdehnung der Nutzung von Biomasse genannt. Die Produktion von Biomasse – insbesondere in Gestalt nachwachsender Rohstoffe – benötigt jedoch landwirtschaftliche Flächen.
Durch Bodendegradation, durch die permanente Ausweitung der Siedlungs- und Verkehrsflächen etc. geht in den Industrieländern aber immer mehr landwirtschaftli-

---

[A] In diesem Zusammenhang sei insbesondere hingewiesen auf: Nachhaltigkeitsbeirat der Landesregierung Baden-Württemberg (NBBW), Energie aus Biomasse: Potenziale und Empfehlungen für Baden-Württemberg, Stuttgart, April 2008.- Sachverständigenrat für Umweltfragen (SRU), Klimaschutz durch Biomasse, Sondergutachten, Hausdruck, Berlin, Juli 2007.- Wissenschaftlicher Beirat Agrarpolitik beim Bundesministerium für Ernährung, Landwirtschaft und Verbraucherschutz, Nutzung von Biomasse zur Energiegewinnung – Empfehlungen an die Politik, Gutachten, November 2007.

Teil I. Die Struktur: Umweltpolitik als Ordnungspolitik

che Fläche verloren. In Deutschland beispielsweise beträgt der jährliche Zuwachs an Siedlungs- und Verkehrsfläche ca. 2/3 der Fläche des Bodensees; die Hälfte der betreffenden Fläche ist dabei versiegelt.[A] Der wichtigste Treiber der Neuinanspruchnahme von Siedlungs- und Verkehrsflächen ist dabei das Wirtschaftswachstum.[513] Auch in anderen Ländern wird die zur Verfügung stehende landwirtschaftliche Fläche tendenziell immer knapper. Auf diese Situation trifft nun eine wachsende Nachfrage nach nachwachsenden Rohstoffen, die z.T. auch durch eine entsprechende Förderpolitik (NaWaRo-Bonus, aber auch zum Teil das EEG) stimuliert bzw. alimentiert wird.

Hält man sich beispielsweise vor Augen, dass selbst – bei einer Fortführung der gegenwärtig gebräuchlichen landwirtschaftlichen Methoden –
- bei einer hypothetischen Widmung von 30 % der landwirtschaftlichen Flächen Deutschlands für die Biomasseproduktion beim gegenwärtigen Energiemix lediglich 2,3 % des Endenergieverbrauchs, bei einer Optimierung (insbesondere durch verstärkten Einsatz von Hackschnitzel-Kraftwärmekopplung) nur 9 % des Endenergieverbrauchs durch Biomasse abgedeckt werden könnten,
- bereits zur Erzeugung des gem. § 37a Abs. 3 S. 3 Bundes-Immissionsschutzgesetz (BImSchG) bis zum Jahre 2010 dem Otto- und Dieselkraftstoff beizumischenden und in den Folgejahren noch zu erhöhenden Biokraftstoffanteils von 6,75 % das gesamte verfügbare Flächenpotenzial in Deutschland beansprucht würde,

wird augenscheinlich, dass zur Erreichung der oben genannten ambitionierten Ziele nicht nur Flächen umgewidmet werden müssen, sondern dass auch massiv auf Flächen außerhalb der eigenen Landesgrenzen zurückgegriffen werden muss.[514] Hierüber besteht in Fachkreisen Einigkeit. Augenblicklich beträgt der Anbauanteil für nachwachsende Rohstoffe in Deutschland 13 % der Ackerfläche; er hat sich seit Beginn der 90er Jahre mehr als verfünffacht.[515] So wird die Verfügbarkeit von Ackerland als zentrale Restriktion speziell bei der Biotreibstofferzeugung gesehen.[516]

Ein verstärkter Import von Biomasse bedeutet aber nichts anderes als eine weitere exterritoriale Flächenbelegung durch die Industrieländer (und China) zum Zwecke der Energieproduktion. Schon heute werden in den Entwicklungsländern massiv Flächen durch die Industrieländer belegt (z.B. Fleischproduktion, Sojaanbau als Futtermittel). Dies hat natürlich auch sachliche Gründe, da die Hektarproduktivität stark von der CO_2-Bindung abhängt. Somit liegt der Zugriff auf Flächen in den Tropen nahe. Mit der verstärkten Nutzung von Biomasse werden aber die diesbezüglichen Strukturen – und Fehlentwicklungen – weiter verfestigt. Fehlentwicklungen bestehen u.a. dahingehend, dass in vielen Ländern alteingesessene, den Boden- und Witterungsverhältnissen angepasste Kulturpflanzen sowie generell Produkte für den Eigenbedarf immer mehr durch Exportprodukte verdrängt und die betreffenden Länder hinsichtlich der Grundversorgung mit Nahrungsmitteln immer mehr vom Ausland abhängig werden. Entwicklungs- und Schwellenländer werden zum Anbau von Exportprodukten durch mehrere Faktoren gedrängt.[B] So

---

[A] Vgl. D. Löhr / O. Fehres / D. Mühlleitner, Mehr fiskalische Transparenz bei Baulandneuausweisungen, in: H. Dieterich / D. löhr / S. Tomerius (Hrsg.): Jahrbuch für Bodenpolitik 2006 / 2007, Berlin 2007, S. 178.

[B] S. Tangermann, Mehr Mais im Tank bedeutet mehr Hungernde, Interview in: Zeit Online, http://www.zeit.de/2007/07/Interview-Biosprit. - Dabei ist hinsichtlich der Biotreibstoffe ist die Landwirtschaftspolitik nicht konsistent – trotz des Importbedarfs werden weiterhin Zölle auch auf nachwachsende Rohstoffe erhoben, die z.B. im OECD-Durchschnitt bei Ethanol zu einer Verteuerung von 25 %

Teil I. Die Struktur: Umweltpolitik als Ordnungspolitik

- tragen v.a. die landwirtschaftlichen Exportsubventionen der EU und der USA dazu bei, über niedrige Preise für Exporte landwirtschaftlicher Produkte in Schwellen- und Entwicklungsländer autochthone Agrarstrukturen zu zerstören;
- drängt die aufgrund der hohen Verschuldung bestehende Notwendigkeit, Devisen zu erwirtschaften, die betreffenden Volkswirtschaften in den Export;
- ist die „Zahlungsbereitschaft" der westlichen Industrienationen oftmals höher als die der eigenen, zu einem großen Teil marginalisierten Bevölkerung;
- etc.

Die genannten Fehlentwicklungen, insbesondere die – aufgrund der Exportorientierung entstandene - Unfähigkeit vieler Länder, ihre Bevölkerung angesichts steigender Weltmarktpreise für Nahrungsmittel durch die eigene Landwirtschaft zu versorgen, führte in einigen Entwicklungsländern in 2007 und 2008 zu Nahrungsmittelkrisen bis hin zu Hungeraufständen.[517] Angesichts der Volatilität der Nahrungsmittelpreise auf dem Weltmarkt ist aber ein bestimmtes Maß an Autonomie der Versorgung für die betreffenden Staaten überlebenswichtig; die internationale Arbeitsteilung darf hier nicht zu weit getrieben werden.

In den Vorkapiteln wurden die Mechanismen, die mit den bisherigen externen Flächenbelegungen einhergehen, als „neokolonialistisch" kritisiert, da sie althergebrachte Handelsstrukturen konservieren, die nicht – wie von den Ideologen des Neoliberalismus behauptet – der Ausschöpfung komparativer Kostenvorteile, sondern auf Basis einer vermachteten Beziehung der Sicherung der Rohstoffbasis der westlichen Industriestaaten (und neuerdings auch Chinas) dienen.[A] Diese auf koloniale Zeiten zurückgehenden Handelsmuster werden durch die exterritoriale Flächenbelegung zum Zwecke der Nutzung von Biomasse noch verfestigt. Dabei stützt sich die exterritoriale Flächenbelegung oftmals ausdrücklich auf Eigentumstitel; es werden also von der Agrarindustrie Direktinvestitionen in die betreffenden Länder vorgenommen und Landtitel erworben. *Pinto* et al. kritisieren, bezogen auf Brasilien: *„In this context, the role of Brasil would be to provide cheap energy to rich countries which would represent a new phase of colonization. The present policies for the sector are sustained on the same elements that characterized the colonization of Brasil: appropriation of territory, of natural resources and of labour which represents a greater concentration of land, water, wealth and power."* [518] Die Autoren betonen beim Anbau von nachwachsenden Rohstoffen in Brasilien insbesondere die Rolle billiger Arbeitskraft in Arbeitsverhältnissen, die der Sklaverei ähnlich sind.

Um es noch einmal deutlich auszudrücken: Nicht die Tatsache, dass landwirtschaftliche Produkte ausgetauscht werden, ist verwerflich. Ganz im Gegenteil bietet sich ein gewisser Austausch im Sinne einer den unterschiedlichen Bodenbeschaffenheiten, klimatischen Verhältnissen etc. angepassten Landwirtschaft an. Man kann nicht *in nachhaltiger Weise* alles überall anbauen.[B] Zu kritisieren sind allerdings vor allem die oben skizzierten vermachteten Bedingungen des Austauschs, welche die betreffenden Schwellen- und Entwicklungsländer in die Abhängigkeit der Industrieländer treiben.

---

führen. Dies deutet darauf hin, dass es nicht nur um die Förderung der Biotreibstoffe geht, sondern auch – ganz traditionell – wie schon erwähnt um die Stützung der agrarischen Grundrente.

[A] Der Vorwurf des „Neoimperialismus" kommt allerdings auch aus der „Compradorklasse" (*Ziegler*) und ist insofern gegen die Zölle gerichtet, die immer noch auf Biomasseprodukten liegen und die den Export der Plantagenprodukte erschweren.

[B] Genau dieser Trend ist jedoch bei den gegenwärtigen Strukturen zu beobachten, bei denen eben nicht eine nachhaltige, angepasste Landwirtschaft im Vordergrund steht.

Teil I. Die Struktur: Umweltpolitik als Ordnungspolitik

Nun liegt der Einwand nahe, dass die Erzeugung von Biomasse ja nicht unbedingt zu einer erhöhten Flächenkonkurrenz und – angesichts der eingangs erwähnten politischen Zielsetzungen – zu exterritorialen Flächenbelegungen führen müsse. In Gestalt der Nutzung von Reststoffen kann sie auch flächenneutral sein. Allerdings können durch die verstärkte Nutzung von Reststoffen die eingangs genannten Zielsetzungen nicht im entferntesten erreicht werden. Reststoffe sind schlichtweg zu unergiebig. Das betreffende Potenzial wird für Deutschland lediglich auf 5 % des Primärenergiebedarfs geschätzt.[519] Zwar stützen sich diesbezügliche Hoffnungen auf die sog. „Biokraftstoffe der zweiten Generation".[A] Allerdings ist deren großtechnologische Realisierung bislang noch nicht erfolgt – nach Meinung von Experten ist man noch Jahrzehnte hiervon entfernt.[520] Schließlich ist z.B. die Energieausbeute von „Biomass to Liquid" (BtL) zur Zeit derjenigen von Holzpellets vergleichbar (hier scheint eher der Kraftstoffpfad „Biomasse zu Biogas" ein effizienter Weg zu sein).[521]

b. Die Inputseite: Zur fossilen Basis der industrialisierten Biomasseproduktion
Die eingangs genannten Ziele können nur durch eine intensive, industrialisierte Landwirtschaft erreicht werden – teilweise wird dies offen zugegeben. So gehen auch die vorliegenden Biomassepotenzialstudien regelmäßig – zumeist implizit - davon aus, dass die Landwirtschaft von heute in unveränderter Weise zur Biomasseproduktion fortgesetzt werden kann. Dies ist jedoch ein großer Trugschluss: Die Landwirtschaft von heute ist ein Kind der „Grünen Revolution". Sie ist in hohem Maße von fossilen Energieträgern (und auch der nur sehr eingeschränkt erneuerbaren Ressource Wasser, vgl. Kap. I.3.4.3.) abhängig. Die Grüne Revolution führte zwischen 1945 und 1994 zu einer Verdreifachung der Weltgetreideproduktion, während sich der Energieinput vervierfachte. *„This additional energy did not come from an increase in sunlight, nor did it result from introducing agriculture to new vistas of land. The energy for the Green revolution was provided by fossil fuels."* [522] Die heutige, intensiv betriebene Landwirtschaft beruht bezüglich Kunstdünger (allein ca. 1/3 der gesamten in der Landwirtschaft eingesetzten Energie[523]), Pestiziden, Bewässerung, Maschinerie, Lagerung, Transport und Verteilung etc. in einem hohen Maße auf fossilen Energien (Rohöl, Erdgas). In den USA benötigte beispielsweise im Jahre 1994 jeder Amerikaner das Äquivalent von 400 Gallonen (entspricht ca. 1.600 l) Öl für die Nahrungsmittelerzeugung. Die hohe Abhängigkeit vom fossilen Unterbau zeigt sich u.a. auch darin, dass der zu beobachtende Anstieg der Nahrungsmittelpreise (Outputseite, s. unten) in 2007 durch einen ebenso massiven Anstieg der Preise für Kunstdünger (ca. 30 %) begleitet wurde, und zwar international.[524]
Bei den entsprechenden Öko-Bilanzen darf nicht nur der laufende Energieinput berücksichtigt werden, sondern auch der Energieaufwand, der zur Herstellung der entsprechenden Bewässerungseinrichtungen, Transportinfrastruktur etc. notwendig ist.[B] Insgesamt gehen verschiedene Studien (im Detail unterschiedlich, in der Richtung aber durchaus übereinstimmend) davon aus, dass die moderne Landwirtschaft ca. 7

[A] Hierzu zählen beispielsweise Biobutanol, Ethanol aus Zellulose oder BtL-Kraftstoff („Biomass-to-Liquid"). Beim zuletzt genannten ist die Entwicklung synthetischer Kraftstoffe am weitesten vorangeschritten. BtL-Kraftstoff soll hauptsächlich aus festen Stoffen wie Brennholz, Stroh oder Grasschnitt hergestellt werden. Die Biomasse wird dabei zunächst vergast und anschließend verflüssigt. Synchron existieren auch Verfahren zur Verflüssigung von Kohle (CtL: Coal-to-Liquid) und Erdgas (GtL: Gas-to-Liquid).

[B] Dies fällt schwer und ist willkürlich, da die betreffenden Infrastruktureinrichtungen z.T. auch den Charakter von „Gemeinkosten" haben. Dies betrifft v.a. den Transport – auf Straßen, Flughäfen et. werden alle möglichen Güter und nicht nur Lebensmittel transportiert.

Teil I. Die Struktur: Umweltpolitik als Ordnungspolitik

bis 10 mal soviel Energie verbraucht wie sie erzeugt.[A] OECD-Direktor (Handel und Landwirtschaft) *Tangermann* nennt für Europa eine zunächst weniger dramatisch anmutende Zahl: Hiernach werden ca. 80 % der gewonnenen Bioenergie zuvor in Form fossiler Energien investiert.[525] Die Bilanz dürfte allerdings eindeutig negativ werden, wenn lange Transportwege hinzukommen.[526]
Nach den Gesetzen der Thermodynamik begrenzt die Fähigkeit zur Photosynthese die Möglichkeiten zur Produktion von Nahrungsmitteln und nachwachsenden Rohstoffen – aus diesen Fesseln geringer Produktivität befreit einstweilen nur der fossile Unterbau der herkömmlich betriebenen Landwirtschaft, von dem auch die betreffenden Biomasse-Szenarios ausgehen.[B] Die heutige, durch die „Grüne Revolution" (zwischen 1950 und 1984) erzeugte hohe landwirtschaftliche Produktivität ist also nur möglich, indem auf in Jahrmillionen in den fossilen Energieträgern gespeicherte Sonnenenergie zurückgegriffen wird. *Kunstler* äußert sich daher in Bezug auf Biomasse sehr skeptisch: „*Forget biomass. It´s only a cruder variation of thermal depolymerization. The idea is that we would supplement our fossil fuel-burning power plants by adding organic materials such as cornstalks, switchgrass, willow sticks, and sawdust. Biomass schemes are predicated entirely on the assumption of an underlying fossil fuel platform, especially in terms of agricultural waste products such as cornstalks grown under an industrial agriculture regime using massive petroleum and natural gas ´inputs´ for artificial manufactured fertilizers, harvesting, and transport. This applies in particular to all schemes promoting ethanol (alcohol derived from plants) as an ´environmentally friendly´ additive to gasoline. The amount of petroleum and natural gas needed to produce the corn to make the ethanol would more than cancel out any benefit from using a supposedly non-fossil fuel.*" [527] Ähnlich meint *Pfeiffer* mit Blick auf die Euphorie, die den erneuerbaren Energien entgegengebracht wird: „*This ignores the fact that there is no other energy resource capable of delivering as much energy as hydrocarbons – not renewables, not unconventional resources such as tar sands, not even coal. The only thing which comes close is nuclear, and this has too many other problems.*" [528]
Denkt man sich die fossile Basis weg, wird Energie aus Biomasse unergiebig. *Kunstler* argumentiert daher, dass die Protagonisten der Biomasse (als Ersatz für fossile Energieträger) schlichtweg die Gesetze der Thermodynamik ignorieren. Für alle energiepolitischen Alternativen gilt (mit Ausnahme der wenig wünschenswerten Alternative Kernkraft):
- Sind die Substitute tatsächlich ergiebig, basieren sie letztlich doch auf fossilen Energie (hoher Zuwachs an Entropie);
- beruhen sie nicht auf fossiler Energie, sind sie nicht ergiebig genug, um die fossilen Energien wirklich ersetzen zu können (niedriger Entropiezuwachs).

[A] Für die USA s. D. Pimentel / M. Giampietro, Food, Land, Population and the U.S. Economy, Carrying Capacity Network Publications, Nov. 1994.- C.A.S. Hall / C. J. Cleveland / R. Kaufmann, Energy and Ressource Quality, Wiley Interscience, 1989.- M. C. Heller / G. A. Kaoleian, Life Cycle-Based Sustainability Indicators for Assessment of the US Food System, The Center for Sustainable Systems, Report No. CSSoo-04, Dec. 2000, http://www.umich.edu/~css.

[B] Vor diesem Hintergrund werden auch die mit Biofuels verbundenen Kosten zur CO_2-Vermeidung als hoch eingeschätzt: „*The costs of obtaining a unit of CO2-equivalent reduction through susidies to biofuels is extremely high, well over $ 500 per tonne of CO2-equivalent avoided for corn-based ethanol in the United States, for example, with other researched countries not performing much better (...).*" OECD (Round Table on Sustainable Development, verfasst durch R. Doornbosch / R. Steenblik), Biofuels: Is the cure worse than the disease, Paris, September 2007, S. 6.

Ein OECD-Gutachten spricht die Befürchtung aus, dass sich wegen der fossilen Basis infolge einer Promotion von Biomasse die Abhängigkeit von den herkömmlichen Energieträgern sogar erhöhen könnte - was (wegen gestiegener Öl- und Gaspreise) im Sinne einer negativen Rückkopplung die Möglichkeiten der Erzeugung von Biomasse dann allerdings wieder einschränken würde.[529]

Die Fähigkeit, fossile Energieträger zu ersetzen, erfordert in einem geschlossenen System eine energetische Alternative mit mindestens demselben Entropiezuwachs. Nun ist es fragwürdig, ob man die Erde wirklich als geschlossenes System ansehen kann. Negiert man dies, wird die Gültigkeit der obigen Argumentation allerdings bestenfalls abgeschwächt, aber keineswegs aufgehoben. Dies bedeutet für unser Thema: Die Biomasseproduktion, die zur Erreichung der klimapolitischen Ziele benötigt würde, kann nur durch die massive Nutzung fossiler Energieträger verfügbar gemacht werden. Bricht diese Basis weg, können die betreffenden Ziele auch durch den Import von Biomasse nicht erreicht werden. Ohne die industrialisierte, auf fossilen Energien basierende Landwirtschaft wäre die Bewirtschaftung eines beträchtlichen Teils der landwirtschaftlich genutzten Flächen der Welt schon heute kaum mehr möglich.[530] Im Übrigen stößt die industrialisierte Landwirtschaft mittlerweile an ihre Grenzen: Seit 1994 stieg zwar der Energieinput immer noch weiter an, allerdings konnten die Ernten nicht mehr wesentlich gesteigert werden. Dies entspricht dem Gesetz der abnehmenden Grenzproduktivität.

Der technische Fortschritt (v.a. Kraftstoffe der „zweiten Generation", Biodüngung mit Mikroben etc.) vermag zwar das beschriebene Dilemma zu mildern; er kann dazu beitragen, Zeit zu gewinnen. Allerdings kann der technische Fortschritt das Entropiegesetz nicht aufheben und damit keinen grundsätzlichen Königsweg weisen, auf dem unsere Art zu Wirtschaften in „nachhaltiger Weise" weiter verfolgt werden könnte. Auch Technologien zur Herstellung von Bioenergie der „zweiten Generation" sind kein perpetuum mobile.

I.4.5.3. Effektivität: Zu den Umweltauswirkungen

a. Die Outputseite: Flächennutzungskonkurrenz und Treibhausgasausstoß

Die eingangs genannten politischen Ziele hätten enorme Auswirkungen bezüglich externer Flächenbelegungen. Nehmen wir das o.a. Ziel, 10 % des gegenwärtigen europäischen Kraftstoffverbrauchs zu ersetzen. Um allein dieses Ziel zu erreichen, bräuchte man ein Drittel der europäischen landwirtschaftlichen Nutzfläche.[531] Ein weiteres Beispiel zur Illustration: Würde Deutschland hypothetisch ein Drittel seiner Agrarfläche für die Bioenergieerzeugung umwidmen, so ließen sich hiermit beim gegenwärtigen Bioenergiemix höchstens 20 Mio. t CO_2-Äquivalente einsparen. Würde ganz Europa ein Drittel seiner Agrarflächen umwidmen, ergäbe sich rechnerisch eine Vermeidung an CO_2-Äquivalenten i.H.v. 750 Mio. t. – wenn man von der illusorischen Annahme ausgeht, dass durch den dadurch erzeugten Druck auf die Fläche keine überseeischen Landnutzungsänderungen stattfinden. Im Übrigen würde selbst ein solcher „Biomasse-Kraftakt" durch das Weltwirtschaftswachstum eines einzigen Jahres wieder kompensiert, weshalb eine Ökonomie infrage gestellt werden muss, die ohne fortlaufendes Wirtschaftswachstum kollabiert (s. Kap. II.3.).[532] Die Beispiele zeigen, dass „Klimaschutz durch Biomasse" im Inland wie in Übersee (aufgrund der notwendigen Importe) eine wachsende Flächennutzungskonkurrenz bedingen muss.

Teil I. Die Struktur: Umweltpolitik als Ordnungspolitik

Oftmals wird die Auffassung geäußert, es stünden ja – auch in den Entwicklungsländern - noch viele unbewirtschaftete Flächen für den Anbau von Biomasse zur Verfügung.[A] Dementsprechend bestünde noch ausreichend Potenzial für die Produktion nachwachsender Rohstoffe, ohne die für die Nahrungsmittelproduktion benötigten Flächen zu beeinträchtigen. Dies ist letztlich dieselbe Logik, wie man sie von den Wachstumsapologeten kennt: Verteilungsprobleme sollen „durch eine Vergrößerung des Kuchens", hier der verfügbaren Fläche, gelöst werden. Jedes Kind weiß indes, dass Fläche nicht beliebig vermehrbar ist. Diese „Wachstumslogik" mit ihren Auswirkungen wird in einem anderen Kontext in Kap. II.3. näher beschrieben. Die genannte Meinung unterstellt (sofern sie sich das Etikett „nachhaltig" anheftet), dass die heutige, auf den massiven Einsatz fossiler Energie gestützte Landwirtschaft zeitlich endlos und räumlich unbegrenzt ausgeweitet werden kann. Tatsächlich sind aber heute schon die besten Böden besetzt. „*Today, virtually all the productive land on this planet is being exploited by agriculture. What remains is either too steep, too wet, too dry, or lacking in soil nutrients.*"[533] Ein "Mehr" funktioniert nur durch den massiven Einsatz von fossilen Energieträgern. Dabei zeichnen sich viele für die Energieerzeugung besonders geeignete Pflanzen auch noch durch einen besonders hohen Dünger- und Wasserbedarf aus.[534]

Die genannte Auffassung unterstellt im Übrigen mit Blick auf die Emissionen, dass neue Flächen in Bewirtschaftung genommen werden könnten, ohne die Treibhausgasbilanz zu verschlechtern. In der Tat ist jedoch die Trockenlegung von Mooren, der Umbruch von Grünland[B], die Rodung von Wäldern alles andere als klimaneutral – hierbei werden massiv Treibhausgase freigesetzt.[C] Im weltweiten Maßstab sind fast ein Drittel der Treibhausgas-Emissionen auf die Landwirtschaft und auf Landnutzungsänderungen zurückzuführen, wobei die mit der Düngemittelherstellung verbundenen CO_2-Emissionen hierbei noch nicht berücksichtigt sind. Dabei ist der Bereich Landnutzung/ Landnutzungsänderung mit einem Anteil von 18 % an den globalen Treibhausgas-Emissionen sogar noch etwas bedeutsamer als der Bereich der Landwirtschaft im engeren Sinne, der einen Anteil von 14 % hat. Neben CO_2-Emissionen spielen hier auch die CH_4- und die N_2O-Emissionen eine wichtige Rolle.[535]

Die Protagonisten der intensivlandwirtschaftlich betriebenen Biomasseproduktion ignorieren die fossile Basis der (zur Bereitstellung der politisch gewünschten Biomasse) notwendigen industrialisierten Intensivlandwirtschaft. Die Lebensweise des heutigen „Kohlewasserstoffmenschen" wird prinzipiell nicht infrage gestellt. Die fossile Basis der Intensivlandwirtschaft muss sich aber in Emissionen niederschlagen. Die Be-

---

[A] Innerhalb der Arbeitsgruppe 3 der IPCC-Konferenz 2005 wurde von Peter Read und Jonathan Lermit die Idee in die Welt gesetzt, dass 40 % der Agrarfläche der Erde nur für den Bioenergie-Anbau verwendet werden könnten..- Mehr hierzu in http://www.regenwald.org/news.php?id=592 und www.biofuelwatch.org.

[B] Beispielsweise wurde in Rheinland-Pfalz in zwei FFH-Gebieten (FFH: Fauna-Flora-Habitat) Grünland umgebrochen, um Mais zur Biogasproduktion bzw. zur Futterproduktion anzubauen.- Sachverständigenrat für Umweltfragen, Klimaschutz durch Biomasse, Sondergutachten, Berlin (Hausdruck) 2007, 48.

[C] Wissenschaftlicher Beirat Agrarpolitik beim Bundesministerium für Ernährung, Landwirtschaft und Verbraucherschutz, Nutzung von Biomasse zur Energiegewinnung – Empfehlungen an die Politik, Berlin, November 2007 (download von der Homepage des Bundeslandwirtschaftsministeriums möglich), S. 47.- Ein krasses Negativbeispiel ist Palmöl. Hierzu s. die sog. „Palmölstudie" des WWF Deutschland, Kahlschlag zum Frühstück, Palmölprodukte und die Zerstörung indonesischer Wälder, Zusammenhänge, Ursachen und Konsequenzen, Frankfurt 2002.

Teil I. Die Struktur: Umweltpolitik als Ordnungspolitik

hauptung, die Nutzung von Biofuels wäre CO_2-neutral, lässt sich eben nur aufstellen, wenn man die fossile Basis der Biomasseproduktion ignoriert oder leugnet.[A] Die Bedeutung der Treibhausgaswirksamkeit der Produktion von Biomasse wird deutlicher, wenn man sich klar macht, dass z.B. die Landwirtschaft in Bezug auf Europa der größte Emittent von Lachgas (N_2O) und Methan (CH_4) ist. In Deutschland war die Landwirtschaft mit rd. 13 % an den gesamten Treibhausgasemissionen beteiligt.[536] So kommt die OECD in einer Studie zu folgender Bewertung: „*Even without taking into account carbon emissions through land-use change, among current technologies only sugarcane-to-ethanol in Brazil, ethanol produced as a by-product of cellulose production (as in Sweden and Switzerland), and manufacture of biodiesel from animal fats used cooking oil, can substantially reduce GHG (greenhouse gases, d. Verf.) compared with gasoline and mineral diesel. The other conventional biofuel technologies typically deliver GHG reductions of less than 40 % compared with their fossil-fuel alternatives. When such aspects as soil acidification, fertilizer use, biodiversity loss and toxicity of agricultural pesticides are taken into account, the overall environmental impacts of ethanol and biodiesel can very easily exceed those of petrol and mineral diesel.*"[537] Generell werden aber in vielen Untersuchungen zum Thema Biomasse in Bezug auf den Treibhauseffekt diejenigen Emissionen vernachlässigt, die durch den Anbau von Biomasse verursacht werden. Ungeachtet der nicht vorhandenen CO_2-Neutralität ist die Gewinnung und Nutzung von Biomasse dann sinnvoll, wenn der Ausstoß an Treibhausgasen über den gesamten Lebenszyklus hinweg als geringer eingeschätzt werden kann als bei der Nutzung fossiler Energieträger. Soweit die bisher durchgeführten Studien den gesamten Lebenszyklus einbeziehen, sind die Vergleiche mit dem fossilen Pendant aufgrund unterschiedlicher Öko-Bilanzrahmen bzw. Systemgrenzen allerdings bislang kaum statthaft.[538] Dies gilt auch bezüglich der Einbeziehung weiterer Effekte wie z.B. Bodendegradation und die Auswirkungen auf den Wasserhaushalt.[B] Schließlich weisen z.B. hinsichtlich der Treibhausgasbilanz relativ unverdächtigen Linien „Biodiesel aus Rapsöl oder Zuckerrohr" zwar geringere Emissionen als ihr fossiles Pendant auf (wenn kein Land hierfür umgenutzt wird); allerdings können diese Energieträger nur einen verschwindend geringen Teil des Energieverbrauchs ausmachen.[C]

An den geschilderten Tendenzen ändern auch die Kraftstoffe der zweiten Generation wenig. Im Gegenteil schneidet BtL gegenüber manchen heutigen Agro-Kraftstoffen in der Öko-Bilanz sogar schlechter ab. Die Reduzierung von Treibhausgasen wird u.a. mit einem hohen Energieaufwand bei der Produktion erkauft (so macht die Vergasung der Biomasse hohe Temperaturen erforderlich).[D] Wird die Energie zur Herstel-

---

[A] E. Pinto / M. Melo / M.L. Mendonca, The Myth of Biofuels, La Via Campesina – International Peasant Movement, 13. März 2007, http.//www.viacampesina.org/main_en.- Populär wurde diese These durch einen Bericht von Pascala und Socolow im Rahmen der IPCC-Konferenz 2005 (Arbeitsgruppe 3).- S. mehr unter www.biofuelwatch.org

[B] Im Übrigen stößt man unweigerlich auf die schon angesprochene Problematik, ein mehrdimensionales Phänomen vergleichbar zu machen. Dies ist in „objektiver Weise" nicht möglich.

[C] Der Umstand, dass sich der Einsatz fossiler Energien auf die CO_2-Bilanz niederschlägt, spricht im Übrigen für eine weitere exterritoriale Flächenbelegung, da in tropischen Gegenden weniger Düngemittel und Maschinen eingesetzt werden als im Norden.

[D] BtL-Kraftstoffe stoßen zudem an stoffliche Grenzen: Biomasse ist arm an Wasserstoff. Ein großer Teil der Biomasse muss deshalb als CO_2 ausgeschleust werden. Die Nutzung von Wasserstoff aus anderen Quellen würde das Problem nur verlagern.- Vgl. auch H. Püttner, Biokraftstoffe oder Nahrungsmittel – gibt es einen Konflikt? Abrufbar unter: http://www.aktuelle-wochenschau.de/ woche22/w22.html und ifeu-Institut, Ökobilanzen zu BtL: Eine ökologische Einschätzung, Projektbericht,

Teil I. Die Struktur: Umweltpolitik als Ordnungspolitik

lung von BtL aus fossilen Quellen gedeckt, entstehen hierdurch zusätzliche Emissionen, so dass die CO_2-Bilanz fragwürdig ist.[539] Das ifeu-Institut Heidelberg stellt in einer Studie für die Fachagentur Nachwachsende Rohstoffe fest, *„dass die gesamte Produktion der BTL von der Bereitstellung der Biomasse bis zu deren Verarbeitung in der Regel wesentlich mehr Emissionen aufweist als die gesamte Bereitstellung der fossilen Kraftstoffe – insbesondere dann, wenn es sich um Anbaubiomasse handelt: So verursacht der landwirtschaftliche Anbau durch die Düngemittelproduktion und -ausbringung beispielsweise zum Teil erhebliche Mengen an stickstoffartigen Verbindungen, die zur Versauerung, dem Nährstoffeintrag und dem Ozonabbau beitragen."*[540] Zwar kann hier wieder auf die Möglichkeit einer verstärkten Nutzung von Reststoffen – auch bei Kraftstoffen der sog. „zweiten Generation" – verwiesen werden. Allerdings ist die Ergiebigkeit relativ gering. Schließlich gilt es ökologische Restriktionen zu beachten; u.a. geht mit einer „Überentnahme" von Reststoffen eine abnehmende Senkenwirkung einher.[541]

Ein anderer bedeutsamer Aspekt der Intensivlandwirtschaft soll nicht unerwähnt bleiben: Die Art und Weise, wie die Flächen bewirtschaftet werden, ist bedeutsam für die Biodiversität. Die eingangs genannten politischen Ziele setzen eine ergiebige Intensivlandwirtschaft voraus. Ergiebig (Leitwert „Effizienz") sind dabei z.B. großflächige Monokulturen von Raps (zur Gewinnung von Biokraftstoffen) und von Mais (zur Gewinnung von Biogas). „Grüne Wüsten", intensiv bewirtschaftete Monokulturen sind aber Gift für die Biodiversität[542] wie auch die Regenerationsfähigkeit der Böden. Wieder einmal geht es um das Spannungsverhältnis zwischen Effizienz und Vielfalt. Übrigens spielt auch das in Kap. I.3.1.3. angesprochene Thema gentechnisch veränderter Organismen bei der Produktion nachwachsender Rohstoffe eine wachsende Rolle.[543] Speziell in Deutschland werden allerdings – bislang – noch keine gentechnisch veränderten Pflanzen im Biomasseanbau verwendet.[544]

Lassen wir einmal den Aspekt beiseite, dass die Intensivlandwirtschaft nicht infrage gestellt wird. Um zerstörerische Auswüchse zu verhindern, sind verbindliche umweltfachliche Standards bzw. Zertifizierungssysteme im Gespräch. M.E. sollten die Erwartungen an derartige Regimes aber nicht zu hoch gesetzt werden. Zertifizierungssysteme sind zwar geeignet, gute fachliche Standards zu befördern, allerdings sind sie – insbesondere auf bilateraler Basis – keine wirkliche Schranke für nicht nachhaltigkeitskonformes Verhalten. Dies trifft insbesondere für private, aber auch für bilaterale zwischenstaatliche Zertifizierungssysteme zu. Letztgenannte würden allenfalls zu einer Segmentierung der Märkte, nicht aber zu wirklich nachhaltigkeitskonformeren Wirtschaftsweisen führen.[545] Bei der Diskussion um die Zertifizierung steht insbesondere der tropische Regenwald im Fokus: Gerade dieser speichert in hohen Mengen klimaschädliches Kohlendioxid.[A] Es ist aber zu erwarten, dass Länder wie Brasilien, Kolumbien und Indonesien zusätzlichen Regenwald roden, um die betreffenden Anbauflächen für nachwachsende Rohstoffe zu gewinnen. In der EU gibt es daher Bestrebungen, Biokraftstoffe zu verbieten, die in Naturschutzgebieten, Mooren oder ehedem unberührten Waldflächen angebaut wurden. Allerdings dürfte dies eine Milchmädchenrechnung sein: Einmal ist schwer zu kontrollieren, woher der betreffende Biosprit tatsächlich stammt. Selbst wenn dies möglich wäre: Wenn die Men-

---

gefördert durch die Fachagentur für nachwachsende Rohstoffe (FKZ: 2207104), Heidelberg, 8.5.2006, S. 62.

[A] Zudem entstehen durch den Düngemitteleinsatz Lachgasemissionen, die zum Abbau der Ozonschicht beitragen. Vgl. M. Frondel / J. Peters, Biodiesel: Eine teure Klimaschutzoption, in: ZfU 2 / 2007, S. 233-251, hier: S. 246.

Teil I. Die Struktur: Umweltpolitik als Ordnungspolitik

schen den Regenwald nicht für den Anbau von Energiepflanzen abholzen, so doch für den Anbau von Nahrungs- und Futtermitteln, die von den nachwachsenden Rohstoffen zum Zwecke des Exports verdrängt werden. Der Anbau von nachwachsenden Rohstoffen zu Exportzwecken wird dann eben auf Böden verlagert, auf denen zuvor Nahrungs- und Futtermittel für den Eigenbedarf angebaut wurden. Die Wälder werden dann eben für die Eigenversorgung gerodet. Böden sind eben (in Grenzen) austauschbar. Die Flächennutzungskonkurrenz wird dadurch zu einem globalen Problem, der Druck auf die Flächen kann kaum durch die virtuelle Aussonderung bestimmter Flächen gelöst werden. Vielmehr besteht die Gefahr, dass durch den Import von nachwachsenden Rohstoffen auch die mit der Flächennutzungskonkurrenz einhergehenden Probleme externalisiert werden. Verwiesen wird auch auf einseitige Maßnahmen gegenüber den Erzeugerländern, um Druck auf eine sozialere und umweltschonendere Produktion auszuüben. Abgesehen von der dahinter stehenden Doppelmoral wird das gerade beschriebene Problem auch nicht gelöst. Zudem sind einseitige Maßnahmen mit Blick auf die WTO-Abkommen problematisch.[A]

b. Weitere ökologischen Folgen einer industrialisierten Landwirtschaft (Inputseite)

Es wurde oben dargestellt, dass die heutige Intensivlandwirtschaft, auf die sich implizit auch die energiepolitischen Ziele bezüglich des Einsatzes von Biomasse stützen, zu einem hohen Teil auf fossilen Energieträgern beruht. Das Argument, man könne sich durch eine Ausdehnung der Intensivlandwirtschaft zum Zwecke einer Ausweitung der Biomasseerzeugung von der fossilen Basis lösen, ist daher gelinde gesagt nicht nachvollziehbar. Neuere Entwicklungen, die auf einen verstärkten Einsatz von Biodünger und Biopestiziden (auf der Basis von Mikroorganismen) setzen, müssen erst ihre Ergiebigkeit unter Beweis stellen; zudem sind die Risiken (auch: Abhängigkeit von Patentinhabern!) dieser Technologien noch nicht überschaubar.

Die Problematik geht aber weit über die Nutzung von fossilen Energieträgern hinaus. Die moderne, intensiv betriebene Landwirtschaft ist auch deswegen nicht nachhaltig, weil sie mit einem hohen und immer weiter steigenden Wasserverbrauch einhergeht. In Deutschland verliert man dieses Problem leicht aus den Augen, weil die künstliche Bewässerung angesichts des Regenreichtums hierzulande in der Landwirtschaft nur eine geringe Rolle spielt. In Kap. I.3.4.3. wurde aber dargestellt, dass über 70 % des globalen Wasserverbrauchs auf die Landwirtschaft zurückgeht. Zwar sind nur 17 % der weltweiten Ackerflächen künstlich bewässert, auf diesen werden jedoch 40 % der weltweiten Ernte produziert.[546] Für die Bewässerung wird dabei nur zu ca. 60 % Oberflächenwasser herangezogen, 40 % stammt aus unterirdischen Aquiferen mit einer größtenteils geringen Neubildungsrate.[B] Dabei wird davon ausgegangen, dass die Produktion einer Tonne Getreide einen aquatischen Rucksack von 1.000 Tonnen bedingt (s. Kap. I.3.4.3.).[547] Beispielsweise fällt der Grundwasserspiegel jedes Jahr um 20 % über 2/3 in Punjab, der Kornkammer Indiens. Im Norden Chinas kommt es – auch aus Gründen abseits der industrialisierten Landwirtschaft - zu Absenkungen

---

[A] Vgl. OECD (Round Table on Sustainable Development, verfasst durch R. Doornbosch / R. Steenblik), Biofuels: Is the cure worse than the disease, Paris, September 2007, S. 8.- Die WTO-Regelungen fordern als Voraussetzung für derartige Maßnahmen einen „sufficient nexus" zwischen dem Schutzgut und dem die Maßnahmen ergreifenden Staat. Der Präzedenzfall war der sog. „shrimp/turtle"-Fall, relevant dürfte hier Art. 20 lit. G) GATT sein.

[B] Nur ca. 0,1 % dieses Grundwassers wird jährlich erneuert.- D. A. Pfeiffer, Eating Fossil Fuels – Oil, Food and the Coming Crisis in Agriculture, Gabriola Island (Kanada, New Society Publishers) 2006, S. 16.

Teil I. Die Struktur: Umweltpolitik als Ordnungspolitik

des Grundwasserspiegels von bis zu einem Meter pro Jahr.[548] Mit der künstlichen Bewässerung ist zudem das Problem der Degradation von Böden durch Versalzung verbunden. Dies betrifft auch und gerade Absichten, Pflanzen wie Jatropha auf z.T. minderen, z.T. aber auch ertragreichen Böden anzubauen (auch Jatropha benötigt Wasser und Dünger), die nach ihrer Degradierung (z.B. Versalzung durch künstliche Bewässerung) kaum mehr nutzbar sind. Das Bestreben der Agroindustrie geht im Übrigen dahin, selbst beim Anbau von Pflanzen wie Jatropha an die ertragreicheren Böden zu kommen, wofür auch der politische Einfluss genutzt wird.[549]

Die voranschreitende Bodendegradation ist ein weithin unterschätztes Problem der industriell betriebenen Landwirtschaft. Man unterscheidet vier Arten von Bodendegradation: Durch Wind und Wasser (Abtragung der fruchtbaren Oberfläche, Anteil weltweit: 84 % oder 1.643 ha.), chemische Degradation (durch Nährstoffverarmung, Versauerung, Versalzung etc., Anteil weltweit: 12 % oder 239 ha.), physikalische Degradation (Bodenverdichtung, Verkrustung, Trockenstress etc., Anteil: 4 % oder 83 Mio. ha) sowie die biologische Bodendegradation (Rückgang von Pflanzendecke, organischer Substanz und Bodenfauna).[550] Die Hauptursachen der Erosion sind wiederum Entwaldung und unangepasste Landwirtschaft. Die degradierte Fläche ist absolut gesehen in Asien am höchsten. Relativ, als Anteil an der gesamten, vegetationsbestandenen Fläche liegt Europa mit 23 % noch vor Afrika 21 % und Asien mit ca. 20 % in trauriger Führung.[551] Trotz aller Konventionen, Publikationen und Initiativen hat die Weltbodendegradation mit einer jährlichen globalen Verlustrate von 7 bis 10 Mio. ha land- und forstwirtschaftlicher Nutzfläche sowie Produktivitätsverlusten mittlerweile erschreckende Ausmaße angenommen. Heute gelten mindestens 15 bis 20 % der Landfläche als durch menschliche Aktivitäten weitgehend zerstört.[552] Im globalen Durchschnitt des Jahres 2000 lagen die Bodenverluste bei 20 bis 60 Tonnen pro Hektar und Jahr. Dies entspricht ca. dem 20- bis 40-fachen der mittleren Bodenbildungsrate.[553]

Das Problem der Bodendegradation wird in seinem Ausmaß durch die Intensivlandwirtschaft (mit ihrem massiven und immer weiter zunehmenden Einsatz von Kunstdünger und künstlicher Bewässerung) einerseits massiv verstärkt; andererseits wird aber auch verschleiert, dass der Kollaps der Böden durch die industrialisierte Landwirtschaft auch hinausgezögert wird, um dann schließlich umso massiver in Erscheinung zu treten.

In den bislang durchgeführten Ökobilanzansätzen wurden – sofern überhaupt betrachtet - diesbezüglich bei verschiedenen Anbauverfahren für Energiepflanzen zum Teil erhebliche negative Umweltbelastungen festgestellt. Dies betraf z.B. Nährstoffausträge und die Versauerung von Böden. Gemessen an den betreffenden Kriterien kamen gerade die wichtigsten Energiepflanzen Mais, Raps und Zuckerrüben am schlechtesten weg. Einen – aber mit Blick auf die Konkurrenz zu Nahrungsmitteln bzw. sozialen Aspekten zu relativierenden – mittelmäßigen Platz belegt Weizen.[A] Das schlechte Resultat für die gebräuchlichsten Energiepflanzen verwundert nicht, zumal die eingangs genannten energiepolitischen Zielsetzungen auf einen Anbau im großen Stil angewiesen sind, was ohne industrialisierte Bewirtschaftung von großflächigen Monokulturen nicht möglich ist. Wenn auch theoretisch nachwachsende Roh-

---

[A] Die da sind Nährstoffauswaschung, Pestizideinträge, Erosion, Bodenverdichtung, Wasserverbrauch, Auswirkung auf Biodiversität und Agrodiversität, Sachverständigenrat für Umweltfragen, Klimaschutz durch Biomasse, Sondergutachten, Berlin (Hausdruck) 2007, S. 42-43.

Teil I. Die Struktur: Umweltpolitik als Ordnungspolitik

stoffe das Potenzial für schonende, mit ökologischen Anforderungen verträglichen Biomassevarianten eröffnen (so etwa, wenn zuvor intensiv genutzte Ackerflächen durch nachhaltige Anbauformen von Biomassepflanzen abgelöst werden[554]), so spricht das (u.a. durch die eingangs erwähnten politischen Zielsetzungen faktisch gesetzte) Effizienzdiktat dagegen, dass diese sich breit durchsetzen werden. Wahrscheinlicher ist ein Nischendasein der ökokompatiblen Biomassevarianten. Gegenwärtig werden z.B. in Deutschland vorwiegend großflächige Monokulturen von Raps zur Gewinnung von Biokraftstoffen und von Mais zur Gewinnung von Biogas bevorzugt. In Übersee, beispielsweise Brasilien, existieren „grüne Wüsten" in Gestalt von Sojafeldern, vornehmlich für den Export in die EU. Gerade aber großflächige Monokulturen, insbesondere solche ohne weitere pflanzenbauliche Maßnahmen wie Untersaaten oder Zwischenfruchtanbau, verursachen häufig Bodenabträge, Bodenverdichtungen (Befahren mit schweren Maschinen) und erfordern einen höheren Einsatz von Dünge- und Pflanzenschutzmitteln mit entsprechenden Folgen für Boden und Wasser.[555]

Speziell bei Kurzumtriebsplantagen (Holz und Grünschnitt) wird darauf hingewiesen, dass die Umweltauswirkungen von mehrjährigen, ausdauernden weniger gravierend als diejenigen von einjährigen Anbauverfahren sind.[556] In Kap. II.2.2.2. werden wir jedoch darstellen, dass durch Rentabilitätsprinzip und Zins (Leitwert: „Effizienz") gerade ein Druck auf den verstärkten Anbau kurzfristig zu erntender Sorten entsteht. So ist es offensichtlich, dass sich z.B. die Kreditvergabe der Banken für Biogasanlagen an der höchsten Energieausbeute orientiert, die gegenwärtig mit Mais zu erreichen ist.[557]

Eine nachhaltige Landwirtschaft, die geeignet wäre, die beschriebenen Probleme einzudämmen, wäre wesentlich extensiver und arbeitsintensiver als heute. Die Produktivität – insbesondere von neu in Bewirtschaftung genommenen Flächen – wäre deutlich geringer. Der Flächenbedarf für die – eigentlich vorrangige – Nahrungsmittelproduktion würde sich entsprechend erhöhen. Damit würde jeder Schritt in Richtung auf eine nachhaltigere Landwirtschaft auch die Räume für die Produktion von nachwachsenden Rohstoffen immer weiter einengen. Oder, umgekehrt formuliert: Wer der Biomasse eine so starke Rolle wie die EU zugesteht, geht implizit von einer Fortsetzung oder sogar Intensivierung einer nicht nachhaltigen Landwirtschaft hierzulande wie in Übersee aus.

Was die Reststoffe angeht, scheinen diese wegen der nicht vorhandenen Flächennutzungskonkurrenz (Outputseite) kein Problem darzustellen. Allerdings wurden bislang noch keine Studien hinsichtlich einer möglicher Konkurrenz auf der Inputseite getroffen: Die eher positive Bewertung von Reststoffen findet nämlich regelmäßig wieder vor dem Hintergrund der Fortschreibung des Status quo statt. Gerade dann, wenn aufgrund einer sinkenden fossilen Basis auch Kunstdünger unbezahlbar wird und / oder wenn die Landwirtschaft auf nachhaltigere Bewirtschaftungsformen umstellt, dürfte Biomasse als Dünger verstärkt nachgefragt und daher in Konkurrenz zu Biomasse als Energieträger treten. Beispielsweise enthält Blattwerk ca. 20 % der Nährstoffe, die – vor Ort geblieben – auch das Wurzelwerk gegen Erosion schützen und daher nicht gesammelt werden sollten. Ähnlich gilt auch für die Nutzung von Resthölzern aus Wäldern, dass gerade Totholz eine wichtige Rolle für viele gefährdete Arten spielt (Nist- und Höhlenräume).[558] Die Reststoffverwertung gerät durch derartige Überlegungen schnell an quantitative Grenzen. Das gilt auch für die – bislang noch nicht großtechnologisch umgesetzten - Biokraftstoffe der zweiten Generation, die ebenfalls vor diesem Hintergrund kritisch zu hinterfragen sind.

Teil I. Die Struktur: Umweltpolitik als Ordnungspolitik

I.4.5.4. Verteilungsgerechtigkeit: Biomasseimport, Nahrungsmittelkrisen und Vertreibungen

Oben wurde dargestellt, dass das Problem der Flächennutzungskonkurrenz zum Nahrungsmittelanbau v.a. bezüglich der nachwachsenden Rohstoffe besteht. In vielen Regionen der Welt verschärfen bereits heute degradierte Böden die Lebensmittelknappheit. Hungersnöte und Konflikte lösen Migrationsbewegungen aus. Nahezu eine Milliarde Menschen sind heutzutage unterernährt bzw. hungern. Während bis zum Jahr 2050 die Bevölkerung Europas um mehr als 12 % schrumpfen wird, wird sich die Bevölkerung Afrikas gegenüber dem Stand in 2000 verdreifachen. Nach einer Schätzung, die von der GTZ 1999 abgegeben wurde, müsste die Nahrungsmittelproduktion der Welt um ca. 40 % allein schon bis zum Jahr 2015 zunehmen, um den steigenden Bedarf zu decken.[559] Auf diese Situation trifft nun die verstärkte Nachfrage nach Biofuels. Dies äußert sich auch im Preis von Nahrungsmitteln, der mit dem Preis von Energieträgern verknüpft ist:

- V.a. zwischen dem Ölpreis und dem Preis für Weizen bestand schon früher über die Inputseite ein Zusammenhang, allerdings waren die beiden Märkte nur über die Energie verbunden, die über Mineraldünger, Bewässerungssysteme und den Transport von Betriebsmitteln mittelbar in die Getreideproduktion einfloss. In den meisten Entwicklungsländern belief sich der Anteil der Energie an den landwirtschaftlichen Produktionskosten auf ca. 4 %. Gerade in den stark wachsenden und großen Schwellenländern Brasilien, China und Indien beträgt er zwischen 8 und 10 %.[560] In den kommenden Jahren wird mit weiteren Steigerungen der diesbezüglichen Kostenanteile gerechnet.

- Seit der verstärkten Verwendung von Biofuels entsteht nun auch eine Verknüpfung mit den Energiemärkten auch auf der Outputseite: Öl und Weizen werden zunehmend Substitute für die Energieproduktion. Da fossile Energieträger und Biofuels Substitute sind, stellen die Biofuels gleichsam das Bindeglied zwischen der agrarischen Grundrente und der Rohstoff- und Ressourcenrente dar.[A] Nahrungsmittelpreise (insbesondere Weizen) und der Ölpreis (als die wichtigste fossile Energieressource) hängen daher zunehmend eng zusammen. Die zunehmende Flächennutzungskonkurrenz manifestiert sich daher im Preis – für Nahrungsmittel. Die untenstehende Abbildung illustriert den Zusammenhang.

[A] So trachten die (deutschen) Bauern mittlerweile offen danach, den Getreidepreis an den Ölpreis zu koppeln und so von der voraussichtlich immer weiter steigenden Rohstoffrente zu profitieren, vgl. o.V. Brötchen bald nur noch zu Tankstellenpreisen, Fokus Online vom 21.07.2008.

Teil I. Die Struktur: Umweltpolitik als Ordnungspolitik

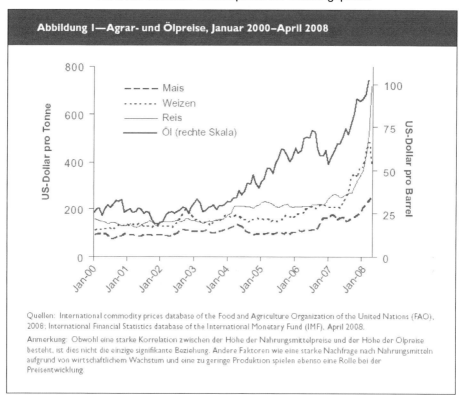

Abb. 16: Zusammenhang zwischen Nahrungsmittel- und Energiepreisen
(Quelle: International Food Policy Research Institute (IFPRI), Hohe Nahrungsmittelpreise – Konzept für Wege aus der Krise, IFPRI policy paper May 2008, S. 3).[A]

Dabei muss gesehen werden, dass die hohe Bedeutung der Biofuels ohne die Subventionspolitik der westlichen Industrieländer nicht zu erklären wäre. Der überwiegende Teil der Entwicklungsländer gehört zu den Getreide-Importeuren und ist daher von der Preissteigerung von Getreide stark betroffen. Die dortigen Bauern können – sofern noch eine kleinbäuerliche Struktur vorherrscht – mangels finanzieller Mittel und mangels Zugang zu Krediten auch nicht die notwendigen Produktionsumstellungen vornehmen, um von den Preissteigerungen zu profitieren. Sofern hingegen der Großgrundbesitz vorherrscht, ist dieser von jeher exportorientiert – allein schon wegen der im Ausland höheren „Zahlungsbereitschaft".

Selbstverständlich ist es eine grobe Verkürzung, wenn nur „Biofuels" für den in der Vergangenheit zu beobachtenden Preisanstieg bei Nahrungsmitteln verantwortlich gemacht werden. Allein der statistische Zusammenhang (Korrelation) sagt noch

---

[A] Vgl. auch J. von Braun, The World Food Situation – New Driving Forces and Required Actions, International Food Policy Research Institute, Washington D.C., Dezember 2007, S. 6.

Teil I. Die Struktur: Umweltpolitik als Ordnungspolitik

nichts über etwaige Kausalitäten aus.[A] Die Preissteigerungen der Nahrungsmittel wird im Allgemeinen auf folgende Faktoren zurückgeführt:[561]
- Das Wirtschaftswachstum und das veränderte Konsumverhalten der Schwellenländer (v.a. China) wird für 35-40 % der Verbrauchserhöhungen insbesondere bei Sojabohnen, aber auch Fleisch verantwortlich gemacht.[562] Zwischen 2005 und 2007 stieg das reale Bruttoinlandsprodukt in Asien um mehr als 9 % pro Jahr. Sogar Länder südlich der Sahara erlebten ein rasches Wirtschaftswachstum von mehr als 6 %. Die Folge: Der Lebensmittelkonsum verlagert sich von Getreide und anderen Grundnahrungsmitteln hin zu Gemüse, Obst oder Fleisch- und Milchprodukten und engt damit die Verfügbarkeit von Land und Wasser für die Getreideproduktion zunehmend ein.[563]
- Eine weitere wichtige Ursache sind Ernteausfälle, die aber zu einem Teil auch auf die menschengemachten Klimaänderungen zurückgeführt werden.[564]
- Allerdings ist die Bedeutung der Biokraftstoffe schwer zu leugnen: Für das Jahr 2007 wurde vom Internationalen Währungsfonds allein die gestiegene US-amerikanische Ethanolproduktion für 60 % des Anstiegs des globalen Getreideverbrauchs verantwortlich gemacht. In den USA wird z.Zt. rund ein Drittel der Maisernte zu Ethanol verarbeitet. Vor 10 Jahren waren es noch 5 %.[565] Diese Entwicklung führte bekannterweise in 2007 zur mexikanische Tortilla-Krise (quasi als Vorboten der Nahrungsmittelkrise). Die vermehrte Nachfrage nach Agro-Treibstoffen macht nach vorsichtigen Schätzungen des International Food Policy Research Institute (IFPRI) ca. 30 % des gewichteten durchschnittlichen Preisanstiegs bei Getreide aus (speziell bei Mais sogar 39 %).[566] Die OECD geht davon aus, dass die preistreibenden Effekte der Biofuels anhalten werden.[567]
- Die Resteffekte werden v.a. auf Ernteausfälle (die z.T. auch mit der o.a. Bodendegradation zu tun haben) und Spekulation zurückgeführt. Angebotsseitig traf die stark wachsende Nachfrage nämlich nur auf eine bedingt wachsende Produktion.[B] Dies hängt stark mit der Abhängigkeit der Landwirtschaft von Wasser und Boden zusammen, die eben nicht unbegrenzt verfügbar und vermehrbar sind („Produktionsrahmen"). Zudem kam es in den letzten Jahren Klima- und witterungsbedingt wiederholt zu Ernterückgängen. Genau wie die Gegenstände in Feld 1/ Tabelle 2 sind auch die mit diesem Feld eng verknüpften Nahrungsmittel aufgrund ihrer geringen Produktionselastizität ein bevorzugtes Betätigungsfeld für Spekulanten.[C]

Die Flächenkonkurrenz bekommen sozial Schwache nicht nur über den Preis, sondern auch unmittelbar zu spüren. So wurde beispielsweise in Indien die Bepflanzung von 11 Mio. ha Ödland als agrarpolitisches Ziel definiert. Regierung wie Protagonisten von Biotreibstoffen behaupteten, dass es wegen der Nutzung von Ödland weder zu Vertreibungen noch zu Nahrungsmittelkonkurrenz kommen werde. Zahlreiche NGOs hingegen kritisierten, dass auch das bislang extensiv landwirtschaftlich ge-

---

[A] Bekannt wurde die festgestellte (Nonsens-) Korrelation zwischen der Anzahl der Geburten und dem Vorkommen von Störchen. S. B. Fencksteiner, Storch und Mensch, in: Zeit Online 25/2006, S. 37.

[B] Lt. IFPRI führt ein Preisanstieg von 10 % lediglich zu einer landwirtschaftlichen Produktionssteigerung von 1 bis 2 %. Die Zahlen sind vorsichtig zu handhaben, verweisen aber auf einen Trend.- International Food Policy Research Institute (IFPRI), Hohe Nahrungsmittelpreise – Konzept für Wege aus der Krise, IFPRI policy paper May 2008, S. 4.

[C] Insgesamt lassen sich hierbei vier Typen ausmachen: Erstens Regierungen, die gegen Krisen „vorsorgen" wollen, zweitens kleine Spekulanten wie Landwirte, Haushalte und kleine Händler, die aber die Preisentwicklung kaum beeinflussen können, drittens kommerzielle Händler, die Derivate v.a. zum Zwecke der Risikovorsorge nutzen und viertens größere nicht kommerzielle Händler, die die „eigentliche Spekulation" verkörpern.

Teil I. Die Struktur: Umweltpolitik als Ordnungspolitik

nutzte Ödland für die Ernährung von Millionen von Indern von großer Bedeutung sei. Problematisch ist bei solchen Beurteilungen, dass es zwischen den Polen „fruchtbares Land" und „degradiertes Land" eine Grauzone gibt, die je nach Interessenlage unterschiedliche Bewertungen zulässt. Hier verbieten sich auch allgemeine Aussagen; es kommt auf den Einzelfall an.

Gerade die Bewohner karger Gegenden sind zudem auf Wasser besonders angewiesen. Gleiches gilt für Energiepflanzen, selbst für Jatropha: Es muss zu Konkurrenz kommen. Beispielsweise mussten am afrikanischen Fluss Rufiji Tausende Landbewohner umziehen: *„Dort will die schwedische Firma Sekab auf mindestens 9000 Hektar wasserintensives Zuckerrohr anbauen, um es in Ethanol zu veredeln. 5000 Hektar sind bereits bewilligt. Insbesondere in der Trockenzeit ist der Fluss mit seiner angrenzenden Sumpflandschaft die einzige Trinkwasserquelle für Tausende von Menschen. Dieses Reservoir will auch Sekab anzapfen, um seine Plantagen zu wässern. Transparenz? Gibt es nicht. Entschädigung? Fehlanzeige. Informationen? Mangelware."* [568] Angesichts der Tatsache, dass mehr als ein Drittel der Menschheit heute schon von Wasserknappheit betroffen ist, droht die unangepasste Intensivlandwirtschaft zu einem Desaster zu werden – das gilt gerade für die in Ödlandbereichen ansässige Bevölkerung. Wenn – beispielsweise auch in Afrika – zahlreiche Konzerne mit Unterstützung der jeweiligen Regierungen das Ödland faktisch okkupieren, um es dann mit Methoden der intensiven Landwirtschaft (u.a. künstliche Bewässerung) noch weiter zu degradieren, so ist angesichts der rund 11 Mrd. zu erwartenden Erdbewohner in 2050, einer weiteren Degradation von Land und einer zunehmenden Flächennutzungskonkurrenz durch Biofuels nichts Gutes für die Zukunft der betreffenden Länder und ihrer Menschen zu erwarten. Ziehen die betreffenden Konzerne eines Tages weiter, so haben sie die vormals noch eingeschränkt fruchtbaren Länder, für die sie einen Spottpreis bezahlt haben, in eine Wüste verwandelt.[A] Ein Beispiel: *„In Ghana trotzte BioFuel Africa die Rodungs- und Nutzungsrechte einem Dorfführer ab, der weder lesen noch schreiben konnte. Seine Zustimmung gab er per Daumenabdruck. Die Wochenzeitung 'Public Agenda' fühlte sich 'an die dunkelsten Zeiten des Kolonialismus' erinnert. Die ghanaische Umweltschutzbehörde stoppte schließlich den Kahlschlag der Wälder – nachdem 2600 Hektar Forst gefallen waren."* [569] Auch so kann man „Umweltflüchtlinge" produzieren, gegen die man sich dann – wie die EU es tut – auch unter Anwendung von Gewalt abschottet.[B]

Das Argument, bestimmte Energiepflanzen eigneten sich – da auf Ödland anbaubar – in besonderem Maße dazu, die Flächenkonkurrenz auch in sozialer Hinsicht zu entschärfen, trifft auch aus einem anderen Grund nicht zu: Ein strukturbestimmendes Merkmal neokolonialer Strukturen ist eben Macht. Und diese Macht wird – von Großgrundbesitzern und westlichen Konzernen – dazu missbraucht, gerade an die ertragreicheren Böden zu gelangen (selbst dann, wenn man diese gar nicht bräuchte). Beispiel Tansania: Hier wurden zum Zwecke des Jatropha-Anbaus Menschen von ihrem Land vertrieben, auf dem zuvor Mais und Reis angebaut wurde. *„Das häufig vorgebrachte Argument, dass Jatropha nicht in Konkurrenz zu Pflanzen für Nahrung steht, trifft nicht zu. Mehrere Länder haben bereits die Erfahrung gemacht, dass Jatropha auf fruchtbarem Boden angebaut wird – und das, obwohl diese Länder Netto-Importeure von Nahrung sind. So wurden ausgerechnet in Äthiopien, in dem es re-*

[A] Wem sich hier die Assoziation zur Heuschrecke aufdrängt, liegt nicht verkehrt.

[B] Dies geschieht über die in 2004 durch den Europarat gegründete Gemeinschaftsagentur „Frontex", über die Flüchtlinge auf ihrer Flucht nach Europa auch mit Gewalt abgewehrt werden.

gelmäßig zu teils schweren Hungersnöten kommt, viele Millionen Hektar Land für die Agrospritproduktion (unter anderem aus Jatropha) freigegeben. Im September 2007 hatte das äthiopische Kabinett von Premierminister Meles Zenawi erstmals eine ´Bio-Treibstoff Entwicklungs-Strategie´ verabschiedet. Darin wurde zwar festgelegt, dass keine Nahrungspflanzen zu Agrosprit verarbeitet werden dürfen, aber es wurde versäumt, eindeutig festzulegen, dass Agrospritpflanzen ausschließlich auf Böden angebaut werden dürfen, die für Nahrungspflanzen ungeeignet sind. Das ´Versäumnis´ dürfte kein Zufall gewesen sein."[570] Direktinvestoren sind auf die Hilfe der „Korporatokratie" angewiesen, die nicht selten gegen die Interessen der örtlichen Gemeinschaften arbeitet. Inzwischen hat die äthiopische Regierung festgestellt, dass von den 100.000 Hektar, die das Unternehmen Horizon Plantation zum Anbau von Agrospritpflanzen beantragt hatte, 15 % „fruchtbar" waren, also satte 15.000 Hektar.[571]

Teilweise kommt es auch zu offenen Vertreibungen. Amnesty international kritisiert, dass vielerorts bestehende Landrechte an die Bedürfnisse der ausländischen Investoren nach riesigen Anbauflächen für die industrielle Produktion von Mais, Zuckerrohr, Palmöl und anderen Energiepflanzen angepasst werden, mit der Konsequenz, dass Millionen von Menschen wegen des Anbaus von Pflanzen für die Treibstoffproduktion ihr Land verlassen müssen (nach Schätzungen der internationalen Kleinbauernorganisation Via Campesina geht die Zahl tatsächlich in die Millionen).[572] Es geht dabei zumeist – selbst bei einem beabsichtigten Anbau von Pflanzen wie Jatropha – um die ertragreicheren Böden. Beispielsweise wurden in Tansania elf Dörfer geräumt und viele tausend Bauern vertrieben, weil der Investor Sun Biofuels im Kisarawe-Distrikt der Coast-Region 9.000 ha Land für den Jatropha-Anbau gepachtet hat.[573]

Viele Kleinbauern in Ländern der Dritten Welt, die vor dem Hintergrund fehlender Unterstützung seit Jahren um ihre Existenz kämpfen, sprangen auch – wenn man das angesichts der Lebensverhältnisse wirklich so nennen will – „freiwillig" auf den vermeintlich lukrativen Energiepflanzen-Zug auf. Die vertragliche Verpflichtung zum Anbau von Agrotreibstoffen oder der Verkauf ihres Landes an Großinvestoren endete aber in vielen Fällen damit, dass sie in sklavenähnlichen Bedingungen auf Energiepflanzen-Plantagen arbeiten oder nun in den Slums der Großstädte leben.[574] Regierungen wie Bevölkerung werden von der Biofuels-Industrie mit Versprechungen bezüglich wirtschaftlicher und sozialer Entwicklung geködert, um ihr Land zur Verfügung zu stellen. Dies ist nicht neu. Beispiel Tansania: *„Mit ähnlich warmen Worten wurde den Kleinbauern vor einigen Jahrzehnten das Feld für die Kaffeeplantagen abgeschwatzt, mit solchen Verheißungen kamen in den neunziger Jahren ausländische Minengesellschaften ins Land, um Gold zu schürfen."*[575] Gebessert hat sich an der wirtschaftlichen und sozialen Situation wenig – ganz im Gegenteil.

Es steht zu befürchten, dass die v.a. der Eigenversorgung dienende, weniger intensive Landwirtschaft und die Selbstversorgung von Kleinbauern im gesamten Süden, aber hauptsächlich in Afrika, durch derartige Mechanismen unter die Räder gerät und sich die verfehlte Landwirtschaftspolitik weiter verfestigt.

I.4.5.5. Zusammenfassung und Schlussfolgerungen

Die von der EU gesetzten Ziele einer Ausweitung der Biomassenutzung können nicht in nachhaltiger Weise erreicht werden. Sie setzen eine intensive, industrialisierte Landwirtschaft bei gleichzeitig massiver exterritorialer Flächenbelegung voraus,

Teil I. Die Struktur: Umweltpolitik als Ordnungspolitik

durch die die schon bei anderen nachwachsenden wie nicht nachwachsenden Rohstoffen bestehenden neokolonialen Handelsmuster verfestigt werden. Die ehrgeizigen Ziele zur verstärkten Nutzung von Biomasse sind bislang zudem nur auf Basis einer nicht nachhaltigen, v.a. auf fossilen Energieträgern basierenden Landwirtschaft möglich. Nachhaltigere Formen der Landwirtschaft verschärfen die Flächennutzungskonkurrenz durch nachwachsende Rohstoffe noch.

Die vorliegende Beurteilung der Biomasse – insbesondere von nachwachsenden Rohstoffen – war sehr kritisch. Dennoch wäre es in einer Zeit der Unsicherheit über die energiepolitische Zukunft der Menschheit töricht, Biomasse als Bestandteil im Energiemix völlig auszuschließen. Vielmehr gilt es, sich in Zeiten der Unsicherheit möglichst viele Optionen offen zu halten. Dies gilt selbst für Biomasse aus nachwachsenden Rohstoffen, erst recht bei der Verwertung von Reststoffen. In kleinerem Umfang kann deren Einsatz einzelfallbezogen ökologisch, ökonomisch und sozial sehr sinnvoll sein. Beispielsweise ist die Biogasnutzung v.a. bei Nutzung von Gülle aus Klimaschutzsicht positiv zu bewerten.[576] Allerdings ist auch bei Gülle ein Fragezeichen hinter die Auswüchse der heutigen Fleischproduktion zu machen: Gülle setzt die Produktion von Fleisch voraus, und im großen Maßstab bedeutet dies wiederum die Inanspruchnahme von Wasser und Flächen (in Form exterritorialer Flächenbelegungen). Die vorliegende Kritik richtet sich denn auch nicht gegen Biofuels an sich, sondern gegen die übertriebene Rolle, die man der Biomasse im Energiemix der Industrieländer gegenwärtig zukommen lässt – um mit dem „Business-as-usual" fortfahren zu können und die bestehenden Lebensgewohnheiten und Institutionen nicht infragestellen zu müssen.

Vieles bei der Diskussion von Biomasse erscheint daher als eine Frage der Größenordnung („scale"). Der Sachverständigenrat für Umweltfragen fordert daher zu Recht, dass die ehrgeizigen nationalen und europäischen Wachstums- und Ausbauziele für Biokraftstoffe kritisch überprüft werden sollten. Die nationalen und europäischen Biokraftstoffquoten müssen unbedingt nach unten korrigiert werden.[577]

An dieser Einschätzung ändern auch die Agro-Kraftstoffe der „zweiten Generation" nichts. Diese sind ein gutes Beispiel dafür, wie man tiefersitzende institutionelle und strukturelle Probleme mit dem Griff in die Trickkiste der Technik („Zaubertrick Innovation") zu lösen versucht – wiederum, ohne dass die gegenwärtige Lebens- und Wirtschaftsweise grundsätzlich infrage gestellt wird (vgl. zur Kritik des „technischen Weges" Kap. II.3.1.). Dennoch sollten – ohne die neue Technologie hinsichtlich der Erwartungshaltung zu überfordern - Biofuels der zweiten Generation gefördert werden, da sie – insbesondere unter besserer Verwertung von Reststoffen (bei Beachtung ökologischer Restriktionen) wenigstens einen Zeitgewinn verschaffen können (der dann aber auch genutzt werden sollte).

Vor dem Hintergrund dieser Einschätzung lassen sich Konsequenzen für die Tagespolitik wie auch in grundsätzlicher Weise ziehen:
- Diejenigen Energieträger, welche die internationale Flächennutzungskonkurrenz verschärfen (nachwachsende Rohstoffe) sollten nicht weiter ausgeweitet werden; die Energiegewinnung sollte explizit möglichst außerhalb der Konkurrenz um Fläche stattfinden. Dies bedeutet v.a. – unter Beachtung der ökologischen Restriktionen - eine verstärkte Nutzung von Reststoffen; allerdings ist das Potenzial hier längerfristig geringer als bei nachwachsenden Rohstoffen.

Teil I. Die Struktur: Umweltpolitik als Ordnungspolitik

- Die Nutzung von Biomasse in Kraftstoffen zeigt gegenüber stationärer Strom- und Wärmeerzeugung deutliche Nachteile auf.[578] Hier sollte ein Umdenken mit Bezug auf den besten Energiemix stattfinden.
- Die Förderungsmaßnahmen sollten sich auf die Verwendung regenerativer Energien beschränken anstatt auf die direkte, unkonditionierte Anbauförderung und implizite Privilegierung bestimmter Energiepflanzen. Viele Probleme würden dann gar nicht erst entstehen, da der im Zuge wachsender Flächenkonkurrenz ebenfalls ansteigende Materialaufwand bei vielen Anlagen (insbesondere Biogas) zur Unwirtschaftlichkeit führen würde. Auch viele Bauern würden in einem nicht durch Förderungen verzerrten Agrarmarkt den Anbau nachwachsender Rohstoffe unterlassen.
- Die Forschung hinsichtlich der Auswirkungen auf die Nachhaltigkeit kann mit der rasanten Ausbreitung der Biomasseproduktion nicht mehr Schritt halten. Dies gilt auch für die Risikobewertung. *„Aus Gründen der Schadensprävention und der Umweltvorsorge ist es daher zwingend notwendig, die Förderung der nachwachsenden Rohstoffe zu 'entschleunigen'".*[579]
- Die Landwirtschaftspolitik der großen Industriestaaten wäre von Grund auf zu reformieren. Die zu beobachtenden Fehlentwicklungen in der Landwirtschaft, die zu Hunger und Not führten, sind auch maßgeblich das Resultat einer protektionistischen Agrarpolitik der westlichen Industriestaaten zum Zwecke der Stützung der Grundrente, einschließlich Exportsubventionen.[A]
- Der in den Vorkapiteln beschriebene Mechanismus von Verschuldung der Entwicklungsländer, des Regimes von WTO, IWF, Weltbank, etc., der die beschriebenen neokolonialen Handelsmuster maßgeblich begründet, wäre grundlegend zu reformieren. Dies beinhaltet jedoch auch Druck auf eine Änderung der Politiken in den Schwellen- und Entwicklungsländern, so u.a. hinsichtlich der Eigentumsstrukturen – auch gegen die Interessen der heimischen Konzerne.
- Ein erster, zarter Schritt könnte die Verhandlung von multilateralen Nachhaltigkeitsstandards im Rahmen der WTO sein.[580] Im Rahmen der WTO fehlt bislang eine eindeutige Klassifizierung dessen, was als „Biokraftstoff" überhaupt verstanden werden kann.

Schließlich seien noch zwei wichtige Aspekte abseits der Tagespolitik angeführt:
- Die oben diskutierten sozialen Probleme entstehen dadurch, dass die aufgrund der wachsenden Flächennutzungskonkurrenz ansteigende Grundrente in private Taschen wandert und es hierdurch zu einer immer stärkeren Umverteilung kommt. Den Verlierern der Nahrungsmittelkrise stehen also Gewinner gegenüber. Würde die Grundrente sozialisiert und nach Köpfen umverteilt, hätte der Preisanstieg und damit die Flächennutzungskonkurrenz, die durch nachwachsende Rohstoffe entsteht, weitaus weniger verheerende Konsequenzen als heute. Die Flächenkonkurrenz wäre sozial erträglicher, zudem könnte die Option Biomasse mit Blick auf ihre sinnvollen Eigenschaften im Energiemix leichter aufrecht erhalten werden.
- Schließlich wird ohne eine Reduzierung des Wirtschaftswachstums der Druck auf die Fläche und die Flächennutzungskonkurrenz immer weiter zunehmen, die geschilderte Problematik wird sich verschärfen und an anderen Stellen neu auftau-

---

[A] In der jüngsten Vergangenheit sind die Exportsubventionen der EU gesunken. Der Grund waren jedoch nicht Umstrukturierungen, sondern der gestiegene Weltmarktpreis. Dennoch bietet diese Entwicklung die Chance einer dauerhaften Abschaffung.- Vgl. F. Grabowsky, in: http://www.tagesschau.de/ausland/exportsubventionen2.html.

chen. Neue Technologien verschaffen dabei – wie oben schon erwähnt - allenfalls einen kleinen Zeitgewinn, stellen aber keine Lösung dar. Wenn beispielsweise Schätzungen zufolge sich im Jahr 2030 die Zahl der Autos gegenüber heute von 700 Mio. auf 1,3 Mrd. fast verdoppelt haben wird, kann auch keine noch so innovative Technologie etwas zur Lösung der Klima- und Ressourcenproblematik beitragen.[581] In Kap. II.3. werden wir diese Thematik noch einmal gesondert aufgreifen.

Teil II. Der Prozess: Von der Wiege bis zur Bahre

II.1. Leitideen

Die Klimakatastrophe ist augenblicklich in aller Munde. Diese wird verkürzend mit CO_2-Emissionen in Zusammenhang gebracht (viel schädlicher für die Atmosphäre ist Wasserdampf und Methan). Es handelt sich bei der betreffenden Problematik um einen Teilaspekt der Frage, wie mit den Reststoffen (hoher Entropie) aus dem Produktionsprozess umgegangen werden soll: Die Ausgestaltung der „Bahre des Wirtschaftsprozesses". Zu wenig im Blickpunkt des Geschehens erscheinen hingegen die Bedrohungen, die Wirtschaft wie Umwelt durch die abnehmende Verfügbarkeit v.a. fossiler und mineralischer Ressourcen entstehen, also der „Wiege des Produktionsprozesses".[1] Wirtschaft und Umwelt werden durch die bedrohlichen Entwicklungen an der „Wiege" wie an der „Bahre" zugleich „in die Zange genommen". Die CO_2-Problematik ist andererseits auch wieder bezeichnend für diese zunehmende „Klemme", in der der heutige „Kohlenwasserstoff-Mensch" sitzt: Der heutige „Wohlstand" (wenn man angesichts der Ausführungen im Vorkapitel davon reden mag) ist massiv durch die Beschleunigung des entropischen Prozesses durch fossile Energieträger (Kohlenwasserstoffe) bedingt, in denen Sonnenenergie in Millionen und Abermillionen von Jahren gespeichert wurde. Die heutige, auf der extensiven Nutzung von Kohlenwasserstoffen beruhende Wirtschafts- und Lebensweise wird insbesondere von der abnehmenden Verfügbarkeit fossiler Energieträger (insbesondere Öl), andererseits von der abnehmenden Aufnahmefähigkeit der Deponien und Senken (insbesondere der Atmosphäre und der Ozeane) bedroht.

Nachfolgend wollen wir – vor dem im Vorkapitel geschilderten ordnungspolitischen Hintergrund – das Wirtschaften von der Wiege (Ressourcenextraktion) über die Produktion und Konsumption bis zur Bahre (Senken, Deponien) verfolgen. Dabei geht es schwerpunktmäßig um den Prozess: Der Faktor Zeit wird also explizit in die Betrachtung eingeführt. Noch mehr: Die nachfolgenden Kapitel beschäftigen sich v.a. mit der Überbetonung der Zeiteffizienz in einer durch das Rentabilitätsprinzip geprägten Wirtschaftsordnung. Zeiteffizienz beschreibt die Fähigkeit, ein bestimmtes Ziel mit einem möglichst geringen zeitlichen Aufwand erreichen zu können. Charakteristisch ist also eine Kurzfristorientierung. Ein positiver Zinssatz ist ein wesentlicher Treiber für Zeiteffizienz, da er „Bummeln" bestraft (in Gestalt entgangener Gewinne, die für eine Wiederanlage noch nicht zur Verfügung stehen)

Teil II. Der Prozess: Von der Wiege bis zur Bahre

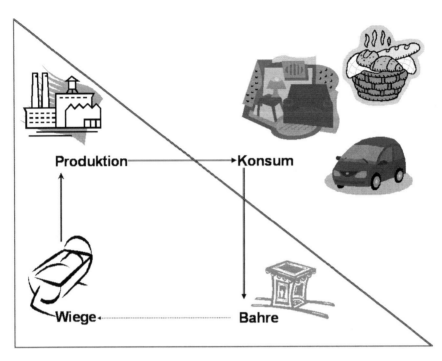

Abb. 17: Von der Wiege bis zur Bahre
(Quelle: Eigene Darstellung)

Die obenstehende Abbildung zeigt das verwendete Analyseraster an: Zunächst erlaubt sie eine Unterscheidung zwischen der Sphäre der Wirtschaft (Wiege / Produktion / Bahre) und des Konsums. Wiege und Bahre sind in den Feldern (1), (3) und (5) zu verorten. Es handelt sich um das, was von Vandana Shiva mit „Schöpfungsrahmen" bezeichnet wurde.[2] Die betreffenden Gegenstände wurden von keinem Menschen geschaffen. Es handelt sich vielmehr um nicht oder schwer vermehrbare Ressourcen bzw. Deponien. Die Produktionssphäre (von Menschen geschaffene Güter und Dienstleistungen) hingegen ist Gegenstand der Felder (2), (4) und (6) in Tabelle 2.

Die Pfeile in der obigen Abbildung charakterisieren die Güterbewegung von der Extraktion hin zur Deponierung. Hiermit ist auch eine Zunahme von Entropie verbunden. Der gepunktete Pfeil von der Bahre hin zur Wiege soll die Bemühungen um ein Recycling charakterisieren, wenn die Entropie bei der Deponierung noch relativ wenig weit fortgeschritten ist (s. unten zu den Ansätzen des Stoffstrommanagements). Während im vorstehenden Kapitel die (kurzfristige) Betrachtung des Umweltproblems als eines von Stromgrößen eine wichtige Rolle spielte, geht es nun verstärkt um die Akkumulation (Schadstoffe) und den Abbau (Rohstoffe, Ressourcen) von Beständen.

Teil II. Der Prozess: Von der Wiege bis zur Bahre

II.2. Von der Wiege ...: Ressourcenökonomische Betrachtungen

Nachfolgend wollen wir zunächst schwerpunktmäßig den Ressourcenverbrauchspfad von Vermögensgegenständen in Feld (1) / Tabelle 2 diskutieren. Hierbei spielt die Vorstellung von der Beschaffenheit eines optimalen Ressourcenverbrauchspfades eine große Rolle. Maßgebend ist entsprechend den Vorstellungen der Orthodoxie das utilitaristisch begründete Nutzenmaximierungskalkül. Hierbei werden die (monetarisierten) Zukunftsnutzen auf die Gegenwart abgezinst (abdiskontiert).[A] Ein hoher Zinssatz gibt – v.a. bei spezifizierten Eigentumsrechten - im „Schöpfungsrahmen" (Shiva) einen ganz anderen ökonomischen Anreiz als im „Produktionsrahmen": Während ein positiver Zinssatz im Produktionsrahmen die Anstrengungen zur Vorsorge stärkt (Stimulation der Ersparnis), wird im „Schöpfungsrahmen" ein Signal zum rascheren Abbau der betreffenden Ressource (Konsum heute auf Kosten der Zukunft) gesetzt. Im Sinne der thermodynamischen Betrachtungsweise wird damit auch die Entropie wesentlich erhöht – diese rasche Verfügbarmachung und Nutzung von Energie ist Ausdruck einer auf „Zeiteffizienz" fokussierten Wirtschaft. Generell signalisiert ein positiver Zinssatz, die monetären Nutzen aus der Ausbeutung von Ressourcen in die Gegenwart und die monetären, ökologischen wie sozialen Folgekosten in die Zukunft, auf nachfolgende Generationen zu verschieben.

Es soll nachfolgend gezeigt werden, dass durch die Änderung der Eigentumsverhältnisse wie auch durch andere Zinssignale als heutzutage ein anderer, nachhaltigerer Ressourcenverbrauchspfad beschritten werden kann. Wir werden uns dabei erneuerbare und nicht erneuerbare Ressourcen anschauen.

> **Hinweis: Erneuerbare und nicht erneuerbare Ressourcen**
> Die Unterscheidung zwischen „erneuerbar" und „nicht erneuerbar" beruht auf der Frequenz bio-geochemischer Stoffkreisläufe (also der Zeit, die eine stoffliche Ressource benötigt, um den natürlichen Zyklus von Werden und Vergehen zu durchlaufen). Erneuerbare Ressourcen haben relativ kurze Umlaufzeiten; ihre Verteilung über den Globus ist dynamisch und kann sich in menschlichen Zeiträumen merklich verändern. Ihre Verteilung und Verfügbarkeit ist an die Größe und die Qualität der Landflächen gebunden – zumindest was den Großteil der vom Menschen genutzten Biomasse aus Land- und Forstwirtschaft betrifft. Mineralische Rohstoffe als wichtiger Fall für nicht erneuerbare Ressourcen haben hingegen lange Umlaufzeiten und sind – im Gegensatz zu erneuerbaren Ressourcen – sehr punktförmig auf der Erdoberfläche verteilt. „Aufs Ganze gesehen verfügt (...) der Norden über vergleichsweise weniger Reserven an nichterneuerbaren Rohstoffen. Ihr Hauptanteil ist in den Ländern des Südens zu finden. Jedoch stellen eine ganze Reihe dieser Ressourcen bis heute wichtige Antriebsmittel und Rohmaterialien für die industrielle Wirtschaftsweise dar; daher verbrauchen die Industrieländer des Nordens einen weit überproportionalen Anteil. Aus diesem Widerspruch zwischen Besitz und Bedarf rühren jene geostrategischen Konfliktlagen, die seit mehr als hundert Jahren immer wieder die Welt in Atem halten (...)."[3]

[A] Ein analoges Problem ergibt sich in Feld (6), wenn im Rahmen von Nutzen-Kosten-Analysen die Frage nach dem adäquaten Kalkulationszinssatz gestellt wird.

Teil II. Der Prozess: Von der Wiege bis zur Bahre

II.2.1. Zielsetzung und Legitimation

Die herkömmliche, wohlfahrtstheoretisch fundierte Umweltökonomie fragt danach, wie auf Grundlage einer gesamtwirtschaftlichen Nutzenfunktion der gesellschaftliche Nutzen auch in intertemporaler Hinsicht maximiert werden kann. Dabei wird ein utilitaristisches Nutzenmaximierungskalkül (mit dem dominierenden Leitwert der „Effizienz") zugrunde gelegt (Kap. II.2.1.1.). Dem wird im Allgemeinen die *Rawls'*sche Gleichheitsethik (Kap. II.2.1.2., dominierender Leitwert: „Gerechtigkeit") gegenübergestellt.

II.2.1.1. Abdiskontierung und Zeitpräferenz: Der Ausbeutungspfad als intergenerationelle Verteilungsfrage

Auch ökonomische Zielsetzungen sind letztlich außerökonomisch begründet. Nicht zufällig hat auch die moderne Wirtschaftswissenschaft – mit *Adam Smith* (1723 - 1790) – ihre Ursprünge in der Moralphilosophie.[A] Die betreffenden Wurzeln sind allerdings in der zeitgenössischen Wirtschaftswissenschaft größtenteils in Vergessenheit geraten. Dennoch stehen die meisten Ökonomen – auch wenn sie sich dessen vielleicht nicht immer bewusst sind – auf philosophischen Fundamenten und legen ihren Ansichten und Empfehlungen zumindest implizit Werturteile zugrunde. Diesbezüglich neigen Neoklassiker und Neoinstitutionalisten stark zum Utilitarismus.

> **Hinweis: Utilitarismus**
> Der Utilitarismus als ethisches Konzept wurde durch *Bentham* und *Mill* begründet. Er setzte sich als wohlfahrtsökonomisches Basistheorem in der Volkswirtschaftslehre durch. Nach utilitaristischer Ethik können (wirtschaftliche oder politische) Handlungen als „gerecht" beurteilt werden, wenn sie zur Mehrung des Glücks und des Gesamtnutzens einer Gesellschaft beitragen. Der Utilitarismus wird jedoch v.a. aufgrund seiner Unfähigkeit kritisiert, den Aspekt der intergenerativen Gerechtigkeit hinreichend zu berücksichtigen.

Die mit dem Utilitarismus zusammenhängende Problematik zeigt sich besonders bei der Ausbeutung begrenzt vermehrbarer Ressourcen (also Feld (1) / Tabelle 2 und (5)). Anders als bei vermehrbaren Verbrauchsgütern handelt es sich bei der Frage, wie viel von den unvermehrbaren Verbrauchsgütern heute und wie viel später verbraucht werden soll, nicht nur um ein Allokations-, sondern auch um ein intertemporales Verteilungsproblem: Der „Kuchen" der nicht oder nur begrenzt erneuerbaren Rohstoffe kann nämlich innerhalb der der menschlichen Spezies zur Verfügung stehenden Zeitdimension grundsätzlich nur einmal gegessen werden[B], entweder von heute lebenden Menschen oder den zukünftigen Generationen.

Die utilitaristisch basierte Wirtschaftstheorie verortet das optimale Niveau der Wirtschaftstätigkeit dort, wo die Differenz aus Nutzen und Kosten, also der gesamtge-

---

[A] Ältere philosophische Ursprünge können bei Aristoteles verortet werden.

[B] In der Umweltökonomie ist das "Cake-eating-problem" noch enger definiert: Es beschreibt eine Situation, in der es keinen Produktionsprozess gibt, sondern nur eine gegebene Ausstattung mit einem Ressourcenbestand, der durch den Konsum immer kleiner wird.

Teil II. Der Prozess: Von der Wiege bis zur Bahre

sellschaftliche Gewinn, maximiert wird. Dieser Betrachtung liegt die primäre Orientierung am Leitwert der „Effizienz" zugrunde. Im wesentlichen gilt nichts anderes bei einer Erweiterung der Betrachtung um eine weitere Dimension, den Faktor „Zeit": Es geht darum, die erneuerbaren oder nicht erneuerbaren Ressourcen so zu verwenden, dass der Nutzen der verschiedenen Generationen über den „Zeitstrahl" hinweg maximiert wird. Hierbei kommt das Primat des Kriteriums der „Zeiteffizienz" zum Ausdruck. Die Bewertung des Zukunftsnutzen geschieht dementsprechend über den Weg der Diskontierung. Dabei wird jedoch aus der Perspektive der heute lebenden Generation bewertet und der Nutzen zukünftiger Generationen abdiskontiert. Die Abdiskontierung des Nutzens zukünftiger Generationen bedeutet jedoch nichts anderes als eine geringere Gewichtung des Nutzens dieser zukünftigen Generationen gegenüber der heutigen, die Bewertung vornehmenden Generation. Die Konsequenz: Ein aus utilitaristischer Sicht (bei einem positiven Zinssatz) „optimaler" Ressourcenverbrauchspfad würde mit Blick auf das Barwertkalkül somit der gegenwärtigen Generation einen höheren Ressourcenabbau zusprechen als künftigen Generationen.

Wie wird aber die Abdiskontierung der Bedürfnisse zukünftiger Generationen durch die auf dem Utilitarismus fußende Ressourcenökonomie überhaupt gerechtfertigt? Nach Auffassung der Orthodoxie weist der Mensch eine Zeitpräferenz auf.[A] Er zieht den Nutzen aus einem Gegenstand lieber heute als morgen. Der Grund für die Abdiskontierung wird also nicht etwa – wie bei *Keynes* oder *Gesell* (s. unten) – in den Eigenschaften des Geldes gesucht, sondern in der menschlichen Natur. Für die individuelle Zeitpräferenz werden dabei vier Gründe angeführt:
- menschliche Ungeduld und Kurzsichtigkeit (sog. Myopie);
- Unsicherheit und Unwissenheit über die Zukunft;
- abnehmender Grenznutzen von Einkommen und Konsum;
- die Produktivität von Kapital (Opportunitätskosten-Ansatz).

a. Zur individuellen Zeitpräferenzrate
Diese vier „Rechtfertigungen" des Diskontierungskonzepts werden nun im einzelnen erläutert und jeweils kritisch hinterfragt.

Menschliche Ungeduld und Kurzsichtigkeit (Myopie) ist eine der am häufigsten vorgebrachten Begründungen für die individuelle Diskontierung. Demnach haben Menschen unabhängig von den Eigenschaften von Gütern und unabhängig von der Unsicherheit zukünftiger Entwicklungen und ihren Erwartungen eine Zeitpräferenz. Getreu dem Motto „*Ein geschenkter 100 €-Geldschein heute ist mir lieber als dasselbe Geldgeschenk in einem Jahr*" möchten sie identische Nutzenströme lieber heute als morgen realisieren. Die Myopie-Hypothese unterstellt gewissermaßen eine psychologische Gesetzmäßigkeit, wonach Menschen ungeduldig und kurzsichtig sind. Sie besagt somit, dass Individuen bezüglich der zeitlichen Verteilung von Nutzen „komische" Präferenzen haben. *Hummel* illustriert dies – in Bezug auf nicht erneuerbare Ressourcen - anhand eines schönen und einfachen Beispiels[4]: Man stelle sich einen Abenteurer vor, der eine Wüste zu Fuß im Alleingang durchqueren möchte. Er ist sich sicher, dass er die von ihm geplante Route in 10 Tagen bewältigen wird. Da unterwegs nirgendwo Wasser zu finden ist und er den beschwerlichen Weg bei hohen Temperaturen in der sengenden Sonne zurücklegen muss, ist er auf die Mitnahme

---
[A] Die Auffassung, die Minderschätzung der Befriedigung zukünftiger Generationen sei ein Wesensmerkmal des Menschen, wurde in der Wirtschaftswissenschaft schon früh vertreten (so. u.a. von E. von Böhm-Bawerk, A.C. Pigou, L. von Mises).

eines Wasservorrats angewiesen, der einerseits so ausreichend sein sollte, um die Strapazen sicher zu überstehen, andererseits jedoch nicht zu schwer sein darf; daher beabsichtigt er, insgesamt 30 Liter Trinkwasser in seiner Ausrüstung mitzuführen. Was die Einteilung seines lebensnotwendigen, aber begrenzten Wasservorrats betrifft, täte ein solcher Abenteurer nun in seinem eigenen Interesse gut daran, ein „charakterfester Mensch" zu sein. Es kann sicherlich nicht als optimal bezeichnet werden, wenn er in den ersten drei Tagen jeweils 10 Liter Wasser verbrauchen würde - der Tod durch Verdursten wäre ihm gewiss. Das Beispiel führt eindrucksvoll vor Augen, dass sich Myoptiker im Sinne der Grundannahmen der neoklassischen Ökonomie keinesfalls rational, sondern irrational verhalten. Ein solches Verhalten widerspricht aber dem ökonomischen Menschenbild vom rationalen, eigennützigen „homo oeconomicus", der den größtmöglichen Nutzen aus seinen Aktivitäten ziehen möchte. Damit ist es jedoch ausgeschlossen - ja widersprüchlich -, aus dem Myopie-Argument eine ökonomische Rechtfertigung des theoretischen Diskontierungskonzepts auf der Ebene des Individuums abzuleiten; es handelt sich um eine mehr als fragwürdige Ad-hoc-Modifikation der neoklassischen Theorie.[5]

Unsicherheit über die Zukunft stellt eine andere Begründung dar. Während der Myopiker Gegenwartspräferenz aufgrund seiner „anormalen" Präferenzenstruktur auch bei vollkommener Sicherheit besitzt, versucht die Wirtschaftswissenschaft, eine schlüssige Begründung von Gegenwartspräferenz aus der Unsicherheitssituation zu begründen. *„Geht man nämlich von dem realistischen Fall aus, dass ein Individuum nicht sicher weiß, was die Zukunft bringt, so sind seine Entscheidungen stets mit Risiko behaftet. Güter, die er konsumieren möchte, könnten aus Gründen, auf die er keinen Einfluss nehmen kann, zukünftig gar nicht mehr oder nicht mehr in der gegenwärtigen Qualität verfügbar sein. Die Güter könnten z.B. verderben oder sonst irgendwie abhanden kommen, zerstört oder beschädigt werden; oder es könnte ganz einfach der reale Güterpreis ansteigen. Zudem trägt der Entscheider selbst ein individuelles Lebensrisiko: er könnte in Zukunft nicht mehr in der Lage sein, entsprechende Nutzenströme zu realisieren, weil er zwischenzeitlich erkrankt, verunglückt oder gar stirbt."*[6] Die Gegenwartspräferenz wird hieraus folgend aus der Risikoaversion abgeleitet. *„Berücksichtigt man also Unsicherheit oder Unwissenheit über die zukünftige Entwicklung, so hängt die individuelle Zeitpräferenz ganz wesentlich von der Einstellung der betrachteten Individuen gegenüber Risiken ab. In der ökonomischen Theorie wird üblicherweise zwischen Risikofreudigkeit, Indifferenz gegenüber Risiken (Risikoneutralität) und Risikoscheu (Risikoaversion) unterschieden."*[7] Doch auch diese Argumentation befremdet bei näherem Nachdenken. Wir wollen auf das obige Beispiel zurückgreifen und unseren Wüstenwanderer nunmehr mit Unsicherheit dahingehend konfrontieren, welche Wegstrecke, welche Temperaturen etc. er vor sich hat. Würde ein risikoaverser Mensch (z.B. aus Angst, der Geier könnte ihn holen und er würde den Genuss des restlichen Wassers verpassen) tatsächlich der Gegenwartspräferenz frönen und seine Wasservorräte sofort verprassen? Würde hingegen ein risikofreudiger Mensch der Gegenwartspräferenz widerstehen und versuchen, die Wasservorräte so lange wie möglich zu strecken? Jeder Mensch, der noch nicht die schulökonomische Gehirnwaschanlage durchschritten hat, würde die Dinge genau umgekehrt sehen. Unterstellen wir die Dominanz von Risikoscheu (im Sinne einer anthropologischen Konstante), würde angesichts der Unsicherheit der Zukunft aus dem Vorsorgemotiv (auch ohne Zins!) heraus eine Präferenz für das

Teil II. Der Prozess: Von der Wiege bis zur Bahre

Sparen („Vorsorge für schlechte Zeiten"), und gerade nicht für den Konsum entstehen.[A] Eine Gegenwartspräferenz kann aus Unsicherheit also nicht erklärt werden.

Ein abnehmender Grenznutzen von Einkommen und Konsum wird auf Grundlage des ersten *Gossen*schen Gesetzes behauptet. Zunächst ist das erste *Gossen*sche Gesetz wegen der impliziten Voraussetzung einer kardinalen Nutzenmessbarkeit umstritten. Lehnt man die kardinale Vergleichbarkeit des Nutzens ab, so muss das Ziel der intertemporalen Maximierung der gesellschaftlichen Nutzenfunktion ohnehin als im Ansatz gescheitert betrachtet werden.[B] Werden über die Abdiskontierung die Bedürfnisse künftiger Generationen (also anderer Individuen) geringer gewichtet, ergibt sich gleichermaßen das Problem eines intersubjektiven Nutzenvergleichs.

> **Hinweis: Zur kardinalen Messung von Nutzenniveaus**
> Die mikroökonomische Theorie lehnt intratemporal einen interpersonalen Nutzenvergleich über eine *kardinale Messung* von Nutzenniveaus ab (also nicht den Nutzenvergleich an sich!). Dieser Aspekt ist v.a. deswegen interessant, weil – konsequent durchdacht – der kardinale Nutzenvergleich zu verteilungspolitischen Implikationen führen würde, die mit den herkömmlichen Optimierungszielen inkompatibel sein können: Würde ein kardinaler Nutzenvergleich angewendet, so könnte – angesichts eines sinkenden Grenznutzens des Einkommens – ein gesamtgesellschaftliches Optimum möglicherweise nur durch eine radikale Umverteilungspolitik zu bewerkstelligen sein. Genau dies wird in der herkömmlichen mikroökonomischen Theorie negiert – statt dessen wird der Nutzen zwischen den Personen als auf einer Kardinalskala nicht vergleichbar angesehen und ein ordinales Nutzenmesskonzept verfolgt (man kann also nur sagen, dass Alternative A der Alternative B vorgezogen wird, aber nicht, um wie viel).
> In der intertemporalen Betrachtung wird jedoch mit dieser Sichtweise gebrochen: Aussagen über die intertemporale Gewichtung des Nutzens implizieren kardinale Nutzenvergleiche![8] Über die kardinalen Nutzenvergleiche werden damit auch implizit intertemporale Verteilungsaussagen getroffen. Insoweit ist das utilitaristische Konzept der Abdiskontierung künftiger Nutzen nicht schlüssig. Soweit das widerstreitende Konzept von *Rawls* (s. unten) implizit Nutzen- bzw. Bedürfnisvergleiche zwischen den verschiedenen Generationen vornimmt, kann derselbe Vorwurf aber auch der „Konkurrenzveranstaltung" gemacht werden.

Unabhängig davon wird die Unsinnigkeit des o.a. Argumentes durch folgendes Gedankenexperiment ersichtlich: Unser Wüstenwanderer, der eine voraussichtlich 10-tägige Tour vor sich hat, wird sicherlich am ersten Tage Durst leiden und im Augenblick des Trinkens einen hohen Grenznutzen des Konsums verspüren. Damit ist sein Durst allerdings für die restlichen neun Tage nicht gestillt. Auch am zweiten, dritten, vierten etc. wie am neunten Tage wird sich der Durst wieder einstellen; der Grenznutzen des Konsums des Wasservorrats wird möglicherweise am neunten Tage so-

---

[A] S. auch die Argumentation von S. Gesell, Die Natürliche Wirtschaftsordnung durch Freiland und Freigeld, Lauf bei Nürnberg 1949, S. 349 mit Blick auf die Abstinenz- oder Enthaltsamkeitstheorie von *Senior*. *Gesell* drückt in seiner unnachahmlich sarkastischen Ausdrucksweise Verwunderung darüber aus, warum die Gattung Mensch angesichts ihrer – von den Neoklassikern behaupteten – unvorsorglichen Neigungen in der vorgeldlichen Zeit ohne den Zins (und damit ohne Anreiz, diese für das Überleben abträglichen Neigungen zu überwinden) überhaupt überleben konnte.

[B] Würde man sich hingegen mit einer ordinale Nutzenmessbarkeit bescheiden, wäre *Arrows* Unmöglichkeitstheorem zu beachten, das bei jedem ordinalen Vergleich Relevanz besitzt.

gar noch höher sein als am ersten Tag. Die sich im Zeitablauf immer wieder neu herausbildenden Bedürfnisse sprechen daher ebenfalls nicht für eine Diskontierung, sondern für Vorsorge.

Der Opportunitätskosten-Ansatz stellt auf die Produktivität des Kapitals ab. Die Argumentation geht zunächst von der fundamentalen Annahme der neoklassischen Ökonomie aus, dass sich Individuen in Entscheidungssituationen an Opportunitätskosten (= der entgangene Nutzen nicht gewählter Alternativen) orientieren. Nun gibt es verzinsliche Anlagen auf dem Kapitalmarkt, die nach neoklassischer Lesart einer positiven Grenzproduktivität des Kapitals geschuldet sind. Warum aber kann das Kapital nicht so weit vermehrt werden, dass die Grenzproduktivität bis auf Null zurückgehen kann? Hierzu muss die neoklassische Theorie wieder auf Erklärungen für die Existenz einer Gegenwartspräferenz zurückgreifen. Dann aber wird die „Erklärung" zirkulär. Wir werden in Kap. II.3.5. darstellen, dass eine – durch den Optionscharakter des Geldes - institutionalisierte Knappheit eine saubere Erklärung für das beschriebene Phänomen liefert.

Somit bleibt festzuhalten, dass sich eine Zeitpräferenzrate nicht anthropologisch, also unabhängig vom Geld, begründen lässt. Dementsprechend kann auch der Zinssatz und die Rechtfertigung einer Diskontierung nicht aus dieser angeblichen Zeitpräferenzrate hergeleitet werden (vgl. Kap. II.2.1.1.). Wir werden in Kap. II.3.5. darstellen, dass der Zins sauber lediglich aus den Eigenschaften des Geldes selber begründet werden kann. Die Zeitpräferenzrate ist also nicht für die Existenz eines positiven Zinssatzes verantwortlich – vielmehr ist das genaue Gegenteil der Fall.

b. Zur sozialen Diskontrate
In der ökonomischen Literatur gibt es eine Vielzahl von Modellen, mit denen versucht wird, die gesellschaftliche Zeitpräferenzrate bzw. die „soziale Diskontrate" theoretisch abzuleiten. Die soziale Zeitpräferenzrate ergibt sich aus der individuellen Zeitpräferenzrate zuzüglich des Produkts aus der Wachstumsrate des realen Konsums pro Kopf und der Elastizität des marginalen Nutzens des Konsums.[9] Würde man also die individuelle Zeitpräferenzrate gleich Null setzen, ergäbe sich bei einer positiven Wachstumsrate des Konsums immer noch ein Abdiskontierungseffekt. In Kap. II.3. wird jedoch beschrieben, warum ein Zinssatz von Null die notwendige (wenngleich nicht hinreichende) Voraussetzung dafür darstellt, dass die Wirtschaft – und damit auch der Konsum – auf einen Nullwachstumspfad einschwenken kann.

Die soziale Zeitpräferenzrate wird u.a. auch zur Bewertung öffentlicher Investitionen verwendet.[10] Wie auch bei der Ableitung der individuellen Zeitpräferenzrate lassen sich zwei Ansätze zur Ableitung der gesellschaftlichen Zeitpräferenz unterscheiden:
- Entweder bilden individuelle Nutzenfunktionen, die einen sinkenden Grenznutzen bei zunehmendem Konsum- oder Einkommensniveau aufweisen, den Ausgangspunkt solcher Modelle;
- oder es wird auf den langfristigen Kapitalmarktzinssatz als Ausdruck der Opportunitätskostenrate der Individuen in einer Gesellschaft abgestellt.[11]

Nach den oben zur individuellen Zeitpräferenz gemachten Ausführungen können nutzentheoretische Ableitungen der gesellschaftlichen Diskontrate, etwa aus dem Argument sinkender Grenznutzen - oder gar der Myopie – sogleich verworfen werden, da sie einer überzeugenden theoretischen Grundlage entbehren.

Hingegen bildet der Opportunitätskostenansatz scheinbar eine sichere theoretische Grundlage für die Herleitung gesellschaftlicher Zeitpräferenz. Tatsächlich greift eine große Zahl der in die Literatur eingegangenen theoretischen Ableitungen einer gesellschaftlichen Zeitpräferenzrate auf dieses Argument zurück.[12] Die betreffenden Ansätze gehen von der Betrachtung verschiedener Handlungsalternativen aus, die einer Gesellschaft offen stehen. Dabei können nutzenstiftende Ressourcen grundsätzlich entweder dem öffentlichen Bereich (Steigerung des kollektiven Nutzens) in Form öffentlicher Investitionen oder dem privaten Bereich zufließen. Die zugrundeliegende Überlegung lautet: Für private Investitionen kann der langfristige Kapitalmarktzinssatz eine Basis für die Rendite von Handlungsalternativen darstellen – allerdings bedarf es dann noch einer spezifischen Risikoadjustierung, z.B. unter Heranziehung des CAPM-Modells.[A] Daraus wird gefolgert, dass sich öffentliche Investitionen ebenfalls mindestens am langfristigen Kapitalmarktzinssatz messen lassen müssen. Die einschlägigen Ansätze zur Bestimmung der gesellschaftlichen Zeitpräferenzrate aus dem Opportunitätskostenansatz nehmen also den in einer Gesellschaft herrschenden langfristigen Zinssatz als Ausdruck der Opportunitätskostenrate zum Ausgangspunkt und leiten daraus unter Berücksichtigung bestimmter Nebenbedingungen wie dem Steuersystem, dem Sparverhalten und der Inflationsrate die soziale Diskontrate ab. Auffällig an den betreffenden Ableitungsversuchen ist jedoch, dass die gefundenen Diskontraten relativ hoch erscheinen, in den meisten Fällen sogar 10 % übersteigen.

> **Hinweis: Diskontierung bei (öffentlichen) Investitionen zur Erhaltung der Umwelt**
> Öffentliche Investitionen in die Erhaltung der Umwelt halten gleichsam Optionen für die Zukunft aufrecht. Die Diskontierung bedeutet jedoch – wenn man den Zins als Opportunitätskostensatz versteht – den Vergleich mit dem internen Zinssatz der nächstbesten Investitionsalternative. Dieser wird in der Praxis zumeist auf kapitalmarkttheoretischen Grundlagen gestützt aus dem risikoadjustierten Kapitalmarktzinssatz abgeleitet. Kann aber die nächstbeste Investitionsalternative für eine nachhaltige Investition (die eine Option aufrechterhält) eine herkömmliche, nicht nachhaltige Investition sein (die Optionen für die Zukunft vernichtet)?[13] Bewertungen, auch Diskontierungen, stellen immer einen Vergleich dar. M.E. würde man im genannten Fall die berühmten „Äpfel mit Birnen" vergleichen. Entweder müsste also eine entsprechende Berechnung mit einem Optionspreisverfahren oder einem sehr viel niedrigeren Zinssatz durchgeführt werden. Über tragfähige Verfahren der Ermittlung besteht allerdings noch Forschungsbedarf.

Zwar setzt der Opportunitätskostenansatz mit dem langfristigen Kapitalmarktzinssatz an einer Größe an, die ein empirisch leicht beobachtbares Datum darstellt. Allerdings erfolgt die Ableitung der gesellschaftlichen Zeitpräferenzrate dann aus einzelwirtschaftlich relevanten Signalen und eben nicht autonom. Es bleibt die Frage ungeklärt, ob der Kapitalmarktzinssatz letztlich anthropologisch (als Zeitpräferenzrate) oder aus den Eigenschaften des Geldes heraus zu erklären ist.

[A] Vgl. exemplarisch W. F. Sharpe, Capital asset prices : A theory of market equilibrium under conditions of risk, in: Journal of Finance, Vol. 19 / 1964, S. 425-442.- Zur Kritik des CAPM-Modells s. S. Keen, Debunking Economics ..., a.a.O., S. 222 ff.

Ferner impliziert der soziale Opportunitätskostenansatz insbesondere bei der Berechnung der Vorteilhaftigkeit öffentlicher Investitionen die Annahme, dass Entscheidungen über die Durchführung in einer Gesellschaft nach ökonomischen Rentabilitätsgesichtspunkten getroffen werden und dass der langfristige Kapitalmarktzinssatz als Ausgangspunkt den entscheidenden Maßstab zur Beurteilung der Rentabilität solcher Investitionen darstellt. U.E. spielen gerade im öffentlichen Bereich ganz andere Aspekte bzw. Leitwerte als lediglich derjenige der „Effizienz" eine Rolle (z.B. „Sicherheit" oder „Versorgung", s. insbesondere Kap. I.3.4.2 und I.3.4.3.). Zudem weisen *Nijkamp / Rouwendahl*[14] sowie *Lind*[15] auf eine wesentliche Grundannahme des Opportunitätskostenansatzes hin, die nach ihrer Ansicht für öffentliche Investitionen nicht zutreffend ist: So geht die Logik des Opportunitätskostenansatzes von der sofortigen Reinvestition aller zukünftigen Auszahlungen aus; d.h. zukünftige Generationen werden für entgangene Nutzenströme dadurch entschädigt, dass positive Auszahlungen im Zeitablauf mindestens zur Opportunitätskostenrate (d.h. zum Marktzinssatz) wieder reinvestiert werden. Demnach würde jeder Nutzensteigerung in der Gegenwart (= Nutzenverlust für die Zukünftigen) ein entsprechender (diskontierter) Nutzengewinn in der Zukunft gegenüberstehen. *Nijkamp / Rouwendahl* und *Lind* argumentieren aber, dass *in der Realität* positive Auszahlungen aus öffentlichen Investitionen häufig sofort in der Periode, in der sie anfallen, konsumiert werden - eine Reinvestition findet also in praxi gar nicht oder nur im geringeren Umfang statt.

Die neoklassische Theorie liefert somit – auch mit Blick auf das Konstrukt einer „sozialen Diskontrate" - mit ihren Prämissen auch keine theoretisch schlüssige Begründung für eine positive soziale Diskontrate.

Beispiel: Kernenergie
Ein klassisches Beispiel für die Abdiskontierung des Nutzens zukünftiger Generationen stellt die gegenwärtige Nutzung der Atomkraft zur Energieerzeugung dar, wodurch große Mengen radioaktiver Abfallstoffe produziert werden. Dieser radioaktive Abfall wird noch über Jahrtausende hinweg lebensbedrohende Strahlung emittieren und muss daher quasi für alle Zeiten sicher abgekapselt verwahrt werden. Einerseits ist fraglich, ob die Sicherheit aus heutiger Sicht als geeignet betrachteter Lagerstätten für strahlendes Material wie z.B. stillgelegte Bergwerke über einen derartig langen Zeitraum überhaupt zweifelsfrei beurteilt werden kann, so dass mit schweren Unfällen durch Leckagen in ferner Zukunft zu rechnen ist; andererseits ist zu erwarten, dass allein der Unterhalt und die Absicherung solcher Lagerstätten zukünftige Generationen mit hohen Kosten belasten wird. Die Annahme einer Zeitpräferenz in Kosten-Nutzen-Analysen führt jedoch zu einer geringen Gewichtung derartiger Kosten, so dass Atomkraftwerke gegenüber alternativen Energiesystemen als ökonomisch überlegen erscheinen. Entsprechend wird argumentiert, dass diese de facto-Abwertung der Zukunft zur Diskriminierung zukünftiger Generationen und zu einer Verzerrung von Entscheidungssituationen führt.[A]

[A] Kritik am Konzept der Diskontierung wurde dabei zunächst von anderen Disziplinen und nicht zuletzt durch die Ökologiebewegung in die ökonomische Diskussion hineingetragen. Eine Auseinandersetzung mit dieser Thematik aus ökologischer Sicht findet sich z.B. bei P. R. Ehrlich / A. H. Ehrlich, Der lautlose Tod. Das Aussterben der Pflanzen und Tiere, Frankfurt 1983.

> **Hinweis: Das biblische Zinsverbot**
> Schon die Bibel verhängte ein generelles Zinsverbot: *„Du darfst von deinem Bruder keine Zinsen nehmen: weder Zinsen für Geld noch Zinsen für Getreide noch Zinsen für sonst etwas, wofür man Zinsen nimmt. 21 Von einem Ausländer darfst du Zinsen nehmen, von deinem Bruder darfst du keine Zinsen nehmen, damit der Herr, dein Gott, dich segnet in allem, was deine Hände schaffen; in dem Land, in das du hineinziehst, um es in Besitz zu nehmen."* (Deut. 23: 20-21). Bemerkenswert ist, dass es sich hierbei um die dritte Bibelstelle handelt (neben dem vierten Gebot und dem Gleichnis mit dem Vogelnest, vgl. Kap. II.2.1.2.), die mit einem Segen verbunden und daher hoch zu bewerten ist. Bemerkenswert ist zudem, dass das Zinsverbot nur für Juden untereinander gilt. M.E. entspricht dies jedoch dem Charakter des Alten Testamentes; die „Fernstenliebe" (*Nietzsche*) war dann eher ein Thema des Neuen Testaments. Weitere Vorschriften regeln noch den Schuldenlass im Sabbatjahr. In der Zeit nach dem babylonischen Exil hatten übrigens Kredite nur eine Restlaufzeit bis zum nächsten Sabbatjahr, also maximal von sieben Jahren.[16]

II.2.1.2. Alternativkonzept: Rawls „Principles of justice"

Im Vorkapitel wurde gezeigt, dass aufgrund der der gesamtwirtschaftlichen Nutzenfunktion zugrundeliegenden utilitaristischen Annahmen eine Abwertung der Bedürfnisse künftiger Generationen nicht befriedigend begründet werden kann. Von Vertretern der Ökologischen Ökonomik wird daher als normatives Gegenkonzept zum Utilitarismus häufig die – v.a. auf dem „Rawls-Kriterium" gegründete Gleichheitsethik bemüht: Hinsichtlich der intergenerativen Gerechtigkeit wird gefordert, dass jeder Generation ein zumindest gleicher Bestand an Kapital zur Verfügung steht bzw. es auch zu keiner Ausrottung erneuerbarer Ressourcen kommen darf.

> **Hinweis: *Rawls* „Principles of justice"**
> Nach *Rawls* (1972) gestalten die Individuen in einem fiktiven „Urzustand" aus reinem Eigeninteresse (es werden „unwissende" Individuen unterstellt, die potenziell auch selber schlecht gestellt sein könnten) einen Gesellschaftsvertrag derart, dass sich der Maßstab, an dem sich die „Gerechtigkeit" misst, immer an der am schlechtesten gestellten Schicht der Bevölkerung orientiert. Auf Basis dieser Überlegungen werden folgende beide Prinzipien der Gerechtigkeit gewählt:
> *„First: Each person is to have equal right to the most extensive basic liberty compatible with a similar liberty for others.*
> *Second: Social and economic inequalities are to be arranged so that they are both (a) reasonably expected to be everyone's advantage, and (b) attached to positions and offices open to all."* [17]

Bezogen auf die *intergenerative Ebene* bedeutet die Anwendung des *Rawls*-Kriteriums, dass alle vergangenen, gegenwärtigen und zukünftigen Personen bei der Verhandlung des (intergenerativen) Gesellschaftsvertrages fiktiv präsent sein würden. Der fiktive „Schleier des Nichtwissens" („Veil of ignorance") würde dabei auch ihre zeitliche Position in der Geschichte verhüllen.[18] Man wird sich auf eine Sparquote bzw. Rate der Kapitalakkumulation derart einigen, dass das Maximin- und das Differenzprinzip erfüllt sind:

> **Hinweis: Maximin-Prinzip und das „Differenzprinzip" von *Rawls***
> Nach *Rawls* ist eine Verteilung gerecht, welche die betroffenen Subjekte nach freiem Entschluss wählen würden, bevor sie die Bühne der wirtschaftlichen Realität betreten – und dies in einem Zustand der völligen Ungewissheit über ihren Status in ebendieser Realität. *Rawls* hält es für selbstverständlich, dass die Individuen in dieser Situation eine Maximin-Strategie einschlagen. D.h. sie würden einstimmig eine Verteilung verabschieden, in der sich das ärmste Subjekt (in dessen Rolle sich wegen des „Schleiers des Nichtwissens" jeder wiederfinden kann) am besten dasteht.
> Das „Differenzprinzip" fordert zwar keine intragenerationell egalitäre Verteilung; Ungleichheiten werden jedoch nur insoweit geduldet, als sie auch den jeweils am schlechtesten gestellten Individuen nutzen. *„Z.B. ist die Verteilung (...) zwar ungleich, aber auch aus der Sicht des Ärmsten der Alternative (...) vorzuziehen."* [19] Ungleichheiten zwischen den Generationen sind also legitim, wenn alle Generationen hierdurch besser gestellt werden. Die Anwendung der o.a. Prinzipien auf intergenerationelle Verteilungsfragen wird durchaus kontrovers diskutiert. Während *Rawls* selbst das Differenzprinzip nur intragenerationell angewandt wissen wollte (u.a. deswegen, weil er eine hypothetische „intergenerationelle Verhandlungsrunde" hinter einem Schleier des Nichtwissens für unvorstellbar hält), hat sich die zeitgenössische Ökonomie darüber hinweggesetzt und analysiert auch die intergenerationelle Verteilungsproblematik aus dem Blickwinkel der Maximin-Vorgabe.

Anders als im utilitaristischen Konzept, das eigentlich auf den Leitwert der „Effizienz" orientiert ist, steht bei *Rawls* also der Leitwert der „Gerechtigkeit" im Vordergrund. Der Schleier des Nichtwissens ist mit Blick auf die unbekannten Präferenzen künftiger Generationen und der Unsicherheit hinsichtlich des Substitutionspfades zwischen natürlichem und anthropogenem Kapital eine bedeutsame Fiktion. Es geht also letztlich um die Frage des Managements einer Situation der Unsicherheit über die Zeitschiene hinweg, wobei – fiktiv – die Möglichkeit gegeben ist, dass sich jedermann (unabhängig davon, ob früher oder später geboren) in der Situation „des Verlierers" befinden kann. Das von *Rawls* postulierte Arrangement stellt sich dann aus individuellem Interesse der einzelnen, an den fiktiven Verhandlungen beteiligten Individuen heraus. Die Konsequenz aus der Anwendung der *Rawls*'schen Prinzipien wäre – entsprechend der hervorgehobenen Bedeutung des Leitwertes der „Gerechtigkeit" – ein gleicher Ressourcenverbrauch in jeder Generation („Maximin-Egalitarismus"). Dies läuft konkret auf folgende Managementregeln hinaus:
„1. Die Abbaurate erneuerbarer Ressourcen soll deren Regenerationsrate nicht überschreiten (...).
2. Nicht erneuerbare Ressourcen sollen nur in dem Umfang genutzt werden, in dem ein physisch und funktionell gleichwertiger Ersatz in Form erneuerbarer Ressourcen oder höherer Produktivität (...) geschaffen wird.
3. Stoffeinträge sollen sich an der Belastbarkeit der Umweltmedien orientieren (...).
4. (...) Gefahren und unvertretbare Risiken für die menschliche Gesundheit durch anthropogene Einwirkungen sind zu vermeiden." [20]

Teil II. Der Prozess: Von der Wiege bis zur Bahre

Mit den angeführten Managementregeln hätte man gleichsam eine Politik „starker Nachhaltigkeit" (vgl. Kap. I.2.1.2.) weiter konkretisiert.

> **Hinweis: Die erste Forderung ist schon in der Bibel enthalten**
> *„Wenn du unterwegs auf einem Baum oder auf der Erde zufällig ein Vogelnest mit Jungen und Eiern darin findest und die Mutter auf den Jungen oder auf den Eiern sitzt, sollst Du die Mutter nicht zusammen mit den Eiern herausnehmen. Sondern du sollst die Mutter fliegen lassen und nur die Jungen nehmen, damit es dir gut geht und du lange lebst."* (Deut. 22:6-7). Zunächst erscheint diese Textpassage absolut unsinnig[21]: Die Nester von Wildvögeln sind normalerweise gut getarnt. Findet man wirklich einmal ein Nest, wird die Vogelmutter nicht auf den Eiern sitzen bleiben, sondern versuchen, den potentiellen Feind abzulenken (i.d.R., indem sie eine Verletzung vortäuscht). Schließlich: Was ist so wichtig an dieser – nahezu unmöglich erscheinenden - Situation, dass noch hinzugesetzt wird *„damit es dir gut geht und du lange lebst"*? Dieser Zusatz kommt in der Bibel nur äußerst selten und bei extrem wichtigen Geboten vor.[22] Wichtig ist die Passage deswegen, weil es sich um eine Metapher für Nachhaltigkeit handelt: Sie besagt nichts anderes, als dass das, was nachwächst, auch entnommen werden kann. Die Mutter als die Quelle des Wachstums muss erhalten bleiben. Nichts anderes bedeutet das aus der deutschen Forstwissenschaft des 18. Jahrhunderts stammende Konzept der Nachhaltigkeit: Hiernach darf nicht mehr Holz geschlagen werden, als aus dem Forst nachhaltig entnommen werden kann. Die Forderung passt auch – deswegen die Diskussion im Rahmen von *Rawls* – zu der thematischen „Überschrift" des Alten Testamentes, die „Gerechtigkeit" lautet (im Gegensatz zum Neuen Testament: hier geht es um „Liebe").

Der Gleichheitsgedanke in seiner intergenerationellen Anwendung spielt auch bei den Bodenreformern und ihren Deszendenten eine wesentliche Rolle. *Novalis*: "*Allen Geschlechtern gehört die Erde - jeder hat Anspruch auf alles. Die Früheren dürfen diesem Primogeniturzufalle (dem Zufall der früheren Geburt, d. Verf.) keinen Vorzug verdanken."* [23] Der Zufall der früheren Geburt darf also nicht das Vor-Recht auf einen privilegierten Zugang zu den natürlichen Ressourcen begründen. Mit Bezug auf die Ressourcenabbauproblematik ist diese Forderung so aktuell wie nie zuvor. Insbesondere hinsichtlich nicht oder schwer vermehrbarer Güter, bei denen der Zugang existenznotwendig ist (Boden, Öl, Wasser etc., also Gegenstände in Feld (1) / Tabelle 2 und (5)) wird ein gleicher Zugang, eine gleiche Teilhabe eines jeden Menschen gefordert (s. oben). Diese Forderung gilt dann eben nicht nur intra-, sondern auch intertemporal.

Ethisch könnte man in diesem Zusammenhang sogar darüber diskutieren, sich über Marktsignale hinwegzusetzen: *„Wird ein Recht zukünftiger Generationen auf bestimmte Mindeststandards der Umweltqualität akzeptiert, so ist dieses gleichzusetzen mit ihrem Recht, der gegenwärtigen Generation Kosten aufzuerlegen ..."* [24]

II.2.1.3. Zusammenfassung und Schlussfolgerungen

Das Wirtschaften der heute lebenden Generation beeinflusst die ökonomischen Möglichkeiten künftiger Generationen. Hier geht es bei der Frage nach dem Ausbeu-

Teil II. Der Prozess: Von der Wiege bis zur Bahre

tungspfad nicht nur um eine intertemporale Allokations-, sondern auch um eine Verteilungsfrage.[A]

Der Utilitarismus (als wohlfahrtsökonomisches Basistheorem) postuliert, dass wirtschaftliche oder politische Handlungen als „gerecht" beurteilt werden, wenn sie zur Mehrung des Glücks und des Gesamtnutzens einer Gesellschaft beitragen. Bezogen auf das intertemporale Allokations- und Verteilungsproblem gilt es also, den Nutzen über den Zeitstrahl hinweg zu maximieren. Dies geschieht jedoch aus der Perspektive der aktuell lebenden Generation; diese diskontiert – aus utilitaristischer Sicht zulässigerweise - den Zukunftsnutzen bzw. den Nutzen zukünftiger Generationen ab. Damit werden jedoch auch die Bedürfnisse der künftigen Genenerationen geringer gewichtet als diejenigen der aktuell lebenden Generation.

Nun sind intergenerative Wirkungsbeziehungen aufgrund der allfälligen Entropieprozesse durch Irreversibilität geprägt. Die Abdiskontierung verschafft dem Leitwert der „Effizienz", hier als „Zeiteffizienz" Geltung, indem Anreize gesetzt werden, die verfügbare Energie und damit die Entropie massiv zu erhöhen (und somit auch die Natur zu entwerten). Damit wird gleichsam ein Anreiz zum Mehrverbrauch an Ressourcen zu Lasten künftiger Generationen gesetzt; deren Konsummöglichkeiten werden in hohem Ausmaß und unwiederbringlich beeinträchtigt. Dabei haben die künftigen Generationen keine Möglichkeit, ihre Präferenzen und Zahlungsbereitschaften zu artikulieren. Andererseits berühren die Entscheidungen zukünftiger Generationen nicht direkt die Vorgängergenerationen.[B] Damit kann ein erhöhter Ressourcenabbau heute als eine intertemporale Externalität angesehen werden[C], wenn die Kosten des heutigen Wirtschaftens künftigen Generationen aufgebürdet werden, ohne dass eine Kompensation stattfindet. Zwar könnte eine Kompensation darin gesehen werden, dass durch die aus dem Ressourcenabbau resultierende Kapitalbildung und dem damit einhergehenden Zuwachs an Know how ein Fundament für höheren künftigen Wohlstand entsteht. Wir werden jedoch insbesondere in Kap. II.3.2. und II.3.3. darstellen, dass dies – nicht zuletzt aufgrund der mit den periodischen Krisen stattfindenden Kapitalvernichtungen – ein „frommer Wunsch" ist. Abgesehen davon bestehen große Unsicherheiten hinsichtlich des künftigen Substitutionspfades zwischen anthropogenem und natürlichem Kapital.

> **Hinweis: Ressourceneffizienz und Backstoptechnologien**
> Kann man sich wirklich – wie dies die Neoklassik mit dem Konzept der schwachen Nachhaltigkeit tut - auf eine Steigerung der Produktivität bei der Nutzung erschöpfbarer Ressourcen verlassen, welche für die künftigen Generationen den Verlust an Naturkapital durch ihre Ausbeutung wenigstens ausgleicht? Unbedenklich wäre dies, wenn die Ressourceneffizienz mit an Sicherheit grenzender Wahrscheinlichkeit so weit gesteigert werden könnte, dass man auf die

---

[A] Die in der Literatur teilweise vorgeschlagene Orientierung an „Critical loads" führt nicht wirklich aus dem Legitimationsdilemma heraus: Hierbei orientiert man sich an vorgegebenen Minimalbeständen natürlicher Ressourcen, die für notwendig gehalten werden, um das Überleben oder einen bestimmten Lebensstandard zu sichern. Fraglich ist allerdings, über welches Procedere und nach welchen Kriterien dieser Standard für die diversen Generationen definiert wird.

[B] Die „Beziehungslosigkeit" gilt allerdings nur insoweit, als sich die Lebensphasen nicht überschneiden (z.B. „Generationenvertrag").

[C] Die betreffende Externalität hat keinen reziproken Charakter (vgl. die Ausführungen zum *Coase*'schen Verständnis von Externalitäten in Kap. I.2.3.1.).

Teil II. Der Prozess: Von der Wiege bis zur Bahre

> Entwicklung von „Backstoptechnologien" zuläuft: Hierunter versteht *Nordhaus*[25] eine Technologie, mit der eine erschöpfbare Ressource durch eine nicht erschöpfbare (regenerierbar oder unbegrenzt vorhanden) Ressource ersetzt wird. Diskutiert werden dreierlei Backstoptechnologien: Plutoniumenergie (1), Fusionsenergie (2) und „Hard-Solar", die großtechnologische Nutzung von Sonnenenergie (3). Allgemein akzeptiert ist, dass die Technologien (1) und (2) zusätzliche Wärme auslösen und die Entropieproblematik für die Erde als geschlossenes System nicht bewältigen. Ob die Kernfusion überhaupt in technischer Reichweite liegt, ist umstritten. Hier kommt die Unsicherheit der technologischen Entwicklung zum Ausdruck.
> Bleibt nur noch „Hard solar" als Hoffnungsträger. Hierzu wird aber Grund und Boden benötigt. Soll Strom im „großen Stil" (also im Bereich der sog. „Grundlast") durch Sonnenenergie erzeugt werden, reichen dezentrale Lösungen in unseren Breiten (z.B. Nutzung der bestehenden Häuserdächer) wahrscheinlich nicht aus. Man wäre gezwungen, auf Flächen zurückzugreifen, die in Konkurrenz zur Nahrungsmittel- oder Bioenergieproduktion stehen. Wahrscheinlich wäre darüber hinaus die Nutzung des „Sonnengürtels der Erde" notwendig (vgl. Kap. I.3.4.2.). Auch dann wird wieder eine nicht vermehrbare, endliche Ressource (Feld (1) / Tabelle 2) in Anspruch genommen, hinsichtlich derer zur Zeit noch exklusive Zugangsrechte bestehen – Konflikte sind vorprogrammiert.
> *Binswanger*[26] ist wegen des Flächenbedarfs mit Blick auf die Frage skeptisch, ob es Backstoptechnologien überhaupt gibt. Im Übrigen bezieht sich die Unsicherheit auch auf die Präferenzen zukünftiger Generationen: Werden Gewichtungen in Form von Abdiskontierungen vorgenommen, werden damit auch Aussagen über Präferenzen zukünftiger Generationen angestellt, die wir überhaupt nicht kennen (Unwissenheit).[27]

Ebenso große Unsicherheiten bestehen bezüglich der Präferenzen künftiger Generationen. Niemand weiß heute, ob beispielsweise für Öl künftig nicht viel nutzbringendere Verwendungen (z.B. in der Medizin) entstehen, als wir es heute ahnen. Mit der Verbrennung dieser Ressource im Straßenverkehr wird die Ressource in minderwertiger Weise genutzt und dabei gleichsam eine Option ausgeübt. Hiermit wird ein Optionswert zu Lasten künftiger Generationen irreversibel vernichtet. Niemand kann aber mit Sicherheit sagen, wie künftige Generationen diese verlorengegangenen Optionen bewerten.

Die Diskontierung wird regelmäßig mit dem Vorliegen einer individuellen oder gesellschaftlichen Zeitpräferenzrate begründet (s. oben). Was die individuelle Zeitpräferenzrate angeht, sind die Begründungen „Myopie", Unsicherheit und Unwissenheit über die Zukunft, abnehmender Grenznutzen von Einkommen und Konsum sowie der Opportunitätskosten-Ansatz. Die Ökonomie neoklassischer Provenienz versucht mit diesen Begründungen, die Zeitpräferenzrate und damit letztlich den Zins anthropologisch herzuleiten und nicht etwa aus den Eigenschaften des Geldes heraus zu begründen. Erklärt man die Zeitpräferenzrate aus der Präferenzstruktur des Menschen und leitet man daraus den Zins ab, so ist der Zins ebenfalls ein anthropologisches, letztlich durch irgendwelche institutionellen Reformen nicht beeinflussbares Datum. Damit liegt dem Menschen die Mindergewichtung der Bedürfnisse zukünftiger Generationen gewissermaßen „im Blut".

Wir haben jedoch gezeigt, dass die anthropologische Herleitung einer Zeitpräferenz hinsichtlich nicht erneuerbarer Ressourcen nicht konsistent erfolgen kann. Vor dem

Hintergrund der dann nicht mehr schlüssig vorzunehmenden Mindergewichtung der Bedürfnisse künftiger Generationen ist die v.a. auf dem „*Rawls*-Kriterium" gegründete Gleichheitsethik als normatives Gegenkonzept zum Utilitarismus von besonderem Interesse. Auf dieser Grundlage wird die erhöhte Ressourcenausbeutung durch die heutige Generation abgelehnt.

So viel sei an dieser Stelle vorweggenommen: Bei einem Diskontierungszinssatz von Null werden auch auf utilitaristischer Grundlage die Bedürfnisse künftiger Generationen genauso wie diejenigen der aktuell lebenden Generation bewertet. Damit verschwindet auch der Gegensatz zwischen utilitaristischer Beurteilung und Gleichheitsethik.

II.2.2. Effiziente Ressourcenabbau- und -erntepfade

II.2.2.1. Nicht regenerierbare Ressourcen und die Hotelling-Regel

Nachfolgend wird zunächst der Abbaupfad für nicht erneuerbare Ressourcen diskutiert. Diese Diskussion ist v.a. mit dem Namen *Hotelling* verbunden. *Hotelling* entwickelte seine Regel in dem Artikel „*The Economics of Exhaustable Resources*" (1931).[28] Nach der Hotelling-Regel muss die Knappheitsrente einer nicht-regenerierbaren Ressource im Zeitverlauf mit dem Zinssatz ansteigen. Da *Hotelling* das Problem aus der Perspektive eines repräsentativen Ressourceneigentümers untersucht, befinden wir uns wieder in Feld (1) / Tabelle 2. Es geht also um Privateigentum an den betreffenden Ressourcen. Anders als im – am Konsum orientierten – Cake eating-Modell werden bei *Hotelling* die Ressourcen als Produktionsfaktoren interpretiert.

> **Hinweis: Das Cake eating-Problem**
> Die Cake eating-Konstellation beschreibt eine Situation, in der es keinen Produktionsprozess gibt, sondern nur eine gegebene Ausstattung mit einem Ressourcenbestand, der durch den Konsum immer kleiner wird. Das Cake eating-Problem wird unter einem allokativen und einem distributiven Gesichtspunkt diskutiert. Es unterstellt vereinfachend, dass eine Bestandsressource nur zu konsumtiven Zwecken genutzt wird. Hierdurch unterscheidet sich die Cakeeating-Perspektive von *Hotelling*, bei dem die Ressourcen als Produktionsfaktoren angesehen werden. Die Vereinfachung ist dann plausibel, wenn man den Investitionsbereich dem Konsumieren als dem eigentlichen Zweck des Wirtschaftens als „vorgeschaltet" betrachten will. Es werden ein bestehender Ressourcenvorrat sowie ein begrenzter Zeithorizont unterstellt. Man geht von der Abwesenheit von Abbau- und Explorationskosten aus. Allerdings werden Opportunitätskosten betrachtet. Für jede einzelne Periode des heutigen und zukünftigen Konsums lässt sich eine Nutzenfunktion U(q) erstellen. Dabei ist $dU/dC > 0$ und $d^2U/d^2C < 0$. Der Gesamtnutzen wird also als Summe der Einzelperiodennutzen errechnet. Geht man von einem bestehenden Ressourcenvorrat, dem Zeithorizont und den o.a. Nutzenfunktionen aus, so lassen sich optimale Entnahmemengen pro Periode ermitteln.

Teil II. Der Prozess: Von der Wiege bis zur Bahre

Die „Bühne", auf der „*Hotellings* Stück" gespielt wird, ist (anders als im Cake eating-Modell) also die im Kapitalismus „chrematistisch überhöhte" Sphäre aus Investition und Ersparnis, und nicht der Bereich des Konsums. Die Hotelling-Regel beschreibt die herrschende Sichtweise der neoklassisch basierten Ressourcenökonomie. Nachfolgend wird der Abbaupfad an nicht erneuerbaren Ressourcen vor dem Hintergrund der Hotelling-Regel diskutiert und diese dabei kritisch betrachtet.

Wie im Cake eating-Problem verfügt die Gesellschaft auch im *Hotelling*-Modell über einen endlichen und bekannten Vorrat. Der Bestand kann nicht erhöht werden. Der Verbrauch der Ressourcen bedeutet deren Abbau. Eine Planung der zeitlichen Verteilung der Ressourcenextraktion ist daher notwendig. Bei einem optimalen Abbaupfad ist die Ressource genau dann erschöpft, wenn die Nachfrage gleich Null ist. Weitere Annahmen bei *Hotelling* sind[29]:
- Ausgangspunkt ist zudem ein vollkommener Konkurrenzmarkt, dabei sind die Preise exogen bestimmt;
- vollkommene Kapitalmärkte mit konstanter Diskontrate, neoklassisch interpretiert als Gegenwartspräferenz der Ressourcenbesitzer;
- die Ressourceneigentümer haben alternative Anlagemöglichkeiten;
- vollständige Informationen;
- unbeschränkte Reaktionsmöglichkeiten und -geschwindigkeiten;
- keine persönlichen Präferenzen;
- keine räumlichen Hemmnisse;
- unbeschränkter Zeithorizont;
- lineare Nachfrage in Abhängigkeit vom Ressourcenpreis;
- homogene Ressourcen, ein bekannter und im Zeitverlauf sicherer Vorrat;
- konstante Abbaugrenzkosten unabhängig vom Bestand;
- vergleichbare Kostensituation für alle Ressourcenbesitzer;
- und implizit ebenfalls vollkommen spezifizierte Eigentumsrechte.

Das Ziel in *Hotellings* Analyse ist die Maximierung des Gewinns eines Ressourcen-Eigentümers zum Gegenwartszeitpunkt über alle Perioden. Wieder tritt das Primat des Leitwertes der „Effizienz" – als „Zeiteffizienz" - deutlich hervor. Es wird das utilitaristische Nutzenkalkül zugrundegelegt. Erträge und Verluste zukünftiger Perioden werden zum Zinssatz des vollkommenen Kapitalmarktes abgezinst. Kapital und natürliche Ressourcen sind gleichwertige Alternativen, es herrscht unbeschränkte Substituierbarkeit (Weak sustainability); implizit wird bei *Hotelling* also schwache Nachhaltigkeit unterstellt.

Orientieren wir uns zur Illustration nachfolgend am Beispiel Öl: Der jeweils aktuelle Ölpreis hängt (funktionierende Märkte vorausgesetzt) nicht von der billigsten, sondern der teuersten Sorte Öl ab. Der Preis wird also durch die Kosten- und Gewinnerwartungen des Grenzanbieters reguliert. Der betreffende Mechanismus wurde schon durch *David Ricardo* beschrieben. Für Öl läuft dieser darauf hinaus, dass die Marktpreise bei steigender Nachfrage und zunehmender Erschöpfung der Reserven in Abhängigkeit von der Nutzung neuer und kostenaufwändiger Ölquellen steigen (z.B. Ölquellen in der Nordsee bzw. in Alaska oder Ölsandfelder in Kanada). Der Preis ist dementsprechend von den Grenzkosten und der Ressourcenrente bestimmt.[30] Neben dieser traditionellen, neben *Ricardo* auch von *Marx* vertretenen These betonte *Hotelling* noch einen weiteren Bestimmungsaktor für den Ölpreis: Den Zinssatz. Nach *Hotelling* verfügen die Ressourceneigentümer über zwei Handlungsoptionen: Sie könnten das Öl, soweit noch Produktionskapazitäten vorhanden sind,

Teil II. Der Prozess: Von der Wiege bis zur Bahre

sofort aus dem Boden holen oder aber die Extraktion auf einen späteren Zeitpunkt verschieben. Ist der auf den Finanzmärkten sich herausbildende Zinssatz hoch, neigen die Ressourceneigentümer dazu, die Ressourcen schnell und in hoher Menge auszubeuten, um das erwirtschaftete Geld auf den Finanzmärkten anzulegen. Bei niedrigen Zinssätzen ziehen sie es vor, die Produktion zunächst zu drosseln: Im Boden belassen trägt die betreffende Ressource bei niedrigen Zinssätzen dann mehr zur Steigerung des Gesamtvermögens bei als bei Extraktion.

Hinweis: Formale Ableitung des Hotelling-Theorems

Nachfolgend werden wesentliche formale Aspekte der Ableitung des Hotelling-Theorems dargestellt, wobei der leichteren Verständlichkeit wegen auf Vereinfachungen zurückgegriffen wird.[A] Vollständigkeit wird nicht angestrebt. Wir gehen dabei von einer Unternehmung aus, die den Preis als gegeben akzeptiert. Allerdings kann sie nicht mehr als insgesamt $\bar{q}$ Einheiten (nämlich die vorhandenen, nicht vermehrbaren Reserven) ihrer Ressource abbauen bzw. absetzen. Demnach ist der Periodengewinn beschrieben als

$$\pi_t = p_t \cdot q_t - C \cdot q_t$$

Dabei sind
C: die Grenzkosten. Sie werden hier als konstant über die Zeit und mit den Durchschnittskosten identisch angenommen.
p_t: Marktpreis der Ressource in Periode t
q_t: Produktions- bzw. Extraktionsrate der Ressource in Periode t
r: Zinssatz
π_t: Der Gewinn in Periode t
$\bar{q}$: Der feste, bekannte und nicht vermehrbare Ressourcenbestand.

Entsprechend dem utilitaristischen Nutzenkalkül (und unter Vernachlässigung des Wertes der Flexibilität!) kann das Gewinnmaximierungsziel über die verschiedenen Perioden hinweg über die Maximierung des Barwertes der Periodengewinne erreicht werden:

$$Max \sum_{t=0}^{T} \pi_t \cdot (1+r)^{-t} = Max \sum_{t=0}^{T} (p_t \cdot q_t - C \cdot q_t) \cdot (1+r)^{-t}$$

T ist dabei der Planungshorizont.

Die Begrenztheit der Ressource wird durch die Nebenbedingung $\sum q_t = \bar{q}$ berücksichtigt. Nun erfolgt die Optimierung (intertemporale Gewinnfunktion) unter Berücksichtigung der Nebenbedingung (endlicher Ressourcenbestand) mittels des *Lagrange*-Verfahrens.

$$L = \sum_{t=0}^{T} (p_t \cdot q_t - C \cdot q_t) \cdot (1+r)^{-t} - \lambda \left(\sum q_t - \bar{q} \right)$$

Die erste Ableitung der *Lagrange*-Funktion nach q_t ergibt die Gleichung für das Optimum:

[A] Dies ist z.B. die Verwendung des *Lagrange*-Verfahrens, der Verzicht auf die Hamilton-Funktion und die Darstellung anhand einer einperiodigen Betrachtung.

Teil II. Der Prozess: Von der Wiege bis zur Bahre

$$\frac{\partial L}{\partial q_t} = (p_t - C) \cdot (1+r)^{-t} - \lambda = 0$$

nach Umformung

$$(p_t - C) \cdot (1+r)^{-t} = \lambda$$

oder

$$(p_t - C) = \lambda \cdot (1+r)^t$$

respektive

$$p_t = C + \lambda \cdot (1+r)^t$$
$$p_t = C + \mu(t)$$

Im Konkurrenzoptimum ist somit der Preis für die erschöpfbare Ressource nicht gleich den Grenzkosten der Produktion. Hinzu kommt noch ein Zuschlag für das Aufbrauchen des Vorrats, also eine Faktorrente. Die Faktorrente $\mu(t)$ ist umso höher,
- je größer der *Lagrange*-Multiplikator λ ist (d.h. je größer das Gewicht, mit dem die Bestandsrestriktion Berücksichtigung findet). Je höher λ, umso stärker fällt auch die Reaktion des Gewinns auf eine Veränderung der Reserven aus. Allgemein stellt der *Lagrange*-Multiplikator λ die Rate dar, mit der sich der optimale Wert der Zielfunktion bezüglich Änderungen der Konstanten in der Nebenbedingung ändert.
- je höher der Zinssatz r: Ein höherer Zinssatz bedeutet höhere Kosten des Haltens der Ressource.
- je größer t, d.h. je weiter der Abbauprozess seit dem Entscheidungszeitpunkt t = 0 vorangeschritten ist.

Im *Hotelling*-Modell stellt die Faktorrente $\mu(t)$ (als „Schattenpreis" der Ressource) die Opportunitätskosten des Nichtabbaus oder den Wert der Konservierung einer Mengeneinheit in Periode t dar. $\mu(t)$ kann damit als die Geldsumme interpretiert werden, die bei vollständiger Konkurrenz auf dem Faktornutzungsmarkt erzielt werden könnte, auf die aber zugunsten des Nichtabbaus verzichtet wird.[31]

In der Realität lassen sich die Preise von Ressourcen allerdings nur partiell durch die Hotelling-Theorie erklären.[32]

Beispiel Öl: Preisentwicklung[33]
In der Phase von 1861 bis 1920 (also die Periode, in der Öl v.a. in den USA gefördert und verbaucht wurde) ließ sich die Ölpreisentwicklung weitgehend mit den Theorien von *Ricardo* und *Hotelling* begründen. Aufgrund neuer Fördertechnologien sank der Ölpreis nach den ersten Entdeckungen rapide, um dann als Folge zunehmder Grenzkosten und einer wachsenden Nachfrage bis 1905

wieder anzusteigen. Mit der Entdeckung neuer Ölquellen und dem daraus folgenden Überschussangebot sank gegen Ende des 19. Jahrhunderts der Ölpreis ein weiteres Mal, um dann anschließend wieder zu steigen. In dieser Phase bestimmten Erschöpfbarkeitsregeln – wie sie *Hotelling* formulierte - den Ölpreis.

Ein Wendepunkt des Ölpreistrends setzte 1920 ein. Ab diesem Zeitpunkt – einhergehend mit der Entstehung eines Öl-Weltmarktes – sanken die Ölpreise kontinuierlich und stabilisierten sich auf dem niedrigen Niveau von 1 bis 2 Dollar pro Barrel. *Massarrat* bezeichnet diese Periode, die bis zu Beginn der 70er Jahre dauerte, als Dumpingpreis-Periode. Die von *Hotelling* unterstellten Marktbedingungen galten in dieser Phase nicht mehr: Hierzu müsste u.a. eine Vielzahl von Marktteilnehmern in der Lage sein, nach individuellen Optimierungskriterien und Präferenzen souverän zu handeln. Ohne Wahlfreiheit, ohne selbstbestimmte Optimierungspräferenzen und Wettbewerb (der wiederum eine Vielzahl von Akteuren voraussetzt) ist die Souveränität der Marktteilnehmer aber nicht vorstellbar. In der besagten Phase hatten jedoch die Öleigentümerstaaten ihre Souveränität weitgehend an eine Handvoll multinationaler Ölkonzerne übertragen. Dies geschah i.d.R. gegen eine vernachlässigbare Gewinnbeteiligung von 10 bis 20 %. „*Damit übernahmen wirkungsmächtige Akteure der Nachfrageseite das Kommando über das Angebot und können so das Anbieterverhalten im eigenen Interesse und auch im Interesse der Nachfrageseite (Industriestaaten) manipulieren. Aus Furcht, die unfairen Verträge könnten nicht von Dauer sein, holten die Ölmultis über beinahe vier Dekaden und ohne Rücksicht auf ökonomische und geologische Nachhaltigkeitsregeln so viel Öl wie sie nur konnten aus den Bohrlöchern, um anschließend – wie Hotelling darstellte – den Erlös auf den internationalen Finanzmärkten anzulegen.*"[34] Dies machte die Ölmultis einerseits zu den finanzkräftigsten Konzernen der Welt, rief andererseits aber auch die latente Überproduktion mit den oben genannten geringen Ölpreisen hervor. Die Ölschwemme basierte auf Grenzkostenpreisen – eine Knappheitsrente wurde faktisch nicht berücksichtigt.

Diese Ölschwemme aus dem mittleren Osten wurde wiederum zum Grundstein des Massenkonsums und des fordistischen Wachstumsmodells in den USA und in Europa.[35] Andererseits verloren die Völker ganzer Regionen unwiederbringlich einen großen Teil ihres natürlichen Reichtums. Die Eliten der Ölstaaten ließen sich Verträge als Freibriefe zur uneingeschränkten Ölausbeutung durch Ölkonzerne abtrotzen, weil sie sich ausschließlich von ihren eigenen kurzfristigen Partikularinteressen leiten ließen und weder zum Wohle ihrer Völker noch zum Wohle künftiger Generationen handelten. Demokratisierungsbestrebungen im mittleren Osten wurden dabei im Übrigen insbesondere von den USA als Gefahr für das Wirtschaftswachstum betrachtet und über Interventionen unterbunden (s. den Hinweis auf den Sturz *Mossadeghs* 1953 in Kap. I.4.1.). Das euro-atlantische Konsummodell stützte sich damit maßgeblich auf die de-facto-Protektorate Saudi-Arabien, Kuwait und die Arabischen Emirate. Die zweite Phase dauerte bis zur Formierung der OPEC in den frühen 70er Jahren.

Die dritte Phase ist durch das Ende der Ölniedrigpreise zu Beginn der 70er Jahre gekennzeichnet. In den 70er Jahren brach mit zwei schockartigen Ölpreissprüngen der latent vorhandene Preisdruck durch. Die OPEC formierte sich und gewann neue Verhandlungsmacht. Die ist als Reaktion auf die Dumpingpreis-Periode der zweiten Phase zu sehen. Die westlichen Industriestaaten antworteten allerdings mit Gegenstrategien wie der Gründung der International Energy Agency (IEA), dem Ausbau der Nuklearenergie und der Produktion außerhalb der OPEC. Zudem wirkten die Strukturen der zweiten Phase noch in der dritten

Teil II. Der Prozess: Von der Wiege bis zur Bahre

Phase nach: Mit einem Weltmarktanteil von knapp unter 20 % schufen die von den USA gestützten Petrodollar-Oligarchien hohe Förderkapazitäten und sorgten weiterhin für eine latente Öl-Überproduktion bis in die 80er und 90er Jahre hinein. *„Als Folge der beträchtlichen Überkapazitäten in der OPEC und des Ausbaus kostenaufwändigerer Öl- und Energiequellen außerhalb der OPEC entstand fortan buchstäblich eine Abwärtsspirale des Ölpreises von 40 bis auf 10 US-Dollar / Barrel Ende der 1990er Jahre. Selbst das plötzliche Wegfallen der kuwaitisch-irakischen Öllieferungen während der Kuwait-Krise rief (...) keine dramatische und länger anhaltende Ölpreissteigerung hervor, wie eigentlich zu erwarten gewesen wäre. Die Saudis hatten innerhalb kürzester Zeit die Marktlücke durch höhere Auslastung bestehender Überkapazitäten vollständig gefüllt."*[A] Auf diese Weise gelang es den westlichen Industriestaaten, die neu gewonnene Verhandlungsmacht der OPEC zu schwächen und ab 1985 (Höhepunkt des ersten Irak-Krieges) den alten Zustand von Überproduktion und Dumpingpreisen wieder herzustellen, der bis zum Ende der 90er Jahre andauerte.

Die vierte und bis heute andauernde Phase ist die akuter Öl-Knappheitspreise. *„Denn neue nachfragemächtige Staaten wie China, Indien und andere Schwellenländer machen dem Nachfragemonopol der Industriestaaten Konkurrenz. Die Zeiten, als nur 20 % der Weltbevölkerung 100 % der Ölquellen für sich in Anspruch nahmen, gehören für immer der Vergangenheit an."*[36] China ist mittlerweile weltweit zum zweitgrößten Ölimporteur avanciert. Was das Angebot betrifft, so stammen heute aus den OPEC-Staaten ca. 30 %, aus Nordamerika rund 20 %, wogegen Afrika, Südamerika, Asien, die frühere Sowjetunion und Europa ungefähr zusammen 10 % beisteuern.[37]

Mit der Hotelling-Regel werden mittelbar auch Aussagen über effiziente Ressourcenabbaupfade getroffen: Der zu optimierende Grenzgewinn – als Differenz zwischen Preis sowie die Summe aus Abbaugrenzkosten und Opportunitätskosten – richtet sich nämlich nach der Entwicklung des Marktzinses. Je höher der Marktzins ist, desto höher muss notwendigerweise der Grenzgewinn sein (desto stärker die zukünftige Knappheit). In der Konsequenz ergibt sich folgendes Abbauprofil bei $r > 0$:
- zunächst starke Entnahme (aufgrund des Abzinsungseffektes);
- zunehmend geringere Entnahmemengen und steigende Preise mit zunehmender Knappheit (Knappheitsrenteneffekt);
- Abbau bis zu einem wirtschaftlich nutzbaren Bestand von Null.

Hinweis: Ausbeutungsverlauf bei Ölfeldern
„Die Ausbeutung eines Ölfeldes folgt in ihrem Verlauf einer Glockenkurve: Die Förderquote steigt anfangs stark an und erreicht etwa bei der Hälfte des maximal förderbaren Öls ihren Höhepunkt. Anschließend folgt eine Rückgangsphase, in der die Fördermenge infolge des geringer werdenden Druckes immer mehr abnimmt. Durch Anwendung unterstützender Maßnahmen lässt sich die-

---

[A] Massarrat weiter: *„Neoklassiker leugnen durchaus nicht das Phänomen der Ölüberproduktion. Sie führen diese jedoch auf das strategische Interesse der OPEC selbst zurück, die als Kartell die Überkapazitäten nicht zurückfährt, um langfristig höhere Preise durchzusetzen. Dass Kartelle bestrebt sind, mit kurzfristigen Dumpingpreisen ihren langfristigen Nutzen zu maximieren, ist unstrittig. Für die OPEC trifft diese Erklärung jedoch nicht zu, da mit Dumpingpreisen über viele Jahrzehnte die Nutzen der OPEC-Mitglieder nicht maximiert, sondern minimiert wurden."* M. Massarrat, Ölpreis und Demokratie, in: Zeitschrift für Sozialökonomie 155 / 2007, S. 7-8.

Teil II. Der Prozess: Von der Wiege bis zur Bahre

ser Befund nur leicht verzögern – und schon gar nicht umkehren. Irgendwann kommt so wenig Öl aus dem Feld, dass sich eine weitere Förderung nicht mehr lohnt. Der Förderstopp tritt also vor der völligen Erschöpfung des Feldes ein. Bezogen auf alle Ölfelder weltweit gibt es also einen Punkt der maximalen Förderung, den so genannten Depletion Mid Point, nach dem die Produktionsrate unweigerlich absinkt. (...) Eine Datierung des maximalen Förderpunkts auf ein bestimmtes Jahr erscheint (...) kaum möglich, eine deutliche Eingrenzung ist jedoch vertretbar. Wägt man die verschiedenen Faktoren ab, dann kommt man zu dem Schluss, dass der Punkt der maximalen Ölfördermenge wohl im Zeitraum zwischen 2008 und 2015 erreicht sein wird."[38] Die USA haben ihr Produktionsmaximum schon 1970 erreicht; heute produzieren sie nur rund 60 % der damaligen Menge. Russland erreichte 2003 nur ca. 70 % des Maximalwertes von 1988. Norwegen, Mexiko und Venezuela erreichten in den vergangenen fünf Jahren den maximalen Förderpunkt.[39] Nach dem Überschreiten des Punktes der maximalen Ölfördermenge ist damit zu rechnen, dass die Ölpreise massiv steigen werden.

An der Hotelling-Theorie lässt sich eine Reihe von Kritikpunkten festmachen. Ölpreisbestimmende Faktoren auf politischer Ebene wie z.B. das Recycling von Petrodollars in Rüstungsgüter, regionale Rüstungseskalationen (Devisenbedarf für die Golfkriege und Wiederaufbauaktivitäten), insbesondere auch das Demokratiedefizit in den ölreichen Staaten sowie ökonomische Faktoren wie die zunehmende Auslandsverschuldung der Ölstaaten, Strukturanpassungsprogramme des IWF etc. gehen nicht in das Modell von *Hotelling* ein. Schwerwiegender ist, dass Hotellings Betrachtung nur vor dem Hintergrund des Leitwertes der „Effizienz" operiert. Andere Leitwerte, wie „Sicherheit", „Anpassungsfähigkeit", „Wandlungsfähigkeit" – also solche Leitwerte, die mit der Realoptionstheorie abgebildet werden können – finden keine Berücksichtigung. So wird auch vernachlässigt, dass der in der Faktorrente zum Ausdruck kommende Wert der Konservierung einer hohen Unsicherheit unterliegt (Unkenntnis der Präferenzen zukünftiger Generationen, Unkenntnis des Wachstums- und Ressourcensubstitutionspfades etc.). Berücksichtigt man diese Variable explizit, dürfte die Faktorrente um eine Prämie zur Kompensation der Unsicherheit zu erhöhen sein. Für eine adäquate Berücksichtigung der Unsicherheit erscheint jedoch wiederum der Realoptionsansatz zielführender als das auf Kapitalwertüberlegungen beruhende *Hotelling*-Modell. Zwar besteht eine gewisse formale Ähnlichkeit der *Hotelling*-Analyse mit dem Optionspreisansatz (vgl. Kap. I.2.3.3.): Eine Option (hier: verstanden als Call-Option) wird nur dann ausgeübt, wenn der Barwert der abdiskontierten Cash Flows (vgl. Hinweis oben: $p_t - C$, es geht um die Ausübung der Option, also die Förderung) mindestens genauso groß ist wie der Wert der Flexibilität (Verzicht auf die Ausübung der Option, also das Unterlassen der Förderung). Bei Gleichheit der beiden Größen besteht Indifferenz. Wie in der Formel von *Hotelling* gehen in den Realoptionsansatz auch der Zinssatz r und die Zeit t mit ein. Die Größen wirken jedoch in eine andere Richtung: Während ein Ansteigen von r bei *Hotelling* ein Signal zu einer rascheren Ausbeutung liefert, wird im Realoptionsansatz der Wert der Flexibilität erhöht. Ein Ansteigen von t deutet bei *Hotelling* auf eine Abdiskontierung des Zukunftswertes der Ressource hin; im Realoptionsansatz ist der Wert der Flexibilität umso höher, je länger die Laufzeit der Option ist. Der Verlauf des Ressourcenabbaus ist daher vor dem Hintergrund der Realoptionstheorie nicht so eindeutig bestimmbar wie im Ansatz von *Hotelling*. Tendenziell lässt sich jedoch die Aussage treffen, dass der Abbau mit einer geringeren Rate erfolgt als von *Hotelling* postuliert, die Faktorrente also höher ist. Die Feststellung, dass die Betrachtung *Hotellings* in vielen Fäl-

Teil II. Der Prozess: Von der Wiege bis zur Bahre

len den tatsächlichen Ressourcen-Abbau überzeichnet, bedeutet allerdings keineswegs ökologische Entwarnung: Hiermit sind z.B. noch nicht die Auswirkungen auf mögliche Substitute berücksichtigt. Hier spielt die „Dividende" als eine weitere (bei *Hotelling* nicht ausdrücklich berücksichtigte Variable) eine Rolle.[A] Derartige Substitute können fossilen oder regenerativen Charakter haben. Je größer die Rolle, die derartige Substitute spielen, umso höher die „Dividende" für die betreffende Option. Damit kann ein Anreiz bestehen, vor der „Volleinführung" des Substituts (z.B. erneuerbarer Energieträger) die betreffende nicht erneuerbare Ressource weitgehend auszubeuten.

II.2.2.2. Regenerierbare Ressourcen: Biologisches und ökonomisches Optimum

Auch bei erneuerbaren Ressourcen geht die neoklassisch-wohlfahrtstheoretische Ressourcenökonomie zum Zwecke der Zielfestlegung von der Maximierung einer gesamtwirtschaftlichen Nutzenfunktion (von heute bis zu einem unendlichen Zeithorizont) aus. Auch hier wird in utilitaristischer Manier in intertemporaler Hinsicht der gesellschaftliche Nutzen in Gestalt des Barwertes der Einnahmen (erzielbarer Marktpreis minus Entnahmekosten) maximiert, so dass wieder einmal der Leitwert der „Effizienz" im Vordergrund steht. Der wesentliche Unterschied zwischen nicht regenerierbaren und regenerierbaren Ressourcen besteht in der Einbeziehung der Regenerationsrate. „Nachhaltiges Wirtschaften" erfordert, dass das Niveau der Abbaurate der erneuerbaren Ressourcen nicht deren natürliche Regenerationsrate übersteigt.[40] Für eine möglichst effiziente Bewirtschaftung der erneuerbaren Ressourcen sind jedoch noch weitergehende Anforderungen zu stellen. Unter vereinfachenden Annahmen (Ein-Spezies-Modell - abgesehen vom Menschen werden also weitere Räuber aus der Betrachtung ausgeklammert; der Ressourcenbestand wird in Biomasse gemessen und ist homogen, es gibt also keine Alters- und Größenunterschiede)[B] kann man von einer logistischen Wachstumsfunktion ausgehen. Dabei werden funktionale Zusammenhänge zwischen der Wachstumsrate eines Ressourcenbestandes und dem Ressourcenbestand untersucht. Es wird unterstellt, dass Wachstum erst ab einem bestimmten Minimalbestand möglich ist (X_{min}). Im biologischen Minimum X_{min} ist dementsprechend auch die Wachstumsrate gleich Null. Ab dem Minimalbestand nimmt die Wachstumsrate fortwährend zu, demgemäß wächst auch der Ressourcenbestand. Ab einer bestimmten Biomasse ist die maximale Wachstumsrate (Maximum sustainable yield, MSY) erreicht. Nach diesem Punkt wächst also auch der Ressourcenbestand zwar weiter, aber schwächer. Die sinkende Wachstumsrate erklärt sich mit zunehmender Wachstumskonkurrenz der bereits bestehenden Bestände, die die Möglichkeiten zum Wachstum und zum Überleben erschweren. Nahrungs- und Platzmangel können im Extremfall zum vollkommenen Erliegen des Wachstums führen (in X_{max}). Die logistische Wachstumsfunktion weist rechts vom MSY sinkende

---

[A] Die Dividende ist im Realoptionsansatz ein wertbestimmender Parameter für die Handlungsspielräume. Die Dividende kommt beim Analogon, den Finanzoptionen, dem Inhaber des Basiswertes zugute, nicht aber dem Inhaber der Option. Letzterem entgeht die Dividende; dieser Verlust mindert den Wert der Handlungsspielräume.

[B] Damit orientieren wir uns vorliegend am Grundmodell von *Schaefer*. Zur Vielfalt der denkbaren Modellvariationen vgl. J.M. Hartwick / N.D. Olewiler, The Economics of Natural Resource Use, Cambridge / Mass. 1998.

Teil II. Der Prozess: Von der Wiege bis zur Bahre

Wachstumsraten bis zu einer Bestandsgröße auf, ab dem kein weiteres Wachstum der Bestände mehr möglich ist (X_{max}).

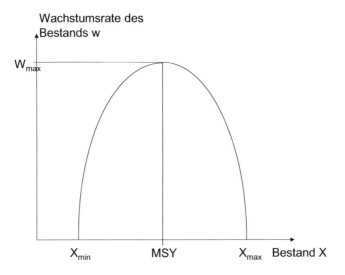

Abb. 18: Logistische Wachstumskurve (nach *Schaefer*)
(Quelle: M. B. Schaefer, Some considerations of population dynamics and economics in relation to the management of marine fishes, in: Journal of Fisheries Research Board of Canada, 14 / 1957, S. 669 – 681).

Bis zu der Bestandsmenge des MSY wächst der Bestand fortwährend mit der intrinsischen Wachstums- oder Eigenertragsrate, d.h. mit der Differenz zwischen Geburten- und Sterberate bei proportionalem Verhältnis zwischen Ressourcenbestand und Saldo aus Geburten- und Sterberate. Oberhalb des MSY nimmt der Einfluss des Ressourcenausgangsbestandes zu, die Zahl der Sterbefälle wächst, die Geburtenrate sinkt, aber es verbleibt ein positiver Saldo. Vor diesem Hintergrund stellt sich nun die Frage, wie eine entsprechend hohe und möglichst konstante Ernte- bzw. Fangmenge verwirklicht werden kann. Hierzu müssen immer die zusätzlichen Bestände oberhalb der Sterberate abgeerntet werden. Dies ist bei der unterstellten logistischen Wachstumsfunktion zunächst nur oberhalb des MSY möglich, da dann Anpassungsprozesse die Verwirklichung der konstanten Entnahmemenge ermöglichen. Bei Mengen unterhalb des MSY besteht die Gefahr, dass bei einer Entnahme über die verfügbare Zusatzmenge hinaus eine Rückkehr zur dauerhaft konstanten Entnahmemenge nicht mehr möglich wird, statt dessen der Bestand fortlaufend sinkt.

Wichtig ist nun die Unterscheidung zwischen dem biologischen und dem ökonomischen Optimum.
- Die maximale ökologische Ertragsfähigkeit zeigt den maximal möglichen Ressourcenbestand bei stabiler Bestandsentwicklung (also Systemerhaltung) an. Das biologische Optimum ist im MSY erreicht, da hier das *Wachstum der Biomasse* sein Maximum erreicht.
- Aus ökonomischer Sicht spielt das Kriterium der Zeiteffizienz eine dominierende Rolle. Das Wachstum der Biomasse ist kein Selbstzweck, vielmehr kommt es auf

Teil II. Der Prozess: Von der Wiege bis zur Bahre

die *zeitliche Verfügbarkeit von Nutzungsoptionen* an. Das Kriterium der Zeiteffizienz fordert ein, dass die Nutzung der Biomasse möglichst frühzeitig verfügbar gemacht wird. Somit müssen Aussagen zur Abdiskontierung von Nutzen und Kosten getroffen werden. Damit fließen menschliche Nutzungsentscheidungen in Form von Ernten (Fängen) in die Betrachtung ein.

Nachfolgend wird dargelegt, dass sich bei einem positiven Zinssatz ein bedeutsamer Unterschied zwischen dem ökonomisch Optimalen und dem biologisch Wünschenswerten ergibt. Aus ökonomischer Sicht ist eine Erhöhung der Fangmenge sinnvoll, wenn der (abdiskontierte) Nutzen einer Erhöhung der Fangmenge in t = 0 unter Berücksichtigung der Effekte auf die Folgeperiode(n) positiv ist. In einem Zweiperiodenmodell bedeutet dies: Der durch eine erhöhte Fangmenge erzielte Nettonutzen in t_0 abzüglich dem (wegen der erhöhten Fangmenge in t_0, die nicht mehr zur Reproduktion zur Verfügung steht) gesunkenen Nettonutzen in t_1 unter Berücksichtigung der Diskontierung muss positiv sein. Im Gegensatz zur *Hotelling*-Betrachtung hängt der Nettogrenznutzen einer vorgezogenen Ausbeutung also nicht nur vom Zinssatz, sondern auch vom marginalen Regenerationseffekt ab. Zinssatz und marginale Regenerationsrate haben eine gegenläufige Wirkung. Bei stark positiven marginalen Regenerationseffekten, die die Diskontrate übersteigen, ist eine Steigerung der Periodenerntemengen im Zeitverlauf möglich. Umgekehrt kann ein hoher Zinssatz (der die marginale Regenerationsrate übersteigt) eine hohe Präferenz für heutige Entnahmen auslösen und sukzessive zur „rationalen Ausrottung" einer Art führen. Die im Sinne des biologischen Gleichgewichts erzielbaren Fangmengen sind nur dann ökonomisch optimal, wenn die marginale Regenerationsrate (als Ableitung des Wachstums nach X) und der Zinssatz (bzw. die soziale Diskontrate[A]) übereinstimmen. Nun ist im biologischen Optimum, dem MSY, die Wachstumsrate am höchsten und dementsprechend die marginale Regenerationsrate w´ gleich Null. Die biologische Optimal- bzw. Maximallösung kann dann aber nur zugleich erreicht werden, wenn auch r = 0. Erst, wenn es kein Zinssignal mehr gibt, das vom biologischen Optimum in Richtung auf eine Verminderung der Bestände wegführt, korrespondiert dieses mit dem ökonomischen Optimum.

> **Hinweis: Formale Ableitung der optimalen Erntemenge bei regenerierbaren Ressourcen**
> Das nachfolgend dargestellte Modell arbeitet mit einigen Vereinfachungen u.a. bezüglich der Fangkosten, Skaleneffekte etc. Es beschränkt sich lediglich auf die Betrachtung von zwei Perioden. Zwischen dem (festen) Anfangsbestand (x_0 bzw. x_1), dem Endbestand (x_1 bzw. x_2) und der Fangmenge (f_0 bzw f_1) lässt sich folgende Beziehung formulieren:
>
> $$x_1 = x_0 + w(x_0) - f_0$$
> $$x_2 = x_1 + w(x_1) - f_1$$
>
> Setzt man beide Gleichungen ineinander und löst nach der Erntemenge in t = 1 (also f_1) auf, ergibt sich
>
> $$f_1 = x_0 - x_1 + w(x_0) + w(x_1) - f_0$$

[A] Zur Kritik des Konzepts der sozialen Diskontrate s. oben, Kap. II.2.1.1.

Teil II. Der Prozess: Von der Wiege bis zur Bahre

Nun kann untersucht werden, wie sich eine marginale Erhöhung der Fangmenge in t = 0 (df_0) auf die Fangmöglichkeiten in Periode 1 (df_1) auswirkt[A]:

$$\frac{df_1}{df_0} = 1 + \frac{dw}{dx_1}$$

Dementsprechend bewirkt eine Erhöhung der Erntemenge in t = 0 eine Senkung der Fangmöglichkeiten in t = 1:

$$df_1 = (1 + \frac{dw}{dx_1}) \cdot df_0$$

Aus ökonomischer Sicht ist eine Erhöhung der Fangmenge sinnvoll, wenn der (abdiskontierte) Nutzen einer Erhöhung der Fangmenge in t = 0 unter Berücksichtigung der Effekte auf die Folgeperiode(n) positiv ist. Nachfolgend wird der zusätzliche Nutzen des Mehrfanges in Periode 0 als Differenz zwischen der marginalen Zahlungsbereitschaft und den marginalen Fangkosten in den jeweiligen Perioden mit $\pi'_0(f_0)$ bzw. $\pi'_1(f_1)$ bezeichnet.

T_0	$\pi'_0(f_0) \cdot df_0$	Durch erhöhte Fang-menge erhöhter Nettonutzen in t_0
T_1	$-\pi'_1(f_1) \cdot \left(\dfrac{1 + dw/dx_1}{1+r}\right)$	abzüglich: gesunkener Nettonutzen in t_1 unter Berücksichtigung der Diskontierung
$t_0 + t_1$	$= 0$	muss positiv sein.

Der Nettogrenznutzen einer vorgezogenen Ausbeutung hängt neben dem Zinssatz auch vom marginalen Regenerationseffekt ab. Beide Effekte haben eine gegenläufige Wirkung. Bei stark positiven marginalen Regenerationseffekten, die die Diskontrate übersteigen ($\dfrac{1 + dw/dx_1}{1+r} > 1$), ist eine Steigerung der Peri-

---

[A] Hinweis zur Ableitung: In der Gleichung $f_1 = x_0 - x_1 + w(x_0) + w(x_1) - f_0$ befindet sich nur in $w(x_1)$ (abgesehen von f_0 selber) f_0 als Argument. Für die erste Ableitung von $w(x_1) = w[x_0 + w(x_0) - f_0]$ gilt nach der Kettenregel

$$w'(x_1) = w'[x_0 + w(x_0) - f_0] \cdot (-\frac{df_0}{df_0})$$

odenerntemengen im Zeitablauf möglich. Umgekehrt ($\frac{1+dw/dx_1}{1+r} < 1$) kann ein hoher Zinssatz eine hohe Präferenz für heutige Entnahmen auslösen und zur „rationalen Ausrottung" einer Art führen.

Ein biologisches Gleichgewicht liegt vor, wenn sich konstante Produkterntemengen bei Bestandserhaltung einstellen. Konstante Produkterntemengen sind ökonomisch optimal, wenn der marginale Regenerationskoeffizient und der Zinssatz (bzw. die soziale Diskontrate) übereinstimmen:

$$\frac{1+dw/dx_1}{1+r} = 1, \text{ so dass } dw/dx_1 = r$$

Die Wachstumsrate in der obenstehenden Abbildung 18 ist im Marginal sustainable yield (MSY) am höchsten. Hierbei handelt es sich um die biologische Optimallösung. Die biologische Optimal- bzw. Maximallösung kann jedoch nur erreicht werden, wenn w' = 0. Dies setzt jedoch nach der obenstehenden Gleichung voraus, dass r = 0 ist. In diesem Fall stimmen biologisches und ökonomisches Optimum überein. Wäre hingegen der Zinssatz r > 0, würde der Term

$$\frac{1+dw/dx_1}{1+r}$$

zu einer Abdiskontierung der (durch die erhöhte Fangmenge in t = 0 verminderten Fangmöglichkeiten von t = 1) führen. Bei jedem Zinssatz r > 0 befindet sich hingegen das Gleichgewicht links vom MSY und ist somit kleiner als das biologische Optimum.

III.2.2.3. Zusammenfassung und Schlussfolgerungen

In der Umweltökonomie wird im Zusammenhang mit der Ausbeutung nicht regenerierbarer Ressourcen i.d.R. die Hotelling-Regel bemüht. Hiernach muss die Knappheitsrente im Zeitverlauf mit dem Zinssatz ansteigen. Die Hotelling-Regel trifft mittelbar auch Aussagen über effiziente Ressourcenabbaupfade: Bei einem Zinssatz größer Null ist zunächst eine starke Entnahme effizient, die in späteren Zeiträumen immer geringer wird. Erst bei einem Zinssatz von Null kommt man zu anderen Ressourcenabbaupfaden, die nachfolgende Generationen nicht mehr grundsätzlich benachteiligen. Die Hotelling-Regel bezieht wichtige politische Faktoren der Preisbestimmung für nicht erneuerbare Ressourcen nicht ein. Sie bewertet zudem den Ressourcenabbaupfad über das Kapitalwert-Kriterium, das ausschließlich den Leitwert der „Effizienz" (Zeiteffizienz) berücksichtigt und andere Leitwerte aus der Betrachtung ausblendet. Betrachtet man aber explizit den Aspekt der Unsicherheit auf der Grundlage der Optionstheorie, erhält man ein aus ökologischer Sicht optimistischeres Resultat, da der Optionswert (als Wert der Konservierung der Ressource) höher ausfällt als in der reinen Kapitalwertbetrachtung. Andererseits bezieht der Optionspreisansatz auch die „Dividende" mit ein, die sich in Gestalt der Konkurrenz beispielsweise durch erneuerbare Energien ergibt. Diese kann dazu führen, dass eine noch raschere Ausbeutung der fossilen Energieträger wirtschaftlich rational erscheint. Das Ergebnis der Erweiterung der Kapitalwertbetrachtung durch den Optionspreisansatz ist somit unbestimmt.

Bei regenerierbaren Ressourcen stellt sich das Problem eines effizienten Ressourcenverbrauchspfades in einer anderen Weise: Folgt man wiederum der Beurteilung nach Maßgabe des Leitwertes der „Effizienz" (Zeiteffizienz), so gilt es, den Wert der Erntemenge über die Zeit hinweg zu maximieren. In der utilitaristischen Abdiskontierungslogik ist dies der Barwert der Erntemenge. Je höher der Diskontierungszinssatz, umso deutlicher das Signal, eine hohe Erntemenge möglichst frühzeitig zu realisieren. Allerdings hat die Ernte heute negative Auswirkungen auf die Fangmöglichkeiten der Zukunft, wenn sie höher als die Regenerationsrate ist. Je höher der Zinssatz, umso geringer werden diese negativen Folgewirkungen jedoch gewichtet.

Nur bei einem Zinssatz von Null wird kein Signal mehr zu einer ungleichmäßigen Entnahme der nicht erneuerbaren Ressourcen zu Lasten zukünftiger Generationen gegeben. Nur dann entspricht für erneuerbare Ressourcen das biologische dem ökonomischen Optimum. Die Erntemenge wird dann auf die Regenerationsrate beschränkt. Der Forderung von *Rawls* kann daher im Zeitablauf – als notwendige (nicht aber hinreichende) Bedingung – nur durch einen Zinssatz von Null entsprochen werden. Noch mehr: Unter der Bedingung eines Zinssatzes von Null entsprechen die Forderungen der Gleichheitsethik dem wohlfahrtstheoretischen Postulat (auf Grundlage des Utilitarismus), da dann nicht mehr abdiskontiert wird. Nur ein Zinssatz von Null ist also in der Lage, *Rawls* und den Utilitarismus zu versöhnen.

II.2.3. Ökologische Zielerreichung

Ein positiver Zinssatz ist ein Signal, das der Zeiteffizienz (als besondere Ausprägung des Leitwertes der „Effizienz") Geltung verschafft. Er gibt über die Abdiskontierungseffekte das Signal, Investitionen vorzuziehen, die schnell zu dem angestrebten (über die Diskontierung entsprechend hoch gewichteten) Nutzen führen – selbst wenn über die gesamte Nutzungsdauer hinweg der kumulierte Nutzen geringer ist als bei alternativen Investitionen.

Wir hatten an anderer Stelle schon diskutiert, wie eine Überbetonung des Leitwertes der „Effizienz" dazu führen kann, dass über die Vielfalt der Systemelemente auch Leitwerte wie „Anpassungsfähigkeit" und „Wandlungsfähigkeit" beeinträchtigt werden. Dies trifft auch für das Zinssignal als Ausdruck des Leitwertes der „Zeiteffizienz" zu. Ein hoher Zins führt grundsätzlich dazu, dass ökologisch sinnvolle Alternativen diskriminiert werden und die Einförmigkeit über eine wünschenswerte Vielfalt dominiert. Will man beispielsweise nicht erneuerbare durch erneuerbare Energien ersetzen, um insbesondere die Abhängigkeit vom Erdöl zu reduzieren, ist ein „breites Portefeuille" erneuerbarer Energieträger notwendig, das dem jeweiligen situativen Kontext angepasst ist.[41] Genau dies wird aber heutzutage durch das Zinssignal noch erschwert, zumeist sogar verhindert.[A] Ein positiver Zinssatz fordert die Entscheider auf, knappe Mittel in konventionelle Investitionen mit einem höheren internen Zinssatz anzule-

---

[A] Dabei spielt auch die Macht der immer noch auf die fossilen Energieträger setzenden Energiekonzerne eine große Rolle.

Teil II. Der Prozess: Von der Wiege bis zur Bahre

gen.[A] Ein positiver Zinssatz verhindert damit die (schon im Sinne der schwachen Nachhaltigkeit) wünschenswerte Substitution des Faktors Natur (weniger Einsatz von Natur) durch Kapital (mehr anthropogenes Kapital): Je höher nämlich der Zinssatz, umso höher die Kosten des (anthropogenen) Kapitals. Dies wirkt sich auf die Einsatzrelationen von anthropogenem und natürlichem Kapital und damit auch auf den Erfolg von Ökoeffizienzstrategien aus: Diese setzen nämlich darauf, dass der knappe (und kaum vermehrbare) Produktionsfaktor Natur durch den reichlicheren und vermehrbaren Produktionsfaktor Kapital ersetzt wird. Diese Substitution setzt aber voraus, dass der Faktor Kapital entsprechend „billig" verfügbar ist. Die untenstehende Abbildung verdeutlicht die Überlegung. $F(N, K, L) = Y$ sei die Isoquante für eine gesamtwirtschaftliche Produktionsfunktion, wobei N den Natureinsatz, K den Kapitaleinsatz und L den Arbeitseinsatz darstellt. Nachfolgend wird vom Arbeitseinsatz abstrahiert, so dass wir die Produktionsfunktion auf $F(N, K) = Y$ verkürzen. Den Ausgangspunkt stellt P_0 dar. Dieser Punkt ist durch den Einsatz von relativ viel Natur und wenig Kapital gekennzeichnet. Ein sparsamerer Einsatz von Natur lässt sich durch die Substitution von Natur durch Kapital erzielen (Punkt P_1). Punkt P_1 ist aber durch eine andere Grenzrate der Substitution als P_0 (die Tangente) gekennzeichnet. Die Grenzrate der Substitution in den jeweiligen Punkten bringt das Austauschverhältnis der beiden Produktionsfaktoren zum Ausdruck. Die Abbildung illustriert, dass ein Mehreinsatz von Kapital nur dann erfolgt, wenn sich das Austauschverhältnis von Umwelt und Kapital ändert, d.h. Kapital billiger wird (also im Austausch mehr Einheiten Kapital auf eine Arbeit Natur entfallen). Der Zinssatz muss also sinken, damit es zum vermehrten Einsatz umweltschonender Technologien kommen kann.[B] „Zeiteffizienz" gerät bei einem positiven Zinssatz in Gegensatz zur „Ressourceneffizienz", da die Substitution herkömmlicher durch ressourcensparende Technologien behindert wird.

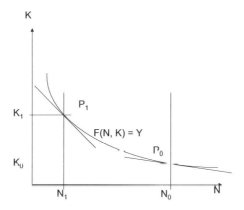

Abb. 19: Substitution von Natur und Kapital
(Quelle: Eigene Darstellung)

[A] Die Rendite dieser Investitionsalternativen ist jedoch aufgrund bestehender Arbitragebeziehungen (trotz unterschiedlicher Risiken) grundsätzlich mit dem Kapitalmarktzinssatz verbunden.

[B] Früh hat auf diese Zusammenhänge schon hingewiesen D. Suhr, Zur Wettbewerbsfähigkeit alternativer Energien in Abhängigkeit vom Geldsystem, in: Zeitschrift für Sozialökonomie 89/1991, S. 3-24

Teil II. Der Prozess: Von der Wiege bis zur Bahre

Je höher also die Kapitalkosten, je teurer das Kapital, umso weniger wahrscheinlich ist die Substitution von Naturkapital durch anthropogenes Kapital, umso geringer damit auch die Steigerung der Ressourcenproduktivität. Die obige Abbildung gibt auch aus betriebswirtschaftlicher Sicht einen Hinweis darauf, warum „Ökoinvestitionen" vergleichsweise kapitalintensiver als herkömmliche Investitionen sein müssen. Sie weisen nämlich verglichen mit herkömmlichen Investitionen normalerweise höhere Anfangsauszahlungen auf (vergleichsweise höheres K). Dafür lassen sich mit ihnen Ersparnisse bezogen auf die Folgeauszahlungen erzielen (vergleichsweise geringeres N). Ein Beispiel ist der Ersatz von Ölfeuerungsanlagen durch Sonnenenergie. Ein positiver Zinssatz, also hohe Kapitalkosten (in der Abbildung die flache Tangente in Punkt P_0) gewichtet jedoch Zahlungsströme, die in der Gegenwart ab- oder zufließen hoch; solche, die in der Zukunft ausgelöst werden, geringer. Je höher der Zinssatz, umso vorteilhafter gestaltet sich daher die für die herkömmliche Investition typische Zahlungsreihe (vergleichsweise niedrigere Investitionssumme, dafür höhere Folgeauszahlungen) gegenüber der „Öko-Investition". Je niedriger umgekehrt der Zinssatz, umso eher erzielen ökologische Investitionen (vergleichsweise hohe Anfangsauszahlung, dafür relativ geringe Folgeauszahlungen) einen Kapitalwert von größer oder gleich Null.

Beispiel:

	Herkömmliche Investition			„Ökoinvestition"		
r = 10 %	Zahlungsreihe	Kapital.-faktoren	Barwerte	Zahlungsreihe	Kapital.-faktoren	Barwerte
Anfangsauszahlung t = 0	- 60.000	1,00	- 60.000	- 100.000	1,00	- 100.000
Cash Flows						
t = 1	10.000	0,91	9.090,91	15.000	0,91	13.636,38
t = 2	10.000	0,83	8.264,46	15.000	0,83	12.396,69
t = 3	10.000	0,75	7.513,15	15.000	0,75	11.269,72
t = 4	10.000	0,68	6.830,13	15.000	0,68	10.245,20
t = 5	10.000	0,62	6.209,21	15.000	0,62	9.313,82
t = 6	10.000	0,56	5.644,74	15.000	0,56	8.467,11
t = 7	10.000	0,51	5.131,58	15.000	0,51	7.697,37
t = 8	10.000	0,47	4.665,07	15.000	0,47	6.997,61
t = 9	10.000	0,42	4.240,98	15.000	0,42	6.361,46
t = 10	10.000	0,39	3.855,43	15.000	0,39	5.783,15
	Kapitalwert		1.445,67	**Kapitalwert:**		-7.831,49

Teil II. Der Prozess: Von der Wiege bis zur Bahre

Fortsetzung des Beispiels:

r = 1 %	Herkömmliche Investition			„Ökoinvestition"		
	Zahlungsreihe	Kapital.-faktoren	Barwerte	Zahlungsreihe	Kapital.-faktoren	Barwerte
Anfangsauszahlung t = 0	- 60.000	1,00	- 60.000	- 100.000	1,00	- 100.000
Cash Flows						
t = 1	10.000	0,99	9.000,99	15.000	0,99	14.851,49
t = 2	10.000	0,98	9.802,96	15.000	0,98	14.704,44
t = 3	10.000	0,97	9.705,90	15.000	0,97	14.558,85
t = 4	10.000	0,96	9.609,80	15.000	0,96	14.414,71
t = 5	10.000	0,95	9.514,66	15.000	0,95	14.271,99
t = 6	10.000	0,94	9.420,45	15.000	0,94	14.130,68
t = 7	10.000	0,93	9.327,18	15.000	0,93	13.990,77
t = 8	10.000	0,92	9.234,83	15.000	0,92	13.852,25
t = 9	10.000	0,91	9.143,40	15.000	0,91	13.715,10
t = 10	10.000	0,91	9.052,87	15.000	0,91	13.579,30
Kapitalwert:			34.713,05	Kapitalwert:		42.069,57

Tab. 17: **Charakteristika von herkömmlichen und umweltschonenden Investitionen**
(Quelle: Eigene Darstellung)

Im Beispiel beträgt die Investitionssumme der herkömmlichen Investition € 60.000,--, die der Öko-Investition € 100.000,--. Aufgrund der Einsparungen bei den Folgeauszahlungen sind bei der Öko-Investition jedoch höhere Einnahmenüberschüsse zu erwarten (€ 15.000,-- statt € 10.000,-- bei der herkömmlichen Investition). Angesichts der Zahlungsreihen ist bei einem Vergleichszinssatz von 10 % die herkömmliche Investition der „Öko-Investition" nach dem Kapitalwertkriterium klar vorzuziehen. Die Öko-Investition rechnet sich bei diesem Referenzzinssatz absolut nicht (negativer Kapitalwert). Ihre Vorteilhaftigkeit ändert sich aber bei einem Vergleichszinssatz von nur noch 1 % radikal, und zwar absolut wie auch relativ zur herkömmlichen Investition: Damit erhöht sich die Wahrscheinlichkeit der Substitution des Faktors Umwelt durch den Faktor Kapital. Egal ob Brennstoffzellen, Solartechnologie, Biogas etc.: Die meisten alternativen Technologien fallen ohne weitere Unterstützungsmaßnahmen dem Rentabilitätsprinzip zum Opfer.[A] Das Resultat wäre das eindeutige und wenig nachhaltige Festhalten an fossilen Energieträgern. Maßnahmen wie das erneuerbare Energien-Gesetz (EEG) sind aus ordnungspolitischer Sicht zwar mit Skepsis zu bewerten bzw. allenfalls als „Second best"-Maßnahme zu akzeptieren. Andererseits stehen sie für eine – wenngleich nur partielle - Emanzipation vom Zinssignal, für ein Primat von „Control" und weisen insoweit in die richtige Richtung. Ohne das – wegen seines Subventionscharakters nicht unumstrittene - EEG wäre es nicht gelungen, ein relativ breites Angebot an regenerativen Energieträgern zu initiieren (das selbstver-

---

[A] Noch einmal sei betont, dass – ohne weitere Regulierungen - Investitionen, die Optionen für die Gesellschaft aufrecht erhalten, anhand von internen Zinssätzen solcher Vergleichsinvestitionen gemessen werden, die Optionen für die Zukunft vernichten. Dieser Vergleich ist zumindest aus gesamtgesellschaftlicher Perspektive unzulässig.

Teil II. Der Prozess: Von der Wiege bis zur Bahre

ständlich noch nicht ansatzweise in der Lage ist, die fossilen Energieträger zu ersetzen).

Das obige Beispiel betraf die Substitution von fossilen Energieträgern. Doch auch mit Blick auf die erneuerbaren Ressourcen wirkt das Zinssignal darauf hin, dass sich relativ wenige Arten durchsetzen, die eine Regenerationsrate oberhalb des Zinssatzes aufweisen.

> **Beispiel: Baumbestand und Zinssatz**
> *„Ein altes Beispiel ist, dass Bäume, die mit einer Rate wachsen, die unter der Zinsrate liegt, nicht wirtschaftlich sind. Nehmen wir an, dass das Pflanzen eines Setzlings 10 € kostet und der Zinssatz 10 % beträgt. Ein Unternehmer hat die Wahl, 10 € anzulegen und 10 % pro Jahr zu verdienen oder den Setzling zu pflanzen und eines Tages eine Ernte zu haben. Das angelegte Geld (...) steigert seinen Wert: auf 10 € x 1,1 = 11,00 € bis zum Ende des ersten Jahres, auf 10 € x $1,1^2$ = 12,10 € bis zum Ende des zweiten Jahres, auf 10 € x $1,1^3$ = 13,31 € bis zum Ende des dritten Jahres usw. Solange der Wert des Baumes schneller zunimmt als der des angelegten Geldes, handelt es sich um eine wirtschaftliche Baumsorte (WBS), und die Investition in den Baum macht sich bezahlt. Mit fortschreitender Zeit wird der Baum schließlich langsamer wachsen, und ab dem Zeitpunkt, ab dem sein Wert nur noch ebenso schnell wächst wie der des angelegten Geldes, handelt es sich um eine unwirtschaftliche Baumsorte (UBWS). Es ist nicht rentabel, einen solchen Baum zu pflanzen. Langsam wachsende Bäume wie Teak-Bäume und viele andere Harthölzer werden folglich geschlagen und nicht wieder aufgeforstet, selbst wenn der Zinssatz relativ niedrig ist. Die Weltbank erachtet Erträge in Höhe von 15 % pro Jahr als angemessen und hat folglich nur selten andere forstwirtschaftliche Projekte finanziert als solche mit schnell wachsenden Arten wie Eukalyptus. Die Entwicklungszusammenarbeit, die auf diesem Verständnis von ökonomischer Effizienz beruht, tendiert schnell dazu, das Ersetzen artenreicher Naturwälder durch Monokulturen schnell wachsender Baumarten zu finanzieren."* [42] Das Ergebnis ist wieder einmal ein Verlust an Biodiversität. Dieser Verlust an Biodiversität bedeutet nichts anderes als die Totalausrottung derjenigen Arten, die nicht dem Rentabilitätsprinzip genügen. Hier werden Optionen für künftige Generationen vernichtet.

Insbesondere solange der Zinssatz noch „falsche Signale" gibt, muss auch hier eine Korrektur ansonsten unwiederbringlicher Verluste durch ein Primat von „Command and control" erfolgen.

> **Beispiel: Änderung der Evaluierungspolitik der Weltbank**
> Mittlerweile wurde auch von der Weltbank erkannt, dass ihre – zuvor am Rentabilitätsprinzip orientierte – Evaluierungspolitik den Rückgang der Biodiversität beschleunigt hat. Folglich vermeidet sie in letzter Zeit, die Transformation des Lebensraumes in Richtung von mehr Einförmigkeit durch Monokulturen zu finanzieren.[43]

Auch intertemporal (mit Blick auf die „optimale" Förder- bzw. Erntemenge, die durch den Zinssatz „verzerrt" wird) muss zumindest – als *Managementregel* für die Bewirtschaftung der Ressourcen - sichergestellt werden, dass die Entnahmen

Teil II. Der Prozess: Von der Wiege bis zur Bahre

- an *nicht erneuerbaren Ressourcen* durch eine Erhöhung der Ressourcenproduktivität oder den Aufbau eines erneuerbaren Ersatzes kompensiert werden[44]: Wüsste man, wie lange die Menschheit noch existiert, so könnte man entsprechend dem *Rawls*-Kriterium jeder Generation einen gleichen Teil an den nicht erneuerbaren Ressourcen zuteilen. Aufgrund der Unsicherheiten hinsichtlich der Lebensdauer der Menschheit ist diese Mengenkontingentierung aber nicht erfolgversprechend. Wonach sollte man sich aber richten, wenn man intergenerative Gerechtigkeit abstrebt? Die Frage kann nur vor dem Hintergrund beantwortet werden, dass nicht gleiche Teile an den betreffenden Ressourcen den verschiedenen Generationen zugeteilt werden sollten, sondern gleiche Möglichkeiten bzw. Teilhabechancen. Der technische Fortschritt erhöht die Ressourcenproduktivität und damit die Effizienz künftiger Generationen in der Nutzung der Ressourcen. Eine geringere Zuteilung von Ressourcen an künftige Generationen ist also nur in dem Ausmaße gerechtfertigt, wie dieses Weniger durch eine höhere Ressourcenproduktivität ausgeglichen wird oder Substitute zur Verfügung stehen. Obwohl der Zinssatz ein abweichendes Signal gibt, muss durch das Primat von „Command and control" verhindert werden, dass die Bedürfnisse künftiger Generationen hintan gestellt werden;
- an *erneuerbaren Ressourcen* durch eine entsprechende Regeneration ausgeglichen werden.[45] Hier gilt im Prinzip dieselbe Überlegung wie gerade angestellt. Es gilt zu verhindern, dass es zu einer „rationalen Ausrottung" kommt. Vielmehr sollte sich die Erntemenge ungeachtet des abweichenden Marktsignals (positiver Zinssatz) am biologischen Optimum orientieren. Dieses bezieht sich auf konstante Produkterntemengen bei Bestandserhaltung. Bei regenerierbaren Ressourcen muss also über das Primat von „Command and control" dafür Sorge getragen werden, dass eine Orientierung am biologischen Gleichgewicht erfolgt. Solange der Zinssatz positiv ist, muss also durch „Command and control" Schaden von den Beständen abgewendet werden. Es ist nicht zu erwarten, dass - bei r > 0 – unter privater Bewirtschaftung z.B. auf Alterskohorten, Gewichtsklassen, Laichzeiten etc. entsprechend Einfluss genommen wird, um die Bestände nachhaltig zu sichern. Je höher der Zinssatz ist, umso enger werden die Maschen der Fangnetze „gestrickt" sein.[A]

Es bleibt also festzuhalten:
Solange der Zinssatz deutlich über Null liegt, ist im Sinne von mehr Nachhaltigkeit eine planmäßige Bewirtschaftung der Ressourcen bzw. eine Eindämmung der Übernutzungstendenzen umso bedeutsamer. Hierzu bedarf es eines gänzlich anderen Eigentumsregimes als heute und durch ein Netz von Regulierungen, die erst bei einem Zinssatz gelockert werden können, der gegen Null strebt. Erst bei einem Zinssatz von gegen Null findet keine Abwertung der Bedürfnisse künftiger Generationen statt.
Je niedriger der Zinssatz, umso geringer das Diskriminierungspotential durch die Rentabilitätshürde. Je niedriger der Zinssatz, umso höher daher die Potenziale für

---

[A] Ebenso müssen nicht anthropogene Räuber-Beute-Beziehungen beachtet werden, die sich ebenfalls durch (möglicherweise ganz anderweitige menschliche Eingriffe) verändern können. Geht man beispielsweise davon aus, dass Räuber das Ernteobjekt darstellen, verbessern erhöhte Beutebestände die Fangmöglichkeiten (positive Externalität). Würde allerdings der Räuberbestand zu sehr dezimiert werden, könnte das Wachstum der Beutebestände zu einem Systemkollaps führen. Gegenüber dem oben unterstellten Ein-Spezies-Modell müssten daher die Fangmengen der Räuber vermindert werden. In Bezug auf das Verhältnis zu anderen Arten, der zeitlichen Regenerierung etc. besteht somit auch bei regenerierbaren Ressourcen regelmäßig die Notwendigkeit der Steuerung einer Struktur. Auch hierbei gilt, dass Command and control Priorität vor Effizienzüberlegungen haben sollte.

eine größere Vielfalt, die u.a. mit Blick auf die Artenvielfalt (im Bereich der nachwachsenden Rohstoffe) oder dem erforderlichen bunten Strauß an alternativen Energien, der die fossilen Energieträger ja sukzessive ablösen soll, von großer Bedeutung ist.

Geht man von dem eingangs angesprochenen Nachhaltigkeitsvierklang aus, so ist ein Zinssatz von Null jedoch nur eine notwendige, aber keine hinreichende Bedingung für eine nachhaltige Wirtschaft. Dies wird unter verteilungspolitischen Gesichtspunkten nachfolgend illustriert.

II.2.4. Verteilungsgerechtigkeit

Nachfolgend beschäftigen wir uns mit nicht regenerierbaren Ressourcen im Privateigentum. Die angestellten Überlegungen lassen sich zu einem großen Teil auch insoweit auf regenerierbare Ressourcen übertragen, als die Entnahme (bedingt durch einen positiven Zinssatz) die marginale Regenerationsrate übersteigt und vom biologischen Optimum wegführt (also die „Überentnahmen" an regenerierbaren Ressourcen). Wir wollen nachfolgend zunächst darstellen, warum
- die oben im Kontext von *Rawls* formulierten Managementregeln (vgl. Kap. II.2.1.2.) unter den Bedingungen eines positiven Zinssatzes logisch konsistent undurchführbar sind und
- ein Zinssatz von Null ebenfalls die Anforderungen an Verteilungsgerechtigkeit in grobem Maße verletzt, wenn sich die Ressourcen in Privateigentum befinden.

II.2.4.1. Zur Undurchführbarkeit des Ressourcenmanagements i.S.v. Rawls bei einem positiven Zinssatz

Der Fundamentalsatz der (für nicht erneuerbare Ressourcen formulierten) Hotelling-Regel lautet: *Die Faktorrente wächst im Zeitablauf mit einer Rate, die dem realen Zinssatz entspricht.*

Hinweis: Zeitliche Entwicklung der Faktorrente im Hotelling-Modell
Die zeitliche Entwicklung der Faktorrente µ(t) im Hotelling-Modell kann wie folgt dargestellt werden (s. hierzu auch Hinweis: Formale Ableitung des Hotelling-Theorems oben)

$$\mu_{t+1} = p_{t+1} - c_{t+1} = \lambda \cdot (1+r)^{t+1}$$

$$\mu_t = p_t - c_t = \lambda \cdot (1+r)^t$$

$$\frac{\mu_{t+1}}{\mu_t} = 1 + r \quad \text{oder}$$

$$\frac{\mu_{t+1}}{\mu_t} - 1 = r \quad \text{oder}$$

$$\frac{\mu_{t+1} - \mu_t}{\mu_t} = r$$

Teil II. Der Prozess: Von der Wiege bis zur Bahre

Gemäß der *Hotelling*-Regel (oder r-Prozent-Regel) entwickelt sich die Ressourcen-Knappheitsrente mit dem Marktzinssatz.[A] Zumeist wird die r-Prozent-Regel unter dem Gesichtspunkt der intertemporalen Allokationseffizienz betrachtet. Allerdings ist sie auch von verteilungspolitischer Aussagekraft: Nach der r-Prozent-Regel gewinnen – unter Vernachlässigung der Unsicherheit - die Eigentümer der betreffenden Ressource in Gestalt der Ressourcenrente in jeder Periode (!) zusätzliche Ansprüche an das Sozialprodukt in Abhängigkeit von der Höhe des Marktzinssatzes. Mit der ansteigenden Faktorrente wachsen also auch die absoluten Ansprüche der Ressourceneigentümer fortwährend an. Ist die Wachstumsrate der Ansprüche der Ressourcen- und Geldbesitzer höher als die Wachstumsrate des Sozialproduktes (welches natürlich wiederum zu einer weiteren Verknappung der Ressourcen beitragen und die Ansprüche der Ressourceneigentümer noch weiter in die Höhe treiben würde), kommt es zu einer Umverteilung zugunsten der Ressourceneigentümer und Geldbesitzer. Bemerkenswerterweise führt also ein Zinssatz, der die Wachstumsrate des Sozialproduktes übersteigt, mittelbar auch über die Erhöhung der Ressourcenrente zu einem Umverteilungseffekt.

Wir wollen an dieser Stelle darauf verzichten, noch einmal die Legitimation der Privatisierung der Ressourcenrente grundsätzlich zu hinterfragen. Vielmehr soll hier die Frage der Umverteilung des Sozialproduktes über den Anstieg der Ressourcenrente thematisiert werden. Eine Umverteilung kann nach dem gerade Gesagten nur dann ausgeschlossen werden, wenn der Zinssatz (und damit der Anstieg der Ressourcenrente) die Wachstumsrate des Sozialproduktes nicht übersteigt.

Dies gilt allerdings nur zeitpunktbezogen. Zeitraumbezogen bewirkt ein positiver Zinssatz nämlich, dass die im Zusammenhang mit der *Rawls*'schen Gleichheitsethik entwickelten Managementregeln (vgl. Kap. II.2.1.2.) nicht mehr praktiziert werden können. Im Sinne von *Rawls* müsste der Verbrauch des Bestandes an den Ressourcen lediglich mit einer Rate voranschreiten, die dem Zuwachs der Ressourcenproduktivität bzw. Substitutionsrate (v.a. nicht vermehrbare Ressourcen) oder der Regenerationsrate (speziell vermehrbare Ressourcen) entspricht. Diese äußern sich in einer (relativ) geringeren Nachfrage nach der betreffenden Ressource über die Zeit hinweg, also in einer Linksverschiebung der Nachfragekurve. Die untenstehende Abbildung illustriert komparativ-statisch das sich einstellende Resultat, wenn die Nachfrage (wegen der gestiegenen Ressourcenproduktivität oder neu eingeführten Substituten) mit demselben Betrag wie das Angebot an den nicht erneuerbaren Ressourcen zurückgeht.

[A] Der Preis einer erschöpfbaren Ressource kann – im Gegensatz zum Modell der vollständigen Konkurrenz – nicht identisch mit den (Extraktions-) Grenzkosten sein. Wäre dies der Fall, würde es dem utilitaristischen Nutzenmaximierungskriterium entsprechen, den Ressourcenbestand möglichst schnell zu extrahieren und die Gewinne in andere renditebringende Vermögenswerte zu investieren.

Teil II. Der Prozess: Von der Wiege bis zur Bahre

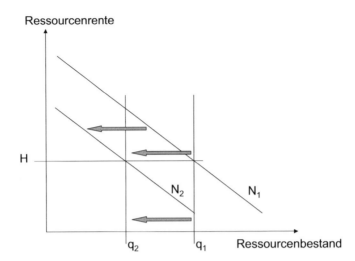

Abb. 20: Abbau der Ressource entsprechend dem Anstieg der Ressourcenproduktivität
(Quelle: Eigene Darstellung)

Die Intensität der durch die Verknappung bedingten Linksverschiebung des Ressourcenbestandes (q_1 -> q_2) entspricht dann derjenigen der durch die erhöhte Produktivität bzw. die eingeführten Substitute bedingten Linksverschiebung der Nachfragekurve (N_1 -> N_2). Folglich muss der Preis der Ressource bzw. (bei unveränderten Fördergrenzkosten) die Ressourcenrente bei einem Management entsprechend den im Kontext von *Rawls* formulierten Regeln selbst bei wachsender Wirtschaft unverändert bleiben. Allerdings gibt es bei einem positiven Zinssatz unlösbare Probleme:
- Die positive Wirkung der gestiegenen Ressourcenproduktivität wird nur dann durch eine entgegengesetzte Verschiebung der Nachfragekurve ganz oder teilweise wieder kompensiert, wenn die Wirtschaft nicht mehr wächst. In Kap. II.3.6. wollen wir zeigen, dass die notwendige (!) Voraussetzung für eine wachstumsfreie Wirtschaft ein reales Zinsniveau von Null ist. Ein positiver Zinssatz hingegen induziert Wachstum (vgl. Kap. II.3.5.) und wirkt damit auf lange Sicht auf eine Rechtsverschiebung der Nachfragekurve hin. Nun dürfte aber die Entwicklung der Ressourcenproduktivität dem Ertragsgesetz folgen, also abnehmende Grenzerträge aufweisen. Dann ist es eine Frage der Zeit, bis die immer weiter abnehmenden Zuwächse der Ressourcenproduktivität zu gering sind, um die durch das exponentielle Wachstum immer weiter zunehmende Ressourcenverknappung zu kompensieren (s. auch Abb. 23 in Kap. II.3.1.4.).
- Ein positiver Zinssatz bremst die Substitution des Faktors Natur durch den Faktor Kapital (s. oben). Charakteristischerweise sind „Öko-Investitionen" im Vergleich zu herkömmlichen Investitionen durch höhere Anfangsauszahlungen und höhere Ersparnisse in späteren Perioden gekennzeichnet. Ein positiver Zinssatz bewirkt jedoch, dass die höheren Anfangsauszahlungen hoch und die späteren Ersparnisse geringer gewichtet werden. Dementsprechend sind die Aussichten einer Substitution einer herkömmlichen durch eine Öko-Investition umso geringer, je höher der Zinssatz ist.

Teil II. Der Prozess: Von der Wiege bis zur Bahre

- Selbst, wenn – trotz der genannten Argumente – die Durchsetzung der genannten Managementregeln gelingen würde: Schließlich würde man speziell bei nicht regenerierbaren Ressourcen bei r > 0 in eine Ungleichgewichtssituation laufen, da unter den Bedingungen von Abb. 20 bei einem positiven Zinssatz

$$\frac{\mu_{t+1} - \mu_t}{\mu_t} < r$$

wäre und die Gleichgewichtsbedingung von *Hotelling* somit nicht mehr erfüllt ist. Es würde also ungeachtet des Preisstopps durch den positiven Zins ein Marktsignal gesetzt werden, die Exploitation voranzutreiben und die Gewinne zinstragend anzulegen.

Es bleibt somit festzuhalten, dass die im Zusammenhang mit der *Rawls'*schen Gleichheitsethik bzw. im Vorkapitel (Kap. II.2.3.) formulierten Managementregeln bei einem positiven Zinssatz nicht durchführbar sind. Das Resultat ist vor dem Hintergrund dieser ethischen Prämissen – selbst wenn sich Zinssatz und Anstieg der Ressourcenrente im Rahmen des Wachstums des Sozialproduktes halten – eine intertemporale Umverteilung zu Lasten künftiger Generationen.

II.2.4.2. Nullzinssatz bei Privateigentum an Ressourcen als verteilungspolitische Katastrophe

Die obige Ungleichung wäre nur dann zu einer Gleichung umzuformen, wenn es gelänge, den Zinssatz bis auf Null herunterzubringen:

$$\frac{\mu_{t+1} - \mu_t}{\mu_t} = r = 0$$

Analoges gilt für alle anderen oben angeführten Probleme. Unterstellen wir unter Vorwegnahme des Folgekapitels, dass die Erreichung eines Zinssatzes von Null – über eine Änderung der Geldordnung – tatsächlich möglich ist: Dann sagt der gleichbleibende Absolutbetrag der Faktorrente allerdings noch nichts über ihren Marktwert aus (dies gilt auch für regenerierbare Ressourcen). Befinden wir uns in Feld (1) / Tabelle 2 (Privateigentum an den Ressourcen!) und sinkt der Diskontierungszinssatz bis gegen Null ab, muss der Marktwert der Faktorrente im Extremfall bis gegen unendlich ansteigen ($\lim_{r \to 0} (\mu / r) \to \infty$)! Möglicherweise sind hiermit positive Effekte für die Verfügbarkeit der Ressourcen für nachfolgende Generationen verbunden. Allerdings kommt es für die heutige Generation wegen der unendlichen Preise der Ressourcenquellen zu verheerenden Umverteilungswirkungen. Ein Zinssatz gegen Null führt bei Privateigentum an den Ressourcen geradewegs in einen Ressourcenfeudalismus.[A] Dem Anspruch der Nachhaltigkeitspolitik auf Berücksichtigung sozialer Aspekte kann nicht Genüge getan werden. Es wird ein weiteres Mal klar, welche Probleme Feld (1) / Tabelle 2 mit sich bringt. Eine nachhaltige Bewirtschaftung von Res-

---

[A] Abgesehen davon sinken die Zugangschancen für die besseren Wirte mit dem Preisanstieg der Ressourcenquellen ab.

Teil II. Der Prozess: Von der Wiege bis zur Bahre

sourcen ist in diesem Regime des Privateigentums an nicht erneuerbaren Ressourcen nicht möglich.

II.2.4.3. Zusammenfassung und Schlussfolgerungen

Zeitpunktbezogen können regressive Verteilungswirkungen (mit Blick auf nicht erneuerbare Ressourcen oder die „Überentnahme" an erneuerbaren Ressourcen) nur vermieden werden, wenn der Zinssatz die Wachstumsrate des Sozialproduktes nicht übersteigt. Allerdings lassen sich die im Kontext mit *Rawls* formulierten Regeln für das nachhaltige Management von Ressourcen bei einem positiven Zinssatz nicht längerfristig durchhalten. Ein positiver Zinssatz führt längerfristig über Wirtschaftswachstum zu einer erhöhten Nachfrage nach den Ressourcen und behindert zugleich die Erhöhung der Ressourcenproduktivität wie auch die Einführung von Substituten. Die Managementregeln sind bei einem positiven Zinssatz auch nicht mit der Hotelling-Regel kompatibel. Ein positiver Zinssatz – als „Treiber" der Zeiteffizienz - muss daher immer zu einem Verstoß gegen die intergenerationelle Verteilungsgerechtigkeit i.S.v. *Rawls* bzw. zu einer Abwertung der Bedürfnisse künftiger Generationen führen. *Bossel: „Nachhaltigkeit erlaubt keine Diskontierung."* [46] Intergenerationelle Gerechtigkeit setzt folglich einen Zinssatz voraus, der gegen Null strebt.

Bestehen an den Ausbeutungsrechten („Quellen") exklusive Eigentumsrechte und findet die Preisbildung über den Markt statt, so müsste entsprechend der Logik des Hotelling-Theorems ein Zinssatz von Null wohl annähernd zu intertemporaler Verteilungsgerechtigkeit i.S.v. *Rawls* führen. Allerdings würden die Rohstoffquellen bei einem Zinssatz, der gegen Null strebt, unverkäuflich werden. Die in Kap. I.3.1.1. schon geäußerte Problematik, dass der „bessere Wirt" oftmals nicht in den Besitz der Ressourcenquellen gelangen kann, würde ins Extreme gesteigert. Damit einher ginge eine extreme Machtposition der Eigentümer der betreffenden Quellen in Feld (1) / Tabelle 2. Je geringer der Zinssatz (eigentlich eine wünschenswerte Entwicklung), umso mehr würde man sich auf neofeudale Verhältnisse zubewegen, in denen Eigentum Herrschaftsverhältnisse vermittelt. Die heutige Privilegienwirtschaft würde durch einen finsteren „Ressourcenfeudalismus" abgelöst.

Somit besteht unter den Bedingungen des Privateigentums an den Ressourcenquellen ein Zielkonflikt: Ein positiver Zinssatz verletzt das Gebot der intergenerationellen Verteilungsgerechtigkeit, ein Nullzinssatz führt intragenerationell zu untragbaren Verteilungsverhältnissen. Dieser Zielkonflikt kann nur dadurch aufgelöst werden, dass die betreffenden Ressourcenquellen in Gemeinschaftshand überführt werden.[A] Lie-

---

[A] Wir favorisierten eine Treuhandlösung dahingehend, dass die Bestände an nicht vermehrbaren Ressourcen sowie Grund und Boden als die Quelle für erneuerbare Ressourcen in die ausschließliche Verfügungsbefugnis einer Treuhandinstitution gegeben werden sollten. Die Ausbeutungsrechte werden an die privaten Nutzer meistbietend versteigert. Anders als bei einem erwerbswirtschaftlichen Monopolisten liegt das Gewinnmaximum der Treuhandstelle aber nicht im Schnittpunkt zwischen Grenzerlöskurve und der Kurve der privaten Grenzkosten - weil nämlich die Grenzkosten der Ressourcenextraktion nur bei den privaten Unternehmen anfallen, die im Rahmen der Auktion um die Ausbeutungsrechte konkurrieren. Vielmehr sollten bei der Treuhandstelle ausschließlich die sozialen Grenzkosten der Ressourcenextraktion in das Kalkül einfließen. Diese bestehen in Gestalt der durch die Extraktion verlorengehenden Optionswerte. Die relevante (totale) Grenzkostenkurve liegt daher oberhalb der Grenzkosten, die ein privatwirtschaftlicher Monopolist in sein Kalkül einfließen lassen würde. Die dem Markt zur Verfügung gestellte Menge wäre demnach auch geringer als diejenige Menge, die bei einem privatwirtschaftlich handelnden Monopolisten zustande käme. Von großer Be-

Teil II. Der Prozess: Von der Wiege bis zur Bahre

gen Kontingentierungsrenten vor, sollte die Vergabe der Ausbeutungsrechte auf dem Wege einer Auktion geschehen (dies ist allein schon deswegen zielführend, weil Kontingentierungsrenten Markteintritte und damit eine Vielzahl von Auktionsteilnehmern provozieren). Die betreffenden Renten sollten an die Bürger als gemeinschaftliche Teilhaber des Gemeinschaftsgutes zurückverteilt werden. Über die rückverteilte Rente würde auch bei Kontingentierung eine Grundversorgung (Zugangsmöglichkeit) zu der sich u.U. verknappenden regenerierbaren Ressource gesichert. Die von den Neoinstitutionalisten geforderte Privatisierung der Ressourcenrenten ist ein wesentlicher Kern des Übels und nicht etwa die Lösung.[47]

Wieder einmal zeigt sich, dass der Kern des Problems in der „No-go-area" des Feldes (1) und dem positiven Zinssatz liegt, der – wie noch zu zeigen sein wird - dem heutigen Charakter des Geldes entspringt. Wir werden unten noch eingehend darstellen, dass der positive Zinssatz ebenfalls dem Umstand geschuldet ist, dass das heutige Geld (mit den von *Keynes* diskutierten Eigenschaften einer geringen Produktions- und Substitutionselastizität) eine Option ist, die in Feld (1) / Tabelle 2 angesiedelt ist.[A]

---

deutung ist – das soll hier noch einmal besonders betont werden – die Rückverteilung der Monopolgewinne an die Bürger als Teilhaber. Die mit Monopolsituationen charakteristischerweise auftretenden verteilungspolitischen Probleme werden hierdurch vermieden. Jeder Bürger hat über die Rückverteilung der Ressourcenrenten den gleichen durchschnittlichen Zugang zu den betreffenden Ressourcen.

[A] Der Verteilungsaspekt muss aber nicht nur im Zeitablauf (intertemporal), sondern auch zu den jeweiligen Zeitpunkten (intratemporal) thematisiert werden. Den höchsten Preis bei der Erschöpfung der nicht erneuerbaren Ressourcen haben die ärmsten Menschen und die ärmsten Länder zu bezahlen. „*Wie Analysen der internationalen Energieagentur zeigen, führen allein die reinen Primäreffekte eines Ölpreisanstiegs von 15 auf 25 US-Dollar pro Barrel (zu Beginn des Jahres 2008 wurde erstmals die psychologisch wichtige Marke von 100 Dollar pro Barrel überstiegen, d. Verf.) schon in den Industrieländern zu einer Abschwächung des Wirtschaftswachstums um 0,4 Prozent, während er Öl importierende Entwicklungsländer ungleich härter trifft: Die asiatischen Entwicklungsländer büßen 0,8 Prozent ein, die Länder südlich der Sahara sogar 3,0 Prozent. Die Staatsverschuldung dieser Länder wird wachsen, wie es bereits während der Ölkrise 1973 zu beobachten war, und für große Teile der Bevölkerung wird fossile Energie kaum noch erschwinglich sein.*- Wuppertal Institut für Klima, Umwelt und Energie, Fair Future – Begrenzte Ressourcen und globale Gerechtigkeit, 2. Aufl., München 2005, S.97.

II.3. Geld, Zins und Wirtschaftswachstum[48]

II.3.1. Zielsetzung und Legitimation

II.3.1.1. Wachstum und Kapitalismus

„*Da riß alles Volk sich die goldenen Ohrringe von den Ohren und brachte sie zu Aaron. Und er nahm sie von ihren Händen und bildete das Gold in einer Form und machte ein gegossenes Kalb. Und sie sprachen: Das ist dein Gott, Israel, der dich aus dem Ägyptenland geführt hat! .... Als Mose aber nahe zum Lager kam und das Kalb und das Tanzen sah, entbrannte sein Zorn, und er warf die Tafeln aus der Hand und zerbrach sie unten am Berge ...*"[A]
2. Buch Mose, 32

Warum wirtschaften wir? Die üblichen Antworten sind „Befriedigung der Bedürfnisse", „Erhöhung der Wohlfahrt" etc. Wirtschaftswachstum ist jedoch keineswegs gleichzusetzen mit „Erhöhung der Wohlfahrt". Allenfalls handelt es sich hierbei um einen Indikator für die wirtschaftliche Aktivität, der schwache Anhaltspunkte für das Wohlfahrtsniveau und –wachstum liefern kann (s. die Vertiefungen am Ende des Abschnitts).

Umso kritischer ist die Abhängigkeit der Funktionsfähigkeit des gesamten Wirtschaftssystems von einem permanenten Weiterwachsen der gesamtwirtschaftlichen Aktivität zu sehen. Nachhaltigkeitskonform wäre eine Wirtschaft, die nicht der Notwendigkeit unterliegt, *unabhängig* von der Bedarfssituation fortwährend weiterwachsen zu müssen. Von *Daly* wurde zu Recht betont, dass es sich bei der Problematik der Nutzung der Natur nicht nur um ein Allokationsproblem handelt, wie von der neoklassischen Umwelt- und Ressourcenökonomie postuliert. Vielmehr geht es auch zentral um die Größenordnung des Wirtschaftens („Scale"), um das Ausmaß des Verbrauchs an Ressourcen und Energie, die als niedrigentropischer Input aus der Natur kommen und als hochentropischer Abfall am Ende in der Natur deponiert werden.[49] Die Ökologische Ökonomik betont, dass die Entwicklung der Wirtschaft mittlerweile die Ära hinter sich gelassen hat, in der das anthropogene Kapital der begrenzende Faktor für das wirtschaftliche Wachstum war, und in der eine Ära eingetreten ist, in der das verbleibende Naturkapital den begrenzenden Faktor darstellt.[50]

Den Leser wird angesichts der vorstehenden Ausführungen meine Behauptung nicht verwundern, dass die Institutionalisierung einer nachhaltigen Wirtschaftsordnung radikaler institutioneller Veränderungen bedarf. Wir werden weiter unten einige Ansätze besprechen, denen jedoch das Attribut „radikal" (im ethymologischen Sinne, also das Problem an der Wurzel anpackend) insbesondere den auf „technischen Lösungen" setzenden Konzepten (wie Ökoeffizienz, Faktor Zehn, Dauerhaftigkeit etc.) nicht angeheftet werden kann. Diese besitzen einen strukturkonservativen Charakter, da sie grundsätzlich vom bestehenden, nicht zielführenden Institutionenregime ausgehen und am Wachstumsparadigma festhalten. Die betreffenden Ansätze sind zwar deswegen nicht grundsätzlich abzulehnen – allerdings würde man zu viel von ihnen

---

[A] Der Begriff „Kapitalismus" oder „Kapital" wird etymologisch aus dem lateinischen „caput", (Genitiv „capitis"), also dem „Haupt" abgeleitet. Dabei findet man die Behauptung, dass sich der Begriff ursprünglich auf das Leittier einer Viehherde bezogen habe.

Teil II. Der Prozess: Von der Wiege bis zur Bahre

verlangen, würde man von ihnen *alleine* eine Lösung der Umweltproblematik erwarten. Bei der Umweltproblematik geht es – auch wenn die öffentliche Diskussion einen entgegengesetzten Anschein erweckt – um weitaus mehr als nur um ingenieurwissenschaftliche Fragen, zu denen die Umweltproblematik von den besagten strukturkonservativen Ansätzen zumeist degradiert wird. Der Fehler, ein eigentlich auf der sozialen, wirtschaftlichen und politischen Ebene liegendes Problem mit technischen Mitteln lösen zu wollen, wurde schon einmal im Rahmen der „Grünen Revolution" begangen. Weil aber die Ursache des Problems nicht Probleme bei der Nahrungsmittelproduktion, sondern beim Zugang zu Nahrungsmitteln lagen, musste dieser Ansatz scheitern. Heute hungern mehr Menschen als je zu vor, und die Saat für noch viel größere Katastrophen ist gelegt, da die „Grüne Revolution" erst eine Bevölkerungsentwicklung ermöglichte, welche die Tragfähigkeit der Erde unter Nachhaltigkeitsgesichtspunkten definitiv überfordert (vgl. Kap. I.4.5.). Die hier vertretene Auffassung ist, dass auch die Wachstumsproblematik viel mit Kapitalismus zu tun hat. Das kapitalistische Wirtschaftssystem bedeutet nicht nur Raubbau am Menschen, sondern auch an den natürlichen Lebensgrundlagen. Wenn hier von „Kapitalismus" gesprochen wird, besteht in schlechter *Marx'*scher Tradition die Gefahr, dass „Marktwirtschaft" und „Kapitalismus" in einen Topf geworfen werden. Tatsächlich haben die Wirtschaftswissenschaften in ihrer derzeit praktizierten Form wenig dazu beigetragen, Genotypus und Phänotypus des Kapitalismus unterscheidbar zu machen. Bezüglich der Kapitalismusanalyse hängen Neoklassik und Marxismus ein und demselben Paradigma an (welches das Phänomen „Kapitalismus" undifferenziert mit dem Eigentum an den Produktionsmitteln und mit „Marktwirtschaft" verknüpft[A]); von beiden Seiten wurden viele dicke Bücher über das Phänomen „Kapitalismus" produziert, ohne dieses auch nur ansatzweise zu durchdringen.[B] Marktwirtschaft und Kapitalismus sind tatsächlich historisch zusammengewachsen, als Idealtypen aber scharf zu trennen (s. unten). Indessen vertraut sich unsere – an der Krankheit des Kapitalismus leidende - Gesellschaft ökonomischen Schamanen im Gewande des Hohenpriestertums (heutzutage „Wissenschaftler" genannt) an. Es verhält sich wie mit einem bedauernswerten Patienten, der sich in die Hand eines Arztes[C] begibt, der noch nicht einmal analytisch in der Lage ist, das Krebsgeschwür vom eigentlichen Patienten zu unterscheiden (beide sind schließlich zusammengewachsen!) - geschweige denn die beiden operativ zu voneinander zu trennen. Tatsächlich stellt das vorherrschende (neoklassische bzw. *Marx'*sche) Verständnis von Kapitalismus im Lichte der historischen Sozialkritiken eher einen jungen Wegzweig (richtiger: eine Sackgasse[D]) dar; seit Urzeiten gab es breite Strömungen, die ein vollkommen anderes Verständnis von „Kapitalismus" an den Tag legten. Diese – schon auf die Bibel zurückgehende Kritik wurde u.a. von *Johannsen*, *Proudhon* und *Gesell* wieder aufgegriffen.[51] Obwohl die Probleme des Kapitalismus dringlicher und vielschichtiger

---

[A] Weitere entscheidende Punkte sind die Rolle des Geldes und die fehlende Unterscheidung zwischen „Produktionsrahmen" und „Schöpfungsrahmen".

[B] Eine Spur von Analyse findet man im dritten Band des „Kapitals", das aber bezeichnenderweise nicht von *Marx*, sondern von dessen Sponsor *Engels* geschrieben sein dürfte.- Vgl. H. von Berg, Marxismus-Leninismus – das Elend der halb deutschen und halb russischen Ideologie, Köln 1986.

[C] Das Bild vom Arzt ist angesichts der Wurzeln der modernen Makroökonomik (Quesnay) nicht so verfehlt, wie es zunächst erscheinen mag.

[D] Wenn alte Sozialdemokraten auf einmal – am Ende der Sackgasse angelangt – sich für Hedgefonds und „Heuschrecken" zu interessieren beginnen, wird das marxistische und sozialdemokratische Theorienvakuum offenbar.

Teil II. Der Prozess: Von der Wiege bis zur Bahre

sind als je zuvor, ist diese Kritik bezeichnenderweise heutzutage weder in der Wissenschaft noch in der Politik ein Thema.

Wir hatten schon in Kap. I.2.3.3. die Kritik an unserer Wirtschaftsordnung – sofern sie den Vorstellungen der Property rights-Theoretiker folgt - an den Optionen in Feld (1) / Tabelle 2 aufgehängt. Geld ist die universellste und – zusammen mit Boden – die wichtigste dieser Optionen. Geld gewährt seinem Besitzer eine universelle Option auf das Sozialprodukt und – hier möglicherweise noch wichtiger: auf die Umschichtung seines Vermögens. Dementsprechend wollen wir nun die geldwirtschaftliche Seite des „Kapitalismus" noch vertiefter analysieren. Es geht um die Implikationen der Zinswirtschaft für die Nachhaltigkeitspolitik (wobei unter „Zins" nicht nur, und das sei fünffach unterstrichen, der Geld-, sondern auch der Sachkapitalzins zu subsumieren ist[A]). Wir wollen dabei mit *Silvio Gesell* [52] einem viel älteren Zweig der Kapitalismuskritik als dem Marxismus weiter folgen. Kapitalismus stellt sich – bezogen auf die Geldwirtschaft in Feld (2) / Tabelle 2: die Sphäre der Produktion - als ein Marktverhältnis dar, in dem das Angebot im Verhältnis zur Nachfrage (nach Leihgeld und Sachgut / Realkapital) institutionell knapp gehalten wird und dadurch den Zins erzwingt. *„Nicht die Existenz eines Gutes oder die an ihm klebenden Besitztitel werfen das Plus ab, sondern die Seltenheit in Verbindung mit der Nachfrage – Knappheit genannt."* [53] Institutionell knapp gehalten wird das Angebot deswegen, weil der Zins (verstanden als Geld- und Sachkapitalzinssatz), einen bestimmten Mindestsatz, den *Keynes* (ein Name, auf den sogar manch ein Ordinarius der VWL in der Sekundärliteratur einmal gestoßen sein soll – den Wenigsten dieser Forscher ist jedoch bekannt, dass *Keynes* und *Gesells* Kapitalismusanalyse in weiten Teilen übereinstimmen[B]) als *„Liquiditätsprämie des Geldes"* [54] bezeichnet hat, in der heutigen Geldverfassung nicht nachhaltig unterschreiten kann. Die Zusammenhänge werden unten eingehend erläutert. Zu betonen ist aber schon an dieser Stelle, dass Kapitalismus nach dem hier zugrunde gelegten Verständnis auch (nicht nur!) mit unserem Geldwesen zusammen hängt und nicht etwa (wie *Marx* meinte) eine zwei- bis dreihundert, sondern eine mehrere tausend Jahre alte Geißel der Menschheit ist.

Vor dem Hintergrund dieses Verständnisses von Kapitalismus kann auch die eingangs gestellte (anscheinend banale) Frage beantwortet werden, warum wir wirtschaften. Die traditionellen Antworten auf diese Frage verwechseln – charakteristisch für die neoklassische Ökonomie - den Ist- mit dem Sollzustand. Nach Auffassung der Utilitaristen sollte der eigentliche Zweck des Wirtschaftens der Konsum (Befriedigung der Konsumbedürfnisse) sein. Die Investition (wie auch Ersparnis) ist dabei letztendlich Mittel zur Erreichung dieses Zweckes. Die Kapitalsphäre (Investitions- und Finanzierungssphäre) hätte dann nur eine dienende Funktion, sie wäre nur ein Mittel zum Zweck. Wie verhält es sich aber in der Realität? Zur Beantwortung dieser Frage folge man dem Strom des Geldes: Geld stellt sich nur für Investitionen zur Verfügung, wenn damit eine hinreichende Rendite (mindestens in Höhe des landesüblichen Zinsfußes zuzüglich einer entsprechenden Risikoprämie) erwirtschaftet werden kann. *Der eigentliche Sinn des Wirtschaftens im Kapitalismus ist das Rentabilitätsprinzip, der moderne Tanz um das „goldene Kalb".* Was die Forderungen des Geldkapitals nicht erfüllen kann, hat im Kapitalismus kein Geburtsrecht, sei es auch vom Standpunkt der Bedarfsdeckung (und Ökologie) noch so sinnvoll. Die Sphäre von Investition und Ersparnis hat sich (als Akkumulationssphäre) verselbständigt; der ur-

---

[A] In den Worten von Keynes: Die „Grenzleistungsfähigkeit des Kapitals".

[B] Um dies festzustellen, müsste man die Originalliteratur lesen.

Teil II. Der Prozess: Von der Wiege bis zur Bahre

sprüngliche Zweck des Wirtschaftens ist aus dem Blick geraten. *Die kapitalistische Pervertierung des marktwirtschaftlichen Systems äußert sich darin, dass der Konsum ein Mittel zum Zweck darstellt: Nämlich die Renditeforderungen der Kapitalanleger zu befriedigen.* Im Kapitalismus geht es daher nicht um die Befriedigung der Bedürfnisse der Konsumenten, sondern derjenigen der Rentiers. Im kapitalistischen System ist Wirtschaften zur puren Renditejagd verkommen. Mit der Fixierung auf die Rendite geht auch die Überhöhung des Leitwertes der „Effizienz" (v.a. in Gestalt der Zeiteffizienz mit ihrer charakteristischen Kurzfristorientierung) einher. Auf die Ausführungen in Kap. I.2.3.4. sei in diesem Zusammenhang noch einmal hingewiesen.

Diese Tatsachen, die tagtäglich bei verständiger Durchsicht der Wirtschaftspresse entnommen werden können, hindert die Standardökonomie jedoch nicht daran, die Mär von der Befriedigung der Konsumbedürfnisse den Studierenden in ihren Lehrbüchern ein übers andere Semester neu aufzutischen – in Anbetracht der Fakten sollten sich ebendiese Studierenden in ihrer Intelligenz beleidigt fühlen.

Wirtschaft und Umwelt sind allerdings per se keine unvereinbaren Gegensätze. Die Wörter „Ökonomie" und „Ökologie" haben nicht zufällig denselben ethymologischen Ursprung: Sie stammen vom griechischen „Oikos", was soviel wie „Haus" bedeutet. In beiden Bedeutungen geht es um „Haushalten", d.h. um einen wirtschaftlichen und verantwortungsvollen Umgang mit knappen Ressourcen.

Tatsächlich trägt aber der Siegeszug der „Chrematistik" (*Aristoteles*), die verselbständigte Akkumulationssphäre, die Verkehrung von Mittel und Zweck maßgeblich dazu bei, dass Ökonomie und Ökologie sich immer stärker aneinander stoßen. Eine ausschlaggebende Rolle hierbei spielt die Wachstumsproblematik. Die (ideologische) Begründung für das permanente Wachstum wird von der Neoklassik zwar konsistent aus dem Konsumbereich mit der „Unersättlichkeit der Bedürfnisse" abgeleitet – ein Blick in die Realität der Marketingabteilungen von Unternehmen zeigt jedoch, wie angesichts weitgehend gesättigter Märkte (in den Industrieländern) versucht wird, Bedürfnisse immer wieder neu zu wecken und zu manipulieren, um über den Absatz die von den Anteilseignern geforderte Rendite zu generieren (Sphäre Investition – Ersparnis). Die Abbildung zeigt den exponentiellen Wachstumsverlauf auf. Preisbereinigt würde der Trend flacher verlaufen, aber dennoch ein leichter Exponentialtrend ersichtlich sein.

Teil II. Der Prozess: Von der Wiege bis zur Bahre

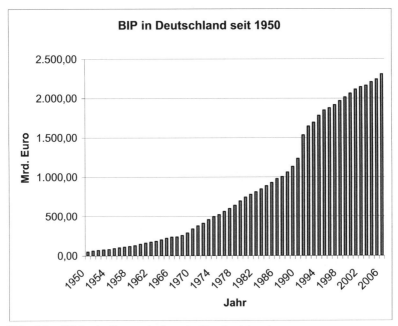

Abb. 21: **Wirtschaftswachstum in Deutschland**
(Quelle: Eigene Darstellung, Daten: Bruttoinlandsprodukt, nicht preisbereinigt, seit 1991 Deutschland, vorher Westdeutschland. Datenquelle: Statistisches Bundesamt, Statistisches Jahrbuch 2007, Wiesbaden 2007, S. 634-635).

Die Wachstumsdynamik in unserer real existierenden Wirtschaftsordnung wurde bereits in Meadows´ „Grenzen des Wachstums"[55] (incl. der folgenden „Updates") und der von der US-Regierung in Auftrag gegebenen Studie „Global 2000"[56] thematisiert. Wenngleich die Methodik der betreffenden Studien zu Recht kritisiert wurde: Das Denken in Kategorien eines „Raumschiffs Erde" wurde bekräftigt[57]; mehr und mehr kam in das öffentliche Bewusstsein, dass hinsichtlich der begrenzt oder nicht vermehrbaren Ressourcen dieses Raumschiffes eben kein vernünftiges Haushalten stattfindet.

Dennoch: Ökonomen stellen sich mehrheitlich auf einen wachstumsfreundlichen Standpunkt. „Wachstum muss sein." Diese apodiktische Aussage wurde dem Verfasser dieses Buches wiederholt von Vertretern der Ökonomenzunft im wiedergegebenen Wortlaut entgegengehalten. Wir werden unten darstellen, dass unter den heute gegebenen Umständen tatsächlich Wirtschaft wie Gesellschaft mit ernsten Problemen konfrontiert werden, wenn das Wirtschaftswachstum zu gering ist. Unsere Wirtschaft ist auf exponentielles Wachstum angewiesen. Andererseits drohen verheerende Konsequenzen für Naturhaushalt und Ressourceninanspruchnahme, wenn „nach einer allgemein akzeptierten Lehre (ein Wachstum des BSP) um jährlich mindestens 3 % eine notwendige Voraussetzung für die Funktionsfähigkeit der freien Wirtschaft, speziell für Vollbeschäftigung ist. Denn das bedeutet Verdopplung in 23,5 Jahren, also Anwachsen auf das Tausendfache in 235 Jahren (weil zehnmalige Verdopplung den Faktor 1024 ergibt) und auf das Millionenfache in 470 Jahren (weitere zehnmalige Verdopplung) und so weiter mit logisch unbegrenzter Fortsetzung, aber faktisch unausbleiblicher Katastrophe. Diese (...) faktisch absurde Konsequenz stellte sich in allen Volkswirtschaften immer wieder als ein Zusammenbruch von Währung und Wirtschaft ein und gegenwärtig droht sie sich durch Ausbeutung und Zerstörung zu einer Menschheitskatastrophe auszuwachsen." [58]

Wir werden zunächst darstellen, dass mit Wirtschaftswachstum nicht ohne Weiteres ein Wohlstandswachstum verbunden ist. Es soll sodann dargelegt werden, warum das Wachstumsphänomen eng mit der Kapitalismusproblematik verbunden und nur mit ihr zusammen lösbar ist: Ohne ausreichendes Wachstum kommt es im kapitalistischen System, wie zu zeigen ist, unmittelbar zur wirtschaftlichen und sozialen Katastrophe. Mit Wachstum hat die Katastrophe einen anderen Charakter: Sie betrifft die Ökologie und tritt schleichend zu Tage. Das gegenwärtige kapitalistische System lässt uns also zwischen Pest (ökonomische / soziale Krise) und Cholera (ökologische Katastrophe) entscheiden.

Dennoch gibt es Auswege – aber eben nicht im Kapitalismus. Wir werden diese Auswege skizzieren und hoffentlich einen Eindruck davon vermitteln, dass diese zumindest diskussionswürdig sind. Es gibt jedoch auch große Widerstände gegen soziale Fortschritte. Der m.E. größte Feind des Fortschritts ist noch nicht einmal in Lobbyisten zu sehen, sondern in den Denkblockaden der Gurus des neoliberalen Dogmas. Diese verweigern sich bislang auch nur der Diskussion ernstzunehmender Alternativen.

II.3.1.2. Wachstum und Wohlfahrt

In den Medien wird ein Anstieg des „Sozialproduktes" immer wieder synonym mit einem Wachstum des gesellschaftlichen Wohlstandes gesetzt und entsprechend begrüßt. Wir wollen nachfolgend zunächst einmal diskutieren, inwieweit diese Gleichsetzung gerechtfertigt ist. Bevor wir auf diese Frage eingehen, muss erst einmal Klarheit über die Begrifflichkeiten und Instrumentarien hergestellt werden. Es ist Aufgabe der Volkswirtschaftlichen Gesamtrechnung (VGR), das Volkseinkommen in seiner Entstehung und Verwendung abzubilden. Dies geschieht, indem sie zunächst die Produktion sämtlicher Sektoren erfasst und den Gesamtbetrag dann um die Anteile reduziert, die nur Vorleistungen bzw. Vorprodukte für die eigentlichen Endprodukte darstellen. Auf diese Weise errechnet sich das Bruttosozialprodukt bzw. das Bruttonationalprodukt (s. „Hinweis" unten). Das Nettosozialprodukt bzw. Nettonationalprodukt (s. „Hinweis" unten) kann daraus abgeleitet werden, indem zusätzlich die Abschreibungen auf die im Produktionsprozess genutzten Anlagen von der Wertschöpfung abgezogen werden. Diese Abschreibungen erfolgen, weil ein realistisches Bild des langfristig erzielbaren Einkommens gezeichnet werden soll.[59]

> **Hinweis: Bruttosozialprodukt / Bruttonationaleinkommen**
> Mit dem *Bruttonationaleinkommen* (BNE - auch *Bruttosozialprodukt*; englisch GNI - Gross national income) wird in der Volkswirtschaftlichen Gesamtrechnung ein Maß für die erbrachte wirtschaftliche Leistung der Inländer einer Volkswirtschaft (in Geldeinheiten) bezeichnet. Es umfasst die Summe des Wertes aller von den ständigen Bewohnern eines Staates innerhalb einer bestimmten Periode (meist ein Jahr) erzeugten und statistisch erfassten Waren und Dienstleistungen (aber abzüglich der Vorleistungen). Man unterscheidet bei der statisti-

Teil II. Der Prozess: Von der Wiege bis zur Bahre

schen Erfassung zwischen dem Inlands- und dem Inländerkonzept. Das BNE beruht auf dem Inländerkonzept. Damit werden also die Personen erfasst, welche die betreffenden Leistungen erbrachten – es wird hingegen nicht der Ort betrachtet, an dem die Leistung erbracht wurde (Inlandskonzept). Die Bewertung erfolgt zu Marktpreisen, d.h. einschließlich der Gütersteuern (Produktions- und Importabgaben) und abzüglich der Subventionen. Bei der Erfassung von der Verwendungsseite her werden alle Waren und Dienstleistungen berücksichtigt, unabhängig von ihrer letzten Verwendung (privater und öffentlicher Konsum, Produktion, Investitionen, Export). Berechnet wird das Bruttonationaleinkommen, indem man vom Bruttoinlandsprodukt die Erwerbs- und Vermögenseinkommen abzieht, die an das Ausland geflossen sind, und im Gegenzug die aus dem Ausland empfangenen Einkommen addiert:

Bruttoinlandsprodukt
- an die übrige Welt gezahlte Einkommen
+ aus der übrigen Welt empfangene Einkommen
= Bruttonationaleinkommen

Die Bezeichnung „Bruttosozialprodukt" (BSP) wurde im Jahre 1999 im Zuge der Einführung des Europäischen Systems Volkswirtschaftlicher Gesamtrechnungen für Zwecke der amtlichen Statistik durch den Begriff „Bruttonationaleinkommen" ersetzt. War das Bruttosozialprodukt früher der Hauptmaßstab zum Vergleich von Volkswirtschaften, verwendet man heute zu diesem Zweck meist das Bruttoinlandsprodukt.

Hinweis: Nettosozialprodukt / Nettonationaleinkommen / Volkseinkommen
Das Nettonationaleinkommen (auch: Nettosozialprodukt) dient als Indikator für das Einkommen einer Volkswirtschaft (zum Begriff des Einkommens vgl. unten ausführlicher). Es wird (ähnlich wie beim Inlandsprodukt) zwischen dem Nettonationaleinkommen zu Marktpreisen und dem Nettonationaleinkommen zu Faktorkosten unterschieden. Das Nettonationaleinkommen zu Marktpreisen (auch Primäreinkommen) wird aus dem ebenfalls mit Marktpreisen bewerteten Bruttonationaleinkommen durch Abzug der Abschreibungen errechnet. Alternativ kann die Ermittlung aus dem Nettoinlandsprodukt zu Marktpreisen erfolgen, indem der Saldo der Erwerbs- und Vermögenseinkommen addiert wird, die an das Ausland gezahlt bzw. aus dem Ausland bezogen werden. Das Nettonationaleinkommen zu Faktorkosten (= Herstellungskosten) errechnet sich aus dem Nettonationaleinkommen zu Marktpreisen durch Subtraktion der Gütersteuern (Produktions- und Importabgaben) und Addition der Subventionen oder aus dem Nettoinlandsprodukt zu Faktorkosten wieder durch Addition des Saldos der Erwerbs- und Vermögenseinkommen und wird auch Volkseinkommen genannt.

Hinweis: Ermittlung des Nationalprodukts
Um die o.g. Größen zu berechnen, werden dreierlei Verfahren herangezogen:
- *Entstehungsrechnung:* Die Entstehungsrechnung geht vom Bruttoproduktionswert aus, d.h. von der Summe des Wertes aller in einer Volkswirtschaft (von In- und Ausländern) produzierten Güter (Waren und Dienstleistungen). Von ihr wird der Wert der Vorleistungen subtrahiert (d.h. der Wert derjenigen Güter, die im Jahr ihrer Entstehung wieder im Produktionsprozess eingesetzt werden). Das Resultat ist die Bruttowertschöpfung. Durch die Addition der Gütersteuern (Produktions- und Importabgaben) und Subtraktion der

> Subventionen erhält man das Bruttoinlandsprodukt. Abzüglich der Einkommen der Ausländer im Inland und zuzüglich der Einkommen der Inländer im Ausland kommt man zum Bruttonationaleinkommen. Die Subtraktion der Abschreibungen führt zum Nettonationaleinkommen zu Marktpreisen (Primäreinkommen). Der Abzug der Gütersteuern und die Addition der Subventionen ergibt schließlich das Volkseinkommen oder Nettonationaleinkommen zu Faktorkosten.
> - *Verwendungsrechnung:* Das Bruttoinlandsprodukt wird als Summe aller Beträge ermittelt, die für Konsum und Investition ausgegeben wurden, zuzüglich der Exporte abzüglich der Importe. Zieht man die Einkommen der Ausländer im Inland ab und addiert die Einkommen der Inländer im Ausland hinzu, erhält man das Bruttonationaleinkommen. Der Abzug der Abschreibungen führt zum Nettonationaleinkommen zu Marktpreisen. Reduziert man dieses um die Gütersteuern (Produktions- und Importabgaben) und erhöht es um die Subventionen, erhält man das Volkseinkommen oder Nettonationaleinkommen zu Faktorkosten.
> - *Verteilungsrechnung:* Die Summe aller im Inland (auch von Ausländern) erwirtschafteten Einkommen ergibt das Nettoinlandsprodukt zu Faktorkosten. Der Abzug der Einkommen der Ausländer im Inland und die Addition der Einkommen der Inländer im Ausland ergibt das Nettosozialprodukt zu Faktorkosten oder Volkseinkommen.

Es ist sinnvoll, vom Begriff des „Einkommens" auszugehen, um die zu Beginn des Abschnitts gestellte Frage zu beantworten, was das „Sozialprodukt" mit der Wohlfahrt zu tun hat. Wie in den obigen Erläuterungen zum NNE angeführt, soll dieses als Indikator für das Einkommen einer Volkswirtschaft dienen. Bezüglich des Verständnisses von Einkommen stehen sich zwei rivalisierende Deutungen gegenüber:
- Das *Hick'sche* Einkommenskonzept fragt danach, über welchen Anteil der gesamten Güter und Dienstleistungen eine Person (individuelles Einkommen) bzw. eine Volkswirtschaft disponieren kann, ohne ärmer zu werden.[60] Begreift man das Einkommen derart, so werden lediglich die Ersatzinvestitionen bzw. diejenigen Beträge aus dem Einkommensbegriff ausgenommen, die für Ersatzinvestitionen zur Seite gelegt werden müssen. Dies würde dem NNE im Schema der Tabelle 19 und demjenigen Verständnis entsprechen, das sich unter den zeitgenössischen Ökonomen durchgesetzt hat.
- Nach dem auf *Fisher* beruhenden Einkommenskonzept ist unter Einkommen nur das zu verstehen, was für den Konsum verfügbar ist.[61] Anders als im rivalisierenden Konzept würden somit die Nettoinvestitionen aus dem Einkommensbegriff ausgeschlossen.

Die beiden konkurrierenden Konzeptionen unterscheiden sich also in der Beurteilung der Nettoinvestitionen, also derjenigen Investitionen, die den Kapitalbestand in jeder Periode über denjenigen der letzten Periode hinaus erhöhen. Die betreffende Unterscheidung wird bei der Diskussion über die Quellen und die Bedeutung von Wachstum noch einmal relevant werden.

Einvernehmen besteht jedoch mit Blick auf die rivalisierenden Konzepte dahingehend, dass als Einkommen nicht diejenigen Bestandteile der produzierten Güter und Dienstleistungen gezählt werden dürfen, die nicht für die Konsumtion zur Verfügung stehen und deren Nutzung das Individuum oder die Gemeinschaft ärmer machen würde. Insoweit kann die Nachhaltigkeit, also die *Pflege der Einkommensquelle* als

Teil II. Der Prozess: Von der Wiege bis zur Bahre

ein konstitutives Merkmal des Einkommensbegriffes verstanden werden.[62] Dementsprechend ist es zwischen den rivalisierenden Konzeptionen auch nicht strittig, dass Abschreibungen bzw. Ersatzinvestitionen zur Erhaltung des anthropogenen Kapitalstocks benötigt werden und daher keine Einkommenskomponenten sind.

Die herkömmliche Wirtschaftswissenschaft ist jedoch auf den anthropogenen Kapitalstock fixiert. Die Einbeziehung externer Effekte bzw. die Berücksichtigung des Naturkapitals würde es jedoch erforderlich machen, auch für dessen Regeneration Sorge zu tragen. In dem Augenblick, in dem Eigentumsrechte am Naturkapital definiert werden (unabhängig davon, ob diese Eigentumsrechte Privaten oder der Gemeinschaft zugesprochen werden), findet auch eine ökonomische Inwertsetzung statt, mittels der „automatisch" eine Einbeziehung in das ökonomische Kalkül geschieht. Soweit Eigentumsrechte jedoch noch nicht definiert sind (Feld (5) / Tabelle 2), wird der Verlust an Naturkapital durch die volkswirtschaftliche Gesamtrechnung nicht erfasst. Die Kritik an der Verwendung von BNE bzw. NNE als Wohlfahrtsindikator muss aber noch viel weiter reichen.[63] So existieren Leistungen, die zwar die Wohlfahrt erhöhen, aber nicht in das BNE eingehen und umgekehrt. Die nachstehende Tabelle versucht, exemplarisch darzustellen, warum das BNE nicht als Wohlstandsindikator taugt.

	Wohlfahrtssteigernd	**Wohlfahrtsmindernd**
In das BNE einbezogen	z.B. „gesunde" Nahrungsmittel	z.B. defensive Aufwendungen (Polizei), Arztbesuche im Gefolge von Umwelt- und Gesundheitsschäden. *Erhöhen aber das BNE!*
Nicht in das BNE einbezogen	z.B. unbezahlte Hausarbeit, freiwillige soziale Leistungen, positive externe Effekte der Produktion *Erhöhen nicht das BNE!*	z.B. Abschreibungen am Naturkapital (Feld (5)), Gesichtspunkte der Verteilung (!), negative Externe Effekte der Produktion *Mindern nicht das BNE!*

Tab. 18: **Beispiele für die Unzulänglichkeit des BNE als Wohlstandsindikator**
(Quelle: Eigene Darstellung)

So erzählen die „Erfolgsgeschichten" vieler Entwicklungs- und Schwellenländer oft nur die Geschichte des BNE und damit die halbe Wahrheit. *„Die jährlichen wirtschaftlichen Kosten von Umweltschäden im Gefolge von Wirtschaftswachstum wurden für die 1990 er Jahre immerhin auf die Größenordnung von 13 Prozent des chinesischen Inlandsprodukts geschätzt. Jahr für Jahr wäre dann die Einbuße an Natur größer als der Zuwachs des Wirtschaftsprodukts!"* [64]

Man könnte daran denken, das BNE durch die anderen in der obigen Tabelle enthaltenen Größen zu vervollständigen, um zu einem aussagefähigen Wohlstandsindikator zu gelangen. Problematisch ist allerdings, dass sehr viele der nicht in das BNE einbezogenen Größen eine Bewertung voraussetzen. Bewertungen und Werte bezeichnen immer ein Subjekt-Objekt-Verhältnis, Werte sind niemals objektiv (es gibt

Teil II. Der Prozess: Von der Wiege bis zur Bahre

allenfalls typisierte subjektive Werte).[A] Der Wert unbezahlter Hausarbeit beispielsweise vermag von verschiedenen Individuen unterschiedlich hoch eingeschätzt werden. Abschreibungen auf das Naturkapital (als Kategorie des „Schöpfungsrahmens") implizieren eine Bewertung der Totalität des Naturkapitals, was wiederum unterstellt, dass das Naturkapital in seiner Gesamtheit ersetzbar ist – eine unsinnige Annahme (auf die Ausführungen in Kap. I.2.1.1. sei noch einmal verwiesen). Das Naturvermögen ist in seiner Gesamtheit weder „inventarisierbar" noch bewertbar; ebenso wenig kann der Verbrauch des Naturvermögens bewertet werden.[B] Schließlich repräsentieren die in der obigen Tabelle skizzierten Nutzen- und Kostenaspekte auch unterschiedliche Leitwerte (z.B. unbezahlte Arbeit: Koexistenz, Polizei neben weiteren defensiven Ausgaben: Sicherheit etc.), die teilweise in einem harmonischen, teilweise in einem neutralen, teilweise aber auch in einem konfliktären Verhältnis zueinander stehen (z.B. mehr Geld für die Polizei und weniger für Soziales vermag möglicherweise den sozialen Frieden zu gefährden). Die Ausprägung der jeweiligen Leitwerte und ihr Verhältnis zueinander beeinflusst jedoch auch die Wohlfahrt. Die Aggregation der verschiedenen Aspekte in eine einzige Größe ignoriert aber diese Aspekte.

Das BNE hingegen hat demgegenüber zwar zweifellos nur eine beschränkte Aussagekraft, ist aber wenigstens frei von bewertungsbedingten Unsicherheiten und gut objektivierbar. Insgesamt erscheint die Forderung nach Ergänzung des BNE zwar nachvollziehbar, aber kaum im Rahmen einer wirtschaftlich sinnvollen Konzeption durchführbar.[C] Dementsprechend wollen wir dafür plädieren, das BNE zwar weiter zu gebrauchen, aber gleichzeitig auf die Grenzen des Maßes hinzuweisen. Sinnvoll zu gebrauchen ist das BNE als Maß für das Niveau der wirtschaftlichen Aktivität (wobei es selbst hier wegen schattenwirtschaftlicher Aktivitäten etc. mangelhaft ist), aber eben nicht als Indikator für den Wohlstand einer Volkswirtschaft. Dementsprechend kann das BNE mit Einschränkungen als Maß für die Größenordnung des Wirtschaftens („Scale", s. unten) herangezogen werden.[D]

[A] Diese Erkenntnis hat sich u.a. mittlerweile in der betriebswirtschaftlichen Lehre von der Unternehmensbewertung durchgesetzt.

[B] In Wiederholung der Argumente in Kap. I.2.1.1. noch weitere wichtige Argumente, warum der Naturkapitalstock nicht bewertbar ist:

- Die Nutzenströme, die heutigen und künftigen Generationen aus den Naturressourcen zufließen, sind in ihrer Vollständigkeit unbekannt;

- Teilweise sind keine Eigentumsrechte definiert, so dass nicht klar ist, wem die zukünftigen Nutzen überhaupt zufließen. Eine Bewertung beschreibt immer eine konkrete Subjekt (Bewerter) – Objekt (zu bewertendes Objekt) – Relation. Ist nicht klar, wer das Bewertungssubjekt ist oder fließen die Nutzen diffus verschiedenen Subjekten zu, lässt sich eine Bewertung nicht sinnvoll durchführen.

- Eine Bewertung setzt immer einen Vergleich (mit einer nächstbesten Investitionsalternative) voraus, dieser Vergleich aber eine Ersetzbarkeit einer Ressource durch eine andere Ressource impliziert. Der Vergleich ist häufig schwer zu finden oder nicht statthaft.

- Etc. etc.

[C] Ähnlich auch R. Costanza et. al., Einführung in die Ökologische Ökonomik, Stuttgart 2001, S. 141.- Dies gilt auch für die von Costanza et al. gelobte Konzeption von El Serafy, bei dem u.a. die Wahl des Diskontierungssatzes im Dunkeln bleibt. S. El Serafy, The proper calculation of income from deplate natural ressources, in: E. Lutz / S. El Serafy (Hrsg.): Environmental and resource accounting and their relevance to the measurement of sustainable income, Washington, DC (World Bank) 1988.

[D] Vgl. auch R. Costanza et. al., Einführung in die Ökologische Ökonomik, a.a.O., S. 97.- Der Begriff „Scale" darf dabei nicht mit Größenvorteilen („Economics of Scale") verwechselt werden. Die Economics of scale beziehen sich auf Effizienzsteigerungen aufgrund von Änderungen der Betriebsgröße bzw. der Produktionsmenge in einem Unternehmen oder Wirtschaftszweig.

Teil II. Der Prozess: Von der Wiege bis zur Bahre

Der Begriff „Wohlfahrt" sollte eigentlich eine Aussage über die Befindlichkeit des sozialökonomischen Systems treffen. Dieses System ist jedoch mehrdimensional: Sämtliche Leitwerte müssen in zufriedenstellender Weise befriedigt werden (vgl. Kap. I.1.2.), damit das Überleben des Systems nicht gefährdet wird. Verschiedene Kennzahlen versuchen, die Eindimensionalität der nur ökonomischen Betrachtung zu überwinden, indem sie die unterschiedlichen Aspekte in einen Index integrieren.

> **Beispiel: Human development index (HDI) der Vereinten Nationen**[65]
> Der zur Zeit wohl gängigste Wohlstandsindikator ist der HDI. Mit diesem Indikator wird versucht, qualitative Wohlstandsmaße wie die Lebenserwartung, die Verbreitung von Wissen und den materiellen Lebensstandard in einem Indikator zusammenfassend abzubilden. Kritisch muss angemerkt werden, dass die Gewichtung der einzelnen Bestandteile subjektiv erfolgt – von einem „objektiven", ohne Weiteres intersubjektiv vergleichbaren Maß kann also nicht gesprochen werden. Der Index lag in 2006 zwischen 0,31 (Niger, Sierra Leone) und 0,96 (Norwegen, Australien, Schweden). Die Bundesrepublik Deutschland belegte mit einem Wert von 0,932 Platz 21 von 177 untersuchten Ländern.

Das Problem: *„In der Zusammenfassung unterschiedlicher Aspekte zu einem Index können sich leicht erhebliche Defizite in einigen Sektoren verstecken, die in Wirklichkeit die 'Gesundheit' des Gesamtsystems ernstlich gefährden. Und Gesamtkennzahlen werden erst recht fragwürdig, wenn bei ihnen Äpfel und Birnen zusammengefasst werden müssen (wie im HDI), das heißt Aspekte, die nicht in gleichen Einheiten (wie Geldflüsse) gemessen werden können. Warum dann aber nicht gleich mehrere separate Indikatoren verwenden?"* [66] Der Grund, warum dieser Vergleich von Äpfeln mit Birnen vorgenommen wird (der im Übrigen auch niemals die in jedem System unterschiedlichen Beziehungen zwischen den Orientoren erfassen kann), ist die Hoffnung, so Vergleichbarkeit herzustellen.

> **Hinweis: Weitere Versuche zur Ermittlung von (mehrdimensionalen) Wohlfahrtsgrößen**
> Es gibt eine Reihe von weiteren Versuchen, Wohlstandsindikatoren zu kreieren. Letztlich laufen diese Versuche auf zwei Grundkonzeptionen hinaus:
> - Die „fehlenden" Positionen werden monetarisiert und dem BNE aus der volkswirtschaftlichen Gesamtrechnung hinzuaddiert (s. die Beispiele in Tabelle 18, die aber alles andere als vollständig sind). Am Ende erhält man ein einheitliches Maß.
> So bestand bei der Entwicklung der „Umweltökonomischen Gesamtrechnung" (UGR) ursprünglich die Absicht, zu einem „Ökosozialprodukt" zu gelangen. Dieses sollte ein einziges und damit (intertemporal wie – möglicherweise zu späteren Zeitpunkten auch zwischen verschiedenen Ländern) vergleichbares Wohlfahrtsmaß darstellen. Aus methodischen Gründen wurde jedoch von diesem Vorhaben mittlerweile abgelassen.[67] An die Stelle eines einzigen „Ökosozialproduktes" treten mittlerweile modulare Ergebnisse von Simulationsrechnungen. Dennoch ergeben sich auch hierbei noch Bewertungsprobleme hinsichtlich bestimmter wohlfahrtsrelevanter Komponenten (z.B. hypothetische Vermeidungskosten). Das Problem der Gewichtung der verschiedenen Aspekte zur Erstellung eines einheitlichen Maßes ist allerdings entschärft.

Teil II. Der Prozess: Von der Wiege bis zur Bahre

> In ähnliche methodische Fallstricke wie die Erschaffer des „Ökosozialproduktes" verfängt sich z.B. auch der – mancherorts immer noch populäre - „Measure of economic welfare" (MEW) von *Nordhaus* und *Tobin* (1972).[68] Es entstehen bewertungsmethodische Probleme, wie sie in Kap. I.2.1.1. behandelt wurden. Wenn bestimmte Maße, die die Autoren für wohlfahrtsrelevant halten, selektiert, gewichtet und in einen einheitlichen Wert transformiert werden, gaukeln die betreffenden Berechnungen eine Objektivität vor, die tatsächlich nicht vorhanden ist.
> - Die Alternative: Wegen der besagten Bewertungsprobleme wird bewusst darauf verzichtet, die wohlfahrtsrelevanten Aspekte zu monetarisieren. Stattdessen wird das Aktivitätsmaß „Sozialprodukt" durch eine Reihe anderer Indikatoren (ein „Satellitensystem"). Diese Idee ist uralt und wurde schon mit dem Konzept der „Sozialindikatoren"[69] diskutiert und exerziert.
> Bedenklich ist es, wenn die betreffenden Indikatoren in einen einzigen Wert „verschmolzen" werden, wie es beim „Index of sustainable economic welfare" (ISEW) geschieht.[70] Problematisch hierbei ist u.a., dass die Ersteller des Index ihre Wertvorstellungen über Gewichtungen der diversen Indikatoren für „allgemeinverbindlich" erklären. Besagter ISEW ist u.a. deshalb von Interesse, weil er als Beleg für die sog. „Schwellenhypothese" herangezogen wird, nach der ab einem bestimmten Schwellenwert die Kosten des zusätzlichen Wachstums dessen Nutzen übersteigen. *„Der ISEW, der sowohl die Kosten als auch den Nutzen des Wachstums besser berücksichtigt, zeigt deutlich, wann dieser Schwellenwert erreicht wurde. In den USA war dies im Jahr 1970 der Fall. In Großbritannien wurde der Schwellenwert 1975 und in anderen Ländern (Deutschland, Niederlande, Österreich) etwa 1980 erreicht."*[71]

Das Gegenstück einer Aggregation in einen einzigen Wert (sei dies ein monetärer Wert oder ein Index) ist also eine Liste von Indikatoren. Hierdurch ist zwar die Vergleichbarkeit nicht mehr möglich. Die (subjektive) Gewichtung der verschiedenen Indikatoren muss dem Informationsadressaten überlassen werden. Genau dies ist aber der methodisch saubere Weg – und ehrlicher, als (wie es teilweise bei Nutzwertanalysen geschieht) die Wertvorstellungen des Erstellers der Analyse als allgemeinverbindlich zu unterstellen. Vergleiche sind dann nur noch vor dem Hintergrund der jeweiligen subjektiven Gewichtungen der diversen Indikatoren möglich. Genau dies ist aber auch methodisch korrekt: Bewertungen sind immer subjektiv, objektive Werte sind eine Schimäre. Indikatorenlisten sind also ein Fortschritt gegenüber einheitlichen Gesamtindizes. Dennoch müssen die meisten aus verschiedenen Gründen kritisiert worden: *„1. Sie sind ad hoc abgeleitet, ohne einen systemtheoretischen Rahmen, der die Funktions- und Entwicklungsfähigkeit des Gesamtsystems berücksichtigt; 2. sie spiegeln vor allem die speziellen Erfahrungen und Kenntnisse ihrer Autoren wider; 3. als eine Folge von 1. und 2. sind sie übermäßig 'dicht' in einigen Bereichen (mehrfache Indikatoren für letztlich gleiche Anliegen) und 'spärlich' oder sogar 'leer' in anderen wichtigen Bereichen. Mit anderen Worten: Sie liefern keine systematische und umfassende Abbildung des Systems."*[72]

II.3.1.3. Herkömmliche wirtschaftspolitische Zielsetzungen

Die wirtschaftspolitischen Ziele der Bundesrepublik Deutschland wurden mit dem „Gesetz zur Förderung der Stabilität und des Wachstums der Wirtschaft" (Stabilitätsgesetz) fixiert, das am 8.7.1967 in Kraft trat.

> **Hinweis: § 1 Stabilitätsgesetz (Erfordernisse der Wirtschaftspolitik):**
> *„Bund und Länder haben bei ihren wirtschafts- und finanzpolitischen Maßnahmen die Erfordernisse des gesamtwirtschaftlichen Gleichgewichts zu beachten. Die Maßnahmen sind so zu treffen, dass sie im Rahmen der marktwirtschaftlichen Ordnung gleichzeitig zur Stabilität des Preisniveaus, zu einem hohen Beschäftigungsgrad und außenwirtschaftlichen Gleichgewicht bei stetigem und angemessenem Wirtschaftswachstum beitragen."*

Weil die beschriebenen Ziele jedoch nach herkömmlichem Verständnis zumindest teilweise konfligieren, spricht man vom „magischen Viereck".

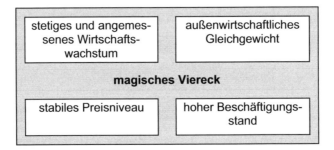

Abb. 22: Magisches Viereck
(Quelle: Eigene Darstellung)

Heutzutage wird Umwelt in der Literatur teilweise als Ziel hinzugefügt (dementsprechend wird vom „magischen Vieleck" gesprochen), ohne dass dies einen gesetzlichen Niederschlag hinsichtlich des Zielekataloges gefunden hätte. Teilweise wird zwar die Behauptung aufgestellt, dass Wirtschaftswachstum mittlerweile „nachhaltiger" verstanden würde; auch hierbei bleibt man jedoch einen gesetzlichen Verweis und eine Konkretisierung schuldig.

Von einer nachhaltigen Strategie wäre jedenfalls zu fordern, dass sie in der Lage ist, das Spannungsfeld zwischen ökologischen Anforderungen sowie wirtschaftliche (v.a. Konjunktur) und soziale Aspekte (v.a. Arbeitsplätze) aushaltbar zu machen. Im Grundsatz läuft dies auf die Suche nach institutionellen Designs hinaus, bei denen das Verhältnis zwischen den Zielen *langfristig* möglichst wenig konfligiert. Diese Aufgabe ist zu anspruchsvoll, als dass ihr lediglich mit dem Einzeichnen von Nachhaltigkeitsdreiecken in Projektskizzen genügt werden könnte. Vor allem zwischen den sozialen und ökonomischen Anforderungen einerseits und den ökologischen Erfordernissen andererseits besteht nämlich häufig ein latenter Zielkonflikt. Zumal die verschiedenen Ziele durch verschiedene Leitwerte „unterfüttert" sind, entscheiden sich die meisten Strategien sehr einseitig für bestimmte Ziele und Leitwerte und klammern andere aus – ein Vorgehen, das wir in Kap. I.1.2. als nicht nachhaltig charakterisiert haben.

Mit Blick auf die Zielsetzungen des „magischen Vierecks" lautete eine verbreitete Auffassung, dass die Wachstumsproblematik überhaupt keine Umweltproblematik nach sich zöge oder nach sich ziehen müsse. Vielmehr schaffe Wachstum die Voraussetzungen zur Lösung von Umweltproblemen bei gleichzeitiger Versöhnung mit anderen wirtschaftspolitischen Zielen (v.a. Beschäftigung).[73] Die Erfahrung zeige, dass nur nach Lösung der drängendsten wirtschaftlichen Probleme (Arbeitslosigkeit!) die Umweltproblematik überhaupt erst politisch erfolgreich in Angriff genommen werden könne. Hierfür werde aber ein entsprechend hohes Wachstum benötigt.

Zur Auseinandersetzung sei noch einmal auf das einleitende Kapitel mit den Überlegungen zum „Raumschiff Erde" und der exponentiellen Dynamik des Wirtschaftswachstums hingewiesen. Die Apologeten des „Weiter so!" nehmen die betreffende Problematik nicht zur Kenntnis und geben den ökonomischen Erfordernissen klaren Vorrang. Dies betrifft sowohl die Assimilationskapazitäten („Deponien") aber auch die Ressourcen („Wiege"), auf denen die Produktion von Gütern und Dienstleistungen fußt. So rätselt *Kunstler* über die psychologische Befindlichkeit der Eliten, die die Förderspitze bei Öl als Wachstumsgrenze einfach ausblenden: *„Corporate executives are subject to various other mentally disabling pressures. One is that they understandably tend to believe the economists they employ, who are violently opposed to economic models that are not based on continual growth. Because the oil peak phenomenon essentially cancels out further industrial growth of the kind we are used to, its implications lie radically outside their economic paradigm. So the oil peak phenomenon has been discounted to about zero among conventional economists, who assume that 'market signals' about oil supplies will inevitably trigger innovation, which, in turn, will cause new technology to materialize and enable further growth."*[74]
Nachfolgend werden die Zielformulierungen des herkömmlichen Paradigmas zusammen mit den zugrundeliegenden Strategien kurz skizziert:

II.3.1.4. Nachhaltigkeitsstrategien und Wirtschaftswachstum

„'Nachhaltiges Wachstum' ist trotz seines ideologischen Reizes für Wirtschaftswissenschaftler eine physische Unmöglichkeit. Es gibt so etwas in der Natur nicht, weil Naturgesetze es nicht erlauben. Wachstum wird schlußendlich immer von verschiedenen Gegenkräften und Beschränkungen abgestoppt, und auch für Humansysteme gibt es keine Ausnahme von diesem Naturgesetz."
H. Bossel[75]

Selbst im Fahrwasser des Nachhaltigkeitsdiskurses wird von der Orthodoxie gemeinhin am Wachstumsparadigma festgehalten. Zwei Prämissen liegen dem zugrunde[76]:
- Ein permanentes Wachstum der Wirtschaft ist notwendig, um durch eine nachholende Entwicklung soziale Gerechtigkeit und Armutsbekämpfung oder wenigstens die Schaffung neuer Arbeitsplätze zu ermöglichen;
- Ein fortlaufendes Wachstum ist auch im Nachhaltigkeitskontext möglich, weil durch Nachhaltigkeitsinnovationen eine Dematerialisierung bzw. Ökologisierung und damit eine Entkopplung von Umweltbelastungen gelingen könnte.

Teil II. Der Prozess: Von der Wiege bis zur Bahre

Die Hoffnung liegt also in der Entkopplung von Wirtschaftswachstum und den dadurch verursachten Umweltbelastungen, der „Zaubertrick" heißt „Innovation".^{A} Man hofft auf eine „Triple win"-Konstellation, indem Gewinne für die Umwelt (Ökologie / Effektivität), die Wirtschaft (Ökonomie / Effizienz) und sozialer Fortschritt (Soziales / Verteilungsgerechtigkeit) erzeugt wird. Dem Schlagwort der Suffizienzbefürworter (s. unten) von den „Grenzen des Wachstums" wird dasjenige des „Wachstums der Grenzen" entgegengesetzt.[77]

Wir stellen nachfolgend zunächst den sog. „technischen Weg" dar, der über Effizienz und Konsistenz grundsätzlich nicht vom Wachstumspfad abweichen will. Grob gesagt, bedeutet (Öko-) Effizienz einen „besseren" Gebrauch des knappen Faktors Umwelt, Konsistenz einen „anderen" Einsatz der Naturressourcen. Um dies zu erreichen, setzt man auf Produkt- und Dienstleistungsinnovationen (also auf den „technischen Fortschritt"), ohne die bestehenden Institutionen im Grundsatz infrage zu stellen.^{B}

Dagegen wird das Konzept der Suffizienz und des ökologischen Strukturwandels gesetzt. Suffizienz bedeutet, vereinfacht formuliert, ein „Weniger" an Materialdurchsatz.

---

^{A} Es handelt sich um denselben Zaubertrick, der auch das Öl nicht ausgehen lässt. Die Knappheit treibt die Preise in die Höhe und regt neue Explorations- und Fördertechnologien an. Die Tatsache, dass es fast 30 Jahre her ist, seit das letzte große Ölfeld entdeckt wurde, wird hierbei ignoriert.- J. Leggett, Peak Oil – Die globale Energiekrise, die Klimakatastrophe und das Ende des Ölzeitalters, Köln 2006, S.

^{B} Die nachfolgend dargestellten Ansätze stellen nur einen Ausschnitt aus der Diskussion dar. Weitere Konzepte sind: Bezüglich „Clean Technology": T. Jackson (Hrsg.), Clean Production Strategies. Developing Preventive Environmental Management in the Industrial Economy, Lewis Publishers 1993; R. Kemp / L. Soete, The Greening of Technological Progress, Futures, Juni 1992; R. Kemp, An Economic Analysis of Cleaner Technology: Theory and Evidence, in: K. Fischer / J. Schots (Hrsg.): Environmental Strategies for Industry, International Perspectives, Washington / Covelo (Island Press) 1993, S. 79 – 116. Für das sog. „Constructive technology assessment" s. A. Rip / T. J. Misa / J. Schot (Hrsg.), Managing Technology in Society – The approach of Constructive Technology Assessment, London / New Yorok (Pinter) 1995. Für die „Ökologische Modernisierung": A. P. J. Mol, The Refinement of Production. Ecological Modernization Theory and the Chemical Industry, Utrecht (van Arkel) 1995; G. Spaargaren, The Ecological Modernization of Production and Consumption – Essays in environmental sociology, Thesis Landbouw Universiteit Wageningen 1997; J. Huber, Nachhaltige Entwicklung, Berlin (Edition Sigma) 1995. Bezüglich Stoffstrom-Management: Enquete-Kommission „Schutz des Menschen und der Umwelt" des Deutschen Bundestages 1994, Die Industriegesellschaft gestalten – Perspektiven für einen nachhaltigen Umgang mit Stoff- und Materialströmen, Bonn (Economica Verlag) 1994. Hinsichtlich des Managements des industriellen Metabolismus R. U. Ayres / E.U. Simonis (Hrsg.), Industrial Metabolism – Restructuring for Sustainable Development, Tokyo (United Nations University Press) 1994; R. U. Ayres / L. W. Ayres, Industrial Ecology – Towards Closing the Materials Cycle, Cheltenham (Edward Elgar) 1996. Betreffend die „Ökonomie der Reproduktion": S. Hofmeister, Von der Abfallwirtschaft zur ökologischen Stoffwirtschaft – Wege zu einer Ökonomie der Reproduktion, Opladen (Westdeutscher Verlag) 1998. Für die „Bionik" I. Rechenberg, Evolutionsstrategie – Optimierung technischer Systeme nach den Prinzipien der biologischen Evolution, Stuttgart (Frommann) 1973; A. von Gleich (Hrsg.), Bionik – Ökologische Technik nach dem Vorbild der Natur? Stuttgart (Teubner) 1998. Über das „Design for Environment": B. Paton, Design for Environment – A Management Perspective, in: R. Socolow / C. Andrews / F. Berkhout / V. Thomas (Hrsg.): Industrial Ecology and Global Change, Cambridge (Cambridge University Press) 1994; R. Kreibich / H. Rogall / H. Boes, Ökologisch produzieren, Weinheim (Beltz) 1991; W. Stahel, Langlebigkeit und Materialrecycling, Essen (Vulkan Verlag) 1991; W. Stahel, Gemeinsam nutzen statt einzeln verbrauchen, in: Rat für Formgebung (Hrsg.): Vernetztes Arbeiten – Design und Umwelt, Frankfurt a.M. 1992. Zur Öko-Effektivität: M. Braungart / W.A. McDonough, Von der Öko-Effizienz zur Öko-Effektivität. Die nächste industrielle Revolution, in: Politische Ökologie 17. Jg., Heft 62, September 1999, S. 18-22. Zur „industriellen Ökologie": T. Graedel, Industrial Ecology – Definition and Implementation, in: R. Socolow / C. Andrews / F. Berkhout / V. Thomas (Hrsg.): Industrial Ecology and Global Change, Cambridge (Cambridge University Press) 1994, S. 23-42.

Teil II. Der Prozess: Von der Wiege bis zur Bahre

Es geht darum, eine ökologisch nachhaltige Größenordnung des Wirtschaftens („Scale") nicht zu überschreiten; demgemäß muss auch das Ausmaß des Durchsatzes bzw. des Stroms an Stoffen und Energie aus der Umwelt in Form von Rohstoffen mit niedriger Entropie und zurück zur Umwelt in Form von Abfall mit hoher Entropie beschränkt werden. Das Konzept des ökologischen Strukturwandels betont die Notwendigkeit institutioneller Innovationen zur Erreichung des Nachhaltigkeitsziels. Nach *Huber* geht Effizienz *„nicht mit Suffizienz zusammen, jedoch mit Konsistenz. Effizienzsteigerer pflegen keine Suffizienz-Apostel zu sein, eher schon Einkommens- und Konsummaximierer."* [78] Der Brundtland-Bericht selbst bleibt bezüglich der einzuschlagenden Strategien vage - er gibt nicht konkret vor, wie der Übergang von Input- und Größenwachstum zu einer qualitativen Entwicklung geschehen soll.[79]

a. Der „technische Weg"[80]: Entkopplung über Effizienz und Konsistenz

Der „technische Weg" (*Paech*) geht von der Prämisse aus, dass ökonomisches Wachstum durch Technik- und Systeminnovationen von den Stoffströmen entkoppelt werden könne. Für die durch das Wachstum verursachten Umweltprobleme sollen also technologische Lösungsmöglichkeiten gefunden werden. Die strategischen Wege, über die der technische Weg gegangen werden soll, sind v.a. die ökologische Effizienz und Konsistenz.

Gesteigerte Ressourcenproduktivität / Ökoeffizienz-Strategien: Ökoeffizienzstrategien sind im Grundsatz inputorientiert. Der Einsatz an ökologischen Ressourcen, also der Einsatz von Stoffen und Energie soll pro Einheit Ware oder Dienstleistung also minimiert werden. Ökoeffizienz-Strategien setzen darauf, mittels konsequenter Anwendung betriebswirtschaftlicher und technischer Methoden die technologischen Potentiale zur Erreichung einer höheren Ressourcenproduktivität systematisch auszuschöpfen. Wiederverwendung und Abfallvermeidung sind die Stichworte. Konkrete Beispiele sind u.a. Wasser und Strom sparende Waschmaschinen, Leichtbau-Fahrzeuge, frequenz-gesteuerte Industriemotoren, Kraftwerke mit erhöhtem Wirkungsgrad, wieder verwendbare Produkte z.B. bei Zeitschriften und Sitzmöbeln. Zu den populären Ansätzen zählt u.a. die Rede vom „Faktor Vier" (*v. Weizsäcker*: Erhöhung der Energieeffizienz) oder vom „Faktor 10" (*Schmidt-Bleek*: Erhöhung der globalen Ressourceneffizienz).[81]

Hinweis: Faktor Vier
Bei den Vorschlägen von *von Weizsäcker* (1995) spielt u.a. die Effizienzstrategie eine wesentliche Rolle. Es soll der Verbrauch an Ressourcen vermindert und die Belastung der Naturfunktionen durch Emissionen begrenzt werden, ohne dass das durchschnittliche Wohlstandsniveau vermindert wird. Diese doppelte Zielvorgabe soll durch eine effizientere und nutzenintensivere Verwendung von Energie und Stoffen erreicht werden, um die Ressourcenproduktivität zu steigern. Es wird dabei von der Überlegung ausgegangen, dass der globale Naturverbrauch bei einer gleichzeitigen Verdopplung des Wohlstandes - insbesondere in den Ländern des Südens - halbiert werden kann. Dieses Konzept, das das Ausmaß des Wachstums der Ressourcenproduktivität beschreibt, wird als „Faktor Vier" bezeichnet.[82]

Teil II. Der Prozess: Von der Wiege bis zur Bahre

> **Beispiel: Potenziale und Grenzen regenerativer Energien**
> „Fast alle Szenarien der Energieexperten münden in globalen Hochrechnungen, bei denen die regenerativen Energien sehr gut wegkommen. Im Jahr 2020 könnten sie mit bis zu 3.300 Mtoe (Million Tons of Oil Equivalent, Millionen Tonnen Öleinheiten) mehr Energie liefern, als gegenwärtig durch die Verbrennung von Erdöl gewonnen wird, prognostiziert das in Wien ansässige Institut für Angewandte Systemanalyse (IIASA). Freilich ist der Einsatz regenerativer Energien, den die dortigen Systemanalytiker für die Entwicklungsländer vorsehen – 760 Mtoe im Jahr 2020 -, dreimal so hoch wie der für die Länder des Nordens (175 Mtoe, knapp 20 Prozent dessen, was hier möglich wäre). Das Missverhältnis ist umso krasser, als der Umstieg auf regenerative Energien im Norden wesentlich leichter zu bewerkstelligen wäre als im Süden. Denn im Norden braucht man lediglich die bisher eingesetzte fossile Energie zu ersetzen. Außerdem kann man auf einen vorhandenen Bedarf bei zahlenden Kunden aufbauen. Im Süden hingegen setzt die Einführung regenerativer Energien eine zusätzliche Nachfrage von solventen Abnehmern voraus. Das Beispiel der Sonnenenergie oder auch Photovoltaik spricht Bände. Neuerdings werden so genannte netzunabhängige photovoltaische Inselanlagen gern als Wundermittel gegen den unhaltbaren Zustand angepriesen, dass zwei Milliarden Menschen ohne Strom auskommen müssen. Doch innerhalb von zwanzig Jahren hat die Photovoltaik trotz aller Subventionen gerade einmal 500.000 Menschen in den Entwicklungsländern elektrisches Licht und Radioempfang beschert. Die übrigen 1,9 Milliarden haben nach wie vor keinen Strom. Selbst wenn es mit der Photovoltaik hundertmal so schnell voranginge wie bisher, würde es mindestens 400 Jahre dauern, um auch ihnen zu helfen. Der Strom aus photovoltaischen Inselanlagen ist drei- bis fünfmal so teuer wie sein Konkurrent aus dem Dieselgenerator. Damit kann die Photovoltaik auf absehbare Zeit nicht konkurrenzfähig werden. Es sei denn, der Ölpreis klettert auf 150 oder 200 Dollar pro Barrel – womit allerdings den Ländern des Südens jegliche Hoffnung auf Entwicklung zunichte gemacht würde. Einen Markt für photovolataische Inselanlagen gibt es nur bei hoher Subventionierung. Auch der Handel mit Emissionszertifikaten für reduzierten Treibhausgasausstoß könnte bestenfalls 20 Prozent der fünfmal so teuren Investition finanzieren. Es ist also nicht seriös, wenn der Eindruck erweckt wird, photovoltaische Inselanlagen könnten die Völker aus der Unterentwicklung herausführen. Schon heute ist es möglich, die erforderliche Energie mit konventionellen, billigeren Methoden direkt vor Ort bereitzustellen. Aber Unternehmer und Regierungen der industrialisierten Länder haben natürlich ein Interesse daran, ihre Forschungen auf dem Gebiet der Sonnenenergie von der Entwicklungshilfe finanzieren zu lassen, zumal sie sich dabei auf den Zuspruch der Öffentlichkeit verlassen können." [83]

Auch der Ansatz des Stoffstrommanagements bewegt sich v.a. in der Logik der Ökoeffizienzstrategien, allerdings auch der Konsistenzansätze (s. unten).[84]

> **Hinweis: Stoffstrommanagement**
> „Stoffstrommanagement ist eine tief greifende und gezielte Optimierung von Material- und Energieströmen, die bei der Herstellung von Produkten und Dienstleistungen entstehen.

Teil II. Der Prozess: Von der Wiege bis zur Bahre

> *Angewandtes Stoffstrommanagement bietet die Möglichkeit, ökonomischen Profit mit regionaler Wertschöpfung und Umweltschutz zu verbinden. Intelligente Vernetzung und angepasste Technologien führen zu höherer Produktivität, effizienten und nachhaltigen Kooperationen, neuen Innovationen und weniger Umweltbelastung. Stoffstrommanagement verknüpft die unzähligen technischen und konzeptionellen Optimierungsansätze, die in vielen Betrieben und Regionen existieren und setzt sie koordiniert und zielgerichtet in einem Betrien oder einer Region um."* [85]

Bei den betreffenden Ansätzen wird die systematische Steigerung der Arbeits- und Kapitalproduktivität um die systematische Steigerung der Ressourcenproduktivität ergänzt. Dieser Ansatz ist notwendig, aber beileibe nicht radikal. Problematisch an den Effizienz-Strategien ist zunächst, dass sie sich dem fundamentalen ökonomischen Ertragsgesetz nicht entziehen können, das auch für die Steigerung der Produktivität von Umweltressourcen gilt.

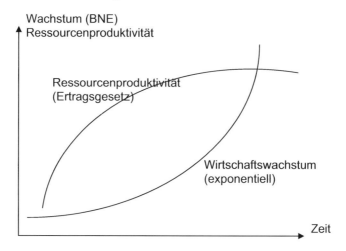

Abb. 23: Sinkende Grenzproduktivität des Ressourceneinsatzes
(Quelle: Eigene Darstellung)

Technologien zur Einsparung von Umweltressourcen weisen – nicht anders als Technologien zu anderen Zwecken - eine tendenziell abnehmende Grenzproduktivität auf. Die obenstehende Abbildung zeigt die sukzessiv sinkenden Fortschritte der Ressourcenproduktivität bei unverändert exponentiellem Wirtschaftswachstum (mit entsprechender Ressourceninanspruchnahme) auf. Es ist eine Frage der Zeit, bis die Zuwächse an Ökoeffizienz nicht mehr in der Lage sind, die „energetische" und „ökologische" Schleifspur eines exponentiellen Wirtschaftswachstums zu kompensieren. Und diese „Schleifspur" hat es in sich: In weniger als einem Jahrzehnt hat sich das Weltsozialprodukt verdoppelt und das Welthandelsvolumen verdreifacht (s. die Ausführungen zur Globalisierung in Kap. I.4.). Der Energieverbrauch verdoppelt sich dabei im Durchschnitt alle vier Jahre.[86] Pro Tag werden zur Zeit mehr als 84 Millionen Barrel Öl verbraucht, mit steigender Tendenz.[87] Dabei beruhen – wie *Pfeiffer* und *Kunstler* betonen - auch die energiepolitischen Alternativen von der Brennstoffzelle

Teil II. Der Prozess: Von der Wiege bis zur Bahre

über die (aktive) Nutzung von Sonnenenergie bis hin zur Biomasse allesamt mehr oder weniger auf der Verfügbarkeit billiger fossiler Energien (vgl. Kap. I.4.2.2.).[88] In diesem Zusammenhang sei noch einmal auf die Ausführungen zur Biomasse in Kap. I.4.5. verwiesen. Speziell mit Blick auf ihre Fähigkeit, fossile Energieträger zu substituieren, äußert sich auch *Kunstler* mit Verweis auf die Gesetze der Thermodynamik sehr skeptisch.[89]

Die Hoffnung, mit alternativen Energien könnte man den Wachstumspfad weiter beschreiten und sich aus den Schlingen der fossilen Energieträgern lösen, entpuppt sich vor diesem Hintergrund als Illusion.[A] Effizienz-Strategien können daher zwar bis zu einem gewissen Grade (solange „Win-win-Potentiale" vorhanden sind, es also etwas „zu verteilen gibt") ökonomische und ökologische Belange harmonisieren. Sind die Produktivitätsreserven aber ausgeschöpft, ist keine Verteilungsmasse mehr vorhanden; die Win-win-Situation existiert nicht mehr. Spätestens dann muss es an die Verteilung gehen. Auch *Santarius* benennt die Grenzen der Ökoeffizienzstrategie: *„Sie kann zwar große Erfolge dabei verbuchen, den spezifischen Ressourceneinsatz, also den Material- und Energieaufwand pro Einheit zu vermindern; sie verhindert aber nicht einen höheren Gesamtverbrauch. Denn die Summe aller Einsparungen, die erzielt werden, kann durch die weltweit wachsende Nachfrage nach Gütern und Dienstleistungen überkompensiert werden. Und genau das geschieht bis heute. Deshalb reicht Effizienz als Strategie alleine nicht aus."* [90] *Huber* wendet gegen Ökoeffizienzstrategien ein, dass diese nicht dem absoluten Einsparen zwecks Schrumpfen dienen, *„sondern einem spezifischen Sparen zwecks Reinvestieren. Das heißt, Rationalisierungserfolge setzen sich um in Rebound-Effekte, umgangssprachlich gesagt, in mehr absolutes Größenwachstum, sei dies, mit Schumpeter gesprochen, bloß quantitatives Wachstum des Typus 'mehr vom Gleichen' oder strukturwandelinduziertes Wachstum des Typus 'etwas Neues Zusätzliches.'"* [91] Auch *Winterfeld* merkt an, dass der Nachteil der wachstumskompatiblen Effizienzstrategie darin liegt, *„dass die Effizienz dazu neigt, ihre eigenen Kinder beziehungsweise Gewinne zu fressen. Dieser so genannte 'Rebound-Effekt' entsteht beispielsweise dann, wenn der geringere Treibstoffverbrauch eines Automobils dadurch kompensiert wird, dass mehr Autos produziert, mit mehr energieverbrauchenden Zusatzgeräten (Klimaanlage, Bordcomputer ...) ausgestattet und intensiver genutzt werden."* [92]

> **Hinweis: Dematerialisierung, qualitatives Wachstum**
> Der Effizienzstrategie lässt sich auch die Ersetzung des „quantitativen durch qualitatives Wachstum" oder die „Dematerialisierung" als komplementäre Strategie zuordnen (soweit nur von Dematerialisierung, nicht aber von Wachstum die Rede ist, besteht auch Kompatibilität zur Suffizienz-Strategie, s. unten). Es besteht die Vorstellung, dass der Dienstleistungssektor stärker gewichtet werden müsse, wobei offenbar die – mittlerweile umstrittene - Dreisektorenhypothese von *Fourastié*[93] hier Pate steht. Danach expandiert mit zunehmender wirtschaftlicher Entwicklung zunächst die Wertschöpfung des sekundären Sektors (produzierendes Gewerbe) zu Lasten des primären Sektors (Land- und Forstwirtschaft, Fischerei). Bei weiter steigendem Pro-Kopf-Einkommen nimmt sodann der Anteil des tertiären Sektors (Dienstleistungen) zu und derjenige des sekundären Sektors ab; der primäre Sektor stagniert dabei auf niedrigem Niveau. Damit erfolgt der Übergang von der Industrie- in die Dienstleistungsge-

---

[A] Zudem wird – unabhängig ob durch Biogas, Biosprit oder Solartechnologie – Fläche als nicht vermehrbare Ressource in Anspruch genommen.

Teil II. Der Prozess: Von der Wiege bis zur Bahre

sellschaft. Die ökonomischen Ursachen des Strukturwandels lassen sich sowohl auf der Angebots- wie auch auf der Nachfrageseite verorten. Nachfrageseitige Determinanten sind Änderungen in den Einkommen und Präferenzen der privaten Haushalte sowie die Preisstruktur auf den Märkten für Güter und Dienstleistungen. So geht die Dreisektorenhypothese davon aus, dass sich die Nachfrage mit steigendem Einkommen von der Grundbedürfnisebene (Nahrung, Kleidung, Wohnung) zu höherwertigen Konsumgütern und anschließend zu den Dienstleistungen verlagert, da sich bei den materiellen Gütern Sättigungstendenzen einstellen. Auf der Angebotsseite unterstellt man, dass der Anstieg der Arbeitsproduktivität im Bereich der Dienstleistungen deutlich geringer als im produzierenden Gewerbe ausfällt. Dieser unterdurchschnittliche Anstieg der Arbeitsproduktivität wird auf die charakteristischen Merkmale von Dienstleistungen zurückgeführt: Insbesondere wird hier die Nicht-Lagerfähigkeit von Dienstleistungen angeführt, das Uno-actu-Prinzip der Leistungserstellung[A] sowie die mangelnde Substiuierbarkeit von Arbeit durch Kapital. Dennoch führt entsprechend der Hypothese eine hohe Einkommenselastizität der Nachfrage bei gleichzeitig niedrigen Steigerungsraten der Arbeitsproduktivität zu einer Ausweitung der Arbeitsnachfrage. So meinte *Fourastié*, dass der tertiäre Sektor im sektoralen Wandel jene Arbeitskräfte absorbieren würde, die der primäre und der sekundäre Sektor aufgrund der Strukturbrüche verliert. *Fourastié* bezeichete dies als die „große Hoffnung des 20. Jahrhunderts" (die sich im Rückblick nicht erfüllt hat).

Gegen diese Vorstellungen lassen sich u.a. folgende Einwände bringen, die das Verhältnis zwischen sekundärem und tertiärem Sektor thematisieren:

- Wirft man einen Blick auf die Statistik, so scheinen zumindest für Deutschland die Daten mit der Hypothese auf den ersten Blick übereinzustimmen. Dies gilt allerdings nur für eine sehr aggregierte Ebene. Disaggregiert man den Dienstleistungssektor in einzelne Dienstleistungsbranchen, so stellt sich heraus, dass die Expansion wesentlich auf eine Ausweitung des öffentlichen Sektors (insbesondere des staatlichen Gesundheitswesens[B]) zurückzuführen ist. Die betreffenden Leistungen werden jedoch zum allergrößten Teil nicht über Märkte gehandelt. Geht man davon aus, dass es sich bei der Verlagerung auf den Dienstleistungssektor tatsächlich größtenteils um eine „gelenkte", durch den Staat initiierte Veranstaltung handelt, so können umweltpolitische Hoffnungen hierin nicht gesetzt werden. Dies verbietet sich allein schon aufgrund des Finanzierungsproblems. Die öffentlichen Haushalte sind zu verschuldet, um einen weiteren Ausbau des tertiären Sektors wie in der Vergangenheit im Sinne von „Nachhaltigkeit" durchzuhalten.[94]

- *Künstler* betont, dass die anfänglich hohen Produktivitätszuwächse in der Landwirtschaft, später der Industrie nur auf Basis einer Ökonomie möglich waren, die wesentlich auf fossilen Energieträgern und hohen Entropiezuwächsen basiert. Bezogen auf die Landwirtschaft schreibt er: *„On American farms in the early 1800s, the balance between calories expended and calories produced as food was about even. This occurred as tools reached a high stage of refinement but before machines replaced human labor and traditional knowledge. It implies a distinction between tools and machines,*

[A] Produktion und Konsumption werden in einem Akt ausgeführt, lassen sich also nicht trennen; die Produkte lassen sich nicht speichern etc.

[B] Hierbei spielen die durch das in Kap. I.3.1.3. kritisierte Patentrecht erhöhten Medikamentenpreise eine besondere Rolle.

Teil II. Der Prozess: Von der Wiege bis zur Bahre

between work done with tools and work done by machines. Production improved while entropy was kept to a minimum. Under the current industrial farming system it takes sixteen calories of 'input' to produce one calorie of grain, and seventy calories of input to produce one calorie of meat. A hundred years ago, just before the introduction of the fossil fuel-based technologies, more than 30 percent of the Americn population was engaged in farming. Now the figure is 1.6 percent."[95] Treffen die Prognosen zu, dass die fossilen Energieträger schon in der ersten Hälfte des 21. Jahrhunderts dem Ende zugehen, prognostiziert *Kunstler* wie auch *Pfeiffer* ein erzwungenes „Zurück" zu einer niedrigentropischen Wirtschaftsweise, die mit einer Zurückentwicklung von tertiärem und sekundärem zugunsten des primären Sektors (Land- und Forstwirtschaft) einhergeht.[A] Demnach würde „die Hoffnung des 21. und 22. Jahrhunderts" keineswegs im tertiären, sondern im primären Sektor sowie in einer Renaissance der Manufakturen im sekundären Sektor ruhen!

- Die traditionelle Untergliederung der Sektoren à la *Fourastié* ist aus umweltpolitischer Sicht fragwürdig. Energieintensive Prozesse durchziehen gleichermaßen die Produktion von Gütern und Dienstleistungen; Dienstleistungen sind mit der Produktion von Gütern oftmals untrennbar verknüpft. Der tertiäre Sektor wird daher oftmals zu großen Teilen nur als ein „Anhängsel" des sekundären Sektors gesehen, der mit dem sekundären Sektor steht und fällt. Diejenigen Bereiche, auf denen die Befürworter der genannten Lösung ihre Hoffnungen setzen, werden erfahrungsgemäß in Wirtschaftskrisen nicht ausgeweitet, sondern zu allererst gekappt (so v.a. Bildung und Kultur). Umweltpolitisch liegt hierin auch also nicht die Lösung.
- Diejenigen Teile des tertiären Sektors mit einem geringen Produktivitätsfortschritt könnten zwar theoretisch zur Lösung der Beschäftigungsmisere beitragen, sind aber wegen des Kostenkrankheitsphänomens[96] hierzu faktisch nicht in der Lage. Die betreffenden Bereiche verteuern sich nämlich fortlaufend in Relation zum sekundären Sektor. Die hochproduktiven Bereiche des tertiären Sektors zeichnen sich heutzutage eher durch einen Beschäftigungsabbau aus (z.B. Finanzdienstleistungen) und sind daher auch nicht in der Lage, das Beschäftigungsproblem in großem Maßstab zu lösen. Die Hoffung auf eine Substitution des sekundären durch den tertiären Sektor als beschäftigungs- und umweltpolitischen Königsweg muss daher in eine Enttäuschung münden.
- Selbst wenn sich die betreffenden Forderungen umsetzen ließen: Ein spezielles Problem sind auch hier aus umweltpolitischer Sicht „Rebound-Phänomene" (Bumerang-Effekte): Seit der Einführung des „papierlosen Büros" wurden wahrscheinlich so viel Bäume zur Produktion von Papier gefällt wie niemals zuvor.

Ein weiterer Ansatzpunkt neben der „Stärkung" der Dienstleistungen ist der Ansatzpunkt, Konsumfunktionen durch ökologischere Nutzungssysteme zu erfüllen. *„Dieser Strategie liegt die Annahme zugrunde, dass z.B. Autos keinen Selbstzweck darstellen, sondern wegen der von ihnen geleisteten Mobilitätsdienste gekauft werden, die jedoch mittels Car-Sharing oder durch öffentlichen*

[A] *Pfeiffer* analysiert als abschreckendes Beispiel für eine Wirtschaft ohne fossile Rohstoffbasis Nordkorea.- Vgl. D. A. Pfeiffer, Eating Fossil Fuels – Oil, Food and the Coming Crisis in Agriculture, Gabriola Island (Kanada, New Society Publishers) 2006, S. 42 ff.

Teil II. Der Prozess: Von der Wiege bis zur Bahre

> *Personenverkehr ebenso gut zu erfüllen wären. Daran setzt die Idee an, ‚Nutzen statt Produkte zu verkaufen'."* [97] So sind nach Auffassung von *Schmidt-Bleek*[98] Produkte nichts anderes als „Dienstleistungserfüllungsmaschinen". „Nutzung statt Eigentum" soll dazu beitragen, Konsumansprüche mit geringerem Energieeinsatz zu erfüllen. Es geht also um Konzepte der Gemeinschaftsnutzung zwecks Nutzungsintensivierung und Nutzungsdauerverlängerung (s. unten). Niveau und Struktur der betreffenden Konsumansprüche werden als solche dabei aber nicht infrage gestellt. Es bleibt auch hier u.a. die Frage offen, wie konkret die Anreize aussehen müssen, um die betreffenden Ziele zu erreichen. Zudem stellt sich die Frage nach den konjunkturellen Folgen der betreffenden Strategie.[99]

Paech kritisiert, dass derartige Strategien so lange Bestandteile des technischen Weges bleiben, solange sie nicht das Niveau des Wirtschaftens (bzw. die Wachstumsproblematik) infragestellen, sondern *„allein der nachfrageseitigen Akzeptanz effizienter und konsistenter Produkt- und Techniklösungen dienen."* [100] Bemühungen zur Steigerung der Ökoeffizienz sind zwar nicht abzulehnen – das Gegenteil ist der Fall. Problematisch sind Ökoeffizienzstrategien jedoch dann, wenn sie als der Königsweg zur Lösung der vielschichtigen ökologischen Probleme vorgegaukelt werden oder gar dazu dienen, das Wachstumsparadigma zu unterstreichen. Hier bürdet man der Technologie etwas auf, was sie unmöglich leisten kann. Effizienzstrategien verschaffen für sich genommen lediglich Zeitgewinne.

Im Übrigen werden die technischen Innovationen ohne institutionelle Reformen behindert. Augenscheinlich ist dies hinsichtlich der Rolle des Zinses als Bremser von Ökoeffizienzstrategien. Auf die Ausführungen in Kap. II.2.3. sei an dieser Stelle noch einmal hingewiesen: Bestimmte, für alternative und regenerative Energieträger typische Zahlungsreihen[A] vorausgesetzt, verhindert ein hoher Zinssatz tendenziell die Substitution des Faktors Umwelt durch den Faktor Kapital. Auch dies bremst die Hoffnung auf die Durchsetzbarkeit von Ökoeffizienzstrategien. Die vergleichsweise hohen Anfangsauszahlungen der „Ökoinvestition" bilden dann den Umstand ab, dass die Substitution von Natur durch Kapital nur um den Preis eines entsprechend hohen Energieinputs zu haben ist, der in der Substanz des Produkts gebunden ist.

Konsistenz / industrielle Ökologie: Das Konzept der Konsistenz geht zentral auf *Joseph Huber* zurück.[101] Die Verfechter des Konsistenz-Ansatzes erkennen das Gesetz des abnehmenden Ertragszuwachses und damit die Grenzen des Ökoeffizienzansatzes an. *Huber* kritisiert am Effizienz-Ansatz: *„Entweder wir arbeiten effizienzsteigernd an verbleibenden Freiheitsgraden von alten Technologie- und Produktpfaden bei abnehmendem Grenznutzen oder aber wir arbeiten konsistenzverändernd an den Freiheitsgraden beim Set-Up von Basisinnovationen. (...) Was in die systemisch nachrangige Effizienzsteigerung fließt, dient kurz- oder mittelfristig der Perpetuierung des Status quo und verhindert insoweit das Aufkommen der systemisch vorrangigen Neukonzeptionen und Neukonstitutionen von Technologiepfaden."* [102] Somit stehen beim Konsistenzansatz andere Leitwerte im Vordergrund als im Ökoeffizienzansatz: Es geht mehr um „Wandlungsfähigkeit" und „Anpassungsfähigkeit" als um „Effizienz". Im Grundsatz ist der Konsistenz-Ansatz mit der Idee geschlossener Kreisläufe output-orientiert. Es geht jedoch nicht primär um ein „Weniger" an Materialnutzung, son-

---

[A] Dies sind: Vergleichsweise höhere Anfangsinvestitionen und geringere Folgeauszahlungen bei den alternativen Energieträgern.

Teil II. Der Prozess: Von der Wiege bis zur Bahre

dern um andere Arten, die auch noch in großen Volumina aufrecht erhalten werden können. Im Mittelpunkt steht also eine qualitative Transformation der industriellen Stoffumsätze. Es sollen strukturell gründlich veränderte oder gar von Grund auf völlig neue Produktionsverfahren und Produkte eingeführt werden. Technik und Natur sollen so kompatibel gemacht werden. „*Das Prinzip lautet: Industrielle Stoffwechselprozesse dürfen die natürlichen nicht stören. Beide sollen einander möglichst ergänzen oder gar verstärken. Es gilt: In intelligenten Systemen gibt es keine Abfälle, nur Produkte. In den Rückständen der Bierproduktion wachsen Pilzkulturen, Kraftwerke stellen mit der Stromerzeugung auch Abwärme zur Fernheizung bereit. Eine Wirtschaft kann so aufgebaut werden, dass aus dem Abfall der einen Nutzungsstufe Rohmaterial für die nächste wird.*" [103] Die Stoffwechselprinzipien der Biosphäre sollen also auf das ökonomische System übertragen werden. Ein wesentlicher Bestandteil des Konsistenzansatzes ist der Umgestaltung aller Konsum- und Produktionsprozesse zu geschlossenen Kreisläufen („Zero emission"-Technologie). Im Idealfall würde dies die umfassende Vermeidung von Abfällen, Emissionen und sonstigen Umweltbeanspruchungen bedeuten, weil jeder stoffliche Output, der am Ende eines Produktions- oder Konsumprozesses als nicht intendiertes Resultat verbleibt, in einem anderen Prozess Verwendung findet.[104] Ein derartiges Zero-emission-System kann nach dem Motto „Abfall als Nahrung" v.a. durch Materialien erreicht werden, die biologisch abbaubar sind.[105] Zudem kann ein ausgeklügeltes Technik- und Produktdesign die Grundlage dafür schaffen, dass sämtliche Objekte in wiederverwendbare Module und Inputfaktoren zerlegbar sind. Nach dieser Vorstellung (die sich m.E. an den Gesetzen der Thermodynamik stößt) werden dann Stoffe, die nicht biologisch abbaubar sind, nie zu Abfall, sondern zu Elementen eines technischen, von der Biosphäre abgetrennten Kreislaufs. Zudem sollen v.a. regenerative Energieträger Verwendung finden.

Die industrielle Ökologie als komplementärer Ansatz wiederum versucht, den industriegesellschaftlichen Metabolismus besser einzubetten in den Gesamtmetabolismus der Geo- und Biosphäre. Dies soll weniger durch bloße Mengenänderungen als vielmehr durch eine Änderung der Stoffstromqualitäten geschehen („metabolisch naturintegrierte Industriegesellschaft"[106]).

Auch der Konsistenzansatz hat aber seine Grenzen. „*Autos mit Wasserstoff betriebenen Brennstoffzellen zum Beispiel belasten zwar nicht mehr die Atmosphäre, doch brauchen und verbrauchen sie Flächen, Infrastrukturen, begrenzt verfügbare Materialien. Auch die Brennstoffzelle muss hergestellt und entsorgt, auch der Wasserstoff muss bevorratet und transportiert werden. Nicht alle Abfälle können zu Rohstoffen neuer Produkte werden.*" [107] Dem kritischen Beobachter vermittelt sich aber teilweise der Eindruck, dass die Gesetze der Thermodynamik (vgl. den Hinweis in Kap. I.2.1.2.) von den Verfechtern des Konsistenzansatzes aus den Augen verloren wurden (dies betrifft insbesondere die „Recycling-Euphorie")[108] Zudem fehlt – wie schon im Ökoeffizienzansatz - eine schlüssige Methode, wie die angestrebten technologischen Basisinnovationen systematisch erreicht werden sollen.

b. Der „kulturelle Weg": Suffizienz / ökologischer Strukturwandel
Der „kulturelle Weg" (*Paech*) steht – anders als „Effizienz" und „Konsistenz" - der Hoffnung, permanentes ökonomisches Wachstum ökologisch zu entschärfen und so durchzuhalten, pessimistisch gegenüber. „*Jeder Euro, Dollar oder Yen hinterlässt eine energetische Schleifspur, weil er den Anspruch auf einen realwirtschaftlichen Gegenwert verkörpert, der nie gänzlich ohne energetischen Aufwand bereit gestellt*

werden kann. Die Schaffung zusätzlichen monetären Einkommens und Vermögens ist daher nicht CO_2-neutral." [109] Der „kulturelle Weg" „umfasst – in Abgrenzung zum technischen Weg – Konzepte und Maßnahmen, die an den Wachstumsursachen ansetzen, statt händeringend nach (umwelt-) technischen Lösungen für die Machbarkeit weiteren Wachstums zu suchen." [110] Die Strategie zielt stattdessen auf „Suffizienz" (statt auf Effizienz und Konsistenz). Man setzt auf eine Entschleunigung und eine Entrümpelung des Wirtschaftens. Mehr noch: Es geht um Begrenzen. Insoweit ist die Suffizienzstrategie – als Begrenzung des Niveaus der Wirtschaftstätigkeit - das logische Pendant zu der in Kap. I.2.2.1. eingeforderten Steuerung der Belastungsstruktur. Der Begriff der „Suffizienz" wurde von W. Sachs in Anlehnung an Daly in die umweltpolitische Debatte geworfen und dem Begriff der „Effizienz" gegenübergestellt.[111] Selbstverständlich ist das Konzept der Suffizienz normativ. Dies gilt aber gleichermaßen auch für die Konzepte der Effizienz und Konsistenz.

Der Suffizienzappell richtete sich ursprünglich an die Konsumenten. Er setzt insoweit eine kulturelle Veränderung voraus, als dass die Lebensstile genügsamer, weniger materialistisch werden, dass stattdessen eine stärkere Orientierung an der Lebensqualität erfolgt.[A] Die weitere quantitative Ausdehnung des Wirtschaftssystems („Wachstum") wird abgelehnt; stattdessen wird die qualitative Transformation einer physisch nicht weiter wachsenden Ökonomie befürwortet („Entwicklung"). Der Begriff „nachhaltiges Wachstum" wird als Widerspruch in sich selbst gewertet.[112]

> **Hinweis: Dauerhaftigkeits-Strategien**
> Dauerhaftigkeitsstrategien werden zwar häufig als komplementäre Konzepte zu Ökoeffizienz- und Dematerialisierungsstrategien begriffen, nämlich als eine technisch-wirtschaftliche Strategie einer nutzungsorientierten Dienstleistungsgesellschaft (nachhaltig und umweltschonend, werterhaltend und reichtumsverwaltend, modern und wirtschaftlich, fortschritts- und eigenverantwortlichkeitsfördernd). Ziel ist insoweit, mit einem gegebenen Maß an Rohstoffen und Energie einen möglichst hohen Nutzen über einen möglichst langen Zeitraum zu schaffen. Die Befürworter der betreffenden Strategie geben jedoch keine befriedigende Antwort auf die Frage, wie die Forderung nach „Dauerhaftigkeit" in eine von Rentabilitätsstreben und Shareholder value geprägte Geschäftswelt passt, die auf Produktinnovationen und Modewechsel essentiell angewiesen ist. M.E. können Dauerhaftigkeitsstrategien daher nicht ohne einen Wandel in den Konsummustern erfolgreich praktiziert werden und sind daher eher als Bestandteil des „kulturellen Weges" zu interpretieren.

Geht man von der Nachhaltigkeitsdefinition des Brundtland-Berichtes aus („... Entwicklung, die den Bedürfnissen der heutigen Generation entspricht, ohne die Möglichkeiten künftiger Generationen zu gefährden, ihre eigenen Bedürfnisse zu befriedigen"), muss die Frage gestellt werden, wie „Bedürfnisse" von extravaganten und unrealistischen Wünschen abgegrenzt werden können. „Wenn ´Bedürfnisse´ ein Auto für jeden Menschen einschließt, dann ist nachhaltige Entwicklung unmöglich. Das Thema Suffizienz kann also nicht umgangen werden." [113]

[A] Ein Vorreiter bei der Diskussion der diesbezüglichen Möglichkeiten und Grenzen war schon E. Fromm, Haben oder Sein, München 2005.

Teil II. Der Prozess: Von der Wiege bis zur Bahre

> **Hinweis: Stoffumsätze der modernen Zivilisation**
> „Gewiss, jeder Mensch benötigt ein Mindestmaß an Natur, um seine Lebensbedürfnisse zu befriedigen. Dieser Austausch mit der Natur geschieht biophysikalisch gesehen zunächst über die erste Haut, die menschliche Körperoberfläche, und ist eng mit dem menschlichen Stoffwechsel verbunden: Atmung und Transpiration, Nahrungsaufnahme und Wärmeabstrahlung, sowie stoffliche Ausscheidungen. Auf dieser elementaren Ebene beträgt der stoffliche Umsatz rund 800 kg pro Mensch und Jahr. Aber bereits sehr früh in ihrer Geschichte, als Jäger und Sammler, hatten die Menschen sich eine zweite Haut zugelegt, in der Form von Bekleidung, Hütten oder Waffen. Auch heute wird diese Form des Stoffwechsels noch von einigen Volksgruppen in entlegenen Gebieten gelebt. Hinzu kam bald eine weitere Hülle, die Bauernkulturen umgibt. Hier umfasst das Wirtschaftssystem Ackerböden, domestizierte Pflanzen und Tiere, die Nahrung und Rohstoffe erzeugen. Aus Stein, Erz und sonstigen Materialien entstehen Gerätschaften und Häuser. Vielleicht gut die Hälfte der Menschheit folgt derzeit diesem Typus von Naturverbrauch, der entsprechende Stoffwechsel eines indischen Dorfes liegt im Jahr in der Gegend von ungefähr 2 bis 5 Tonnen pro Person. Eine vierte Hülle, jede der industriellen Zivilisation, umspannt weit mehr als die lokale Ebene und umfasst vor allem Einrichtungen, die von Organisationen auf unterschiedlichen Systemebenen betrieben werden: Hochhäuser, Stahlwerke, Supermärkte, Schwimmbäder, Panzerfahrzeuge. Bei industriellen Gesellschaften liegt heute der Metabolismus (ohne Wasser und Luft) bei etwa 40 bis 70 Tonnen pro Kopf und Jahr und damit um eine Zehnerpotenz über dem biologisch unerlässlichen Niveau." [114]

Andererseits haftet dem Suffizienzappell – insbesondere, soweit er an die Konsumenten gerichtet ist - eine asketische und moralisierende Note an, weswegen sich seine Popularität in engen Grenzen hielt. Das Konzept der Suffizienz würde allerdings um seine kritische Dimension gebracht und zudem in eine Position der Defensive geschoben, wenn man sie nur auf das individuelle Konsumverhalten reduzieren würde. Es geht nicht um individuelle Askese. Die kritische Dimension ist vielmehr darin zu sehen, „dass die Suffizienz einer kapitalistischen Wachstumsgesellschaft ein Dorn im gewinnmaximierenden Auge sein muss. Daher steht sie nicht für die Ökologisierung des Vorhandenen, sondern für grundlegende und strukturelle Veränderungen als Voraussetzung für Nachhaltigkeit." [115] Gerade weil sie jedoch wegen ihrer fundamental wachstumskritischen Ausrichtung mit der vorherrschenden Logik nicht vereinbar ist, besitzt die Suffizienz von den vorgestellten Strategien die schwächste Position – obwohl sie die einzige Strategie ist, die wirklich auf das Nachhaltigkeitsziel zuführen kann. In der Logik der Suffizienzidee liegt also die Förderung institutioneller, organisatorischer und eben nicht nur technologischer Innovationen. Dieser Gedanke wurde u.a. von *Diekmann* mit dem Begriff „ökologischer Strukturwandel" in die Umweltdebatte eingeführt.[116]

M.E. betrifft die Reform der Institutionen ganz wesentlich das Geldwesen bzw. die Rolle des Zinses. Die nachfolgenden Hinweise und die untenstehenden Ausführungen mögen verdeutlichen, warum dies der Fall ist.

> **Hinweis: Zins, Zeiteffizienz und die Forderung nach „Entschleunigung"**
> Die mit der Forderung nach einer „Suffizienzrevolution" einhergehende „Entschleunigung"[117] kann nicht erreicht werden, wenn sich nicht am ökonomischen Incentive Zins etwas ändert: Der Spruch „Zeit ist Geld" bekommt Bedeutung bei einem positiven Zinssatz: Je höher der Zinssatz, umso höher die Opportunitätskosten des Bummelns, umso wichtiger ist das möglichst rasche Vorziehen von Einnahmen. Der Zins gibt so das Signal zu einer Beschleunigung der wirtschaftlichen Aktivitäten (um die signalisierte Knappheit möglichst rasch zu beseitigen). Je tiefer der Zinssatz, umso geringer die Opportunitätskosten des „Bummelns". Die Zeiteffizienz verschafft sich ganz maßgeblich über einen positiven Zinssatz Geltung.
>
> Die Beschleunigung des Daseins durch den Zins erlebt jeder - mittelbar oder unmittelbar. Wer hat beispielsweise noch nicht einmal nervös auf die Uhr geschaut, weil er in einem Stau auf der Autobahn drohte, seinen Geschäftstermin zu verpassen? Das Geld muss in die Kasse gespült werden – je höher der Zins, umso größer der diesbezügliche Druck (da Opportunitätskosten durch entgangene Zinsen entstehen). Wer kennt sich nicht: Rasende, sich und andere gefährdende Geschäftsleute, die die linke Spur auf der Autobahn gepachtet zu haben scheinen (und diesen Anspruch u.a. mit Lichthupe und obszönen Gesten geltend machen)? Staus, die durch LKW-Rennen verursacht sind? Betriebswirtschaftlich ergibt die Verlagerung der Warenlager auf die Autobahn durchaus Sinn: Die Unternehmen versuchen ihre Läger so klein wie möglich zu halten, da die Gegenfinanzierung der Vorratshaltung Zinskosten verursacht. Die Produktion findet daher immer mehr „just in time" statt: Die Materialien werden dann angeliefert, wenn sie gebraucht werden. Die Folge: Ein erhöhtes Verkehrsaufkommen.

Die Forderung nach einer Begrenzung der Ansprüche geht Hand in Hand mit der Forderung nach einem Wachstumsstopp oder sogar einer Kontraktionsstrategie. Auch der Verfasser teilt die Sichtweise, dass eine nachhaltige Wirtschaft in der Lage sein muss, auf dem bestehenden Niveau zu verharren oder gar zu schrumpfen.

Allerdings: Eine derartige Forderung ist nur dann akzeptabel, wenn sie zu keinen ökonomischen, sozialen und im Übrigen auch ökologischen Katastrophen führt (denn Wachstumsstopp alleine ist noch lange kein Garant für deren Ausbleiben).

Somit ist die Forderung nach einer stagnations- oder sogar kontraktionsfähigen Wirtschaft lediglich eine – sehr einseitige - Zielformulierung und noch viel weniger ein Konzept als die Forderung nach mehr Effizienz und Konsistenz. Bei der entsprechenden Zielformulierung geht es zudem vor dem Hintergrund einer – normativ – freiheitlich gestalteten Wirtschafts- und Gesellschaftsordnung um die *Fähigkeit* zum Nullwachstum und nicht etwa um ein verordnetes Nullwachstum.

Wir wollen im Folgekapitel zeigen, dass ein radikaler Wachstumsstopp unter den gegebenen Umständen nur durch einen – wie auch immer vollzogenen - Stopp aller Nettoinvestitionen erreicht werden könnte, mit entsprechend katastrophalen Konsequenzen für Konjunktur, Beschäftigung und sozialen Frieden. Zudem würde mit der Wirtschaftskrise eine ökologisch höchst fragwürdige Kapitalvernichtung stattfinden.

Teil II. Der Prozess: Von der Wiege bis zur Bahre

Wir wollen weiter zeigen, dass wir so lange einem systemimmanenten Wachstumsdruck unterliegen, wie wir einen positiven Zinssatz akzeptieren.

Mit welchen institutionellen Reformen kann also das Ziel „Nullwachstum" erreicht werden? Zentralverwaltungswirtschaft wollen wir als ernstzunehmenden Weg von vornherein ausschließen. Die Propagandisten der Stagnations- oder Kontraktionslösung bleiben im Allgemeinen die Antwort auf die Frage schuldig, durch welche ordnungspolitischen Maßnahmen ein Wachstumsstopp erreicht werden kann. Die Forderung von Suffizienzbefürwortern, die „formale Wirtschaftssphäre (...) in eine bewusst gewählte, begrenzte Kulturmatrix" [118] einzubinden, ist für sich genommen zu unbestimmt, um in konkrete Politikempfehlungen zu münden. Richtig an dieser Feststellung ist jedoch, dass es einer kulturellen Veränderung bedarf, um die notwendigen institutionellen Reformen durchführbar zu machen.

II.3.1.5. Zusammenfassung und Schlussfolgerungen

Anders als in den Lehrbüchern der Schulökonomie beschrieben, wird im Kapitalismus nicht gewirtschaftet, um die Bedürfnisse der Konsumenten zu befriedigen. Vielmehr verkehren sich Zweck und Mittel: Die Bedürfnisse der Konsumenten werden gestaltet, um die Renditeinteressen der Anteilseigner zufrieden zu stellen. Der Zweck des Wirtschaftens im Kapitalismus ist also nicht – wie in der Lehrbuchliteratur behauptet – auf die Konsumsphäre, sondern auf die Investitionssphäre gerichtet.

Es sind dann auch die von der Akkumulations- und Anlagesphäre ausgehenden Investitionen, die für eine Perpetuierung des Wirtschaftswachstums sorgen. Das Wirtschaftswachstum hat exponentiellen Charakter und damit einen anderen Verlauf als die meisten natürlichen Prozesse (die oft logistischen Funktionen folgen).

Wirtschaftswachstum und der „technische Weg" sind aus mehreren Gründen kompatibel: Ökoeffizienz- und Konsistenzstrategien stellen das Wirtschaftswachstum nicht infrage, sondern trachten danach, die Ressourcenproduktivität weit genug zu erhöhen, um dieses eben nicht zu gefährden. Insoweit tragen diese Strategien den Leitwert der „Effizienz" hoch – wenngleich die Konsistenzstrategie in Bezug auf die beachteten Leitwerte ein wenig breiter aufgestellt ist als die Ökoeffizienzstrategie.

Wirtschaftswachstum – gemessen am Bruttonationaleinkommen - ist nicht mit Wohlstand zu verwechseln. Es handelt sich hierbei lediglich um einen Indikator wirtschaftlicher Aktivität, bei dem Größen wie defensive Ausgaben oder die Substanzverringerung des natürlichen Kapitalstocks nicht als Abzug erfasst sind. Dennoch wurde das Wirtschaftswachstum im Stabilitätsgesetz neben der Einhaltung des außenwirtschaftlichen Gleichgewichts, einem stabilen Preisniveau und einem hohen Beschäftigungsstand als anzustrebende Zielgröße der Wirtschaftspolitik definiert. Das herkömmliche Wachstum ist jedoch nicht mit dem Nachhaltigkeitsziel kompatibel. Um diese Kompatibilität herzustellen, will der „technische Weg" der Umweltpolitik die Inanspruchnahme von Ressourcen effizienter (Ökoeffizienz) oder aber in die ökologischen Kreisläufe eingebettet (Konsistenz) gestalten. Schon *Gruhl* kritisierte den „technischen Weg" als „bequem": *„Bekämpfung der bisherigen Technologien mit neuen zusätzlichen Technologien. Dies ist systemkonform und hält die Mehrproduktion in Schwung."* [119] Von Wachstumskritikern wird denn auch bezweifelt, dass derartige „technische Wege" in der Lage sind, die Umweltproblematik nachhaltig in den Griff zu bekommen.

Teil II. Der Prozess: Von der Wiege bis zur Bahre

Konkret und beispielhaft: Nach der Logik des „technischen Weges" wären „*nicht der Auto- oder Luftverkehr, sondern die technische Beschaffenheit der verwendeten Autos oder Flugzeuge (z.B. auf Wasserstoffbasis), nicht der Zuwachs an Einfamilienhäusern, sondern deren technisches Design (z.B. in Passivhausbauweise), nicht die Konsumgüternachfrage, sondern die Energieintensität des Produktionsprozesses, des Produktdesigns sowie die Art der Energieerzeugung (z.B. auf Basis regenerativer Energien und Kraft-Wärme-Kopplung) (...) zu verändern.*" [120]
Nachhaltigkeit ist jedoch weit mehr als nur eine ingenieurwissenschaftliche Aufgabe. Die Nachhaltigkeitsproblematik ist mit Technologie alleine genauso wenig zu bewältigen wie der Hunger auf der Welt.[121] Beim Thema „Nahrung" hat man die diesbezüglichen Erfahrungen mittlerweile gemacht, aber anscheinend nicht die richtigen Schlussfolgerungen gezogen. Zwar wird dem technischen Weg der Suffizienzansatz gegenüber gestellt; diese Sicht der Dinge hat sich aber noch nicht durchgesetzt. Ein Grund dafür ist, dass mit dem Wachstumsziel an sich eine „heilige Kuh" infrage gestellt wird. Eine effektive Umweltpolitik muss hiernach in der Lage sein, die Umweltbeanspruchung absolut zu begrenzen. Mehr noch: Eine effektive Umweltpolitik muss auch in der Lage sein, problembehaftete Wirtschaftsweisen wieder zurückzunehmen.

Der „technische Weg" steht dem diametral entgegen: Es geht innerhalb der Wachstumslogik nicht darum, unökologische Wirtschaftsweisen durch ökologische zu ersetzen, indem die alten Systeme und Produkte zurückgenommen werden. Mit seiner Fixierung auf Innovationen werden neue Lösungen zu den alten problembehafteten Technologien „postwendend" addiert („Add-up"). Nach *Paech* beschwört der additive Charakter des Innovationsprinzips eine kaum lösbare Ambivalenz herauf: „*Auch Klimaschutzinnovationen wie z.B. Wasserstoffautos, Passivhäuser oder Photovoltaikanlagen können in isolierter Betrachtung nicht ohne materiellen und energetischen Aufwand bereitgestellt werden. Sie weisen bestenfalls einen relativen CO_2-Vorteil gegenüber den bisherigen Produkten bzw. Technologien auf. Wenn nun diese neuen Lösungen die alten nicht verdrängen, sondern dem vorhandenen Hardwarefundus nur hinzuaddiert werden, kommt es anstelle eines Strukturwandels zu einer Strukturaufblähung und folglich zu einer absoluten Steigerung der Energieverbräuche. (...) Ein schrankenlos expandierender Möglichkeitenraum lässt selbst die Koexistenz widersprüchlichster Optionen zu. Wie viele Atom- und Kohlekraftwerke konnten bisher durch Solaranlagen und Windkraftanlagen ersetzt, vom Netz genommen und schließlich abgetragen werden? Solange die Gesamtnachfrage mitwächst, um gleichermaßen den Öko-, Kohle- und Atomstrom zu absorbieren, gelangt im Energiesektor zwar viel Neues in die Welt, aber keine alten Emissionsquellen aus der Welt.*" [122] Technische Innovationen werden – selbst wenn es sich um Klimaschutzlösungen handelt – auf diese Weise zu einem energieträchtigen Wachstumsverstärker. Dies ist auch ein maßgeblicher Grund dafür, warum die entsprechenden Lösungen von der Politik einen starken Support erfaren. Somit passt die Forderung nach (Öko-) Effizienz und Konsistenz sehr gut in die vorherrschende politische (Wachstums-) Logik – ganz anders als diejenige nach Suffizienz. Beispiel Klimawandel (s. auch die Ausführungen in Kap. I.3.1.2.): „*Um die mit dem Klimawandel einhergehenden Veränderungen zu begrenzen, ist eine deutliche Reduktion des CO_2-Verbrauchs erforderlich. Das klingt eigentlich nach Suffizienz. Die hegemoniale Antwort ist aber die der Effizienz: Die Bundesregierung setzt auf eine Steigerung der Energieeffizienz und der Materialeffizienz (v.a. Recycling), um den Ressourcenverbrauch und den damit verbundenen CO_2-Ausstoß zu senken. Die zweite Antwort ist die der Konsistenz. Sie taucht im Kontext der erneuerbaren Energien auf. So sollen beispielsweise Biokraftstoffe die Ökonomie auf die Grundlage nachwachsender und CO_2-ärmerer oder gar neutraler*

Teil II. Der Prozess: Von der Wiege bis zur Bahre

Rohstoffe stellen. Aber was bedeutet es für die Länder des Südens, wenn deren Flächen nicht der Herstellung von Nahrungsmitteln, sondern von Treibstoffen dienen? Und was bedeutet es für die Umwelt, wenn der 'Biosprit' den Gesetzen der Effizienz insofern gehorcht, als dass möglichst schnell möglichst viel Biokraftstoff hergestellt werden soll? Zu den 'Nebenwirkungen' der von der internationalen Energieagentur geschätzten 147 Millionen Tonne Biokraftstoff innerhalb der nächsten 23 Jahre gehören vermehrte Bodenerosionen und Milliarden Tonnen Abwässer (...)." [123]

Dabei nimmt die Wachstumsideologie prinzipiell keine Rücksicht darauf, ob die betreffende Art zu Wirtschaften und zu Konsumieren überhaupt bedürfnisgerecht ist. Ein etwaiges Bedürfnis nach Suffizienz wird nicht geschützt. Im Gegenteil: *"Wer etwas nicht haben will, muss oft einen ungeheuren Aufwand betreiben, wird an den gesellschaftlichen Rand gedrängt oder wird systematisch daran gehindert. Welch' ungeheure Anstrengung beispielsweise, im System ungedrosselter Innovationsgeschwindigkeiten keinen neuen Computer haben zu wollen oder diesen (...) weder auf-, noch nach-, noch umrüsten zu wollen."* [124] Wie oben bereits beschrieben: Das Mittel (Investitionssphäre) verselbständigt sich, der eigentliche Zweck des Wirtschaftens (bedürfnisgerechte Konsumption) tritt in den Hintergrund.

II.3.2. Wohlfahrt und Wachstum: „... bis der Arzt kommt"?

„Zum Gelde drängt, am Geld hängt doch alles. Ach wir Armen."
Gretchen in Goethes „Faust"

Nachfolgend wird begründet, warum die an sich begrüßenswerte Forderung nach Wachstumsfreiheit (bzw. Kontraktionsfähigkeit) in der heutigen kapitalistischen Wirtschafts"ordnung" nicht umsetzbar ist. Dabei betrachten wir aus Gründen der Vereinfachung nur eine geschlossene Volkswirtschaft.

Der Schlüssel zum Verständnis der Wachstumsproblematik ist – worauf v.a. Binswanger[125] richtig hinweist - die Rolle der Nettoinvestitionen. Unter Nettoinvestitionen versteht man die Erhöhungen des Sachkapitalstocks in einer Periode. Nettoinvestitionen sind die eigentlichen Träger des Wirtschaftswachstums. Nettoinvestitionen sind zu unterscheiden von den Ersatzinvestitionen, die den vorhandenen Kapitalstock lediglich aufrecht erhalten.[A] Der vorhandene Kapitalstock wird über die Nutzungsdauer abgeschrieben. Über die Abschreibungen fließen den Unternehmen (sofern sie keine Verluste machen) Mittel zu, die nicht ausgeschüttet werden und damit für Reinvestitionen (gleiche Wiederbeschaffungskosten vorausgesetzt) verwendet werden können. Reinvestitionen sind somit zwar Bestandteil des Bruttosozialprodukts (zu den neueren Begrifflichkeiten Brutto- und Nettonationaleinkommen s. oben), aber gehören nicht zum Volkseinkommen (bzw. Nettonationaleinkommen). Wenn also vom Volkseinkommen gesprochen wird, so sind die Abschreibungen, welche die Erhaltung des vorhandenen Kapitalstocks und damit die augenblickliche volkswirtschaftliche Leistungsfähigkeit sichern sollen, schon abgezogen (vgl. Kap. II.3.1.2.). Das Volkseinkommen (hier vereinfachend gleichgesetzt mit dem Nettonationaleinkommen NNE, früher Nettosozialprodukt, NSP) entsteht aus der Produktion von Konsumgü-

---

[A] Auch von Ersatzinvestitionen können gewisse Wachstumseffekte ausgehen, wenn mit ihnen Produktivitätssteigerungen verbunden sind.

tern (C) und Investitionsgütern, soweit diese den volkswirtschaftlichen Kapitalstock erhöhen (also Nettoinvestitionen). Nettoinvestitionen (I) sind also in einer geschlossenen Wirtschaft aus Sicht der Einkommensentstehungsseite als das Volkseinkommen abzüglich Konsum definiert. Das erzielte Volkseinkommen kann einerseits verwendet werden als Konsum sowie als (Netto-)Ersparnis (S). Wir meinen vorliegend, wenn wir von Ersparnis sprechen immer die „Netto-Ersparnis" ohne die Einbeziehung von Abschreibungen. In Kap. II.3.5. werden wir den Ersparnis-Begriff hingegen im Sinne von Brutto-Ersparnis (der Abschreibungen einbezieht) verwenden. Die (Netto-)Ersparnis wiederum dient der Erhöhung der volkswirtschaftlichen Leistungsfähigkeit, indem sie die Nettoinvestitionen finanziert.[A] Die Einkommensverwendungsseite sieht also die (Netto-)Ersparnis als Volkseinkommen minus Konsum. Werden sämtliche (Netto-)Ersparnisse den Nettoinvestitionen zugeführt (ex ante-Übereinstimmung), so ist der Wirtschaftskreislauf geschlossen. Hierzu müssen die Unternehmer aber entsprechend hohe Renditeerwartungen bezüglich der vorzunehmenden Investitionen hegen. Die betreffende Rendite muss deutlich über derjenigen von risikolosen Finanzaktiva („landesüblicher Zinsfuß"!) und dem Fremdkapitalzins liegen, soll die Investition sich rechnen. Ansonsten unterlässt der Unternehmer die Investition. Anders als der (relativ stabile[B]) Konsumgüterkreislauf unterliegt der (Netto-) Ersparnis-Investitions-Kreislauf somit Unstetigkeiten, die vom jeweiligen Verhältnis zwischen (erwarteter) Sachkapitalrendite und dem Geld(-kapital)zinssatz abhängig sind. Eine Zunahme der Liquiditätspräferenz („Hortung") (wie sie in den zurückliegenden Jahren der wirtschaftlichen Abschwächung anhand des säkularen Absinkens der Geldumlaufgeschwindigkeit in Deutschland festzustellen war) bedeutet, dass die volkswirtschaftliche (Netto-)Ersparnis die Investition übersteigt. In diesem Fall ist der Wirtschaftskreislauf eben nicht geschlossen; die Folge sind Nachfrageausfälle und Arbeitslosigkeit. *Binswanger*[126] betont auf der anderen Seite, dass - je mehr der ökonomische Kapitalstock durch Nettoinvestitionen wächst - umso stärker der ökologische Kapitalstock in Mitleidenschaft gezogen wird.

Die Ausführungen verdeutlichen, dass die bloße Gegenüberstellung des jeweils exponentiellen Verlaufs von Geldvermögenswachstum und Wirtschaftswachstum nicht dazu verleiten darf, Korrelationen und Kausalitäten zu verwechseln. Das Geldvermögenswachstum zieht nicht etwa unmittelbar ein Wachstum der Realwirtschaft nach sich. Nicht zufällig kommt *Binswanger* genau zum umgekehrten Ergebnis: „Geld- und Kreditschöpfung setzen Wachstum, d.h. Netto-Investitionen, voraus".[127] Die untenstehende Tabelle erläutert noch einmal in Kurzform und vereinfachend die Zusammenhänge.

Produktion		Einkommen	Wirkung	Größe	
Konsum C	⇔	Konsum C	Kein Wachstum	NNE	
Nettoinvestition I	⇔	(Netto-)Ersparnis S	Wachstum		BNE
Ersatzinvestition E	⇔	Abschreibung D	Kein Wachstum		

Tab. 19: Nettoinvestitionen und Wirtschaftswachstum
(Quelle: Eigene Darstellung)

[A] Von Außenwirtschaftsbeziehungen sei hier der Einfachheit halber abstrahiert.

[B] Instabilitäten können auch hier v.a. bei bestimmten hochwertigen Gütern oder Dienstleistungen sowie säkular infolge von Umverteilungsprozessen und allgemeiner Verunsicherung auftreten.

Aus den obigen Erläuterungen geht ferner hervor, dass keinesfalls von einem Wachstumszwang der kapitalistischen Wirtschaft gesprochen werden kann, wenn man unter „Zwang" eine mechanistische Kausalitätsbeziehung versteht. Allerdings handelt es sich beim Wirtschaftswachstum aus verteilungs-, beschäftigungs- und sozialpolitischen Gründen um eine systemimmanente Funktionsnotwendigkeit: Ohne Wachstum würde die kapitalistische Marktwirtschaft nach kurzer Zeit in ein Desaster münden.

Die obige Tabelle lässt zudem die Schlussfolgerung zu, dass der Unterschied zwischen dem *Hick'*schen und dem *Fisher'*schen Einkommenskonzept (s. Kap. II.3.1.2. oben) dann gegenstandslos ist, wenn die Nettoinvestition gleich Null ist. Wir werden unten darlegen, dass dieser Zustand nur bei einem Zinssatz möglich ist, der nachhaltig gegen Null strebt.

II.3.3. Erreichung der ökologischen Zielsetzungen

Eine Krise kann nur dann vermieden werden, wenn der Wirtschaftskreislauf geschlossen ist. Dies wiederum kann nur dadurch erreicht werden, dass sämtliche (Netto-) Ersparnisse den Nettoinvestitionen zugeführt werden (ex ante-Übereinstimmung). Hierzu müssen die Unternehmer aber entsprechend hohe Renditeerwartungen bezüglich der vorzunehmenden Investitionen hegen. Diese muss deutlich über derjenigen von risikolosen Finanzaktiva („landesüblicher Zinsfuß"!) und dem Fremdkapitalzins liegen, wenn sich die Investition rechnen soll. Ansonsten unterlässt der Unternehmer die Investition. Anders als der (relativ stabile) Konsumgüterkreislauf unterliegt der Ersparnis-Investitionskreislauf somit erheblichen Unstetigkeiten, die vom jeweiligen Verhältnis zwischen (erwarteter) Sachkapitalrendite und dem Geld(-kapital)zinssatz abhängig sind. Wenn im Zuge einer Hochkonjunktur investiert wird, werden idealtypischerweise[A] mehrere Effekte erzeugt:
- zunächst tritt das neu geschaffene (Sach-) Kapital zu dem alten in Wettbewerb. Wegen der Konkurrenz der Kapitalien sinkt die Rentabilität des neu geschaffenen, aber auch des Bestandskapitals immer weiter ab;
- es werden neue Einkommen geschaffen, aus denen wiederum (auch) (Netto-) Ersparnisse gebildet werden. Das höhere Angebot an (Netto-) Ersparnissen führt auch zu einem tendenziellen Absinken der Zinssätze für das Geldkapital.

Der die Konjunktur kennzeichnende Investitionsprozess kann aber nicht beliebig weit gehen: Die Rendite des Sachkapitals kann nämlich nicht unter diejenige des Geldkapitals fallen (zudem muss auch noch eine Risikoprämie vom Sachkapital erwirtschaftet werden). Zwar entsteht einerseits ein Druck auf den Geldkapitalzins wegen der zunehmenden Ersparnisbildung. Andererseits bewirkt die zunehmende Kreditnachfrage auch einen Sog in Richtung eines steigenden Geldkapitalzinses. Schließlich ist zu beachten, dass der Realkapitalzins theoretisch (!) bis gegen Null gesenkt werden kann. Beim Geldkapitalzins hingegen existiert ein Absolutpunkt, ab dem eine weitere Absenkung des Zinssatzes auch bei weiterer Vermehrung des Angebotes an (Netto-) Ersparnissen nicht mehr möglich ist. Dieser Punkt liegt deutlich über Null und be-

---

[A] Die Realität sieht immer ein wenig anders als das beschriebene Muster aus, zumal auch andere Störfaktoren (Politik, Weltwirtschaft, Natur etc.) wirksam sind.

Teil II. Der Prozess: Von der Wiege bis zur Bahre

zeichnet eine absolute Untergrenze der Renditeforderungen der Kapitaleigner (die zwischen 2,5 und 5,5 % liegt und seit Jahrtausenden nicht nachhaltig unterschritten wurde). Der britische Ökonom *Keynes* bezeichnete diese „Mindestforderung" des Geldkapitals als die „*Liquiditätsprämie des Geldes*".[128]

> **Hinweis: Begründungen für die Liquiditätsprämie des Geldes**
>
> *Keynes* begründete die Liquiditätsprämie des Geldes mit der geringen Substitutions- und Produktionselastizität und den geringen Durchhaltekosten des Geldes.[129] Gerade in Zeiten von Unsicherheit kommt Liquidität aufgrund der diesbezüglichen Eigenschaften eine ganz besondere Bedeutung zu: Einzahlungen und Auszahlungen sind nur beschränkt planbar, und der Wert des eigenen Vermögens (falls vorhanden) unterliegt Schwankungen (zudem benötigt die Liquidation des Vermögens oftmals auch einen schwer bestimmbaren Zeitraum). Je unsicherer die allgemeine (wie auch individuelle) Situation, umso wichtiger das Vorhalten von Liquidität: Zahlungsunfähigkeit bedeutet Insolvenz. Mit der Aufgabe von Liquidität begibt man sich also eines Vorteils. Diesen Verzicht lässt man sich durch die Liquiditätsprämie (genauer: „Liquiditätsverzichtsprämie") bezahlen.
>
> Ein wichtiger Vorgänger und Ideenspender für *Keynes - Silvio Gesell* - bezeichnete das betreffende Phänomen als „*Urzins*".[130] *Gesell* betonte, dass Geld und Ware (bzw. Dienstleistungen und Arbeit) keineswegs - wie die Marxisten und Neoklassiker unisono (!) betonen – Äquivalente seien. Geld sei der Ware (und Arbeit) in vielerlei Hinsicht überlegen. In seiner Robinsonade zeigt *Gesell*, dass Geld ohne Verlust an der Substanz zurückgehalten werden kann, was bei Ware und Arbeit nicht möglich ist. Bei einer Zurückhaltung verliert der Geldbesitzer zwar den Zins; dasselbe trifft aber auch für den Besitzer der Ware und Arbeit zu, wenn diesen die Tauschmöglichkeiten verwehrt werden. Hinzu kommt speziell für den Besitzer der Ware ein Verlust aus Modewechsel, Schimmel, Rost, Kosten der Lagerhaltung, Diebstahl etc. etc., wenn er seine Waren nicht „an den Mann bringt". Die alljährlichen Aktionen des Schlussverkaufes (den Banken in dieser Form nicht durchführen) illustrieren anschaulich, was gemeint ist. Beim Tausch von Geld gegen Ware oder Arbeit fordert der Geldbesitzer daher eine Kompensation für den aufgegebenen Vorteil ein. Der Tausch ist keineswegs gleich, sondern strukturell ungleich, asymmetrisch.
>
> *Suhr*[131] vergleicht das Geld mit einem Joker im Kartenspiel der Volkswirtschaft: Geld ist universell einsetzbar. Mit Geld ist ein Vorteil verbunden, den andere Waren und Dienstleistungen nicht aufzuweisen haben. Für die Aufgabe des „Jokervorteils" verlangt der Geldbesitzer eine Prämie.
>
> Vorliegend wird Geld als die universellste (Real-) Option (Feld (1) / Tabelle 2) überhaupt interpretiert: Es gibt dem Inhaber (ohne selber einen Ertrag zu bringen) die Möglichkeit – verpflichtet ihn aber nicht – ertragbringende und wertsteigernde Investitionen zu realisieren.[132] Der Investor kann grundsätzlich sämtliche günstige Gelegenheiten (aus potentiellen Differenzen zwischen Einkaufs- und Verkaufspreisen) nutzen, wenn er nur liquide ist.
>
> Die hier vertretene Zinstheorie richtet sich z.T. gegen die neoklassische Auffassung. Die neoklassische Zinstheorie erklärt den Zins aus einer Präferenz für den Konsum in der Gegenwart; der Zins wird damit anthropologisch und nicht

> aus den Eigenschaften des Geldes begründet. Der Mensch lässt sich danach von seiner Gegenwartsvorliebe nur durch den Zins abbringen. Ohne den Zins würde es nach dieser Theorie somit keine (Netto-) Ersparnisse geben. Gegen diese Auffassung lässt sich eine Reihe von Argumenten einwenden (s. oben, Kap. II.2.1.1.).
>
> Die Erklärungen von *Keynes* (geringe Produktions- und Substitutionselastizität) sowie die von *Suhr* („Joker") finden sich in unserer Interpretation des Geldes als einer dem Wettbewerb teilweise entzogenen Option wieder, die universelle Umschichtungen des Portfolios sowie einen Zugriff auf das gesamte Sozialprodukt erlaubt. Gibt man die Option Geld aus der Hand, wird eine Kompensation für den Verlust des Flexibilitätsvorteils gefordert. Die *Keynes*'sche Liquiditätsprämie ist m.E. nichts anderes als eine Optionsprämie.

Die Rolle dieser Untergrenze ist die Crux für das Verständnis des Konjunkturprozesses: In Phasen lebhafter Wirtschaftstätigkeit wird viel investiert. Das Geld stellt sich nur für (Netto-) Investitionen zur Verfügung, wenn damit eine Rendite erwirtschaftet werden kann, die deutlich (je nach Risiko) über dem landesüblichen Zinsfuß liegt (der aber nach unten durch die Liquiditätsprämie des Geldes begrenzt ist). Durch die Investitionstätigkeit nimmt die Konkurrenz der Kapitalien zu und deren Rendite ab. Können aufgrund der durch die Investitionstätigkeit zunehmenden Konkurrenz der Kapitalien die Forderungen des Geldkapitals nicht mehr erfüllt werden, so verweigert es sich der Investition. Das Geld tritt in Streik – ein Streik, der weit schwerwiegendere Auswirkungen hat als ein Streik der Arbeitnehmerschaft. Steigt die Liquiditätspräferenz an, so wird also Geld „gehortet". Die Umlaufgeschwindigkeit des Geldes sinkt ab. Die (Netto-) Ersparnis übersteigt die Investition, es kommt zu „Thrombosen" im Wirtschaftskreislauf. Der Wirtschaftskreislauf ist nicht geschlossen; es kommt zu Nachfrageausfällen und Arbeitslosigkeit. Die Nachfrageausfälle setzen sich multiplikativ fort: Beispielsweise entlässt die Bauindustrie Arbeiter. Die entlassenen Arbeiter können eigentlich geplante Anschaffungen nicht vornehmen, z.B. ein Kfz. Auch in der Kfz-Industrie kommt es zu Kurzarbeit. Auch die hier betroffenen Arbeiter müssen Abstriche in ihrem Konsumverhalten machen. So verzichtet man auf den Kauf von Elektroartikeln wie Fernsehgeräten. Dies führt in der dortigen Industrie wie im Handel zu Nachfrageausfällen etc. etc. Die Folge: Eine Stagnation der Wirtschaft oder gar eine „Reinigungskrise", die eine entsprechende Vernichtung von Sachkapital bewirkt (man bedenke die ökonomischen, sozialen und ökologischen Folgen!) und mit der daraus hervorgehenden Verknappung die Voraussetzung für eine spätere rentable Kapitalverwertung wieder herstellt (man bedenke aber die ökonomischen, sozialen und ökologischen Folgen!).

Die krisenbedingte Kapitalvernichtung mit der daraus hervorgehenden Verknappung entschärft jedoch den Konkurrenzdruck für das „überlebende" Sachkapital und stellt die Voraussetzung für eine spätere rentable Kapitalverwertung wieder her. Im aufkeimenden neuen Konjunkturzyklus wird wieder von Neuem investiert und investiert, bis die Knappheit des Kapitals wiederum dessen Rendite so weit drückt, dass die Hergabe von Geld für Sachinvestitionen nicht mehr interessant ist. Die nächste Krise droht. Die Konjunkturzyklen sind daher nicht etwa ein „natürlicher" Vorgang, sondern die Arbeit des kollektiven gesellschaftlichen Sisyphos. Die Gesellschaft arbeitet und arbeitet, spart und spart dafür, dass das betreffende Kapital also am Ende wieder vernichtet wird.

Teil II. Der Prozess: Von der Wiege bis zur Bahre

> **Beispiel: Japan**
> In der Krise ab 1990 wurden in Japan ca. 40 % des Volksvermögens vernichtet. Dabei handelte es sich teilweise um eine physische, teilweise um eine „nur" wertmäßige Vernichtung, die v.a. Immobilien, Wertpapiere und Aktien betraf. Besonders betroffen von der Wertvernichtung waren Immobilien. „Immobilien" beinhalten Grund und Boden sowie die aufstehenden Gebäude als Sammelbegriff. Bezüglich Grund und Boden sei der Hinweis angebracht, dass innerhalb des „Schöpfungsrahmens" (vgl. Tabelle 2 / Feld (1)) die Bildung von Ersparnissen aus gesamtwirtschaftlicher Sicht nicht möglich ist: Die Bildung von Ersparnissen aus gesamtwirtschaftlicher Sicht bedeutet nichts anderes als die erzeugung von Investitionsgütern. Grund und Boden, Wasserentnahmerechte etc. stellen jedoch Rechte an Ressourcenquellen dar, die grundsätzlich schon immer vorhanden waren und nicht neu geschaffen werden können. Lediglich der Wert der Ressourcenquellen kann sich verändern, wenn z.B. bei Grund und Boden die Nachfrage ansteigt oder der Kapitalisierungszinssatz absinkt.

Abb. 24: Sisyphos[133]

Die (dynamischen) kaufmännischen Investitionsrechnungen spiegeln das Gesagte wider: Die Wiederanlage der investierten Beträge führt nämlich zu einem exponentiellen Wachstum des betreffenden Vermögens, das nicht durchgehalten werden kann. Illustriert sei dies wiederum am Beispiel des sog. „Josephspfennigs": *„Geht man von dem Fall des bekannten Sparers zu Zeiten Christi Geburt aus, der einen Pfennig (wer mag, kann in Cent umrechnen, d. Verf.) mit 5 % auf die Bank brachte (und ihn in einen Goldanspruch umwandeln ließ, d. Verf.) ..., so hätten seine Erben zu Zeiten Barbarossas um 1200 einen Anspruch auf Zins und Zinseszins auf eine Erdkugel aus Gold. Zu Zeiten Galileis war das Vermögen angewachsen auf ein Milchstraßensystem in Gold. Man erkennt das exponentielle Wachstum des Zinseszinsmechanismus, der aller Logik Hohn spricht."*[134] Das System kann seine Versprechungen nicht halten; auch ohne weitere ökonomische Einsichten wird unmittelbar klar, dass ein derartiges Regime nur durch periodische Zusammenbrüche auf den Boden der Realität zurückgebracht werden kann.

Teil II. Der Prozess: Von der Wiege bis zur Bahre

> **Hinweis: Noch einmal zur „schwachen Nachhaltigkeit"**
> An dieser Stelle sein noch einmal auf die Konzeption der „schwachen Nachhaltigkeit" verwiesen, welche die Ausbeutung der natürlichen Grundlagen damit rechtfertigt, dass wir ja auf dieser Grundlage die Kapitalien schaffen, welche die Basis für den Wohlstand künftiger Generationen darstellen. Leider werden diese Kapitalien aber periodisch wieder vernichtet – wir beuten also die Natur aus, ohne sie in ein entsprechendes „Wohlstandsfundament" für die nachfolgenden Generationen umzuwandeln!

So notwendig die Investitionstätigkeit im kapitalistischen System auch sein mag - ihr haftet der Geruch der Sisyphosarbeit deswegen an, weil eine Beseitigung der Knappheit systemimmanent unmöglich ist: Keynes befand über das besagte Phänomen: „*Daß die Welt nach verschiedenen Jahrtausenden beständigen Sparens der Einzelnen so arm an angehäuften Kapitalwerten ist, ist nach meiner Ansicht weder durch die unvorsorglichen Neigungen der Menschheit, sogar nicht einmal durch die Zerstörungen von Kriegen, sondern durch die hohen Liquiditätsprämien zu erklären, die (...) an dem Besitz von Geld hängen.*" [135]

Ist das kapitalistische System also wirklich so effizient und intelligent, wie oft suggeriert wird? Tatsache ist, dass die Liquiditätsprämie des Geldes den Standard setzt, über den sich das Sachkapital hinaus nicht vermehren kann. Diese Knappheit geht in der Zinswirtschaft von den Geld- und Kapitalmärkten aus und pflanzt sich auf alle übrigen Märkte fort. Der Zins muss für jedes Gut, auf jeder Verarbeitungsstufe für das jeweils benötigte Kapital bezahlt werden; auch wird keine Produktionsanlage im Kapitalismus betrieben, ohne dass sie Zins abwirft, ihre Erzeugnisse also knapp im Verhältnis zur Nachfrage sind. Diese Knappheit wird eben durch die Liquiditätsprämie des Geldes institutionalisiert. Die institutionalisierte Knappheit kann auch durch die entfesselten Produktivkräfte des freien Wettbewerbs nicht aufgehoben werden. Mehr noch: Der freie Wettbewerb ist unter den betreffenden institutionellen Bedingungen des Kapitalismus gar nicht möglich.

> **Hinweis: Marktwirtschaft und Kapitalismus**
> Marktwirtschaft und Kapitalismus sind zwar historisch zusammengewachsen, als Idealtypen aber scharf zu trennen. Besonders deutlich macht dies eine kybernetische Betrachtungsweise: Tritt in einer Marktwirtschaft eine Ungleichgewichtssituation ein, so werden systemimmanente Informations- und Regelungsprozesse wirksam, welche die Störung selbsttätig beseitigen. Der Pionierunternehmer, der einen bislang unerkannten Bedarf entdeckt, kann mit einem Vorstoß in diese Lücke u.U. außerordentlich hohe Gewinne realisieren. Schnell werden sich jedoch Konkurrenten einstellen; mit zunehmender Konkurrenz gehen dann schließlich die Gewinne auf das übliche Niveau zurück. Der neue Bedarf ist schließlich gedeckt.
> Gänzlich anders verhält es sich mit dem Kapitalismus. Die kapitalistische Zinswirtschaft ist positiv rückgekoppelt. Jede Kapitalwertrechnung geht davon aus, dass die Zinserträge stehengelassen werden und sich (wiederangelegt) weiter vermehren. Der Umverteilungsprozess, den der Zinseszinsmechanismus bewirkt, wird jedoch durch keine Größe begrenzt. Ganz im Gegenteil: Der Zinseszinsmechanismus bewirkt exponentielle Zuwachsraten. Während natürliche Wachstumsverläufe die Tendenz haben, sich irgendwann abzuschwächen und

Teil II. Der Prozess: Von der Wiege bis zur Bahre

> schließlich zu stagnieren, stehen die zinseszinsinduzierten exponentiellen Wachstumsraten einem solchen natürlichen Verlauf diametral entgegen.
> Wenn angesichts der allfälligen Knappheit insbesondere die Leitwerte „Versorgung" und „Gerechtigkeit" nicht befriedigend erfüllt sind, so schlägt sich diese Untererfüllung (in Analogie zur Liebigs „Gesetz des Minimums") in der Art und Weise nieder, wie sich das System entwickelt.[136]

Um die Nachfrageausfälle mit den unsäglichen wirtschaftlichen, sozialen, aber auch ökologischen Konsequenzen (Kapitalvernichtung = Ressourcenvernichtung) zu vermeiden, müssen also die (Netto-) Ersparnisse in (Netto-) Investitionen überführt werden. Die obigen Ausführungen sollten verdeutlichen, dass dies nur zeitweise gelingen kann. Der Kapitalbildungsprozess muss durch periodische Krisen unterbrochen werden. Diese Orgien der Kapitalvernichtung sind aber weder ökonomisch, sozial noch ökologisch verantwortbar. Die Wachstumsapologeten bleiben eine Antwort darauf schuldig, wie sie die beschriebenen Systemdefekte durch mehr Ökoeffizienz in den Griff bekommen wollen oder wie bzw. ob ein Mehr an „Konsistenz" hier Abhilfe schaffen kann.

II.3.4. Verteilungsgerechtigkeit

Der „technische Weg" definiert die Nachhaltigkeitsproblematik in ein ingenieurwissenschaftliches Problem um. Wachstum wird bejaht und grundsätzlich positiv gesehen – entsprechend den traditionellen Denkmustern trägt Wachstum dazu bei, die Knappheit an (privaten und kollektiven) Gütern abzubauen und erhöht zudem den Verteilungsspielraum. Mittlerweile belaufen sich die größten 225 Privatvermögen der Welt zusammen auf mehr als 1.000 Milliarden Dollar. Dies entspricht den gesamten Jahreseinkünften der 2,5 Milliarden ärmsten Menschen der Welt, also 40 % der Gesamtbevölkerung.[137] Wirtschaftliches Wachstum soll vor diesem Hintergrund als „Puffer" dienen, um Verteilungskonflikte zu entschärfen: *„Je mehr Wachstum erfolgt, desto mehr Umverteilung ist möglich, und am Ende werden alle Nationen und Menschen in der Lage sein, an den Früchten der wirtschaftlichen Zivilisation teilzuhaben."*[138] So kommt speziell Nachhaltigkeitsinnovationen als „dem Zaubertrick" des „technischen Weges" auch die Rolle eines wichtigen „Blitzableiters" zu[139]: Sie sollen das Wachstum antreiben und somit dazu beitragen, die drohende Kollision zwischen ökologischen und der aus Verteilungsdifferenzen resultierenden Anspruchsdynamik aufzulösen. Eine weitere Funktion des Wachstums in diesem Zusammenhang: Es erleichtert die Folgen des (innovationsbedingten) strukturellen Wandels und macht damit den Strukturwandel überhaupt erst sozial akzeptabel. *„Denn struktureller Wandel ist ein Prozess der ´schöpferischen Zerstörung´ (Joseph A. Schumpeter); bestehende, an geänderte Bedarfsstrukturen nicht angepasste oder zu kostenintensiv arbeitende Unternehmen und Branchen werden im Wettbewerb durch technisch oder organisatorisch innovative Unternehmen ersetzt."*[140]

Anders der o.a. „kulturelle Weg": Er sieht die Umweltproblematik letztlich als ökologisches und ökonomisches Verteilungsproblem an.[141] Wenn nämlich *„die Potenziale zur Befriedigung von Konsumansprüchen nicht weiter ausgedehnt werden können, verbleibt nur noch deren Umverteilung."*[142]

Teil II. Der Prozess: Von der Wiege bis zur Bahre

Eingangs wurde schon erwähnt, dass nach unserem Verständnis Kapitalismus stark mit der heutigen Form der Geld- und Zinswirtschaft zusammenhängt. Das Rentabilitätsprinzip durchzieht unser Leben wie unsere Gesellschaft in Gestalt eines positiven Zinses, der aller neoklassischen Gehirnwäsche zum Trotz nichts, aber auch gar nichts mit Leistung (bzw. mit Konsumverzicht als „Leistung") zu tun hat. Nichts wird produziert, keine Investition wird getätigt, die nicht die geforderte Mindestrendite bringen kann. Dies gilt auch und vor allem für ökologisch sinnvolle Investitionen (mit ihren charakteristischerweise relativ hohen Anfangsauszahlungen). Im vorangehenden Kapitel wurde anhand des Beispiels des „Josephspfennigs" die exponentielle Wachstumsdynamik illustriert, die mit dem Zins- und Zinseszinssystems einhergeht. Das Kapital entfaltet damit eine Dynamik, die nicht durchgehalten werden kann. Exponentiell wachsende Kapitaleinkünfte stehen ganz offensichtlich der Nachhaltigkeitsidee diametral entgegen. Während der fiktive, zu Christi Geburt angelegte Pfennig in Gold über das Zins- und Zinseszinssystem zu Zeiten Galileis zu einem Milchstraßensystem in Gold angewachsen ist, entfalten die Leistungseinkommen (Löhne und Gehälter, Unternehmerlohn[A]) allenfalls eine lineare und weitaus geringere Wachstumsdynamik: *„Beginnt jemand zu Christi Geburt im Rahmen einer 40-Stunden-Woche zu arbeiten, setzen wir einen Lohn von 5,00 DM (das Zitat stammt aus der Zeit, bevor geschichtsbuchsüchtige Währungspfuscher in zwei Schüben für blühende ökonomische Landschaften sorgten, D.L.) die Stunde an, geben wir ihm das ewige Leben und vernachlässigen wir den Zinsmechanismus, dann kann dieser Arbeiter zu Zeiten Barbarossas auch eine Kugel in Gold beanspruchen: nämlich in der Größe eines Volkswagens."* [143]

In unserer Geldwirtschaft können Umverteilungseffekte im Wesentlichen von zwei Phänomenen ausgehen:
- durch Zins und Zinseszins, sofern die Kapitalien in der Investitionssphäre belassen werden;
- durch Veräußerungen von Vermögensgegenständen zu Preisen, die unter oder über den Anschaffungs- oder Herstellungskosten liegen (Realisation von Wertänderungen, Spekulation).

Jeder Student, der Volkswirtschaft lernt, dass das Geld (neben seinen Eigenschaften als Zahlungsmittel und Recheneinheit) zugleich Tauschmittel und Wertaufbewahrungsmittel sein soll. Die meisten Studierenden inhalieren diese Glaubenssätze – wohl in der Annahme – dass diejenigen, die ebendiese Weisheiten von sich gegeben haben, sich wohl schon etwas dabei gedacht haben mögen.

Tatsächlich geht mit der Vereinigung der Tauschmittel- und Wertaufbewahrungsfunktion in ein und demselben Medium ein problematischer Konflikt einher: Die Tauschmittelfunktion unterstützt den Leitwert der „Effizienz" („Transaktionskassenhaltung"), die Wertaufbewahrungsfunktion v.a. denjenigen der individuellen „Sicherheit" („Vorsichtskasse"), aber auch den Leitwert der „Anpassungsfähigkeit" und „Wandlungsfähigkeit" („Spekulationskassenhaltung"). Allerdings geht die individuelle Sicherheit, Anpassungs- und Wandlungsfähigkeit auf Kosten der entsprechenden kollektiven Eigenschaften, wenn alle Individuen Liquidität zu halten trachten und ebendiese Liquidität dem System als Ganzem fehlt. Das Systemganze ist eben etwas anderes als die Summe seine Teile.

[A] Der Unternehmerlohn ist als Leistungseinkommen scharf zu unterscheiden von der Verzinsung des im Unternehmen investierten Kapitals.

Teil II. Der Prozess: Von der Wiege bis zur Bahre

> **Hinweis: Doppelte Koinzidenz und Arbeitsteilung**
> Das Geldwesen sollte zuallererst eine soziale Veranstaltung sein (d.h., die Eigenschaften des Systems sollten im Vordergrund stehen), da es seinen Nutzen eben erst in der sozialen Interaktion entfaltet. Ohne Geldwesen gäbe es keine Arbeitsteilung; ein weiter Teil der Wirtschaftstätigkeit würde gar nicht stattfinden, der durch das Geld vermittelten Arbeitsteilung verdankt ein großer Teil der Bevölkerung seine pure Existenz. Die von manchen Kapitalismuskritikern propagierte Abschaffung des Geldes wäre also eine soziale Katastrophe. Wie kommt es zu diesen segensreichen Wirkungen des Geldes? Der hungernde Schneider müsste ohne Geld erst den frierenden Bäcker treffen, diese müssten sich dann über das Austauschverhältnis sowie den Ort und die Zeit des Austausches einig werden („mehrfache Koinzidenz"). Ein funktionierendes Geldwesen erlaubt – durch die Separierung von Tausch und Rücktausch - einem Tauschpartner, in zweifacher Hinsicht in „Vorlage" zu treten:
> - Bäcker wie Schneider können zunächst einmal anfangen, sich zu spezialisieren und von der Subsistenzwirtschaft Abschied zu nehmen. Allein durch die Spezialisierung wird die Produktivität maßgeblich erhöht.[A] Andererseits machen sich die Marktteilnehmer auch in höchstem Maße von einem funktionierenden Austausch abhängig. Sie sind nach Aufgabe der Subsistenzwirtschaft nicht mehr in der Lage, ihre existenziellen Bedürfnisse selber zu erfüllen (das gilt national wie auch international). Gerät die Arbeitsteilung aus den Fugen, ist das Problem für den einzelnen Marktteilnehmer u.U. existentiell.
> - Diese Abhängigkeit von einem funktionierenden Austausch wird noch durch einen anderen Effekt verstärkt: Der Schneider gibt beispielsweise seine Ware gegen Geld im Vertrauen darauf in den Markt, dass er zu einem späteren Zeitpunkt den Gegentausch seinen Präferenzen entsprechend antreten kann. Die Wertaufbewahrungsfunktion („späterer Zeitpunkt") ist somit eine integrale Eigenschaft des Geldes – wird die Wertaufbewahrungsfunktion aber so dominant, dass sie auf Kosten der Tauschmittelfunktion geht (der Rücktausch wird zeitlich extrem gestreckt bzw. findet gar nicht mehr statt, weil der ehemals hungernde Schneider nun anfängt, Geld zu akkumulieren), verliert das System als Ganzes seine Funktionsfähigkeit.
>
> Der einzelne Wirtschaftsteilnehmer wird dann für das Vertrauen (das Wort „Kredit" bedeutet im lateinischen „Vertrauen"), das er der Funktionsfähigkeit des Systems entgegenbrachte, bestraft.

U.E. leidet das heutige Geldwesen an einem schwerwiegenden Fehler: Die Wertaufbewahrungsfunktion wird im Verhältnis zur Tauschmittelfunktion zu stark gewichtet. So bleibt es dem Belieben des Geldbesitzers überlassen, ob er das Geld in den Wirtschaftskreislauf gibt (also „Gas" gibt) oder das Geld zurückhält (also die „Bremse" tritt), weil entweder die Rendite nicht hoch genug ist oder aber das Risiko zu hoch eingeschätzt wird. Das heutige Geld ist also „Gaspedal" und „Bremse" zugleich – was würde man wohl zur Steuerbarkeit eines Kfz sagen, das mit einem derartigen „Uni-

---

[A] Berühmt wurde das von A. *Smith* beschriebene Beispiel der Stecknadelmanufaktur, die er selber besucht hatte: Ein einzelner Arbeiter könne an einem Tag noch nicht einmal 20 Nadeln herstellen. Zehn Arbeiter aber, von denen jeder nur auf ein paar Handgriffe des Gesamtherstellungsprozesses spezialisiert sei, könnten täglich 48.000 Nadeln produzieren.- Vgl. Art. A. Smith, in: H. Hesse, Ökonomenlexikon, Düsseldorf 2003, S. 334-335.

versalpedal" angeboten würde? Die Bewegungen des Geldes – als des wichtigsten Verkehrsmittels der Wirtschaft – hängen damit von den extrem widersprüchlichen und sich fortwährend ändernden Motiven der Geldbesitzer ab. Analytischer ausgedrückt, stellt auch Geld eine Option dar, und zwar die universellste Option, die in unserem Wirtschaftsleben existiert. Geld erlaubt, jedwede günstige Gelegenheit am Schopf zu packen: Ist man liquide, kann man günstige Einkaufs- bzw. Umschichtungsmöglichkeiten ausnutzen, um später teurer zu verkaufen. Liquide sein bedeutet jedoch, abwarten zu können, die Option nicht ausüben zu müssen.

Der zweite oben genannte Effekt – die Wertschwankungen von Aktiva - kommt eben maßgeblich dadurch zustande, dass die Geldbesitzer willkürlich darüber entscheiden können, ob sie „Gas geben", also investieren, oder aber „bremsen": Letzteres bedeutet einen Investitionsstreik. Das eine Mal wird Liquidität (Nachfrage) in die Märkte gegeben, das andere Mal wird Nachfrage entzogen. Die Auswirkungen von Investitionsstreiks sind aber – wie schon erwähnt - viel gewaltiger als die Streiks von Arbeitnehmern.[A]

Hinweis: Die Fisher´sche Verkehrsgleichung

M x V = P x Y

M := Geld
V := Geldumlaufgeschwindigkeit
P := Preisniveau
Y := Volkseinkommen o. Sozialprodukt

M * V := Geldseite
P * Y := Realwirtschaftliche Seite

Eine Steigerung der Geldmenge (z.B. Banknotenproduktion) erhöht die Geldseite. Auf der Realseite muss dann entweder P, Y oder beides zusammen steigen. Ein „Investitionsstreik" bedeutet ein Absinken von V, das „Gasgeben" der Wirtschaft ist gleichbedeutend mit einer Erhöhung von V.

Von *Francois Quesney* stammt die Analogie des Wirtschaftskreislaufs mit dem menschlichen Blutkreislauf. Ein „Investitionsstreik" kann ähnlich wie eine „Thrombose" im „Blutkreislauf der Wirtschaft" wirken und zu einem Kollaps führen.

Das „Gasgeben" und „Bremsen" kann auch Auswirkungen auf den Wert der Aktiva haben: Eine steigende Investitionsbereitschaft äußert sich zunächst in sinkenden Geldkapitalzinsen. Sind diese nicht mehr attraktiv, sucht der (als risikoscheu) unterstellte Anleger sein Heil in risikobehafteten Finanzanlagen (Aktien) und am Ende in Sachanlagen. Die betreffende Nachfrage lässt den Preis der betreffenden Aktiva sukzessive steigen und damit ihre Verzinsung sinken (sub-

---

[A] Arbeitnehmer können Streiks nur beschränkt durchhalten. Letztlich schädigen sie sich sogar selbst. Investitionsstreiks hingegen können weitaus länger durchgehalten werden. Je länger sie dauern, umso besser die nachfolgenden Verwertungsbedingungen für das Kapital.

Teil II. Der Prozess: Von der Wiege bis zur Bahre

> stitutive Beziehung im Rahmen des Transmissionsmechanismus relativer Preise).

Die Schwankungen der Börsenkurse geben beredtes Zeugnis darüber ab, wie zufällig und zugleich intensiv die betreffenden Schwankungen sein können. Wenn dabei Person A unterhalb des Einstandskurses verkauft, freut sich Person B über den guten „Deal". Was der eine verliert, gewinnt der andere. Die wirklich großen Vermögen heutzutage sind weniger auf den Zinseszinseffekt, sondern eher auf besagten Spekulationseffekt zurückzuführen.

Die angestellten Überlegungen sind bedeutsam, wenn man sich die Umverteilungswirkungen eines Nullwachstums vor Augen hält und sich klar macht, dass eine notwendige Bedingung für Nullwachstum eine Konsumquote von 100 % ist (daneben dürften auch keine Produktivitätsfortschritte erzielt werden): Eine Konsumquote von hundert Prozent besagt, dass (über die Ersatzinvestitionen hinausgehend) keine Nettoinvestitionen getätigt werden, die die Produktionskapazität erhöhen und so zum Wachstum beitragen. Ebenso dürfen keine (Netto-) Ersparnisse mehr stattfinden, d.h. Sparen und „Entsparen" (in diesem Fall Kreditaufnahmen zu Konsumzwecken) müssen sich entsprechen. Ein Blick auf Tab. 19 macht deutlich, dass diese Zielsetzung mit der Bedeutungslosigkeit des Ersparnis-Investitionskreislaufes korrespondiert. Das Einkommen – egal ob nach der Definition von *Hicks* oder *Fisher*) würde zu 100 % verkonsumiert (was ja auch gemäß den Lehrbüchern der Zweck des Wirtschaftens ist).

Im real existierenden kapitalistischen Wirtschaftssystem muss die Wirtschaft hingegen in Höhe des Stückes wachsen, das die (aufgrund des latenten, geldbedingten Umverteilungseffektes[A]) exponentiell wachsenden Kapitaleinkommen vom Sozialprodukt einfordern. Andernfalls verlieren die Arbeitenden, weil die Kapitaleinkommen die Zuwachsrate des Sozialproduktes übersteigen. Dies kann dann passieren, wenn
- c.p. das Geldvermögen schneller als das Sozialprodukt wächst und/ oder
- c.p. die Umverteilungswirkung zugunsten der Kapitaleinkommen die Zuwachsrate des Sozialproduktes übersteigt.

Mathematisch kann einfach der Punkt gezeigt werden, an dem sich die Verteilungsverhältnisse in Abhängigkeit von der Höhe des Zinssatzes umkehren: Es sei k der Anteil der Kapitaleinkommen am Volkseinkommen (ausgedrückt in einem Prozentsatz). Bei einem Umverteilungseffekt u (in %) wächst der Anteil von k am Volkseinkommen um den entsprechenden Prozentsatz. Es benötigt t* Jahre, bis sich die Verteilungsverhältnisse umgekehrt haben, sofern das Volkseinkommen nicht wächst oder anderweitige entgegenwirkende Effekte (z.B. durch Produktivitätsfortschritte) eintreten:

$$k \cdot (1+u)^{t^*} = 2k$$

Nach t* aufgelöst, ergibt sich der Verdopplungszeitraum:

$$t^* = \frac{\ln 2}{\ln(1+u)}$$

[A] Der Zinseszinseffekt schließt auch stehengelassene, thesaurierte Unternehmensgewinne ein.

Teil II. Der Prozess: Von der Wiege bis zur Bahre

Bei einem Nullwachstum und einem Umverteilungseffekt u von 3 % p.a.[A] würde es beispielsweise innerhalb eines Zeitraumes von wenig mehr als 20 Jahren zu einer Umkehrung der Verteilungsverhältnisse kommen. Die folgenden Graphiken[144] illustrieren, dass man vor diesem Hintergrund heute vor die Wahl des sozialen oder ökologischen Kollaps gestellt ist:

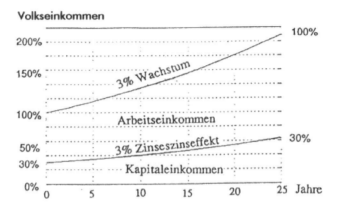

Abb. 25: **Wachstum des Volkseinkommens in Höhe des Geldvermögenswachstums: Ökologischer Kollaps**
(Quelle: Eigene Darstellung, nach Vorlagen von H. Creutz, Aachen)

[A] Wir haben die 3 % in Anlehnung an Vorträge gewählt, die u.a. von *Helmut Creutz* zu diesem Thema gehalten wurden und bei denen mit diesem Wert gearbeitet wurde. Plausibler dürfte (bei einem landesüblichen Zinssatz von nachhaltig ca. 4 % und einer durchschnittlichen Sparquote von ca. 10 % sowie der auf *Keynes* zurückgehenden Annahme, dass die marginale Sparquote mit wachsendem Einkommen steigt) m.E. ein u in der Größenordnung von vielleicht 1,5 % sein. Ein Teil der Zinserträge wird stehengelassen und speist die Ersparnis, ein anderer Teil wird konsumiert oder finanziert die Ersatzinvestitionen. Valide Untersuchungen aktuelleren Datums hierzu sind dem Verfasser nicht bekannt.

Teil II. Der Prozess: Von der Wiege bis zur Bahre

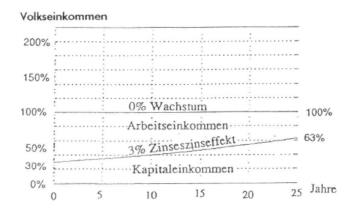

Abb. 26: **Wachstum des Volkseinkommens kleiner als die Rate des Geldvermögenswachstums: Sozialer Kollaps**
(Quelle: Eigene Darstellung, nach Vorlagen von H. Creutz, Aachen)

Es bedarf somit eines Wachstums mindestens in Höhe von u, damit keine Verteilungsverschiebungen zuungunsten des Arbeitseinkommens auftreten. Problematisch ist jedoch, dass der Wachstumseffekt tendenziell umso schwächer ausfällt, je höher entwickelt eine Volkswirtschaft ist (s. auch das Modell im nachfolgenden Kapitel). Der beschriebene Umverteilungsmechanismus kommt dadurch tendenziell stärker zur Wirkung. Verantwortlich für diese Reduktion der Wachstumsraten ist ganz maßgeblich der sog. „marginale Kapitalkoeffizient". Dieser setzt die Nettoinvestitionen zur Änderung der möglichen Produktion in Beziehung und misst somit *„... den Kapazitätseffekt der Investitionen, und zwar wird der Kapazitätseffekt um so kleiner, je größer der Kapitalkoeffizient ist. Ein großer Kapitalkoeffizient bedeutet, dass eine gegebene Nettoinvestition nur einen kleinen Zuwachs zur potentiellen Produktion bewirkt."* [145] Wird z.B. eine Sparquote von 10 % wieder netto investiert, so erhöht sich bei einem marginalen Kapitalkoeffizienten von 5 die Produktion potentiell um 2 %. In der Vergangenheit besaß der marginale Kapitalkoeffizient als Folge der steigenden Kapitalintensität einen Trend nach oben, was die Wachstumsraten tendenziell reduziert und sich auf die Verteilungssituation entsprechend ungünstig auswirkt.[146]

Die obigen Ausführungen vermitteln hoffentlich einige Vorstellungen über den antagonistischen Charakter des Geldes: Geld ist Gaspedal und Bremse zugleich, es setzt systemimmanent eine Notwendigkeit zu wachsen, auf der anderen Seite unterbricht es dieses Wachstum fortlaufend. Die sich im Geld vereinenden Gegensätze pflanzen sich in gesellschaftlichen Antagonismen fort: Wir sehen reiche Länder mit Kinderarmut und einem „Prekariat", arme Länder mit einer prassenden Oberschicht, Steuergeschenke an Reiche, die diese nicht nötig haben etc. etc.

Geld, besser: der Zins spaltet die Gesellschaft in Nachfrage ohne Bedarf einerseits und Bedarf ohne Nachfrage andererseits; in Kapitalrentiers (als sozial privilegierte Gruppe) und Sozialrentner (als sozial diffamierte Gruppe) als notwendige Kehrseite der Münze. Weltweit haben heutzutage mehr als 900 Millionen Erwachsene dauerhaft keine Arbeit – ungefähr eine ebenso hohe Anzahl von Menschen hungert.[147] Das kapitalistische Regime ist offenbar nicht in der Lage, Nachfrage und Bedarf zueinander zu bringen.

Teil II. Der Prozess: Von der Wiege bis zur Bahre

Die von Marx beschriebenen (wenn auch nicht analysierten) Widersprüche (Antagonismen) der Industriegesellschaft haben aber in den widersprüchlichen Eigenschaften des Geldes ihre eigentliche Ursache.

Marktwirtschaft ist ein genialer Mechanismus, der immer zugunsten der knappsten Produktionsfaktoren wirkt. Von „Knappheit" zu reden, mutet angesichts der augenscheinlich existierenden Kapitalfülle zwar ein wenig merkwürdig an – Knappheit ist jedoch relativ zu verstehen, als Verhältnis zwischen Angebot und Nachfrage. Knappheit kann so interpretiert auch noch angesichts einer Fülle von Kapital herrschen – eben in hochentwickelten Volkswirtschaften. Dass die Marktwirtschaft zugunsten der (relativ) knappen Produktionsfaktoren wirkt, ist dabei durchaus sinnvoll; auf diese Weise können nämlich die betreffenden Knappheiten – theoretisch - rasch beseitigt werden. Problematisch wird es jedoch, wenn bestimmte Produktionsfaktoren (in unserer Wirtschaftsordnung das Kapital) strukturell und institutionalisiert knapp gehalten werden. Dann muss die Marktwirtschaft eben strukturell zu Gunsten des – institutionalisiertermaßen – knappen Faktors Kapital und zu Ungunsten der relativ reichlich vorhandenen Faktoren (v.a. Arbeit) wirken.[A] Allerdings sollte man nicht den verbreiteten Fehler begehen, das „Kind mit dem Bade auszuschütten" und, wie dies Marx und im Gefolge die extreme politische Linke taten, die Marktwirtschaft als solche ablehnen und / oder mit dem Kapitalismus gleichsetzen.

Die strukturelle Knappheit des Faktors Kapital hat eine Reihe von Konsequenzen:

- Zunächst erzeugt sie eine funktionale Hierarchie der Märkte. Auf den ganz oben stehenden Geld- und Kapitalmärkten entscheidet sich, welche Aktivitäten auf den nachgeordneten Güter- und Dienstleistungsmärkten entfaltet werden dürfen und welche nicht. D A S Kriterium hierfür ist die Rentabilität der betreffenden Vorhaben. Ganz am unteren Ende der Hierarchie, noch unterhalb des Marktes für Güter und Dienstleistungen, steht der Arbeitsmarkt. Dies ist kurioserweise derjenige Markt, auf dem die – immer wieder mäßig erfolgreichen - Aktivitäten der Sozial- und Wirtschaftspolitik ansetzen (z.B. Hartz IV).
- Die besagte funktionale Hierarchie besteht auch in den Unternehmen. Gemeinhin genießen diejenigen Positionen die höchste soziale Wertschätzung, mit denen der Umgang mit Geld verbunden ist. Bekanntlich ist „der Techniker das Kamel, auf dem der Kaufmann zum Erfolg reitet".
- Strukturelle Knappheiten vermitteln auch Machtverhältnisse. Je knapper das Kapital im Verhältnis zur Arbeitskraft, umso unverschämter und unverbrämter kommen auch die Forderungen der „Hundte"[B] dieser Welt. Das Gefühl der Ohnmacht und des „bedingungslosen Gehorchen müssens" dem Arbeitgeber gegenüber wird intensiver. Interessanterweise erreichen beispielsweise die Krankmeldungen in den Betrieben in Krisenzeiten Niedrigststände. Die Arbeitnehmer sind den Interessen der Kapitaleigner faktisch ausgeliefert. Hilflos setzt die Politik Schutzgesetze dagegen. Diese bleiben aber Papiertiger, weil sie angesichts der knappheitsbedingten Machtverhältnisse gerade in denjenigen Zeiten versagen, in denen die Arbeitnehmer auf sie angewiesen wären (gerade dann werden die betreffenden Gesetze von einer „angebotsorientierten Politik" oft wieder gelockert).
- Gewerkschaften waren in der Vergangenheit regelmäßig dann am stärksten, wenn die Arbeitnehmer sie am wenigsten brauchten (nämlich in Zeiten einer Verknappung des Faktors Arbeitskraft) und umgekehrt.

[A] Dies, obwohl im Grundsatz Sachkapital leichter zu vermehren sein dürfte als ein – wie auch immer definiertes – „Humankapital".

[B] Dieter Hundt, BDA-Präsident

Teil II. Der Prozess: Von der Wiege bis zur Bahre

- Die strukturelle Knappheit des Kapitals wirkt auch auf die Befindlichkeiten der Bevölkerung ein. Marx, als Ökonom durchaus mit einer zweifelhaften „Performance" gesegnet, analysierte als Soziologe doch interessante Phänomene, die noch heute Gültigkeit beanspruchen können. Im Zusammenhang mit dem Knappheitsphänomen ist diesbezüglich v.a. der „Pauperismus" und „Materialismus" zu benennen. Ähnliche Phänomene wurden v.a. für die Schicht der „Neureichen" auch von Veblen[148] („Geltungskonsum" oder „demonstrativer Verbrauch") beschrieben. Ein Beispiel ist das Bemühen, das Konsumverhalten höherer Schichten zu imitieren: Der Mercedes wird nicht vom W 3-Professor (in dessen Peergroup ein solches Gefährt möglicherweise als ausgesprochen „uncool" gilt), sondern von der Putzfrau gefahren. Nicht Bildung, persönliche Entwicklung etc. bekommen Bedeutung, sondern der materielle Besitz.[149] „Geistige", „ideelle" Werte sind dem Prekariat weitgehend fremd. Der Verfasser will an dieser Stelle Marx durchaus insoweit folgen, als dass – angefangen mit den materiellen Verhältnissen - die Lebenslage[150] dieser Schichten zunächst grundlegend geändert werden muss (auch durch Umverteilung), bevor an Wachstumsfreiheit gedacht werden kann. Notwendig ist allerdings auch die aktive Vermittlung von Werten jenseits des Konsums.

Die obigen Beispiele für die strukturelle Vermachtung unserer Gesellschaft könnten beliebig fortgesetzt werden. Speziell für die Umwelt bedeutet die strukturelle Knappheit des Faktors Kapital, dass auch sie sich tendenziell den betreffenden Interessen zu beugen hat:
- Bei der abwägenden Entscheidung über die Neuausweisung eines Gewerbegebietes werden eventuell neu entstehende Arbeitsplätze regelmäßig höher gewichtet als das mögliche Verschwinden einer Art.
- Grenzwerte werden nachsichtig gesetzt, Emissionszertifikate in einer Art zugeteilt, welche den Sinn des Vorhabens (Cap and trade) von vornherein infragestellt. Der Grund hierfür ist regelmäßig die Intervention der Industrielobby mit der latenten Drohung, Arbeitsplätze abzubauen bzw. zu verlagern.
- Mit derselben Begründung werden weitergehende institutionelle Reformen verhindert.

Stattdessen ist die Politik auf die Förderung neuer Technologien fokussiert: Auf diese Weise muss der Status quo bzw. die vorhandenen Besitzstände nicht infrage gestellt werden. Freilich – wir haben dies ausgeführt – kann auf dem „technischen Weg" eine das Etikett „nachhaltig" verdienende Lösung nicht erreicht werden. Wenn von der Politik Suffizienz bemüht wird, dann als staatlich angemahntes oder gar verordnetes Maßhalten. Derartige Appelle sind jedoch „insofern fatal, als dass sie sich allzu oft an diejenigen richten oder diejenigen treffen, die immer schon Maß halten sollten oder mussten und daher mit Geld und materiellen Gütern so ganz üppig nicht ausgestattet sind."[151]

Im Übrigen sei noch im Anschluss an die Diskussion um die Ressourcenkonflikte (vgl. Kap. I.3.2.2.) angemerkt, dass die Fähigkeit zu einem Nullwachstum bzw. zu Kontraktion ebenfalls ein wichtiges Mittel darstellt, um die durch das Wirtschaftswachstum hervorgerufenen Konflikte um Ressourcen zu entschärfen. „Die ´Grenzen des Wachstums´ kehren als geo-politische Konflikte wieder."[152] Regelmäßig stellen die armen Bevölkerungsschichten und Staaten die Verlierer derartiger Konflikte dar. Es geht also um den Rückbau von Ressourcenansprüchen, um eine „globale Apartheid"[153] zu vermeiden. Dieser Rückbau von Ressourcenansprüchen ist m.E. längerfristig nicht ohne eine „Suffizienzrevolution" zu bewerkstelligen. Auf der anderen Seite sind es gerade die Entwicklungs- und Schwellenländer, welche durch ihre Aufholjagd, bei der sie sich an westlichen Entwicklungsmustern orientieren, das Dilemma noch weiter vertiefen: „*Quer durch die Geschichte kolonialer Übermacht mussten Nationen ihre Schwäche gegenüber den Industrieländern erkennen, ein Unterlegenheitsgefühl, das bis zum heutigen Tag die Weltgeschichte mit antreibt. Länder optieren daher für wirtschaftliche Mobilmachung nicht nur aus Lust am Reichtum, auch nicht nur aus dem Verlangen, endlich auf gleicher Augenhöhe mit den Industrieländern zu kommen, sondern ebenso aus der Furcht, dem Diktat der Mächtigeren ausgesetzt zu sein. Wachstumsversessenheit ist nicht selten eine Form der Selbstverteidigung.*" [154]

II.3.5. Exkurs: Ein Wachstumsmodell

Die vorstehenden Ausführungen appelierten vor allem an die Intuition. Nachfolgend soll anhand eines Modelles analytisch gezeigt werden, warum die Liquiditätsprämie des Geldes sowohl dafür verantwortlich ist, dass weder ein Konsumoptimum noch Nachhaltigkeit (i.S. einer Wirtschaft ohne Wachstumsdruck) im Rahmen der geltenden Geldordnung jemals erreicht werden kann. Wir wollen darstellen, warum die Neutralisierung der Liquiditätsprämie eine notwendige (nicht hinreichende!) Bedingung für eine wachstumsfreie Wirtschaft ist. Als Referenzmodell soll dabei das neoklassisch geprägte Wachstumsmodell von *Solow* dienen. Dieses Wachstumsmodell soll zunächst in seinen Grundzügen dargestellt werden.[A] Das neoklassische Modell in seiner Grundform unterstellt jedoch eine geldlose Wirtschaft und Sicherheit. Die Rolle des Geldes bei Unsicherheit wurde auch von den einschlägigen Erweiterungen (v.a. *Tobin*[155]) in monetärer Hinsicht bislang nicht systematisch thematisiert (z.B. bespricht *Tobin* ausschließlich die Wertaufbewahrungsfunktion des Geldes). Das neoklassische Grundmodell wird daher modifiziert: Es wird die Bedeutung von Geld in einer unsicheren Welt betrachtet und die Liquiditätsprämie explizit in die Analyse eingeführt. Zudem wird die Sparquote als abhängige Variable umgedeutet. Die Konsequenzen dieser beiden Modifikationen unterscheiden sich radikal vom Ursprungsmodell. Von weiteren Erweiterungen und Modifikationen wie z.B. Veränderungen der Bevölkerung und Produktivitätsfortschritten wird abstrahiert, da sie an den getroffenen Aussagen im Grundsatz nichts ändern.[B]

[A] Vgl. R. M. Solow, A Contribution to the Theory of Economic Growth, in: Quarterly Journal of Economics, Bd. 70 / 1956, S. 65-94; T. W. Swan, Economic growth and capital accumulation, in: Economic Record 32 /1956, S. 334 – 361; N. G. Mankiw, Makroökonomik, 3. Aufl. 1998, S. 91 ff.). Die Annahme einer substitutionalen Produktionsfunktion ist originär neoklassisch. Eine einkommensabhängige Sparfunktion ist als keynesianisches Element zu bezeichnen. Rein neoklassische Modelle würden die Annahme einer konstanten Sparquote durch eine entscheidungstheoretisch fundierte intertemporale Konsumfunktion ersetzen. Ersetzt man schließlich die substitutionale Produktionsfunktion durch die Annahme fixer Faktorproportionen, erhält man das postkeynesianische Modell vom Harrod-Domar-Typus.

[B] Zur Abschreibungsrate müsste auch noch die Rate des Bevölkerungswachstums addiert werden. Auf diese Weise würde dem „Kapitalverdünnungseffekt" (Capital dilution) besser Rechnung getragen. Vorliegend geht es jedoch nur um die Darstellung der grundlegenden Zusammenhänge.

Teil II. Der Prozess: Von der Wiege bis zur Bahre

II.3.5.1. Ableitung aus dem Solow-Modell

a. Annahmen

Das Angebot von Gütern und Dienstleistungen wird im *Solow*-Modell durch eine Produktionsfunktion beschrieben, nach der die gesamte ausgebrachte Menge (Y), die in aggregierter Betrachtung dem Sozialprodukt entspricht[A], vom Kapitalstock (K) und dem Arbeitseinsatz (L) abhängt:

$$Y = F(K, L) \qquad (1)$$

Es wird angenommen, dass die Produktionsfunktion konstante Skalenerträge aufweist:

$$zY = F(zK, zL) \text{ für } z > 0 \qquad (2)$$

Ersetzt man z durch 1/L, erhält man die Arbeitsproduktivität (oder Pro-Kopf-Produktion)

$$Y/L = F(K/L, 1) \qquad (5)$$

Die Arbeitsproduktivität y = Y/L wird somit als Funktion der Kapitalintensität k = K/L beschrieben. Für das Verhältnis zwischen Y/L und K/L spielt die Größe der Volkswirtschaft aufgrund der unterstellten Konstanz der Skalenerträge keine Rolle. Die Pro-Kopf-Produktionsfunktion (5) kann also wie folgt ausgedrückt werden:

$$y = f(k) = F(k, 1) \qquad (6)$$

Verwendet man eine neoklassische Pro-Kopf-Produktionsfunktion, so flacht diese mit steigendem Kapitaleinsatz ab, weil das Grenzprodukt des Kapitals sinkt.

Die Güternachfrage setzt sich aus Konsum und Investitionen zusammen. Die Pro-Kopf-Produktion y wird somit zwischen Pro-Kopf-Konsum (c = C/L) und Pro-Kopf-Investition (i = I/L) aufgeteilt. Dabei sind mit Investitionen – abweichend von der in Kap. II.3.2. verwendeten Terminologie - immer die Brutto-Investitionen gemeint. Diese umfassen also auch die Ersatzinvestitionen. Wir abstrahieren also aus Vereinfachungsgründen von der Staatstätigkeit und außenwirtschaftlichen Einflüssen. Somit ist

$$y = c + i \qquad (5)$$

Nach Umformungen erhält man[B]

$$i = s\, y \qquad (6)$$

Die Sparquote s ist damit derjenige Teil der Produktion, der für Investitionen verwendet wird. Sie soll zunächst im *Solow*-Modell als unabhängige Variable eingeführt werden; später wollen wir diese Annahme modifizieren. Gemeint ist vorliegend übrigens – abweichend von Kap. II.3.2. – die Brutto-Sparquote, die auch die zurückgelegten Mittel für die Ersatzinvestitionen mit umfasst.

[A] Es geht also ausdrücklich nicht um das Volkseinkommen, sondern um eine Größe vor Berücksichtigung des Kapitalverschleißes.

[B] Geht man von einer exogen determinierten Sparquote s aus, so steht der verbleibende Teil des Sozialprodukts (1-s) y zu Konsumzwecken zur Verfügung: c = (1-s)y. Nach Einsetzung von (1-s)y für c in die Kreislaufgleichung ist y = (1-s)y + i

Teil II. Der Prozess: Von der Wiege bis zur Bahre

Im Folgenden wollen wir eine substitutionale und linear homogene Produktionsfunktion voraussetzen, wie sie z.B. die CES-Produktionsfunktion oder die *Cobb-Douglas*-Produktionsfunktion darstellen[A]. Entsprechend der neoklassischen Theorie soll davon ausgegangen werden, dass die Entlohnung der Produktionsfaktoren entsprechend ihrer relativen Knappheit bzw. ihrem Grenzprodukt stattfindet (somit werden Konkurrenzmärkte und gewinnmaximierende Unternehmen vorausgesetzt). Die Kapitalkosten werden als variable Kostenbestandteile angesehen, da es sich bei der Kapitalintensität um die unabhängige, zu variierende Variable handelt. Der Arbeitseinsatz L wird ebenfalls als unabhängige Variable eingeführt.

b. Der stationäre Zustand im Modell von Solow

Die Kapitalintensität einer Volkswirtschaft k wird durch Investitionen erhöht. Die Pro-Kopf-Investitionen können im Modell von *Solow* als Funktion der Kapitalintensität ausgedrückt werden, wenn in Gleichung (6) die Variable y durch f(k) ersetzt wird:

$$i = s\, f(k) \qquad (7)$$

Berücksichtigt man schließlich noch die Abschreibungen δ, ergibt sich für das physische Wachstum des Kapitalstocks pro Kopf:

$$\Delta k = i - \delta \qquad (8)$$

Der Kapitalstock erhöht sich also insoweit, als die (Brutto-)Investitionen (pro Kopf) nicht durch Abschreibungen wieder aufgezehrt werden (zur Kritik unten). Unterstellt man, dass der Abschreibungssatz durch technische Umstände determiniert ist, kann er als konstant angenommen werden:

$$\delta = \bar{\delta} \qquad (9)$$

Ein stationärer Zustand entsteht, wenn $\Delta k = 0$. Dann ist das Break even-Investitionsvolumen pro Kopf

$$i = \bar{\delta} k \qquad (10)$$

Nun sind in Abhängigkeit von k verschiedene stationäre Zustände denkbar. Geht man davon aus, dass Investieren kein Selbstzweck und der Sinn des Wirtschaftens letztlich der Konsum sein sollte, so ist aus wohlfahrtstheoretischer Sicht derjenige stationäre Zustand optimal, der mit dem höchsten Konsumniveau verbunden ist. Formt man die auf die Beschäftigtenzahl bezogene Gleichung (6) um, so ergibt sich

$$c = y - i \qquad (11)$$

Nach Einsetzen von f(k) ergibt sich für das Sozialprodukt pro Kopf und $\bar{\delta} k$ für i für den stationären Pro-Kopf-Konsum c folgender Gleichgewichtspunkt:

$$c = f(k) - \bar{\delta} k \qquad (12)$$

Durch die Ableitung nach k erhält man nun das Netto-Grenzprodukt des Kapitals:

$$\frac{dc}{dk} = f'(k) - \bar{\delta} \qquad (13)$$

[A] Diese Annahmen lassen sich als „neoklassisch" etikettieren.- K. Rose, Grundlagen der Wachstumstheorie, 4. Aufl., S. 68 ff.- Bei der Cobb-Douglas-Produktionsfunktion wird eine invariante Verteilung vorausgesetzt, was sicher eine unrealistische Prämisse darstellt. Allerdings stehen vorliegend nicht Verteilungsfragen, sondern der ertragsgesetzliche Verlauf im Mittelpunkt der Betrachtung.

Teil II. Der Prozess: Von der Wiege bis zur Bahre

Das Konsumoptimum (c**) bekommt man, indem die Ableitung gleich Null gesetzt und umgeformt wird:

$$f'(k^{**}) = \overline{\delta} \qquad (14)$$

Dabei ist f'(k**) gleich der Grenzproduktivität des Kapitals, die - als die Steigung der Pro-Kopf-Produktionsfunktion – in k** also $\overline{\delta}$ entsprechen muss.

Damit das Wachstum des Nettonationalproduktes bzw. des Volkseinkommens gegen Null geht, muss also das BSP (bzw. Bruttonationaleinkommen) mit einer Rate wachsen, die dem Abschreibungssatz entspricht. Unter Außerachtlassung von Bevölkerungswachstum, aber unter Einbeziehung der Abschreibungen („Constant decay") existiert ein „Steady state".[A]

> **Hinweis: Der stationäre Zustand in der modernen Wachstumstheorie und bei den ökonomischen Klassikern**
> Der „kulturelle Weg" knüpft durchaus an Gedanken an, die die schon von den Klassikern der Ökonomie gedacht wurden. Von *Smith* bis *Mill* waren die ökonomischen Klassiker davon überzeugt, dass die wirtschaftliche Entwicklung auf einen wachstumslosen Endpunkt hinläuft[156]: Den stationären Zustand („Steady state"). Für die klassischen Ökonomen war unendliches Wachstum nicht vorstellbar. Allerdings bewertete lediglich *John Stuart Mill* diesen stationären Zustand positiv (s. oben), wobei er auch an die natürliche Umwelt dachte: *„Wenn die Erde jenen großen Bestandteil ihrer Annehmlichkeiten verlieren müsste, den sie jetzt Dingen verdankt, die der unbegrenzte Zuwachs an Vermögen und Bevölkerung ihr entziehen würde, nur zu dem Zweck, eine größere, aber nicht bessere oder glücklichere Bevölkerung unterhalten zu können, so hoffe ich von ganzem Herzen um der Nachwelt willen, dass lange bevor die Notwendigkeit dazu zwingt, man sich mit einem stationären Zustand zufrieden gibt."* [157] Der stationäre Zustand der Klassiker hat jedoch nichts mit dem „Steady state" des heutigen ökonomischen Mainstreams gemeinsam. Letzterer zeichnet sich durch die Stetigkeit der Wachstumsraten aus. Der stationäre Zustand der Klassiker (insbesondere von *Mill*) wurde allerdings von *Daly* aufgegriffen, der hierunter das Nicht-Wachstum des Material- und Energiedurchsatzes versteht.[158]

Das dargestellte Modell ist nicht in der Lage, längerfristiges Wachstum zu erklären.[B] Irgendwann müsste jede Volkswirtschaft zu einem stationären Zustand mit konstantem pro-Kopf-Einkommen konvergieren. Dauerhaftes Wachstum könnte dann allenfalls aus dem technologischen Fortschritt heraus erklärt werden. Von dessen Einbeziehung wurde ebenfalls im vorliegenden Grundmodell abstrahiert. Diejenigen Modellerweiterungen, die den technologischen Fortschritt mit einbeziehen, erklären diesen nicht modellendogen, sondern postulieren ihn lediglich.[159] Nachfolgend werden Modifikationen vorgenommen, über die das Modell auch ohne das modellexogene Postulat technologischen Fortschritts Wachstum erklären kann.

[A] In einer graphischen Darstellung liegt dieser dort, wo die Gerade aus dem Ursprung $\overline{\delta}k$ die um die Sparquote geschrumpfte Pro-Kopf-Produktionsfunktion f(k) schneidet. Der Steady state wird durch die Inada-Bedingungen (i.e. $f'(0) = \infty, f'(\infty) = 0$) garantiert.

[B] Ein dauerhaftes „Golden-age-Wachstum" ist daher auch nicht aus dem Modell abzuleiten. Vgl. K. Rose, Grundlagen der Wachstumstheorie, 3. Aufl., Göttingen 1977, S. 122-123.

Teil II. Der Prozess: Von der Wiege bis zur Bahre

II.3.5.2. Modifikationen des Wachstumsmodelles von *Solow*

Nachfolgend werden – bezogen auf das Modell von *Solow* – verschiedene Annahmen modifiziert bzw. fallen gelassen, um zunächst einmal einige notwendige Voraussetzungen für eine wachstumsfreie Wirtschaft herauszuarbeiten.

a. Modifikation (1): Einführung von Liquiditätsprämie und Kapitalkosten
Modelle müssen immer von der Realität abstrahieren, um zu Aussagen zu gelangen. Die „Kunst" besteht jedoch in der Art und Weise der Vornahme der Vereinfachungen. U.E. weicht das Modell von *Solow* an einem entscheidenden Punkt unzulässig weit von der Realität ab. Der Mangel liegt in Gleichung (8) und (10) begründet. In diesen Gleichungen wird unterstellt, dass den Investitionen ein kapitalbedingter Werteverzehr lediglich in Höhe der Abschreibungen gegenübersteht. Im Standardmodell von *Solow* sind also keine weiteren Kapitalkosten enthalten. Das Modell korrespondiert insoweit auch mit der Konvention zur Erstellung der Volkswirtschaftlichen Gesamtrechnung (s. oben), wo vom BNE ebenfalls nur die Abschreibungen abgezogen werden. Wir behaupten jedoch, dass beides – sowohl der betreffende Ansatz im *Solow*-Modell als auch die diesbezügliche Konvention in der VGR – irreführend ist und der Ergänzung bzw. Modifikation bedarf.

Ausgangspunkt ist wiederum die Einführung von Unsicherheit bei ausdrücklicher Berücksichtigung von Geld in der heute gebräuchlichen Form. Nach der *Keynes*'schen Liquiditätspräferenztheorie ist in einer unsicheren Welt mit der Liquiditätshaltung ein geldwerter Nutzen verbunden. In einer unsicheren Welt sind nämlich die Zeitpunkte sowie die Höhe von Ein- und Auszahlungen oftmals nicht planbar (angesichts ungewisser Geldanschlussmöglichkeiten[160]). Geldhaltung schützt vor derartigen Unwägbarkeiten (*Keynes*'sche Vorsichtskasse); auch können Kapitalwertverluste (ansteigendes Zinsniveau) vermieden und günstige Investitionsgelegenheiten (v.a. bei der Erwartung von Zinssenkungen) genutzt werden (*Keynes*'sche Spekulationskasse). Geld lässt sich alternativ als eine – universelle – (Real-) Option zur Umschichtung des Portfolios interpretieren: Es gibt dem Inhaber (ohne selber einen Ertrag zu bringen) die Möglichkeit – verpflichtet ihn aber nicht – entsprechend ertragbringende und den Wert seines Portfolios steigernde Investitionen zu realisieren.[161] Wie in Kap. II.3.2. dargestellt, gibt auch Liquidität dem Investor die Möglichkeit,
- die für ihn günstige Stellung des „Abwartens" auf eine günstige Gelegenheit beizubehalten und damit die Wirtschaftstätigkeit zu blockieren (die Liquidität bleibt dem Wirtschaftskreislauf vorenthalten);
- oder eine vorteilhafte Investition auszuüben, also die sprichwörtliche Gelegenheit „am Schopfe" zu packen.

Hat der Geldbesitzer also kein konkretes Investitionsobjekt im Auge, sondern ist er vielmehr an den Möglichkeiten interessiert, die ihm die universelle Option Geld bietet, so geht ihm dieser Flexibilitätsvorteil in dem Augenblick verloren, wenn er das Geld in den Umlauf gibt. Der Geldbesitzer wird daher das Geld nur dann in den Wirtschaftskreislauf geben, wenn er mindestens eine Kompensation für den ihm verloren gehenden Vorteil der Flexibilität erhält. Nach Meinung von *Keynes* dürfte dieser Vorteil (von ihm als „Liquiditätsprämie" bezeichnet) langfristig 2 % bis 2,5 % des in Rede stehenden Kapitals betragen (s. auch oben).[162] Hinzu kommen auch noch Prämien für Knappheit, Risiko und Inflation, die aber vorliegend außer Betracht bleiben.

Teil II. Der Prozess: Von der Wiege bis zur Bahre

Anders derjenige Investor, der ein konkretes Investitionsprojekt vor Augen hat und (als potenzieller Kreditnehmer) nach einer Finanzierungsmöglichkeit sucht: Dieser ist nicht daran interessiert, auf bessere „Gelegenheiten" zu warten. Vielmehr möchte er in das konkrete Vorhaben investieren. Der Kreditnehmer hat also an den Flexibilitätseigenschaften, die für den Geldbesitzer so wichtig waren, überhaupt kein Interesse. Obwohl er überhaupt keinen Nutzen vom Flexibilitätsvorteil des Geldes hat, muss er dem Geldbesitzer eine Prämie für die Aufgabe dieses Vorteils zahlen (Liquiditätsprämie). Er bekommt die Fremdmittel also nicht ohne die für ihn nutzlosen Flexibilitätseigenschaften des Geldes. Die für den wertlosen Flexibilitätsvorteil aufgewendeten Mittel sind für ihn ausschließlich Kosten. Andererseits erhöht die zu zahlende Prämie die Ertragsanforderungen an die zu finanzierende Investition. Somit ergibt sich beim Geld dieselbe Problematik wie in Kap. I.3.1.1. bei Grund und Boden beschrieben: Die abdiskontierten Cash Flows der Investitionen müssen nicht nur die Anfangsauszahlungen der Investition kompensieren (Kriterium des „passiven" Kapitalwertes, dies geschieht im Modell über die Zeit verteilt mittels der Abschreibungen), sondern zusätzlich auch den Nutzen der verlorengegangenen Flexibilität (als Nutzenertrag der nächstbesten Handlungsalternative „Liquiditätshaltung") erwirtschaften.[163]

Wie aber kann es sein, dass das Geld für den abwartenden, auf Spekulation eingestellten Geldbesitzer einen Optionswert verkörpert, für den investitionswilligen Kreditnehmer hingegen nicht? Das Rätsel löst sich auf, wenn man konzediert, dass Werte immer Subjekt-Objekt-Relationen darstellen: Es gibt keine objektiven, sondern nur subjektive Werte. Ein und derselbe Vermögensgegenstand kann für verschiedene Wirtschaftssubjekte mit unterschiedlichen Investitionsstrategien einen vollkommen unterschiedlichen Wert besitzen.

An der Betrachtung ändert sich auch nichts, wenn Geldbesitzer und Investor dieselbe Person sind (Investition von Eigenmitteln bzw. Eigenkapital): Mit der Investitionsentscheidung, der Festlegung von Geld, geht Flexibilität verloren – der Geldbesitzer wird eine entsprechend hohe Prämie für den Verlust der Flexibilität einfordern. Für den Geldbesitzer handelt es sich bei der Aufgabe des Optionswertes jeweils um wirkliche Kosten. Mit der Investition werden aus seiner Sicht Werte verzehrt.[164]

Mit der Übertragung des Geldes vom „suchenden Geldbesitzer" an den „entschlossenen Investor" wird also der Wert der Flexibilitätsprämie vernichtet. In der Aggregation bedeutet dies, dass mit jeder Kreditvergabe- und Investitionsentscheidung ein entsprechender Werteverzehr einhergeht.[A] Akzeptiert man diese Prämissen, so besteht kein vernünftiger Grund dafür, den mit der Investition verlorenen Wert der Flexibilität anders als die Abschreibungen auf das investierte Kapital zu behandeln. Dann muss die das Break-even-Investitionsvolumen pro Kopf beschreibende Gleichung (10) folgendermaßen modifiziert werden:

$$i = \bar{\delta}k + rk \qquad (10a)$$

Dabei ist r (mit $r = r(f'(k) - \bar{\delta})$ und zugleich r > 0, s. auch unten) die Liquiditätsverzichtsprämie, die zwar einerseits von der Nettogrenzproduktivität des Kapitals abhängt (der Zins muss aus den Unternehmenserträgen erbracht werden können), an-

---

[A] Dass dieser Werteverzehr in Gestalt des Verlustes des Flexibilitätsvorteils nicht erfasst wird, ist sowohl im Modell von *Solow* als auch in der VGR inkonsistent.

dererseits aber eine absolute Untergrenze hat. Dementsprechend wäre Gleichung (12) folgendermaßen umzuformulieren:

$$c = f(k) - \bar{\delta}k - \bar{r}k \qquad (12a)$$

Für das in Gleichung (13) beschriebene Netto-Grenzprodukt des Kapitals bedeutet dies:

$$\frac{dc}{dk} = f'(k) - \bar{\delta} - r \qquad (13a)$$

Das Konsumoptimum wäre folgendermaßen festzusetzen:

$$f'(k) = \bar{\delta} + r \qquad (14a)$$

oder

$$f'(k) - \bar{\delta} = r \qquad (14b)$$

Gleichung (14) (in der Theorie von *Solow*) und (14a) (unter Berücksichtigung von Kapitalkosten) stimmen nur bei Kapitalkosten von Null überein. Geht man vereinfachend davon aus, dass die Wachstumsrate des Volkseinkommens gleich dem Bruttonationaleinkommen abzüglich dem Abschreibungssatz ist (14b), so muss dieses der Höhe der Liquiditätsverzichtsprämie entsprechen. Zumal die Liquiditätsverzichtsprämie das Minimum des Zinssatzes determiniert, entspricht insoweit die Identität von Zinssatz und Steady state-Wachstumsrate der Goldenen Regel der Kapitalakkumulation.[165]

Kapital wird jedoch durch die von *Keynes* so bezeichnete „Liquiditätsprämie des Geldes"[166] systematisch knapp gehalten. Ein rationaler Investor wird nämlich nur dann den Verlust des Liquiditätsvorteils in Kauf nehmen, wenn er hierfür eine angemessene Entschädigung erhält. Im gegenwärtigen Geldregime kann daher vor dem Hintergrund der Unsicherheit der Realzinssatz folglich niemals nachhaltig gegen Null sinken. Die Liquiditätsprämie des Geldes setzt somit den Standard, den der Zinssatz nicht dauerhaft unterschreiten kann.[167]

Der Zinssatz wird zwar durch das Nettogrenzprodukt des Kapitals bestimmt, hat aber mit der Liquiditätsverzichtsprämie eine untere Schranke. Wenn wir r > 0 annehmen, kann sich der Zinsssatz – zumindest in unserem Geldwesen – niemals auf ein Niveau einpendeln, das gegen Null Prozent strebt. Entsprechend Gleichung (14b) kann sich dann aber auch das Wachstum niemals auf längere Sicht gegen Null bewegen. Für "reife Volkswirtschaften" ist es zwar charakteristisch, dass sie sich auf die „Steady state-Kapitalintensität" zu bewegen. Das von *Solow* im Punkt k** georteten Konsumoptimum, welches eine wachstumsfreie Wirtschaft beschreibt, kann aber wegen r > 0 nicht erreicht werden.

b. Modifikation (2): Sparquote als endogene Variable
Nun würde man *Solow* Unrecht tun, wenn man behaupten würde, dass sein Ansatz zeigen wolle, dass sich die Wirtschaft „von selbst" auf einen nachhaltigen Pfad begibt. Im Modell von *Solow* ist vielmehr die Sparquote die entscheidende Größe. Die Sparquote wird als exogen bestimmt angenommen. Es gibt genau eine Sparquote, die mit der Kapitalintensität k** vereinbar ist. Eine Änderung der Sparquote würde

Teil II. Der Prozess: Von der Wiege bis zur Bahre

weg von k** zu einem Steady state mit einem niedrigeren Konsumniveau führen. Das Konjunktur- bzw. Wachstumsproblem (wie auch ein Ansatzpunkt für die Wirtschaftspolitik) ist bei *Solow* also eines des Auffindens der „optimalen Sparquote".

Modifiziert man die Annahme einer exogenen Sparquote und betrachtet die Sparquote z.b. im neoklassischen Sinne als Funktion des Zinssatzes (s = s(r)), sind die Konsequenzen vollkommen verschieden. Dabei ist zu beachten, dass links von k** die Grenzrate des Kapitals höher als der Abschreibungssatz ist (f'(k*) – δ > 0), was einen positiven Zinssatz r bedeutet. Dies würde die Ersparnisbildung anregen. Rechts von k** wäre im neoklassischen Modell (einer geldlosen Wirtschaft ohne die besagte untere Schranke der Liquiditätsverzichtsprämie) der Zinssatz r negativ, was auf eine Verminderung der Ersparnis hinwirken würde. Führen wir jedoch die Liquiditätsverzichtsprämie ein, so kann dieser Fall nicht eintreten: Weil der Zinssatz immer positiv ist, wird die Ersparnisbildung (Kapitalbildung) immer angeregt.

Gibt man also die Annahme der Exogenität der Sparquote auf, ergibt sich ein ganz anderes Bild vom Steady state-Modell: Die Wirtschaft steuert – unter Einführung der Variable Zeit - dann von selbst auf das Konsumoptimum in k** zu, kann es aber im gegenwärtigen Geldwesen wegen des dauerhaft positiven Zinssatzes nicht erreichen. In diesem Zustand würde weiterhin gespart und weiterhin Kapital gebildet werden. Aus diesem Dilemma gibt es nur eine Lösung: Wirtschaftskrisen mit ihrer Kapitalvernichtung. Dies wird im nachfolgenden Kapitel erläutert. Eine Erhöhung von Bevölkerungszahl und / oder Arbeitsproduktivität („Innovationen") kann den „Crash" allerdings tendenziell herauszögern.

II.3.5.3. Zusammenfassung und Schlussfolgerungen

Werfen wir abschließend noch einmal einen Blick auf die Rentabilitätsbedingung für Investitionen, indem wir die Kurve f(k) und die Steigung derselben (f'(k)) in Augenschein nehmen. Hierzu unterstellen wir – mit Ausnahme der Liquiditätspräferenz – einen vollkommenen und vollständigen Kapitalmarkt, in dem sich insbesondere die Ertragsraten (unter Abstraktion von Risiko- und Inflationsprämien) ausgleichen. Der Geldzinssatz ist unter dieser Annahme also eine einheitliche Größe. Nehmen wir ebenfalls an, dass die nächstbeste Alternativinvestition diejenige in Finanzanlagen ist, so hat (in der Marginalbetrachtung) das Kapital solange einen positiven Kapitalwert wie f'(k) - $\bar{\delta}$ > r (die Nettogrenzproduktivität des Kapitals übersteigt den Zinssatz). In diesem Fall werden (wenn wir die Ersparnisse als abhängige Variable betrachten) aber auch mehr Ersparnisse gebildet und in Investitionen gelenkt, als zur physischen Erhaltung des Kapitalstocks notwendig sind. Somit verschiebt sich k weiter nach rechts, die Kapitalintensität erhöht sich. Ist f'(k) - $\bar{\delta}$ = r, so ist die Grenzproduktivität des Kapitals gleich r. Der Kapitalwert ist unter den angegebenen Voraussetzungen dann gleich Null. In der Marginalbetrachtung würde jede weitere Investition aufgrund des dann sinkenden f'(k) zu negativen Kapitalwerten führen (f'(k) - $\bar{\delta}$ < r). Wird die Kapitalintensität so weit erhöht, dass f'(k) - $\bar{\delta}$ < r, so sind weitere Nettoinvestitionen (also Investitionen, die über die Ersatzinvestitionen hinausgehen) aufgrund ihres negativen Kapitalwertes nicht mehr rentabel. In dieser Situation sind zwei Effekte zu beachten:

Teil II. Der Prozess: Von der Wiege bis zur Bahre

- Die Abstinenz von weiteren Nettoinvestitionen bei gleichzeitig weiterlaufenden Abschreibungen $\overline{\delta}$ führt zu einer Verschiebung von k nach links. Die Kapitalintensität sinkt damit in der Krise (Kapitalvernichtung);
- der Zinssatz kann eben nicht nur durch die Liquiditätsverzichtsprämie begründet werden, sondern stellt auch einen Knappheitsindikator dar (diese beiden Funktionen des Zinses überlagern sich in einer kapitalistischen Wirtschaftsordnung). In dieser Funktion gibt ein positiver Zins unabhängig von der Ertragskraft der Investitionen immer das Signal, über die bloße Kapitalreproduktion hinaus neues Kapital zu generieren. Weil bei $f'(k) - \overline{\delta} < r$ jede zusätzliche Investition einen negativen Kapitalwert einfahren wird, finden sich keine Investoren, um das gesparte Kapital als Kredit aufzunehmen. Dennoch ist die Nettoersparnis pro Kopf (diejenige Ersparnis, die über die bloße Reproduktion des Kapitalstocks hinausgeht) immer noch positiv: $s\,f(k) > i$.

Selbst unter ansonsten neoklassischen Annahmen gelangt man dann zum *Keynes'*schen Zustand von S > I. Die Ersparnis übersteigt die Investition, es kommt zum klassischen *Keynes'*schen Unterbeschäftigungsgleichgewicht, das in kurzfristiger Betrachtung noch über Multiplikator- und Akzeleratoreffekte verstärkt wird. Reife Volkswirtschaften mit hoher Kapitalintensität befinden sich nahe an diesem kritischen Punkt. Hier drohen langfristig niedrige Wachstumsraten oder gar ein säkularer Überschuss der Ersparnis über die Investitionen und damit eine säkulare Stagnation der Wirtschaftstätigkeit.[A] Es kommt zu Unterbeschäftigung, die sich strukturell verfestigt.

Je weiter r → 0, umso höher ist das erreichbare Konsumniveau. Bei $f'(k) - \overline{\delta} = r = 0$ könnte der Konsum maximiert werden. Umgekehrt: Sieht man den Konsum als den eigentlichen Zweck des Wirtschaftens an, so kann das Konsumoptimum so lange nicht erreicht werden, wie r > 0 ist. Denn dieses Marktsignal bedeutet, Ressourcen vom Konsum abzuzweigen und in weitere Nettoinvestitionen zu stecken. Das Konsumoptimum als der eigentliche Zweck des Wirtschaftens wird in einem System, dass langfristig einen positiven Zinssatz „garantiert"[B], dauerhaft nicht erreicht. Die Investitionen verkehren sich zum Selbstzweck. *Huth* merkt zu Recht an, dass das Problem einer besonderen Konsummaximierung in einer wachsenden Wirtschaft überhaupt nur dadurch zum Problem werden kann, dass die *Fisher*-Identität von Einkommen und Konsum negiert wird.[168] Die Idealwelt in *Solows* Modell, die aus ökologischer Sicht anzustreben wäre[C], kann also nur bei einem Zinssatz bzw. einer Grenzleistungsfähigkeit des Kapitals, die gegen Null tendiert, erreicht werden. Dies alles führt zu dem Schluss, dass viele Fragestellungen der zeitgenössischen Ökonomie falsch fokussiert sind. Die Ökonomie sollte sich verstärkt der Frage zuwenden, welche Möglichkeiten bestehen, den Zinssatz bis gegen Null abzusenken.

[A] Die USA mit ihrer extrem niedrigen Sparquote stellen hier einen Sonderfall dar.

[B] Die durch die Liquiditätsverzichtsprämie bedingte Unfähigkeit unseres Wirtschaftssystems, die Knappheit zu beseitigen, die unserem Geldwesen bzw. dem Zins geschuldet ist, erkannte *Keynes*. Die folgerichtigen Schlüsse zog er – im Gegensatz zu *Johannsen* und *Gesell* hieraus allerdings nicht.- J. M. Keynes, Allgemeine Theorie der Beschäftigung, des Zinses und des Geldes, 6. Aufl., Berlin 1983, S. 202.- S. Gesell, Die Natürliche Wirtschaftsordnung ..., a.a.O.- N.A.L.J. Johannsen, Die Steuer der Zukunft, 2. Teil: Depressionen, Berlin 1913.

[C] Ferner droht bei einem entsprechend hohen Zinssatz eine zu rasche Ausbeutung nicht oder nur beschränkt erneuerbarer Ressourcen. Einschränkend wirken hier v.a. der technische Fortschritt (Erhöhung der Ressourcenproduktivität), die Regenerationsrate der betreffenden Ressourcen (falls vorhanden) und die Preissteigerungen der betreffenden Ressourcen (s. Hotelling-Theorem).

Teil II. Der Prozess: Von der Wiege bis zur Bahre

Diese Verstellung der Perspektive der zeitgenössischen Ökonomie ist schade - wurden doch durch namhafte Wirtschaftswissenschaftler durchaus die richtigen Fragen gestellt und in die richtige Richtung gedacht: Der wohl erste Visionär bezüglich einer nicht auf Wachstum programmierten Wirtschaft war wohl der oben (im Zusammenhang mit dem „Steady state") schon erwänte *John Stuart Mill*. In seinem Buch „Grundsätze der politischen Ökonomie" (Principles of Political Economy[169]) beschreibt er einen stationären Zustand. Er geht davon aus, dass nach Erreichen des Wachstumsziels (ein Leben in Wohlstand für alle) eine Zeit des Stillstands kommen müsse. Dieser stationäre wirtschaftliche Zustand bedeutet für ihn jedoch nicht, dass auch kein intellektueller, kultureller und wissenschaftlicher Fortschritt stattfindet und auch ein Mangel an Waren vorhanden ist. Stillstand herrscht allein in Bezug auf die Kapital- und Bevölkerungszunahme. Das Streben nach Wachstum bezeichnet *Mill* als Sucht. Er geht davon aus, dass gesellschaftliche, kulturelle und sittliche Fortschritte umso größer wären, würde der Mensch dieser Sucht entsagen. Erwerbstätigkeit kann ebenso in *Mills* stationärem Zustand stattfinden, allerdings würde sie nicht mehr zu einer Vermehrung von Gütern und Dienstleistungen, sondern zu einer Arbeitszeitverkürzung führen.

Ähnlich sprach auch *Keynes* von einem „quasi-statischen Gemeinwesen" als Folge eines gegen Null strebenden Zinssatzes (s. unten mehr).[170] Auch *Roy Harrod* folgte *Keynes* in seinem Buch „Dynamische Wirtschaft" zunächst in der Idee einer Wirtschaft mit Nullzins.[171]

Die Mehrheit der Ökonomen schlug jedoch einen anderen Weg ein: Sie folgte *Alwin Hansen*, der meinte, *Keynes* habe seiner Phantasie mit der Idee eines Nullzinses „zu viel freien Lauf gelassen".[172] Letztlich wollten sich also weder die Postkeynesianer noch die Neoklassiker auf die Idee einer Nullzins-Wirtschaft einlassen. Ihnen blieb somit nur die Möglichkeit, das Wachstum der Wirtschaft als Ausweg aus den ungelösten Grundkonflikten der kapitalistischen Wirtschaft zu propagieren.

Der Leser mag den hier vorgenommenen Modifikationen des *Solow'*schen Modelles folgen oder nicht. Bemerkenswert sind in jedem Fall die Konsequenzen, die sich aus den Modifikationen ergeben.

II.3.6. Notwendige und hinreichende Voraussetzungen für Wachstumsfreiheit

„Verschafft der Volkswirtschaft einen geschlossenen Kreislauf, d.h. einen vollkommenen und regelmäßigen Güteraustausch, erhebt die Ware und Arbeit auf die Rangstufe des baren Geldes, und die menschliche Gemeinschaft ist gesichert, die Arbeit vernunftgemäß geordnet."
J. P. Proudhon[173]

Die Analyse des Status quo ergab, dass
- das gegenwärtige System aus wirtschafts- und sozialpolitischen Gründen kurzfristig keine Alternative zum Wachstum zulässt;

Teil II. Der Prozess: Von der Wiege bis zur Bahre

- dieser Weg aber langfristig zunächst in eine ökologische Katastrophe mit entsprechenden sozialen und wirtschaftlichen Konsequenzen führen muss.

Sowohl die Vorüberlegungen in Kap. II.3.2. als auch das Modell in Kap. II.3.5. zeigten zudem, dass eine wachstumsfreie Wirtschaft nicht längerfristig möglich ist, wenn die Untergrenze für den Zinssatz in Gestalt der Liquiditätsprämie aufrecht erhalten bleibt. Die Beseitigung der Liquiditätsprämie ist in unserem heutigen Geldsystem jedoch nicht möglich. Die Frage nach einem Ausweg beschäftigt schon seit mehr als hundert Jahren die Geldreformbewegung. Theoretisch am schlüssigsten ist m.E. das freiwirtschaftliche Rezept: Hiernach wird die Liquiditätsprämie konsequent durch „künstliche Durchhaltekosten" (*Keynes*) bzw. eine Umlaufsicherungsgebühr neutralisiert, die dem Geld auferlegt wird. Das Geld wird dadurch unter Angebotszwang gesetzt und seine Übermacht (gegenüber Ware und Arbeit) genommen. Blockadestrategien (Hortung) sind nicht mehr möglich, weil zu teuer. Um die Durchhaltekosten zu vermeiden, stellt sich das Geld selbst dann noch zur Verfügung, wenn die zu finanzierenden Investitionen eine Verzinsung in Höhe der Liquiditätsprämie (zuzüglich eines Risikoaufschlages) nicht mehr erzielen können. Die Neutralisierung der Liquiditätsprämie, die mittels einer Umlaufsicherungsgebühr erreicht wird, führt zu einer Verstetigung der Geldumlaufgeschwindigkeit auf hohem Niveau. Es findet eine Dauerkonjunktur statt, in der das vermehrbare Kapital (v.a. Feld (2)) eine permanente Erhöhung erfährt. Der Zins wird im Kapital „ersäuft"; es existiert kein „Keil" mehr, der das „Zuklappen der Zinstür" (also das Absinken des Zinses gegen Null) verhindert.

Anders als bei Gegenständen in Feld (1) / Tabelle 2, (3) bzw. (5) braucht das Erträgnis nicht über Auktionen oder ähnlich wirkende Maßnahmen abgeschöpft werden. Die Aufgabe der Beseitigung des Kapitalertrages übernimmt der marktwirtschaftliche Wettbewerb, wenn er denn zur Geltung kommen darf. Das Absinken des landesüblichen Zinssatzes beinhaltet das gleichzeitige Absinken von Geld- und Realkapitalzins, weil Finanz- und Realaktiva über Substitutions- und Komplementaritätsbeziehungen miteinander verbunden sind. Die Risikoprämie bei Investments bliebe zwar erhalten. Sie wäre jedoch (was die einschlägigen Kapitalmarkttheorien nahelegen) weit geringer als heute, da sowohl die Volatilität der Verzinsung des einzelnen Unternehmens wie auch des Marktportefeuilles abnehmen werden. Dennoch: Kapitalmarkt und Zins behalten ihre Allokationsfunktion bei. Wo neue Knappheit auftaucht, gibt der Zins das Signal zu ihrer Beseitigung. *Keynes* schätzte, *„... daß ein richtig geleitetes, mit modernen technischen Hilfsmitteln ausgerüstetes Gemeinwesen, dessen Bevölkerung nicht sehr rasch zunimmt, in der Lage sein sollte, innerhalb einer einzigen Generation die Grenzleistungsfähigkeit des Kapitals (entspricht hier der Verzinsung, der Verf.) auf ungefähr Null herunter zu bringen; so daß wir die Zustände eines quasistatischen Gemeinwesens erreicht haben würden, in dem Änderungen und Fortschritt sich nur aus Änderungen in der Technik, im Geschmack, in der Bevölkerung und in den Institutionen ergeben würden ..."* [174] Vor der Einmündung in diesen Zustand der Nachhaltigkeit ist jedoch in vielen Ländern wahrscheinlich noch ein Wachstumsschub nötig, um den vorhandenen Mangel (2007: mehr als 3,3 Mio. Arbeitslose in Deutschland!) zu beseitigen.[A] Dieser Wachstumsschub wird allerdings u.a. durch die Umverteilungseffekte vom Kapital- zum Arbeitseinkommen, die mit dem Sinken des Zinsfußes einhergehen, zumindest teilweise kompensiert.

[A] Dabei sollten die westlichen Industriegesellschaften mit ihren Konsummustern aber nicht als Vorbilder für die Entwicklungs- und Schwellenländer dienen.

Teil II. Der Prozess: Von der Wiege bis zur Bahre

Manch kritischer Leser wird (angesichts des obigen *Keynes*-Zitates) Schwierigkeiten haben nachzuvollziehen, wie denn mittels eines solchen „Konjunktur- und Wachstumsprogrammes" ein nachhaltiges, ökologisches Wirtschaften ermöglicht werden soll. Die Erklärung ist einfach, ihr Verständnis setzt jedoch einige soziale Phantasie voraus: Nettoinvestitionen werden vorgenommen, wenn ein positiver Kapitalwert zu erwarten ist, d.h. eine entsprechende Verzinsung über dem Marktzinsniveau erreicht werden kann. Im vorangehenden Kapitel wurde (in einer Pro-Kopf-Betrachtung) als Bedingung formuliert, dass die Grenzleistungsfähigkeit des Realkapitals $f'(k) - \bar{\delta}$ den Zinssatz r (Kapitalkostensatz, ohne Differenzierung danach, ob es sich um die Kapitalkosten der Eigen- oder Fremdkapitalgeber handelt) übersteigen müssen, also $f'(k) - \bar{\delta} > r$. Kann diese Bedingung nicht eingehalten werden, ist das Realkapital nicht imstande, die Zinsforderungen des Geldkapitals zu erfüllen; die Investition wird dann entweder gar nicht erst geboren oder wieder vernichtet (einzelwirtschaftlich: Insolvenz; gesamtwirtschaftlich: Krise). Würde sowohl die Grenzleistungsfähigkeit des Realkapitals gegen Null gehen (also: $(f'(k) - \bar{\delta}) \to 0$) als auch der Geldzinssatz Null zustreben ($r \to 0$), hätten Unternehmer i.d.R. kein Interesse mehr, weitere Nettoinvestitionen durchzuführen. Würde ein Unternehmer nämlich mit seiner Nettoinvestition (die zugleich die Grenzinvestition ist) das Kapital über das Nullzins-Gleichgewicht hinaus vermehren, hätte er alle Chancen, negative Verzinsungsraten (also Verluste) einzufahren, weil $f'(k) - \bar{\delta} < 0$. Aus diesem Grunde würden bei einem „landesüblichen Zinssatz" von Null – mit dem auch das Konsumoptimum erreicht wäre (!) - die Nettoinvestitionen zum Stillstand kommen. Die Folgen für die Zusammensetzung des Volkseinkommens sind radikal: Das gesamte Volkseinkommen würde (in einer geschlossenen Volkswirtschaft) dem Konsum zugeführt werden; die Konsumquote betrüge 100 % (von außenwirtschaftlichen Aspekten wird hier zunächst einmal abstrahiert). Hingegen wäre der Anteil der Ersparnis und der Nettoinvestitionen am Volkseinkommen gleich Null. Die Anlage-Ersparnissphäre, um die sich heutzutage im Rahmen des Rentabilitätsprinzips alles dreht („Tanz um das goldene Kalb"), verliert wesentlich an Bedeutung. Um einem naheliegenden Missverständnis vorzubeugen: Eine Sparquote von Null besagt nicht, dass überhaupt nicht mehr (im umgangssprachlichen Sinne) gespart wird - sie bedeutet nur, dass 100 % des Gesparten dem Konsum zugeführt wird. „Spart" beispielsweise Robinson bis Juni 1.000 €, hebt im August 500 € zu Konsumzwecken ab und gibt Freitag die restlichen 500 € als Konsumentenkredit, so ist in der betreffenden 2-Personen-Volkswirtschaft die gesamtwirtschaftliche Ersparnis der betreffenden Periode gleich Null (das gesamte Volkseinkommen wird verkonsumiert). Mit anderen Worten: Bei einer Ersparnis von Null halten sich Bildung und Auflösung von Geldvermögen bzw. Kreditvergabe (an den Staat und Private zu Konsumzwecken) genau die Waage. Ist dies längerfristig der Fall, befindet sich das System im Gleichgewicht. Der Umstand, dass mit der Sparquote auch der Anteil der Nettoinvestitionen gegen Null geht, bedeutet jedoch nicht, dass bei einem Nullzins-Niveau der Investitionsgütersektor aufhört zu existieren. Er beschränkt sich allerdings nun im wesentlichen auf die Produktion von Ersatzinvestitionen und ist keinen konjunkturellen Verwerfungen mehr ausgesetzt.

Dieser quasi-stationäre Zustand bedeutet auch keinesfalls das Ende des technischen Fortschritts. Nach wie vor hätte der „Schumpeter-Unternehmer" Entfaltungsmöglichkeiten. Vor allem bei Änderungen der Bedürfnisstruktur hätte er die Möglichkeit, Pioniergewinne zu erzielen. Andere Unternehmer, die einen solchen Wandel „verschlafen", würden demgegenüber Verluste einfahren. M.a.W.: Die Rendite der Unternehmen würde um einen Wert, der sich um den landesüblichen Zinssatz (von

Teil II. Der Prozess: Von der Wiege bis zur Bahre

Null) plus einer Risikoprämie bewegt, streuen. Die Unternehmer würden nach wie vor danach trachten, über die Reinvestitionen Produktivitätsfortschritte zu realisieren, und zwar im Hinblick auf den Faktor Arbeit und den Faktor Umwelt.

Bei einem Zustand gesättigter Bedürfnisse könnten Steigerungen der Arbeitsproduktivität in Senkungen der Arbeitszeit bei vollem Lohnausgleich weitergegeben werden: Die Marx'sche Utopie würde also mit marktwirtschaftlichen Mitteln erreicht.

Trotz seiner „Stationarität" ist das System elastisch: Ungleichgewichte würden flexibel durch Zinsänderungen und Schwankungen des Volkseinkommens ausgeglichen. Überschreitet die Geldvermögensbildung aus irgendwelchen Gründen (z.B. Altersaufbau) zeitweise die Konsumnotwendigkeiten, so reagiert der Markt temporär mit negativen Zinsen und einer Senkung des Volkseinkommens (negatives Wachstum). Mit anderen Worten: Das System ist – bedarfsgerecht (!) – zur Kontraktion fähig, und zwar ohne eine Wirtschaftskrise! Selbst im Zuge der Kontraktion könnte näherungsweise ein Zustand der Vollbeschäftigung erreicht werden. Behält Kunstler mit seinen Prognosen Recht, dass die heutige hochentropische Wirtschaft wegen des Aufbrauchens der fossilen Energieträger v.a. von der Ressourcenseite (der „Wiege") her zurück zu einer niedrigentropischen Wirtschaftsweise gezwungen wird[175], dürfte insbesondere den westlichen Volkswirtschaften noch ein längerer und schmerzhafter Anpassungsprozess bevorstehen, wenn eine Geldordnung beibehalten wird, die längerfristig nichts anderes als Wachstum alimentieren kann.[A]

Kontraktion ist sinnvoll, wenn die gesamtwirtschaftlichen Konsumbedürfnisse offensichtlich kleiner als das Volkseinkommen (vor Anpassung) sind. Unabhängig davon, ob man neoklassische (Zinsabhängigkeit) oder keynesianische Annahmen hinsichtlich der Ersparnisfunktion zugrundelegt: Die Konsumquote wird (bei Kontraktion vermutlich bei einem Zinssatz von unter Null) im Zuge der Absenkung des Volkseinkommens wahrscheinlich zunächst über 100 % des Volkseinkommens (d.h., ein Teil der Abschreibungsgegenwerte wird nicht reinvestiert, sondern dem Konsum zugeführt), dann auf nachhaltige 100 % absinken.

Aber auch eine Steigerung des Volkseinkommens ist möglich, wenn zusätzlicher Bedarf auftaucht. Steigt der Bedarf, schlägt sich dies in einer entsprechend erhöhten (sektoralen) Nachfrage nieder. Die dort entstehenden Gewinnmöglichkeiten rufen Unternehmer hervor, die diesen Bedarf über zusätzliche Investitionen decken. Die Wirtschaft wächst vorübergehend. Die flexible Anpassung des Volkseinkommens an den Bedarf stellt einen wesentlichen Sinn einer ökologischen Wirtschaftsordnung dar.

Die notwendigen „technischen Voraussetzungen" für ein nachhaltiges Wirtschaften können somit vom Ansatz der Geld- und Bodenreform geliefert und auf dieser Grundlage weiterentwickelt werden. Detaillierter werden wir einen uns wichtig erscheinenden Umsetzungsvorschlag im nachfolgenden Kapitel beschreiben.

Die institutionellen Reformen sind allerdings nur notwendige, aber noch keine hinreichenden Voraussetzungen. Die Schwachstelle ist der Mensch selbst. So setzt die

---

[A] Auch der Wert eines großen Teils der Aktien (auf denen z.T. die Altersversorgung gebaut ist), basiert auf hochentropischen Wirtschaftsweisen und Branchen. Die Gefahr für Börse, Finanzmärkte und den sozialen Frieden ist evident.

Teil II. Der Prozess: Von der Wiege bis zur Bahre

Vorstellung von einem nachhaltigen Wirtschaften voraus, dass auch die materiellen Bedürfnisse des Menschen logistischen Funktionen folgen und dass - entsprechend der *Maslow*-Pyramide[176] - mit steigendem Wohlstand eine allmähliche Substitution von geringerwertigen, materiellen zu höherwertigen, immateriellen Bedürfnissen stattfindet. Eine wesentliche Voraussetzung ist also ein kultureller Wandel i.S. der in Kap. II.3.1.4. angemahnten „Suffizienzrevolution".

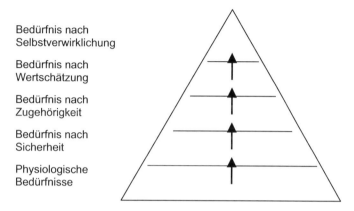

Abb. 27: Bedürfnishierarchie nach *Maslow*
(Quelle: Eigene Darstellung)

Sicherlich kann auch Bildung und Erziehung ihren Teil dazu beitragen, dass eine solche Entwicklung beschleunigt wird. Indessen macht ein derartiges Menschenbild unserer Phantasie angesichts des real existierenden Materialismus und Pauperismus[177] große Schwierigkeiten.

Die zweite Unbekannte ist das Bevölkerungswachstum. Pessimisten befürchten angesichts der schon vorhandenen 6,5 Millarden Menschen, dass sich ohne eine rigorose Bevölkerungspolitik auch die Ökologieproblematik nicht in den Griff bekommen lässt.

> **Hinweis: „Bevölkerungspessimismus" nach Malthus**
> Die „Bevölkerungspessimisten" stehen in der Tradition von *Malthus*. T. R. Malthus (1766 1834) veröffentlichte seine Bevölkerungstheorie 1798 im Buch „Essay on Principle of Population". *Malthus* ging davon aus, dass das Bevölkerungswachstum in geometrischer Reihe ansteigt, die Nahrungsmittelproduktion jedoch nur in arithmetischer Progression.[178]
> Führt man diese Gedanken fort, muss Bevölkerungswachstum zu einer Verelendung führen, wenn es eine höhere Rate als die des wirtschaftlichen Wachstums aufweist.

Die Bevölkerungsentwicklung würde so als eine unabhängige Variable gesehen. Die Konsequenz wäre eine Bevölkerungskontrolle.[179]

Die Optimisten betrachten die Bevölkerungsentwicklung hingegen als von Wohlstand und sozialem Fortschritt abhängig.[180] Sie verweisen dabei auf die stagnierende Entwicklung in den westlichen Industrieländern. Mit steigendem Wohlstand würde auch die Bevölkerungsentwicklung einen nachhaltigen Pfad einschlagen. Umgekehrt zeigt sich umso deutlicher die Katastrophe, wenn sich Armut und Unterentwicklung weiter verfestigen: „Jede Minute werden 223 Kinder geboren, davon 173 in den 122 ärmsten Ländern der Welt. Im Jahre 2025 wird die Erde 8 Milliarden Bewohner zählen, Afrika 1,3 Milliarden, das heißt 16 Prozent der Weltbevölkerung. Zwischen 1997 und 2025 wird sich die Bevölkerung Schwarzafrikas fast verdoppelt haben."[181] Die Tragfähigkeit der Erde wird dabei auf maximal 12 Mrd. Menschen geschätzt – dabei geht man jedoch von der Fortsetzung der fossilen Unterfütterung der Landwirtschaft aus. Berücksichtigt man hingegen die Abhängigkeit auch der Landwirtschaft von fossilen Energieträgern, so ist davon auszugehen, dass die Tragfähigkeit des Planeten schon heute weit überschritten ist (vgl. Kap. I.2.1.4).[182]

In diesem Zusammenhang muss auch der Entwicklungsweg problematisiert werden, den die Entwicklungs- und Schwellenländer einzuschlagen gedenken. Schon heute würde der westliche Entwicklungsweg für alle existierenden 6,6 Milliarden Menschen zu einer ökologischen Katastrophe führen. Andererseits mutet es unglaubwürdig und moralisch fragwürdig an, wenn die westlichen Industriestaaten den Entwicklungs- und Schwellenländern die Empfehlung geben, sich zu bescheiden (also Suffizienz zu üben). Wir haben in Kap. I.3.2.1. auf eine Möglichkeit verwiesen, den Entwicklungs- und Schwellenländern einen Anreiz für eine alternative Entwicklung zu geben, die nicht dem westlichen Muster folgt.

Die aufgeworfenen Fragen können wissenschaftlich wohl nur sehr schwer entschieden werden; letztlich ist die Antwort von der Werthaltung abhängig.

II.3.7. Gegenentwurf - zur praktischen Umsetzung

Nach der Analyse des unbefriedigenden Status quo stellt sich die Frage nach konkreten institutionellen Reformen. Wenngleich Geld eigentlich das wichtigste öffentliche Verkehrsmittel unserer Wirtschaft ist, wurde es seit jeher mit den Charakteristika eines privaten Gutes ausgestattet (die beiden urtümlichen Gegenstände in Feld (1) / Tabelle 2 waren Geld und Boden). Dies kommt daher, dass Geld – auch unser Papiergeld – dem Gold (das schon seit Jahrtausenden als Geld diente und als „Verkehrsmittel" der Wirtschaft ebenfalls Feld (1) zuzuordnen ist) „nachgeäfft" ist.[183] Wenn Geld nicht mehr die geforderten Mindesterträge bringt (die laufende Verzinsung ist geringer als die Liquiditätsprämie), wird es nicht mehr in den Verkehr gebracht, sondern gehortet (heutzutage nicht mehr unter Matratzen, sondern als geldnahe Einlagen, die von den Banken nur beschränkt wieder langfristig in den Verkehr gebracht werden können). Damit werden andere Wirtschaftsteilnehmer vom wichtigsten Verkehrsmittel der Wirtschaft ausgeschlossen. Privaten Interessen wird also die Option eröffnet, zugunsten ihrer Interessen das wichtigste öffentliche Verkehrsmittel anderen Wirtschaftsteilnehmern gegenüber zu blockieren. Aus dieser Möglichkeit ergeben sich antagonistische Strukturen in Wirtschaft und Gesellschaft, welche die Wirtschaftswissenschaften bis heute noch nicht erfasst haben. Die Verweigerung den eigentlich brennenden Themen gegenüber ist auch der Tatsache geschuldet, dass die „Beseitigung des Kapitalismus als Voraussetzung für ein nachhaltiges Wirtschaften" nicht wirklich ein karriereförderndes Forschungsfeld ist (Projektgelder für diesbezügliche Forschungen sind weder von der DFG noch der Rosa-Luxemburg-Stiftung zu

Teil II. Der Prozess: Von der Wiege bis zur Bahre

erwarten). Dennoch hat die Geld- und Bodenreform *Gesells* den einzuschlagenden Weg gewiesen: Basis für eine Neuordnung des Wirtschaftens ist die Neutralisierung der *Keynes'schen* Liquiditätsprämie durch „künstliche Durchhaltekosten" auf das Geld[184] in Gestalt einer Gebühr auf „idle money". Mit der „Umlaufsicherungsgebühr" soll die Umlaufgeschwindigkeit des Geldes verstetigt werden. Das Geld wird über die „Umlaufsicherungsgebühr" in den Wirtschaftskreislauf „gedrückt"; darüber werden Geldzirkulation wie Nachfrage auch und gerade dann gesichert, wenn Investitionen nach heutigen Maßstäben nicht mehr „rentabel" durchzuführen sind.

Wenn von „Geldreform" geredet wird, muss definiert werden, was überhaupt in die Regulierung einbezogen werden bzw. als „Geld" definiert werden soll. Diese Frage ist keineswegs so trivial, wie sie sich zunächst anhört. Darüber, was zweckmäßigerweise unter „Geld" überhaupt zu subsumieren ist, wird nämlich in den Wirtschaftswissenschaften noch höchst kontrovers diskutiert. Gehen wir zunächst zur Beantwortung der gestellten Frage von der Feststellung aus, dass die volkswirtschaftliche Kreditvergabe von einem „Rohstoff" abhängig ist, der sich in Feld (1) / Tabelle 2 befindet: Dem Zentralbankgeld. Dieses ist absolut limitiert (während Kredite und sog. „Buchgeld" begrenzt vermehrbar sind), schwer ersetzbar, hat die von uns problematisierten Exklusivitätseigenschaften und stellt zudem die universellste Option im Wirtschaftsleben dar. Wenn Einleger in geldnahe Einlagen umschichten, erwerben sie die Option eines jederzeitigen Eintausches der Einlagen in Zentralbankgeld. Aus diesem Grunde müssen die Geschäftsbanken entsprechend hohe Barreserven vorhalten. So können beispielsweise Sichteinlagen jederzeit gegen Geld eingetauscht werden. Entsprechend hoch müssen die Barreserven der Geschäftsbanken sein, um mit derartigen Liquidisierungsprozessen fertig werden zu können. Dies aber bedeutet gesamtwirtschaftlich, dass das wichtigste Verkehrsmittel der Volkswirtschaft, das Zentralbankgeld, in Teilen nicht mehr für den Transport von Gütern und Dienstleistungen zur Verfügung steht. Gerade Krisensituationen zeichnen sich dadurch aus, dass einerseits die Geschäftsbanken in Liquidität schwimmen, das Geld aber – angesichts der bestehenden Unsicherheiten - nicht mehr in den Kreislauf gegeben wird. Die gesamte Wirtschaft verliert an Liquidität, die Kreditvergabemöglichkeiten verringern sich (dies gilt auch für den sog. „Geldschöpfungsmultiplikator").[185] Dementsprechend wollen wir all diejenigen Vermögensgegenstände unter den Geldbegriff subsumieren, die eine derartige Unterlegung mit Zentralbankgeld erfordern und Zentralbankgeld absorbieren. Es handelt sich um solche Vermögensgegenstände, die eine Option auf den Eintausch von Zentralbankgeld darstellen. Eine Geschäftsbank ist beispielsweise verpflichtet, ein Sichtguthaben jederzeit gegen Bargeld verfügbar zu machen. Kaufen hingegen beispielsweise Anleger ein Gemälde, erwerben sie keine derartige Option. Kein Galerist ist verpflichtet, das Bild zu kaufen. Niemand ist insoweit zu einer höheren Reservehaltung gezwungen, die dann im „volkswirtschaftlichen Blutkreislauf", also in der Zirkulation fehlt.

Um den volkswirtschaftlichen „Blutkreislauf" zu stabilisieren und die Liquiditätsprämie des Geldes zu neutralisieren, wird eine Reihe von Vorschlägen diskutiert. Wir wollen hier zwei Wege vorstellen, die wir für tauglich halten. Betont sei allerdings, dass es sich um eine technische Frage handelt, für die durchaus auch andere sinnvolle Lösungen infrage kommen. Zudem sind Ergänzungen in Gestalt anderer Maßnahmen denkbar.[A] Die beiden unten stehenden Vorschläge sind als einander ergänzend anzusehen:

a. Neutralisierung des Zentralbankgeldes über „Geldverrufe"

Aus dem Mittelalter wird von den „Brakteaten" berichtet[186]: Es handelt sich um Münzen, die teilweise – überraschend für das Publikum – von den Regenten eingezogen und gegen einen entsprechend hohen Abschlag umgetauscht wurden („Münzverruf", „Renovatio"). Interessant ist der positive Effekt, der offenbar von dieser Maßnahme auf die Wirtschaft angeblich ausgegangen ist: Bargeld in den Taschen war „heiß", man musste es schnell loswerden, d.h. in den Umlauf geben. Die Hochblüte der Gotik wird u.a. auf das Wirken dieser Münzverrufe zurückgeführt. Wieviel von diesem Wirtschaftsaufschwung tatsächlich auf das Wirken der Brakteaten zurückzuführen ist, wird wohl für immer im Dunkeln bleiben. Allerdins könnte der Mechanismus der Geldverrufe kontrolliert und wohl dosiert eingesetzt werden, um die Liquiditätsprämie des Bargeldes zu neutralisieren. So könnte – gesteuert über einen Zufallsgenerator – zu einem unbekannten Zeitpunkt ein Geldverruf stattfinden. Der erhobene Abschlag müsste sich nach der angenommenen Liquiditätsprämie richten (im untenstehenden Beispiel wären dies 6 %, was wohl – gemessen an der Realität der Märkte – viel zu hoch wäre). Das zweite Kriterium wäre der zeitliche Abstand zum letzten Geldverruf. Beträgt dieser z.B. ein halbes Jahr, wäre der Abschlag 6/12 von 6 %, also 3 %. Für den zeitlichen Abstand der verschiedenen Geldverrufe sollte ein Maximum (aber kein Minimum) festgelegt werden (z.B. ein Jahr). So könnte gewährleistet werden, dass die Akzeptanz des Systems nicht über Gebühr leidet, die Abschläge können ein bestimmtes Maximum niemals übersteigen. In die Sprache der Optionspreistheorie übersetzt, würde der vorgeschlagene Mechanismus bewirken, dass keine Sicherheit mehr dahingehend bestünde, wie lange die Option Zentralbankgeld ausgeübt werden kann. Nach dem Geldverruf müssten die Scheine umgetauscht werden. Dies ist angesichts der Anzahl der Umläufe und Durchläufe von Geldscheinen durch das Bankensystem kein Problem. Doch auch außerhalb des Bankensystems würden die Scheine nach dem Verruf regelmäßig nur mit Diskont angenommen. Selbstverständlich ist der betreffende Vorschlag auch mit Problemen verbunden: So müssten Automaten in der Lage sein, die betreffenden zum Umtausch aufgerufenen Scheine und Münzen zu erkennen und den Diskont zu berechnen, gegebenenfalls auch Rundungsoperationen vorzunehmen. An dieser Stelle ist mit Kosten des Systemwechsels zu rechnen. Der Verfasser wagt allerdings vorherzusagen, dass diese Kosten von den Nutzen weit übertroffen werden.

Andere, m.E. auch sehr erwägenswerte Vorschläge zielen darauf hin ab, die Banknoten mit Magnetstreifen auszustatten, in die die Liquiditätsgebühr einprogrammiert ist. Die Lesegeräte an den Kassen müssten so ausgestattet werden, dass sie den Abschlag vom Nennwert automatisch berechnen könnten (derjenige Einzelhändler, der hierzu mangels moderner Technik nicht in der Lage ist, schädigt sich selbst).[187]

[A] So könnte u.a. daran gedacht werden, Kredite zum Zwecke des Erwerbs von Finanzanlagen und anderen Beständen (im weitesten Sinn) rechtlich und / oder faktisch zu verunmöglichen. Der Vorschlag stellt auf das „Austrocknen" des spekulativen Geldkreislaufes ab. Die Diskussion des Pro und Contra dieses und auch anderer Vorschläge würde von der vorliegenden Thematik abführen. Vordenker dieser Richtung waren Irving Fisher (100 %-Money – 100 %-Geld, Kiel 2007) und Joseph Huber (J. Huber / J. Robertson, Geldschöpfung in öffentlicher Hand, Weg zu einer gerechten Geldordnung im Informationszeitalter, Kiel 2008).

Teil II. Der Prozess: Von der Wiege bis zur Bahre

b. Neutralisierung der Buchliquidität

Ich möchte an dieser Stelle an einen Vorschlag anknüpfen, den ich 1995 zusammen mit *Jenetzky* publiziert habe.[188] Ausgangspunkt ist die Überlegung, dass die Problematik des „idle money", also des „streikenden Geldes", weniger von den Scheinen unter der Matratze der sprichwörtlichen Großmutter ausgeht. Die Geldströme werden vielmehr sehr stark von institutionellen Anlegern wie Banken, Versicherungen, Kapitalanlagegesellschaften etc. kontrolliert. Das Problem ist also v.a. das „parkende Buchgeld". Dementsprechend zielt der hier dargestellte Vorschlag darauf ab, das „parkende" Buchgeld zu mobilisieren, indem die verschiedenen Bankpassiva entsprechend ihrer Bindung von Zentralbankgeld belastet werden. Die Bindung von Zentralbankgeld bei geldnäheren Anlageformen ist stärker als bei geldferneren, da die Geschäftsbanken bei Ersteren eine höhere Liquiditätsvorsorge treffen müssen. Die Liquidität, welche die Banken vorzuhalten gezwungen sind, steht jedoch nicht dem Wirtschaftskreislauf zur Verfügung. Die geldnäheren Anlageformen sind daher für den Konjunkturmotor „schädlicher" (es handelt sich auch hier um „externe Effekte") als die geldferneren und müssten daher stärker belastet werden. Um einem naheliegenden Missverständnis von vornherein vorzubeugen: Der Vorschlag möchte nicht den verschiedenen Einlagekategorien direkt und unmittelbar auf administrativem Wege Durchhaltekosten auferlegen. Kein Beamter ist so schlau, dass er treffsicher den Satz bestimmen kann, mit dem die sozialen Kosten der Geldhaltung der verschiedenen Aggregate wieder internalisiert werden. Derartige Vorschläge, die beispielsweise für Sichteinlagen einen Satz von 1,5 %, für Termineinlagen einen Satz von 3 % etc. administrieren, würden willkürlich eine bestimmte Nutzen-Kosten-Struktur des Geldes administrieren. Soll der Verbrauch des „Rohstoffs" Zentralbankgeld ausschlaggebend für die Belastung der Passiva sein, so bietet sich hingegen als Instrument einer adäquat abgestuften Belastung der verschiedenen Einlagekategorien eine Abgabe auf die Barreserve der Geschäftsbanken an. Im Beispiel unten beträgt die Abgabe 50 % p.a. auf die durchschnittliche Barreserve.

Aktiva	Passiva	
Auf Sichteinlagen entfallende Barreserven: 8,0 GE Abgabe: 4,0 GE p.a.	Sichteinlagen: Belastung:	100,0 GE - 4,0 GE
Auf Termineinlagen entfallende Barreserven: 5,0 GE Abgabe: 2,5 GE p.a.	Termineinlagen: Belastung:	100,0 GE - 2,5 GE
Auf Spareinlagen entfallende Barreserven: 2,0 GE Abgabe: 1,0 GE p.a.	Spareinlagen: Belastung:	100,0 GE - 1,0 GE
Bilanzsumme: 293,0 GE + X	Bilanzsumme: 293,0 GE + X	

Abb. 28: Belastung der Kreditinstitute bei Mobilisierung des Buchgeldes
(Quelle: D. Löhr / J. Jenetzky, Neutrale Liquidität, Frankfurt a.M. 1995, S. 113)

Um die Liquiditätsprämien der verschiedenen Einlagekategorien zu neutralisieren, wäre unter den obigen Annahmen eine Belastung der Sichteinlagen mit 4 GE (bezogen auf 100 GE Einlagen sind dies 4 %, was der unterstellten Liquiditätsprämie entspricht), der Termineinlagen mit 2,5 GE (bzw. Prozent) und der Spareinlagen mit 1,0 GE (bzw. Prozent) notwendig. Die Barreserve beträgt insgesamt 15 GE. Bezogen auf diese Barreserve müsste nun ein Abgabensatz von 50 % gelegt werden. Unter der Voraussetzung, dass ein entsprechender Wettbewerb zwischen den Geschäftsbanken besteht[A], würden sich die Geschäftsbanken um eine verursachungsgerechte Überwälzung dieser Belastung auf die Kunden (Inhaber der Einlageforderungen) bemühen. Die Sichteinlagen machen beispielsweise die höchsten Barreserven erforderlich (4 GE) – mit diesen würden die Inhaber der Sichteinlagen auch belastet. Die Inhaber der Spareinlagen haben entsprechend geringere Lasten zu tragen. Die sozialen Kosten der Geldhaltung würden auf diese Weise verursachungsgerecht angelastet.

Verschiedentlich wurde das Argument hervorgebracht, dass ja schon die Bearbeitungskosten auf die Einlagen umgelegt würden. Allerdings handelt es sich hierbei um Kosten des Arbeitsbereiches der Kreditinstitute, wogegen es bei der Neutralisierung der Liquiditätsprämien um den Wertbereich geht. Es ist unmöglich, die Belastungen aus dem Arbeitsbereich – wiederum administrativ – derart umzulegen, dass die adäquate, verursachungsgerechte Belastung entsteht. Beispiel: Der Arbeitsaufwand für ein 10 €-Guthaben kann genauso hoch sein wie für ein 100.000 €-Guthaben, derjenige für ein liquiditätsfernes Geldaggregat genauso hoch wie für ein liquiditätsnahes.

Der hier getätigte Vorschlag ist insoweit als Ergänzungsstrategie zu den anderen hier diskutierten (auf das Zentralbankgeld selber abzielenden) Strategien zu verstehen, als er nicht die Eigenschaften des Zentralbankgeldes selber ändern möchte, sondern vielmehr die Effizienz der Verwendung der knappen Ressource Zentralbankgeld erhöhen will. Es wird nachfolgend also vorausgesetzt, dass das Zentralbankgeld selber schon einem geeigneten Regime zur Neutralisierung der Liquiditätsprämie unterworfen wurde.

Zur Erläuterung der Auswirkungen dieser Reform greifen wir auf die *Keynes'*sche Theorie zurück, nach der jedem Vermögensgegenstand ein „Eigenzinssatz" zuzuordnen ist, der einen Indikator für den Nutzenertragssatz des Asset darstellt. Dieser Eigenzins muss (unter Außerachtlassung von Risikoprämien, die durchaus unterschiedlich hoch sein können) im Gleichgewicht identisch sein (dies ergibt sich aus dem Renditeausgleichstheorem[189]) – ansonsten würde der Anleger auf andere Vermögensgegenstände umschichten. Hieraus lässt sich eine Portfoliotheorie entwickeln, die hier allerdings nur ansatzweise dargestellt werden kann.[190] In der untenstehenden Tabelle, die näherungsweise den Status quo abbilden soll, haben alle Aktiva einer Risikoklasse zwar denselben Eigenzinssatz, aber unterschiedliche Erträgnisse. Die Identität des Eigenzinssatzes kann sich nur aufgrund der unterschiedlichen Liquiditätsprämien der verschiedenen Vermögensgegenstände einstellen:

[A] Eine Voraussetzung wäre, dass die Rechtsformen der Banken eine Änderung erfahren. Die „Externalisierungsmaschine" Kapitalgesellschaft trägt viel zur Vermachtung der Wirtschaft bei und hat in einer Wettbewerbs- und Leistungsgesellschaft nichts zu suchen. Im Übrigen können Kapitalgesellschaften auch aus Anteilseignersicht als Realoptionen interpretiert und bewertet werden. Vgl. D. Löhr / A. Rams, Düsseldorf (PwC): Unternehmensbewertung mit Realoptionen – Berücksichtigung strategisch-dynamischer Flexibilität, in: Betriebsberater v. 28.9.2000, S. 1983-1989.

Teil II. Der Prozess: Von der Wiege bis zur Bahre

Kategorie	Eigenzins	=	Erträgnis	+	Liquiditätsprämie	-	Durchhaltekosten
Bargeld	6,00 %	=	0,00 %	+	6,00 %	-	0,00 %
Sichteinlagen	6,00 %	=	2,00 %	+	4,00 %	-	0,00 %
Termineinlagen	6,00 %	=	3,50 %	+	2,50 %	-	0,00 %
Spareinlagen	6,00 %	=	5,00 %	+	1,00 %	-	0,00 %

Tab. 20: Komponenten des Eigenzinssatzes – Beispielhaft für den Status quo
(Quelle: Nach D. Löhr / J. Jenetzky, Neutrale Liquidität, a.a.O., S. 78)

Wie oben schon angedeutet, gibt die obenstehende Tabelle die sozialen Nutzen und Kosten nicht vollständig wieder: So bewirkt eine zunehmende Geldnähe, dass mehr Zentralbankgeld gebunden wird. Die individuelle Liquidität wird auf Kosten der Gesamtliquidität der Wirtschaft erhöht. Es entstehen soziale Kosten, wenn Stockungen des Wirtschaftskreislaufes die Folge sind. Obwohl die hiermit verbundenen sozialen Kosten mit zunehmender Geldnähe tendenziell höher ausfallen, findet im heutigen Geldwesen keine adäquate Belastung der geldnäheren Einlagen statt. Das Geld- und Bankenwesen arbeitet insoweit nicht verursachungsgerecht: Die Durchhaltekosten sind in jedem der diversen Geldaggregate (bei Abwesenheit von Inflation) gleich Null. Die nicht bestehende Internalisierung sozialer Kosten im Geldwesen ist eine marktwirtschaftsfremde Verletzung des Verursacherprinzips.

Mit den o.a. Vorschlägen kann das Verursacherprinzip im Geldwesen verankert werden. Geldnahe Aggregate erfahren aufgrund der von ihnen ausgehenden potentiell hohen sozialen Kosten eine entsprechend hohe Belastung. Bei geldferneren Aggregaten ist die Belastung entsprechend der geringeren sozialen Kosten weniger hoch. Im Idealfall sollte die Liquiditätsprämie durch die Reform vollkommen kompensiert werden. Dies bewirkt, dass der Eigenzins nur noch die Erträgnisse widerspiegelt. Der Zins wäre ein reiner Knappheitsindikator und würde keine „Optionsprämie" bzw. Liquiditätsprämie mehr enthalten. Nach Neutralisierung der Liquiditätsprämie durch eine gleich hohe Umlaufsicherungsgebühr (= Durchhaltekosten) würde, wie die Abbildung unten zeigt, für eine kurze Dauer eine Zinsstrukturkurve verursacht, die – anders als heute – nicht mehr durch die unterschiedliche Geldnähe der diversen Aggregate bedingt ist.

Teil II. Der Prozess: Von der Wiege bis zur Bahre

Kategorie	Eigen-zins	=	Erträgnis	+	Liquiditätsprämie	-	Durchhaltekosten
Bargeld[1]	0,00 %	=	0,00 %	+	6,00 %	-	6,00 %
Sichtein-lagen[2]	2,00 %	=	2,00 %	+	4,00 %	-	4,00 %
Terminein-lagen[2]	3,50 %	=	3,50 %	+	2,50 %	-	2,50 %
Sparein-lagen[2]	5,00 %	=	5,00 %	+	1,00 %	-	1,00 %

Anmerkung: Durchhaltekosten / Neutralisierung der Liquiditätsprämie über
[1] Geldverrufe
[2] Abgabe auf die Barreserve der Geschäftsbanken

Tab. 21: Veränderung der Struktur der Eigenzinssätze durch die Umlaufsicherungsgebühr
(Quelle: Nach D. Löhr / J. Jenetzky, Neutrale Liquidität, a.a.O., S. 94)

Dieser Zustand kann nicht stabil sein (s. die Struktur der Eigenzinssätze); es kommt zu Umschichtungen hin zu den geldferneren Aggregaten, da diese einen höheren Eigenzins (weil Erträgnis) aufweisen. Dadurch steigt auch die Ertragsrate der geldnäheren Aggregate wieder leicht an. Nach Beendigung der Umschichtungsvorgänge stellt sich folgende Zinsstruktur ein:

Kategorie	Eigen-zins	=	Erträgnis	+	Liquiditätsprämie	-	Durchhaltekosten
Bargeld[1]	0,00 %	=	0,00 %	+	6,00 %	-	6,00 %
Sichtein-lagen[2]	3,50 %	=	3,50 %	+	4,00 %	-	4,00 %
Terminein-lagen[2]	3,50 %	=	3,50 %	+	2,50 %	-	2,50 %
Sparein-lagen[2]	3,50 %	=	3,50 %	+	1,00 %	-	1,00 %

Anmerkung: Durchhaltekosten / Neutralisierung der Liquiditätsprämie über
[1] Geldverrufe
[2] Abgabe auf die Barreserve der Geschäftsbanken

Tab. 22: Vorläufiges Gleichgewicht der Struktur der Eigenzinssätze bei Umlaufsicherungsgebühr
(Quelle: Nach D. Löhr / J. Jenetzky, Neutrale Liquidität, a.a.O., S. 95)

Die Zinsstrukturkurve ist dann also flach. Interessant ist, dass dieser Einheitszinssatz eine Welt ohne Liquiditätspräferenz beschreibt – eben den Zustand, den die Neoklassik mit ihrer charakteristischen Verwechslung von „Sein" und „Sollen" als heute schon gegeben unterstellt. Allerdings werden die von der Neoklassik als existent unterstellten Zustände durch die propagierten Reformen erst eingeführt! So ist auch der einheitliche Zinssatz nur durch eine konsequente Neutralisierung der Buchliquidität überhaupt erst möglich.

Teil II. Der Prozess: Von der Wiege bis zur Bahre

Durch die Reform wird das Geld unter einen Angebotszwang gesetzt und seine Übermacht (gegenüber Ware und Arbeit) genommen. Um die Durchhaltekosten zu vermeiden, stellt es sich jetzt selbst dann noch zur Verfügung, wenn die zu finanzierenden Investitionen eine Verzinsung in Höhe der Liquiditätsprämie (zuzüglich eines Risikoaufschlages) nicht mehr erzielen können. Nach der Neutralisierung der Liquiditätsprämie findet somit eine Dauerkonjunktur statt, in der das Kapital eine permanente Vermehrung erfährt. Der Zins wird schließlich im Kapital „ersäuft", also die relative Knappheit beseitigt; es existiert mit der Neutralisierung der Liquiditätsprämie nun kein „Keil" mehr, der das „Zuklappen der Zinstür" (also das Absinken des Zinses gegen Null) verhindert.[A] Hierfür sorgt in Feld (2) der marktwirtschaftliche Wettbewerb (über eine Vermehrung der Kapitalgüter). Die Kapitalbildung (die auch Wertpapiere und risikobehaftete Aktiva mit umfasst) würde letztlich an folgendem Punkt zum Stillstand kommen:

Kategorie	Eigenzins	=	Erträgnis	+	Liquiditätsprämie	-	Durchhaltekosten
Bargeld[1]	0,00 %	=	0,00 %	+	6,00 %	-	6,00 %
Sichteinlagen[2]	0,00 %	=	0,00 %	+	4,00 %	-	4,00 %
Termineinlagen[2]	0,00 %	=	0,00 %	+	2,50 %	-	2,50 %
Spareinlagen[2]	0,00 %	=	0,00 %	+	1,00 %	-	1,00 %

Anmerkung: Durchhaltekosten / Neutralisierung der Liquiditätsprämie über
[1] Geldverrufe
[2] Abgabe auf die Barreserve der Geschäftsbanken

Tab. 23: Langfristiges Gleichgewicht - Nullzinsniveau
(Quelle: Nach D. Löhr / J. Jenetzky, Neutrale Liquidität, a.a.O., S. 106)

Das Kapital wurde in der obenstehenden Tabelle so weit vermehrt, dass der Zinssatz auf gegen Null abgesunken ist.

Ein ergänzender Hinweis sei – auch wegen seiner Bedeutung für die finanzielle Dimension der Globalisierungsdiskussion - noch erlaubt: Die oben angestellten Überlegungen zur Neutralisierung der Liquiditätsprämie beziehen sich auf die nationalen Währungen (Euro, Dollar, Pfund, Yen etc.). Allerdings bedarf es – analog zur globalen Verständigung über die Ressourcenfrage auch einer internationalen Weltwährungsordnung. Keynes hat bereits während des Zweiten Weltkriegs ein Konzept entwickelt, in dem er die Idee Gesells einer Internationalen Valuta-Assoziation (weltwährungsverein)[191] weiter entwickelt. Zentrale Elemente waren dabei eine „International clearing union" und der sog. „Bancor" als „Weltgeld" anstelle einer nationalen Währung (dem Dollar) als Zweitwährung. In diesem Regime hätte bei Ungleichgewichten nicht nur ein Anpassungsdruck für die Schuldner, sondern auch für die Gläubiger bestanden. Keynes konnte sich mit seinem Konzept 1944 auf der Konferenz von Bretton Woods allerdings nicht durchsetzen. Statt dessen gewann der White-Plan die Oberhand, mit dem US-amerikanische Interessen in Institutionen transformiert wurden. Die verfehlte Politik infolge des White-Plans trug auch Einiges zu den Proble-

---
[A] Auch die *Keynes'sche* Liquiditätsfalle ist nicht mehr zu befürchten.

Teil II. Der Prozess: Von der Wiege bis zur Bahre

men bei, mit denen wir uns in finanzieller Hinsicht (IWF, Weltbank) in Kap. I.4. und II.3. (Globalisierung) beschäftigen.[192]

II.4. ... bis zur Bahre

In Kap. II.3.1.4. wurde dargestellt, dass moderne Nachhaltigkeitsstrategien wie u.a. der Ansatz des Stoffstrommanagements versuchen, mehr ökologische Rationalität durch eine Umlenkung der Stoffströme zu erreichen. Hintergrund ist die Tatsache, dass die Preise offenbar so gesetzt sind, dass externe Effekte zumeist auch nicht annäherungsweise internalisiert werden.

Doch wie kann man beides besser – möglichst ohne marktwirtschaftsfremden Dirigismus - erreichen: Einerseits „richtige" Preise setzen, andererseits die Stoffströme in die ökonomisch und ökologisch gewünschten Verwendungen lenken? Die Grundidee ist einfach: Der Wirtschaftskreislauf beginnt mit der Extraktion von natürlichen Ressourcen (s. Kap. II.2.). Die Extraktion von natürlichen Ressourcen ist v.a. in Feld (1) / Tabelle 2 bzw. im primären Sektor („Urproduktion") zu verorten.[A] Typischerweise handelt es sich um Grund und Boden, Wasser, nicht erneuerbare natürliche Ressourcenvorkommen (Beispiel: fossile Energieträger oder mineralische Rohstoffe) etc., an dem oder dessen Quellen Ausschließlichkeitsrechte bestehen (ob sich diese in privater Hand oder in der Hand von Staaten befinden, die von Kleptokraten für ihre Interessen instrumentalisiert werden, spielt dabei keine so große Rolle). Die Entropie ist unmittelbar nach der Ausbeutung minimal. Der Pfad der Ausbeutung von Ressourcen über die Zeit hinweg ist ein Problem, das die Ressourcenökonomie beschäftigt und mit dem wir uns in Kap. II.2.2. auseinander gesetzt haben. Die schwer oder nicht erneuerbaren Ressourcen werden in einem Maße ausgebeutet, das nicht mit Nachhaltigkeitsvorstellungen vereinbar ist (vgl. Kap. II.2.3.). M.E. ist dies ein Feld, welches der staatlichen Kontrolle bedarf.

Nach ihrer Ausbeutung werden die betreffenden Rohstoffe im Produktionsprozess kombiniert und weiter verarbeitet (s. Kap. II.3.). Dabei steigt die Entropie weiter an. Dieser Kombinations- und Weiterverarbeitungsprozess ist v.a. in Feld (2) zu Hause, soweit es sich um den „sekundären Sektor" (industrielle Produktion) handelt.

Am Ende ihres Lebenszyklus werden die Stoffe der Deponierung (im weitesten Wortsinne) zugeführt (s. das vorliegende Kap. II.4.). Aus ökologischer Sicht ist dies dann wünschenswert, wenn sie einen Zustand hoher Entropie erreicht haben bzw. nicht mehr zu tragbaren Kosten recycelt werden können. Doch die Deponiekapaziten (also die Belastbarkeit der Umwelt) sind genauso beschränkt wie die Rohstoffe selbst. Zu beachten ist, dass ein Rohstoff mit zunehmender Entropie seinen Charakter hin zu einem Schadstoff wandelt. Als Managementregel geben *Costanza et al.* vor, dass die Rate der Abfallentstehung bzw. das Niveau der Entsorgung nicht größer sein darf als die Assimilationskapazität der Umwelt (Assimilationsregel für eine nachhaltige Entsorgung).[193] Wie hoch die Assimilationskapazität in räumlicher / gegenständlicher / zeitlicher Hinsicht ist, muss wiederum angesichts naturwissenschaftlicher Erkenntnisse entschieden werden. Auch hier gilt wieder das Primat der Effektivität vor

---

[A] Die Unterscheidung zwischen primärem (Land- und Forstwirtschaft, Urproduktion), sekundärem (Industrie) und tertiärem Sektor geht auf Fourastié zurück. Mehr hierzu in Kap. II.3.1.4..

Teil II. Der Prozess: Von der Wiege bis zur Bahre

der Effizienz; es gilt, Strukturen zu steuern. Die betreffenden Schadstoffe sind wegen der mit dem Weiterverarbeitungsprozess einhergehenden Entropiezunahme aber oft sehr diffus verteilt, was hohe Anforderungen an die Festlegung der Grenzwerte bzw. Steuerung stellt. Klassischerweise hatten die Deponien in früheren Zeiten den Charakter eines sog. „Allmendegutes" (Feld (5)). Dies führt zu den in der Literatur diskutierten Übernutzungserscheinungen (Übernutzung der Atmosphäre, wilde Deponien etc.) bzw. sozialen Kosten.[A]

Aus dem Gesagten können folgende Schlüsse gezogen werden: Es muss einerseits dafür Sorge getragen werden, dass es zu keiner überhöhten Ressourcenausbeutung kommt („Wiege"). Das Gegenstück hierzu ist aber die Sorge auch dafür, dass weder die Deponiekapazitäten noch die Senken überlastet werden („Bahre"). Sowohl die Ressourcen wie auch Deponien und Senken sind gleichermaßen knapp (beispielsweise muss auch der atmosphärische Aufnahmespeicher wie eine Senke bzw. Deponie betrachtet werden). Die ordnungspolitische Kontroverse entzündet sich letztlich daran, ob Wiege und Bahre in privater Hand (und damit unkontrolliert bzw. von fragwürdigen Marktsignalen gesteuert) oder als Gemeinschaftsgut sozialer Kontrolle und Planung unterworfen sein sollen. In diesem Buch wird dezidiert die letztgenannte Lösung befürwortet. Sind sowohl die Wiege als auch die Bahre in der Hand der Gemeinschaft bzw. des demokratischen Rechtsstaates, kann die im Sinne der nachhaltigen Entwicklung notwendige Planung der knappen Ressourcen und Deponiekapazitäten betrieben werden. Der demokratische Rechtsstaat muss also beide Enden (Geburt und Ende eines Stoffes) fest in der Hand behalten. Lässt er dann bei alledem, was dazwischen stattfindet, der Wirtschaft freie Hand, so bilden sich marktgerechte Knappheitspreise:

	Heute	Ziel
Wiege: Ressourcenextraktion / Feld (1) / Tabelle 2	Privateigentum (oder sog. „Allmendegüter") / unkontrolliert	Gemeinschaftsgut / kontrolliert
Produktion / Weiterverarbeitung / Feld (2) und (6)	Privat / durch staatliche Dirigismen und Eingriffe in Prozesse beeinträchtigt	Frei und von staatlichen Dirigismen unbeeinflusst
Bahre: Deponierung (Feld (6) oder (1))	sog. „Allmendegüter" (oder Privateigentum) / wenig kontrolliert	Gemeinschaftsgut / kontrolliert

Tab. 24: Von der Wiege bis zur Bahre – Sein und Sollen
(Quelle: Eigene Darstellung)

Anders verhält es sich hingegen, wenn (im Sinne des *Posner*'schen Paradigmas) nicht sämtliche Ressourcen in gemeinschaftliches Eigentum überführt werden sollen. Wird die Verknappung der Ressourcen und Deponiekapazitäten durch private Renditeinteressen determiniert, ist eine derartige Planung kaum möglich. Die Folge sind dirigistische Eingriffe in Feld (2) / Tabelle 2 (auch Ansätze des Stoffstrommanagements zeigen z.T. solch dirigistische Neigungen). Hier wird – kraft höherer Weisheit der Exekutive – von ebendieser Exekutive bestimmt, welche Projekte Existenzberechtigung haben und welche nicht. Es wird in die Preisbildung entweder aktiv eingegriffen oder aber die Signale der Marktpreise mittels Subventionen außer Kraft ge-

---

[A] Property rights-Theoretiker möchten sie daher zu einem privaten Gut umfunktionieren (Feld (1)).

Teil II. Der Prozess: Von der Wiege bis zur Bahre

setzt. Unserer Auffassung nach sollte Feld (2) jedoch als „Herzstück" einer Marktwirtschaft von dirigistischen Eingriffen möglichst verschont bleiben.

Die vorgeschlagene Lösung schafft auch die Voraussetzungen für eine folgerichtige Implementierung des Vorsorgeprinzips: Einer nachhaltigen Preisgestaltung i.S. „richtiger", d.h. die Folgewirkungen internalisierender Preise entspräche es, wenn in dem Zeitpunkt, in dem eine Ressource in die „Wiege" der Wirtschaft gelegt wird, gleich Vorsorge für die „Grabstätte" eingefordert wird (in Gestalt von Permits). Im Sinne des Vorsorgeprinzips würde der Preis, mit dem ein Rohstoff in den Verkehr gebracht wird, somit auch die Kosten der Deponierung umfassen. Ein instruktives Beispiel für das hier genannte Vorsorgeprinzip ist die CO_2-Problematik. Der Rohstoff (Wiege) ist Kohlenstoff in niedrig entropischer Form, der aus fossilen Energieträgern stammt (Feld (1) / Tabelle 2). Der Verarbeitungsprozess (Feld (2)) findet i.d.R. in Gestalt von Verbrennungen statt (Kohle, Erdöl, Erdgas). Die Deponierung erfolgte früher „frei" in der Atmosphäre (Feld (5)) – seit Kyoto werden Verfügungsrechte für die Senken- bzw. Deponiekapazität vergeben (Feld (1) / Tabelle 2). Kyoto arbeitet dabei u.a. mit handelbaren Emissionsrechten (s. die *Posner'*schen Kriterien oben), wenngleich der Handel bislang nur in eingeschränkter Form (zwischen Staaten) möglich ist. Orientiert man sich – wie dies gängige Praxis ist - an den Emissionen (führt also die Kontrolle am Ende des Prozesses durch), kann man zwar die CO_2-Belastung erfassen, welche durch Großanlagen (Kraftwerke, Raffinerien, Stahlverbrauch) verursacht werden; außen vor bleiben jedoch die Kleinanlagen, die jedoch ebenfalls einen erheblichen Anteil am CO_2-Ausstoß haben. Hier ist der Aufwand für die Emissionsmessung einfach zu hoch.

Die Problematik wäre jedoch gar nicht so schwer in den Griff zu bekommen: Man müsste nur konsequent vorgehen und auf „Extrawürste" verzichten (d.h. dem Begehren der Lobbyisten nach Ausnahmen widerstehen). Alles freigesetzte Kohlendioxid kam irgendwann in Form von fossilen Energieträgern (Kohle, Öl, Erdgas etc.) auf den Markt. Ergo könnte man sich darauf beschränken, alle auf den Markt kommenden kohlestoffhaltigen Energieträger zu erfassen und nach ihrem Kohlenstoffgehalt bewerten. Wer also derartige kohlenstoffhaltige Energieträger (wie auch immer, über Förderung, Import etc.) *in den Verkehr bringt*, müsste zunächst ein Entsorgungsrecht erwerben. Dies könnte über den in Kap. I.3.2.1. geschilderten Versteigerungsmechanismus geschehen. Die Festlegung und fortschreitende Kappung der zulässigen (Gesamt-) Menge an Kohlenstoff erzwingt exakt die angestrebte Kohlendioxid-Obergrenze (aus jeder Tonne Kohlenstoff werden ca. 3,7 t Kohlendioxid).[194] Der Preis für die Kohlenstoff-Lizenzen würde in die Energiepreise eingehen. Alle Energieträger würden sich also entsprechend ihres Kohlenstoff-Gehaltes verteuern. Der Einzelne kann sich weiterhin verhalten, wie er will; er hat jedoch die Konsequenzen seines Verhaltens zu bezahlen. Die Kappung der Gesamtabsorption an Kohlendioxid ist wesentlich treffgenauer als eine Steuer auf CO_2 (s. unten mehr). Einzelvorschriften für Glühlampen, den Flottenverbrauch für Autos, Wärmedämmung oder Quoten für Biokraftstoffe wären nicht mehr erforderlich. Die Erlöse aus der Versteigerung der Lizenzen sollten wie in Kap. I.3.2.1. beschrieben zurück an die Bürger verteilt werden, so dass ein sozialer Ausgleich angesichts der zunehmenden Verknappung von Deponien und Senken entsteht.

Wie bei CO_2, so könnte sich generell die Vorsorge bei den verschiedenen Schadstoffen (z.B. Blei) in Form der einzukaufenden Berechtigungen grundsätzlich an der schädlichsten „Endlagerung" (also am Schadenspotenzial bzw. der höchsten Entropiestufe) orientieren, für das tatsächlich auch Kapazität „gebucht" werden müsste.

Teil II. Der Prozess: Von der Wiege bis zur Bahre

Die betreffenden Berechtigungen wären also auf die Zukunft gerichtet (z.B. würde eine CO_2-Emissionsberechtigung bei In-Verkehr-Bringen des Schadstoffs mit Blick auf die künftige Deponierung verkauft). Die Art und Weise, wie die Deponierung genau geschieht, wäre über Ordnungsrecht zu regeln. Die „Vorbuchungen" wären mit den planerischen und ordnungspolitischen Setzungen je nach räumlichem, gegenständlichem und zeitlichem Schadenspotential differenziert abzustimmen. Bestimmungen über Grenzwerte, Sondermülldeponien etc. wären unter dieser Maßgabe zu treffen.

Teil III. Realpolitik als strukturkonservative „Politik der kleinen Schritte"

III.1. Leitgedanken

In Teil I wurde ein ordnungspolitischer Trend beschrieben, dessen Grundlage das neoinstitutionalistische Paradigma ist. Dieses strebt eine möglichst weitgehende Spezifizierung der Eigentumsrechte an. Es wurde ein Gegenvorschlag entwickelt, der tendenziell die Rückführung bestimmter Eigentumsrechte (nämlich von Feld (1)) in Common goods bzw. einen Common pool anstrebt. Beide Vorschläge setzen also auf eine Änderung der Struktur der Verfügungsrechte.

In der Tagespolitik wird jedoch zumeist versucht, über eine pragmatische „Politik der kleinen Schritte" die beschriebenen umweltpolitischen Probleme abzuschwächen, ohne große Verschiebungen in den Eigentumsrechten zu verursachen (dies bringt zumeist nur Ärger und gefährdet die Wiederwahl der verantwortlichen Politiker). Selbst wenn keine Industrie mit „Lobbyarbeit" interveniert, müssen schon innerhalb der Ministerien im Rahmen von Referentenentwürfen für Gesetze häufig zu viele „Mitspieler" eingebunden werden, als dass tatsächlich größere Veränderungen möglich wären. Dies gilt insbesondere dann, wenn mehrere Bereiche (bzw. Referate) tangiert sind; die zu regelnde Problematik also „Querschnittscharakter" besitzt (wie beispielsweise das Thema „Flächenhaushaltspolitik"). Den politischen Akteuren geht es ohnehin zumeist nur darum, bestimmte Themenfelder medienwirksam zu besetzen, ohne größere Konflikte zu provozieren, die für das eigene Standing wenig überschaubar sind. Da die bestehenden Besitzstände möglichst wenig angetastet werden, sind „realpolitische" Lösungen tendenziell strukturkonservativ. Allenfalls wird über eine „Verdünnung" der Eigentumsrechte nach Kompromisslösungen gesucht. Ein ordnungspolitischer Anspruch ist mit diesen Konzepten insoweit kaum verknüpft.

Die unten vorgestellten Instrumente stellen nur einen repräsentativen Ausschnitt dessen dar, was in der umweltpolitischen Diskussion diesbezüglich „auf dem Markt" ist. Im nachfolgenden Teil III soll illustriert werden, dass
- die meisten umweltpolitischen Instrumente jeweils nur einen sehr eingeschränkten Anwendungsbereich aufweisen. Dementsprechend gibt es nicht das „alles erschlagende umweltpolitische Instrument". Dies entspricht, wenn man ein Zielbündel unterstellt, auch der sog. „Tinbergen-Regel".[1] Entsprechend der Tinbergen-Regel ist eine volle Realisierung sämtlicher Ziele nur dann möglich, wenn mindestens so viele unabhängige (!) Instrumente eingesetzt werden, wie Ziele verfolgt werden.[A] In der nachfolgenden Darstellung sind die Instrumente je nach ihrer Fokussierung den Abschnitten „Zielfestlegung", „Effektivität", „Effizienz" und „Verteilung" mit den ihnen besonders verbundenen Leitwerten zugeordnet.
- sich die verschiedenen Instrumente dementsprechend auf bestimmte Zielebenen fokussieren und andere Zielebenen vernachlässigen. Der Nachhaltigkeitsvier-

---

[A] Gibt es weniger Instrumente, dann können nicht alle Ziele gleichzeitig erreicht werden.- Vgl. J. Tinbergen, On the Theory of Economic Policy, Amsterdam 1952. Deutsch: Über die Theorie der Wirtschaftspolitik, in: G. Gaefgen (Hrsg.): Grundlagen der Wirtschaftspolitik, Bd. 11, 4. Aufl., S. 383-396.- Voraussetzung ist u.a., dass zwischen den Zielen und Instrumenten eindeutige Ursache-Wirkung-Beziehungen bestehen. Vgl. zur Tinbergen-Regel: K.-H. Brodbeck, Grundlagen der Wirtschaftspolitik, 2. Aufl., Würzburg 1998, S. 29.

klang kann in den meisten Fällen daher kaum wirksam werden. Vielmehr ist zumeist eine Ergänzung durch andere Instrumente (Instrumentenbündel) notwendig, um die Defizite zu kompensieren.
- die Notwendigkeit von ergänzenden Maßnahmen zu einer Erhöhung der Komplexität des ökonomischen, rechtlichen, sozialen und politischen Systems führt, die gehandhabt werden muss. Dabei sind die „unbeabsichtigten Folgen absichtsvollen Handelns" zu bedenken.
- die skizzierten Probleme v.a. dort auftauchen, wo aus politischer Rücksichtnahme auf mächtige „Pressure groups" bestimmte Schlüsselprobleme nicht angegangen werden können.

Nachfolgend wird – angesichts der Tatsache, dass dieses Gebiet in den umweltpolitischen und –ökonomischen Lehrbüchern ein wenig stiefmütterlich beleuchtet ist - bei der Darstellung der Instrumente ein besonderes Gewicht auf das Gebiet der Flächenhaushaltspolitik gelegt.

III.2. Fokus: Legitimation / Zielfestlegung

III.2.1. Maßnahmen zur Bewusstseinsbildung: Darstellung

Zunächst sollen v.a. Maßnahmen zur Bewusstseinsbildung angesprochen werden. Diese dienen dem Zweck, Akzeptanz für die als notwendig angesehenen umweltpolitischen Maßnahmen in der Bevölkerung zu schaffen. Maßnahmen zur Bewusstseinsbildung werden vorbereitend und begleitend, teilweise aber auch weitergehende Aktivitäten substituierend eingesetzt. Regelmäßig handelt es sich hierbei um Kampagnen, die mittels Vortragsveranstaltungen, Broschüren etc. durchgeführt werden. Auch Fachtagungen oder „Ressortforen" der Ministerien für die Fachöffentlichkeit werden eingesetzt. Aus ökonomischer Sicht wird mittels derartiger Maßnahmen auf die Präferenzen der Wirtschaftssubjekte eingewirkt.

Hinsichtlich der Politikfelder ist das Instrumentarium grundsätzlich universell einsetzbar. Von großer Bedeutung sind – beispielsweise im Rahmen der Flächenhaushaltspolitik - auch Diskussionen um Leitbilder, hier v.a. vor dem Hintergrund der künftigen demographischen und wirtschaftlichen Entwicklung. Dies kann und sollte vornehmlich auf lokaler und regionaler Ebene geschehen.

III.2.2. Beurteilung

a. Zielfestlegung / Legitimation
Betrachtet man die politischen Akteure als „politische Unternehmer", so trachten diese nach Stimmenmaximierung.[2] Umweltpolitische Themen können zu diesem Zwecke besetzt werden. Investitionen in den Umweltbereich müssen gerechtfertigt werden – dies kann am besten dadurch geschehen, dass im Vorfeld eine entsprechende Akzeptanz in der Bevölkerung und bei den Multiplikatoren hergestellt wurde. Politik und Verwaltung benötigen also die Unterstützung v.a. derjenigen Gruppen, die sich medienwirksam artikulieren können oder über maßgebliche Ressourcen verfügen.

Teil III. Realpolitik als strukturkonservative „Politik der kleinen Schritte"

Zugleich stellen bewusstseinsbildende Kampagnen den ersten Schritt einer möglicherweise weiterführenden umweltpolitischen Strategie dar (modulare Politikstrategie). Stellen die Protagonisten fest, dass der politische Gegenwind „zu scharf" ist, besteht immer noch die Exit-Option (Abbruch der Kampagne).

b. Effektivität
Die beschriebenen Konstellationen bringen es jedoch auch mit sich, dass strittige Themen (wie gerade auch die Eigentumsfrage) weniger im Fokus der Öffentlichkeit stehen als solche, bei denen mit einer breiten Zustimmung zu rechnen ist.

> **Beispiel: Energieeffizienz**
> Die Notwendigkeit von Maßnahmen zur Erhöhung der Energieeffizienz ist mittlerweile nicht mehr strittig. Die Alternative wäre eine höhere Abhängigkeit von fossilen Energieträgern. Dies kann jedoch auch für wenig umweltbewegte Bürger keine ernsthafte Option darstellen.

Die für eine effektive Umsteuerung wirklich notwendigen Maßnahmen sind jedoch einschneidend und gehen weit über das heraus, was heutzutage im Rahmen derartiger Kampagnen gemacht wird.

c. Effizienz
Politische PR-Maßnahmen beeinträchtigen zunächst nicht die Wohlfahrt. Allerdings muss gesehen werden, dass sie über Steuern und / oder Staatsverschuldung finanziert werden müssen.

d. Verteilungsgerechtigkeit
Die Besetzung eines Themas stellt meistens die Voraussetzung für die Erhebung des Anspruchs auf weitergehende Mittelzuweisungen dar. Andererseits besteht die Möglichkeit des Abbruchs, wenn sich ein politischer Misserfolg abzeichnet. Bewusstseinsbildende Maßnahmen sind aus Sicht der politischen Akteure somit ein interessantes Instrumentarium zur Öffnung neuer „politischer Märkte".
Es liegt im Wesen bewusstseinsbildender Maßnahmen, Konflikte möglichst zu vermeiden (s. oben). Dies kann nur dadurch geschehen, dass der Status quo der bestehenden Verteilungsverhältnisse grundsätzlich nicht infragegestellt wird.

III.3. Fokus: Control-Ebene (Ökologie / Effektivität)

III.3.1. Auflagen / Ordnungs- und Planungsrecht

III.3.1.1. Darstellung

Als Auflage bezeichnet man eine politische Maßnahme, die direkte umweltbezogene Verhaltensvorschriften in Form von Ge- oder Verboten beinhaltet.[3] Gesetze und die Setzung von Standards über Auflagen versuchen, direkt und unmittelbar auf das Verhalten der Individuen einzuwirken. Gleiches gilt für das Ordnungs- und Planungsrecht (die Begriffe „Auflage" sowie „Ordnungs- und Planungsrecht" werden nachfolgend hinsichtlich ihrer Wirkung synonym verwendet). Ausgangspunkt ist das ge-

Teil III. Realpolitik als strukturkonservative „Politik der kleinen Schritte"

wünschte bzw. tolerierte Niveau an Umweltschädigung. Die Nutzung des ansonsten frei zugänglichen Umweltmediums wird also durch Rechtssetzung eingeschränkt: Auflagen sollen meistens einer Übernutzung der Umwelt entgegenwirken (Feld (5)). Die Produktion positiver Externalitäten (Feld (6)) kann in einer grundsätzlich sich frei verstehenden Wirtschaft schwerlich angeordnet werden. Die Probleme hinsichtlich Allokation und Qualität sind aus dem Versagen planwirtschaftlicher Ordnungen heraus hinlänglich bekannt.

Bei dem Ordnungs- und Planungsrecht handelt es sich um eines der am häufigsten angewandten umweltpolitischen Instrumente. Es findet z.B. in Gestalt von Grenzwertsetzungen (BImSchG, IVG etc.) oder in der Raum- und Bauleitplanung seinen Niederschlag.

In der Regel findet die Setzung von Umweltstandards orientiert an naturwissenschaftlich-technischen Erkenntnissen (sowie der Arbeit der Pressure groups bzw. Lobbyisten) statt. Ziel der Regulierung können sein:
- die Emissionen. Es handelt sich um Grenz- oder Höchstwerte sowie Minderungsverpflichtungen. Beispiele sind das Wasserhaushaltsgesetz oder die Technische Anleitung Luft (TA Luft);
- Produktnormen: Hierbei wird eine bestimmte Menge an Schadstoffen begrenzt, die bei Zusammensetzung oder bei den Emissionen eines Produktes nicht überschritten werden dürfen. Sie werden auch als Unterfall von Emissionsauflagen verstanden;
- Produktion: Für besonders schadstoffintensiv produzierte Güter können auch Limitierungen der Produktionsmenge (z.B. bei Smog) angeordnet werden. In Flächennutzungs- und Bebauungsplänen können Ansiedlungsverbote ausgesprochen werden;
- Prozesse: Man unterscheidet zwischen Inputauflagen und Prozessnormen. Inputauflagen geben Bestimmungen und Vorschriften zum Einsatz bestimmter Roh- und Betriebsstoffe. Prozessnormen legen die anzuwendende Technologie fest.

III.3.1.2. Beurteilung

a. Zielfestlegung / Legitimation

Das Ordnungs- und Planungsrecht ist wegen des unmittelbaren und deutlichen Zusammenhangs zwischen Instrumenteneinsatz und Wirkung einerseits ein leicht verständliches Instrument. Der oftmals pauschal erhobene Vorwurf der „Bürokratie" ist jedoch nicht immer unberechtigt. Zudem bedeutet es einen Eingriff in die existente Verteilung der Verfügungsrechte (insbesondere eine Abschwächung des „abusus", also des Rechts zur Veränderung und Umnutzung, s. Tab. 4), das einer (demokratischen) Legitimation bedarf. Das Ordnungs- und Planungsrecht ist grundsätzlich in der Lage, flexibel einen Ausgleich zwischen verschiedenen Ansprüchen und Leitwerten herzustellen. Wenn ein Leitwert besonders herausgehoben werden muss, ist es derjenige der „Wirksamkeit".

b. Effektivität

Wir stellten bereits dar, dass sich die Notwendigkeit ergeben kann, eine Schädigungs- und / oder Nutzungsstruktur zu steuern (Leitwert „Wirksamkeit"). Dies ist insbesondere dann der Fall, wenn es Konkurrenzen zwischen den Schutzgütern abzuwägen gilt oder Hotspots und Kuppelemissionen zu steuern sind. Das Ordnungs- und Planungsrecht eignet sich hervorragend dazu, Strukturen zu steuern. Es ist auch

Teil III. Realpolitik als strukturkonservative „Politik der kleinen Schritte"

dann vorzugswürdig, wenn es gilt, bestimmte Ziele innerhalb eines bestimmten Zeitraums zu erreichen (Zeiteffizienz). Anders als ökonomische Instrumente (die mit Anreizmechanismen arbeiten) geben sie den Verschmutzern wenig Freiheitsgrade, wie und innerhalb welchen Zeitraumes sie das gesetzte umweltpolitische Ziel erreichen können (Leitwerte „Anpassungsfähigkeit" und „Wandlungsfähigkeit" auf systemarer Ebene). Die Erreichung des umweltpolitischen Ziels ist bei anreizorientierten instrumentellen Alternativen oft zu unsicher. Außerdem benötigt die Wirkung des ökonomischen Instruments gegebenenfalls eine unkalkulierbare Zeit. Insbesondere bei Gefahr in Verzug kann daher die Notwendigkeit bestehen, schnell mittels Auflagen etc. zu reagieren. Aus den genannten Gründen werden Auflagen selbst von den Befürwortern ökonomischer Instrumentarien zumindest dann akzeptiert, wenn kurzfristig wirksames und rasches Handeln geboten ist.

Das Ordnungs- und Planungsrecht entspricht zudem dem Denken der Verwaltung. Es ist – auch und gerade für Nicht-Ökonomen - leicht verständlich, praktikabel und ebenso leicht kommunizierbar. Eine entsprechende Gesetzesqualität vorausgesetzt, können Ausweichhandlungen relativ gut vermieden werden.

Ingesamt wird das - von Ökonomen ungeliebte (zur Kritik s. unten) – Ordnungs- und Planungsrecht als ein hochgradig effektives umweltpolitisches Instrument angesehen.

M.E. ist dieser Befund allerdings ein wenig undifferenziert. Die behauptete Effektivität setzt auch eine gewisse Optimierung der Planungsorganisation voraus. Hiervon kann aber nicht immer ausgegangen werden.

> **Beispiel: Probleme bei der Bauleitplanung**
> Die Bauleitplanung setzt die Vorgaben der Raumordnung und Landesplanung in eine konkrete und rechtsverbindliche (Bebauungsplanung) Steuerung der Flächeninanspruchnahme um. Während sich die Raumordnung und Landesplanung in der Hand von Bund und Ländern befindet, ist die Bauleitplanung Sache der Gemeinden. Die Gemeinden stehen jedoch häufig in Konkurrenz zueinander. Oft besteht von Seiten der Bürgermeister das Gefühl, dass die Möglichkeiten für eine zukunftsfähige Entwicklung der Gemeinden durch die übergeordneten Vorgaben der Raum- und Landesplanung beschnitten werden. Dies verleitet dann oftmals dazu, die betreffenden Vorgaben zu ignorieren. Die Handlungen der einzelnen Gemeinden führen jedoch von einem Optimum für die gesamte „kommunale Familie" weg, zum Teil entsteht unproduktive Konkurrenz. Dies lässt sich auch spieltheoretisch darstellen („Gefangenendilemma", s. oben in Kap. I.2.3.2.). Konkret liegt das Dilemma in den Freiheitsgraden begründet, die den Kommunen durch Art. 28 Abs. 2 GG gewährt werden. Die Möglichkeit der Länder, die Kommunen in eine planerische Disziplin zu zwängen, sind hierdurch sehr eingeschränkt (s. dazu unten mehr). Wieder einmal findet (ähnlich wie bei der in Kap. II.3. diskutierten Liquiditätsproblematik) die Stärkung der Leitwerte der „Wandlungs- und Anpassungsfähigkeit" der einzelnen Systemelemente auf Kosten der Funktionsfähigkeit des Gesamtsystems statt.

Zu thematisieren ist also, durch wen die betreffenden Standards überhaupt gesetzt werden. Soweit es um überregional wirkende Schadstoffe bzw. homogene Belastun-

Teil III. Realpolitik als strukturkonservative „Politik der kleinen Schritte"

gen geht, kann diese Aufgabe die zentrale Ebene übernehmen. Soweit es allerdings der Betrachtung von dezentralen Besonderheiten bedarf (wie z.B. bei der Planung der Flächennutzung), besitzt die Zentralebene nicht die notwendigen Informationen, um detailliert sämtliche planerischen Festlegungen treffen zu können. Angesichts dieses Informationskostenproblems kann man sich mit zentral erstellten Rahmenplänen behelfen, die dann dezentral konkretisiert werden. Die zentrale Rahmenplanung ist dann im Planungsstadium jedoch auf Informationen der nachgeordneten Stellen (als „Bottom-up"-Element) angewiesen. Zudem muss den nachgeordneten Stellen an bestimmten Stellen auch die Möglichkeit der Abweichung vom zentralen Rahmenplan gegeben werden.

> **Hinweis: Planung der Flächennutzung**
> Das Raumordnungsgesetz gibt den Ländern vor, einen zusammenfassenden Plan für ihr Gebiet aufzustellen, überlässt ihnen und der Regionalplanung aber weitgehend die konkrete inhaltliche Ausgestaltung. Insbesondere die in den Plänen festgelegten Ziele der Raumordnung, aber auch die Grundsätze und sonstigen Erfordernisse der Raumordnung bilden die Vorgaben für die kommunale Bauleitplanung, der wichtigsten Umsetzungsebene der raumordnerischen Erfordernisse. Im Rahmen der kommunalen Selbstverwaltung und der Planungshoheit legen die Gemeinden die konkrete Flächennutzung verbindlich fest, haben aber dabei die übergeordneten Pläne zu beachten. Durch die Pflicht zur Anpassung der kommunalen Bauleitpläne an die Ziele der Raumordnung (§ 1 Abs. 4 BauGB) und die Pflicht der gegenseitigen Abstimmung zwischen den einzelnen Planungsebenen (Gegenstromprinzip) soll sichergestellt werden, dass sich die Planungen im föderativen Staatsaufbau nicht widersprechen (Leitwert „Koexistenz") und die allgemein formulierten raumordnerischen Leitbilder und Grundsätze von Planungsebene zu Planungsebene konkretisiert werden und so ihren räumlichen Niederschlag finden.

Insbesondere die oftmals unproduktive Konkurrenz der Kommunen führt dazu, dass ökologische Belange gegenüber ökonomischen und sozialen Aspekten häufig geringer gewichtet werden.

c. Effizienz
Ökonomen kritisieren am Ordnungs- und Planungsrecht vor allem, dass den Verschmutzern bestimmte umweltpolitische Standards ohne Rücksicht auf deren Grenzvermeidungskosten auferlegt werden. Der Leitwert der „Effizienz" erfährt demnach zu wenig Berücksichtigung. Wird Emittenten mit hohen Grenzvermeidungskosten dasselbe Vermeidungsziel wie solchen mit geringen Grenzvermeidungskosten gegeben, kann dies zu Wohlfahrtseinbußen führen[4]:
- Vermeidungsanstrengungen werden von allen Emittenten eingefordert, auch von solchen mit hohen Grenzvermeidungskosten. Es wird damit also nicht vornehmlich an denjenigen Stellen vermieden, an denen dies volkswirtschaftlich gesehen am billigsten ist. Dem kann allerdings mit der Frage begegnet werden, warum denn überhaupt im Einzelfall die Grenzvermeidungskosten unterschiedlich hoch sind (möglicherweise hat das „benachteiligte Unternehmen" vormals einen möglichen umwelttechnologischen Fortschritt nicht eingeführt).[A]

[A] Zudem können die Auflagen (z.B. ja nach Unternehmensgröße) differenziert gesetzt werden. Der in der Praxis häufige Fall der Ungleichbehandlung von Alt- und Neuanlagen ist z.T. politisch gewollt. Er

Teil III. Realpolitik als strukturkonservative „Politik der kleinen Schritte"

- Bei bestimmten Emittenten sind möglicherweise die Grenzvermeidungskosten höher als die (vermiedenen) Grenzschadenskosten (soweit monetarisierbar).
- Es besteht keine dynamische Anreizwirkung: So haben Verschmutzer mit niedrigen Grenzvermeidungskosten nach Erreichen der Auflage keinen Anreiz mehr, über den durch das Ordnungs- und Planungsrecht gesetzten Standard hinaus weitere Vermeidungsanstrengungen zu unternehmen. Hiergegen wird jedoch eingewendet, dass mit dem Festschreiben eines bestimmten „Standes der Technik" oder eines „Standes der Wissenschaft und Forschung" durchaus eine dynamische Komponente in die Auflagen eingezogen werden kann, die allerdings keine Altanlagen erfasst.
- Mit bestimmten Auflagen wird auch in die Produktion eingegriffen, den Unternehmen entsprechende Vorschriften gemacht und entsprechende Verfahrens- und Bürokratiekosten erzeugt – z.T. mit zweifelhafter Umweltwirkung.

Verlässt man sich ausschließlich auf das Ordnungs- und Planungsrecht, handelt es sich also nach herrschender Meinung um ein ineffizientes Instrumentarium. In Kap. I.2.2.1. dieses Buches wurde andererseits dargelegt, dass bei geeigneter Ausgestaltung mittels Ordnungs- und Planungsrecht sehr gut Belastungsstrukturen gesteuert werden können und eine differenzierte Berücksichtigung der Resilienz von ökologischen Teilsystemen möglich ist. Damit können in differererenzierter Weise externe Effekte vermieden werden. Daher muss die Frage erlaubt sein, ob das Ordnungs- und Planungsrecht nicht auch mit Blick auf die Effizienz möglicherweise besser ist als sein Ruf.

> **Beispiel: Die strukturierende Kraft des Ordnungs- und Planungsrechts**
> Ohne Ordnungs- und Planungsrecht wäre es beispielsweise denkbar, dass ein Unternehmen ein wegen seiner Lage als Produktionsstandort geeignetes Areal erwirbt. Das betreffende Areal ist jedoch möglicherweise in einem Gebiet belegen, in dem seltene Tier- oder Planzenarten (oder: Rohstoffe, Grundwasser etc.) vorkommen. Über Planungsrecht kann effektiv dafür gesorgt werden, dass das Gebiet anderen Nutzungen vorbehalten bleibt. Ohne die Setzungen des Plans würde das Unternehmen seine Pläne verwirklichen. Dies wäre höchstwahrscheinlich auch gleichbedeutend mit einem negativen externen Effekt.

Soweit gegen Auflagenlösungen Vollzugsdefizite und Kontrollkosten ins Feld geführt werden, richtet sich dieses Argument genauso gegen ökonomische Instrumente.

d. Verteilungsgerechtigkeit
Durch die Setzungen des Ordnungs- und Planungsrechts wird faktisch in bestehende Eigentumsrechte eingegriffen bzw. in Feld (5) dem Staat / der Gemeinschaft vorbehalten. Dies kann für Feld (1) / Tabelle 2 und Feld (2) v.a. Beschränkungen der Nutzungsbefugnis bedeuten.

> **Beispiel: Wegerechte**
> Wird beispielsweise das Grundstück von Grundeigentümer A durch ein Wegerecht zugunsten von Grundeigentümer B belastet, bedeuten die Beschränkungen der Eigentumsrechte für A eine Erweiterung für B. Er bekommt durch die

---

lässt sich zudem durch Kompensationsmodelle entschärfen.- Vgl. H. Bartmann, Umweltökonomie - ökologische Ökonomie, Stuttgart u.a. 1996, S. 122 f.

Teil III. Realpolitik als strukturkonservative „Politik der kleinen Schritte"

> Rechtsetzung also Zugang zu dem ansonsten unvermehrbaren Gut; die Exklusivitätsrechte werden gelockert. Die Verdünnung der Eigentumsrechte kann jedoch aus allokativen und planerischen Gründen geboten sein, da das hintere Grundstück ansonsten möglicherweise keiner sinnvollen Nutzung zugeführt werden könnte und ein zusätzlicher Druck auf eine Flächeninanspruchnahme an anderer Stelle entstünde.

Mit der Einschränkung der Eigentumsrechte (Felder (1) und (2)) bzw. dem diesbezüglichen staatlichen Vorbehalt (Feld (5)) werden also Verteilungspositionen berührt. M.E. ist dies ein wichtiger weiterer Grund für die Unbeliebtheit dieses Regimes.

III.3.2. New public management

III.3.2.1. Darstellung

"New public management" ist ein moderner, allerdings auch ein wenig schwammiger Begriff. Hinter diesem Begriff steht ein neues Paradigma der Verwaltungswissenschaften, das sich sowohl auf eine Reform der Binnenstrukturen der Verwaltung als auch auf ein verändertes Rollenverständnis des Staates bezieht. Was das veränderte Rollenverständnis angeht, ergibt sich eine Abwendung vom „autoritären" Staat. Hinsichtlich der Binnenreform geht es um die Übertragung von Management-Techniken zur Führung von Unternehmen in den öffentlichen Bereich. Im Zentrum steht die Verbesserung v.a. der Effizienz, aber auch der Effektivität. Häufig werden folgende Aspekte als wesentlich benannt:

- *Leitbilddiskussion und Grundsatzbeschlüsse:* Zunächst muss Einigkeit in Bevölkerung und Verwaltung darüber hergestellt werden, in welche Richtung „das öffentliche Schiff" gesteuert werden soll. Im Idealfall wird der Konsens über einen „herrschaftsfreien Diskurs"[5] unter Beteiligung der Bürger gefunden, z.B. im Rahmen der Moderation bei einem Dorferneuerungskonzept.
- *Definition von Zielen:* Auf Grundlage der Leitbilder müssen Ziele definiert werden. Die Zielebenen Ökologie, Ökonomie und Soziales sollten dabei konkretisiert werden. Im Rahmen des angeführten Beispiels einer Dorferneuerung kann festgelegt werden, dass sich eine Gemeinde als „kinderfreundlich" verstehen soll.
- *Identifikation von Indikatoren:* Die Zielerreichung muss messbar gemacht werden. Nur was messbar ist, kann auch gemanagt werden. Beispiel: Ist das Ziel „kinderfreundliche Gemeinde" gesetzt, kann der Indikator „Kindergartenplatz pro Kind von ... bis ... Jahren" als möglicher Indikator herangezogen werden.
- *Zuweisung von Verantwortlichkeiten:* Es müssen Verantwortliche für die Erreichung der Modalziele definiert werden. Dabei muss darauf geachtet werden, dass den Verantwortlichen auch eine entsprechende Kompetenz (v.a. Ressourcenkompetenz, Budget) für die Erreichung der betreffenden Ziele gegeben wird und die Ziele nicht zu hoch gesteckt werden. Kompetenz bedeutet ebenfalls, dass den Verantwortlichen entsprechende (unternehmerische) Handlungsspielräume für das Erreichen des betreffenden Zieles zugestanden werden.
- *Verknüpfung mit Sanktionen:* Die betreffenden Ziele sollten im Rahmen von Zielvereinbarungen umsetzbar gemacht werden („Kontraktmanagement"). Zielerreichungen und Zielverfehlungen sollten dabei im Rahmen der Verantwortlichkeiten möglichst mit (positiven und negativen) Sanktionen verknüpft werden. Diese

Sanktionen können (z.B. bei Beamten), müssen aber nicht immer finanzieller Art sein (es können auch Instrumente wie öffentliches Benchmarking, Zeitungsberichte etc. eingesetzt werden). Das unternehmerische Potential der ausführenden Einheiten soll somit aktiviert werden.

III.3.2.2. Beurteilung

a. Zielfestlegung / Legitimation
Anders als Unternehmen ist das Staatswesen demokratisch aufgebaut. Dementsprechend müssen in einem ersten Schritt die Präferenzen der Betroffenen (Bürger, Gemeinden etc.) erfasst und die Akzeptanz für die betreffenden Maßnahmen hergestellt werden. Dies kann über verschiedene Verfahren (z.B. Moderation) geschehen. Die Zielfindung in öffentlichen Gemeinwesen ist damit komplexer als in erwerbswirtschaftlich orientierten Unternehmen: Bei Letzteren sollen Gewinne erzielt, dabei als Restriktion die Zahlungsfähigkeit erhalten und eventuell weitere, Stakeholder-bezogene Unternehmensgrundsätze beachtet werden. In öffentlichen Gemeinwesen werden sich – sofern das Örtlichkeitsprinzip und demokratische Verfahrensregeln ernst genommen werden - von Gemeinwesen zu Gemeinwesen unterschiedliche Präferenzen und Zielfestlegungen ergeben. Was der einen Kommune z.B. eine Restriktion oder ein Modalziel ist, kann für die andere ein Finalziel darstellen.

b. Effizienz
Als problematisch wird von Beteiligten angesehen, dass die Übertragung von Management-Techniken in die öffentliche Verwaltung oft dahingehend verstanden wird, dass der Aspekt der Effizienz zum Selbstzweck wird bzw. der Leitwert der „Effizienz" eine übermäßige Betonung erfährt. Dabei wird z.T. vergessen, dass die öffentliche Verwaltung eben grundsätzlich nicht erwerbswirtschaftlich orientiert ist. Vielmehr ist sie auch anderen Zielen und Leitwerten verpflichtet – und zwar von Kommune zu Kommune in unterschiedlicher Gewichtung.

c. Effektivität
Auf die dargestellte Kritik wird u.a. mit der Forderung nach einer Erweiterung der Perspektive geantwortet.[A] So könnte etwa das Benchmarking um soziale und ökologische Aspekte nach dem Vorbild einer „Sustainable balanced scorecard" erweitert werden. Bei einem erwerbswirtschaftlich orientierten Privatunternehmen ist eine Performancemessung relativ unproblematisch, da zumindest das Ziel der Gewinnerzielung allen Vergleichen zugrunde liegt („Bewerten heißt Vergleichen"). Bei Leistungen der öffentlichen Hand ist ein Vergleich angesichts der charakteristischen Zielpluralität viel schwieriger, in vielen Fällen sogar unmöglich. Zur Illustration sei ein Beispiel aus der Wasserwirtschaft gegeben: Die Bevölkerung in Kommune A legt auf die Wasserqualität einen großen Wert. In Kommune B, die mit viel ungünstigeren hydrologischen Umständen zu kämpfen hat, soll nach dem Willen der Bevölkerung v.a. der Wasserpreis gesenkt werden – die Qualität spielt nicht die hervorgehobene Rolle. Kommune C, die im Sommer häufig unter Wasserknappheit leidet, legt größten Wert auf die Versorgungssicherheit. Ein Vergleich der „Performance" der diversen Wasserwerke wäre ein Vergleich von „Äpfeln mit Birnen": Eine entsprechende Messung würde die Gewichtung der verschiedenen Ziele in einem Messsystem einen intersub-

---

[A] Vgl. A. Lux / U. Scheele / E. Schramm, Benchmarking in der Wasserwirtschaft ..., a.a.O., S. 30 ff. mit weiteren Literaturhinweisen.

jektiven, kardinalen Nutzenvergleich voraussetzen. Dies ist – um es wohlwollend auszudrücken – ökonomisch undurchführbar. Faktisch wird dieses Vorgehen von den Betroffenen als willkürlich (der Ersteller des Messkonzeptes setzt seine Wertungen als absolut) und übermäßig simplifizierend empfunden und von den Betroffenen häufig nicht akzeptiert. Dem Verfasser sind Fälle bekannt, in denen sich Wasserwerke aus diesem Grunde einem Benchmarking widersetzt bzw. an diesem nicht teilgenommen haben.

d. Macht und Informationsasymmetrie
Ein Abbau der Informationsasymmetrie zwischen Bürgern und Verwaltung ist andererseits wünschenswert. Es ist aber damit zu rechnen, dass der Abbau von Informationsasymmetrien zwischen Verwaltung und „Stakeholdern" auf Widerstände stößt: Die Macht von Verwaltungen ergibt sich nicht zuletzt auch aus der Intransparenz von Verfahren und Prozessen. Werden diese messbar und transparent gemacht, wird die Verwaltung kontrollierbarer. Dies gelingt jedoch nur, wenn die Verwaltungsspitze hinter den Maßnahmen steht. Wenn auch in den vorangegangenen Abschnitten die Fixierung auf Effizienz sowie (angesichts der oftmals vorhandenen Zielpluralität) fragwürdige Vergleiche – und damit auch die Aktivierung von Wettbewerb an der falschen Stelle - abgelehnt wurden, kann dies nicht den Verzicht auf die Herstellung von Transparenz bedeuten. M.E. sollte dies jedoch auf eine mit dem Örtlichkeitsprinzip verknüpfte dezentrale Kontrolle hinauslaufen.

III.4. Fokus: Allokation (Ökonomie / Effizienz)

Vorliegend werden wir darauf verzichten, das Emissionshandelssystem noch einmal darzustellen. Auf die Ausführungen in Kap. I.3.1.2. sei verwiesen. Statt dessen erhalten die (Öko-) Steuern einen entsprechend breiten Raum (Kap. III.4.4.).

III.4.1. Freiwillige Selbstverpflichtungen

III.4.1.1. Darstellung

Freiwillige Selbstverpflichtungen werden zumeist von Industrieverbänden verlautbart. Es handelt sich um im Vorfeld mit Politik und Verwaltung verhandelte (Umwelt-) Ziele im Sinne von selbst auferlegten Beschränkungen. Freiwillige Selbstverpflichtungen sind – wie das Instrumentarium der Bewusstseinsbildung – universell einsetzbar. Die größte politische Brisanz dürfte es jedoch in Feld (5) haben (Verpflichtung zur Reduktion von Umweltbeeinträchtigungen bzw. Zurückhaltung bei der Nutzung von sog. „Allmendegütern"). Wir wollen freiwillige Selbstverpflichtungen von Kooperationen dahingehend abgrenzen, dass hier (ungeachtet der Verhandlungen im Vorfeld) grundsätzlich eine einseitige Erklärung vorliegt, die zudem eine Verpflichtungserklärung gegenüber dem Staat oder der Öffentlichkeit mit sich bringt.

Beispiele für freiwillige Selbstverpflichtungen
- Zusagen der Automobilindustrie zur Senkung des Kraftstoffverbrauchs in PKW und Nutzfahrzeugen (1981)

Teil III. Realpolitik als strukturkonservative „Politik der kleinen Schritte"

- Verzicht auf leichtflüchtige chlorierte Kohlenwasserstoffe (CKW) in Wasch- und Reinigungsmitteln (1987)
- Selbstverpflichtungserklärung u.a. der Automobilindustrie zur Altautoentsorgung (1996)
- Selbstverpflichtung des BDI und anderer Verbände zur Reduktion der CO_2-Emissionen (1996)

III.4.1.2. Beurteilung

a. Zielfestlegung / Legitimation

Die Ursache für die Diskussion um freiwillige Selbstverpflichtungen liegt zumeist in festgestellten sozialen Kosten (zumeist zu verorten in Feld (5) / Tabelle 2). Vor diesem Hintergrund werden freiwillige Selbstverpflichtungen gegenüber der Öffentlichkeit von den betreffenden (Industrie-) Verbänden zumeist damit legitimiert, dass es – im Sinne der Subsidiarität – besser sei, wenn die Erreichung bestimmter Ziele ohne ein Anwerfen der Gesetzesmaschinerie angestrebt wird. Letzteres erzeuge nämlich nur zusätzliche Bürokratie und Kosten. Die Legitimation findet also v.a. über den Leitwert der „Kosteneffizienz" statt. Außerdem finden immer neue Gesetze und Verordnungen bei den Adressaten wenig Akzeptanz. Der tatsächliche Grund dürfte jedoch darin liegen, dass die drohenden Auflagen einen Eingriff in die Eigentumsrechte (Verdünnung zum Zweck der Bekämpfung negativer externer Effekte, Leitwert „Gerechtigkeit") bedeuten würden, die damit eine Wertminderung erfahren könnten. Eine gewisse legitimatorische Chance könnte in den Selbstverpflichtungen allerdings dann liegen, wenn die vorgelagerten Verhandlungen zur Verständigung mit den gesellschaftlichen Anspruchsgruppen genutzt werden, um den ansonsten auf der Hand liegenden Vorwurf der „Kungelei zum Nachteil des Gemeinwohls" zu entkräften.[6]

b. Effektivität

Die Effektivität freiwilliger Selbstverpflichtungen wird von den betreffenden Lobbyisten natürlich eher positiv, von unabhängigen Fachleuten aber i.d.R. negativ eingeschätzt.[7] Die einzige zur Verfügung stehende Sanktion bei einer Nichteinhaltung ist das „Damoklesschwert" der hilfsweise anzuwerfenden Gesetzgebungsmaschinerie. Die zugrundeliegende Einigung erfolgt möglicherweise auf Basis eines „kleinsten gemeinsamen Nenners", zumal ja alle beteiligten Parteien zustimmen sollen. Die Gefahr ist groß, dass sich dann solche (notwendigen) Maßnahmen nicht durchsetzen lassen, die in den Bestand der Rechte einer an den Verhandlungen beteiligten Person eingreift. U.U. wird ein Konsens nur dann erreicht, wenn die betreffenden Maßnahmen kaum einen Beitrag zum Umweltschutz bringen. Werden freiwillige Selbstverpflichtungen nur eingegangen, um dem Damoklesschwert weitergehender rechtlicher Vorgaben zu entgehen, interessieren sich die Akteure möglicherweise nicht wirklich für die Erreichung der Zielsetzung. Eine entsprechende Verhaltensänderung ist dann wenig wahrscheinlich. Selbst, wenn die betreffenden (Industrie-) Verbände ernsthaft die betreffende Vereinbarung verfolgen wollen, haben sie gegenüber ihren Mitgliedern (und nur denen sind sie rechenschaftspflichtig) normalerweise kaum Durchsetzungs- bzw. Sanktionsmöglichkeiten.

c. Effizienz

Es wird eingewandt, freiwillige Selbstverpflichtungen seien i.d.R. effizienter als ordnungsrechtliche Fesseln. Zudem könnten Unternehmen und Verbände die Selbstverpflichtungen nutzen, um innerbetriebliche Potenziale von Umweltverbesserungen zu ermitteln, die zugleich Kostenentlastungen darstellen.[8] Als weiterer Vorteil wird auch angeführt, dass es der betreffenden Branche überlassen bleibt festzulegen, über welche Lastenverteilung die umweltpolitischen Ziele erreicht werden. Die dezentrale Selbstorganisation von Mitgliedern eines Verbandes führe zu einer höheren Kosteneffizienz, da die Höhe der Grenzvermeidungskosten in die Entscheidungsfindung einfließt. Branchenabkommen und Verbandslösungen können schließlich sowohl für die Umweltbehörde wie auch für die betroffenen Unternehmen interessant sein, wenn sich durch die Vermeidung langwieriger und im Ergebnis unsicherer Gesetzgebungs- und Verordnungsprozesse finanzielle Sicherheit (und Vorteile) erreichen lassen. Durch freiwillige Selbstverpflichtungen lasse sich auch eine frühere Einführung umweltschützender Maßnahmen erreichen (Kosteneffizienz). *Zerle* sieht die angeführten Argumente größtenteils kritisch. Die Effizienzbehauptung ist ohne eine Spezifizierung des Mechanismus zur Durchsetzung der Selbstverpflichtung (dieser fehlt meistens bzw. erschöpft sich in Appellen an die Mitglieder) zumeist nicht haltbar. Wirksame Selbstverpflichtungen verursachen jedoch ebenfalls einen entsprechend hohen administrativen Aufwand. *"Selbstverpflichtungen mit Erfolgschancen müssen neben einer konkreten Zielfestlegung mit Zwischenzielen ein Monitoringsystem, ein Überwachungs- und Kontrollsystem sowie einen Sanktionsmechanismus enthalten. Damit ist nicht davon auszugehen, dass Selbstverpflichtungen gegenüber anderen Instrumenten einen Zeitvorteil in der Implementierung besitzen oder flexibler in der Handhabung sind."*[9]

Als Pro-Argument verbleibt somit, dass die Grenzvermeidungskosten besser als bei Auflagensystemen berücksichtigt werden können und dass der Staat Informationen erhält, die der Entscheidungsfindung und u.U. auch einem etwaigen später erforderlichen Gesetzgebungsprozess zuträglich sein können. Im Zuge derartiger Verhandlungen können also Informationsasymmetrien abgebaut werden (dies geht gleichzeitig mit einer Egalisierung der Machtverhältnisse einher).

d. Verteilungsgerechtigkeit
Freiwillige Selbstverpflichtungen greifen nicht in bestehende Besitzstände ein. Die Struktur der Verfügungsrechte wird damit nicht verändert, es wird keine Umverteilung vorgenommen. Aus diesem Grund ist von den „belasteten" Verbänden zumeist kaum Widerstand zu erwarten. Die verantwortlichen Politiker haben zudem den Vorteil der öffentlichkeitswirksamen Besetzung eines Themas, ohne dass kritische Stimmen der Lobbyisten und Konflikte das Bild trüben.

III.4.2. Kooperationen

III.4.2.1. Darstellung

Kooperationslösungen werden in der Umweltökonomie überwiegend positiv beurteilt. Hierbei wird v.a. der Leitwert der „Koexistenz" und zudem derjenige der „Effizienz" in den Vordergrund gestellt. V.a. spieltheoretische Überlegungen weisen auf die Vorteilhaftigkeit von Kooperationslösungen hin. Kooperationen können unterschiedliche Zielrichtungen und Ausgestaltungen haben:
- Freiwillige Kooperationen zur Ausschöpfung von Win-to-win- Situationen.

Teil III. Realpolitik als strukturkonservative „Politik der kleinen Schritte"

- Kooperationen mit unterschiedlichem Grad an Selbst- oder Fremdverpflichtung zwecks Überwindung von Rationalitätenfallen (s. unten zum Gefangenendilemma). Dabei kann man sich auch hierarchische Lösungen vorstellen, um externe Effekte zu internalisieren (Zwang zur Kooperation).[A]

Ja nach Zielsetzung bedarf es also eines unterschiedlichen institutionellen Rahmens.

a. „Freiwillige Kooperationen"

Wir wollen freiwillige Kooperationen von den Selbstbindungsabkommen (s. oben) dahingehend abgrenzen, dass hier zweiseitige oder mehrseitige Erklärungen i.S. einer horizontalen Koordination vorliegen. Während dort der Aspekt des staatlichen „Damoklesschwert" eine große Rolle spielt, steht hier noch stärker die gemeinsame Erschließung von (Öko-) Effizienzreserven im Vordergrund. Kooperationen können in räumlichen Einheiten, branchen- oder themenbezogenen definiert werden. Freiwillige Kooperationen ergeben Sinn, wenn eine Win-to-win-Situation identifiziert wird, die im Sinne der Ausschöpfung von Effizienzreserven genutzt werden soll.

> **Beispiele für freiwillige Kooperationen[10]:**
> Wichtige Beispiele für freiwillige Kooperationsformen sind
> - informelles Verwaltungshandeln: Verhandlungen und Absprachen zwischen einer Behörde und einem Unternehmen im Vorfeld eines förmlichen Verfahrens (sog. „weiche Kooperation");
> - gemeinsamer Gewerbeflächenpool mehrerer Kommunen, um Synergieeffekte bei Betrieb und Vermarktung und eine stärkere Verhandlungsposition gegenüber Investoren zu erzielen.

b. Verpflichtende Kooperationen

Win-to-win-Konstellationen können, wenn sie erst einmal identifiziert sind, auf freiwilliger Basis unter Erkennung des eigenen Vorteils ausgenutzt werden. Dies ist bei Vorliegen einer Rationalitätsfalle nicht der Fall, da im Zweifel jeder einzelne Akteur eine für ihn selbst dominante Strategie fährt, die aber für die Gesamtheit der Mitspieler suboptimal ist. Die vorliegende Betrachtung basiert also auf der Grundlage der Spieltheorie. Hierbei werden Entscheidungssituationen als ein Spiel interpretiert. Das Besondere an derartigen Spielen ist, dass das Spielergebnis für den Einzelnen nicht nur vom eigenen Verhalten abhängt, sondern auch von den Aktivitäten der Mitspieler beeinflusst wird. Ein zentrales Problemfeld innerhalb der Spieltheorie ist das sog. „Gefangenendilemma" (vgl. Kap. I.2.3.3.). Hierbei handelt es sich um eine Rationalitätenfalle, in die die Mitspieler dadurch geraten können, dass die Verfolgung einer individuell dominanten Strategie zu keinem für die Gesamtheit optimalen Ergebnis führt:

Für umweltverbessernde Maßnahmen mit dem Charakter eines öffentlichen Gutes (Feld (6) / Tabelle 2) heißt dies: Der eigene Beitrag zur Umweltverbesserung ist möglicherweise verschwindend gering, die damit verbundenen Einschränkungen werden jedoch als gravierend empfunden (z.B. freiwilliger Verzicht auf das Auto). Die rationale Strategie ist (insbesondere innerhalb einer großen Gruppe mit entsprechender

---

[A] Vgl. in diesem Zusammenhang auch die Ausführungen zur „hierarchischen Koordination" von Williamson.- O. E. Williamson, Die ökonomischen Institutionen des Kapitalismus, Tübingen 1990, S. 10, 18 und 154.

Anonymität) – angesichts der Unsicherheiten über das Verhalten der Mitspieler (verzichten diese ebenfalls?) – das die Umwelt schädigende Verhalten fortzuführen (z.B. kein Verzicht auf das Auto). Im Bereich des umweltbezogenen Handelns geht es dabei v.a. um das Einnehmen einer sog. „Free-rider-Position" (oder „Trittbrettfahrerei": die Züge fahren auch ohne den marginalen Beitrag des Schwarzfahrers in Form des Fahrscheins; warum soll der Schwarzfahrer also insbesondere dann zahlen, wenn die Gefahr, „erwischt zu werden", gering ist?).[11]

Es gilt also, ein geeignetes Regime zu finden, um die Mitspieler auf eine kollektiv vorteilhafte Strategie zu verpflichten. Es müssen Spielregeln festgelegt werden, um insbesondere Trittbrettfahrerei zu verhindern. Bei opportunistischem Verhalten muss eine moralische und / oder rechtliche Sanktionsmöglichkeit gegeben sein.

> **Hinweis: Opportunismus**
> Unter Opportunismus versteht man – abweichend vom alltäglichen Gebrauch des Begriffes – in der Ökonomie (insbesondere der Neuen Institutionenökonomik) ein bestimmtes menschliches Verhalten (dem ein bestimmtes Menschenbild zugrunde liegt): Individuen wird eigennütziges und strategisches Verhalten unterstellt, was bedeutet, dass opportunistische Individuen ihren Vorteil auch bewusst auf Kosten anderer durchzusetzen suchen. Dabei geht Opportunismus über den Eigennutz hinaus.

Im öffentlichen Bereich können Kooperationen v.a. über das Zweckverbandsgesetz erzwungen werden.

> **Beispiel: Zweckverbandsgesetz als Grundlage für verpflichtende Kooperationen**
> Das Zweckverbandsgesetz eröffnet die Möglichkeit der Anordnung von Kooperationen zwischen Kommunen (in Form von Pflichtverbänden, vgl. beispielsweise § 4 Abs. 3 Zweckverbandsgesetz Rheinland-Pfalz). Politisch ist die Anordnung derartiger Kooperationen im Allgemeinen aber schwierig. Die Kommunen befürchten die Einschränkung ihrer Autonomie (Art. 28 Abs. 2 GG) bzw. politischen Handlungsfreiheit.

III.4.2.2. Beurteilung

a. Zielfestlegung und Legitimation

„Freiwillige" Kooperationsformen sind mit keinem Eingriff in die Eigentumsrechte verbunden. Sie knüpfen am Status quo an. Es geht primär um die Identifikation und Ausschöpfung noch brachliegender Gewinnpotentiale, indem nicht nur ökonomisch, sondern auch ökologisch und sozial sinnvolle Zielsetzungen verfolgt werden. Vorausgesetzt wird also insoweit eine gewisse Übereinstimmung in den Zielen. Wenn der Staat überhaupt eine Rolle einnimmt, so geht es darum, den Betroffenen Kooperationspotentiale aufzuzeigen bzw. die Informations- und Transaktionskosten abzusenken. Durch die Ausschöpfung von Effizienzreserven wird niemand schlechter gestellt; die Akzeptanz ist daher i.d.R. hoch. Es geht lediglich darum, den „größeren Kuchen" fair zu verteilen.

Teil III. Realpolitik als strukturkonservative „Politik der kleinen Schritte"

Die im Kooperationsprinzip geforderte Partizipation der Betroffenen unterstreicht den demokratischen Staatsaufbau und trägt dem vorhandenen Partizipationswillen, der wohl auch mit dem gestiegenen Umweltbewusstsein gewachsen ist, Rechnung.[12]

Ökologische Zielsetzungen sind häufig mit der Produktion externen Nutzens verbunden. Ein ökologisches Ziel steht allerdings bei freiwilligen Kooperationen zumeist nicht im Vordergrund. Allenfalls geht es um mehr Ökoeffizienz, wobei sich aus der Erreichung dieser Ziele häufig auch politisches Kapital schlagen lässt.

Kooperationen mit verpflichtendem Charakter können hingegen durchaus bewusst eingeführt werden, um die Produktion externen Nutzens zu fördern und auch Konflikte zwischen ökologischen, sozialen und ökonomischen Zielsetzungen zu entschärfen. Insbesondere dann, wenn nicht für alle Mitspieler Gewinne zu erwarten sind, wird ansonsten kein Arrangement zustande kommen. Andererseits leidet die Legitimation einer unfreiwilligen Kooperation, wenn strukturelle Zielkonflikte bestehen bzw. der Ertrag aus der angeordneten Kooperation als ungleichgewichtig empfunden wird.

b. Effektivität

Die Effektivität derartiger Kooperationen hängt stark davon ab, ob das institutionelle Regelwerk dazu beitragen kann, die oben beschriebenen typischen Problemlagen in den Griff zu bekommen. Besteht beispielsweise keine Zielharmonie zwischen Ökonomie, Sozialem und Ökologie bzw. sind keine Effizienzreserven zu heben, ergeben freiwillige Kooperationen keinen Sinn. Gleiches gilt darüber hinaus auch für verpflichtende Kooperationen, wenn strukturelle Zielkonflikte existieren.

Damit die Kooperation erfolgreich ist, muss eine Reihe von Voraussetzungen vorliegen:
- die Zahl der Teilnehmer darf zumindest bei freiwilligen Kooperationen nicht zu hoch sein (so ist nach *Olson*[13] zu erwarten, dass bei einer Gruppengröße über 15 Personen Schwierigkeiten entstehen können (Transaktionskosten der Verhandlungen!);
- die Einhaltung etwaiger Vereinbarungen muss kontrolliert werden (Kosten der Kontrolle als Transaktionskosten);
- die Gegensätze dürfen insbesondere bei freiwilligen Kooperationen nicht unüberbrückbar sind (ansonsten ist die Mobilisierung von „Tauschgewinnen" nicht möglich, statt dessen geht es einfach um einen Verteilungskampf);
- ungleiche Machtverhältnisse dürfen nicht zur Durchsetzung von Partikularinteressen missbraucht werden. Beispielsweise besteht die Gefahr, dass finanzstarke Unternehmen aufgrund ihres Informationsvorsprunges und einer größeren Lobby eher ihre Interessen vertreten können als Bürgerinitiativen, deren Mitglieder zumeist ehrenamtlich arbeiten und neben den finanziellen auch zeitliche Restriktionen haben (Aspekt Verteilung und Gerechtigkeit). Seit *Olson* ist bekannt, dass kleine und schlagkräftige Gruppen sich vergleichsweise besser als große und heteromorphe Gruppen organisieren und ihre Interessen durchsetzen können;
- Etc.

Teil III. Realpolitik als strukturkonservative „Politik der kleinen Schritte"

c. Effizienz

Freiwillige Kooperationen: Durch die Kooperation lassen sich Gewinne erzielen. Das Ausschöpfen von Effizienzreserven geschieht vor dem Hintergrund folgender Situation:

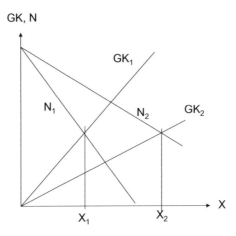

Abb. 29: Kooperationspotentiale
(Quelle: Eigene Darstellung)

In der Graphik ist der Ist-Zustand mit X_1 gekennzeichnet. Ein bestimmtes Potenzial (z.B. aus erneuerbaren Energien) wird so lange genutzt, bis sich Nachfrage- (N_1) und Grenzkostenkurve (GK_1) schneiden. Ohne weitere Interventionen des Staates ist das aber nicht das Optimum. Das zusätzliche Potential (zwischen X_1 und X_2) kann mobilisiert werden, indem beispielsweise die Nachfrage erhöht, umgelenkt, nicht durch unproduktiven Wettbewerb „kannibalisiert" wird oder aber die Grenzkosten für die Erstellung des ökoeffizienten Produktes (z.B. durch Ausschöpfung von Kostensynergien) verringert werden. Unabhängig von einer Aussage über die Verteilung dieses Gewinnes bedeutet dies, dass niemand schlechter, bestimmte Teilnehmer aber besser gestellt werden als ohne die Kooperation. Mit der Kooperation wird also insoweit ein Stückchen weit in Richtung „Paretooptimalität" vorangegangen, die Wohlfahrt erhöht sich. Derartige Kooperationsgewinne können beispielsweise entstehen durch
- gemeinsames Vermarkten von Produkten oder Standorten (Senkung der Kosten);
- höhere Erlöse bei einem gemeinsamen (arbeitsteiligen) Vorgehen;
- höhere Erlöse durch Vermeidung unproduktiver Konkurrenz;
- Verteilung eines Fixkostenblockes in gewisser Höhe auf mehrere Schultern;
- gegenseitige Garantien / Versicherungen;
- gegenseitiger Know-how-Transfer;
- etc.

Die Hebung der Effizienzreserven kann sowohl durch die öffentliche Hand wie auch durch private Akteure geschehen.

Auch staatliche Interventionen können insoweit zu mehr Effizienz der Kooperation beitragen, als sie helfen, diese Potentiale zu erschließen.

> **Beispiel: Kompetenznetzwerk Umwelttechnik Rheinland-Pfalz**
> Im Rahmen des Kompetenznetzwerkes Umwelttechnik werden verschiedene Akteure der Umwelttechnik zueinander gebracht. Getragen wird die Initiative vom Wirtschaftsministerium Rheinland-Pfalz und dem Institut für angewandtes Stoffstrommanagement der Fachhochschule Trier / Umwelt-Campus Birkenfeld. Mit dieser Initiative wird eine Plattform geschaffen, mittels derer v.a. Informationskosten abgesenkt werden können.

Verpflichtende Kooperationen: Kooperationen auf freiwilliger Basis, die geeignet wären, allen Beteiligten zu nutzen, scheitern häufig am „Trittbrettfahrersymptom".

> **Beispiel: Business improvement districts (BIDs)**
> Über BIDs soll die Attraktivität der Innenstädte gestärkt werden. Dies aus den USA stammende Instrument trägt somit mittelbar etwas zur Reduktion des Flächenverbrauchs bei. Allerdings fordern BIDs finanzielle Beiträge der nutznießenden Geschäftsleute in den Innenstädten ab. Weil diese oftmals nicht freiwillig und in der erforderlichen Höhe aufgetrieben werden können („sollen doch die anderen bezahlen"), wurde in verschiedenen Bundesländern eine gesetzliche Grundlage hierfür geschaffen.

Die Verpflichtung hat also nicht zuletzt die Funktion, das „Free rider"-Symptom zu vermeiden.

d. Verteilungsgerechtigkeit

Bei freiwilligen Kooperationen braucht in die bestehende Verteilung der Eigentumsrechte nicht eingegriffen zu werden. Eine Einigung über die Kooperationsgewinne geschieht über die Verteilung eines „Plus" (gegenüber dem Status quo ante) und ist damit tendenziell einfacher zu erzielen als eine Umverteilung über den Eingriff in Besitzstände. Anders bei zwangsweisen Kooperationen: Hier steht oftmals kein „Plus" zur Verfügung; statt dessen wird in die Verteilung der Bestände (und damit der Eigentumsrechte) eingegriffen mit dem Ziel, weitere Verluste für alle Beteiligten zu vermeiden. Ein Beispiel wäre die angeordnete interkommunale Kooperation: Gemeinde A verzichtet auf das Krankenhaus, Gemeinde B auf das Schwimmbad, da nur durch die Einwohner beider Kommunen in Addition eine wirtschaftliche Nutzung möglich ist.

III.4.3. Exkurs: Ausweitung der Organisationsgrenzen

Noch weitergehender als eine zwangsweise Kooperation ist die Ausweitung der Organisationsgrenzen. Auch hier stehen die Leitwerte der „Effizienz" und „Koexistenz" im Zentrum der Betrachtung. Auf die Gemeindeebene übertragen, läge eine zwangsweise Kooperation etwa bei einem vom Land oktroyierten Zweckverband vor (hierbei bleiben die Gemeinden mit ihren potentiell unterschiedlichen Interessen bestehen); die Ausweitung der Organisationsgrenzen bedeutete hingegen eine Fusion von Gemeinden im Rahmen einer Gemeindereform (hierbei gehen die zuvor bestehenden Gemeinden als handelnde Rechtspersonen unter). Im privatrechtlichen Bereich ist

Teil III. Realpolitik als strukturkonservative „Politik der kleinen Schritte"

eine Ausweitung der Organisationsgrenzen über Aufkäufe und Fusionen denkbar, was zumindest de jure Zwang ausschließt.

Idealtypischerweise liegt jeweils folgende Ausgangskonstellation zugrunde: Verschiedene Spieler auf der Arena eines vollkommenen Marktes verfolgen ihren eigenen Vorteil (ohne Kooperation); dabei wird mindestens ein weiterer Akteur geschädigt. Nachfolgend unterstellen wir zur Erläuterung der zugrundeliegenden Idee, dass das „Spielfeld" aus zwei Organisationen (hier: erwerbswirtschaftlich orientierten Unternehmen) besteht. Der Gewinn des Unternehmens i (G_i) – als Schädiger – ergibt sich als der für das Produkt s erzielbare Erlös (Preis $p_{i,s}$ x Menge s) abzüglich der Kosten $C_i(s)$. Die Kosten sind teilweise fix, teilweise hängen sie jedoch auch von der Höhe der Produktion von s ab.[14]

$$G_i = p_{i,s} \cdot s - C_i(s)$$

Weil ein vollkommener Markt unterstellt wird, ergibt sich das Optimierungskalkül aus der ersten Ableitung der obigen Gleichung (die Überlegungen hinsichtlich der zweiten Ableitung werden hier vereinfachend außer vor gelassen):

$$p_{i,s} = \partial C_i / \partial s$$

Hierbei wird die in Kap. I.3.4. geäußerte Kritik an Grenzkostenpreisen nicht berücksichtigt. Auf der anderen Seite steht der Geschädigte: Beispielsweise versucht am Flussunterlauf ein Fischereiunternehmen j zu überleben. Dessen Gewinn (G_j) ergibt sich – ähnlich wie bei i – als der für das Produkt s erzielbare Erlös (Preis $p_{j,f}$ x Menge f), abzüglich der Kosten $C_j(f;s)$.

$$G_j = p_f \cdot f - C_j(s;f)$$

Die Kosten des Geschädigten hängen also nicht nur von der Menge der gefangenen Fische f, sondern auch von der Höhe der produzierten Menge s ab. Das Fischereiunternehmen fängt so lange Fische, bis der zusätzliche Erlös so hoch wie die zusätzlich verursachten Kosten des letzten gefangenen Fisches sind:

$$p_{j,f} = \partial C_j / \partial f$$

Dabei leidet der Fischereibetrieb unter der Produktion des Unternehmens i im Flussoberlauf. Die Kosten, die dem j durch i (und dessen Produktion von s) entstehen, werden nirgendwo berücksichtigt. Im Ergebnis ist der Preis von s zu niedrig und die ausgebrachte Menge von s zu hoch. Volkswirtschaftlich ist dieser Zustand nicht optimal. Dies lässt sich zeigen, wenn man fiktiv oder tatsächlich Schädiger und Geschädigten „verschmilzt". Dann findet eine gemeinsame Gewinnoptimierung statt, so dass insoweit schon rein definitionsgemäß keine externen Effekte zu erwarten sind. Zur Illustration aggregieren wir nun die beiden Gewinnfunktionen zu einer gemeinsamen Gewinnfunktion G_T:

$$G_T = G_i + G_j$$

Teil III. Realpolitik als strukturkonservative „Politik der kleinen Schritte"

Die aus volkswirtschaftlicher Sicht optimale Menge s ergäbe sich - wenn man die in

$$G_T = p_s \cdot s - C_i(s) + p_f \cdot f - C_j(s;f)$$

Kap. I.3.4. an der Grenzkosten-Preissetzung geäußerte Kritik außer Acht lässt - wie folgt:

$$p_s = \frac{\partial C_i(s)}{\partial s} + \frac{\partial C_j(s;f)}{\partial s}$$

Dies bedeutet, dass Produzent i dem volkswirtschaftlichen Optimum zuliebe seine Produktion einschränken bzw. den Preis für sein Produkt s entsprechend erhöhen müsste. Da es dann idealtypischerweise keine zwei Beteiligten mehr gibt, sondern eine „Verschmelzung" zwischen Schädiger und Geschädigtem stattfindet, kann man vorliegend nicht mehr von „Kooperation" sprechen.

Fraglich ist, wie es zu einer solchen Verschmelzung kommen kann. Anders als in den im Vorkapitel bezeichneten Fällen besteht vorliegend im Ausgangszustand ein nicht-kooperatives Gleichgewicht bzw. es liegt ein einseitiger externer Effekt vor: Einer der Akteure schädigt also den anderen, und er fährt dabei besser als bei einer zwangsweise oder freiwillig herbeigeführten Kooperation. Unter diesen Umständen ist es wenig wahrscheinlich, dass Verhandlungen zum Erfolg führen – möglicherweise kommen sie noch nicht einmal zustande. Freiwillig lässt sich der ehemalige Schädiger nur in die Kooperation bringen, wenn er durch einen entsprechend großen Teil der gemeinsamen Mehrgewinne (vermiedener Schaden) für das zukünftige Weniger an Umsätzen und Gewinnen entschädigt wird (oftmals wird dies nicht der Fall sein, da ansonsten auch Verhandlungslösungen möglich gewesen wären). Speziell im öffentlich-rechtlichen Bereich ist dann die Integration der ehedem entgegenstehenden Interessen über eine zwangsweise Verschmelzung denkbar. Der Widerstand insbesondere des Schädigers wird allerdings hoch sein, wenn dieser in ein derartiges Regime gezwängt werden soll (abgesehen davon bestehen immer Identifikations- und Akzeptanzprobleme bei den betroffenen Bürgern). Hier wie auch im Bereich der Wirtschaft stellt die Ausweitung der Organisationsgrenzen auch deswegen kein breit angelegtes Programm zur Bewältigung von Umweltproblemen dar, weil es sich bei externen Effekten um ein ubiquitäres Phänomen handelt (man müsste also schon den Art. 28 GG bzw. den marktwirtschaftlichen Wettbewerb außer Kraft setzen)

III.1.4. Besteuerung

III.4.4.1. Allgemeine Vorbemerkungen

Steuern haben die größte quantitative Bedeutung unter den Abgaben. Steuern können in unterschiedlichster Weise klassifiziert werden. Gängig ist die Unterscheidung zwischen direkten und indirekten Steuern. Direkte Steuern sind v.a. die Ertragsteuern (Einkommen-, Körperschaft-, Gewerbesteuern) oder Objektsteuern (z.B. Grundsteuer), welche direkt an die Leistungsfähigkeit der Person bzw. des Objektes anknüpfen. Indirekte Steuern (z.B. Grunderwerb- oder Mehrwertsteuer) erfassen die Leistungs-

Teil III. Realpolitik als strukturkonservative „Politik der kleinen Schritte"

fähigkeit hingegen nur indirekt, über einen Akt des Rechtsverkehrs (v.a. Kauf, Verkauf). Gemäß § 3 Abs. 1 AO (Abgabenordnung), dem auch das Bundesverfassungsgericht folgt („Rezeptionsargument"), versteht man unter Steuern Zwangsabgaben, die außerhalb eines privatrechtlichen Vertrages (Koordination), sondern über eine Vorschrift des öffentlichen Rechts (Subordination) den Bürgern auferlegt werden. Dementsprechend besteht auch kein Anspruch auf eine spezielle Gegenleistung. Es handelt sich um Geldleistungen (die Wehrpflicht ist daher keine Steuer). Das Recht, Steuern zu erheben, haben nur öffentlich-rechtliche Gemeinwesen (hierzu zählen auch Religionsgemeinschaften mit dem Status einer Körperschaft des öffentlichen Rechts). Steuern werden aufgrund von Gesetzen erhoben; sie sind nur dann zu erheben, wenn der steuerliche Tatbestand zutrifft (Tatbestandsmäßigkeit der Besteuerung). Aus diesem Grunde gibt es legale Steuerumgehung. Zumal die Erzielung von Einnahmen (Fiskalzweck) auch Nebenzweck sein kann, praktiziert die Politik oft ein „Steuern mit Steuern": Hierbei tritt einstweilig der Sozialzweck (Lenkungszweck) einer Abgabe in den Vordergrund.[A] Dies wird aber teilweise als bedenklich angesehen:
- Mit Blick auf die Effektivität („das Richtige tun"?): Sozialzwecknormen schaffen Ausnahmetatbestände, welche den Fiskalzweck der Besteuerung konterkarieren. Daher sind oftmals Korrekturen an anderen Punkten erforderlich (sog. „Ölflecktheorie"). Die Systemhaftigkeit des Steuerrechts wird dann aber durchbrochen, es wird mehr Komplexität geschaffen. So reagierte der Gesetzgeber auf die exzessive Inanspruchnahme von Abschreibungsvergünstigungen in der Vergangenheit mit diversen, z.T. komplizierten Verlustabzugs- und -ausgleichsbeschränkungen im Steuerrecht (z.B. in Gestalt des § 2b, 15a, 15b EStG).
- Hinsichtlich der Effizienz / Wohlfahrt: So ist das o.a. zur Förderung des „Aufbau Ost" initiierte Fördergebietsgesetz ein Musterbeispiel dafür, wie durch steuerliche Lenkungsmaßnahmen knappes Kapital in falsche Verwendungen („Abschreibungsruinen") gelenkt und somit in volkswirtschaftlicher Betrachtung vernichtet werden kann.
- Bezüglich der Verteilungswirkungen: Verhaltensbeeinflussung wird dadurch erreicht, dass bestimmten Gruppen Sondervorteile gewährt werden. Sozialzwecknormen sind daher immer mit einem – wenngleich in der Sache gerechtfertigten – Verstoß gegen das Gebot der Besteuerung der Leistungsfähigkeit (aus dem Gleichheitsgrundsatz des Art. 3 Abs. 1 GG abgeleitet, Leitwert „Gerechtigkeit") verbunden. Trauriger Berühmtheit erfreute sich – um beim Beispiel des Fördergebietsgesetzes zu bleiben - der Fall des Finanzamts Bezirk Bad Homburg vor der Höhe, das wohl eines der „reichsten" Finanzämter Deutschlands darstellt: Dennoch musste im Jahr 1997 – v.a. aufgrund der Wahrnehmung von Sonderabschreibungen - mehr Einkommensteuer zurückerstattet werden als eingenommen wurde.

All diese und weitere Gesichtspunkte veranlassen Finanzpolitiker und – wissenschaftler zur Forderung einer weitestgehenden Streichung von Sozialzwecknormen aus dem Steuerrecht. Ein „Steuern mit Steuern" wird von den meisten Finanzpolitikern allenfalls über die Verbrauchsteuern (Tabaksteuer, Mineralölsteuer etc.) als einer Unterart der indirekten Steuern für sinnvoll erachtet, wenn man dem Verursacherprinzip folgen will. Zu diesen zählt auch die Ökosteuer.

[A] Allerdings darf hierdurch nicht der Fiskalzweck der Steuer verunmöglicht werden: Wenn beispielsweise die Tabaksteuer prohibitiv hoch gesetzt werden würde, wäre diese steuerliche Maßnahme wahrscheinlich als „Erdrosselungsteuer" verfassungswidrig.

Teil III. Realpolitik als strukturkonservative „Politik der kleinen Schritte"

Möchte man die Umweltpolitik hingegen auf das Gemeinlastprinzip stützen, werden anstatt erweiterter Abzugsmöglichkeiten bei den direkten Steuern (z.B. Sonderabschreibungen) offene Subventionen insbesondere mit Blick auf die Transparenz und die Effektivität für vorzugswürdig erachtet (vgl. unten, Kap. III.5.2.).

Steuern wie auch die meisten übrigen Abgaben dienen der Finanzierung des allgemeinen Staatshaushalts. Es gilt das Prinzip der Gesamtdeckung: Die Summe aller Einnahmen muss grundsätzlich die Summe aller Ausgaben decken. Eine Zweckbindung der Abgaben für bestimmte Ausgaben ist daher grundsätzlich ausgeschlossen (Nonaffektationsprinzip), wenngleich von Politik und Medien teilweise etwas anderes suggeriert wird (so werden von der „Ökosteuer" z.B. auch die Verteidigungsausgaben mitfinanziert). Der historisch herausgebildete Nonaffektationsgrundsatz (§ 7 S. 1 Haushaltsgrundsätzegesetz – HGrG, § 8 Bundeshaushaltsordnung - BHO) hat allerdings in Deutschland keinen verfassungsmäßigen Rang. § 8 S. 2 BHO erlaubt eine Durchbrechung des Nonaffektationsgrundsatzes durch Gesetz oder Haushaltsplan. Dies geschieht u.a. über zahlreiche Sonderfonds und Nebenhaushalte (sog. „Parafisci"), wie sie v.a. die Sozialversicherungen darstellen. Parafisci werden zur Erfüllung öffentlicher Aufgaben eingerichtet; sie haben eigene Finanzquellen mit Zwangscharakter.[15]

Hinweis: Weitere Abgabenformen
Anders als bei einer Steuer sind mit den *anderen Abgabenformen* mehr oder weniger konkretisierbare Gegenleistungen verbunden[16]: Hinsichtlich der (anderen) Abgabeformen besteht ein Numerus Clausus:
- So stellen *Gebühren* Leistungen dar, für die eine Ausschließlichkeit möglich und auch gewollt ist. Der Leistung steht auch eine Gegenleistung gegenüber (Individualäquivalenz). Gebühren können nach den Kosten, die der Verwaltung entstehen, oder nach dem Nutzen, den der Bürger erhält, bemessen werden. Man unterscheidet zwischen Verwaltungsgebühren (z.B. für die Ausstellung eines Reisepasses) oder Benutzungsgebühren (z.B. für die kommunale Müllabfuhr).
- Anders als bei Gebühren liegt bei *Beiträgen* lediglich die *Möglichkeit* der Nutzung öffentlicher Leistungen vor. Es besteht lediglich Gruppenäquivalenz: Beiträge werden daher auch erhoben, wenn keine individuelle Inanspruchnahme der betreffenden Leistung vorliegt (z.B. Straßenanliegerbeiträge). Ein wichtiger Sonderfall der Beiträge sind die Sozialversicherungsbeiträge.
- *Sonderabgaben* (z.B. Berufsbildungsabgabe, Ausgleichsabgabe nach dem Schwerbehindertengesetz) dienen zur Finanzierung besonderer Aufgaben; sie werden oft in Sondervermögen verwaltet bzw. sind nicht in den Haushaltsplänen erfasst. Die Anerkennung einer Abgabenkompetenz außerhalb der Finanzverfassung birgt die Gefahr, dass die Abgabenbelastung unüberschaubar wird. Zudem wird der Verfassungsgrundsatz der Vollständigkeit des Haushaltsplans durchbrochen und die Verwendung des Aufkommens der fortlaufenden parlamentarischen Kontrolle entzogen. Die parafiskalische Finanzierung durch Sonderabgaben wird daher vom Bundesverfassungsgericht nur als „seltene Ausnahme" unter besonderen Voraussetzungen zugelassen. Sonderabgaben werden nur von bestimmten, homogenen Gruppen (also nicht von allen Staatsbürgern) erhoben, denen mit Blick auf den Abgabenzweck eine besondere Verantwortung zugewiesen werden kann.

III.4.4.2. Besteuerung (I): Ökosteuer

a. Darstellung

Grundlegend bei der hier zu behandelnden Variante der Ökosteuer ist zunächst der Internalisierungsgedanke. Hiernach soll der Verursacher eines negativen externen Effektes mit einer Steuer belastet werden, die den sozialen Grenzkosten im Optimalpunkt entspricht. Dies ist die Grundidee der Pigou-Steuer, die damit auch primär dem Leitwert der „Effizienz" folgt.

Die Anwendung der „Ökosteuer" bezieht sich v.a. auf diejenigen Konstellationen, bei denen mit jedem zusätzlich produzierten Gut zusätzliche soziale Kosten einhergehen. Es geht also um Fälle positiver sozialer Grenzkosten bzw. um Grenzschadenskosten, die größer als Null sind.

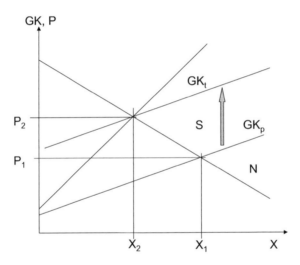

Abb. 30: Pigou-Steuer
(Quelle: Eigene Darstellung)

In der obigen Abbildung stellen GK_p die privaten Grenzkosten dar. Dabei sind die externen Kosten der Produktion noch nicht berücksichtigt. Der Preis P_1 ist daher – verglichen mit dem sozialen Optimum - zu niedrig, die produzierte Menge X_1 zu hoch. Die Steuer S wird nun in einer Höhe festgesetzt, die den externen Kosten in X_2 entspricht. Der Preis steigt somit auf P_2 an, die produzierte Menge wird auf X_2 zurückgedrängt.

Es wurde bereits beschrieben, dass aus Gründen der mangelnden Praktikabilität von Internalisierungsstrategien Steuerpolitik als Umweltpolitik eher standardorientiert betrieben wird: Im Idealfall wird durch ein Verfahren des Versuch-und-Irrtum derjenige Steuersatz gesucht, mit dem die intendierte umweltpolitische Wirkung erreicht werden kann.

Teil III. Realpolitik als strukturkonservative „Politik der kleinen Schritte"

Für unsere vorliegende Systematik wichtig ist folgender Aspekt: Bei der Ökosteuer geht es darum, eine Übernutzung von Medien in Feld (5) / Tabelle 2 zu verhindern. Ansonsten wird nämlich das nicht durch Ausschließlichkeitsrechte „geschützte" sog. „Allmendegut" zum „Nulltarif" genutzt. Dieser „Nulltarif" ist jedoch nicht gerechtfertigt und führt zu Fehlallokationen. Im Zuge der Einführung der Ökosteuer kann auf eine weitergehende Spezifikation der Eigentumsrechte an den durch Übernutzung gefährdeten Gemeinschaftsgütern verzichtet werden. Insoweit handelt es sich um eine „minderschwere Ersatzmaßnahme" gegenüber der Überführung der betreffenden Güter in das Gemeinschaftseigentum und ihrer entgeltlichen Nutzungsüberlassung.

Die Ökosteuer ist eine indirekte Steuer bzw. *Verbrauchsteuer*, die sich nach herrschender Meinung zur (umwelt-) politischen Lenkung grundsätzlich eignet. Institutionell-rechtlich sind die relevanten steuerlichen Tatbestandsmerkmale grob skizziert folgendermaßen ausgestaltet:
- Bemessungsgrundlage: Dieses stellt die Menge des „schädigenden Gutes" oder der Trägersubstanz dar;
- Steuersatz: Hierzu s. die obigen Ausführungen zur Internalisierung (Pigou-Steuer) bzw. zu einer standardorientierten Ökosteuer-Politik. In der politischen Realität spielt nicht nur der Sozialzweck, sondern (je nach Haushaltslage) auch der Fiskalzweck eine mehr oder weniger dominante Rolle;
- Steuerschuldner: Ist vorliegend i.d.R. der Produzent.

b. Beurteilung

Zielfestlegung / Legitimation: Hinsichtlich der Ökosteuern kann prinzipiell dieselbe Kritik wie bei den Zertifikaten angebracht werden (vgl. Kap. I.3.1.2.). Die Ökosteuer funktioniert nämlich über den individuellen Vergleich von Grenzsteuerbelastung (anstatt des Preises der Zertifikate beim Regime handelbarer Verschmutzungsrechte) und Grenzvermeidungskosten. Sind die bei Produktion einer zusätzlichen Einheit zu zahlenden Steuern geringer als die Grenzvermeidungskosten, wird die Steuer gezahlt und die Belastung toleriert. Dies kann aber dem an der Resilienz orientierten differenzierten Schutzerfordernis von ökologischen Teilsystemen entgegenstehen. Dementsprechend gilt (wie bei der Zertifikatslösung): Bekommt das Effizienzziel Priorität, so wird die Vermeidung dort durchgeführt, wo es am billigsten ist – dann wird allerdings das besagte, an der Resilienz von ökologischen Teilsystemen orientierte Schutzbedürfnis nicht berücksichtigt. Folgende Abbildung soll – in Ergänzung zu den Ausführungen in Kap. I.3.1.2. – die Problematik verdeutlichen:

Teil III. Realpolitik als strukturkonservative „Politik der kleinen Schritte"

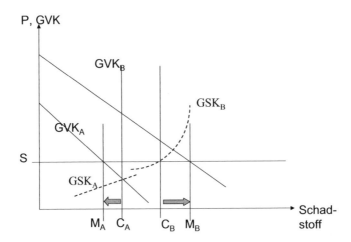

Abb. 31: Fehlsteuerungen bei einer Ökosteuer
(Quelle: Eigene Darstellung)

Eine effektive, an der Resilienz der ökologischen Teilsysteme orientierte Umweltpolitik setzt regelmäßig die Steuerung einer Belastungsstruktur voraus. Über einen einheitlichen Steuersatz ist dies aber grundsätzlich nicht möglich[17]: Für einen bestimmten Schadstoff (z.B. Ozon), der lokal und regional unterschiedlich wirken kann, ist in der Abbildung einheitlich ein bestimmter Steuerbetrag S pro Einheit Emission festgelegt. Gleichzeitig werden – unter Rücksicht auf die jeweils tolerierbare örtliche Maximalbelastung - in Stadt A und Stadt B die Grenzwerte C_A und C_B gesetzt. In Stadt A und Stadt B existiere jeweils nur ein Emittent (stellvertretend für die regional aggregierten Grenzvermeidungskosten). Der Vergleich zwischen Steuern und Grenzvermeidungskosten führt vorliegend in Stadt A zu einem Unterschreiten der Grenzwerte C_A, in Stadt B zu einem Überschreiten von C_B. Die Grenzschadenskostenfunktion ist in der obigen Abbildung gestrichelt eingezeichnet. Für B nehmen die Grenzschadenskosten einen exponentiellen Verlauf an und gehen gegen unendlich. Die Resilienz des Systems nimmt Schaden, das System verliert seine Lebens- bzw. Entwicklungsfähigkeit.

Effektivität: Allerdings sind über die Besteuerung Ausdifferenzierungen in gegenständlicher und räumlicher Hinsicht grundsätzlich möglich, ohne dass – wie beim System handelbarer Verschmutzungsrechte - die Funktionsfähigkeit des Mechanismus infrage gestellt werden muss. Andererseits: Je weitergehend die Ausdifferenzierung stattfindet, umso weniger kommt noch die Effizienz zum Tragen. Das System nähert sich in seiner Wirkungsweise dann vielmehr differenziert gesetzten Grenzwerten an. Dennoch: Im Gegensatz zum Regime des Zertifikatehandels ist das Besteuerungssystem nicht auf ein weitläufiges Systemdesign in subjektiver, gegenständlicher, räumlicher und zeitlicher Hinsicht angewiesen. Das ökologische Ziel kann andererseits – unabhängig von der Frage der Ausdifferenzierung - allein schon deswegen nur zufällig erreicht werden, *„weil der Zusammenhang zwischen der Höhe des Steuersatzes und dem resultierenden CO_2-Ausstoß (das gilt auch für andere Schad-*

Teil III. Realpolitik als strukturkonservative „Politik der kleinen Schritte"

stoffe, d. Verf.) des relevanten Gesamtsystems zu komplex und instabil ist, als dass sich darauf eine halbwegs verlässliche Intervention gründen ließe." [18]

Andererseits kennt die Umweltpolitik die genaue Höhe des notwendigen Steuersatzes genauso wenig wie das Verhalten der Wirtschaftsteilnehmer in Folge von Variationen des Steuersatzes. Dies führt zu einem ökonomischen Argument: Die Wirkung des Steuermechanismus hängt nämlich auch sehr stark von den Angebots- und Nachfrageelastizitäten ab (s. mehr hierzu unter Punkt d.). Die Ökosteuer entfaltet umso mehr Wirkung, je stärker die Reaktionen von Anbietern und Nachfragern auf Steuersatzänderungen ausfallen, d.h. je preiselastischer Angebots- und Nachfragekurve und je eindeutiger die Überwälzungseffekte sind (Punkt d.).

Hinweis: Elastizität
Die Preiselastizität des Angebotes drückt aus, um wieviel Prozent sich das Angebot eines bestimmten Gutes als Reaktion auf eine prozentuale Preisveränderung ändert. Eine geringe Preiselastizität des Angebotes führt tendenziell zu einer steileren Angebotskurve, eine hohe Preiselastizität des Angebots zu einer flacheren Angebotskurve. Genauso gibt es das Konzept der Preiselastizität der Nachfrage (wie stark ist die Reaktion der Nachfrage infolge einer Preisänderung)?
Tendenziell ist bei Gütern des gehobenen Bedarfs die Nachfragekurve flacher als bei lebensnotwendigen Gütern. Für die Intuition: Eine elastische Angebots- oder Nachfragekurve sagt auch etwas über die Möglichkeit aus, ungünstigen Marktentwicklungen „ausweichen" zu können und nicht auf „Gedeih und Verderb" anbieten oder nachfragen zu müssen. Sie stellt damit auch einen Indikator für die Machtposition gegenüber der Marktgegenseite dar.

Die genauen Elastizitäten sind – insbesondere bei großer räumlicher und gegenständlicher Abgrenzung – aber kaum bekannt; dementsprechend sind die Reaktionen der Marktteilnehmer auf Steuersatzänderungen kaum vorhersehbar.

Da man - anders als bei der Kontingentierung – trotz der genannten Wirkungsunsicherheiten nicht direkt auf das umweltpolitische Ziel (Mengenbegrenzung) einwirkt, sondern den „Umweg" über den Preis (Steuer) einschlägt, besteht unter den Umweltökonomen eine weitgehende Einigkeit darüber, dass eine Preissteuerung nicht als so effektiv angesehen werden kann wie eine Mengensteuerung.

All dies gilt für schon einen einheitlichen Steuersatz, umso mehr für die eigentlich aus ökologischer Sicht erforderlichen, an Belastungsschwellen orientierten ausdifferenzierten Steuersätze.

Hinzu kommt eine politische Überlegung: Die praktische Umweltpolitik orientiert sich am Standard-Preis-Ansatz, der aber meistens durch sachfremde, politisch-strategische Überlegungen motivierte politische Kompromisse überlagert wird.

Im Übrigen sollte bei einer Diskussion um die Ökosteuer auch die Verwendung des Aufkommens im Auge behalten werden. So wird diskutiert, das Steueraufkommen verkehrs- oder umweltbezogenen Zwecken zu widmen. Beiden Vorschlägen steht jedoch das Nonaffektationsprinzip entgegen: In Kap. III.4.4.1. wurde erwähnt, dass das Steueraufkommen normalerweise (nach dem deutschen Verständnis einer Steuer) in

Teil III. Realpolitik als strukturkonservative „Politik der kleinen Schritte"

den allgemeinen Haushalt fließt. Es wurde allerdings auch schon dargestellt, dass das Nonaffektationsprinzip durch ein einfaches Gesetz durchbrochen werden kann.

Effizienz: Sind die Grenzvermeidungskosten pro Schadstoffeinheit höher als der Steuersatz pro Schadstoffeinheit, wird die Steuer bezahlt und nicht vermieden. Im umgekehrten Falle wird der Schadstoffausstoß vermieden. Insoweit trägt die Ökosteuer dazu bei, dass die Vermeidungsaktivitäten dort stattfinden, wo die geringsten Wohlfahrtsverluste eintreten. Zudem besteht ein Anreiz, die Vermeidungsanstrengungen immer weiter fortzuführen, da damit Steuern gespart werden können (dynamische Anreizwirkung). Die Effizienzreserven lassen sich am besten unter Einbeziehung einer hohen Zahl von Emittenten bei einem einheitlichen Steuersatz ausschöpfen (große Unterschiede in den Grenzvermeidungskosten). Dann kommt es allerdings zu einem Konflikt mit der ökologischen Zielerreichung, da die differenzierte Steuerung der Belastung nicht mehr möglich ist. Dies hat auch Rückwirkungen auf die Effizienz des Systems: Das Regime in Abb. 31 gibt bei einem einheitlichen Steuersatz dem Verschmutzer in Stadt A einen Anreiz, die vorgegebenen Grenzwerte nicht auszunutzen. Es wird also weniger produziert als möglich, es kommt zu einem Wohlfahrtsverlust. In Stadt B besteht für den dort ansässigen Verschmutzer hingegen eine latente Tendenz zum Überschreiten der Grenzwerte. Tritt dieser Fall ein, entstehen soziale Kosten.

Probleme, wie sie im CT-Regime durch Spekulation drohen, sind hingegen im Rahmen der Besteuerung ausgeschlossen. Ein Urteil darüber, ob eine Ökosteuer effizienter als das CT-Regime ist, fällt schwer. Vieles hängt von der konkreten Ausgestaltung des Regimes ab.

Verteilungsgerechtigkeit: Aus neoinstitutionalistischer Sicht können Ökosteuern so betrachtet werden, dass der Staat sich die Eigentumsrechte an dem zuvor „herrenlosen" Gut aneignet. Sodann setzt er (monopolistisch?) einen Preis (= Steuer) für die Überlassung des Gutes an die Privaten. Diese – äquivalenztheoretische – Sichtweise entspricht allerdings nicht der – zumindest in Deutschland herrschenden - Dogmatik des Steuerbegriffes (s. Kap. III.4.4.1.). Er entspricht ebenso wenig den hierzulande überkommenen Prinzipien wie dem (vor dem Hintergrund der Eigentumsgarantie des Art. 14 GG zu sehenden) Halbteilungsgrundsatz, der allerdings durch den Beschluss des Bundesverfassungsgerichts vom 18.01.2006 relativiert wurde.[19] Ungeachtet der Relativierung durch das Bundesverfassungsgericht erlaubt die Diskussion um die Verortung des Halbteilungsgrundsatzes eine Einordnung der Steuer: Die Steuer soll grundsätzlich die bestehende Verteilung der Eigentumsrechte nicht infrage stellen (Prinzip „eigentumsschonender Besteuerung"). Dementsprechend sind Steuerlösungen vom Grundsatz her strukturkonservativ.

Von verteilungspolitischer Relevanz ist auch das Problem der Inzidenz. Steuerträger und Steuerschuldner sind zumeist nicht dieselben Personen, die Steuer kann oftmals überwälzt werden.

> **Hinweis: Ausgewählte steuerliche Grundbegriffe (Inzidenz, Steuerpflichtiger, Steuerträger, Steuerschuldner, Steuerdestinar)**
> - *Inzidenz:* In der Finanzwissenschaft wird als Inzidenz die Wirkung finanzpolitischer Maßnahmen (i.d.R. bezogen auf die Verteilung) bezeichnet, die in einer Änderung von Zustand oder Entwicklung als Folge der Maßnahme im Vergleich zu der Situation ohne den finanzpolitischen Eingriff besteht.

Teil III. Realpolitik als strukturkonservative „Politik der kleinen Schritte"

- *Steuerschuldner:* Wer dem Finanzamt die Steuer schuldet.
- *Steuerpflichtiger (§ 33 Abs. 1,2 AO):* Steuerpflichtiger ist, wer für eine Steuer haftet, eine Steuer für Rechnung eines Dritten einzubehalten und abzuführen hat, wer eine Steuererklärung abzugeben hat, wer Sicherheiten zu leisten, Bücher und Aufzeichnungen zu führen und andere ihm durch die Steuergesetze auferlegte Verpflichtungen zu erfüllen hat.
- *Steuerdestinar:* Wer nach dem Willen des Gesetzgebers die Steuer wirtschaftlich zu tragen hat (z.B. bei der Umsatzsteuer der Verbraucher).
- *Steuerträger:* Derjenige, der die Steuer *tatsächlich* wirtschaftlich trägt.

Eine Überwälzung auf den Nachfrager ist umso leichter möglich,
- je elastischer (bzw. „flacher") die Angebotskurve
- je unelastischer (bzw. „steiler") die Nachfragekurve.

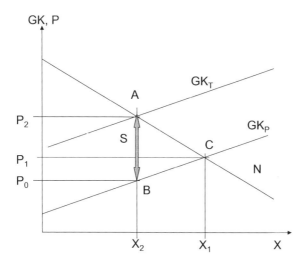

Abb. 32: Überwälzung einer Steuer
(Quelle: Eigene Darstellung)

In der obigen Abbildung ist die Angebotskurve relativ flach bzw. elastisch. Bei einer Steuererhöhung wird der Anbieter versuchen, die Steuer z.T. zu überwälzen: Der Nachfrager zahlt den Preis P_2, der Anbieter erhält den Preis P_0. Vergleichen mit dem Status quo ante (P_1) sieht man, dass sich Nachfrager und Anbieter die Steuerlast also aufteilen. Je steiler die Angebotskurve ist, umso schwerer fällt dem Anbieter ein Überwälzen der Steuer.

Das Dreieck ABC ist nicht – wie bei einer „normalen" Steuer - als Wohlfahrtsverlust zu interpretieren. Vielmehr handelt es sich um eine gewünschte Einschränkung der Produktion des soziale Kosten erzeugenden Gutes. Verteilungspolitisch wirken derartige Steuern (die der Konsument zu bezahlten hat) i.d.R. regressiv, denn ärmere Haushalte
- haben eine vergleichsweise höhere Konsumquote;
- werden daher durch Anhebungen von Verbrauchsteuern relativ härter getroffen.

Teil III. Realpolitik als strukturkonservative „Politik der kleinen Schritte"

Man könnte allerdings daran denken, das Steueraufkommen zur Vermeidung einer verteilungspolitischen Schieflage wieder nach Köpfen zurück zu verteilen.[A] Dies widerspricht jedoch der Definition und dem verfassungsmäßigen Verständnis dessen, was eine „Steuer" ausmacht: Das Geld würde dann eben nicht in den allgemeinen Haushalt fließen. Der Fiskalzweck würde somit bis zur Unkenntlichkeit in den Hintergrund gerückt. Dennoch sollte man über die Änderung von Institutionen nachdenken und nicht bewegungslos die Setzungen des Rechts anstarren wie ein Kaninchen die Schlange. Warum keine Abgabe „sui generis", wenn eine breite politische Mehrheit dafür bestünde? Bei Abgaben (als Oberbegriff für Steuern, Gebühren und Beiträge) auf schwer vermehrbare Gegenstände („Schöpfungsrahmen"), von deren Nutzung niemand ausgeschlossen werden sollte, wäre eine Rückverteilung nach Köpfen sinnvoll. Dies hätte allerdings Rückwirkungen auf die ohnehin schon als relativ gering einzuschätzende Effektivität der Steuer: Die Steuer wirkt durch einen Einkommenseffekt (durch die Inanspruchnahme des besteuerten Umweltgutes sinkt das Realeinkommen) wie durch einen Substitutionseffekt (die relativen Preise des besteuerten Gutes steigen). Diese Betrachtung ist als „Slutsky-Separation" mikroökonomisches Gemeingut.

> **Hinweis: Slutsky-Separation**
> Die Slutsky-Zerlegung dient dazu, Preis- und Einkommenseffekt einer Preisänderung zu isolieren. Jede Preisänderung bewirkt nämlich auch eine Änderung des realen Einkommens. Die Slutsky-Separation simuliert zunächst einmal eine Preisänderung bei konstantem Realeinkommen. Wird das reale Einkommen konstant gehalten, muss – im Regelfall – die Nachfrage nach einem Gut bei einer Preiserhöhung zurückgehen (Substitutionseffekt). Sodann wird der Effekt des gesunkenen Realeinkommens (Differenz zwischen Änderung der Gesamtnachfrage und Substitutionseffekt) ermittelt.
>
> Ein ähnliches Ziel wie die Slutsky-Zerlegung verfolgt die Hicks-Zerlegung: Hierbei wird nicht das reale Einkommen, sondern der Nutzen (Indexwert) eines Haushalts konstant gehalten. Die Hicks-Zerlegung gibt dem Haushalt gerade den Betrag, der notwendig ist, um die ursprüngliche Indifferenzkurve wieder zu erreichen.

Eine Rückverteilung würde nun aber dazu führen, dass der Einkommenseffekt tendenziell neutralisiert wird: Im Durchschnitt haben die Nutzer des Umweltgutes durch die Rückverteilung dasselbe Budget wie zuvor. Dementsprechend würde eine Säule der Lenkungswirkung abgeschwächt. Diesem Problem entgeht die Alternativlösung zugeteilter Nutzungsrechte, da deren Menge eben kontingentiert ist.

III.4.4.3. Besteuerung (II): Fixkostensteuern

a. Darstellung
Eine weitere Steuervariante sind *Fixkostensteuern* mit umweltpolitischer Wirkungsrichtung. Hierbei geht es v.a. darum, auf ökologisch unerwünschtes Verhalten Priva-

---

[A] So erwog Frankreich eine Rückverteilung der Mineralölsteuer an diejenigen, die am stärksten vom Anstieg betroffen sind.- Vgl. Pressekonferenz von D. de Villepin zur Energiepolitik vom 16.08.2005.

ter mit privaten, unvermehrbaren Gütern einzuwirken. Auch hier gilt, dass die manchmal vertretene eigentumstheoretische Dogmatik der Ökosteuer (der Staat macht sich Eigentumsrechte zu Eigen und „verkauft" diese zum Preis der Steuer an private Nutzer) vorliegend nicht richtig greift. Vielmehr ist es in Feld (1) / Tabelle 2 auch so, dass der Staat die Eigentumsrechte (wenngleich er den Inhalt des Eigentumsbegriffes hier in besonderer Weise ausfüllen kann) zu respektieren hat (s. die obigen Anmerkungen zur „eigentumsschonenden Besteuerung").[20]

Die Fixkostensteuer wirkt damit anders und auf einem anderen Gebiet als die klassische Ökosteuer. Sie trägt dazu bei, die Eigentumsrechte insoweit zu verdünnen, dass der Staat am Fruchtziehungsrecht des Eigentümers partizipiert.

Diskutiert wird v.a. eine Reform der Grundsteuer mit unterschiedlichen Zielrichtungen.[21] Nachfolgend soll zunächst die Problematik dargestellt und kurz zwei der verschiedenen Varianten einer reformierten Grundsteuer beschrieben werden. Dabei wird nicht der Anspruch erhoben, die Thematik vollständig in allen ihren Facetten behandeln zu wollen.

Üblicherweise wird in der einschlägigen Literatur bei Grund und Boden eine steile Angebotsfunktion und eine "normal", also von links oben nach rechts unten verlaufende Nachfragekurve unterstellt.[22] Ausgehend von der angenommenen senkrechten, unelastischen Angebotsfunktion behauptet z.B. *Samuelson*: *"Da das Bodenangebot unelastisch ist, arbeitet der Boden immer; und zwar zu jenem Preis, der dem Wettbewerb entsprechend geboten wird."* [23] Wäre die Angebotskurve wirklich so unelastisch wie behauptet, wären demnach Phänomene wie Leerstände, Bodenspekulationen, Baulücken und Brachen kaum erklärbar. Aus diesen Missständen erwächst jedoch ein spezifisch ökologisches Problem: Während Flächenverbrauch, Zersiedelung und Suburbanisierung zunehmen, sind die Potentiale im Bestand jedoch offenbar nicht hinreichend ausgenutzt. Dieser Befund gilt sowohl für Wohnnutzungen[24] als auch die Nutzungen Gewerbe und Verkehr.[25] Anzeichen deuten aber darauf hin, dass speziell in den Großstädten Baulücken in einer Größenordnung von 5-6 % des Bestandes bestehen. Zählt man das gesamte Potential hinzu, das sich aus Flächennutzungs- und Bebauungsplänen ergibt, so kommt man auf Werte bis zu 10 %.[26] Nach einer Schätzung des bayerischen Umweltministeriums sind bis zu 36 % der innerörtlichen Brachflächen und möglichen Verdichtungsräume in den Kommunen noch ungenutzt.[27] Inwieweit diese Größenordnung auch für andere Bundesländer zutrifft, ist noch unklar. Angesichts der offensichtlich unausgeschöpften Potentiale im Bestand kann der Flächenbedarf nur durch einen permanenten Zuwachs der Siedlungs- und Verkehrsfläche gedeckt werden. Hieraus ergeben sich zwei Problemstrange:
- einerseits eine nicht hinreichend effiziente Nutzung der Ressource Boden;
- andererseits das Problem der Suburbanisierung.[A]

Die reine Flächennutzungssteuer ist vor dem Hintergrund der skizzierten Problematik wohl der in umweltpolitischen Kreisen populärste Vorschlag zur Umgestaltung der Grundsteuer.[28] In der Wissenschaft werden zwei Variationen des Modells untersucht,

---

[A] Kunstler weist darauf hin, dass es sich bei der Art und Weise, wie wir siedeln, angesichts der sich abzeichnenden Verknappung fossiler Energieträger um eine grandiose Verschwendung von Ressourcen handelt. Dies betrifft v.a. die USA mit ihrer architektonischen Fixierung auf die automobile Gesellschaft.- J. H. Kunstler, The Long Emergency- Surviving the End of Oil, Climate Change, and Other Converging Catastrophes of the Twenty-First Century, New York (Grove Press) 2005, S. 17.

Teil III. Realpolitik als strukturkonservative „Politik der kleinen Schritte"

und zwar das auf *Bizer* und *Lang* [29] zurückgehende Originalmodell („FiFo-Modell") sowie die durch das Umweltbundesamt modifizierte Variante („UBA-Modell").[30] In der Politik wird eine am Vorschlag der Flächennutzungssteuer orientierte Reform v.a. von Umweltschutzverbänden (so BUND), aber auch von politischen Parteien (so Bündnis 90 / DIE GRÜNEN) propagiert. Die notwendige parlamentarische Mehrheit für derartige Reformen steht in Deutschland jedoch aus.

Als Gegenentwurf zur Flächennutzungssteuer wird häufig die Bodenwertsteuer angeführt.[31] Die Bodenwertsteuer wird von der Wissenschaft über die Grenzen der verschiedenen ökonomischen Schulen hinweg (!) in einer ungewöhnlich breiten Übereinstimmung befürwortet. Für dieses Modell plädieren einige Verbände der Wohnungswirtschaft wie der Bundesverband deutscher Wohnungs- und Immobilienunternehmen (GdW), der Deutsche Mieterbund und der Deutsche Verband für Wohnungswesen, Städtebau und Raumordnung.

Auch weitere Vorschläge werden in der Öffentlichkeit diskutiert, so z.B. eine reine Bodenflächensteuer, eine kombinierte Bodenwert- und Bodenflächensteuer (Difu-Modell) sowie eine erhöhte Steuer für gehortete Grundstücke.[32]

Ich möchte mich nachfolgend nur auf den in der politischen und wissenschaftlichen Diskussion sehr populären Vorschlag der Flächennutzungssteuer beschränken und diesem nur kurz die Züge des u.E. wichtigsten Gegenmodells, der Bodenwertsteuer, gegenüberstellen. Folgende Tatbestandsmerkmale zur Ausgestaltung sind hierbei charakteristisch:
- Bemessungsgrundlage: Bei der *Flächennutzungssteuer* handelt es sich (wie auch bei den meisten anderen flächenhaushaltspolitisch motivierten Reformvarianten) um eine „unverbundene Steuer", d.h. es soll lediglich Grund und Boden, nicht aber das aufstehende Gebäude in die Bemessungsgrundlage eingehen (zu den Details s. unten). Flächenbezogene Bemessungsgrundlagen belasten grundsätzlich den Quadratmeter Fläche (gleicher ökologischer Bodengüte) sowohl in relativ geringwertigen, suburbanen Lagen als auch in verhältnismäßig hochwertigen, zentral belegenen Gebieten (dieselbe ökologische Beeinträchtigung vorausgesetzt) mit demselben Steuerbetrag pro Quadratmeter Fläche (zur Variation der Steuersätze nach dem Grad der ökologischen Beeinträchtigung s. unten). Die *Bodenwertsteuer* zieht als Bemessungsgrundlage den Wert der unbebauten Grundstücke bzw. die Bodenrichtwerte heran. Dabei orientiert man sich am Bodenrichtwert, der in den meisten Vorschlägen mit einem Abschlag (z.B. 20 %) versehen werden soll.[33]
- Steuersatz: Bei der *Flächennutzungssteuer* werden nach dem Grade der Nutzungsbeeinträchtigung aufsteigende Steuerklassen diskutiert.[34] Die Steuerklassen reichen z.B. beim Vorschlag von *Bizer / Lang*[35] von der völligen Naturbelassenheit bis hin zur versiegelten Fläche bzw. besonders naturschädlichen Nutzung von Flächen:

Steuerklasse I:	Naturbelassene Flächen
Steuerklasse II:	Naturschonend genutzte Flächen
Steuerklasse III:	Forstwirtschaftlich genutzte Flächen
Steuerklasse IV:	Sonstige Freiflächen
Steuerklasse V:	Versiegelte Flächen im Außenbereich
Steuerklasse VI:	Versiegelte Flächen im Innenbereich
Steuerklasse VII:	Besonders naturschädlich genutzte Flächen

Teil III. Realpolitik als strukturkonservative „Politik der kleinen Schritte"

Die *Bodenwertsteuer* wird unter Anlegung eines einheitlichen oder gespaltenen Steuersatzes (einerseits Differenzierung zwischen Gewerbe und Wohnen, andererseits zwischen genutzten und unbebauten Grundstücken) diskutiert.
- Steuerbefreiungen: Hier gehen *Flächennutzungs- und Bodenwertsteuer* in dieselbe Richtung: In den meisten Varianten soll die Land- und Forstwirtschaft entweder stark entlastet oder von der Grundsteuer befreit werden. Hingegen werden heute bestehende Grundsteuerbefreiungen zum großen Teil zurückgenommen.
- Steuerschuldner soll der Eigentümer des Grund und Bodens sein. Diskutiert wird noch, ob die Steuerschuldnerschaft dabei an das zivilrechtliche oder wirtschaftliche (§ 39 Abs. 1 AO) Eigentum anknüpfen sollte. Auch hinsichtlich der Steuerschuldnerschaft bestehen somit keine grundsätzlichen Unterschiede zwischen den beiden skizzierten Modellen.

b. Beurteilung
Zielfestlegung: Flächenhaushaltspolitisch ist ein ganzes Zielbündel gleichzeitig im Auge zu behalten. Dabei geht es um die
- Förderung der Mobilisierung unbebauter / brachliegender Grundstücke. Der Gebrauch als Option bedeutet häufig Hortung statt bauliche Nutzung;
- Effektivere und effizientere Nutzung bebauter Grundstücke. Effektivere Nutzung bedeutet die Nutzung wie in der Bauleitplanung vorgesehen; effizientere Nutzung heißt, die knappe Ressource Fläche möglichst produktiv zu verwenden.
- Zurückdrängung der Suburbanisierung und Postsuburbanisierung;
- Vermeidung von Überwälzungseffekten (je stärker die Überwälzung der Fixkostensteuer, umso geringer der Druck auf eine Verhaltensänderung, der von ihr ausgeht).

Es geht also nicht nur um die Festlegung eines singulären, punktuellen Zieles. Speziell bezüglich des Zieles der Unterstützung der Bauleitplanung ist die Steuerung der *Struktur* der Flächennutzung anvisiert.[A]

Ökologische Effektivität: Effektivität bedeutet, dass v.a. die planerisch gesetzten Ziele durch die Steuer unterstützt werden sollten. Insbesondere die Ausgestaltung der Bemessungsgrundlage gibt einen ersten Hinweis darauf, inwieweit der Lenkungszweck der Steuer mit der planerischen Zielsetzung korrespondiert:
- Bodenwertsteuer (Steuersatz bezogen auf qm-Bodenwert): Hier geht es v.a. um die Auferlegung eines Nutzungsdrucks (Verhinderung von Hortung und Spekulation).
- Die Flächennutzungssteuer (Steuerbetrag bezogen auf qm Fläche einer bestimmten Qualität) zielt (wie auch die Bodenflächensteuer) auf die Verhinderung von Suburbanisierung und die Verminderung des Flächenverbrauchs ab.[36]

Mittlerweile herrscht unter den Fachleuten eine gewisse Skepsis hinsichtlich der Frage, mit welcher Sicherheit die intendierten Wirkungen erreicht werden können. Die Problematik sei zunächst anhand der Flächennutzungssteuer verdeutlicht, die ja den bestehenden Zersiedelungs- und Suburbanisierungstendenzen entgegen wirken soll: Bei der Flächennutzungssteuer steht nicht die Erzielung von Einnahmen, sondern der Lenkungszweck im Vordergrund. Hinsichtlich des Lenkungszweckes wird jedoch

---
[A] Anmerkung: Die Gesamtmenge des Bodens ist kaum veränderbar. Es geht lediglich um die relative Position der untereinander konkurrierenden Nutzungsansprüche – darunter eben auch die naturbelassene Freifläche.

Teil III. Realpolitik als strukturkonservative „Politik der kleinen Schritte"

mit ein und demselben Instrument an verschiedenen umweltpolitischen Problemen bzw. Zielen angesetzt (z.B. ökologische Flächenbewirtschaftung, Beeinträchtigung des Landschaftsbildes und des Lokalklimas durch die Anzahl der Geschosse, Suburbanisierung etc.), hinsichtlich derer teilweise Konflikte bestehen: So soll die Flächennutzungssteuer einerseits der Versiegelung (qualitatives Ziel), andererseits der Zersiedelung (quantitatives Ziel) entgegentreten, obwohl Strategien gegen die Versiegelung potentiell zu einer höheren Zersiedelung führen können: *„Die Unternutzung von Grundstücken ist (...) unter dem Gesichtspunkt der allein ökologisch orientierten Flächennutzungssteuer eine durchaus sinnvolle Handlungsalternative ..."* [37]. Eine Auflösung derartiger Widersprüche würde zu (administrativen) Komplikationen führen. So kritisiert auch der Sachverständigenrat für Umweltfragen, dass das Regime nicht treffsicher auf die Erreichung konkreter umweltpolitischer Ziele zugeschnitten ist.[38] Der Vorschlag der Flächennutzungssteuer verstößt also offensichtlich gegen die sog. *„Tinbergen-Regel"*[A], welche besagt, dass eine volle Realisierung aller Ziele nur dann möglich ist, wenn mindestens so viele unabhängige Mittel eingesetzt werden, wie Ziele verfolgt werden. Ist die Zahl der Instrumente geringer als die der Ziele, können nicht alle Ziele gleichzeitig erreicht werden.

An der Flächennutzungssteuer, die primär auf den Grad der Versiegelung von Flächen abstellt, wird zudem ihre primär lokalökonomische Orientierung kritisiert: Städtebauliche und regionalplanerische Nachhaltigkeit würden behindert, weil die Steuer keinen Anreiz zur planungsrechtlich möglichen Bebauung bietet.[39]

Das wohl wichtigste Anliegen der Flächennutzungssteuer ist, der Zersiedelung und Suburbanisierung dadurch entgegenzuwirken, dass in den Randlagen bzw. Außenbereichen ein relativ stärkerer Kostendruck als in den Zentren erzeugt wird. Mit diesem vermeintlichen „Vorteil" grenzt sie sich vor allem von der Bodenwertsteuer ab. Erstaunlich ist, wie beharrlich die Verfechter des betreffenden Vorschlages die Tatsache ignorieren, dass ein relativ höherer Kostendruck (Steuer) in Suburbia auch zu einem Absinken der relativen Preise in Suburbia führen muss, soweit die betreffende Steuer kapitalisiert wird: Eine Flächennutzungssteuer belastet - dieselbe Nutzungsqualität von Böden in den Zentren und in Suburbia vorausgesetzt - grundsätzlich Zentrum und Suburbia mit dem selben absoluten Steuerbetrag. Weil aber ein unelastisches Bodenangebot einer elastischen Nachfrage gegenübersteht, kommt es tendenziell zu einer Kapitalisierung der Steuerbelastung bei der Kaufpreisbildung.[40] Da sich der Bodenwert (auch) aus der abdiskontierten Grundrente (nach Abzug von Steuerbelastungen) ergibt, bewirkt der höhere, durch die Steuer verursachte Kostendruck gleichzeitig eine relativ stärkere Preissenkung in Suburbia, wie das folgende Beispiel illustrieren soll:

[A] Übersteigt die Anzahl der Ziele die Anzahl der Instrumente, so sind in einem linearen System die Ziele nicht mehr frei und ohne Berücksichtigung der Relationen (Zielbedingungen) wählbar. Die sind dann unverträglich, die gemeinsame Erreichung aller Ziele ist logisch unmöglich.

Teil III. Realpolitik als strukturkonservative „Politik der kleinen Schritte"

	Zentrum	Suburbia
Bodenrente vor St. (pro qm)	5,00	2,50
Bodenwert vor Steuer (pro qm) / Zinssatz: 5,00 % Bodenwert = Bodenrente / Zinssatz	100,00	50,00
Steuer (Euro)	0,44	0,44
Bodenrente nach St. (pro qm)	5,00 – 0,44 = 4,56	2,50 – 0,44 = 2,06
Bodenwert nach Steuer (pro qm) / Zinssatz: 5,00 % (Formel wie oben)	91,20	41,20
Bodenwertreduktion / Änd. der relativen Preise in v.H.	- 8,80 %	- 17,60 %

Tab. 25: Wirkung einer flächenbezogenen Bemessungsgrundlage auf die relativen Preise
(Quelle: Eigene Darstellung)

Bei der Frage, ob nun hinsichtlich des Ansiedlungsverhaltens der relativ höhere Kostendruck (wirkt der Suburbanisierung entgegen) oder die gesunkenen relativen Preise in Suburbia (befördern die Suburbanisierung) den Ausschlag geben, müssen die unvollkommenen Kapitalmärkte und die allfälligen Unsicherheiten berücksichtigt werden, die zu einer Präferenz für die Liquiditätshaltung führen.[41] Per Saldo besteht daher eine dringende Vermutung dahingehend, dass der Effekt sinkender relativer Preise in Suburbia über den durch die Steuer ausgelösten höheren Kostendruck dominiert. Die Flächennutzungssteuer würde dann die Zersiedelungstendenzen nicht stoppen, sondern im Gegenteil weiter befördern.[42] Diese Aussage setzt u.a. die gleiche Überwälzung in den Zentren und in Suburbia voraus. Diesbezüglich besteht jedoch Unsicherheit. Auch, wenn man der skizzierten Argumentation nicht folgen will, muss ein hohes Maß an Wirkungsunsicherheit zugegeben werden.[A]

Einen anderen Aspekt führen *Groth et al.* an: Randgemeinden im „Speckgürtel" großer Ballungsräume können einen allgemein niedrigeren Steuersatz anbieten und dementsprechend wirkungsvoll gegen die Zentren konkurrieren.[43] Entsprechend unserer o.a. Analyse kann dieser Effekt auch in Richtung auf eine Nivellierung der Preise wirken. Schließlich können Gemeinden sogar den Anreiz erhalten, bevorzugt umweltschädliche Flächennutzungen auszuweisen, um höhere fiskalische Erträge zu generieren.[44] Vieles hängt somit vom Verhalten der Kommunen ab. Da dieses kaum prognostiziert werden kann, sind auch die Effekte der Steuer kaum vorhersehbar.

Die Bodenwertsteuer verfolgt im Gegensatz zur Flächennutzungssteuer in hohem Maße eine fiskalische Zielsetzung. Nach Untersuchungen von *Dieterich / Dransfeld*[45]

[A] Abgesehen davon müsste auch noch die Einwirkung auf die relativen Werte des „Wartenkönnens" (Optionswerte) berücksichtigt werden. Auf eine Darstellung wurde hier verzichtet. Es besteht jedoch eine Vermutung dafür, dass die Flächennutzungssteuer auch ein schnelleres Bauen in Suburbia befördert.Vgl. zu diesem Aspekt vgl. D. Löhr, Umgestaltung der Grundsteuer im Rahmen einer effizienten Flächenhaushaltspolitik, in: Zeitschrift für Umweltpolitik und Umweltrecht 4/2004, S. 587 ff.

Teil III. Realpolitik als strukturkonservative „Politik der kleinen Schritte"

könnte dasselbe Aufkommen wie bei der heutigen Grundsteuer mit einem (als einheitlich unterstellten) Steuersatz von 0,36 % bis 0,39 % der Bemessungsgrundlage erreicht werden (die mit 80 % der Bodenrichtwerte angenommen wurde). Die Sicherheit der Steuereinnahmen schätzt *Dieterich* hoch ein: *„Bodenrichtwerte verändern sich in aller Regel nur langsam, Korrekturen wären über das Hebesatzrecht der Gemeinde immer möglich."* [46] *Dieterich* führt zudem an, dass die Bodenwertsteuer schon unmittelbar nach der Baureifmachung den Kommunen zufließt.[47] *Thöne* schätzt, dass sich durch die Wertorientierung das Aufkommen langfristig deutlich dynamischer als bei der aktuellen Grundsteuer oder flächenorientierten Bemessungsgrundlagen entwickelt, zumal die Bodenpreisentwicklung normalerweise enger an die Wachstumsentwicklung gekoppelt ist.[48] Wegen der geringen Preis- und Nachfrageelastizität des Bodenangebots ist m.E. die Ergiebigkeit, gemessen an der Aufkommenselastizität[49] bei der Bodenwertsteuer tatsächlich höher als bei jeder anderen diskutierten Reformalternative einzuschätzen (vgl. auch Tabelle 5 in Kap. I.3.1.1.).

Im vorliegenden Kontext sind jedoch die Lenkungszwecke bedeutsamer, die mit einer Bodenwertsteuer in flächenhaushaltspolitischer Hinsicht erzielt werden sollen: Während die heutige verbundene Grundsteuer die (planerisch vorgesehene) effiziente bauliche Nutzung eines Grundstücks „bestraft", soll mit der Bodenwertsteuer ein Nutzungsdruck auf unbebaute oder ungenügend genutzte Grundstücke erzeugt werden. Über die bessere Ausschöpfung vorhandener Baulandpotenziale soll ein dämpfender Einfluss auf den Siedlungsflächenverbrauch ausgeübt werden.[50]

Tendenziell verteuert die Bodenwertsteuer zudem das spekulative Horten unbebauter Grundstücke.[51] Die Bodenwertsteuer wirkt somit darauf hin, dass die Grundstücknutzungen entsprechend den planerischen Festlegungen erfolgen. Weil die Eigentümer aufgrund des entstehenden Verwertungsdrucks weniger Interesse haben, Bauland auf Vorrat ausgewiesen zu bekommen, wird außerdem erwartet, dass die Bodenwertsteuer auf mehr Planungsneutralität (weniger Einflussnahmen auf die Planungsentscheidungen) bzw. eine bedarfsgerechtere Ausweisung von Bauland hin wirkt. Der Einwand, dass die Bodenwertsteuer dazu führt, dass die letzten Freiräume in den Städten bebaut würden und es zu einer übermäßigen Verdichtung kommt, trifft das falsche Instrument[52]: Die Bodenwertsteuer unterstützt lediglich die Planung; es ist eine Frage der verantwortlichen planerischen Festlegungen, die zulässigen Verdichtungen und gewünschten Freiräume festzulegen.

Die Bodenwertsteuer fördert jedoch in der Tat eine bessere Ausnutzung der Innenbereiche, eine kompaktere Bebauung und trägt auf diesem Wege dazu bei, den Druck auf eine weitere Zersiedelung bzw. Erschließung zu vermindern. Sie wirkt insoweit auch indirekt der Zersiedelung entgegen, als Stadtrandgebiete für spekulatives Bauen an Attraktivität verlieren: Die Bodenwertsteigerungen (und diese sind es, auf die das spekulative Bauen abzielt) würden je nach Höhe der Steuersätze geringer ausfallen als bisher.[53]

Auf der anderen Seite kennt niemand den Wert des Flexibilitätsvorteils des Bodens (als Realoption verstanden, s. unten) genau, so dass die Frage nach dem adäquaten Steuersatz zumindest nicht so beantwortet werden kann, dass dieser in politische Handlungsempfehlungen umgesetzt werden könnte. D.h., ein gewisses Unter- und Übersteuern ist durchaus möglich, ja sogar wahrscheinlich.

Teil III. Realpolitik als strukturkonservative „Politik der kleinen Schritte"

Effizienz: Hinsichtlich der Effizienzwirkungen ist zu beurteilen, ob die Steuer ohne übermäßigen Verwaltungsaufwand erhoben werden kann und ob durch die Steuer Wohlfahrtsverluste eintreten. Zunächst zu den Wohlfahrtsverlusten:

Grund und Boden kann als Realoption angesehen werden. Dies wird besonders deutlich bei Vorratsgrundstücken (auch anderweitig nutzbare Grundstücke stellen jedoch auch eine Option dar).

> **Beispiel: Vorratsgrundstück**
> Ein Unternehmen hat ein Gelände mit Produktions- und Verwaltungsgebäuden (Stammwerk). Ein benachbartes Gelände ist ebenfalls zugekauft worden. Das Unternehmen ist sich über die zukünftige Bedarfs-, Nachfrage- und Wettbewerbssituation unsicher. Durch das Vorhalten des Reservegrundstücks ist es jedoch in der Lage, gegebenenfalls die Produktionskapazitäten nahe dem Stammwerk zu erweitern. Der unsicheren Entscheidungssituation wird somit durch eine Investitionsstrategie begegnet, die gekennzeichnet ist durch
> - eine sequentielle Entscheidungsstruktur: Das Unternehmen muss nicht sofort in die zusätzlichen Produktionskapazitäten investieren, sondern schafft sich durch den Erwerb des Vorratsgrundstücks lediglich die Möglichkeit einer späteren Investition, wenn die äußeren Umstände entsprechend günstig sind.
> - eine asymmetrische Risikostruktur: Im schlechtesten Fall verliert der Investor bei einem Preisverfall des Grundstücks einen Teil des für den Erwerb des Grund und Bodens eingesetzten Kapitals. Erfüllen sich hingegen die Hoffnungen, sind die Gewinnpotentiale erheblich. Potentiell nicht beschränkten Gewinnchancen (im Falle der Erweiterung) steht also ein beschränktes Verlustrisiko (gebundenes Kapital im Falle des Verzichts auf die Erweiterung) gegenüber.
>
> Die Flexibilität, die sich durch diese Investitionsstrategie für das Unternehmen ergibt, hat einen Wert. Auf die Ausführungen in Kap. I.2.3.3. sei an dieser Stelle noch einmal hingewiesen.

Bei Bebauung geht der Wert der Flexibilität verloren, was für den potentiellen Investor einen zusätzlichen Aufwand bedeutet (vgl. die Ausführungen in Kap. I.3.1.1.). Fixkostensteuern wirken auf den Wert der Flexibilität dämpfend ein. Sie beseitigen sozusagen im Vorfeld der Investition das betreffende Investitionshindernis.

Da die Flächennutzungssteuer jedoch auf den Wert suburban belegener Grundstücke in derselben absoluten Höhe wie auf peripher belegene Grundstücke einwirkt, ist der auf die suburban belegenen Grundstücke erzeugte Nutzungsdruck relativ höher. Mit anderen Worten: Die Flächennutzungssteuer sorgt nicht nur für eine relative Verbilligung der Grundstücke in Suburbia, sondern auch für eine zügigere Bebauung. Damit erzeugt sie voraussichtlich genau die gegenteiligen Wirkungen, die ihre Erfinder beabsichtigt haben. Sie ist „die gute Kraft, die Böses schafft."

Im Gegensatz hierzu ist der durch die Bodenwertsteuer im Zentrum und in Suburbia ausgeübte Nutzungsdruck relativ gleich (relativ, weil eine unterschiedliche Überwälzbarkeit möglich erscheint). Die Steuer führt bei nicht optimaler Bodennutzung aufgrund ihres Fixkostencharakters zu Opportunitätskosten und erzeugt somit einen

Teil III. Realpolitik als strukturkonservative „Politik der kleinen Schritte"

entsprechend hohen Nutzungsdruck. *Dieterich* verweist auf die Wirkungen der Bodenwertbesteuerung in Dänemark: *„Dort gibt es praktisch keine Baulücken. Fallen infolge des Strukturwandels gewerbliche Flächen brach, so werden sie in erstaunlich kurzer Zeit wieder verwendet – so zum Beispiel die Fähranlagen am großen Belt nach dem Bau der neuen Brücke."* [54] Während die heutige Grundsteuer eine optimale bauliche Nutzung bestraft, wird diese durch die Bodenwertsteuer unterstützt. Dies betrifft insbesondere Nachverdichtungen und Instandhaltungen in den Innenbereichen.

Die Stimulierung der optimalen baulichen Nutzung dürfte auch Auswirkungen auf die Auftragslage der Bauindustrie nach sich ziehen; Arbeiten an der vorhandenen Substanz würden befördert, da diese besser instandgehalten und gepflegt würde, um einen hinreichenden Ertrag aus dem Grundstück zu erhalten.[55]

Der erzeugte Nutzungsdruck bewirkt schließlich, dass die Grundstücke eher in die Hände der „besseren Wirte" wandern. *„Der Eigentümer, welcher die Investition nicht leisten kann, müsste das Grundstück verkaufen, woraus sich die angestrebte Mobilisierung des Bodenmarktes ergäbe."* [56]

Bei der Flächennutzungssteuer steigt – anders als bei der Bodenwertsteuer - der "ökologisierte Steuersatz", und mit ihm auch die Steuerbelastung tendenziell mit zunehmender baulicher Nutzung an. Damit ändern sich die Marginalbedingungen, die Steuer wirkt tendenziell wie eine Ökosteuer (s. oben). Wohlfahrtsverluste und Überwälzungen der Steuertraglast sind v.a. im Teilsegment der höherwertigen, zentral belegenen Grundstücke zu erwarten. Insoweit kann – bezogen auf das Ausmaß der Bebauung – bei der Flächennutzungssteuer nicht mehr von einer Fixkostensteuer gesprochen werden. Hingegen wird die Bodenwertsteuer auf das Grundstück unabhängig vom Maß der tatsächlichen Nutzung angelegt. Insoweit ändern sich die Marginalbedingungen bei der Bodenwertsteuer weder kurz- noch langfristig.[57]

Anders als die Bodenwertsteuer setzt die Flächennutzungssteuer nicht bei der möglichen, sondern der tatsächlichen Nutzung des Grundstücks an. Dadurch, dass höhere Bau- und Versiegelungsaktivitäten mit einer höheren Steuerbelastung sanktioniert werden, birgt die Steuer die Gefahr von Wohlfahrtsverlusten in sich (die Grenzkosten der verschiedenen Grundstücksnutzungen werden beeinflusst).

Wegen der sieben Steuerklassen des Modells ist die Flächennutzungssteuer zudem relativ kompliziert zu administrieren. Sie erfüllt nicht die Forderung nach einer nachhaltigen Vereinfachung des Steuerverfahrens.[58] Modelle mit weniger Steuerklassen[59] entschärfen diesen Kritikpunkt, beseitigen ihn aber nicht. Im Praxistest des Difu wurde der Vorschlag wegen des v.a. für kleinere Gemeinden kaum zu leistenden administrativen Aufwandes gar nicht erst vertieft untersucht.[60]

Die Administration der Bodenwertsteuer wird hingegen als relativ einfach eingeschätzt. Die Bodenwertsteuer zieht die von den Gutachterausschüssen ermittelten Bodenrichtwerte heran (§§ 195, 196 BauGB). Die Verwendung von Bodenrichtwerten für Steuerzwecke ist im Baugesetzbuch ausdrücklich vorgesehen; schon bei der Ermittlung der Bodenrichtwerte ist ein Bediensteter der Finanzverwaltung als Gutachter vorzusehen. Die Werte sind den Finanzämtern mitzuteilen (§§ 192, 196 BauGB). Die Feststellung von Bodenrichtwerten ist i.d.R. (zumindest bei baureifem Land oder Bauland) problemlos möglich. Die noch bestehenden Unzulänglichkeiten bezüglich

Teil III. Realpolitik als strukturkonservative „Politik der kleinen Schritte"

der Dichte der Bodenrichtwertermittlung und Richtwertzonen können nach Einschätzung verschiedener Experten wohl mit verhältnismäßig geringem Aufwand (im Gespräch ist eine Größenordnung von ca. 10 Mio. DM bzw. 5 Mio. Euro) behoben werden.[61] Die Verwendung von Bodenrichtwerten erscheint (abgesehen von einer rein flächenbezogenen Bemessungsgrundlage ohne weitergehende Differenzierung nach Nutzungsarten) als die einfachste und billigste Reformalternative (auch die Pflege der bisherigen Einheitswerte käme vermutlich wesentlich teurer).[62]

Verteilungsgerechtigkeit: Aus den obigen Ausführungen geht hervor, dass die Inzidenzen einer reformierten Grundsteuer schwer abzuschätzen sind. Dementsprechend kann auch nur sehr schwer darüber eine Aussage getroffen werden, inwieweit die Grundstückseigentümer in der Lage sind, eine Steuer auf die Mieter, Pächter etc. abzuwälzen.

Bezüglich der Auswirkungen auf den Wohnungsmarkt und der sozialpolitischen Folgen gehen *Bizer et al.*[63] davon aus, dass die Flächennutzungssteuer keine negativen Auswirkungen hätte. Dies stützt sich auf die Annahme, dass ein linearer Zusammenhang zwischen Einkommen und versiegelter Fläche besteht. U.E. sind jedoch auch infolge einer Einführung der Flächennutzungssteuer erhebliche Belastungsverschiebungen nicht auszuschließen. Zudem erscheint eine Überwälzung der Steuer wesentlich einfacher möglich als bei einer nutzungsunabhängigen Fixkostensteuer (wie sie z.B. die Bodenwertsteuer darstellt), weil über die bebauungsabhängigen Steuerklassen die (Grenz-)Kosten der Bodennutzung beeinflusst werden.

Mit der Bodenwertsteuer würden gegenüber dem heutigen Grundsteuermodell Belastungsverschiebungen einhergehen.[64] V.a. Eigentümer hochwertig bebauter Grundstücke können mit Entlastungen, geringfügig genutzte Grundstücke mit Belastungen rechnen. Nach den Untersuchungen von *Dieterich / Dransfeld* würde eine „nivellierte Bodenwertsteuer" mit einem einheitlichen Steuersatz zu einer erheblich höheren Belastung von Wohngrundstücken und zu einer deutlichen Entlastung von Gewerbegrundstücken führen. Dies wurde durch Untersuchungen im Rahmen eines Difu-Praxistests bestätigt.[65] *Dieterich / Dransfeld* bieten hierfür folgende Erklärung: Während die Bodenwerte im Gewerbebereich künstlich niedrig gehalten würden, kommt es hier zu einer relativ hohen Bewertung der Gebäudewertanteile, da die Bewertung der Gewerbegrundstücke vielfach im Sachwertverfahren erfolgt (was vor dem Hintergrund der geltenden steuerlichen Bewertungsvorschriften regelmäßig zu höheren Ergebnissen als die Bewertung nach dem Ertragswert führt)[66]. *Dieterich / Josten* plädierten aus diesem Grunde für nach Wohn- und Gewerbegrundstücken (letztere sollten höher belastet werden) differenzierte Steuersätze. Doch selbst dann träten Belastungsunterschiede auf: Kerngebiete (Wohnnutzung) mit mittlerem und niedrigem Preisniveau sowie Mehrfamilienhäuser mit mittlerer Wohndichte würden eine Entlastung erfahren. Mehrbelastungen treten bei Ein- und Zweifamilienhäusern im mittleren und höheren Preisniveau auf; die Mehrbelastungen sind in den Kernlagen am höchsten. Ähnliche Ergebnisse wie *Dieterich / Josten* wurden durch ein Planspiel des Difu ermittelt.[67] M.E. spricht für eine Höherbelastung gewerblich genutzter Immobilien auch der Umstand, dass die Grundsteuer als Betriebsausgabe abzugsfähig ist und insoweit c.p. ein einheitlicher Steuersatz im gewerblichen Bereich eine geringere Belastungs- und damit auch Lenkungswirkung als im Privatbereich hat.[A] Dies trifft zu-

---

[A] Zu erwägen wäre demnach sogar eine dreifache Differenzierung: a. Geringste Grundsteuerbelastung bei Abwesenheit jeglicher Abzugsmöglichkeit von anderen Steuern, b. höherer Satz bei Minde-

Teil III. Realpolitik als strukturkonservative „Politik der kleinen Schritte"

mindest insoweit zu, als mit dem Grundstück nicht Einkünfte aus Vermietung und Verpachtung i.S. des EStG erzielt werden (dann wäre ein Abzug der Grundsteuer als Werbungskosten möglich). Vor diesem Hintergrund wäre zu erwägen, den höheren Steuersatz für Immobilien anzuwenden, mit denen Einkünfte i.S.d. EStG erzielt werden. Dies würde darauf hinauslaufen, das selbstgenutzte Wohneigentum mit einem geringeren Satz als das übrige Grundvermögen zu besteuern.

Groth et al. befürworten dennoch einen einheitlichen Steuersatz. Sie wollen die damit einhergehenden Belastungsverschiebungen in Kauf nehmen, da diese als Konsequenz der gewollten Lenkungswirkung gesehen werden.[68] Nach *Groth et al.* spricht auch *„das unter Gerechtigkeitsgesichtspunkten in die aktuelle Reformdiskussion eingeführte plakative Beispiel der allein in einem kleinen Häuschen auf dem großen wertvollen Grundstück wohnenden Witwe, die nach dem Modell der Bodenwertsteuer ebenso hohe Steuern bezahlen müsste, wie die Eigentümer eines mit drei Luxuswohnungen für 12 Bewohner bebauten gleichgroßen Grundstücks in gleicher Lage, (...) steuerpolitisch nicht gegen dieses Modell. Diese Eigentümerin leistet sich – aus welchen Gründen auch immer – den Luxus, ihr Vermögen nicht wirtschaftlich sinnvoll und dem Allgemeininteresse im Sinne von Art. 14 Abs. 1 GG entsprechend auszunutzen. Dies kann ernsthaft kein Grund dafür sein, dass sie von den Steuerlasten verschont bleibt, die gerade für solche Grundstücke im Allgemeininteresse eingeführt werden sollen."*[69]

Je höher die Belastungsverschiebungen (die insbesondere bei einheitlichen Steuersätzen hoch wären) ausfallen, umso dringender ist jedoch das Erfordernis nach Übergangsregelungen (Leitwert: „Gerechtigkeit"). *Groth* et al. schlagen eine Kappungsgrenze vor, wonach im ersten Veranlagungsjahr nur eine Erhöhung um bis zu 25 % der bisherigen Grundsteuer und in den Folgejahren höchstens um weitere 10 % möglich sein soll. Auf Seite der Begünstigten soll dem eine Kappung der Belastungsreduzierung gegenüberstehen.[70] Eine von *Dieterich* genannte Alternativlösung lehnt sich an die dänische Regelung an[71]: Eigentümer im Alter von über 67 Jahren können die Zahlung der Steuer stunden lassen. Spätestens bei Verkauf oder im Erbfall ist dann die Steuer einschließlich einer Verzinsung zu zahlen. Eine andere Variante wird in Australien durchgeführt: Kommt es zu einer unzumutbaren Belastung, weil die tatsächliche hinter der möglichen Nutzung zurückbleibt, kann auf Antrag die Bodenwertermittlung unter der Prämisse durchgeführt werden, dass die tatsächlich realisierte Nutzung auch die bestmögliche sei. Dementsprechend geringer fällt der Bodenwert und die Bodenwertsteuer aus. Bei einem Verkauf des Grundstücks müssen für die letzten fünf Jahre die Differenz zu denjenigen Steuern nachgezahlt werden, die sich bei marktgerechter Bewertung ergeben hätten. Die Kommunen haben auch die Möglichkeit, nach einer gewissen Zeit die Grundstücke zwangsweise verkaufen zu lassen, um die Steuer einzutreiben.[72]

Unabhängig von der Frage des Steuersatzes ist hervorzuheben, dass die Bodenwertsteuer als Fixkostensteuer relativ schwer überwälzbar sein dürfte.[A] Damit verbil-

---

rung nur der Bemessungsgrundlage der Einkommen- oder Körperschaftsteuer / föderaler Unternehmensteuer, c. höchster Satz bei Minderung der Bemessungsgrundlage von ESt bzw. KSt / föderaler Unternehmensteuer sowie der Gewerbesteuer / kommunalen Unternehmensteuer.

[A] H. Dieterich, Reform der Grundsteuer ..., a.a.O., S. 58.- Die Meinung von *Lemmer*, die die Überwälzbarkeit der Bodenwertsteuer vollkommen negiert, geht jedoch m.E. zu weit.- A. Lemmer, Zur Reform der Grundsteuer, Reihe Untersuchungen zur Wirtschaftspolitik, hrssg. Von J. B. Donges und J. Eeckhoff, Köln 2004, S. 61.- Zur Überwälzungsproblematik vgl. auch D. Löhr, Bodenangebot und Bo-

ligt sich tendenziell der Erwerb von Grundstücken. Angesichts der vorhandenen Kapitalmarktunvollkommenheiten ist damit zu rechnen, dass die sinkenden Preise den Zugang zum Eigentum tendenziell erleichtern.[A] Unter verteilungspolitischen Gesichtspunkten dürften diejenigen, die die höchsten Bodenwerte akkumulieren, eine Belastung erfahren. Am geringsten wirkt sich die Steuerbelastung hingegen für die Bewohner stark verdichteter Bebauung bzw. die Eigentümer wenig wertvollen Bodens aus.[73]

III.4.4.4. Zusammenfassung und Schlussfolgerungen

Mit Steuern wird nach deutschem Verständnis primär ein fiskalisches Ziel verfolgt. Die Verfolgung von Lenkungszielen ist zulässig, sofern das Fiskalziel nicht vollkommen in den Hintergrund gedrängt wird. Nach ökonomischer Lesart dienen die hier behandelten Steuern v.a. der Korrektur von Marktversagen.

In der öffentlichen Diskussion und im öffentlichen Bewusstsein ist v.a. die Ökosteuer (als indirekte Steuer). Der Leitgedanke ist hierbei die Internalisierung sozialer Kosten, i.d.R. durch eine Erhöhung der Grenzkosten des schädigenden Produktes. Im Mittelpunkt steht als Leitwert die „Effizienz". Faktisch ist die Höhe des notwendigen Steuersatzes (sowohl mangels Kenntnis der Grenzschadenskosten als auch der Überwälzungseffekte etc.) nicht bekannt. Auch die praktizierte standardorientierte Steuerpolitik stößt somit an ihre Grenzen. Die ökologische Treffsicherheit von Ökosteuern ist fragwürdig. Dies gilt umso mehr, als dass es regelmäßig darum geht, Belastungsstrukturen zu steuern.

Ökosteuern haben einen großen Vorteil: Sie „verdünnen" lediglich die Eigentumsrechte, ohne diese im Grundsatz infrage zu stellen. Sie sind daher leichter durchsetzbar als radikalere (und wirksamere) Änderungen des institutionellen Rahmens.

In eine ganz andere Richtung als die Ökosteuer zielen Fixkostensteuern. Das Musterbeispiel hierfür ist die Bodenwertsteuer. Anders als bei der Ökosteuer geht es hierbei jedoch nicht darum, die Produktion des schädigenden Produktes einzudämmen. Vielmehr soll die Nutzung der erwünschten Bestände intensiviert werden (Leitwert: „Effizienz"), damit es zu keiner unerwünschten Nutzung von Beständen kommt, die unangetastet bleiben sollen. Es sollen letztlich also unerwünschte Substitutionsvorgänge (mehr Siedlungs- und Verkehrsfläche, weniger Freifläche) vermieden werden, mit denen soziale Kosten einhergehen.

---

denwertsteuer, in: Zeitschrift für Sozialökonomie 9/2004 (142. Folge), S. 30 ff.- Vgl. BT-DrS. 12 / 4321, Entschließungsantrag der SPD vom 10.2.1993.- D. Apel / D. Henckel, Möglichkeiten zur Steuerung der Siedlungs- und Verkehrsentwicklung, in: Der Städtetag 1996, S. 322.

[A] Dies gilt angesichts von Kapitalmarktunvollkommenheiten ungeachtet der Tatsache, dass die höhere laufende Steuerbelastung an die Stelle der höheren Anschaffungskosten für das Grundstück tritt.

Teil III. Realpolitik als strukturkonservative „Politik der kleinen Schritte"

	Ökosteuer	Fixkostensteuer
Quelle („Stock"): z.B. Ölvorkommen / Grundstück – Bestandsgröße	Kein unmittelbarer Ansatzpunkt	Erwünschte Nutzungen sollen durch höhere Fixkostenbelastung intensiviert werden
Ausfluss („Flow"): z.B. Öl / Wohnnutzung – Stromgröße	Nachfrage soll durch höhere Besteuerung eingedämmt werden	Kostendruck senkt Ertrag

Tab. 26: **Ansatzpunkte von Ökosteuern und Fixkostensteuern**
(Quelle: Eigene Darstellung)

Interessant ist, dass sich die betreffenden Instrumente immer nur auf Teilaspekte bzw. bestimmte Leitwerte fokussieren können. Ein Instrument, mit dem mehrere – eventuell auch noch konfligierende - Ziele gleichzeitig verfolgt werden können, ist nach der Tinbergen-Regel nicht denkbar.

III.5. Fokus: Verteilungsgerechtigkeit

III.5.1. Besteuerung (III): Lenkung im Rahmen der Einkommensteuer

III.5.1.1. Darstellung

Eine große Rolle spielt die Diskussion um das „Steuern mit Steuern" im Rahmen der Einkommensteuer. Der Staat versucht dabei, Anreize für das gewünschte Verhalten zu setzen durch
- den Ausschluss bestimmter Betriebsausgaben / Werbungskosten von der Abzugsfähigkeit (Feld (1) / Tabelle 2 und vor allem Feld (5)). Hier wird dem Steuerpflichtigen eine erhöhte steuerliche Belastung aufgebürdet, sobald er zur Übernutzung von nicht vermehrbaren Ressourcen („Schöpfungsrahmen", vgl. Tabelle 2) beiträgt (monetäre Sanktion der Erzeugung sozialer Kosten);

> **Beispiel: Übergang zum „Werkstorprinzip" im Einkommensteuergesetz (EStG)**
> Mit dem Übergang zum sog. „Werkstorprinzip" durch das Steueränderungsgesetz vom 19.7.2006[74] wurden die Fahrtkosten zwischen Wohnung und Arbeits- bzw. Betriebsstätte grundsätzlich nicht abziehbar gestellt. Allerdings können die betreffenden Kosten nach § 9 Abs. 2 S. 2 EStG ab dem 21. Entfernungskilometer „wie Werbungskosten" bzw. „wie Betriebsausgaben" steuerlich abgezogen werden. De facto wurde also mit dem 1.1.2007 die bislang geltende Rechtslage wenig verändert, statt dessen wurde vielmehr ein „Einfallstor" für spätere, weitgehendere Streichungen und zudem die Basis dafür geschaffen, dass Aufwendungen wie Unfallkosten nicht mehr abzugsfähig sind. Über die Verfassungskonformität der besagten Regelung wird noch im Jahr 2008 das Bundesverfassungsgericht befinden.

Teil III. Realpolitik als strukturkonservative „Politik der kleinen Schritte"

- die Gewährung von besonderen Abzügen oder das Vorziehen von Betriebsausgaben bzw. Werbungskosten (Feld (2) und (6)). Diese Variante stellt eine Steuererleichterung dar, um die Wirtschaftsteilnehmer zur Produktion positiver externer Effekte zu bewegen bzw. zur Produktion öffentlicher oder privater Güter mit sozialem (Umwelt-) Nutzen (Feld (2) und (6) der Tabelle 2) anzuregen.

> **Beispiel: Erhöhte Absetzungen für Wirtschaftsgüter, die dem Umweltschutz dienen**
> § 7d EStG sah für vor dem 1.1.91 angeschaffte/hergestellte Wirtschaftsgüter, die dem Umweltschutz dienen, erhöhte Abschreibungen vor (im Jahr der Anschaffung/Herstellung bis zu 60 v.H., in den folgenden Wirtschaftsjahren jeweils bis zu 10 v.H.). Die Vergünstigung besteht für Wirtschaftsgüter, die zu mehr als 70 v.H. dem Umweltschutz dienen; die Verwendung zu innerbetrieblichem Umweltschutz ist unschädlich. Die Vorschrift ist zum 31.12.90 ausgelaufen.

Beide Varianten korrespondieren mit dem Verursacherprinzip. Immer geht es v.a. um eine Strukturänderung des Wirtschaftens: Der Einsatz neuer nachhaltigkeitskonformer Technologien und Verhaltensweisen soll gefördert werden. Die Beispiele zeigen, dass die Verhaltensänderungen mit beschränkten Abzugsmöglichkeiten oder Erweiterungen derselben vorgenommen werden können. Im ersten Fall steht der Fiskalzweck in Zielharmonie zum Sozialzweck, im zweiten Fall besteht diesbezüglich ein Zielkonflikt.

III.5.1.2. Beurteilung

a. Zielfestlegung / Legitimation
Weil die Erzielung von Einnahmen (Fiskalzweck) auch Nebenzweck sein kann, praktiziert die Politik oft ein „Steuern mit Steuern": Hierbei tritt einstweilen der Sozialzweck (Lenkungszweck) einer Abgabe in den Vordergrund.

Beides steht jedoch in einem latenten Widerspruch zueinander:
- Feld (1) / Tabelle 2 und (5): Die fiskalischen Effekte sind auch hier umso ergiebiger, je „unvernünftiger" sich die Bürger in ökologischer Hinsicht verhalten (z.B. weite Wege zwischen Wohnung und Arbeitsstätte, Siedeln im „Haus im Grünen" in Suburbia). D.h. die gleichzeitige *Erreichung* des ökologischen und ökonomischen Ziels schließen sich aus.
- Feld (2) und (6): Je besser der Sozialzweck (z.B. Förderung von regenerativen Energien) erreicht wird, umso mehr Investoren machen von den *Steuervergünstigungen*, *Sonderabschreibungsmöglichkeiten* etc. Gebrauch. Umso weniger Geld wird in die Kassen des Fiskus gespült.

Der augenscheinliche Widerspruch zwischen dem Fiskalzweck einer Steuer (sie soll dem Staat Einnahmen bringen) und ihrem Sozialzweck (Verhaltenssteuerung durch *Vergünstigungen* bzw. Ausnahmen von der Besteuerung) wird rechtlich gesehen dann zum Problem, wenn der Fiskalzweck der Steuer verunmöglicht wird. Nach dem in Deutschland vorherrschenden Verständnis darf der Fiskalzweck einer Steuer nicht vollkommen bedeutungslos werden (ansonsten würde es sich um eine verfassungswidrige „Erdrosselungsteuer" handeln). Die Dimension der Einnahmeausfälle bei ökologisch erwünschtem Verhalten ist meistens schwer vorherzusehen. In der Vergangenheit reagierte der Gesetzgeber auf als zu hoch empfundene Einnahmeausfälle teilweise mit Abschaffung der betreffenden Vergünstigungen, teilweise mit Reparaturen (z.B. Verlustverrechnungsbeschränkungen) an anderer Stelle. Sozialzwecknormen schaffen somit Ausnahmetatbestände, welche wegen der Durchbrechung der Systemgesetzlichkeit eine ölfleckartige Ausweitung von Korrekturen an diversen anderen Punkten erforderlich machen („Ölflecktheorie"). Die Belastungsentscheidungen des Gesetzgebers weisen zunehmend innere Widersprüche auf. Mit der Durchbrechung der Systemhaftigkeit des Steuerrechts wird mehr Komplexität geschaffen. So erforderte die exzessive Inanspruchnahme von Abschreibungsvergünstigungen in der Vergangenheit schon des Öfteren Verlustabzugs- und –ausgleichsbeschränkungen im Steuerrecht (vgl. oben).

All diese und weitere Gesichtspunkte veranlassen Finanzwissenschaftler zur Forderung einer weitestgehenden Streichung von Sozialzwecknormen aus dem Steuerrecht. Ein „Steuern mit Steuern" wird von den meisten Finanzwissenschaftlern allenfalls über die Verbrauchsteuern (Tabaksteuer, Mineralölsteuer etc.) als einer Unterart der indirekten Steuern für sinnvoll erachtet. Statt erweiterter Abzugsmöglichkeiten bei den direkten Steuern (z.B. Sonderabschreibungen) werden offene Subventionen hinsichtlich Transparenz und Wirkung als vorzugswürdig angesehen.

Aus fiskalischen Gründen besteht seit einiger Zeit die Tendenz, die Abzugsfähigkeit von Betriebsausgaben (bzw. Werbungskosten) immer weiter auszuschließen. Dies betrifft letztlich beide oben dargestellten Typen. Während die Zurückdrängung von erweiterten Abzugsmöglichkeiten durchaus systemgerecht ist, bestehen hinsichtlich des zunehmend praktizierten Ausschlusses „normaler" Erwerbsaufwendungen Bedenken hinsichtlich der Wahrung des Grundsatzes der Besteuerung entsprechend der Leistungsfähigkeit (Art. 3 Abs. 1 GG, „objektives Nettoprinzip", s. unten mehr).

b. Effektivität
Ob die Wirtschaftssubjekte wie gewünscht reagieren, hängt von einer Reihe anderer Faktoren ab (z.B. die Risikoeinstellung der jeweiligen potentiellen Investoren, Präferenzen der Wirtschaftsteilnehmer). Diese Faktoren wirken z.T. sehr unsicher. Die unbeabsichtigten Folgen der Steuergesetzgebung sollen kurz anhand der o.a. Forderung nach einer Streichung der Entfernungspauschale illustriert werden (exemplarisch für die Felder (1) bzw. (5)). Der Gesetzgeber begründete zwar die Streichung der Entfernungspauschale nicht aus umweltpolitischen Gesichtspunkten. Allerdings hatten auch Umweltverbände die Entfernungspauschale schon seit langem im Visier, um eine Erhöhung der Mobilitätskosten zu erreichen. Niedrige Mobilitätskosten bedeuten nach dieser Meinung, dass die in Suburbia Siedelnden zugleich von den niedrigen Bodenpreisen wie auch von den Angeboten der – billig erreichbaren – zentralen Orte profitieren können. Mit höheren Mobilitätskosten sollte hingegen das Siedeln in Suburbia unattraktiver gemacht werden. Das m.E. gravierendste Problem, das dem erfolgreichen Einsatz des steuerpolitischen Instrumentariums entgegensteht, ist das folgende:

Unterstellt man einigermaßen rationale Individuen und effiziente Märkte, werden die Wirtschaftssubjekte bei der Ansiedlungsentscheidung (für oder gegen Suburbia) neben den (vergleichsweise niedrigeren) Bodenpreisen auch andere auf sie zu kommende Kosten in ihr Kalkül einbeziehen. Dies sind insbesondere die Mobilitätskosten, da die zentralörtlichen Angebote dann nur mit einem entsprechenden diesbezüglichen Mehraufwand erreichbar sind. Nun gilt aber das Gesetz des Ausgleichs der

Teil III. Realpolitik als strukturkonservative „Politik der kleinen Schritte"

Grenznutzen bzw. der Ertragsraten[75], das – bei einigermaßen funktionierenden Marktanpassungsprozessen - vereinfacht dargestellt tendenziell zu folgendem Kalkül führen muss:

	Zentrum	Suburbia
Zusätzlich ausgelöste, monetär bewertete und abdiskontierte Kosten	- Höhere Bodenpreise, gleichbedeutend mit höheren Kapitalkosten - Niedrigere Mobilitätskosten	- Niedrigere Bodenpreise, gleichbedeutend mit höheren Kapitalkosten - Höhere Mobilitätskosten

Tab. 27: **Vorteilhaftigkeitskalkül bei der Ansiedlungsentscheidung**
(Quelle: Eigene Darstellung)

Die Marktanpassungsprozesse bewirken, dass in Suburbia eine Anpassung der Bodenpreise nach unten die höheren Fahrtkosten tendenziell wieder kompensiert. Für die Zentren gilt das Gegenteil. Entsprechende Hinweise geben auch die bislang vorliegenden empirischen Studien.[76] Gemäß dem oben erwähnten Gesetz des Ausgleiches der Grenznutzen bzw. Ertragsraten muss bei rationalen Individuen und einigermaßen funktionierenden Bodenmärkten also die Summe aus Bodenpreisen, abdiskontierten Wegekosten etc. dieselbe bleiben. Mit anderen Worten: Unterstellt man einigermaßen effizient wirkende Märkte und rationale Individuen, kann eine Kappung der Entfernungspauschale die Zersiedelungstendenzen nicht stoppen.

Diese Aussage wird freilich relativiert, wenn man nicht-monetären, lebensweltlichen Aspekten (also beispielsweise das Bedürfnis nach Ruhe und mehr Raum) eine größere Bedeutung zugesteht. Auch hinsichtlich des Risikos sich ändernder Wegekosten in Zeiten sehr volatiler Energiepreise müsste die genannte Aussage teilweise eingeschränkt werden. Gleiches gilt, wenn man die Rationalität der Wirtschaftssubjekte grundsätzlich infragestellt.

Dennoch bleibt die o.a. Aussage im Grundsatz bestehen. Dies ist abermals ein Beleg dafür, dass eine effektive Steuerung allein durch ein ökonomisches Instrumentarium nicht erreicht werden kann: Auch ein effektiver Stopp der Zersiedelung kann von einem derartigen Instrumentarium nicht allein erwartet werden.

c. Effizienz
Problematisch bei einem „Steuern mit Steuern" ist generell, dass der Staat Marktergebnisse korrigieren oder vorwegnehmen muss. Woher nimmt aber der Staat die - gegenüber den Privaten „bessere Erkenntnis"? Besteht nicht auch die Gefahr, dass möglicherweise ganz andere Interessen die Umweltbezüge überlagern?

Generell gilt: Inwieweit vom volkswirtschaftlichen Standpunkt die steuerlich induzierte Verhaltensumlenkung „effizient" ist, ist immer mit mehr oder minder großen Unsicherheiten behaftet. Möglicherweise werden Investoren in volkswirtschaftlich ineffiziente Investitionen durch die steuerlichen Vergünstigungen „getrieben" (ein instruktives, allerdings nicht aus dem Bereich der Ökologie stammendes Beispiel sind wiederum die steuerlichen Sonderabschreibungen, die im Rahmen des Fördergebietsgesetzes gewährt wurden und zu massiven Fehlinvestitionen auf dem ostdeutschen Immobilienmarkt führten).

Schließlich sind auch die Verkomplizierungen zu bedenken, welche durch die Sozialzwecknormen und ihre „Reparaturbetriebe" notwendig werden. Sowohl die Finanzverwaltung, v.a. aber der Steuerpflichtige sieht sich diesbezüglich massiven (Mehr-) Kosten gegenübergestellt.

Die Problematik der Verkomplizierung betrifft nicht nur Subventionen, sondern auch die Streichung von Aufwand. Beispielsweise sind die Ertragsteuern auf nationaler Ebene geregelt, die Umsatzsteuern aber auf EU-Ebene. Nationale Abzugsbeschränkungen bei Betriebsausgaben / Werbungskosten im Rahmen der Einkommen- bzw. Körperschaft- und Gewerbesteuer (bzw. Föderale und Kommunale Unternehmensteuer) führen daher regelmäßig dennoch zum Abzug der Vorsteuer. Die Folge ist eine separate Erfassung in besonders eingerichteten Konten bzw. außerbilanzielle Zurechnungen für Zwecke der Ertragsteuern. Regelmäßig wird dies mit besonderen Aufzeichnungspflichten für den Steuerpflichtigen verbunden.

Generell sollten Sozialzwecke – als Durchbrechungen des Grundsatzes der Besteuerung nach der Leistungsfähigkeit – zumindest bei direkten Steuern die Ausnahme bleiben. Werden entsprechende Normen dennoch erlassen, so sollten sie zeitlich begrenzt sein.

d. Verteilungsgerechtigkeit
Ein überragendes Prinzip zumindest im Steuerrecht ist dasjenige der Besteuerung nach der Leistungsfähigkeit, das aus dem Gleichheitsgrundsatz nach Art. 3 Abs. 1 GG abgeleitet wird.
Sozialzwecknormen wirken jedoch gerade dadurch, dass eben Ausnahmen von diesem Prinzip gesetzt werden:
- Feld (2) und (6): Wer einen positiven externen Effekt durch eine Investition produziert, wird hierfür durch erweiterte Abzugsmöglichkeiten entlohnt. Zwischen der Höhe der Belohnung und der Intensität des externen Effektes besteht jedoch durch die hier besprochene Förderung allenfalls ein schwacher Zusammenhang: Beispielsweise fällt bei progressivem Steuertarif die Belohnung (Steuerersparnis) umso höher aus, je höher das zu versteuernde Einkommen ist (und nicht, je höher sich der Nutzen für die Gemeinschaft darstellt).
- Feld (1) / Tabelle 2 und (5). Die Nichtabziehbarkeit von Betriebsausgaben und Werbungskosten verstößt gegen das „objektive", die Nichtabziehbarkeit von Sonderausgaben und außergewöhnlichen Belastungen gegen das sog. „subjektive Nettoprinzip". Beide Prinzipien werden aus dem Gleichheitsgrundsatz abgeleitet (s. oben).

Bestimmte Steuerpflichtige (z.B. Fernpendler) werden durch Abzugsbeschränkungen verstärkt belastet. Andere (z.B. reiche Investoren) können beispielsweise über Sonderabschreibungen ihre Steuerlast reduzieren, dafür lastet die Finanzierung des Gemeinwesens umso mehr auf den Schultern der anderen Steuerpflichtigen. Der Gegensatz zwischen Fiskal- und Sozialzweck wird als bedenklich angesehen, weil man Verhaltensbeeinflussung dadurch anstrebt, dass bestimmten Gruppen Sondervorteile gewährt bzw. besondere Lasten auferlegt werden. Sozialzwecknormen sind daher immer mit einem Verstoß gegen das Gebot der Besteuerung der Leistungsfähigkeit (aus dem Gleichheitsgrundsatz des Art. 3 Abs. 1 GG abgeleitet) verbunden. Nach der höchstrichterlichen Rechtsprechung erfordern daher Ausnahmen vom Prinzip der Besteuerung nach der Leistungsfähigkeit stets eine besondere Begründung: Die hierdurch entstehende „Ungleichheit" bzw. „Ungerechtigkeit" bedarf also der be-

Teil III. Realpolitik als strukturkonservative „Politik der kleinen Schritte"

sonderen sachlichen Rechtfertigung. So beschloss beispielsweise der Bundesfinanzhof am 10.1.2008, eine Entscheidung darüber einzuholen, ob der Übergang zum Werkstorprinzip (Streichung der Entfernungspauschale, s.o.) das Gebot der Besteuerung nach der Leistungsfähigkeit verletzt.[77] Haushaltspolitische Gründe – die bei der Streichung der Entfernungspauschale offenbar im Vordergrund standen - stellen keine ausreichende Rechtfertigung für eine Verletzung des Gebots der Besteuerung nach der Leistungsfähigkeit (Leitwert: „Gerechtigkeit") dar.

Von vielen Finanzwissenschaftlern wird die Auffassung vertreten, dass zur Produktion öffentlicher Güter und bei der Abgeltung positiver externer Effekte die Einkommensstarken stärker als die Einkommensschwachen herangezogen werden müssten, da die Einkommensstarken den höheren Nutzen hieraus zögen.[78] Aus dieser Sichtweise lassen sich die Ausschlüsse von der Abziehbarkeit (Felder (1) und (5) in Tabelle 2) rechtfertigen (sie treffen die „Reichen" wegen des progressiven Steuertarifs wenigstens absolut härter als die „Armen"). Andererseits müsste man aus Verteilungsgründen dann erhöhte Abzüge, Sonderabschreibungen etc. (Felder (2) und (6) / Tabelle 2) zur Förderung von Umweltschutzmaßnahmen ablehnen, da die „Reichen" hiervon stärker als die „Armen" profitieren.

III.5.2. Besteuerung (IV): Offene Subventionen

III.5.2.1. Darstellung

Anstatt mittelbar, also indirekt, das sozial erwünschte Verhalten durch Befreiungen und besondere Abzüge von Betriebsausgaben bzw. Werbungskosten zu honorieren, kann alternativ das gewünschte Verhalten unmittelbar, also direkt und offen subventioniert werden. Bei offenen Subventionen fließt ein entsprechend angesetzter Geldbetrag vom Staat zum Adressaten. Demgegenüber werden bei verdeckten Subventionen v.a. über erweiterte steuerliche Abzugsmöglichkeiten Anreize für das gewünschte Verhalten gesetzt. „Verdeckte Subventionen" wurden oben im Rahmen der Sozialzwecknormen bei Steuern besprochen. Nachfolgend wollen wir uns nur auf „offene Subventionen" beschränken.

Der Anwendungsbereich ist also derselbe wie bei den im Vorkapitel diskutierten „Steuersubventionen". Entsprechend der Vorstellungen des Internalisierungskonzeptes sollen in Feld (2) und (6) sozialer und privater Grenzertrag in Übereinstimmung gebracht werden. Dominierender Leitwert ist wiederum die „Effizienz". Alternativ kann eine Subvention auch als standardorientiertes Instrument (der Umweltpolitik) interpretiert werden: Hierbei wird ein gewünschtes Umweltniveau gesetzt und dieses über entsprechende Subventionierungen zu erreichen versucht. Auf diese Weise soll ein Anreiz zu einer vermehrten Produktion öffentlicher oder meritorischer Güter erbracht werden (zu den Konzepten s. oben).

Beispiele für Subventionen
- Derartige Subventionen waren u.a. bei der ökologischen Zusatzförderung im Rahmen der mittlerweile abgeschafften Eigenheimzulage zu finden. Hiernach erhöhte sich die Förderung, wenn beispielsweise Solaranlagen installiert wurden (Feld (2)).

Teil III. Realpolitik als strukturkonservative „Politik der kleinen Schritte"

> - Ein weiteres prominentes Beispiel ist das EEG. Mit dem strategisch wie umweltpolitisch notwendigen Ausstieg aus der Abhängigkeit von fossilen Rohstoffen wird gleichzeitig ein Beitrag zu einem öffentlichen Gut geleistet (Feld (6)).

Während die o.a. Subventionen mit dem Verursacherprinzip korrespondieren, soll in Feld (1) / Tabelle 2 und (5) hingegen ein potentieller Schädiger belohnt werden, wenn er die Schädigung unterlässt (Gemeinlastprinzip).

III.5.2.2. Beurteilung

a. Zielfestlegung / Legitimation
Die Subvention wird „klassisch" entweder pragmatisch als Anreiz zur weiteren Produktion öffentlicher oder meritorischer Güter oder als Abgeltung des sozialen Nutzens interpretiert, den der Investor einer umweltschonenden Anlage stiftet. Die diesbezügliche Rechtfertigung der Subvention bezieht sich somit auf Feld (6), die Produktion öffentlicher Güter. Die letztlich außerökonomische, politische Entscheidung kann über Nutzen-Kosten-Analysen fundiert werden (zur Problematik der Umweltbewertung s. Kap. I.2.1.1.). Eine „Pareto-Subvention" trägt theoretisch zu einem Mehr an Allokationseffizienz bei. Wir haben in Kap. I.3.3. auf einen alternativen Allokationsmechanismus hingewiesen, der die Präferenzen der Wirtschaftssubjekte besser zum Ausdruck kommen lässt und die bewertungsspezifischen Probleme vermeidet.

Subventionen können beispielsweise in Feld (2) / Tabelle 2 aber auch den Charakter einer Anschubfinanzierung haben. So kann eventuell der Markteintritt für eine neue, umweltschonende Technologie überhaupt erst hierdurch ermöglicht werden. Nach einer gewissen Zeit werden die betreffenden Produkte aufgrund der subventionsbedingten Preisreduzierung eine Marktdurchdringung erreichen, da die fixen Kosten der Produktion auf eine wesentlich höhere Produktionsmenge verteilt werden können (sog. „Fixkostendegressionseffekte"). Diese Argumentation ist m.E. durchaus ernst zu nehmen. Problematisch ist jedoch, dass der Staat eine Marktentscheidung vorweg nimmt bzw. korrigiert. Generell ist zudem Vorsicht bei strukturellen Eingriffen geboten, da diese dauerhaften Charakter haben. Somit bleibt die Frage offen, ob der Staat wirklich das Wissen besitzt, um die „richtige" Branche herauszufinden und die Steuersubvention „richtig" zu dosieren.[79]

Sowohl in Feld (2) wie (6) geht es um die Frage, wie die Produktion zusätzlicher, unter Umweltgesichtspunkten als sinnvoll empfundener Güter von Staats wegen finanziell unterstützt werden kann. Weil hier der Verursacher eines externen Nutzens finanzielle Unterstützung erhält, bestehen – von den oben diskutierten Bewertungsproblemen abgesehen - ordnungspolitisch v.a. hinsichtlich Feld (6) wenig Einwände (Verursacherprinzip).

Anders in den Feldern (1) und (5): Hier steht nicht die Frage im Vordergrund, wie *zusätzlicher Nutzen* produziert werden kann. Die in Rede stehenden Güter sind nämlich grundsätzlich nicht vermehrbar; daher geht es im Grundsatz um den Schutz der betreffenden Güter vor Übernutzung. Im Fokus des Interesses steht somit tendenziell ein Weniger an Schädigung. Werden zu diesem Zwecke Subventionen vergeben, so

Teil III. Realpolitik als strukturkonservative „Politik der kleinen Schritte"

läuft alles darauf hinaus, den potentiellen Schädiger für die Unterlassung eines Schadens zu kompensieren (Gemeinlastprinzip).

Verursacher- und Gemeinlastprinzip gehen von unterschiedlichen Konstellationen hinsichtlich der zugrundeliegenden Eigentumsrechte aus: Das Gemeinlastprinzip kann nur dann angewendet werden, wenn man dem potentiellen Schädiger auch das Recht auf Schädigung zugesteht. In Feld (1) / Tabelle 2 ist dies aufgrund seiner Eigentumsrechte der Fall, in Feld (5) wird man ebenfalls ein derartiges Recht (wenngleich dies der „Kaperung" eines bislang herrenlosen Gutes gleichkommt) annehmen müssen.

b. Effektivität

Im Idealfall können in Feld (6) die sozialen Grenzerträge monetarisiert werden. Es entsteht das Spiegelbild zur Pigou-Steuer, nämlich die Pigou-Subvention. Genauso wenig wie die (sozialen) Grenzschadenskosten hinreichend genau festgestellt werden können, ist dies für den (sozialen) Grenznutzen der Fall. In der politischen Praxis wird daher ebenfalls eine standardorientierte Subventionspolitik verfolgt, wobei auch viele politische Kompromisse die Konzepte verwässern.

Durch die Unmittelbarkeit der Förderung ist es mit offenen Subventionen grundsätzlich leichter möglich, das ökologisch gewünschte Verhalten zu erreichen als über eine „Steuerung mit Steuern".

Besonders hingewiesen sei noch einmal auf Feld (1) / Tabelle 2: Die betreffenden Güter sind grundsätzlich nicht vermehrbar, die Angebotskurve ist tendenziell steil. Eine durch Subventionen erhöhte Nachfrage wird daher auf eine Preiserhöhung des subventionierten Gutes hinauslaufen. Man denke hierbei z.B. an eine Erhöhung der Bodenpreise in den Zentren aufgrund der Förderung des Erwerbs von Eigentum in Innenlagen, wie dies von manchen Kommunen praktiziert und im großen Maßstab (in Gestalt einer Wiedereinführung einer ökologisch modifizierten Eigenheimzulage) auch gefordert wird. Die Subvention verpufft im schlimmsten Fall, wobei die finanzielle Situation der Kommunen noch weiter verschlimmert wird. Die betreffende Subvention ist dann ineffektiv.

Ebenso sei auf die unbeabsichtigten Folgen der staatlichen Subventionierung hingewiesen: Die Subventionierung des Einsatzes nachwachsender Rohstoffe im Bereich der Erzeugung von Energie (z.B. in Form des NaWaRo-Bonus) führt u.a. dazu, dass die Flächenkonkurrenz (Anbau für die Energie- versus Nahrungsmittelproduktion) noch weiter verschärft wird. Dementsprechend empfahl auch der Wissenschaftliche Beirat Agrarpolitik u.a. die Abschaffung dieser Subvention.[A]

c. Effizienz

Spiegelbildlich gelten bei offenen Subventionen dieselben Argumente wie für die (Pigou-) Steuer zum Zwecke der Internalisierung externer Effekte bzw. die standardorientierten Instrumente. Ein wichtiges Plus bei offenen Subventionen gegenüber Steuern ist jedoch, dass die „Reparaturbetriebe" in Gestalt von Sozialzwecknormen gar

---

[A] Wissenschaftlicher Beirat Agrarpolitik beim Bundesministerium für Ernährung, Landwirtschaft und Verbraucherschutz, Nutzung von Biomasse zur Energiegewinnung – Empfehlungen an die Politik, Berlin 2007, S. 227.- Das Gutachten stellte eine Ohrfeige für die bisherige Subventionspolitik der Bundesregierung bezüglich der Bioenergie dar.

Teil III. Realpolitik als strukturkonservative „Politik der kleinen Schritte"

nicht erst notwendig werden und sich die Komplexität des Systems nur unwesentlich erhöht.

Allokative Effizienz kann jedoch durch Subventionen nur dann (annähernd) erreicht werden, wenn die angestrebte Zielgröße gefördert wird. Für regenerative Energien bedeutet dies, dass die Verwendung – und nicht, wie dies zur Zeit (noch) geschieht, die Erzeugung - der betreffenden Energielinien gefördert wird.

> **Beispiel: Bioenergie**
> Die Verwendung nachwachsender Rohstoffe zur Energieerzeugung befindet sich in Konkurrenz zur Nahrungsmittelproduktion. Dementsprechend bedeuten steigende Preise für Nahrungsmittel (abgesehen von der hierdurch ausgelösten Hungerkatastrophe in vielen Entwicklungsländern) zugleich auch einen entsprechenden Kostendruck für die Erzeugung von Bioenergie, soweit diese auf nachwachsende Rohstoffe zugreift. Dies bringt viele, z.T. knapp gerechnete Anlagen in die Verlustzone. Fördert der Staat die Verwendung anstatt der Erzeugung von regenerativer Energie, so setzen sich „automatisch" diejenigen Formen der Erzeugung durch, die am wenigsten von den Preissteigerungen der nachwachsenden Rohstoffe betroffen sind. Hierbei handelt es sich v.a. um die Verwendung von Reststoffen, Holz sowie um Solar- und Windenergie. Vorbehaltlich der in Kap. I.4.5. dargestellten Kritik sind die betreffenden Formen auch flächenneutraler und damit – mit Blick auf die Länder der Dritten Welt – sozial verträglicher als solche regenerative Energieerzeugung (nachwachsende Rohstoffe), die die Flächenkonkurrenz sogar kurzfristig noch weiter verschärft.

Die herkömmlicherweise im Rahmen von Industriepolitik diskutierten Zweifel bezüglich der Allokationseffizienz verbleiben bei Subventionen in Feld (2). Aus den oben (Abschnitt b.) schon dargelegten Gründen können in Feld (1) / Tabelle 2 Subventionen zu keiner Verbesserung der Allokationseffizienz beitragen.

d. Verteilungsgerechtigkeit
Auch hier fällt für Feld (6) das Urteil eher positiv aus: Derjenige, der einen positiven externen Effekt hervorruft, soll hierfür entlohnt werden. Anders als bei den Steuern (vorheriger Abschnitt) kann zumindest versucht werden, einen engen Zusammenhang zwischen sozialem Nutzen und Entlohnung herzustellen. Störende Elemente wie der progressive Steuersatz spielen hier keine Rolle. Solange ein sozialer Nutzen über die Subventionen entgolten werden soll, steht der Leistung durch den Staat bzw. die Gemeinschaft auch eine Gegenleistung von Seiten des Subventionsempfängers gegenüber.[A]

Eindeutig negativ ist hingegen eine Subvention im Rahmen des Gemeinlastprinzips zu beurteilen: Bei Subventionen in Feld (5) wird eine faktische Okkupation des Gemeinschaftsgutes durch den Schädiger auch noch auf Kosten der Gemeinschaft abgesegnet. Subventionen in Feld (1) / Tabelle 2 kommen lediglich den privaten Eigentümern der betreffenden Güter zugute. Zumal sie ohne weiteren Nutzen sind, handelt es sich hierbei um einen reinen Einkommenstransfer zugunsten der betreffenden Ei-

---

[A] Nach wie vor stellt eine Subventionslösung immer eine zweitbeste Lösung vor einem wünschenswerten Internalisierungsmechanismus dar.

Teil III. Realpolitik als strukturkonservative „Politik der kleinen Schritte"

gentümer. Der Leitwert „Gerechtigkeit" ist dann in grobem Maße unzureichend berücksichtigt.

Teil IV. Zum Schluss: Zivilgesellschaftlicher Protest mit Kompass ...

„Möge der Kampf beginnen über das berühmte Kapitel der Gleichheit und des Eigentums! Möge das Volk alle alten barbarischen Institutionen stürzen!"
Gracchus Babeuf[1]

Der Kapitalismus, verstanden als eine Wirtschafts"ordnung", die auf Privilegien und Monopolen beruht, ist nicht etwa (wie *Marx* meinte) ein Phänomen, das mit der industriellen Revolution begann. Es ist mehrere Tausend Jahre alt und stützt sich maßgeblich auf die damals wie auch heute – im Wesentlichen wenig verändert geltende – Geld- und Bodenordnung. Diese „Ordnung" wurde schon in der Bibel gegeißelt und als nicht nachhaltig erkannt. Ähnliche Standpunkte äußerten einige Philosophen und Kirchenlehrer (Beispiele sind *Aristoteles* und *Thomas von Aquin*) sowie soziale Bewegungen (so beispielsweise die Landlosenbewegung in Brasilien – im Übrigen konnten auch die Kommunisten ihre historischen Siege nur erringen, indem sie Bauern mit dem Versprechen auf Land mobilisierten). So gab es denn auch zweifellos Fortschritte; *Jean Ziegler* resumiert in seinem Buch „Imperium der Schande": *„Mit der Französischen Revolution hat der lange Marsch in Richtung politische Demokratie begonnen. Er hat die industrielle Revolution und die koloniale Expansion begleitet. Die Nationalstaaten wurden durch ihn gefestigt.*
Im 20. Jahrhundert haben zuerst der Völkerbund und dann die Vereinten Nationen versucht, den universellen Frieden zu gewährleisten. Die Erklärung der Menschenrechte vom 10. Dezember 1948 greift fast wortwörtlich manche Formulierungen der Erklärung von 1789 auf.
Gegen Ende des 20. und zu Beginn des 21. Jahrhunderts sind andere Fortschritte gemacht worden. Die politische Demokratie ist in Europa gefestigt worden, aber auch in manchen Ländern der südlichen Hemisphäre. Die Dekolonisation hat beträchtliche Fortschritte gemacht. Die Gleichwertigkeit aller Kulturen der Erde wurde verkündet. Die Diskriminierung der Frauen ist zurückgegangen. In mehreren Regionen der Welt haben sich die Produktivkräfte enorm entwickelt ...
Und jetzt?
Wir erleiden die entsetzlichste Offensive, die sich noch vor fünf Jahren (Bezugsjahr 2005, d. Verf.) niemand hätte vorstellen können.
Kein Nationalstaat, keine übernationale Organisation, keine demokratische Bewegung widersteht dieser Offensive.
Die Herren des wirtschaftlichen Krieges plündern den Planeten. Sie greifen die Staaten und deren normative Macht an, sie bestreiten die Souveränität des Volkes, sie untergraben die Demokratie, sie verheeren die Natur und vernichten die Menschen und deren Freiheiten." [2]

Ziegler spricht treffend nicht etwa von „Restitution", sondern von „Offensive". Diese „Offensive" trägt v.a. das Gesicht der Globalisierung. Man kann sich die Dimensionen nicht oft genug klar machen: Der aktuelle, gegen Mensch und Umwelt geführte Krieg kostet pro Tag an die 100.000 menschliche Opfer[3] und pro Jahr zwischen 3.000 und 30.000 Arten – es handelt sich um das größte Artensterben während der letzten 65 Millionen Jahre. Ca. 25 % der 4.630 bekannten Säugetiere sind vom Aussterben bedroht, Gleiches gilt für 34 % aller Fische, 25 % aller Amphibien, 20 % der Reptilien und 11 % der Vogelarten.[4]

Teil IV. Zum Schluss: Zivilgesellschaftlicher Protest mit Kompass ...

Das ideologische Rüstzeug für diesen Feldzug gegen Mensch und Natur wird insbesondere von neoinstitutionalistisch orientierten Ökonomen in ihrer Rolle als „Hohepriester der Macht" geliefert – paradoxerweise nicht zuletzt im umweltökonomischen Kontext. Die zu beobachtende (Re-) Feudalisierung findet schleichend statt. Die Bevölkerung wird gerne dahingehend beschwichtigt, dass sie ein höheres Maß an Effizienz gewährleistet:

- Die eindeutige Zuweisung von Eigentumsrechten wird als conditio sine qua non für eine effiziente Wirtschaft angesehen, wo immer dies zu tragbaren Kosten möglich ist. Die Logik der „Zaunpfähle", der Ausschließbarkeit, kommt im Exklusivitätspostulat zum Ausdruck. Die Zuweisung von Eigentumsrechten an ehemaligen sog. „Allmendegütern" transportiert diese jedoch klassischerweise in Feld (1) / Tabelle 2, wo Privilegien zu Hause sind. Im globalen Maßstab haben die Zaunpfähle die Funktion, die Claims abzustecken, aus denen v.a. die westlichen Industrieländer ihre Ressourcen ziehen können.

- Die „Zaunpfähle" sollen universell gesetzt werden: Universalität bedeutet eine entsprechende Reichweite der exklusiven Property rights v.a. in gegenständlicher, räumlicher und zeitlicher Hinsicht. Hier liegt der maßgebliche Grund für die erwähnte „Offensive". Die Einzäunung der sog. „Allmendegüter" geschieht dabei in globalem Maßstab, der Planet wird mit „Zaunpfählen" geradezu gespickt. Globalisierung bedeutet im Wesentlichen, dass ein und derselbe Aneignungsmechanismus über den gesamten Erdball gezogen wird. Dabei werden immer mehr Bereiche der Privatisierung zugeführt. Der global eingerichtete Aneignungsmechanismus wird jedoch nicht mit Rent seeking-Betrebungen, sondern eben mit der höheren Effizienz legitimiert, die durch derartige weitläufige Systeme angeblich erreichbar ist. Die Kehrseite der universellen Privatisierung ist, dass von der Öffentlichen Hand – als rivalisierendes Regime – ein immer weitergehender Rückzug auch aus den früheren Kernaufgaben gefordert wird. Dies betrifft Bildung[A], Daseinsvorsorge[B], sogar die Beaufsichtigung der Wirtschaft.[C] Staaten der Dritten Welt wird ein derartiger Rückzug von den Bretton Woods-Institutionen (insbesondere im Rahmen der Strukturanpassungsprogramme des IWF) sowie der WTO oktroyiert.[5] Wo „Reformen" stattfinden, gehen diese also nur in eine Richtung, die da heißt: „Privatisierung" und „Deregulierung". Noch mehr: Privatisierung wird sogar als alternatives Ordnungssystem begriffen. Ein – im Sinne der ordoliberalen Vorstellungen – starker Staat, der einen entsprechenden Ordnungsrahmen zu setzen in der Lage ist, wird verhindert. Statt dessen führt man seine Agonie bewusst herbei.[6]

- Zentral ist auch die Forderung nach Handelbarkeit der Eigentums- und Verfügungsrechte. Hiermit wird einerseits erreicht, dass die Früchte aus den abgesteckten Claims auch den westlichen Ökonomien zugeführt werden können. Zudem wird mit der Institution der „Handelbarkeit" suggeriert, dass der Zugang zu den betreffenden Gegenständen (in Feld (1) / Tabelle 2) jedermann offen stehe. Die „Form" ist gewahrt, jeder hat dieselben theoretischen Chancen zum Glück. Tatsächlich hängt der Zugang aber sehr stark von der Zahlungsfähigkeit, d.h. dem Budget ab. Dieses wiederum kann durch Fähigkeiten oder Fleiß nur bedingt

---

[A] Stichwort Drittmittelforschung.

[B] Stichwort „PPP"

[C] S. die Ausführungen in Kap. I.2.3.4.- Die Wirtschaft bezahlt z.B. die Europäische Arzneimittelagentur als Aufsichtsbehörde für die Zulassung von neuen Medikamenten; s. den Bericht in Frontal 21 am Dienstag, den 5.2.2008 im ZDF, download: http://frontal21.zdf.de/ZDF.de/download/0,6753,7002658, 00.pdf.

Teil IV. Zum Schluss: Zivilgesellschaftlicher Protest mit Kompass ...

beeinflusst werden; das Einkommen ist äußerst ungleich verteilt. „Randkonsumenten" – ein Ökonomen-Euphemismus für den größten Teil der Weltbevölkerung- werden diskriminiert und vom Zugang zu den ehemaligen sog. „Allmendegütern" ausgeschlossen.

Mit dem Einschlagen der altbekannten Zaunpfähle in immer neue Claims können – so die Aussage der Neoinstitutionalisten - ungebetene Nachbarn nicht mehr einfach vom eigenen Teller essen. Somit wird – auf immer neuen Gebieten - ein Anreiz gesetzt, neue und größere Kuchen zu backen. Die Konsequenzen der Durchsetzung dieser Posner'schen Postulate sind jedoch nicht wie verheißen:
- Das zentrale Argument: ein „Mehr" an Effizienz, entpuppt sich bei näherem Hinsehen als nicht stichhaltig. Mit den Zaunpfählen wird dafür gesorgt, dass der Okkupant nur schwer wieder zu verdrängen ist, auch nicht durch effizientere Nutzer (Exklusivitätspostulat). Geld funktioniert mit Blick auf seine Tauschmittelfunktion alles andere als effizient. Auf die Ausführungen in Kap. I.3.1.1. und II.3. sei hier noch einmal verwiesen. Mit „Leistungsgesellschaft" hat das alles wenig zu tun, auch wenn die Ökonomenzunft das Arrangement mit Effizienz und Leistungsgerechtigkeit rechtfertigt. Vielmehr wird weltweit ein Privilegienregime nach westlicher Blaupause konstituiert; es werden die institutionellen Grundlagen für „Rent seeking" gelegt.
- Der Siegeszug des Regimes der Zaunpfähle (Universalitätspostulat) unterdrückt dabei alternative gesellschaftliche Arrangements: Das Ergebnis des Primats des Leitwertes der „Effizienz" ist Einförmigkeit, nicht die Vielfalt, die man sich in pluralistischen Gesellschaften wünscht. Eine dominierende Eigentumsform weltweit, wenige dominierende Sorten und Arten, wenige Betriebssysteme etc. – und besonders problematisch: wenige Meinungen. Das beschriebene System betreibt entgegen der eigenen Ideologie nicht die Förderung der Vielfalt, sondern Vereinheitlichung im großen Stil – vor allem auch im Denken. *„Lichtjahre trennen das real existierende Individuum in der Ära des siegreichen Finanzkapitals von dem Individuum, wie es die Philosophen der Aufklärung und die Väter der Französischen Revolution gedacht und gewollt haben."* [7] Speziell umweltpolitisch ist die Fixierung auf den Leitwert der „Effizienz" deswegen fatal, weil der Zielkonflikt des „Zaunpfähle-Regimes" mit der ökologischen Zielerreichung so gut wie nicht thematisiert wird: Ein effektives Regime zum Schutz der Umwelt erfordert, dass eine Mehrzahl von Leitwerten und Zielen beachtet wird, dass auf die Resilienzen der (Öko-) Systeme Rücksicht genommen wird und auch Belastungsstrukturen in differenzierter Weise gesteuert werden können. Handelsregimes auf der Grundlage des neoinstitutionalistischen Paradigmas vermögen dies aber nicht zu leisten.

In sozialer Hinsicht bedeutet die vorgenommene (Re-) Feudalisierung via Privatisierung des Planeten den Ausschluss und die territoriale Einsperrung der Armen.[8] Die Leitwerte der „Gerechtigkeit", „Sicherheit" und „Versorgung" werden vernachlässigt. Die Konsequenzen lassen sich allenfalls mindern, indem es tatsächlich gelingt, über wirtschaftliches Wachstum etwas zu den ärmeren Schichten durchsickern zu lassen. Das Wachstumspostulat wird – zumindest von der herrschenden Umweltökonomie – kaum in Frage gestellt. Wirtschaftliches Wachstum bedeutet aber noch höhere Beanspruchung überlebensnotwendiger Ressourcen, diesbezügliche Preissteigerungen - und damit einen noch schlechteren Zugang mit der Folge einer Vertiefung der sozialen Spannungen. *„Je mehr die Grenzen der Tragfähigkeit von Ökosystemen erreicht werden, desto stärker sind die Freiheitsgrade der weniger Starken gefährdet, wie ökologische Grenzen, lange bevor sie endgültig überschritten sind, ihre sozio-ökonomischen Schatten voraus wer-*

fen. Es wird das Benzin an der Zapfsäule teurer, Wasserquellen versiegen in Trockengebieten, die Preise für Getreideimporte schnellen in die Höhe, Fischer kehren mit leeren Netzen zurück. Knappheiten machen sich über verschärfte Konkurrenz, über Verteuerung und rechtliche Ausgrenzung oder über Qualitätsverfall und Verlust der Naturgüter bemerkbar." [9] Die Tragfähigkeit des Planeten ist schon lange überschritten, ein Weltbürgerkrieg erscheint vorprogrammiert. Auch der technische Fortschritt kann die geschilderte Problematik nicht aufhalten, sondern allenfalls hinauszögern. Die Handelsmechanismen, die zu Lasten der Ärmsten auf dem Planeten die Rohstoffzufur in die Industriestaaten garantieren, werden nicht infragegestellt.

Das gezeichnete Bild ist düster. Warum also ein derartiges Regime? Die Protagonisten des Systems vereint eine komplexe Verquickung von Ideologie und Interesse. So werden einerseits Privilegien zugeteilt und abgesichert. Egal ob Wasserrechte, Rechte an biogenetischen Ressourcen, „Intellectual property rights", Rechte an der Atmosphäre etc. etc. Was in der ersten Globalisierungswelle – der Kolonialisierung – mit Land geschah, wird nun auch auf andere Medien in Feld (1) / Tabelle 2 übertragen und weltweit durchgesetzt. Alternative Ideen und Regimes werden zurückgedrängt, z.T. sogar geächtet – fast möchte man meinen, eine neue „McCarthy-Ära" auf wirtschaftlichem Gebiet ist bereits in vollem Gang. Das kollektive Bewusstsein wird durch die Gurus des neoliberalen Dogmas nachhaltig geprägt und vereinheitlicht: Sie sind es, die diejenigen ausbilden, die an den Schalthebeln der Macht sitzen; sie sind es, die zu aktuellen wirtschafts-, sozial- und umweltpolitischen Problemen in den Massenmedien als „Experten" ihre Stellungnahme abgeben und Politiker beraten. Und diese Stellungnahmen gehen in eine einzige Richtung: Privatisierung, Deregulierung etc. Dabei handeln die meisten Vertreter ihrer Art aus voller Überzeugung. Der Wirtschaftsmathematiker *Jürgen Kremer* vertritt die These, *„dass es sich bei der Volkswirtschaftslehre nicht um eine Wissenschaft handelt, sondern um das säkulare Analogon einer religiösen Glaubensgemeinschaft."* [10] Dieser Glaube umfasst v.a. die prästabilisierte Harmonie, die, wenn man sie nicht „stört", von alleine Wirtschaft und Gesellschaft zu einem – vom Kriterium der Effizienz her – optimalen Zustand führt. Zugrunde liegt die These von der „unsichtbaren Hand". Deren „Erfinder", *Adam Smith*, war – wenn man *Binswanger* folgen will – offenbar stark von der Stoa beeinflusst.[A] Dies wirkt nach *Binswanger* bis in das Denken der heutigen Ökonomen nach. Aber: *„Keine Tatsache dringt in jene Welt vor, wo der Glaube wohnt."* [11] Diese Glaubensgemeinschaft ist primär an der Verbreitung ihres neoliberalen Dogmas interessiert, nicht an der Auseinandersetzung mit anderen Denkrichtungen, und schon gar nicht daran, junge Menschen zum Denken anzuregen. *„Mainstream economic scholarship produces theory without facts ("pure theory") and facts without theory ("applied economics"). The dominant economic dogma admits neither dissent from nor discussion of its main theoretical paradigm: the universities´ main function is to produce a generation of loyal and dependable economists who are incapable of unveiling the social foundations of the global market economy."* [12] Die neoliberale Glaubensgemeinschaft ist sehr mächtig: Sie produziert Deszendenten, die das Dogma innerhalb wie außerhalb des akademischen Raumes weiterverbreiten; sie prägt dabei auch

---

[A] H.C. Binswanger, Die Glaubensgemeinschaft der Ökonomen, München 1998, v.a. S. 47 ff.- So strich *Smith* in der sechsten, erstmalig überarbeiteten Auflage seiner „Theorie der ethischen Gefühle" auch alle Bezüge auf das Christentum, das eben „gute Taten" und eine „gerechte Ordnung" einforderte, während er gleichzeitig dem auf seinem Sterbebett liegenden Freund *David Hume* die Veröffentlichung seines letzten Buches offenbar wegen dessen atheistischen Tendenzen verweigerte.- Smith war offenbar gläubig, aber mit der scholastischen Lehrmeinung diametral entgegengesetzten Inhalten.

Teil IV. Zum Schluss: Zivilgesellschaftlicher Protest mit Kompass ...

maßgeblich das kollektive Über-Ich der westlichen Industriegesellschaften. Die meisten Ökonomiestudenten (und wohl auch einige Ökonomieprofessoren) haben den Namen *Silvio Gesell*, auf den die wichtigsten Ideen dieses Buches zurückgehen, noch niemals gehört. Dies, obwohl das Werk von *Keynes* von den Gedanken *Gesells* beeinflusst ist wie von keinem anderen Ökonomen[A], obwohl die zugrundeliegende Reformlinie vom alten Testament bis über *Proudhon*[B] hinweg reicht und obwohl *Gesell* auch mit seiner kurzen Tätigkeit als Finanzminister in der Bayerischen Räterepublik historisch eine durchaus interessante Figur war. Ungeachtet der gerade in den reifen Industrieländern bestehenden Konjunktur- und Beschäftigungsprobleme erlaubt sich die neoliberale Glaubensgemeinschaft, die erfolgreichen praktischen „Freigeldexperimente" in Wörgl und Schwanenkirchen während der Weltwirtschaftskrise[13] sowie die Tatsache zu ignorieren, dass sich die heutzutage weit verbreiteten Regionalgeldexperimente zu einem guten Teil auf *Gesell* als theoretischen „Urvater" stützen. Wird der Ansatz *Gesells* wirklich einmal erwähnt, so nicht etwa im Rahmen einer sachlichen Auseinandersetzung; vielmehr wird er mit einer derart erstaunlichen Selbstsicherheit und Arroganz beiseite geschoben und verhöhnt[C], wie dies nur Mitglieder einer fanatischen Sekte zu tun vermögen. Mir wurde in den wenigen Diskussionen, die ich mit Schulökonomen zu diesen Themen führen konnte, schon öfters apodiktisch entgegengehalten „Zins muss sein" und „Wachstum muss sein". Ich möchte ergänzen: „Borniertheit muss offenbar auch sein." Der existente Kapitalismus wird als „alternativlos" verkauft.[14] Verschärft wird die beschriebene Tendenz durch eine bewusste Abwendung von derartigen Grundsatzfragen in Forschung und Lehre. Auch die Hochschulen werden vom ubiquitären Trend zur Kommerzialisierung und Privatisierung erfasst.[D]: Angesichts der existentiellen Notwendigkeit von Drittmittelfinanzierungen kann von „kritischer Wissenschaft" keine Rede mehr sein. Kaum ein Industrieunternehmen wäre bereit, eine solche finanziell zu unterstützen, und viele einschlägige Stiftungen befinden sich zumeist in einem ideologischen Fahrwasser, das der Antragsteller eines Forschungsprojektes besser nicht verlässt.

Vor diesem Hintergrund versagen auch die Medien in ihrer Rolle als „vierte Gewalt". Die Phrasen der Gurus des Neoliberalismus werden öffentlichkeitswirksam nachgebetet. Zudem ist Differenzierung im Zeitalter der Massenmedien weniger angesagt als je zuvor. Die Botschaften müssen kurz und prägnant sein. Auch die Ablenkung durch Brot und Spiele ist zumindest für die Protagonisten des Regimes willkommen. Kritiker werden gespalten: Nach dem Motto „Teile und herrsche" findet sich zu jeder noch so offensichtlich vorliegenden Tatsache (Waldsterben, Klimawandel etc.) schnell ein Brotgelehrter, der ein öffentliches Podium für die Bestätigung erhält, dass der Beitrag der Industrie zu diesen Phänomenen zweifelhaft ist. Das Podium für die Kritiker ist hingegen wesentlich kleiner.

[A] Stark durch die Ideen Gesells beeinflusst wurde auch der amerikanische Ökonom *Irving Fisher*.

[B] Dieser genoss zu Lebzeiten in der sozialistischen Bewegung wohl ein höheres Ansehen als *Marx* und hatte wohl auch eine größere Anhängerschaft.

[C] In meinem Studium wurde der Ansatz mit den Worten „Freibier, Freiluft, Freiliebe" von einem Ordinarius „kritisiert". Ein schönes Beispiel für die Niveaulosigkeit ist auch die sog. „Satire" von N. K.A. Läufer, Brauchen wir eine Wasserumlaufsicherung (Regensicherung)? Eine wissenschaftliche Analyse der Frei-Wasserwirtschaftlehre nach neuestem Stand, 2. Fassung vom 2. Januar 2006, in http://209.85.104/search?q=cache:RrQuVbPZyHkJ:www.uni-konstanz.de/FuF/wiwi/laufer/Artikel/ Satire-auf-die-Freiwirtschaft+Pisell&hl=de&ct=clnk&cd=1&gl=de&lr=lang_de&ie=UTF-8 [03.01.08].

[D] In diesen Kontext sind auch Vorgänge wie der „Bologna-Prozess" und der Übergang zu Bachelor und Master einzuordnen.

Wir haben beschrieben, dass die Forderung nach Deregulierung mit der Vorstellung einhergeht, es ließe sich ein effizienter Ordnungsrahmen jenseits des Staates einrichten. Nach neoinstitutionalistischer Lesart ist dies im Wesentlichen eine Frage ausreichend niedriger Informations- und Transaktionskosten. Tatsache ist jedoch, dass durch den andauernden Druck auf den Rückzug des Staates zunächst ein gesellschaftliches Machtvakuum provoziert wird, das letztlich durch mächtige Wirtschaftsinteressen ausgefüllt und gestaltet wird. Diese beeinflussen dann aber die öffentliche Meinung, die Curricula an Universitäten etc. etc., um ihre Position abzusichern und auszubauen. Wir wollen vorliegend nicht etwa einer Verschwörungstheorie das Wort reden. Die politische Wirklichkeit ist viel banaler: Viele wohlorganisierte, schlagkräftige Interessen wirken gemeinsam in dieselbe politische Richtung – das muss institutionelle Spuren hinterlassen. Dennoch: Die Interessen arbeiten auch organisiert, strukturiert und koordiniert; allerdings umschreiben die Begriffe „Korporatokratie" (*Perkins*) bzw. „Kosmokratie" (*Ziegler*) oder „Neokorporatismus" (*Klein*) viel besser die Machtmechanismen als irgendwelche obskuren Verschwörungstheorien.

Die skizzierte Situation wird von Bevölkerung, Wissenschaft und Politik der westlichen Welt kaum als Problem wahrgenommen. Man wähnt sich im Gegenteil grundsätzlich auf dem richtigen Wege. In solche Staaten wie Afghanistan, den Kongo und den Irak wird ja sogar unser „Demokratiemodell" exportiert. Keine Rede davon, wie verkommen die westliche Demokratie mittlerweile ist – egal ob in den USA, wo der ökonomisch potenteste Präsidentschaftskandidat die lauteste Wahlkampfmaschine anwerfen kann[A] oder in Europa, wo die weiße Korruption sämtliche Entscheidungsknoten von Berlin über Paris bis nach Brüssel kontrolliert. Auch wenig Rede davon, dass die betroffenen Völker z.T. gar nicht in den Genuss unseres Exportschlagers kommen wollen. Ein Schelm, wer wähnt, dass der „Export von Demokratie" letztlich auch nur dazu dient, die Aneignung von Rohstoffen abzusichern.

Trotz aller Probleme: Die beschriebenen Strukturen sind institutioneller Art und damit im Grundsatz veränderbar. M.E. viel bedenklicher sind aber zwei Aspekte: Finden wir - angesichts des Überschreitens der Tragfähigkeit der Erde – „sanfte" Wege zu einer Lebensweise und Bevölkerungsentwicklung auf ein nachhaltiges Niveau, ohne dass es zu unerträglichen Hungerkatastrophen, kriegerischen Auseinandersetzungen etc. kommt? Die Aussichten sind nicht gut, zumal es einschneidender Änderungen im Denken und Handeln sowie der Gestaltung der tragenden Institutionen bedürfte.[15] Und: Sind wir für die im vorliegenden Buch beschriebene „Raubtierökonomie" nicht möglicherweise sogar in gewisser Weise prädisponiert? Der Aneignungsmechanismus findet, wie beschrieben, in Feld (1) / Tabelle 2 statt. Hier geht es um den Ausbau von Herrschaft über die Okkupation von Gegenständen, die kein Mensch geschaffen hat. Insoweit basiert unsere Wirtschaft auf Raub und Diebstahl. „Privateigentum" leitet sich vom lateinischen „privare" ab, was auch „rauben" bedeutet. *Proudhon* ging mit seinem Satz „Eigentum ist Diebstahl"[16] insoweit schon ethymologisch an die Wurzeln. *Proudhon*, dem großen Widersacher von *Karl Marx*, ging es

---

[A] *„Der damalige Exxon-Chef John Archbold versuchte, den amerikanischen Präsidenten Theodore Roosevelt zu bestechen, indem er ihm eine Wahlkampfspende von – nach heutigem Geldwert – zwei Million Dollar zukommen ließ. Ja, damals nannte man das Bestechung. Roosevelt schickte das Geld entrüstet zurück und schrieb seinem Justizminister mit, er möge um Himmels willen endlich die Antitrust-Gesetze anwenden. Im Jahr 2000 schickte ExxonMobil George W. Bush eine Wahlkampfspende von über einer Million Dollar. Er bedankte sich recht herzlich."* J. Leggett, Peak Oil – Die globale Energiekrise, die Klimakatastrophe und das Ende des Ölzeitalters, Köln 2006, S. 130.

bei seiner Ablehnung des Eigentums[17] nicht um das – im Wettbewerb – selbst geschaffene Eigentum (in den Worten *Vandana Shivas*: der „Produktionsrahmen"). Vielmehr waren ihm das Eigentum an Dingen, die niemand geschaffen hat (*Shiva*: „Schöpfungsrahmen") und die monopolartigen Machtkonzentrationen in Wirtschaft und Gesellschaft ein Dorn im Auge. Die Herkunft des Wortes „Privat" spricht Bände über die Spezies Mensch: Privateigentum, wie wir es heute kennen, hat sich wohl zusammen mit der neolithischen Revolution entwickelt, also der Sesshaftwerdung des Menschen. Fruchtbare und wertvolle Ländereien wurden vor 10.000 bis 12.000 Jahren eingezäunt und exklusiv beansprucht (auf welcher Legitimationsgrundlage?). Seitdem schlugen die Okkupanten – also die Siedler - notfalls die Eindringlinge (i.d.R. Nomaden) tot; seitdem gab es einen permanenten Konflikt zwischen denjenigen, die innerhalb der Zaunpfähle leben durften und solchen, die keinen Zugang dazu hatten (also, die „ausgegrenzt" wurden). Siedler mit ihren Zaunpfählen im Gepäck waren niemals die friedliebenden Menschen und Nomaden keinesfalls nur die aggressiven Eindringlinge, für die wir – geprägt durch unseren eigenen Lebensstil und Wild-West-Filme – sie immer hielten. Die Rollen dürften tendenziell eher umgekehrt verteilt gewesen sein. Beispiel USA: Hier ist nicht der weiße Siedler nahezu ausgestorben, sondern die indigene, oftmals nomadisch lebende Bevölkerung wurde ausgerottet oder hatte sich in ihrer Lebensweise den Eindringlingen anzupassen. Die betreffenden Institutionen wurden also seit der neolithischen Revolution „kultiviert" – mit Land fing es an, Eigentum an Land war somit die Urform des Eigentums. Eigentum an Land galt daher mit unserer Wirtschaftsordnung und unserer Lebensweise als untrennbar verbunden. Gleiches gilt auch für das Stammesgebiet oder die Nation. Nach *Grimmel* verhalten wir uns hinsichtlich des Eigentums (in einer biologischen Deutung) wie „*Tiere, die ein bestimmtes Territorium besetzt und andere Tiere daraus vertrieben haben.*"[A] Wir sitzen mit den beschriebenen Institutionen in Feld (1) / Tabelle 2 insoweit also einem territorialen Atavismus (Rückfall in eine stammesgeschichtlich ältere Entwicklungsstufe) auf. Es ist nur zu hoffen, dass der Mensch wirklich bei seiner Geburt ein „unbeschriebenes Blatt Papier" ist, dass also dieser atavistische Territorialtrieb nicht so tief in unseren Genen sitzt, dass er jegliches Umsteuern verunmöglicht. Optimistisch stimmt jedoch, dass auch fortlaufend alternative Eigentumsformen kreiert und durchaus erfolgreich praktiziert wurden.[18] Egal, ob die pessimistische oder optimistische Variante zutreffen mag: Wir haben jedenfalls Grund genug zur kritischen Selbstbeobachtung. Und wir haben Anlass, uns über Institutionen und Strukturen Gedanken zu machen, die unsere asozialen Seiten zähmen und die sozialen Neigungen besser zur Geltung bringen als heute.

Dementsprechend ist die alte Kritik, die sich auf Bodeneigentum bezieht, auch im Hinblick auf andere Medien von höchster Aktualität. Schon in einem der ältesten Sozialgesetzbücher der Welt, der Torah, wurde die Forderung aufgestellt: „*Darum sollt ihr das Land nicht verkaufen für immer, denn das Land ist mein, und ihr seid Fremdlinge und Beisassen bei mir.*"[19] Das Land – bzw. die schwer vermehrbaren und substituierbaren Ressourcen gehören nicht den Menschen (sondern Gott bzw. für Atheisten und Agnostiker „allen Menschen": „*die Erde ist des Herrn und was darinnen ist*"[20]). Die Bibel bringt - weiter als *Marx*, die Ökonomen und Sozialpolitiker der

---

[A] *Grimmel* weiter, bezogen auf das Privateigentum: „*Dieser Tatbestand kommt bezeichnenderweise auch in dem Wort 'privat' zum Ausdruck, das wörtlich 'geraubt' (von lateinisch privare = rauben) bedeutet.*" E. Grimmel, Geowissenschaftliche Grundlagen eines umweltverträglichen Rohstoffrechts, in: Zeitschrift für Sozialökonomie 109 / 1996, S. 3-14, hier: S. 9.

heutigen Tage - die Einwände gegen den Neoinstitutionalismus und Neoliberalismus auf den Punkt.

Entgegen den angeschlagenen skeptischen Tönen ist der sich formierende zivilgesellschaftliche Widerstand gegen das Raubsystem ermutigend. NGOs wie ATTAC, Greenpeace, FIAN etc., Aktivitäten wie die Weltsozialforen in Porto Alegre usw. sitzen der Korporatokratie wie eine Laus im Pelz. Diese Organisationen sorgen auch dafür, dass der Bevölkerung der Ersten Welt die auf die Dritte Welt ausgelagerten sozialen und ökologischen Kosten nicht gänzlich verborgen bleiben. Exzesse des Regimes wie die indischen „Killing fields", die (durch die Blockierung des Zugangs zu Medikamenten) hohe Sterblichkeit an AIDS in afrikanischen Ländern, der „Wasserkrieg" in Cochabamba, die Bodenverteilung in einigen Ländern Südamerikas etc. bleiben so nicht mehr unbemerkt; sie rücken zunehmend in die Aufmerksamkeit der Öffentlichkeit. Allerdings ist die Ablehnung mehr oder weniger unbestimmt und beruht stark auf „Bauchgefühlen". Die Radikalität und analytische Klarheit eines *Proudhon* oder *Gesell* sucht man vergebens. Die Bereitschaft, das System als solches in Frage zu stellen, ist bei den heutigen Opponenten kaum verhanden. Der Widerstand ist punktuell, einmal gegen Kinderarbeit, das andere Mal gegen Patente. In seinem Zusammenwirken bleibt das Raubsystem aber unhinterfragt.

Tatsächlich führen die Proteste in der Regel zu einer politischen „Pendelbewegung": Zwar schlägt zur Zeit das Pendel kräftig zugunsten des Property rights-Regimes aus. Die Proteste werden aber dazu führen, dass die eine oder andere Korrektur in die Gegenrichtung erfolgt. Wer – angesichts der zunehmenden Diskrepanz zwischen Anspruch und Wirklichkeit im Rahmen des herrschenden Regimes – auf lange Sicht die Oberhand gewinnt, bleibt abzuwarten. Für den zivilgesellschaftlichen Protest ist die Devise „Think global, act local" zwar zielführend. Damit daraus aber kein bloßer Aktionismus erwächst, ist es wichtig, einen ordnungspolitischen Kompass im Hinterkopf zu behalten. Fehlt ein solcher ordnungspolitischer Kompass, bleibt der Protest orientierungslos, ohne Linie. Dann unterstützt eben z.B. eine rot-grüne Regierung über ihre Ministerin *Zypries* das PR-Regime (TRIPs, EU-Biopatentrichtlinie), ein *SPD-Minister* (*Tiefensee*) propagiert eine ordnungspolitisch verheerende Bahnreform oder die Bundesregierung kämpft auf der europäischen Bühne für die Einheit von Netz und Betrieb bei der Stromversorgung (im Rahmen der Großen Koalition unter Kanzlerin *Merkel*), um dann später lautstark über die hohen Energiepreise zu lamentieren.

Ein ordnungspolitischer Kompass ist auch und gerade bei einer Politik der „kleinen Schritte" notwendig, wie sie in Teil III diskutiert wurde. Diese kleinen Schritte sind notwendig und werden vorliegend sogar ausdrücklich befürwortet. Dem Verfasser ist nämlich klar, dass er mit der vorliegenden ordnungspolitischen Blaupause in den Teilen I und II eine – von der politisch-praktischen Umsetzbarkeit einigermaßen weit entfernte - Utopie[A] skizziert hat. Es handelt sich jedoch um eine „konkrete Utopie"[21], um Idealtypen, die eine ordnungspolitische Leuchtturmfunktion entfalten können, indem man sich mit kleinen Reformschritten darauf hin- und vom Property rights-Paradigma

---

[A] Der Begriff der „Utopie" wurde von *Thomas Morus* in die Welt gesetzt, indem er anhand des griechischen Substantivs *topos* (Ort) und der Vorsilbe *U* (als Vorsilbe der Verneinung) den Neologismus *U-Topia* (Nicht-Ort) schuf, also den Ort oder die Welt, die es noch nicht gibt.

Teil IV. Zum Schluss: Zivilgesellschaftlicher Protest mit Kompass ...

wegbewegt.[A] Jeder kleine Schritt in die richtige Richtung kann dabei schon spürbare Verbesserungen und politische Erfolge bringen. Wir haben beispielsweise versucht, dies in Teil III anhand der Bodenwertsteuer (als „kleine Schwester" der erstbesten Lösung, nämlich des Erbbaurechts) zu illustrieren.

Es sei deswegen noch einmal an dieser Stelle wiederholt, dass es nicht um eine kurzfristige und „1:1"-Umsetzung der in den Teilen I und II dargestellten Idealtypen geht. Diese sind vielmehr als Verkörperung verschiedener Organisationsprinzipien zu verstehen, die vor dem Hintergrund des konkreten Einzelfalles einmal mehr, einmal weniger ausgeprägt sein können. Dementsprechend geht es um eine situationsangepasste Implementierung der betreffenden Prinzipien. So zeigte das Beispiel der Küstenfischerei in Alanya in Kap. I.3.2.3., dass - mangels Ressourcenrente - u.a. auf das Element der Rückverteilung verzichtet werden konnte.

Das Resultat einer solchen situationsangepassten Annäherung ist ein breiter Strauß von sozialen Formen und eben nicht der Einheitsbrei, der der Property rights-Theorie vorschwebt. Die *Posner'*schen Prinzipien haben stattdessen mit ihrem Trend zur Vereinheitlichung insoweit schon fast einen totalitär anmutenden Charakter.

Aus der beschriebenen Leuchtturmfunktion ergeben sich eine Reihe von – neuen - realpolitischen Konsequenzen – durchaus auch mit lokalem und regionalem Bezug: Die jeweiligen Regimes legitimieren sich auch vor dem Hintergrund des Subsidiaritäts- und Örtlichkeitsprinzips. Die passenden Institutionen müssen immer wieder neu erfunden werden. Von allergrößter Bedeutung ist daher das Verständnis durch die Bevölkerung, die Definition und die Überwachung der Einhaltung der zugrundeliegenden Prinzipien. Bestimmte rote Linien dürfen allerdings nicht überschritten werden (schleichende Privatisierung von Gemeinschaftsgütern, zunehmender Ausschluss vom Zugang zu öffentlichen Gütern). Hier ist Führung angesagt; den betreffenden Prinzipien sollte auch Verfassungsrang zukommen.

Vielleicht habe ich den einen oder anderen kritischen Kopf überzeugt oder wenigstens Zweifel an dem vorherrschenden Paradigma angeregt. Ein persönliches Resumée sei dem Autor gestattet: Der wissenschaftliche Fortschritt vollzieht sich sehr langsam. Nach *Max Planck* setzt sich ein neues wissenschaftliches Paradigma nicht deswegen durch, weil die Mehrheit der Gegner überzeugt werden konnte, sondern weil die Gegner ausgestorben sind.[B] Ich fürchte, diese Zeit haben wir nicht mehr. Daher (und weil ich auch den Gegnern meiner Auffassung ein langes Leben wünschen möchte) hoffe ich – allen Erfahrungen zum Trotz weiter, dass auch einige Vertreter der Mainstreamökonomie Argumenten zugänglich sind.

[A] Schließlich dürfte der Gedanke, dass sich erst über einen entsprechenden Umverteilungsmechanismus notwendige globale Lösungen eröffnen, alles andere als „realitätsfern" sein.

[B] Vgl. R. Costanza et. al., Einführung in die Ökologische Ökonomik, Stuttgart 2001, S. 103.- Nach *Costanza et. al.* stammt diese Aussage nicht von *T. Kuhn*, dem sie gemeinhin zugeschrieben wird.

Anmerkungen und Literatur

Zum Vorwort

[1] A. P. Hüttermann / A. H. Hüttermann, Am Anfang war die Ökologie – Naturverständnis im Alten Testament, München 2002, S. 30.

[2] Ebenda, S. 140.- Hüttermann / Hüttermann beziehen sich auf den jüdischen Bibelkommentator Rabbi Raschi.

[3] Ebenda, S. 140.

[4] Vgl. D. C. North, Theorie des institutionellen Wandels, Tübingen 1988. - Ders., Institutionen, institutioneller Wandel und Wirtschaftsleistung, Tübingen 1992.

[5] V. Shiva, Biopiraterie – Kolonialismus des 21. Jahrhunderts, Münster 2002, S. 71 f.

[6] Ähnlich auch E. Wagenhofer / M. Annas, We feed the world – Was uns das Essen wirklich kostet (Buch zum gleichnamigen Film), Freiburg 2006, S. 171 f.

[7] A. P. Hüttermann / A. H. Hüttermann, Am Anfang war die Ökologie ..., a.a.O., S. 159.

[8] Ebenda, S. 13.

[9] Vgl. mehr hierzu in Hüttermann / Hüttermann, ebenda, S. 160 ff.

[10] Ebenda, S. 166.

[11] Vgl. C. Wichterich, Sichere Lebensgrundlagen statt effizienter Naturbeherrschung – Das Konzept nachhaltiger Entwicklung aus feministischer Sicht, in: C Görg / U. Brand (Hrsg.): Mythen globalen Umweltmanagements. Rio + 10 und die Sackgassen „nachhaltiger Entwicklung", Münster 2002.

Zu Teil I. Die Struktur: Umweltpolitik als Ordnungspolitik

[1] W. Eucken / K.P. Hensel (Hrsg.): Grundsätze der Wirtschaftspolitik, Orig.: Tübingen 1952, 5. Aufl. 1975, S. 72.

[2] O.V., „Scholz und Glos loben Kompromiss", Focus online, 16.07.08.

[3] W. Eucken, Grundsätze der Wirtschaftspolitik, 6. Aufl., Tübingen 1990, S. 172

[4] Wuppertal Institut für Klima, Umwelt und Energie, Fair Future – Begrenzte Ressourcen und globale Gerechtigkeit, 2. Aufl., München 2005, S. 40.

[5] J. Ziegler, Imperium der Schande – Der Kampf gegen Armut und Unterdrückung, München 2005, S. 13 und 213.

[6] Vgl. D. Löhr, Die Freiwirtschaftstheorie als Theorie der sozialen Asymmetrie, in: Zeitschrift für Sozialökonomie, H. 135, 4-2002, S. 24-35.

[7] Vgl. K.F. Müller-Reißmann / K. Bohmann / J. Schaffner J., Kriterien der Sozialverträglichkeit, Studie im Auftrag des Ministers für Arbeit, Gesundheit und Soziales des Landes Nordrhein-Westfalen, Teil A: Theoretische Grundlagen, Hannover, Januar 1988. - Die Leitwerttheorie arbeitet indessen nicht mit dem Begriff der Resilienz, sondern differenziert zu zwei Dimensionen: a) Freiheit, sozusagen als die Elastizität, die von der Struktur des Systems zugelassen wird, und der Wandlungsfähigkeit als Elastizität des Systems durch einen hinreichend möglichen Strukturwandel.

[8] Vgl. H. Bossel, Globale Wende, Wege zu einem gesellschaftlichen und ökologischen Strukturwandel, München, 1998, S. 55

[9] Die Abbildung ist entlehnt: K. F. Müller-Reißmann, Versuch eines ganzheitlichen Fortschrittsbegriffs, in: Burmeister / Canzler / Kalinowski (Hrsg.): Zukunftsfähige Gesellschaft, Bonn 1996, S. 39 ff.

[10] K. F. Müller-Reißmann, Versuch eines ganzheitlichen Fortschrittsbegriffs, in: Burmeister / Canzler / Kalinowski (Hrsg.): Zukunftsfähige Gesellschaft, Bonn 1996, S. 39 ff.

[11] Dies betrifft v.a. die Annahmen Anthropozentrik, Güterabwägung, Konsumentensouveränität, vgl. Vgl. V. Radke, Zum Naturverständnis der Ökonomie, in: Die Natur der Natur, Tagungsdokumentation der Tagung vom 12.-14.11.1998, IWT-Paper Nr. 23 der Universität Bielefeld, Bielefeld 1999, S. 171.

[12] H. Bossel, Globale Wende ..., a.a.O., S. 143.

[13] Markteffizienz impliziert damit zugleich Pareto-Effizienz bzw. das Vorliegen des Kaldor-Hicks-Kriteriums. Vgl. J. Borrmann / J. Finsinger, Markt und Regulierung, München 1999, S. 21.

[14] K. F. Müller-Reißmann, Versuch eines ganzheitlichen Fortschrittsbegriffs, in Burmeister / Canzler / Kalinowski (Hrsg.): Zukunftsfähige Gesellschaft, Bonn 1996, S. 35-46, hier: S. 38.

[15] H.C. Binswanger, Die Glaubensgemeinschaft der Ökonomen, München 1998, S. 51.

[16] G. Weisser: Beiträge zur Gesellschaftspolitik, hrsgg. von S. Katterle / W. Mudra / L. F Neumann, Göttingen 1978.

[17] I. Kant, Grundlegung zur Metaphysik der Sitten, Stuttgart 1961 (Erstveröffentlichung 1785), S. 87.

[18] U. von Winterfeld, Keine Nachhaltigkeit ohne Suffizienz – Fünf Thesen und Folgerungen, in: vorgänge, H. 3 / 2007, S. 46-54, hier: S. 46.

[19] Brundtland-Bericht, Unsere Gemeinsame Zukunft, Greven 1987 (Original: World Commission on Environment and Development, Our Common Future, Oxford / New York 1987), S. XV.

[20] S. Gronemann / U. Hampicke, Die Monetarisierung der Natur – Möglichkeiten, Grenzen und Methoden, in: P. Weise et. al. (Hrsg.), Nachhaltigkeit in der ökonomischen Theorie, Ökonomie und Gesellschaft, Jahrbuch 14, Frankfurt a.M. 1997, S. 164-207, hier, S. 166.

[21] R. Costanza et. al., Einführung in die Ökologische Ökonomik, Stuttgart 2001, S. 49.

[22] Vgl. J. Meyerhoff, Ökonomische Bewertung biologischer Vielfalt – aufgezeigt an der Kosten-Nutzen-Analyse der Bundesverkehrswegeplanung, in: P. Weise et. al. (Hrsg.), Nachhaltigkeit in der ökonomischen Theorie, Ökonomie und Gesellschaft (Jahrbuch 14): Nachhaltigkeit in der ökonomischen Theorie, a.a.O., S. 208-238, hier, S. 211 ff.

[23] Vgl. J. Meyerhoff, Ökonomische Bewertung biologischer Vielfalt ..., a.a.O., S. 211 ff.

[24] Mail von K.-F. Müller-Reißmann vom 25.7.2008 an den Verfasser.

[25] F.H. Knight, Risk, Uncertainty and Profit, Boston 1921.

[26] Wuppertal Institut für Klima, Umwelt und Energie, Fair Future ..., a.a.O., S. 42.- Ähnlich auch R. Costanza et. al., Einführung in die Ökologische Ökonomik, a.a.O., S. 82.

[27] Zum Konzept der Ressourcenproduktivität vgl. J. Huber, Die verlorene Unschuld der Ökologie – Neue Technologien und superindustrielle Entwicklung, Frankfurt a.M. 1982.

[28] Vgl. R. Costanza et al., Einführung in die Ökologische Ökonomik, a.a.O., S. 55. - R. C. Bishop, Endangered species and uncertainty. The economics of a safe minimum standard, in: American Journal of Agricultural Economics 60 / 1978, S. 10 - 18. - A.C. Fisher / M. Hanemann, Endangered species: The economics of irreversible damage, in : D.O. Hall / N.S. Margaris (Hrsg.): Economics of ecosystem management, Dordrecht (W. Junk Publishers) 1985.

[29] S. Gronemann / U. Hampicke, Die Monetarisierung der Natur ..., a.a.O., S. 175.

[30] H. Bossel, Globale Wende ..., a.a.O., S. 130.

[31] J. Mac-Neill, Meeting the Growth Imperative for the 21th Century, in: D.J.R. Angell, Sustaining Earth: Response to the Environmental Threats, London 1990, S. 191-205.

[32] R. Costanza et. al., Einführung in die Ökologische Ökonomik, a.a.O., S. 105 ff. und S. 122 ff.

[33] N. Georgescu-Roegen, The Entropy Law and the Economic Process, Cambridge / Mass. 1971

[34] S.V. Ciriacy-Wantrup, Resource Conservation: economics and politics, 1st ed., Berkeley (University of California Division of Agricultural Science, 3rd ed. 1968).

[35] Vgl. auch H. Gruhl, Ein Planet wird geplündert, Frankfurt a.M. 1976, S. 129 ff. - Vgl. auch R. Costanza et al., Einführung in die Ökologische Ökonomik, a.a.O., S. 170 und S. 264. - Beim Vorsorgeprinzip handelt es sich um ein grundlegendes Prinzip des internationalen Umweltrechts.

[36] Ausführlich hierzu: A. Endres / R. Bertram, Nachhaltigkeit und Biodiversität – Eine ökonomische Perspektive, in. M. Führ / R. Wahl / P. von Wilmowsky (Hrsg.): Umweltrecht und Umweltwissenschaft (Festschrift für E. Rehbinder), Berlin 2007, S. 165-189, hier: S. 168 ff.

[37] H. Wiggering / A. Sandhövel, Prinzipien der Umweltpolitik, in: R. Costanza et al., Einführung in die Ökologische Ökonomik, Stuttgart 2001, S. 243.

[38] Vgl. R. Costanza et. al., Einführung in die Ökologische Ökonomik, a.a.O., S. 117.

[39] Ebenda, S. 118.

[40] Vgl. M. Wackernagel / W. Rees, Unser ökologischer Fußabdruck – Wie der Mensch Einfluss auf die Umwelt nimmt, Basel 1997.

[41] K. Henrich, Abschied vom Wachstum? „Kontraktion und Konvergenz" als umweltpolitisches Zukunftsmodell, in ZfU 4/2006, S. 417-448, hier: S. 419.

[42] Ebenda, S. 435.

[43] H. Brown, The Challenge of man´s future: An inquiry concerning the condition of man during the years that lie ahead, New York (Viking) 1954.

[44] B. Gilliand, zit. nach P. Demeny, Demography and the limits to growth, in: M.S. Teitelbaum / J.M. Winter (Hrsg.): Populations and resources in western intellectual traditions, Supplement to Vol. 14 of Population and Development Review (Winter) 1988, S. 224-225.

[45] J. H. Kunstler, The Long Emergency- Surviving the End of Oil, Climate Change and Other Converging Catastrophes of the Twenty-First Century, New York (Grove Press) 2005, S. 5. - http://www.ecopop.ch/A5BEVOELKWELT/weltbev.html.- http://www.geocities.com/lightvolcano/study/wachstum-expon-logist-2.html. [20.01.08]

[46] D. A. Pfeiffer, Eating Fossil Fuels – Oil, Food and the Coming Crisis in Agriculture, Gabriola Island (Kanada, New Society Publishers) 2006, S. 6-7.

[47] Wuppertal Institut für Klima, Umwelt und Energie, Fair Future ..., a.a.O., S. 39.- Ähnlich auch R. Costanza et al., Einführung in die Ökologische Ökonomik, a.a.O., S. 148.

[48] A. Endres, Umweltökonomie, 2. Aufl., Stuttgart u.a. 2000, S. 16, Fn. 27)

[49] A. Endres, ebenda, S. 16 ff. und S. 25.

[50] J. Schumann / U. Meyer / W. Ströhele, Grundzüge der mikroökonomischen Theorie, 7. Aufl., Berlin / Heidelberg u.a. 1999, S. 271.

[51] P.A. Samuelson, Foundations of Economic Analysis, Cambridge MA. (Harvard University Press) 1948.

[52] W. Shafer / H. Sonnenschein, Market demand and excess demand functions, in: K.J. Arrow / M.D. Intriligator (Hrsg.): Handbook of Mathematical Economics (Vol. II), North Holland, Amsterdam 1982.

[53] S. Keen, Debunking Economics – The Naked Emperor of the Social Sciences, London / New York (Zed Books) 2004, S. 45-46.

[54] S. Keen, ebenda, S. 47.

[55] H. Sonnenschein, Market excess demand functions, in: Econometrica 40 / 1972, S. 549-563. - R. R. Mantel, On the characterisation of aggregate excess demand, in: Journal of Economic Theory, 7 / 1974, S. 348-353.- G. Debreu, Economies with a finite set of equilibria, in: Econometrica 38 / 1970, S. 387-392.

[56] Vgl. A. Chalmers, Wege der Wissenschaft – Einführung in die Wissenschaftstheorie, 5. Aufl., Berlin / Heidelberg 2001, S. 64 ff.

[57] Vgl. beispielsweise H. Albert, Wissenschaft, Technologie und Politik. Zur Problematik des Verhältnisses von Erkenntnis und Handeln, in: Konstruktion und Kritik. 2. Aufl., Hamburg 1975, S. 74 ff.

[58] S. Keen, Debunking Economics ..., a.a.O., S. 70.

[59] S. Keen, ebenda, S. 72.

[60] P. Sraffa, The Law of Returns under Competitive Conditions, Economic Journal, 40 / 1926, S. 538-550.

[61] G. Vornholz, Die neue Sicht der Nachhaltigkeit und die neoklassische Ressourcen- und Umweltökonomie, in: P. de Gijsel u.a. (Hrsg.): Ökonomie und Gesellschaft (Jahrbuch 14): Nachhaltigkeit in der ökonomischen Theorie, a.a.O., S. 40.

[62] J. Meyerhoff, Ökonomische Bewertung biologischer Vielfalt ..., a.a.O., S. 215.

[63] L. Wicke, Umweltökonomie, 4. Aufl., München 1993, S. 271.

[64] http://www.wissenschaft-online.de/abo/ticker/605200 [20.12.07].

[65] Vgl. Prigonine und Stengers (1986), zitiert in K. F. Müller-Reißmann / K. Bohmann / J. Schaffner, Kriterien der Sozialverträglichkeit ..., a.a.O., S. 24.

[66] O.V. (2001): Vielseitigkeit ist Trumpf ... Von Pionieren, Kulturfolgern und Generalisten, in: http://www.g-o.de/dossier-detail-99-11.html [16.08.2008].

[67] Vgl. S. Keen, Debunking Economics ..., a.a.O., Kap. 2.

[68] H. Bossel,: Globale Wende ..., a.a.O., S. 67.

[69] H. Bossel, ebenda, S. 107.

[70] R. Costanza et al., Einführung in die Ökologische Ökonomik, a.a.O., S. 183.

[71] J. H. Kunstler, The Long Emergency- Surviving the End of Oil, Climate Change and Other Converging Catastrophes of the Twenty-First Century, a.a.O., S. 192.

[72] J. H. Kunstler, ebenda, S. 191 f.

[73] J. H. Kunstler, ebenda, S. 192.

[74] Vgl. R. Costanza et. al., Einführung in die Ökologische Ökonomik, a.a.O., S. 61.

[75] J. Meyerhoff, Ökonomische Bewertung biologischer Vielfalt ..., a.a.O., S. 214.

[76] J. Meyerhoff, Ökonomische Bewertung biologischer Vielfalt ..., a.a.O., S. 218.

[77] Vgl. J. Leggett, Peak Oil – Die globale Energiekrise, die Klimakatastrophe und das Ende des Ölzeitalters, Köln 2006, S. 112-116.

[78] U. Hampicke, Ökologische Ökonomie – Individuum und Natur in der Neoklassik / Natur in der ökonomischen Theorie, Teil 4, Opladen 1992, S. 310-311.

[79] C.S. Holling / D.W. Schindler / B.W. Walker / J. Roughgarden, Biodiversity in the functioning of ecosystems: an ecological synthesis, in: C. Perrings / K.G. Mäler / C. Folke / C.S. Holling / B.O. Janson (Hrsg.), Biodiversity loss – Economic and ecological issues, Cambridge (Cambridge University Press) 1995, S. 44-83.

[80] Wuppertal Institut für Klima, Umwelt und Energie, Fair Future ..., a.a.O., S. 34.

[81] Vgl. R. Costanza et. al., Einführung in die Ökologische Ökonomik, a.a.O., S. 233.

[82] J. Leggett, Peak Oil ..., a.a.O., S. 150.

[83] Ebenda.

[84] J. Perkins, Bekenntnisse eines Economic Hit Man, München (Goldmann) 2007.

[85] J. Meyerhoff, Ökonomische Bewertung biologischer Vielfalt ..., a.a.O., S. 221.

[86] Insoweit muss Meyerhoff widersprochen werden. Vgl. Meyerhoff, ebenda, S. 224.

[87] V. Radke, Zum Naturverständnis der Ökonomie, a.a.O., S. 177.

[88] A. P. Hüttermann / A. H. Hüttermann, Am Anfang war die Ökologie – Naturverständnis im Alten Testament, München 2002, S. 68 ff.

[89] So Müller-Reißmann in einer Mail vom 25.7.2008 an den Verfasser.

[90] Benannt nach dem italienischen Ökonom und Soziologen Vilfredo Pareto.- Vgl. V. Pareto, Manuel d´économie politique, 2. Aufl., Paris (Girard) 1927.

[91] Vgl. V. Radke, Zum Naturverständnis der Ökonomie, a.a.O., S. 161 ff.

[92] Vgl. R. Costanza et al., Einführung in die Ökologische Ökonomik, a.a.O., S. 239.

[93] Vgl. D. Löhr, Eigentumsrechte und Allokationseffizienz – Zur Rechtfertigung alter und neuer Privilegien durch die Wirtschaftswissenschaft, in: Fragen der Freiheit IV / 2005, S. 1 - 34.

[94] Vgl. exemplarisch J. Schumann / U. Meyer / W. Ströbele, Grundzüge der mikroökonomischen Theorie, a.a.O., S. 36.

[95] A. K. Dixit / B. J. Nalebuff, Spieltheorie für Einsteiger, Stuttgart 1995, S. 15 ff.

[96] K.R. Posner, The Economic Analysis of Law, Boston 1972, S. 29

[97] A. Lerch, Verfügungsrechte und Umwelt – Zur Verbindung von Ökologischer Ökonomie und ökonomischer Theorie der Verfügungsrechte, in: P. de Gijsel u.a. (Hrsg.): Ökonomie und Gesellschaft (Jahrbuch 14): Nachhaltigkeit in der ökonomischen Theorie, a.a.O., S. 129.

[98] Vgl. D. Löhr, Eigentumsrechte und Allokationseffizienz ..., a.a.O., S. 14 ff.

[99] J. M. Keynes, Allgemeine Theorie der Beschäftigung, des Zinses und des Geldes, 6. Aufl., Berlin 1983, S. 193 ff.

[100] V. Shiva, Biopiraterie – Kolonialismus des 21. Jahrhunderts, Münster 2002, S. 71 f.

[101] Vgl. C. W. Clark, Mathematical Bioeconomics – The Optimal Management of Renewable Resources, New York u.a. (John Wiley) 1976.

[102] A. Lerch, Verfügungsrechte und Umwelt ..., a.a.O., S. 130.

[103] P. Sprinckmann Kerkerinck, Die Essential-Facilities-Doktrin unter besonderer Berücksichtigung des geistigen Eigentums, Frankfurt u.a. 2002, S. 50 ff.

[104] Vgl. A. Lux / U. Scheele / E. Schramm, Benchmarking in der Wasserwirtschaft – Möglichkeiten und Grenzen einer Erweiterung des Benchmarking um ökologische und soziale Aspekte, netWORKS-paper 17, Berlin 2005, S. 12.

[105] U. Melzer, Deutsche Stromwirtschaft im Wandel – Chancen und Risiken des Wettbewerbs, Saarbrücken 2007, S. 46-47.

[106] Umfassender und vielschichtiger als hier diskutiert vgl. G. Pritsch, Real Options als Controlling-Instrument – Das Beispiel pharmazeutische Forschung und Entwicklung, Wiesbaden 2000.

[107] R. Sotelo: Die WertV ist tot, es lebe die WertV, in: Grundstücksmarkt und Grundstückswert, 1995, S. 91.

[108] BOOZ / Allen / Hamilton, Privatisierungsvarianten der Deutschen Bahn AG „mit und ohne Netz" („PRIMON-Gutachten"), teilweise entschwärzte Fassung vom 1. März 2006, Berlin 2006, S. 160.

[109] S. Keen, Why economic textbooks must stop teaching the standard theory of the firm, in: http://www.debunking-economics.com [28.01.08]. - S. auch G. J. Stigler, Perfect competition, historically contemplated, in: Journal of Political Economy 65 / 1957, S. 1-17. - S. auch S. Keen, Warum Wirtschaftslehrbücher die Standard-Theorie des Unternehmens nicht mehr unterrichten dürfen (deutsche Übersetzung von Jürgen Kremer), in: B. Luderer (Hrsg.): Die Kunst des Modellierens – mathematisch-ökonomische Modelle, Wiesbaden 2008, S. 179-194.

[110] G. Weisser, Axiomatik der Einzelwirtschaftspolitik, in: S. Katterle / W. Mudra / L.F. Neumann (Hrsg.): Beiträge zur Gesellschaftspolitik, 1. Aufl., Göttingen 1978, S. 697.- Vgl. auch D. Löhr, Betriebswirtschaftslehre und Neue Institutionenökonomik - eine kritische Bestandsaufnahme, in: H.A. Henkel / L.F. Neumann / H. Romahn (Hrsg.): Gegen den gesellschaftspolitischen Imperialismus der reinen Ökonomie (Gedächtnisschrift für Gerhard Weisser), Marburg 1998, S. 358 ff.

[111] G. Weisser, Axiomatik der Einzelwirtschaftspolitik, ebenda, S. 706.

[112] U. Köhler, Die Theorie der Preisdiskriminierung, Düsseldorf 1961, S. 43 ff.

[113] J. Schumann / U. Meyer / W. Ströbele, Grundzüge der mikroökonomischen Theorie, S. 284.

[114] M. Friedman, Kapitalismus und Freiheit, München 2004, S. 164.

[115] Vgl. H. Bossel, Globale Wende ..., a.a.O., S. 55.

[116] J. Ziegler, Imperium der Schande – Der Kampf gegen Armut und Unterdrückung, München 2005, S. 223.

[117] M. Friedman, The Social Responsibility of business is to increase its profits, in: New York Times Magazine, 13.09.1970.

[118] J. Ziegler, Die neuen Herrscher der Welt und ihre globalen Widersacher, 5. Aufl., München 2005, S. 73.

[119] J. Loewe, Das Wasser-Syndikat – Über die Verknappung und Kommerzialisierung einer lebensnotwendigen Ressource, Dornach 2007, S. 92.

[120] http://www.ngo-online.de [23.1.2006]

[121] J. Loewe, Das Wasser-Syndikat ..., a.a.O., S. 80.- Claassen wurde 2006 in den Vorstand der EdF berufen.

[122] Vgl. ebenda, S. 126 f.

[123] Ebenda, S. 118.

[124] Sendung "Monitor" (ARD) vom 25.3.2004.

[125] J. Loewe, Das Wasser-Syndikat ..., a.a.O., S. 170.

[126] J. Ziegler, Imperium der Schande ..., a.a.O., S. 221.

[127] M. Di Gregorio / K. Hagedorn / M. Kirk / B. Korf / N. McCarthy / R. Meinzen-Dick / B. Swallow, Property Rights, Collective Action and Poverty: The Role of Institutions for Poverty Reduction, Paper prepared for the Tenth Biennial Conference of the International Association for the Study of Common Property (IASCP), Oaxaca Mexico, 9-13 August 2004, S. 7.- http://dlc.dlib.indiana.edu/archive/00001549/00/DiGregorio_Property_040702_Paper443.pdf.

[128] A. Lerch, Verfügungsrechte und Umwelt ..., a.a.O., S. 127-128.

[129] Wuppertal Institut für Klima, Umwelt und Energie, Fair Future – Begrenzte Ressourcen und globale Gerechtigkeit, 2. Aufl., München 2005, S. 39.

[130] H. Giersch, Allgemeine Wirtschaftspolitik, Wiesbaden 1968.

[131] V. Shiva, Biopiraterie ..., a.a.O., S. 71 ff.

[132] J.S. Mill, Politische Ökonomie, Buch II, Kap. II, § 6.

[133] J.P. Proudhon, Eigentum ist Diebstahl, 4. überarb. Aufl., Berlin (W.) 1982.

[134] J. Ziegler, Die neuen Herrscher der Welt und ihre globalen Widersacher, a.a.O., S. 207.

[135] M. Chossudovsky, The Globalization of Poverty and the New World Order, 2nd ed., Montreal (Center for Research on Globalization) 2003, S. 55 – 56.

[136] Vgl. S. Gesell, Die Natürliche Wirtschaftsordnung durch Freiland und Freigeld, 9. Aufl., Lauf bei Nürnberg 1949, S. 77 ff.

[137] Vgl. P. Sprickmann Kerkerinck, Die Essential-Facilities-Doktrin ..., a.a.O., S. 111 ff.

[138] H. Demsetz, Towards a theory of property rights, in: American Economic Review, 57 /1967, S. 347-359. - Ders.: Some aspects of property rights, in: Journal of Law and Economics 9 / 1966.

[139] Vgl. R. Richter, E. G. Furubotn, Neue Institutionenökonomik, 3. Aufl., Tübingen 2003, S. 129 ff.

[140] K.R. Posner, The Economic Analysis of Law, a.a.O., S. 29

[141] S. nachfolgend T. Santarius, Vortrag auf der Fachtagung „In den Himmel wachsen" am 10.2.2007 in Saarbrücken.

[142] A. Smith, Theorie der ethischen Gefühle (übersetzt und herausgegeben von Walter Eckstein), Marburg 1985, S. 315 f.

[143] A. Smith, ebenda, S. 316.

[144] A. Endres, Umweltökonomie, 2. Aufl., a.a.O., S. 41.

[145] Vgl. ebenda, S. 41 ff.

[146] Vgl. U. Wullkopf, Baulandausweisung der Kommunen zwischen Restriktion und Marketing, http://wwwifw.uni-karlsruhe.de/Vortrag/ss_03/07_Wullkopf_181202.baulandausweisung.pdf, S. 3 [01.12.07].

[147] Vgl. A. Schreiber-Martens, Ein Grundeinkommen für alle aus Abgaben für die Nutzung von Naturressourcen, in Zeitschrift für Sozialökonomie, H. 154 / 2007, S. 27-32.

[148] S. auch A. Lerch, Verfügungsrechte und Umwelt ..., a.a.O., S. 131.

[149] Ähnlich auch R. Costanza et. al., Einführung in die Ökologische Ökonomik, a.a.O., S. 99.

[150] Vgl. A.P. Hüttermann / A.H. Hüttermann, Am Anfang war die Ökologie ..., a.a.O., S. 60 ff.

[151] Ebenda, S. 62.

[152] Vgl. R. A. Posner, Natural Monopoly and Its Regulation, in: Standford Law Review, Vol. 21 (February) / 1969, S. 548-643.

[153] Art. "Coase-Theorem", in: Gabler Wirtschafts-Lexikon, 13. vollständig überarbeitete Auflage, Wiesbaden 1993.

[154] R. A. Sedjo, Property Rights, Genetic Resources and Biotechnological Change, in: Journal of Law and Economics, Vol. 35 / 1992, S. 199-213, hier: S. 207.

[155] J. Rifkin, Access – Das Verschwinden des Eigentums, Frankfurt / New York 2007, S. 155 ff.

[156] A. P. Hüttermann / A. H. Hüttermann, Am Anfang war die Ökologie ..., a.a.O., S. 58.

[157] A.S. Holland, et. al.: The Role of Uncertainty in Investment: An Examination of Competing Investment Models Using Commercial Real Estate Data, in: Real Estate Economics, H. 28 / 2000, S. 33 ff.; hier: S. 34.

[158] G. Sommer / R. Kröll, Lehrbuch zur Grundstückswertermittlung, München / Unterschleißheim 2005, S. 209 ff.- Ernst, Werner / Zinkahn, Willy / Bielenberg, Werner (lfd. Jg.), Baugesetzbuch (Kommentar), Loseblattsammlung, § 194, Tz. 118.

[159] Vgl. R. Coase, The Problem of Social Cost, in: Journal of Law and Economics 3 / 1960, S. 1-44.

[160] J. H. Kunstler, The Long Emergency ..., a.a.O., S. 248 ff.

[161] A. Lerch, Verfügungsrechte und Umwelt ..., a.a.O., S. 131.

[162] D. Ricardo, Über die Grundsätze der politischen Ökonomie und der Besteuerung, übersetzt von Gerhard Bondi, hrsg. von H. D. Kurz, Metropolis-Verlag, Marburg 1994, S. 58 ff.

[163] Zu wesentlichen Aspekten vgl. D. Löhr, Umweltgüter als Common Property Resources, a.a.O.

[164] http://www.umweltbundesamt.de/luft/emissionen/bericht/aktuelle_daten/ [09.09.07].

[165] A. Endres, Umweltökonomie, 2. Aufl., a.a.O., S. 142 ff.

[166] Zur Idee der Realoptionen vgl. erstmals S. C. Myers, S. C., Determinants of Corporate Borrowing, Journal of Financial Economics, 1977, S. 147-175.

[167] K. Picard, Biokraftstoffe aus Sicht der Mineralölindustrie, in: Technikfolgenabschätzung – Theorie und Praxis, 15. Jg., 2006, H. 4, S. 34-41, hier: S. 38.

[168] Vgl. A. Michaelowa / S. Butzengeiger / M. Jung / M. Dutschke (2003), Beyond 2012 – Evolution of the Kyoto-Protocol Regime. An Environmental and Development Economics Analysis, externe Expertise zum WBGU-Sondergutachten "Über Kioto hinaus denken – Klimaschutzstrategien für das 21. Jahrhundert", Berlin 2003.- U. Lambrecht u.a., Flexible Instrumente der Klimapolitik im Ver-

kehrsbereich – Weiterentwicklung und Bewertung von konkreten Ansätzen zur Integration des Verkehrssektors in das Emissionshandelssystem, Endbericht im Auftrag des Ministeriums für Umwelt und Verkehr des Landes Baden-Württemberg, Heidelberg u.a. 2003, S. 107.

[169] Vgl. J. Schwerdt, Das „safety valve"-Konzept im Klimaschutz – Idee und Kritik, in: ZfU 3 / 2005, S. 321-344.

[170] Wissenschaftlicher Beirat der Bundesregierung Globale Umweltveränderungen (WBGU), Über Kioto hinaus denken – Klimaschutzstrategien für das 21. Jahrhundert, Sondergutachten, Berlin 2003, Kap. 5.4.3.

[171] Vgl. stellvertretend auch für andere Abhandlungen R. Walz / C. Küpfer, Handelbare Flächenausweisungskontingente – Erste Überlegungen zur Ausgestaltung eines Modells handelbarer Flächenausweisungskontingente unter Berücksichtigung ökologischer, ökonomischer, rechtlicher und sozialer Aspekte, Forschungsvorhaben 203 16 123 / 03 im Rahmen des Umweltforschungsplans des Bundesministeriums für Umwelt, Naturschutz und Reaktorsicherheit, Abschlussbericht, Karlsruhe 2005.- M. Schmalholz, Steuerung der Flächeninanspruchnahme – Defizite des Umwelt- und Planungsrechts sowie alternative Ansätze zur Reduzierung des Flächenverbrauchs durch Siedlung und Verkehr, Norderstedt 2005.

[172] R. Walz / C. Küpfer, ebenda, S. 254-255.

[173] Vgl. J. Schwerdt, Das „safety valve"-Konzept im Klimaschutz ..., a.a.O., S. 321 ff.

[174] Zu den diesbezüglichen Problemen mit Blick auf den Luftverkehr vgl. J. Scheelhaase / W. Grimme, Emissionshandel für den internationalen Luftverkehr, in: ZfU 4 / 2006, S. 481-501, hier: S. 490-491 und S. 498.

[175] D. Löhr, Handelbare Flächenausweisungskontingente: Eine gute Idee auf Abwegen, in: ZfU 4 / 2006, S. 529-544.

[176] Mail von K.-F. Müller-Reißmann vom 25.7.2008 an den Verfasser.

[177] T. Wiedmann / J. Kersten / K. Ballschmiter, Art und Menge von stofflichen Emissionen aus dem Verkehrsbereich – Eine Literaturstudie. Akademie für Technikfolgenabschätzung Baden-Württemberg, Mai 2000.

[178] Wuppertal Institut für Klima, Umwelt und Energie, Fair Future ..., a.a.O., S. 82.

[179] E. Gawel, Umweltordnungsrecht – Ökonomisch irrational? In: Gawel, E. / Lübbe-Wolff, G. (Hrsg.), Rationale Umweltpolitik – Rationales Umweltrecht, Baden-Baden 1999, S. 264 f.

[180] A. Lerch, Verfügungsrechte und Umwelt ..., a.a.O., S. 145.

[181] Ebenda, S. 147.

[182] L. Wicke, Das Versagen des Kyoto-Protokolls in seiner jetzigen Form und seine strukturelle Weiterentwicklung, in: Zeitschrift für Sozialökonomie, 4/2006, S. 4.

[183] Vgl. zum folgenden auch D. Löhr, Geistige Eigentumsrechte, Globalisierung und die Fortsetzung der Conquista, in: Fragen der Freiheit IV / 2006, S. 3 ff.- D. Löhr, Wie eine „unsichtbare Hand" nach der Allmende greift – Eine Kritik der Property-Rights-Theorie, in: Zeitschrift für Sozialökonomie, Dezember 2007, S. 12 ff.

[184] J. Rifkin, wir werden Kriege um Gene führen – warum ich gegen die Patentierung des Menschen klage, Interview mit J. Rifkin, FAZ vom 11.4.2000, S. 43.

[185] S. Mark, Landwirtschaft am Scheideweg: für das Leben oder den Profit?, in: ATTAC (Hrsg.): Die geheimen Spielregeln des Welthandels – WTO-GATS-TRIPS-M.A.I., Wien 2003, S. 118.

[186] B. Balanyá et al., Europe Inc. Regional and Global Restructuring and the Rise of Corporate Power, London 2000, S. 130.

[187] J. Loewe, Das Wasser-Syndikat ..., a.a.O., S. 26.

[188] F. Machlup, Die wirtschaftlichen Grundlagen des Patentrechts, Studie, erstellt für das Subcommittee on Patents, Trademarks and Copyrights des amerikanischen Senats, erstmals in deutscher Sprache veröffentlicht 1961 in der Zeitschrift „Gewerblicher Rechtsschutz". Nachdruck in: Fragen der Freiheit, H. 253, Januar-März 2000, S. 17-119, hier: S. 26-27.

[189] Vgl. J. Boyle, Shamans, software and spleens: Law and the construction of the information society, Cambridge / London (Harvard University Press), 1997. - J. Stiglitz, Making globalization work – the next steps to global justice, London (Penguin group) 2006, S. 108.

[190] M. Polanyi, Patent Reform, Review of Economic Studies, Bd. XI, 1944, S. 70 / 71.

[191] H. E. Meier, Wissen als geistiges Privateigentum? Die Einfriedung der Public Domain, in: Leviathan, Vol. 33 Nr. 4, 12/ 2005, S. 499.

[192] P. A. David, The economic logic of „open science" and the balance between property rights and the public domain in scientific data and information: A primer, in: J. M. Esanu / P. F. Uhlir (Hrsg.): The role of scientific data and information, Washington, DC (National Academic Press), 2003, S. 22

[193] Biotech Battlefield: Profits vs. Public, Sunday Report, Los Angeles Times, 21.2.1999.

[194] F. Machlup, Die wirtschaftlichen Grundlagen des Patentrechts, a.a.O., S. 72-73.

[195] M. Angell, Der Pharma-Bluff, Bonn/Bad Homburg 2005, S. 59 ff.

[196] F. Machlup, Die wirtschaftlichen Grundlagen des Patentrechts, a.a.O., S. 85-87.

[197] S. Greif, Internationaler Patent- und Lizenzverkehr: Formen – Fakten – Regeln, in: A. Schüller, J. Thieme (Hrsg.), Ordnungsprobleme der Weltwirtschaft, Schriften zu Ordnungsfragen der Wirtschaft, Band 71, Stuttgart 2002, S. 180-200, hier: S. 183.

[198] „Unternehmen Roche will von Generika nichts wissen", in: FAZ vom 10.11.2003, Nr. 261, S. 14.- Die Gewinnmarge wird durch die Relation Gewinn zu Umsatz beschrieben.

[199] Greenpeace, Die wahren Kosten der Gen-Patente, Hamburg 2004, S. 20-21.

[200] Stellvertretend für andere Untersuchungen vgl. T. Becker, Gentechnik und Verbraucher, in: Ministerium ländlicher Raum (Hrsg.): Landinfo 3 / 1999, S. 20-26.

[201] Vgl. J. Stiglitz, Making globalization work, a.a.O., S. 112.

[202] Vgl. die Kampagne des Fördervereins für eine Freie Informationelle Infrastruktur e.V. („FFII"), http://www.ffii.de [30.09.07]

[203] Vgl. J. Stiglitz, Making globalization work, a.a.O., S. 114-115.

[204] Vgl. W. M. Landes / R. A. Posner, The Economic Structure of Intellectual Property Law. Cambridge / Mass, (The Belknap Pres of Harvard University Press) 2003, in der Überblicksdarstellung. - S. auch J. Stiglitz, Making globalization work, a.a.O., S. 109.

[205] S. Mark, Landwirtschaft am Scheideweg: für das Leben oder den Profit? a.a.O., S. 120.

[206] A. Hartmann, Funktionsweise und Risiken von Gene Usage Restriction Technologies (Terminator-Technologie), UBA-Texte 74/02, Berlin 2002, S. 30-31, 35.

[207] Ebenda, S. 30-31, 35.

[208] Vgl. GTZ, Sicherung der Biodiversität im ländlichen Raum, Berlin 2000, S. 4.

[209] A. Hartmann, Funktionsweise und Risiken von Gene Usage Restriction Technologies (Terminator-Technologie), a.a.O., S. 31.

[210] U. Brendel, Gift im Gen-Mais – Aktuelle Forschungsergebnisse belegen ökologische Risiken, http://www.greenpeace.de/themen/gentechnik/gefahren_risiken/artikel/gift_im_gen_mais_report_zu_aktuellen_forschungsergebnissen/ [02.03.07]

[211] S. Mark, Landwirtschaft am Scheideweg: für das Leben oder den Profit?, a.a.O., S. 119.

[212] Ebenda, S. 120.

[213] C. Görg, Die Regulation der biologischen Vielfalt und die Krise gesellschaftlicher Naturverhältnisse, in: http://www.biopiraterie.de/fileadmin/pdf/hintergrund/g_rg1998.pdf [02.06.07].

[214] A. Hartmann, Funktionsweise und Risiken von Gene Usage Restriction Technologies (Terminator-Technologie), a.a.O., S. 30.

[215] A. Gresh u.a., Atlas der Globalisierung, 2. Aufl., Berlin 2006, S. 13.

[216] E. Wagenhofer / M. Annas, We feed the world – Was uns das Essen wirklich kostet (Buch zum gleichnamigen Film), Freiburg 2006, S. 167.

[217] Ebenda, S. 167 f.

[218] A. Gresh u.a., Atlas der Globalisierung, a.a.O., S. 33.

[219] E. Wagenhofer / M. Annas, We feed the world ..., a.a.O., S. 51.

[220] J. Rifkin, Access – Das Verschwinden des Eigentums, a.a.O., S. 90.

[221] Ebenda, S. 92.

[222] W. Davies / K. Withers, Public Innovation – Intellectual property in a digital age, London 2006, S. 6 und 24.

[223] Zitiert nach E. Wagenhofer / M. Annas, We feed the world ..., a.a.O., S. 40.

[224] Ebenda, S. 167.

[225] A. Hartmann, Funktionsweise und Risiken von Gene Usage Restriction Technologies (Terminator-Technologie), a.a.O., S. 35-36 mit einschlägiger Literatur.

[226] Die Bibel, Das erste Buch Mose, 47, 13, Genesis.

[227] A. Hartmann, Funktionsweise und Risiken von Gene Usage Restriction Technologies (Terminator-Technologie), a.a.O., S. 32.

[228] Vgl. A. Simms, Selling suicide-farming, false promises and genetic engineering in developing countries, Christian Aid Reports 05/09, online:http://www.christian-aid.org.uk/indepth/9905suic/suicide2.htm [02.06.07].

[229] E. Wagenhofer / M. Annas, We feed the world ..., a.a.O., S. 168.

[230] Ebenda, S. 160.

[231] Ebenda, S. 31.

[232] Ebenda, S. 38-39.

[233] K.E. Maskus, The international regulation of intellectual property, in: Weltwirtschaftliches Archiv 134 / 1998, S. 187-208.

[234] V. Shiva, Biopiraterie ..., a.a.O., S. 11 ff.

[235] Vgl. P. Quédau, Wem gehört das Wissen? Geistiges Eigentum und Gemeinwohl, in: Fragen der Freiheit, H. 255, Juli-September 2000.- J. Rifkin, Wir werden Kriege um Gene führen, a.a.O.

[236] P. Quédau, ebenda.

[237] J. Kohler, Handbuch des Deutschen Patentrechts in rechtsvergleichender Darstellung, 1900, S. 84.

[238] Richtlinie 98/44/EG des Europäischen Parlaments und des Rates vom 6. Juli 1998 über den rechtlichen Schutz biotechnologischer Erfindungen, a.a.O.

[239] Bezüglich der Behinderung der Grundlagenforschung vgl. H. U. Dörries, Patentansprüche auf DNA-Sequenzen: ein Hindernis für die Forschung? Anmerkungen zum Regierungsentwurf für ein Gesetz zur Umsetzung der Richtlinie 98/44/EG, in: Mitteilungen der deutschen Patentanwälte, H. 1 / 2001, S. 15-21, hier: S. 16. - Vgl. Greenpeace, Die wahren Kosten der Gen-Patente, a.a.O., S. 14.

[240] Greenpeace, ebenda, S. 15.

[241] Vgl. Science, Vol. 275 vom 28.2.1997, S. 1263.

[242] Greenpeace, Die wahren Kosten der Genpatente, a.a.O., S. 21.

[243] Ebenda, S. 15.

[244] J. Ziegler, Imperium der Schande ..., a.a.O., S. 228.

[245] H. E. Meier, Wissen als geistiges Privateigentum?, a.a.O., S. 503.

[246] Vgl. A. Riekeberg et al., Grüne Beute – Biopiraterie und Widerstand, Frankfurt 2005. - S. George / ATTAC, Remettre l´OMC à sa place, Paris 2001, S. 26.

[247] Zur Bedeutung des „Zugangs" vgl. J. Rifkin, Access – Das Verschwinden des Eigentums, a.a.O., S. 9 ff., S. 7 ff.

[248] Vgl. J. Rifkin, wir werden Kriege um Gene führen ..., a.a.O.

[249] A. Riekeberg et al., Grüne Beute ..., a.a.O., S. 78

[250] Vgl. K. Polanyi, The great transformation: Politische und ökonomische Ursprünge von Gesellschaften und Wirtschaftssystemen, Frankfurt a.M. 2004.

[251] J. Stiglitz, Making globalization work, a.a.O., S. 118 ff.

[252] J. Stiglitz, ebenda, S. 28.

[253] Vgl. D. Suhr, Alterndes Geld, Schaffhausen 1988, S. 59-62.

[254] J. J. Rousseau: Schriften zur Kulturkritik, Hamburg 1971, S. 191/93.

[255] Vgl. auch G. G. Stevenson, Common Property Economics. A General Theory and Landuse Applications, Cambridge (Cambridge University Press) 1991, S. 58

[256] A. Lerch, Verfügungsrechte und Umwelt ..., a.a.O., S. 143.

[257] J.S. Mill, Politische Ökonomie, a.a.O., Kap. II, § 6.

[258] ECOSOC (Ausschuss für wirtschaftliche, soziale und kulturelle Rechte), Allgemeiner Kommentar No. 15, 2002 (E/C.12/2002/11): The right to water, http://www.citizen.org/documents,ACF2B4B.pdf [02.06.07].

[259] J. Backhaus, Ein Steuersystem nach Henry George als Denkmodell und Alternative oder Ergänzung zur Ökosteuer, in: Zeitschrift für Sozialökonomie, 120/1999, S. 26-32, hier: S. 28-29; H. George, Fortschritt und Armut (deutsch von C.D.F. Gütschow), Berlin 1881.

[260] R. Costanza et al., Einführung in die Ökologische Ökonomik, a.a.O., S. 295.

[261] Der Gedanke ist im Rahmen der Bodenreform angelegt bei S. Gesell, Die Natürliche Wirtschaftsordnung ..., a.a.O., S. 93 ff. - Vgl. hierzu auch K. Hugler / H. Diefenbacher, Adolf Damaschke und Henry George – Ansätze zu einer Theorie und Politik der Bodenreform, Marburg 2005, S. 113.

[262] Vgl. D. Löhr, Handelbare Flächenausweisungskontingente: Eine gute Idee auf Abwegen, in: ZfU 4, S. 529-544 vorgestellt. An dieser Stelle ist noch mehr Forschung erforderlich.

[263] Sachverständigenrat für Umweltfragen, Die nationale Umsetzung des europäischen Emissionshandels: Marktwirtschaftlicher Klimaschutz oder Fortsetzung der energiepolitischen Subventionspolitik mit anderen Mitteln? Stellungnahme Nr. 11, Berlin 2006, S. 4-6.

[264] Siehe beispielsweise den Beschluss der BAG Energie von Bündnis 90 / Die Grünen 2006.

[265] Vgl. H. R. Varian, Grundzüge der Mikroökonomik, 5. Aufl., München / Wien 2001,VARIAN 2001, S. 129 ff.

[266] Mohandas Gandhi, zitiert nach Wuppertal Institut für Klima, Umwelt und Energie, Fair Future – Begrenzte Ressourcen und globale Gerechtigkeit, 2. Aufl., München 2005, S. 37.

[267] T. Santarius, Vortrag auf der Fachtagung „In den Himmel wachsen" am 10.2.2007 in Saarbrücken.

[268] Wuppertal Institut für Klima, Umwelt und Energie, Fair Future ..., a.a.O., S. 90.

[269] J. Leggett, Peak Oil ..., a.a.O., S. 27.

[270] T. Santarius, Vortrag auf der Fachtagung „In den Himmel wachsen" am 10.2.2007 in Saarbrücken.

[271] Wuppertal Institut für Klima, Umwelt und Energie, Fair Future ..., a.a.O., S. 108.

[272] Ebenda, S. 109.

[273] Vgl. E. Wagenhofer / M. Annas, We feed the world ..., a.a.O., S. 146.

[274] E. Ostrom, Die Verfassung der Allmende – Jenseits von Staat und Markt, Tübingen 1999, S. 24.

[275] Ebenda, S. 24-25.

[276] J. Schumann / U. Meyer / W. Ströbele, Grundzüge der mikroökonomischen Theorie, a.a.O., S. 63 ff.

[277] R. Musgrave, The Theory of Public Finance, New York (Mc Graw Hill) 1959.

[278] D. Brümmerhoff, Finanzwissenschaft, 7. Aufl., München u.a. 1996, S. 94-95.

[279] Abgewandelt übernommen aus: J. Schumann / U. Meyer / W. Ströbele, Grundzüge der mikroökonomischen Theorie, a.a.O., S. 82 ff.

[280] J. Boyle, Shamans, software and spleens: Law and the construction of the information society, Cambridge / London (Harvard University Press) 1997.

[281] O. v. Nell-Breuning: Das Subsidiaritätsprinzip, in: J. Münder / D. Kreft (Hrsg.): Subsidiarität heute, Münster 1990, S. 173-184.

[282] J. Stiglitz, Making globalization work, a.a.O., S. 110, 118 und 124.

[283] P. Sprinckmann Kerkerinck, Die Essential-Facilities-Doktrin unter besonderer Berücksichtigung des geistigen Eigentums, a.a.O.

[284] J. Schumann / U. Meyer / W. Ströbele, Grundzüge der mikroökonomischen Theorie, a.a.O., S. 291.

[285] BGBl. I, S. 730. Weitere Neufassungen datierten vom 7.7.2005 und 26.3.2007.

[286] U. Melzer, Deutsche Stromwirtschaft im Wandel – Chancen und Risiken des Wettbewerbs, Saarbrücken 2007, S. 6-7.

[287] Ebenda, S. 7.

[288] Ebenda, S. 5.

[289] J. Monstadt, Die Modernisierung der Stromversorgung – Regionale Energie- und Klimapolitik im Liberalisierungs- und Privatisierungsprozess, Wiesbaden 2004, S. 74.

[290] http://www.energienetz.de/index.php?itid=1094 &content_news_detail=6499&back_cont_id=4044 [08.09.07].

[291] E. Feess / F. Tibitanzl, Mikroökonomie, 2. Aufl., München 1997, S. 73 ff.

[292] Ebenda, S. 75 f.

[293] H. Schmidt, Industrie hält die Strombörse für einen manipulierten Markt, in: FAZ.NET vom 8.5.2005.

[294] Vgl. U. Kelber, Mehr Wettbewerb in der Energiewirtschaft, in: Solarzeitalter 03/2006, S. 20.

[295] U. Melzer, Deutsche Stromwirtschaft im Wandel ..., a.a.O., S. 9.

[296] Ebenda, S. 17.

[297] Vgl. zum Nachfolgenden H. Edelmann / C.E. Beisheim, Unbundling – Handlungsspielräume und Optionen für die Entflechtung von Energieversorgungsunternehmen, Frankfurt 2006, S. 18, 36, 84 f., 135 und 170.

[298] http://www.yeald.de/Yeald/a/58121/stromkonzerne [08.09.07].

[299] U. Melzer, Deutsche Stromwirtschaft im Wandel ..., a.a.O., S. 19 ff.

[300] Ebenda, S. 14.

[301] http://www.finanzchannel.de/article939html [08.02.08].

[302] U. Melzer, Deutsche Stromwirtschaft im Wandel ..., a.a.O., S. 29.

[303] Ebenda, S. 40-43.

[304] A. Brandt u.a., Brüchige Kolosse, aus: Der Spiegel, 49 / 2005, S. 92-94.

[305] J. Leggett, Peak Oil ..., a.a.O., S. 99.

[306] U. Melzer, Deutsche Stromwirtschaft im Wandel ..., a.a.O., S. 38-39.

[307] L. Jarass / G.M. Obermair, Netzeinbindung von Windenergie: Erdkabel oder Freilegung? In: Energiewirtschaftliche Tagesfragen, 55. Jg., H. 6 / 2005, S. 398 ff. - S. auch: L. Jarass / G. M. Obermair / A. Jarass, Wirtschaftliche Zumutbarkeit des Netzausbaus für Windenergie, Untersuchung im Auftrag des Bundesministeriums für Umwelt, Naturschutz und Reaktorsicherheit, Wiesbaden 1997.

[308] S. exemplarisch C. Humbs, „Preistreiberei unter staatlicher Aufsicht – wie Stromkonzerne ungehindert Kasse machen", in: Kontraste, Sensung vom 4.5.06 oder http://www.Stromtip.de/rubrik2/18731/0/2/Die+aktuelle+Strompreis-Diskussion.html [08.02.08].

[309] Zitiert aus: L. Stadler / U. Hoering, Das Wasser-Monopoly – Von einem Allgemeingut und seiner Privatisierung, Zürich 2003, S. 123.

[310] Ebenda, S. 19 f.

[311] E. Wagenhofer/ M. Annas, We feed the world ..., a.a.O., S. 138.

[312] D. A. Pfeiffer, Eating Fossil Fuels – a.a.O., S. 10.

[313] Ebenda, S. 15 ff.

[314] L. Stadler / U. Hoering, Das Wasser-Monopoly ..., a.a.O., S. 22.

[315] Ebenda, S. 34-35.

[316] J. H. Kunstler, The Long Emergency ..., a.a.O., S. 164.

[317] J. Loewe, Das Wasser-Syndikat ..., a.a.O., S. 17 f.

[318] Ebenda, S. 14.

[319] Ebenda, S. 13.

[320] Ebenda, S. 13.

[321] Public Service International, Controlling the Vision and Fixing the Forum: The politburo of privatisation, Critique of the Vision, Den Haag 17.-22. März 2000, online: http://www.psiru.org [06.05.05].

[322] E. Gould, Water in the Current Round of WTO Negociations on Services, Canadian Center for Policy Alternatives, Briefing Paper Series, Vol. 4/ Nr. 1, Januar 2003.

[323] J. Loewe, Das Wasser-Syndikat ..., a.a.O., S. 144.

[324] J. Libbe / T. Moss, Wandel in der Wasserwirtschaft und die Zukunft kommunalpolitischer Steuerung, in: ZfU 3 / 2007, S. 381 – 403, hier: S. 386 f.

[325] L. Stadler / U. Hoering, Das Wasser-Monopoly ..., a.a.O., S. 124 ff.

[326] J. Libbe / T. Moss, Wandel in der Wasserwirtschaft ..., a.a.O., S. 382.

[327] L. Stadler / U. Hoering, Das Wasser-Monopoly ..., a.a.O., S. 23-24, S. 38 f..

[328] Ebenda, S. 39 ff.

[329] J. Loewe, Das Wasser-Syndikat ..., a.a.O., S. 15.

[330] Ausschuss für wirtschaftliche, soziale und kulturelle Rechte der Vereinten Nationen (Wirtschafts- und Sozialrat), Das Recht auf Wasser – Allgemeiner Kommentar No. 15, Genf 2003, E/C.12/2002/11.

[331] E. Wagenhofer/ M. Annas, We feed the world ..., a.a.O., S. 142.- Zu den französischen Interessen im Detail vgl. ebenda, S. 148 ff.

[332] J. Loewe, Das Wasser-Syndikat ..., a.a.O., S. 167.

[333] Ebenda, S. 166.

[334] Ebenda, S. 145.

[335] C. Felber / C. Staritz / P. Lichtblau, GATS: Das Dienstleistungsabkommen der WTO, in: ATTAC (Hrsg.): Die geheimen Spielregeln des Welthandels ..., a.a.O., S. 57.

[336] Vgl. Schlussbericht der Enquete-Kommission des Bundestages, Globalisierung der Weltwirtschaft, Opladen 2002.

[337] J. Libbe / T. Moss, Wandel in der Wasserwirtschaft ..., a.a.O., S. 385.

[338] Ebenda, S. 386.

[339] VG Regensburg, RN 3 K 04.01408 vom 2.2.2005.

[340] L. Stadler / U. Hoering, Das Wasser-Monopoly ..., a.a.O., S. 108 f.

[341] J. Loewe, Das Wasser-Syndikat ..., a.a.O., S. 23.

[342] Ebenda, S. 71 f.

[343] J. Libbe / T. Moss, Wandel in der Wasserwirtschaft ..., a.a.O., S. 391.

[344] L. Stadler / U. Hoering, Das Wasser-Monopoly ..., a.a.O., S. 68.

[345] World Water Council, World Water Vision, Commission Report – A Water Secure World, Vision for Water, Life and the Environment, 2000, in: http://www.worldwatercouncil.org [02.03.07].

[346] Vgl. J. Loewe, Das Wasser-Syndikat ..., a.a.O., S. 120 f.- A. Gresh u.a., Atlas der Globalisierung, a.a.O., S. 15.

[347] L. Stadler / U. Hoering, Das Wasser-Monopoly ..., a.a.O., S. 145 und 148.

[348] Ebenda, S. 146.

[349] Ebenda, S. 161.

[350] Ebenda, S. 118-119.

[351] Ebenda, S. 161 ff.

[352] H.-J. Ewers u.a., Optionen, Chancen und Rahmenbedingungen einer Marktöffnung für eine nachhaltige Wasserversorgung, BMWi-Forschungsbericht 11/00, Berlin 2001.

[353] J. Loewe, Das Wasser-Syndikat ..., a.a.O., S. 155.

[354] Ebenda, S. 14.- A. Gresh u.a., Atlas der Globalisierung, a.a.O., S. 14.

[355] J. Ziegler, Imperium der Schande, a.a.O., S. 258.

[356] Ebenda, S. 257.

[357] World Water Council, World Water Vision, Commission Report ..., a.a.O.

[358] Vgl. I. Serageldin, Water Supply, Sanitation and Environmental Sustainability, The Financing Challenge, in: Directions of Development, The World Bank, Washington D.C. 1994.

[359] E. Wagenhofer/ M. Annas, We feed the world ..., a.a.O., S. 140.

[360] "Water Industry Bill", House of Commons Research Paper 98/117, Dezember 1998, http://www.parliament.uk/commons/lib/research/rp98/rp98.htm [02.03.07]

[361] L. Stadler / U. Hoering, Das Wasser-Monopoly ..., a.a.O., S. 117.

[362] Mitbestimmung (Magazin der Hans Böckler-Stiftung), Wasserwirtschaft im Wandel, Heft 4/2002.

[363] World Water Council, World Water Vision, Commission Report ..., a.a.O.

[364] J. Loewe, Das Wasser-Syndikat ..., a.a.O., S. 131.

[365] Ebenda, S. 35-36.

[366] L. Stadler / U. Hoering, Das Wasser-Monopoly ..., a.a.O., S. 65.

[367] Ebenda, S. 64.

[368] J. Loewe, Das Wasser-Syndikat ..., a.a.O., S. 181.

[369] U. Melzer, Deutsche Stromwirtschaft im Wandel ..., a.a.O., S. 15.

[370] J. Schumann / U. Meyer / W. Ströbele, Grundzüge der mikroökonomischen Theorie, a.a.O., S. 295.

[371] Manifest der Enragés, verlesen vor dem Pariser Konvent am 25. Juni 1793, zit. nach J. Ziegler, Imperium der Schande – Der Kampf gegen Armut und Unterdrückung, München 2005, S. 22.

[372] V. Shiva, Biopiraterie, a.a.O., S. 115. - Wuppertal Institut für Klima, Umwelt und Energie, Fair Future ..., a.a.O., S. 13.

[373] Wuppertal Institut für Klima, Umwelt und Energie, ebenda, S. 13.

[374] Vgl. E. Kulessa und J. A. Schwaab, Globalisierung, Umweltschutz und Weltwirtschaftsordnung, in: R. Costanza et al., Einführung in die Ökologische Ökonomik, a.a.O., S. 195-196.

[375] J. Ziegler, Die neuen Herrscher der Welt und ihre globalen Widersacher, a.a.O.- Ders., Imperium der Schande – Der Kampf gegen Armut und Unterdrückung, a.a.O.

[376] Vgl. Die Beiträge im Orient-Journal, 4. Jg./ H. 2, Herbst 2003.

[377] M. Massarat, Ölpreis und Demokratie, in: Zeitschrift für Sozialökonomie, 155. Folge, 12/ 2007, S. 2-11, hier: S. 4.

[378] Vgl. D. Löhr, Globalisierung, Deregulierung und "dritte technologische Revolution", in: Wirtschaftsdienst 2/1999.- J. Stiglitz, Making globalization work, a.a.O., S. 64 und 70.

[379] Vgl. J. Perkins, Bekenntnisse eines Economic Hit Man, a.a.O.

[380] Vgl. N. Klein, Die Schock-Strategie – Der Aufstieg des Katastrophen-Kapitalismus, Frankfurt a.M. 2007.

[381] O.V., Krieg um Rohstoffe, in Süddeutsche Zeitung vom 16.06.2003.

[382] „Krieg der Rohstoffe", aus ngo-online vom 18.5.2006, http://www.ngo-online.de/ganze_nachricht.php?Nr=13628 [08.09.07].

[383] http://www.bmvg/de/portal/PA_1_0_P3/PortalFiles/C1256EF40036B05B/W26UYEPT431INFODE/WB_2006_dt_mB.pdf?yw_repository=youatweb [08.09.07].

[384] NATO, Das strategische Konzept des Bündnisses, Brüssel 1999.

[385] Wuppertal Institut für Klima, Umwelt und Energie, Fair Future ..., a.a.O., S. 93.

[386] M. Klare, Blood and oil: the dangers and consequences of America's growing dependency on imported petroleum, New York 2004, S. 46.

[387] J. Ziegler, Imperium der Schande ..., a.a.O., S. 42.

[388] Ebenda, S. 43.

[389] E. Wagenhofer / M. Annas, We feed the world ..., a.a.O., S. 151.

[390] M. Massarat, Ölpreis und Demokratie, a.a.O., S. 6.

[391] J. Leggett, Peak Oil ..., a.a.O., S. 133.

[392] Vgl. J. Perkins, Bekenntnisse eines Economic Hit Man, a.a.O.

[393] Wuppertal Institut für Klima, Umwelt und Energie, Fair Future ..., a.a.O., S. 91.

[394] Ebenda, S. 91.

[395] „Krieg der Rohstoffe", aus ngo-online vom 18.5.2006, a.a.O.

[396] Spiegel-Online vom 11.05.2006.

[397] Zitiert nach „Krieg der Rohstoffe", aus ngo-online vom 18.5.2006, a.a.O.

[398] J. Ziegler, Imperium der Schande ..., a.a.O., S. 73.

[399] Ebenda, S. 36.

[400] C. Felber / C. Staritz / P. Lichtblau, GATS: Das Dienstleistungsabkommen der WTO, a.a.O., S. 85.

[401] M. Chossudovsky, The Globalization of Poverty and the New World Order, 2nd ed., Montreal (Center for Research on Globalization) 2003, S. 25.

[402] Ebenda, S. 25.

[403] Die Dynamik des Kapitalismus (frz. Erstausgabe Paris 1985), Stuttgart 3. Auflage 1997, S. 22, 36–37, 49, 69, 74 und 100.

[404] Vgl. O. E. Williamson, Die ökonomischen Institutionen des Kapitalismus, Tübingen 1990, S. 96 ff.

[405] J. Ziegler, Imperium der Schande ..., a.a.O., S. 32.

[406] J. Stiglitz, Making globalization work, a.a.O., S. 72.

[407] O. E. Williamson, Die ökonomischen Institutionen des Kapitalismus, a.a.O., S. 96 ff.

[408] Wuppertal Institut für Klima, Umwelt und Energie, Fair Future ..., a.a.O., S. 65.

[409] E. Wagenhofer / M. Annas, We feed the world ..., a.a.O., S. 24.

[410] Wuppertal Institut für Klima, Umwelt und Energie, Fair Future ..., a.a.O., S. 68.

[411] Ebenda, S. 71.

[412] Ebenda, S. 69.

[413] Ebenda, S. 108.

[414] Ebenda, S. 111.

[415] Vgl. M. Chossudovsky, The Globalization of Poverty and the New World Order, a.a.O., S. 78 – 79.

[416] Wuppertal Institut für Klima, Umwelt und Energie, Fair Future ..., a.a.O., S. 72.

[417] Vgl. R. Costanza et al., Einführung in die Ökologische Ökonomik, a.a.O., S. 192-193, S. 201.

[418] J. Stiglitz, Making globalization work, a.a.O., S. 70 ff.

[419] C. Felber / C. Staritz / P. Lichtblau, GATS: Das Dienstleistungsabkommen der WTO, a.a.O., S. 57.

[420] J. Ziegler, Imperium der Schande ..., a.a.O., S. 272.

[421] J. Ziegler, Die neuen Herrscher der Welt und ihre globalen Widersacher, a.a.O., S. 143 ff.

[422] Ebenda, S. 158.

[423] A. Gresh u.a., Atlas der Globalisierung, a.a.O., S. 29.

[424] E. Wagenhofer / M. Annas, We feed the world ..., a.a.O., S. 27 und S. 38.

[425] J. Stiglitz, Making globalization work, a.a.O., S. 81 und S. 83.

[426] Ebenda, S. 79.

[427] Ebenda, S. 82.

[428] Wuppertal Institut für Klima, Umwelt und Energie, Fair Future ..., a.a.O., S. 89 ff.

[429] T. Santarius, Vortrag auf der Fachtagung „In den Himmel wachsen" am 10.2.2007 in Saarbrücken.

[430] Wuppertal Institut für Klima, Umwelt und Energie, Fair Future ..., a.a.O., S. 56-57.

[431] Ebenda, S. 60, 66-67.

[432] Ebenda, S. 101.

[433] Ebenda, S. 98.

[434] Ebenda, S. 99.

[435] J. Ziegler, Die neuen Herrscher der Welt und ihre globalen Widersacher, a.a.O., S. 113 ff.

[436] J. Ziegler, Imperium der Schande ..., a.a.O., S. 194.

[437] Vgl. J. H. Kunstler, The Long Emergency ..., a.a.O., S. 163.

[438] A. Gresh u.a., Atlas der Globalisierung, a.a.O., S. 26-27.

[439] Wuppertal Institut für Klima, Umwelt und Energie, Fair Future ..., a.a.O., S. 62.

[440] J. Stiglitz, Making globalization work, a.a.O., S. 133 ff.

[441] Vgl. auch J. Ziegler, Imperium der Schande ..., a.a.O., S. 50.

[442] S. Gesell, Die Natürliche Wirtschaftsordnung ..., a.a.O., S. 391.

[443] Ebenda, S. 86.

[444] J. Ziegler, Imperium der Schande ..., a.a.O., S. 51 f.

[445] J. Ziegler, Die neuen Herrscher der Welt und ihre globalen Widersacher, a.a.O., S. 39.

[446] Ebenda, S. 35 ff.

[447] J. Habermas, Die postnationale Konstellation – Politische Essays, Frankfurt a.M. 1998, S. 117.

[448] J. Stiglitz, Making Globalization Work, a.a.O., S. 28.

[449] Ebenda, S. 78.- Auch die Handelsabkommen sind entsprechend strukturiert.

[450] Vgl. R. Costanza et al., Einführung in die Ökologische Ökonomik, a.a.O., S. 205.

[451] J. Ziegler, Die neuen Herrscher der Welt und ihre globalen Widersacher, a.a.O., S. 72.

[452] Vgl. R. Kozul-Wright / P. Raymant, Globalization Reloaded: An UNCTAD Perspective, UNCTAD Discussion Paper No. 167, New York 2004, S. 26.

[453] J. Stiglitz, Making globalization work, a.a.O., S. 64.

[454] J. Ziegler, Die neuen Herrscher der Welt und ihre globalen Widersacher, a.a.O., S. 51. - S. auch die Details zu der Vereinbarung auf der Folgeseite.

[455] M. Chossudovsky, The Globalization of Poverty and the New World Order, a.a.O., S. 20.

[456] N. Myers / J. Kent, The New Consumers. The Influence of Affluence on the Environment, Washington 2004.

[457] Wuppertal Institut für Klima, Umwelt und Energie, Fair Future ..., a.a.O., S. 86.

[458] J. Perkins, Bekenntnisse eines Economic Hit Man, a.a.O.

[459] J. Ziegler, Imperium der Schande ..., a.a.O., S. 29.

[460] N. Klein, Die Schock Strategie – Der Aufstieg des Katastrophen-Kapitalismus, Frankfurt a.M. 2007, S. 30.

[461] R. Costanza et al., Einführung in die Ökologische Ökonomik, a.a.O., S. 205.

[462] J. Ziegler, Die neuen Herrscher der Welt und ihre globalen Widersacher, a.a.O., S. 106.

[463] R. Costanza et al., Einführung in die Ökologische Ökonomik, a.a.O., S. 207.

[464] Ähnlich R. Costanza et al., ebenda, S. 261.

[465] M. Massarrat, Nord-Süd-Verteilungskonflikte und das Konzept ökologischer Nachhaltigkeit, in: R. Costanza et al., Einführung in die Ökologische Ökonomik, a.a.O., S. 302 f.

[466] Wuppertal Institut für Klima, Umwelt und Energie, Fair Future ..., a.a.O., S. 19.

[467] J. Ziegler, Imperium der Schande ..., a.a.O., S. 31.

[468] Ebenda, S. 32.

[469] A. O. Krueger / H. F. Sonnenschein, The Terms of Trade, the Gains from Trade and Price Divergence, in: International Economic Review, 8 / 1967, S. 121-127

[470] R. Costanza et. al., Einführung in die Ökologische Ökonomik, a.a.O., S. 99.

[471] J. Ziegler, Imperium der Schande ..., a.a.O., S. 172.

[472] R. Costanza et al., Einführung in die Ökologische Ökonomik, a.a.O., S. 199.

[473] Ebenda, S. 200.

[474] Wuppertal Institut für Klima, Umwelt und Energie, Fair Future ..., a.a.O., S. 105.

[475] Ebenda, S. 80-81.

[476] F. Braudel, Aufbruch zur Weltwirtschaft – Sozialgeschichte des 15.-18. Jahrhunderts, München 1986, S. 22 ff. und S. 33 ff.

[477] Wuppertal Institut für Klima, Umwelt und Energie, Fair Future ..., a.a.O., S. 23.

[478] J. Ziegler, Die neuen Herrscher der Welt und ihre globalen Widersacher, a.a.O., S. 62.

[479] M. Chossudovsky, The Globalization of Poverty and the New World Order, a.a.O., S. 23.

[480] United Nations Development Programme (UNDP), Human Development Report 1997, table 1.1., S. 21.

[481] M. Chossudovsky, The Globalization of Poverty and the New World Order, a.a.O., table 2.2., S. 33.

[482] Ebenda, S. 32.

[483] Wuppertal Institut für Klima, Umwelt und Energie, Fair Future ..., a.a.O., S. 90.

[484] J. Ziegler, Imperium der Schande ..., a.a.O., S. 71.

[485] Ebenda, S. 32 und 71.

[486] Wuppertal Institut für Klima, Umwelt und Energie, Fair Future ..., a.a.O., S. 26-27.

[487] Zu den Mechanismen aus eigener Anschauung J. Perkins, Bekenntnisse eines Economic Hit Man, a.a.O.

[488] J. Ziegler, Imperium der Schande ..., a.a.O., S. 77.

[489] J. Perkins, Bekenntnisse eines Economic Hit Man, a.a.O.

[490] M. Chossudovsky, The Globalization of Poverty and the New World Order, a.a.O., S. 43.

[491] Ebenda, S. 324.

[492] Ebenda.

[493] E. Wagenhofer / M. Annas, We feed the world ..., a.a.O., S. 152.

[494] J. Ziegler, Die neuen Herrscher der Welt und ihre globalen Widersacher, a.a.O., S. 178.

[495] M. Chossudovsky, The Globalization of Poverty and the New World Order, a.a.O., insbesondere S. 19 ff. und für das Beispiel Brasilien S. 203.

[496] J. Ziegler, Imperium der Schande ..., a.a.O., S. 78 f.

[497] Ebenda, S. 72.

[498] M. Chossudovsky, The Globalization of Poverty and the New World Order, a.a.O., S. 52 und S. 61.

[499] J. Ziegler, Die neuen Herrscher der Welt und ihre globalen Widersacher, a.a.O., S. 197.

[500] Ebenda, S. 71 ff.

[501] So die Ernährungs- und Landwirtschaftsorganisation der Vereinten Nationen (FAO), World Food Report 2000, Rom 2001.

[502] http://www.atomwaffena-z.info/geschichte/gesch_eins_nagasaki.html [02.02.08].

[503] J. Ziegler, Imperium der Schande ..., a.a.O., S. 185 und S. 287.

[504] Ebenda, S. 15, 17 und 39.

[505] J. Ziegler, Die neuen Herrscher der Welt und ihre globalen Widersacher, a.a.O., S. 13 und S. 103 f.

[506] P. Bourdieu, „Politik ist entpolitisiert", Gespräch in: Der Spiegel, Nr. 29 / 2001.

[507] J. Ziegler, Die neuen Herrscher der Welt und ihre globalen Widersacher, a.a.O., S. 193.

[508] Ebenda, S. 221.

[509] Vgl. ebenda, S. 34.

[510] D. A. Pfeiffer, Eating Fossil Fuels ..., a.a.O.

[511] Sachverständigenrat für Umweltfragen, Klimaschutz durch Biomasse, Sondergutachten, Berlin (Hausdruck) 2007, S. 1, Tz. 1

[512] Nachhaltigkeitsbeirat der Landesregierung Baden-Württemberg (NBBW), Energie aus Biomasse: Potenziale und Empfehlungen für Baden-Württemberg, Stuttgart, April 2008, S. 6.

[513] Vgl. D. Löhr, Umgestaltung der Grundsteuer im Rahmen einer effizienten Flächenhaushaltspolitik, in: Zeitschrift für Umweltpolitik und Umweltrecht 4 / 2004, S. 587-588.

[514] Vgl. Wissenschaftlicher Beirat Agrarpolitik beim Bundesministerium für Ernährung, Landwirtschaft und Verbaucherschutz, Nutzung von Biomasse zur Energiegewinnung – Empfehlungen an die Politik, Berlin 2007, S. 183. - Sachverständigenrat für Umweltfragen, Klimaschutz durch Biomasse, Sondergutachten, Berlin (Hausdruck) 2007, S. 143.

[515] Sachverständigenrat für Umweltfragen, Klimaschutz durch Biomasse, Sondergutachten, Berlin (Hausdruck) 2007, S. 39.

[516] M. Frondel / J. Peters, Biodiesel: Eine teure Klimaschutzoption, in: ZfU 2 / 2007, S. 233 – 251, hier: S. 246-247.

[517] United Nations World Food Programme, Factsheet: High food prices, Rom 2008.

[518] E. Pinto / M. Melo / M.L. Mendonca, The Myth of Biofuels, La Via Campesina – International Peasant Movement, 13. März 2007, http://www.viacampesina.org/main_en [20.09.08]

[519] Sachverständigenrat für Umweltfragen, Klimaschutz durch Biomasse, a.a.O., Kurzfassung, S. 2, Tz. 5.

[520] A. Bauer, Die zweite Generation – Agro-Kraftstoffe jetzt noch umweltfreundlicher?, Umweltinstitut München, Dez. 2007, in: http://umweltinstitut.org/agro-kraftstoffe/allgemeines/zweite-generation-574.html.- http://www.bee-ev.de/uploads/Umweltbilanzen_Biokraftstoffe_Vergleich_BEE.pdf [20.09.08].

[521] E. Schöttle, Stand der Technik und Energiebilanzen der Verfahren zur Herstellung biogener Treibstoffe, Vortrags-Manuskript für den 25.09.2006, abrufbar unter: http://www.biokraftstoff-portal.de/data/ File/3N/Veranstaltungen/Dr_Ernst_Schoettle_Handout.pdf [20.09.08].

[522] D. A. Pfeiffer, Eating Fossil Fuels , a.a.O., S. 7, s. auch S. 9.

[523] N.B. McLaughin et al., Comparison of Energy Inputs for Inorganic Fertilizer and Manure-Based Corn Production, in: Canadian Agricultural Engineering, Vol. 42 / 1/ 2000. - J. Hendrickson, Energy Use in the U.S. Food System: A Summary of Existing Research and Analysis, Center for Agricultural Systems, 2004, abrufbar unter: http://www.cias.wisc.edu/archives/1994/01/01/energy_use_in_th_us_food_system_a_summary_of_existing_research_and_analysis/index.php [20.09.08].

[524] O.V., Preisbindung auf Düngemittel ausgeweitet (Quelle: Xinhua), 24.01.2008, http://www.german.china.org.cn/business/txt/2008-01/24/content_9582315.htm [10.07.08].- Für Deutschland s. beispielsweise Preisanstieg bei Düngemitteln ungebremst, in: topagrar online vom 12.03.2008, http://www.topagrar.com/index.php?option=com_content&task=view&id=2945&Itemid=519 [15.06.08].

[525] S. Tangermann, Mehr Mais im Tank bedeutet mehr Hungernde, Interview in: Zeit Online, http://www.zeit.de/2007/07/Interview-Biosprit [20.09.08].

[526] E. Pinto / M. Melo / M.L. Mendonca, The Myth of Biofuels, a.a.O.,

[527] J. H. Kunstler, The Long Emergency- Surviving the End of Oil, Climate Change and Other Converging Catastrophes of the Twenty-First Century, New York (Grove Press) 2005, S. 138.

[528] D. A. Pfeiffer, Eating Fossil Fuels ..., a.a.O., S. 35.

[529] OECD (Round Table on Sustainable Development, verfasst durch R. Doornbosch / R. Steenblik), Biofuels: Is the cure worse than the disease?, Paris, September 2007, S. 5.

[530] D. A. Pfeiffer, Eating Fossil Fuels ..., a.a.O., S. 6-7.

[531] S. Tangermann, Mehr Mais im Tank bedeutet mehr Hungernde, a.a.O.

[532] Wissenschaftlicher Beirat Agrarpolitik beim Bundesministerium für Ernährung, Landwirtschaft und Verbraucherschutz, Nutzung von Biomasse zur Energiegewinnung ..., a.a.O., S. 217.

[533] D. A. Pfeiffer, Eating Fossil Fuels ..., a.a.O., S. 6.

[534] Nachhaltigkeitsbeirat der Landesregierung Baden-Württemberg (NBBW), Energie aus Biomasse ..., a.a.O., S. 5.

[535] Wissenschaftlicher Beirat Agrarpolitik beim Bundesministerium für Ernährung, Landwirtschaft und Verbraucherschutz, Nutzung von Biomasse zur Energiegewinnung ..., a.a.O., S. 47.- A. Schulte, Boden und Weltentwicklung im Blickwinkel landwirtschaftlicher und waldbaulicher Ansätze der internationalen Zusammenarbeit, in: Die Bodenkultur 52, 2 / 2001, S. 169.

[536] Sachverständigenrat für Umweltfragen, Klimaschutz durch Biomasse, Langfassung Sondergutachten, a.a.O., S. 37-38.

[537] OECD, Biofuels: Is the cure worse than the disease?, a.a.O.

[537] S. L. Postel, Water for Agriculture: Facing the Limits, Worldwatch Paper 93, Worldwatch Institute 1989.

[537] D. A. Pfeiffer, Eating Fossil Fuels ..., a.a.O., S. 17.

[537] Ebenda, S. 12.

[537] Gesellschaft für Technische Zusammenarbeit (GTZ), Save our Soils, Stand der Bodendegradation in der Welt, Inforeihe Nachhaltige Bodennutzung, Nr. 1, Februar 1999, S. 2.

[537] A. Schulte, Boden und Weltentwicklung im Blickwinkel landwirtschaftlicher und waldbaulicher Ansätze der internationalen Zusammenarbeit, a.a.O., S. 166.

[537] Ebenda, S. 165-166.

[537] Ebenda, S. 4-5.

[538] Ebenda, S. 37 und 40.

[539] A. Bauer, Die zweite Generation – Agro-Kraftstoffe jetzt noch umweltfreundlicher?, Umweltinstitut München, Dez. 2007, in. http://umweltinstitut.org/agro-kraftstoffe/allgemeines/zweite-generation-574.html [20.09.08].

[540] ifeu-Institut, Ökobilanzen zu BTL: Eine ökologische Einschätzung, Projektbericht, gefördert durch die Fachagentur für nachwachsende Rohstoffe (FKZ: 2207104), Heidelberg, 8.5.2006, S. 58

[541] Sachverständigenrat für Umweltfragen, Klimaschutz durch Biomasse, Langfassung Sondergutachten, a.a.O., S. 41.

[542] OECD, Biofuels: Is the cure worse than the disease?, a.a.O., S. 4.

[543] E. Pinto / M. Melo / M.L. Mendonca, The Myth of Biofuels, a.a.O.

[544] Sachverständigenrat für Umweltfragen, Klimaschutz durch Biomasse, Langfassung Sondergutachten, a.a.O., S. 49.

[545] OECD, Biofuels: Is the cure worse than the disease?, a.a.O., S. 8.

[546] S. L. Postel, Water for Agriculture: Facing the Limits, a.a.O.

[547] D. A. Pfeiffer, Eating Fossil Fuels ..., a.a.O., S. 17.

[548] Ebenda, S. 12.

[549] Vgl. http://www.schattenblick.de/infopool/poliitk/redakt/afka1729.html [20.09.08].

[550] Gesellschaft für Technische Zusammenarbeit (GTZ), Save our Soils, a.a.O., S. 2.

[551] A. Schulte, Boden und Weltentwicklung im Blickwinkel landwirtschaftlicher und waldbaulicher Ansätze der internationalen Zusammenarbeit, a.a.O., S. 166.

[552] Ebenda, S. 165-166.

[553] Ebenda, S. 169.

[554] Sachverständigenrat für Umweltfragen, Klimaschutz durch Biomasse, Langfassung Sondergutachten, S. 141.

[555] Ebenda, S. 44-45.

[556] Ebenda, S. 42.

[557] Ebenda, S. 49.

[558] Ebenda, S. 48.

[559] A. Schulte, Boden und Weltentwicklung im Blickwinkel landwirtschaftlicher und waldbaulicher Ansätze der internationalen Zusammenarbeit, a.a.O., S. 169.

[560] International Food Policy Research Institute (IFPRI), Hohe Nahrungsmittelpreise – Konzept für Wege aus der Krise, IFPRI policy paper May 2008, S. 4.

[561] Food and Agriculture Organisation of the United Nations, Soaring Food Prices: Facts, Perspectives, Impacts and Actions Required, in: High-Level Conference on World Food Security: The Challenge of Climate Change and Bioenergy, Rom 2008, S. 3.

[562] International Monetary Funds, World Economic Outlook, Globalization and Inequality, October 2007, S. 52.

[563] International Food Policy Research Institute (IFPRI), Hohe Nahrungsmittelpreise ..., a.a.O., S. 4.

[564] O.V., Klimawandel schadet den Ärmsten – Ernteausfälle bedrohen Entwicklungsländer, http://www.klimawandel-global.de/klimawandel/folgen/klimawandel-schadet-den-aermsten-ernteausfaelle-bedrohen-entwicklungslaender/

[565] International Food Policy Research Institute (IFPRI), Hohe Nahrungsmittelpreise ..., a.a.O., S. 3.

[566] Ebenda, S. 4.

[567] OECD, Biofuels: Is the cure worse than the disease?, a.a.O., S. 4.

[568] O.V.: Rohstoff-Offensive: Biosprit-Konzerne erobern riesige Anbauflächen in Afrika, Spiegel-Online vom 06.09.2009, http://www.spiegel.de [20.09.08].

[569] Ebenda.

[570] Vgl. http://www.schattenblick.de/infopool/poliitk/redakt/afka1729.html [20.09.08]

[571] http://www.addisfortune.com/Al%20Amoudi´s%20Firm%20to%20Secure%20Large%20Plot%20for%20Bio-Fuel.html.

[572] M. Asher, Kleinbauern als Versuchskaninchen, in: Amnesty Nr. 55/2008.- http://www.amnesty.ch/de/aktuell/magazin/55/biotreibstoffe-indien [18.08 08].- P. Schnyder, Verbrechen an den Hungernden in: Amnesty Nr. 55/2008.- http://www.amnesty.ch/de/aktuell/magazin/55/biotreibstoffe [20.09.08].

[573] http://www.afriquenligne.fr/news/daily_news/thousands_of_tanzanian_peasants_to_be_displaced_for_biofuel_farm_200708125667/e_displaced_for_biofuel_farm_200708125667/ [20.09.08].

[574] P. Schnyder, Verbrechen an den Hungernden in: Amnesty Nr. 55/2008.- http://www.amnesty.ch/de/aktuell/magazin/55/biotreibstoffe [20.09.08].

[575] O.V.: Rohstoff-Offensive: Biosprit-Konzerne erobern riesige Anbauflächen in Afrika, Spiegel-Online vom 06.09.2009, http://www.spiegel.de [20.09.08].

[576] Sachverständigenrat für Umweltfragen, Klimaschutz durch Biomasse, Langfassung Sondergutachten, a.a.O., S. 54.

[577] Ebenda, S. 149 150.

[578] Ebenda, S. 54.

[579] Ebenda, S. 145.

[580] OECD, Biofuels: Is the cure worse than the disease?, a.a.O., S. 9. - Ähnlich auch Sachverständigenrat für Umweltfragen, Klimaschutz durch Biomasse, Langfassung Sondergutachten, a.a.O., S. 145.

[581] A. Bauer, Die zweite Generation – Agro-Kraftstoffe jetzt noch umweltfreundlicher?, Umweltinstitut München, Dez. 2007, in: http://umweltinstitut.org/agro-kraftstoffe/allgemeines/zweite-generation-574.html [20.09.08].

Zu Teil II. Der Prozess: Von der Wiege bis zur Bahre

[1] Vgl. die Diskussion in H. Gruhl, Ein Planet wird geplündert, Frankfurt a.M. 1976, S. 119. - Vgl. auch J. H. Kunstler, The Long Emergency- Surviving the End of Oil, Climate Change and Other Converging Catastrophes of the Twenty-First Century, New York (Grove Press) 2005, S. 160.

[2] V. Shiva, Biopiraterie – Kolonialismus des 21. Jahrhunderts, Münster 2002, S. 71 ff.

[3] Wuppertal Institut für Klima, Umwelt und Energie, Fair Future – Begrenzte Ressourcen und globale Gerechtigkeit, 2. Aufl., München 2005, S. 53-54.

[4] M. E. Hummel, Zeitpräferenz in der Ökonomie - eine kritische Bestandsaufnahme, Arbeitsbericht IANUS 1/1999, Working Paper, Darmstadt 1999.

[5] A. F. Chalmers, Wege der Wissenschaft – Einführung in die Wissenschaftstheorie, 2. Aufl. 1989, S. 54 ff.

[6] M. E. Hummel, Zeitpräferenz in der Ökonomie ..., a.a.O., S. 8.

[7] Ebenda.

[8] Vgl. J. Hampicke, Ökologische Ökonomie – Individuum und Natur in der Neoklassik, Natur in der neoklassischen Theorie, Teil 4, Opladen 1992, S. 417 ff.

[9] W. Krewitt, Die externen Kosten der Stromerzeugung aus erneuerbaren Energien im Vergleich zur fossilen Stromerzeugung, in: UWSF-Z Umweltchem Ökotox 19 (3)/ 2007, S. 144-151, hier: S. 146.

[10] Vgl. R. Costanza et al., Einführung in die Ökologische Ökonomik, Stuttgart 2001, S. 53.

[11] Vgl. z.B. W. Baumol, On the Social Rate of Discount, in: The American Economic Review 58 / 1968.

[12] So z.B. W. Baumol, ebenda; J. A. Seagraves, More on the Social Rate of Discount, in: Quarterly Journal of Economics 84/ 1970; T. Munroe, The Question of the Social Discount Rate, in: Economic Forum 11/1981.

[13] Vgl. R. Costanza et al., Einführung in die Ökologische Ökonomik, a.a.O., S. 147.

[14] P. Nijkamp /J. Rouwendahl, Intergenerational Discount Rates in Long-Term Plan Evaluation, in: Public Finance 43/1988, S. 195-211.

[15] R.C. Lind, Intergenerational equity, discounting and the role of cost-benefit analysis in evaluating global climate policy, in: Energy Policy, Vol. 23 / 1995, Nr. 4/5, S. 379-389.

[16] A. P. Hüttermann / A. H. Hüttermann, Am Anfang war die Ökologie – Naturverständnis im Alten Testament, München 2002, S. 118.

[17] J. Rawls, A Theory of Justice, Oxford 1972, S. 60.

[18] Ebenda, S. 287.

[19] U. Hampicke, Ökologische Ökonomie ..., a.a.O., S. 272.

[20] Deutscher Bundestag (Hrsg.): Enquete-Kommission „Schutz des Menschen und der Umwelt" des 13. Deutschen Bundestages: Konzept Nachhaltigkeit. Vom Leitbild zur Umsetzung. Abschlussbericht, Bonn 1998, S. 25.

[21] A.P. Hüttermann / A.H. Hüttermann, Am Anfang war die Ökologie ..., a.a.O., S. 109 ff.

[22] So z.B. im vierten Gebot.- A.P. Hüttermann / A.H. Hüttermann, ebenda, S. 110.

[23] Novalis (Georg Friedrich Philipp Freiherr von Hardenberg), Fragmente und Studien, Stuttgart 1984, S. 7.

[24] A. Lerch, Verfügungsrechte und Umwelt – Zur Verbindung von Ökologischer Ökonomie und ökonomischer Theorie der Verfügungsrechte, in: P. de Gijsel u.a. (Hrsg.): Ökonomie und Gesellschaft (Jahrbuch 14): Nachhaltigkeit in der ökonomischen Theorie, Kassel 1997, S. 143.

[25] W. D. Nordhaus, The Allocation of Energy Resources, brooking papers on Economic Activity 1973, S. 529-576.

[26] H. C. Binswanger, Geld und Natur – Das wirtschaftliche Wachstum im Spannungsfeld zwischen Ökonomie und Ökologie, Stuttgart / Wien 1991, S. 81-82.

[27] Eingehend zu diesem Punkt vgl. U. Hampicke, Ökologische Ökonomie ..., a.a.O., S. 267 ff.

[28] H. Hotelling, The Economics of Exhaustible Ressources, in: Journal of Political Economy, Vol. 39, 1931, S. 137-175.

[29] Vgl. auch H. C. Binswanger, Die Wachstumsspirale – Geld, Energie und Imagination in der Dynamik des Marktprozesses, Marburg 2006, S. 224 f.

[30] M. Massarrat, Ölpreis und Demokratie, in: Zeitschrift für Sozialökonomie 155 / 2007, S. 3.

[31] J. Schumann / U. Meyer / W. Ströbele, Grundzüge der mikroökonomischen Theorie, Berlin u.a. 1999, S. 404.

[32] Eine eigenwillige Interpretation, auf die mangels Raum hier aber nicht eingegangen werden kann, liefert H. C. Binswanger, Die Wachstumsspirale ..., a.a.O., S. 224.

[33] M. Massarrat, Ölpreis und Demokratie, a.a.O., S. 4 ff.

[34] Ebenda, S. 5.

[35] J. H. Kunstler, The Long Emergency - Surviving the End of Oil, Climate Change, and Other Converging Catastrophes of the Twenty-First Century, New York (Grove Press) 2005.

[36] M. Massarrat, Ölpreis und Demokratie, a.a.O., S. 9.

[37] Wuppertal Institut für Klima, Umwelt und Energie, Fair Future ..., a.a.O., S. 96.

[38] Ebenda, S. 95.

[39] Ebenda, S. 97.

[40] G. Vornholz, Die neue Sicht der Nachhaltigkeit und die neoklassische Ressourcen- und Umweltökonomie, in: P. de Gijsel u.a. (Hrsg.): Ökonomie und Gesellschaft (Jahrbuch 14): Nachhaltigkeit in der ökonomischen Theorie, a.a.O., S. 27. - Vgl. auch A. Endres / I. Querner, Die Ökonomie natürlicher Ressourcen, Stuttgart / Berlin / Köln 2000, S. 103 ff.

[41] J. Leggett, Peak Oil – Die globale Energiekrise, die Klimakatastrophe und das Ende des Ölzeitalters, Köln 2006, S. 184 ff.

[42] R. Costanza et al., Einführung in die Ökologische Ökonomik, a.a.O., S. 52.

[43] Ebenda, S. 53.

[44] Ebenda, S. 129.

[45] G. Vornholz, Die neue Sicht der Nachhaltigkeit und die neoklassische Ressourcen- und Umweltökonomie, a.a.O., S. 27.- Vgl. auch R. Costanza et. al., Einführung in die Ökologische Ökonomik, a.a.O., S. 129.

[46] H. Bossel, Globale Wende ..., a.a.O., S. 136.

[47] Dies gilt auch für die Institutionen im internationalen Maßstab, die diese Privatisierung ermöglichen. Vgl. J. Loewe, Das Wasser-Syndikat – Über die Verknappung und Kommerzialisierung einer lebensnotwendigen Ressource, Dornach 2007, S. 148

[48] Vgl. D. Löhr, Zins und Wirtschaftswachstum – Zu den monetären Voraussetzungen einer wachstumsfreien Ökonomie, in: Zeitschrift für Sozialökonomie, 79. Folge / 1988. - D. Löhr, Urmonopole, intertemporale soziale Kosten und nachhaltiges Wirtschaften, in: Zeitschrift für Sozialökonomie, 113. Folge / 1997.

[49] H. E. Daly, Allocation, Distribution and Scale: Towards an Economics that is Efficient, Just and Sustainable, in: Ecological Economics, Bd. 6, 1992, S. 185-193, hier: S. 186.

[50] R. Costanza et. al., Einführung in die Ökologische Ökonomik, a.a.O., S. 101.

[51] Vgl. N.A.L.J. Johannsen, Die Steuer der Zukunft, 2. Teil: Depressionen, Berlin 1913.- S. Gesell, Die Natürliche Wirtschaftsordnung durch Freiland und Freigeld, Lauf bei Nürnberg 1949. - J.P. Proudhon, Eigentum ist Diebstahl, 4. überarb. Aufl., Berlin (W.) 1982.

[52] S. Gesell, ebenda, S. 201, Anm. 1.

[53] F. G. Binn, Die Rolle des Kapitals bei der Wachstums- und Umweltproblematik, in: Onken, W. (Hrsg.), Perspektiven einer ökologischen Ökonomie, Hann. Münden, S. 29.

[54] J. M. Keynes, Allgemeine Theorie der Beschäftigung, des Zinses und des Geldes, unveränderter Nachdruck der 1936 erschienenen ersten Auflage, Berlin 1983, S. 189.

[55] D. Meadows u.a., Die Grenzen des Wachstums – Berichte des Club of Rome zur Lage der Menschheit, München 1972.

[56] Council on Environmental Quality / US-Außenministerium, Global 2000 – Bericht an den Präsidenten, Frankfurt a.M. 1980.

[57] Der Anstoß kam wohl von Kenneth Boulding. K. Boulding, The Economics of the Coming Spaceship Earth, in: H. Jarret (Hrsg.): Environmental Quality in a growing economy, Baltimore / MD (Resources for the Future / John Hopkins University Press) 1966, S. 3-14.

[58] E. Winkler, Verursacht die Marktwirtschaft die Wachstums-, Konsum- und Umweltprobleme? In: W. Onken (Hrsg.), Perspektiven einer ökologischen Ökonomie, Hann. Münden 1983, S. 12.

[59] S. Geisendorf, Die Umweltökonomische Gesamtrechnung als Grundlage einer nachhaltigen Wirtschaftspolitik, in: in: P. de Gijsel u.a. (Hrsg.): Ökonomie und Gesellschaft (Jahrbuch 14): Nachhaltigkeit in der ökonomischen Theorie, a.a.O., S. 56.

[60] J. R. Hicks, Value and Capital, 2. Aufl., Oxford (Clarendon) 1948.- Vgl. auch S. Geisendorf, ebenda.

[61] Vgl. T. Huth, Die Goldene Regel als Wettbewerbsgleichgewicht – Ein Versuch über Keynes, Berlin 2001, S. 16.

[62] R. Costanza et. al., Einführung in die Ökologische Ökonomik, a.a.O., S. 142.

[63] Vgl. die Diskussion in H. Gruhl, Ein Planet wird geplündert, a.a.O., S. 122 ff.

[64] Wuppertal Institut für Klima, Umwelt und Energie, Fair Future, a.a.O., S. 44.

[65] http://www.hrd.undp.org [02.02.08].

[66] H. Bossel, Globale Wende ..., a.a.O., S. 104.

[67] Hinsichtlich der Ab- und Zurechnungen besteht eine Vielzahl von Vorschlägen. Zur UGR siehe u.a. BMU, Erprobung der CSD-Nachhaltigkeitsindikatoren in Deutschland – Bericht der Bundesregierung, Berlin 2000.

[68] W. Nordhaus, J. Tobin, Is growth obsolete? New York (Columbia University Press) 1972.

[69] Vgl. beispielsweise W. Zapf, Soziale Indikatoren, Konzepte und Forschungsansätze I, Sektion Soziale Indikatoren in der Dt. Gesellschaft für Soziologie, Berichte und Diskussionen 1972, Frankfurt a.M. 1974.

[70] R. Costanza et al., Einführung in die Ökologische Ökonomik, a.a.O., S. 153 ff.

[71] Ebenda, S. 156.

[72] H. Bossel, Globale Wende ..., a.a.O., S. 105.

[73] Vgl. R. Costanza et al., Einführung in die Ökologische Ökonomik, a.a.O., S. 172.

[74] J. H. Kunstler, The Long Emergency ..., a.a.O., S. 28.

[75] H. Bossel, Globale Wende ..., a.a.O., S. 170.

[76] Vgl. N. Paech, Nachhaltige Entwicklung als Nullsummenspiel – Klimaschutz und Verteilung, in: Zeitschrift für Sozialökonomie 150 / 2006, S. 23 ff., hier: S. 23.

[77] J. Althammer, Wachstum und Struktur in wirtschaftswissenschaftlicher Perspektive, in: J. Althammer / U. Andersen / J. Detjen / K.-P. Kruber (Hrsg.): Handbuch ökonomisch-politische Bildung, Schwalbach / Ts. (Wochenschau-Verlag) 2007, S. 190-207, hier: S. 196.

[78] J. Huber, Industrielle Ökologie. Konsistenz, Effizienz und Suffizienz in zyklusanalytischer Betrachtung, in: R. Kreibich / U. E. Simonis (Hrsg.): Global Change, Berlin 2000, S. 109-126.

[79] Vgl. R. Costanza et. al., Einführung in die Ökologische Ökonomik, a.a.O., S. 17.

[80] Die Begriffe „der technische Weg" und „der kulturelle Weg" wurden in Anlehnung an N. Paech gewählt, vgl. N. Paech, Geld, Zins und Wachstum: Perspektiven der Nachhaltigkeitsforschung, Vortrag, gehalten an der Universität Oldenburg am 10.11.2007.

[81] F. Schmidt-Bleek, Wieviel Umwelt braucht der Mensch? Faktor 10 – das Maß für ökologisches Wirtschaften, München 1997.- E.-U. von Weizsäcker / A. B. Lovins / L. H. Lovins, Faktor vier – Doppelter Wohlstand – halbierter Naturverbrauch, München 1995. - Vgl. auch R. Costanza et. al., Einführung in die Ökologische Ökonomik, Stuttgart 2001, S. 87.

[82] E.-U. von Weizsäcker / A. B. Lovins / L. H. Lovins, ebenda.

[83] A. Gresh u.a., Atlas der Globalisierung, 2. Aufl., Berlin 2006, S. 20-21.

[84] P. Heck / U. Bemmann, Praxishandbuch Stoffstrommanagement 2002/2003, Köln 2002, S. 13 ff.

[85] Ebenda, S. 13.

[86] J. Ziegler, Die neuen Herrscher der Welt und ihre globalen Widersacher, 5. Aufl., München 2005, S. 12.

[87] J. Leggett, Peak Oil ..., a.a.O., S. 62 f.

[88] D. A. Pfeiffer, Eating Fossil Fuels – Oil, Food and the Coming Crisis in Agriculture, Gabriola Island (Kanada, New Society Publishers) 2006.- J. H. Kunstler, The long emergency ..., a.a.O., S. 2 und 138.

[89] J. H. Kunstler, ebenda, S. 138.

[90] Vgl. T. Santarius, Vortrag auf der Fachtagung "In den Himmel wachsen" am 10.2.2007 in Saarbrücken.

[91] J. Huber, Industrielle Ökologie. Konsistenz, Effizienz und Suffizienz in zyklusanalytischer Betrachtung, a.a.O.

[92] Keine Nachhaltigkeit ohne Suffizienz – Fünf Thesen und Folgerungen, in: vorgänge, H. 3 / 2007, S. 46-54, hier: S. 48.

[93] J. Fourastié: Die große Hoffnung des 20. Jahrhunderts, Köln-Deutz 1954. - Vgl. auch J. Althammer, Wachstum und Struktur in wirtschaftswissenschaftlicher Perspektive, a.a.O., S. 204 ff.

[94] Kritisch auch R. Costanza et. al., Einführung in die Ökologische Ökonomik, a.a.O., S. 18-19.

[95] J. H. Kunstler, The Long Emergency ..., a.a.O., S. 240-241.

[96] W. J. Baumol, Macroeconomics of Unbalanced Growth – The Anatomy of Urban Crises, in: American Economic Review 57 / 1967, S. 416-426.

[97] Vgl. N. Paech, Nachhaltige Entwicklung als Nullsummenspiel ..., a.a.O., S. 24-25.

[98] F. Schmidt-Bleek, Das MIPS-Konzept – Weniger Naturverbrauch – mehr Lebensqualität durch Faktor 10, München 2000, S. 77

[99] Vgl. R. W. Stahel, Verkauf von Nutzen statt Produktion – Die Strategie der Dauerhaftigkeit, in : M. Held / K. A. Geissler (Hrsg.), Ökologie der Zeit, Vom Finden der rechten Zeitmasse, Stuttgart 1993.

[100] N. Paech, Nachhaltige Entwicklung als Nullsummenspiel ..., a.a.O., S. 29.

[101] Vgl. J. Huber, Nachhaltige Entwicklung durch Suffizienz, Effizienz und Konsistenz, in: P. Fritz / J. Huber / H.W. Levi (Hrsg.): Nachhaltigkeit in naturwissenschaftlicher und sozialwissenschaftlicher Perspektive, Stuttgart 1994, S. 31-46.

[102] J. Huber, Industrielle Ökologie ..., a.a.O.

[103] T. Santarius, Vortrag auf der Fachtagung "In den Himmel wachsen" am 10.2.2007 in Saarbrücken.

[104] N. Paech, Nachhaltige Entwicklung als Nullsummenspiel ..., a.a.O., S. 24.

[105] Zentral ist weiterhin das Konzept der „Bionik": Hierbei versucht man, Stil und Design der Biosphäre auf das Wirtschaften zu übertragen.

[106] Vgl. J. Huber, Industrielle Ökologie. Konsistenz, Effizienz und Suffizienz in zyklusanalytischer Betrachtung, a.a.O.- Vgl. auch R. Isenmann, Natur als Vorbild: Identitätsstiftendes Merkmal der Industrial Ecology, in: R. Isenmann / M. von Hauff (Hrsg.): Industrial Ecology: Mit Ökologie zukunftsorientiert wirtschaften, München 2007, S. 61-74.

[107] T. Santarius, Vortrag auf der Fachtagung "In den Himmel wachsen" am 10.2.2007 in Saarbrücken.

[108] Vgl. V. Radke, Zum Naturverständnis der Ökonomie, in: Die Natur der Natur, Tagungsdokumentation der Tagung vom 12.-14.11.1998, IWT-Paper Nr. 23 der Universität Bielefeld, Bielefeld 1999, S. 176.

[109] N. Paech, Nachhaltige Entwicklung als Nullsummenspiel ..., a.a.O., S. 28.

[110] Ebenda, S. 28.

[111] Vgl. W. Sachs, Nach uns die Zukunft, 2. Aufl., Frankfurt a.M. 2002.

[112] R. Costanza et. al., Einführung in die Ökologische Ökonomik, a.a.O., S. 144.

[113] Ebenda, S. 148.

[114] Wuppertal Institut für Klima, Umwelt und Energie, Fair Future ..., a.a.O., S. 45.

[115] U. von Winterfeld, Keine Nachhaltigkeit ohne Suffizienz ..., a.a.O., S. 47.

[116] Vgl. auch F. Hinterberger / M. J. Welfens, Ökologischer Strukturwandel – wissenschaftlicher Forschungsbedarf für eine zukunftsfähige Entwicklung, in: Wuppertal Papers Nr. 6 / November 1993.

[117] BUND / Misereor, Zukunftsfähiges Deutschland – Ein Beitrag zu einer global nachhaltigen Entwicklung, Studie des Wuppertaler Instituts für Klima, Umwelt, Energie GmbH, Basel 1996.

[118] U. von Winterfeld, Keine Nachhaltigkeit ohne Suffizienz ..., a.a.O., S. 54.

[119] H. Gruhl, Ein Planet wird geplündert, a.a.O., S. 134.

[120] N. Paech, Nachhaltige Entwicklung als Nullsummenspiel ..., a.a.O., S. 24.

[121] J. Ziegler, Imperium der Schande – Der Kampf gegen Armut und Unterdrückung, München 2005, S. 239.

[122] N. Paech, Nachhaltige Entwicklung als Nullsummenspiel ..., a.a.O., S. 25.

[123] U. von Winterfeld, Keine Nachhaltigkeit ohne Suffizienz ..., a.a.O., S. 48-49.

[124] Ebenda, S. 53.

[125] H. C. Binswanger, Geld und Natur ..., a.a.O., S. 103.

[126] Ebenda, S. 59.

[127] Ebenda, S. 103.

[128] J. M. Keynes, Allgemeine Theorie ..., a.a.O., S. 189 ff.

[129] Ebenda, S. 192 ff.

[130] S. Gesell, Die Natürliche Wirtschaftsordnung ..., a.a.O., S. 313 ff., S. 353 ff.

[131] D. Suhr, Geld ohne Mehrwert – Entlastung der Marktwirtschaft von monetären Transaktionskosten, Frankfurt a.M. 1983, S. 59.

[132] S. C. Myers, Finance Theory and Finance Strategy, in: Interfaces Vol. 14 / January-February 1984, S. 126-137; D. Suhr sprach vom „Jokervorteil" des Geldes – vgl. D. Suhr, Alterndes Geld, Schaffhausen 1988, S. 59-62.

[133] Zeichnung: Katja Therre, Oberthal. Die Genehmigung zum Abdruck wurde gegen eine Einladung zum Essen erteilt.

[134] F. G. Binn, Die Rolle des Kapitals bei der Wachstums- und Umweltproblematik, in: Onken, W. (Hrsg.), Perspektiven einer ökologischen Ökonomie, Hann. Münden 1983, S. 30.

[135] J. M. Keynes, Allgemeine Theorie ..., a.a.O., S. 202.

[136] H. Bossel, Globale Wende ..., a.a.O., S. 115

[137] J. Ziegler, Die neuen Herrscher der Welt und ihre globalen Widersacher, a.a.O., S. 59.

[138] T. Santarius, Vortrag auf der Fachtagung „In den Himmel wachsen" am 10.2.2007 in Saarbrücken.

[139] Vgl. N. Paech, Nachhaltige Entwicklung als Nullsummenspiel ..., a.a.O., S. 24.

[140] J. Althammer, Wachstum und Struktur in wirtschaftswissenschaftlicher Perspektive, a.a.O., S. 193.

[141] N. Paech, Nachhaltige Entwicklung als Nullsummenspiel ..., a.a.O., S. 28.

[142] Ebenda, S. 28-29.

[143] F. G. Binn, Die Rolle des Kapitals bei der Wachstums- und Umweltproblematik ..., a.a.O., S. 31.

[144] Vgl. auch die Abbildung in: F.G. Binn, Arbeit, Geldordnung, Staatsfinanzen, Hann.-Münden 1983, S. 26-27. - Ursprünglich stammt diese Darstellung meines Wissens jedoch von H. Creutz.

[145] K. Rose, Grundlagen der Wachstumstheorie, 4. Aufl., Göttingen 1984, S. S. 22-25.

[146] A. Rams, N. Ehrentreich, Arbeitslosigkeit - wie kann sie überwunden werden?, Lütjenburg 1996, S. 92 ff.

[147] J. Ziegler, Die neuen Herrscher der Welt und ihre globalen Widersacher, a.a.O., S. 59.

[148] T. B. Veblen, Theorie der feinen Leute – eine ökonomische Untersuchung der Institutionen, 5. Aufl., Fischer 1997.

[149] Vgl. auch E. Fromm, Haben oder Sein – die seelischen Grundlagen einer neuen Gesellschaft, München 2004.

[150] G. Weisser, Beiträge zur Gesellschaftspolitik, hrsgg. von S. Katterle / W. Mudra / L. F Neumann, Göttingen 1978.

[151] U. von Winterfeld, Keine Nachhaltigkeit ohne Suffizienz, a.a.O., S. 52.

[152] Wuppertal Institut für Klima, Umwelt und Energie, Fair Future ..., a.a.O., S. 98.

[153] Vgl. T. Santarius, Vortrag auf der Fachtagung "In den Himmel wachsen" am 10.2.2007 in Saarbrücken.

[154] Wuppertal Institut für Klima, Umwelt und Energie, Fair Future ..., a.a.O., S. 42.

[155] J. Tobin, Money and Economic Growth, Econometrica, Vol. 33 / 1965, S. 671-684; ders., The Neutrality of Money in Growth Models: A Comment, Economica, Vol. 34 / 1967, S. 69-74.

[156] Vgl. R. Costanza et. al., Einführung in die Ökologische Ökonomik, a.a.O., S. 37.

[157] J. St. Mill, Principles of Political Economy with Some of Their Applications to Social Philosophy, in: Collected Works of John Stuart Mill, Vol. II, III, Toronto / Buffalo (University of Toronto Press) / London (Routledge & Kegan Paul), (repr.: 1965), 1848, Abschnitt "Of the Stationary State", S. 752 ff.

[158] Vgl. H. E. Daly, Steady State Economics, 2. Aufl., Washington (Island Press) 1991.

[159] J. Althammer, Wachstum und Struktur in wirtschaftswissenschaftlicher Perspektive, a.a.O., S. 201.

[160] J. M. Keynes, Allgemeine Theorie ..., a.a.O., S. 202.

[161] S. C. Myers, Finance Theory and Finance Strategy, a.a.O. - D. Suhr sprach vom „Jokervorteil" des Geldes – vgl. D. Suhr, Alterndes Geld, a.a.O., S. 59-62.

[162] J. M. Keynes, Allgemeine Theorie ..., a.a.O., S. 183.

[163] Vgl. M. Kilka, Realoptionen – Optionspreistheoretische Ansätze bei Investitionsentscheidungen unter Unsicherheit, Frankfurt a.M. 1995, S. 35.

[164] Vgl. F. Meise, Realoptionen als Investitionskalkül, München 1998, S. 98 ff. - D. Löhr, Eigentumsrechte und Allokationseffizienz – zur Rechtfertigung alter und neuer Privilegien durch die Wirtschaftswissenschaft, Fragen der Freiheit H 272, IV / 2005, S. 1-35.

[165] E. S. Phelps, The Golden Rule of Capital Accumulation: A Fable for Growthmen, in: American Economic Review 51 / 1961, S. 638-643.

[166] J. M. Keynes, Allgemeine Theorie ..., a.a.O.

[167] Ebenda, S. 186.

[168] J. M. Keynes, ebenda, S. 177 sowie T. Huth, Die Goldene Regel als Wettbewerbsgleichgewicht – Ein Versuch über Keynes, Berlin 2001, S. 15.

[169] J. St. Mill, Principles of Political Economy with some of their Applications to Social Philosophy, 7. Aufl., London (Longmans, Green and Co.) 1909 (1. Aufl. 1848), v.a. Book IV, Chapter VI, Of the Stationary State.

[170] J. M. Keynes, Allgemeine Theorie ..., a.a.O., S. 184-185.

[171] R. Harrod, Dynamische Wirtschaft, Wien 1949, S. 177 ff.

[172] A. Hansen, Keynes´ ökonomische Lehren, Villingen 1959, S. 156.

[173] Aus: S. Gesell, Die Natürliche Wirtschaftsordnung, a.a.O., S. 235.

[174] J. M. Keynes, Allgemeine Theorie ..., a.a.O., S. 184-185.

[175] J. H. Kunstler, The Long Emergency ..., a.a.O., S. 140 ff.

[176] A. H. Maslow, Motivation und Persönlichkeit, Reinbek 2002.

[177] Vgl. zu den Begriffen G. Brakelmann, Anthropologie und Humanismus bei Kofler – eine Darstellung, in: C. Jünke (Hrsg.): Am Beispiel Leo Koflers – Marxismus im 20. Jahrhundert, Münster 2001, S. 96-104.

[178] Vgl. R. Costanza et. al., Einführung in die Ökologische Ökonomik, a.a.O., S. 29.

[179] Vgl. P. R. Ehrlich / A. Ehrlich, The population explosion, New York (Simon and Schuster) 1989.

[180] Vgl. R. Costanza et. al., Einführung in die Ökologische Ökonomik, a.a.O., S. 15.

[181] J. Ziegler, Die neuen Herrscher der Welt und ihre globalen Widersacher, a.a.O., S. 26.

[182] Vgl. J. H. Kunstler, The long emergency, a.a.O.

[183] S. Gesell, Die Natürliche Wirtschaftsordnung, a.a.O.

[184] Zur praktischen Durchführung vgl. D. Löhr / J. Jenetzky, Neutrale Liquidität – Zur Theorie und praktischen Umsetzung, Frankfurt a.M. u.a. 1995.

[185] Vgl. die „Vollgeldidee" von *Huber*. - J. Huber, Vollgeld, Beschäftigung, Grundsicherung und weniger Staatsquote durch eine modernisierte Geldordnung, Berlin 1998.

[186] Vgl. H. Weitkamp, Das Hochmittelalter – ein Geschenk des Geldwesens, 2. Aufl., Hilterfingen 1988.

[187] Vgl. hierzu M. Goodfriend, Overcoming the Zero Bound on Interest Rate Policy, in: Journal of Money, Credit, and Banking, Vol. 32 / 2000, Nr. 4 Part 2, S. 1007 – 1035.

[188] D. Löhr / J. Jenetzky, Neutrale Liquidität ..., a.a.O., S. 112 ff.

[189] J. Schumann / U. Meyer / W. Ströbele, Grundzüge der mikroökonomischen Theorie, a.a.O., S. 390 ff.

[190] Ausführlich vgl. D. Löhr / J. Jenetzky, Neutrale Liquidität, a.a.O.

[191] S. Gesell, Die Natürliche Wirtschaftsordnung durch Freiland und Freigeld, 9. Aufl., Lauf bei Nürnberg 1949, S. 306 ff.

[192] Vgl. T. Betz, War Keynes der bessere Gesell oder Gesell der bessere Keynes?, in: Zeitschrift für Sozialökonomie 146 / 2005, S. 12 ff.

[193] R. Costanza et. al., Einführung in die Ökologische Ökonomik, a.a.O., S. 129.- G. Vornholz, Die neue Sicht der Nachhaltigkeit und die neoklassische Ressourcen- und Umweltökonomie, a.a.O., S. 27.

[194] G. Eisenbeiß, Außenansicht – Wer Kohlenstoff herstellt oder in den Verkehr bringt ..., in SZ vom 14.3.2007, S. 2.

Zu Teil III. Realpolitik als strukturkonservative „Politik der kleinen Schritte"

[1] J. Tinbergen, On the Theory of Economic Policy, Amsterdam 1952.

[2] Vgl. F. Lehner, Grundlagen und Grundbegriffe der Neuen Politischen Ökonomie, Königstein /Ts. 1981.

[3] H. Bartmann, Umweltökonomie - ökologische Ökonomie, Stuttgart u.a. 1996, S. 120.

[4] Vgl. Vgl. R. Costanza et. al., Einführung in die Ökologische Ökonomik, Stuttgart 2001, S. 246.

[5] Vgl. J. Habermas, Strukturwandel der Öffentlichkeit, Frankfurt a.M. 1990.

[6] P. Zerle, Ökologische Effektivität und ökonomische Effizienz von umweltbezogenen Selbstverpflichtungen, in: ZfU 3 / 2005, S. 289 – 319, hier: S. 315.

[7] L. Wicke, Das Versagen des Kyoto-Protokolls in seiner jetzigen Form und seine strukturelle Weiterentwicklung, in: Zeitschrift für Sozialökonomie, 4/2006, S. 4.

[8] P. Zerle, Ökologische Effektivität und ökonomische Effizienz ..., a.a.O., S. 315.

[9] Ebenda, S. 316.

[10] Vgl. H. Bartmann, Umweltökonomie - ökologische Ökonomie, a.a.O., S. 191 ff.

[11] Ebenda, S. 187.

[12] Ebenda, S. 189.

[13] M. Olson, Die Logik des kollektiven Handelns – Unternehmen, Märkte, Kooperation, Tübingen 1985, S. 52 ff.

[14] Vgl. H. R. Varian, Grundzüge der Mikroökonomik, 5. Aufl., Oldenburg 2001, S. 560 ff.

[15] H. Zimmermann / K.-D. Henke, Finanzwissenschaft, 9. Aufl., München 2005, S. 8-9.

[16] Vgl. K. Tipke / J. Lang. Steuerrecht, 17. Aufl., Köln 2002, § 3, Tz. 18 ff.

[17] Zum ersten Mal wurde dieser Aspekt betont von Susan Rose-Ackerman (1973).

[18] N. Paech, Nachhaltige Entwicklung als Nullsummenspiel – Klimaschutz und Verteilung, in: Zeitschrift für Sozialökonomie 150 / 2006, S. 23 ff., hier: S. 29.

[19] 2 BvR 2194/99.

[20] Vgl. BVerfG, Beschluss vom 18. 1. 2006 - 2 BvR 2194/99.

[21] Vgl. zum Nachfolgenden auch D. Löhr, Flächenhaushaltspolitische Varianten einer Grundsteuerreform, in: Wirtschaftsdienst 2 / 2008, S. 121-129.

[22] Für die Lehrbuchliteratur z.B. P. A. Samuelson / W. D. Nordhaus, Volkowirtschaftslehre, 15. Aufl., Wien 1998, S. 290.- N. G. Mankiw, Principles of Microeconomics Fort Worth u.a. 1997, S. 163 f. - Für die Fachlitoratur: R. Josten, Die Bodenwertsteuer - eine praxisorientierte Untersuchung zur Reform der Grundsteuer, Diss. Stuttgart u.a. 2000, S. 45-46

[23] P. A. Samuelson / W. D. Nordhaus, ebenda, S. 296.

[24] K. M. Schmals, Nachfrageorientierte Wohnungspolitik - Das Forschungskonzept. In: Deutsches Volksheimstättenwerk Forum Wohneigentum (vhw FW) Feb. - März (2003) H. 3, S. 13-16.

[25] Akademie für Raumforschung und Landesplanung: Flächenhaushaltspolitik, Feststellungen und Empfehlungen für eine zukunftsfähige Raum- und Siedlungsentwicklung. Hannover 1999.

[26] M. Reidenbach, Die reformierte Grundsteuer – Ein neues Instrument für die kommunale Bodenpolitik? In: Informationen zur Raumentwicklung, (1999), H. 8, S. 565 – 576, hier: S. 575.

[27] Bayerisches Staatsministerium des Innern / Bayerisches Staatsministerium für Landesentwicklung und Umweltfragen: Pressemitteilung vom 29.07.2003, http://www.bayern.de/stmlu [04.08.05].

[28] Enquête-Kommission "Schutz des Menschen und der Umwelt - Ziele und Rahmenbedingungen einer nachhaltig zukunftsverträglichen Entwicklung" des 13. Deutschen Bundestages: Konzept Nachhaltigkeit - Vom Leitbild zur Umsetzung (Abschlussbericht). Bonn, S. 305. - Akademie für Raumforschung und Landesplanung: Flächenhaushaltspolitik - Feststellungen und Empfehlungen für eine zukunftsfähige Raum- und Siedlungsentwicklung. Hannover 1999, S. 206 ff.. - K. Rommel et al., Bodenmobilisierung und Flächenmanagement. Regensburg 2003, S. 155 ff.

[29] Enquête-Kommission, ebenda, S. 305; Akademie für Raumforschung und Landesplanung: Flächenhaushaltspolitik ..., a.a.O., S. 206 ff. - K. Rommel et al.: Bodenmobilisierung und Flächenmanagement, ebenda, S. 155 ff.

[30] Zum UBA-Modell vgl. Umweltbundesamt: Reduzierung der Flächeninanspruchnahme durch Siedlung und Verkehr, a.a.O., S. 214-216.

[31] H. Dieterich, Reform der Grundsteuer – Wertbezogene Bemessungsgrundlage, in: H. Dieterich / D. Löhr / S. Tomerius (Hrsg.): Jahrbuch für Bodenpolitik 2004, Berlin 2004, S. S. 47 ff.

[32] D. Löhr, Flächenhaushaltspolitik via Grundsteuerreform – gibt es einen Königsweg? – Ein Versuch, Working Paper No. 3 des Zentrums für Bodenschutz und Flächenhaushaltspolitik am Umwelt-Campus Birkenfeld, Birkenfeld 2006. Abrufbar unter: http://www.zbf.umwelt-campus.de.

[33] H. Dieterich / R. Josten: Gutachten zur Einführung einer Bodenwertsteuer – Auszug aus einer Kurzfassung, in: Fragen der Freiheit, Heft 249 / 10-12/1998, S. 48 - 60.

[34] Auch Bündnis 90 / Die Grünen befürworten dieses Konzept. F. Eichstädt-Bohlig / H. Wilhelm, Nachhaltige Siedlungspolitik braucht einen starken politischen Willen. In: Dieterich-Buchwald, B. / Dieterich, H. (Hrsg.), Neue Perspektiven des Bodenrechts, Braunschweig / Wiesbaden 1997, S. 37 ff., hier: S. 46.

[35] K. Bizer / J. Lang, Ansätze für ökonomische Anreize zum sparsamen und schonenden Umgang mit Bodenflächen, UBA-Texte 21-00, Berlin 2004, S. 67 ff.

[36] Ebenda, S. 22.

[37] K.-M. Groth et al., Möglichkeiten der Baulandmobilisierung durch Einführung einer bodenwertorientierten Grundsteuer, Forschungsvorhaben im Auftrag der Bundesrepublik Deutschland, vertreten durch das Bundesministerium für Verkehr, Bau- und Wohnungswesen, aktualisierte Fassung vom März 2000, Berlin 2004, S. 74.

[38] Sachverständigenrat für Umweltfragen (SRU), Für eine Stärkung und Neuorientierung des Naturschutzes, Sondergutachten, Stuttgart 2002, Tz. 545.

[39] K.-M. Groth et al., Möglichkeiten der Baulandmobilisierung ..., a.a.O., S. 99-100.

[40] Vgl. A. Fugmann-Heesing / M. Junkernheinrich, Modernisierung der Grundsteuer, überarbeiteter Entwurf eines Gutachtens für die Bertelsmann-Stiftung vom 2.2.2007, 4. Überarbeitung, unveröffentlichtes Manuskript, S. 17.

[41] Vgl. D. Löhr, Umgestaltung der Grundsteuer im Rahmen einer effizienten Flächenhaushaltspolitik, in: Zeitschrift für Umweltpolitik und Umweltrecht 4/2004, S. 587 ff.

[42] Ebenda.

[43] K.-M. Groth et al., Möglichkeiten der Baulandmobilisierung ..., a.a.O., S. 99.

[44] Vgl. Ausschuss für Bildung, Forschung und Technikfolgenabschätzung (18. Ausschuss) gem. § 56a der Geschäftsordnung des Deutschen Bundestages (16. Wahlperiode), Reduzierung der Flächeninanspruchnahme – Ziele, Maßnahmen, Wirkungen, Drucksache 16/4500 vom 2.3.2007, Berlin 2007 (nachfolgend: „TA-Bericht"), S. 90-91.

[45] H. Dieterich, Reform der Grundsteuer ..., a.a.O., S. 56.

[46] H. Dieterich, ebenda, S. 57.- Auch Groth et al. gehen von Aufkommensneutralität aus. - K.-M. Groth et al., Möglichkeiten der Baulandmobilisierung ..., a.a.O., S. 101.

[47] H. Dieterich, Reform der Grundsteuer ..., a.a.O., S. 58.

[48] M. Thöne, Eine neue Grundsteuer – Nur ein Anhängsel der Gemeindesteuerreform?, Finanzwissenschaftliche Diskussionsbeiträge Nr. 06-3 des Finanzwissenschaftlichen Forschungsinstituts an der Universität zu Köln, Februar 2006, S. 18.

[49] Die Aufkommenselastizität zeigt an, ob das Steueraufkommen langsamer oder schneller als das Wirtschaftswachstum gestiegen ist.

[50] D. Coulmas/ M. Lehmbrock, Grundsteuerreform – Was kommt nach dem Praxistest?, in: vhw FW 6 / Dezember 2001, S. 289-295, hier: S. 290.

[51] TA-Bericht, S. 87.- Befürwortend auch W.-D. Drosdzol, Baulandsteuer und Bodenwertsteuer – Neue Perspektiven für die Grundsteuer? In: Deutsche Steuerzeitung (DStZ) 7 / 1994, S. 206.

[52] Vgl. H. Dieterich, Reform der Grundsteuer, a.a.O., S. 59.

[53] H. Dieterich / B. Dieterich-Buchwald, Lösung der Bodenprobleme durch eine Bodenwertsteuer? Das dänische Beispiel, Teil 1, ZfBR 1983, S. 113 ff.

[54] H. Dieterich, Reform der Grundsteuer ..., a.a.O., S. 57.

[55] K.-M. Groth et al., Möglichkeiten der Baulandmobilisierung ..., a.a.O., S. 44.

[56] Ebenda, S. 43.

[57] D. Brümmerhoff, Finanzwissenschaft. 7. Aufl., München u. a. 1996, S. 257.

[58] K.-M. Groth et al., Möglichkeiten der Baulandmobilisierung ..., a.a.O., S. 81.

[59] C. Fuest / M. Thöne, Ein modifiziertes Zuschlagsmodell zur Reform der Gemeindesteuern, in: Wirtschaftsdienst 3 / 2003, S. 164-169.- M. Rodi, Die Grundsteuer als Instrument der Flächenhaushaltspolitik, in: Zeitschrift für Umweltrecht, Sonderheft, 2002, S. 164-169.

[60] M. Lehmbrock, Die Grundsteuerreform ist jetzt machbar, Difu-Berichte 4/04, http://www.difu.de/publikationen/difu-berichte/4_04/artikel01.shtml [04.05.07].

[61] K. Bizer / D. Joeris, Zur Eignung der Bodenrichtwerte als Bemessungsgrundlage für die Grundsteuer, a.a.O., S. 132, 135; M. Hintzsche, Probleme der Bewertung und des Verwaltungsaufwands einer Grundsteuer, in: M. Reidenbach (Hrsg.): Bodenpolitik und Grundsteuer, Difu-Materialien 2/99, Berlin 1999, S. 65. - Vgl. ähnlich auch H. Dieterich, Reform der Grundsteuer ..., a.a.O., S. 55.

[62] Vgl. auch TA-Bericht, S. 87.

[63] K. Bizer et al. (Hrsg.), Mögliche Maßnahmen, Instrumente und Wirkungen einer Steuerung der Verkehrs- und Siedlungsflächennutzung, Studie im Auftrag der Enquete-Kommission „Schutz des Menschen und der Umwelt – Ziele und Rahmenbedingungen einer nachhaltig zukunftsverträglichen Entwicklung", Berlin / Heidelberg 1998, S. 104.

[64] H. Dieterich, Reform der Grundsteuer ..., a.a.O., S. 55 ff.

[65] D. Coulmas/ M. Lehmbrock, Grundsteuerreform ..., a.a.O., S. 291 und 292.

[66] H. Dieterich / R. Josten, Gutachten zur Einführung einer Bodenwertsteuer – Daten zur Auswirkung einer aufkommensneutralen Bodenwertsteuer in ausgewählten Studien (Kurzfassung), erarbeitet im Auftrag des vhw – Deutsches Volksheimstättenwerk e.V., Bonn 1998, S. 22.

[67] Vgl. D. Coulmas/ M. Lehmbrock, Grundsteuerreform ..., a.a.O.

[68] K.-M. Groth et al., Möglichkeiten der Baulandmobilisierung ..., a.a.O., 100-101.

[69] Ebenda, S. 98.

[70] Ebenda, S. 101.

[71] H. Dieterich, Reform der Grundsteuer ..., a.a.O., S. 57; R. Josten, Die Bodenwertsteuer – Eine praxisorientierte Untersuchung zur Reform der Grundsteuer, Stuttgart u.a. 2000, S. 112.

[72] R. Josten, Die Bodenwertsteuer ..., ebenda, S. 83-84.

[73] K.-M. Groth et al., Möglichkeiten der Baulandmobilisierung ..., a.a.O., S. 44.

[74] BGBl I 2006 1652, in: BStBl I 2006, S. 432 ff.

[75] J. Schumann / U. Meyer / W. Ströbele: Grundzüge der mikroökonomischen Theorie, a.a.O., S. 390 ff.

[76] Vgl. auch den Vortrag von G. Schiller am 10.10.2006 auf der Fachtagung des Bundesamtes für Bauwesen und Raumordnung in Bonn („Kosten der Siedlungsentwicklung"), http://www.bbr.bund.de/nn_22702/DE/ForschenBeraten/Raumordnung/Raumentwicklung/Deutschland/VeranstaltungKostenSiedlungsentwicklung/Vortrag_Schiller,templateId =raw,property=publicationFile.pdf/ Vortrag_Schiller.pdf [04.05.07].

[77] BFH, Beschluss vom 10.1.2008, VI R 17 / 07, in: http://www.bundesfinanzhof.de/www/index.html [10.02.08]

[78] Vgl. die Diskussion in R. H. Frank, Microeconomics and Behaviour, 4th edition, Boston u.a. (Mc Graw Hill) 2000, S. 624 ff.

[79] F. A. v. Hayek, Die Anmaßung von Wissen: Neue Freiburger Studien, Tübingen 1996.

Zu Teil IV.   Zum Schluss: Zivilgesellschaftlicher Protest mit Kompass ...

[1] Zitiert nach J. Ziegler, Imperium der Schande – Der Kampf gegen Armut und Unterdrückung, München 2005, S. 289.

[2] Ebenda, S. 285.

[3] So die Ernährungs- und Landwirtschaftsorganisation der Vereinten Nationen (FAO), World Food Report 2000, Rom 2001.

[4] Vgl. J. H. Kunstler, The Long Emergency - Surviving the End of Oil, Climate Change and Other Converging Catastrophes of the Twenty-First Century, New York (Grove Press) 2005, S. 8.

[5] Vgl. J. Ziegler, Die neuen Herrscher der Welt und ihre globalen Widersacher, 5. Aufl., München 2005, S. 145.

[6] Ebenda, S. 95.

[7] Ebenda, S. 235.

[8] Ebenda, S. 65.

[9] Wuppertal Institut für Klima, Umwelt und Energie, Fair Future – Begrenzte Ressourcen und globale Gerechtigkeit, 2. Aufl., München 2005, S. 40-41.

[10] J. Kremer, Keen Economics – Zur Kritik Steve Keens an der Volkswirtschaftslehre, Remagen 2008 S. 2; in Veröffentlichung, download vorab möglich unter http://www.rheinahrcampus.de/ Veröffentlichungen.1500.0.html [10.02.08]. - Der Begriff der „Glaubensgemeinschaft" wurde schon geprägt durch H.C. Binswanger, Die Glaubensgemeinschaft der Ökonomen, München 1998, v.a. S. 47 ff.

[11] Paul Valéry, zitiert nach J. Ziegler, Die neuen Herrscher der Welt und ihre globalen Widersacher, 5. Aufl., München 2005, S. 212.

[12] M. Chossudovsky, The Globalization of Poverty and the New World Order, 2nd ed., Montreal (Center for Research on Globalization) 2003, S. 27.

[13] G. Senft, Weder Kapitalismus noch Kommunismus – Silvio Gesell und das libertäre Modell der Freiwirtschaft, Berlin 1990, S. 199 ff.

[14] Noam Chomsky spricht in diesem Kontext von „TINA": „There is no alternative".- N. Chomsky, La Conférence d´Albuquerque, Paris 2001.

[15] D. A. Pfeiffer, Eating Fossil Fuels – Oil, Food and the Coming Crisis in Agriculture, Gabriola Island (Kanada, New Society Publishers) 2006, S. 41.

[16] J.P. Proudhon, Eigentum ist Diebstahl, 4. überarb. Aufl., Berlin (W.) 1982.

[17] Ebenda.

[18] E. Ostrom, Die Verfassung der Allmende – Jenseits von Staat und Markt, Tübingen 1999.

[19] Die Bibel, 5. Mose 28,8

[20] Die Bibel, Der erste Brief des Paulus an die Korinther, 1 Korinther 10

[21] Vgl. E. Bloch, Geist der Utopie, München 1918.

Abbildungsverzeichnis

Abbildung		Seite
Abb. 1:	Voraussetzungen für eine freiheitliche Ordnung	21
Abb. 2:	Kapitalistisches Krankheitsbild aus systemtheoretischer Sicht	23
Abb. 3a:	Umweltökonomischer Optimalpunkt (1)	41
Abb. 3b:	Umweltökonomischer Optimalpunkt (2)	43
Abb. 4:	Abschied vom umweltökonomischen Optimalpunkt	48
Abb. 5:	Umweltpolitik als eine mehrdimensionale Aufgabe	52
Abb. 6:	„Wesentliche Einrichtungen i.w.S.": Begriffsinhalt und –verständnis	71
Abb. 7:	Gefahren von Realoptionen in Feld (1) / Tabelle 2	76
Abb. 8:	Kontingentierungsrente	95
Abb. 9:	Veränderung der Zahlungsbereitschaft für ein Umweltgut bei wachsendem Einkommen	102
Abb. 10:	Maßgaben für eine gute Bodenpolitik	108
Abb. 11:	Optionale Struktur und unausgeschöpfte Tauschgewinne	111
Abb. 12:	Preise und Handelsvolumina der EU-Emissionsberechtigungen (Screenshot, EEX Leipzig)	119
Abb. 13:	Fehlsteuerungen bei einem Universalzertifikat	124
Abb. 14:	Externalisierung der Umweltbelastungen im Verlauf der Wertschöpfungskette	222
Abb. 15:	Aspekte bei der Analyse der Erzeugung nachwachsender Rohstoffe	252
Abb. 16:	Zusammenhang zwischen Nahrungsmittel- und Energiepreisen	265
Abb. 17:	Von der Wiege bis zur Bahre	274
Abb. 18:	Logistische Wachstumskurve (nach Schaefer)	296
Abb. 19:	Substitution von Natur und Kapital	301
Abb. 20:	Abbau der Ressource entsprechend dem Anstieg der Ressourcenproduktivität	308
Abb. 21:	Wirtschaftswachstum in Deutschland	316
Abb. 22:	Magisches Viereck	324
Abb. 23:	Sinkende Grenzproduktivität des Ressourceneinsatzes	329
Abb. 24:	Sisyphos	345

Abbildung	Seite
Abb. 25: Wachstum des Volkseinkommens in Höhe des Geldvermögenswachstums: Ökologischer Kollaps	352
Abb. 26: Wachstum des Volkseinkommens kleiner als die Rate des Geldvermögenswachstums: Sozialer Kollaps	353
Abb. 27: Bedürfnishierarchie nach *Maslow*	369
Abb. 28: Belastung der Kreditinstitute bei Mobilisierung des Buchgeldes	373
Abb. 29: Kooperationspotentiale	398
Abb. 30: Pigou-Steuer	404
Abb. 31: Fehlsteuerungen bei einer Ökosteuer	406
Abb. 32: Überwälzung einer Steuer	409

Verzeichnis der Tabellen und tabellarischen Übersichten

Tabelle		Seite
Tab. 1:	Ökologischer Fußabdruck im Verhältnis zur globalen biologischen Kapazität	38
Tab. 2:	Analyserahmen und Beispiele	69
Tab. 3:	Charakteristika der wesentlichen Einrichtungen im weiteren Sinne	82
Tab. 4:	Property rights-Bestandteile in ökonomischer Interpretation	90
Tab. 5:	Wertentwicklung des Baulandes im Gegensatz zum Volkseinkommen	113
Tab. 6:	Überführung von Open access in Gemeineigentum	145
Tab. 7:	Aufteilung der Property rights zwischen Gemeinschaft und Privaten	149
Tab. 8:	Relative Inanspruchnahme der natürlichen Lebensgrundlagen durch Länder mit hohem sowie Länder mit mittlerem und geringem Pro-Kopf-Einkommen	153
Tab. 9:	Überführung von öffentlichen Gütern in Gemeineigentum	162
Tab. 10:	Übersicht über verschiedene Privatisierungsmodelle	191
Tab. 11:	Investitionen der größten Wasserfirmen 1990 bis 1997	195
Tab. 12:	Favorisierte Betriebskonzeption bei netzgebundenen Monopolen	200
Tab. 13:	Welthandel mit Agrar- und Bergbauerzeugnissen (2002)	219
Tab. 14:	Entwicklung der realen Austauschverhältnisse (Terms of trade)	240
Tab. 15:	Auslandsverschuldung der Länder der Dritten Welt und des ehemaligen Ostblocks (2003)	244
Tab. 16:	Haushaltsanteil für grundlegende Sozialleistungen und für den Schuldendienst (1992 bis 1997) in ausgewählten Ländern der Dritten Welt	247
Tab. 17:	Charakteristika von herkömmlichen und umweltschonenden Investitionen	303
Tab. 18:	Beispiele für die Unzulänglichkeit des BNE als Wohlstandsindikator	320
Tab. 19:	Nettoinvestitionen und Wirtschaftswachstum	341

Tabelle	Seite

Tab. 20:	Komponenten des Eigenzinssatzes – Beispielhaft für den Status quo..	375
Tab. 21:	Veränderung der Struktur der Eigenzinssätze durch die Umlaufsicherungsgebühr.....................................	376
Tab. 22:	Vorläufiges Gleichgewicht der Struktur der Eigenzinssätze bei Umlaufsicherungsgebühr...........................	376
Tab. 23:	Langfristiges Gleichgewicht – Nullzinsniveau........................	377
Tab. 24:	Von der Wiege bis zur Bahre – Sein und Sollen....................	379
Tab. 25:	Wirkung einer flächenbezogenen Bemessungsgrundlage auf die relativen Preise..	415
Tab. 26 :	Ansatzpunkte von Ökosteuern und Fixkostensteuern.............	422
Tab. 27:	Vorteilhaftigkeitskalkül bei der Ansiedlungsentscheidung.......	425

Stichwortverzeichnis

Anmerkung:
Vorliegend wurde darauf verzichtet, den gesamten Text durchziehende Begriffe wie „externe Effekte" etc. aufzunehmen, da dies für den Leser ohne Informationsgehalt ist. Entsprechendes gilt für die Begrifflichkeiten, die sich in den Überschriften (Inhaltsverzeichnis) wiederfinden. Anmerkungen sind mit einem Schrägstrich hinter der Seite gekennzeichnet.

A

Abschreibungen   *317 ff., 340 f., 358 ff., 364, 402 f., 423 ff.*
AKP-Staaten   *223*
Anreicherungsaxiom   *80 f., 171 f., 171/B, 179*
Aquatischer Rucksack   *181, 221 f., 261*
Arrow-Paradoxon   *44/C, 162, 164/A, 279/B*
Assimilationsregel   *378*
Auktion   *150 ff., 159, 168, 203/A, 310/A, 311, 366*

B

Backstoptechnologien   *286 f.*
Banking   *121*
Bauleitplanung   *121, 386 ff., 413*
Beiträge   *97, 202, 215, 399, 403*
Bevölkerungspessimismus   *369*
Biomasse *12, 38, 106, 168, 179/B, 228, 246/A, 248, 250 ff.,
          268 ff., 275, 295 f.,330*
Biopiraterie   *143*
Biofuels   *256/B, 259, 259/A, 261/A, 264 ff.*
Bodenwertsteuer   *113, 412 ff., 441*
Borrowing   *74/B, 121, 121/A*
Brundtland-Bericht   *23/A, 28, 38, 327, 335*
Buchgeld   *371, 373*
Business improvement districts (BIDs)   *399*

C

Cake-eating-Modell   *276/B, 288*
Capital asset pricing model (CAPM)   *100, 201, 201/A*
Chrematistik   *82, 83/A, 315*
Clean development mechanism (CDM)   *128*
Coase-Theorem   *101, 103, 107, 112 f.*
Compradores   *210 f., 231, 245, 248, 254/A*
Contestable Markets   *73*
Clubgüter   *99/A, 162, 162/A*
Critical loads   *286/A*

D

Dauerhaftigkeitsstrategien   *312, 335*

Dematerialisierungsstrategien 325, 330, 335
Demokratie 155, 163, 166, 205 f., 208 f., 211, 236, 293/A, 294, 433, 438
Differenzprinzip 284
Digital rights management (DRM) 138
Diskontrate, soziale 280 ff., 289, 297 ff., 297/A
Dreisektorenhypothese 330 f.

E

Eigentumsrechte (Begriff, Definition) 90 f.
Eigenwert der Natur 31 f.
Einkommenskonzepte (nach *Hicks* und *Fisher*) 319, 342, 364
Entflechtung (der Energieversorgungsunternehmen) 174 ff., 192, 200/B
Entropie 35 f., 53, 56, 256 f., 273 ff., 286, 327, 331, 378 ff.
Entschleunigung 335, 337
Essential facilities 70, 77, 80, 98, 98/A, 166, 176, 178, 193

F

Fisher'sche Verkehrsgleichung 350
Fiskalzweck (Steuer) 402, 402/A, 405, 410, 423
Flächenbelegungen, exterritoriale 12, 39, 101, 226 ff., 230, 234, 239, 254 f., 257, 269
Flächennutzung 106, 257, 261, 263 f., 267, 269 f., 386, 388, 411
Flächennutzungssteuer 411 ff., 415/A, 417 ff.
Forschungsgutscheine 164 f.
Freiburger Schule 19, 21, 24
Futtersoja 146

G

Gebühren 137, 197 f., 245, 403, 410
Gefangenendilemma 66 f., 73, 105, 133, 160, 387, 395
Geldverruf 372, 376 f.
Gini-Koeffizient 242
Gleichheitsethik (*Rawls*) 276, 283, 288, 300, 307, 309
Global dimming 51
Global warming potential (GWP) 120, 120/D, 123, 127
Grüne Revolution 22, 39, 136, 180, 255 f., 313, 135
Gutscheinsystem 152, 160 f., 164 f.

H

Human development index (HDI) 322

I

Index of sustainable economic welfare (ISEW) 323
Invarianztheorem 90/A, 101, 103, 107
Inzidenz 408, 419

J

Joint ventures 188, 191
Josephspfennig 345, 348

K

Kaldor-Hicks-Kriterium *62 f., 88, 118*
Kapitalismus (Definition bei *Gesell*) *312 ff., 312/A*
Kapitalkosten *198, 302 f., 358, 360, 362, 367, 425, 362*
Kapitalvernichtung *286, 337, 344, 347, 363 f.*
Kernenergie *171, 282*
Killing fields *139, 440*
Klimagerechtigkeit *128 f., 153*
Komparative Kostenvorteile *206, 213 ff., 213/A, 222, 234, 234/A, 237, 254*
Kompetenznetzwerk Umwelttechnik *399*
Konsistenz *22, 326 ff., 333 ff., 337 ff., 347*
Korporatokratie *206, 236, 248, 268, 438, 440*
Kosmokratie *236, 438*
Kultureller Weg *334 f., 347, 359*

L

Laissez faire-Regel *107*
Leitwerttheorie *12, 23, 25, 61/A, 62, 81*
Lenkungszweck (Steuer) *402, 413, 416, 423*
Liquiditätsprämie des Geldes *98, 314, 343 f., 346, 356, 360 ff., 366, 370 ff.*

M

Magisches Viereck *324*
Maslow-Pyramide *369*
Maximin-Prinzip *284 f.*
Maximum sustainable yield (MSY) *295 ff., 299*
Measure of economic welfare (MEW) *323*
Menschenrechte *91, 147, 147/A, 149/A, 211 f., 212/A, 232 f., 433*
Meritorische Güter *160 f., 427 f.*
Methanhydrat-Destabilisierung *57*

N

Nettoinvestitionen *319, 337, 340 ff., 351, 353, 363 f., 367*
Nettoprimärproduktion *38*
Nil (Wasserkonflikt) *156, 232/A*
Nonaffektationsgrundsatz *403, 407 f.*

O

Öffentlich-Öffentliche Partnerschaften *193, 202*
Ökoeffizienz *22, 33, 301, 312, 327 ff., 333 ff., 338, 347, 397*
Ökologischer Fußabdruck *31/A, 37 ff., 153, 221, 230*
Ökologischer Rucksack *219 ff.*
Ökologischer Strukturwandel *326 f., 334, 336*
Ölflecktheorie (Besteuerung) *402, 424*
Örtlichkeitsprinzip *98, 200 ff., 204, 391 f., 441*
Open access *7/B, 68 ff., 145, 162*
Opportunismus *396*

P

Parafisci *403*
Pareto-Effizienz *62 f., 88, 91, 107, 118, 398, 428*
Patent pool *166*
Pigou-Steuer *50, 50/A, 404 f., 429*
Pigou-Subvention *429*
Produktionselastizität *68, 71, 181 f., 266, 343*
Public private partnership (PPP) *86 f., 191, 193, 198, 434/B*

R

Rent seeking *100, 140, 199, 434 f.*
Resilienz *50 f., 50/B, 55, 57 ff., 61 f., 61/A, 122 f., 125, 135, 158, 389, 405 f., 435*
Risiko *32, 47/A, 54, 74, 96, 100, 134, 191, 266/C, 270, 278, 281, 314, 344, 349, 360, 363, 366, 368, 374, 377, 417, 424 f.*

S

Saatgutbanken (Dehra Dun) *139*
Safe minimum standard (SMS) *36, 59 f., 58/A, 60/A, 147*
Safety valve-Konzept *120, 120/B*
Scale *50, 167, 167/A, 186, 269, 312, 321, 321/D, 327*
Shareholder value *24, 83, 335*
Shenoath (Verkauf des Flusses) *184*
Skalenerträge *29/B, 73, 134 f., 167, 173, 218, 357*
Sky trust *151 f., 151/C*
Slutsky-Separation *410*
Standardorientierte Umweltpolitik *36, 65, 115 f., 116/A, 147*
Siedlungsstrukturen *198*
Sisyphos *344 ff.*
Sonderabgaben *403*
Sozialindikatorenkonzept *323*
Sparquote *283, 352/A, 353, 356 f.,356/A, 357/B, 359/A, 362 f., 364/A, 367*
Steuerdestinar *408 f.*
Steuerpflichtiger *408 f., 422, 426 f.*
Steuerschuldner *405, 408 f., 413*
Steuerträger *408 f.*
Stoffstrommanagement *10, 274, 328 f., 378 f., 399*
Strukturanpassungsprogramme *246 ff., 294, 434*
Subadditivität (der Kosten) *73, 77, 166*
Subsidiaritätsprinzip *99, 148, 157, 163, 200, 399, 441*
Substitutionselastizität *29/B, 68, 71, 96, 181, 311, 344*
Suburbanisierung *411, 413 ff.*
Suffizienz *28, 326 f., 330, 334 ff., 355, 369 f.*
Sunk costs *72, 80, 133, 173, 173/A*
Sustained livelihood *9*

T

Tauschmittelfunktion des Geldes *435*
Technischer Weg *22, 139/A, 180, 269, 326 f., 333, 335, 338 f., 347, 355*
Terminator-Technologie *129, 138*

Terms of trade   239 f., 243 f., 248
Thermodynamik   34 f., 39, 250, 256, 330, 334
Tinbergen-Regel   383, 383/A, 414, 422
Total economic value   30
Trittbrettfahrerproblematik   66, 105, 160, 396, 399

U

Umweltbewertung   31 f., 31/A, 36, 42, 65, 115, 428
Umweltökonomische Gesamtrechnung   322
Unsicherheit   32 f., 36, 49, 53f., 57 ff., 75, 74/A, 77, 110, 110/A, 118 ff.,127, 134, 177, 238, 269, 277 ff., 284, 286 f., 294, 299, 305, 307, 321, 343, 356, 360, 362, 371, 396, 415, 425
Utilitarismus   276 f., 283, 286, 288, 300

V

Verursacherprinzip   63 f.,103, 375, 402, 423, 428
Virtuelles Wasser   181, 221
Völkerrecht   8, 157, 231 ff.
Volkswirtschaftliche Gesamtrechnung (VGR)   317 f., 320, 322, 360, 361/A
Vorratsgrundstück   74, 110, 417
Vorsorgeprinzip   36, 59, 125, 137, 147, 380

W

Wegerechte   114 f., 177, 389
Weltwasserforum   194
Werkstorprinzip   422, 427
Wertaufbewahrungsfunktion des Geldes   348 f., 356
Wettbewerb um den Markt   78, 98, 191 f., 199, 201 f.

Z

Zweckverbandsgesetz   396